Enterprise BPM

Dirk Slama ist Berater mit Schwerpunkt Geschäftsprozessoptimierung, Change Management, IT-Strategie und Design verteilter Anwendungssysteme. In mehr als 15 Jahren Berufserfahrung in den USA, Asien und Europa hat er Kunden wie Boeing, Lufthansa Systems, AT&T, NTT DoCoMo und Halifax Bank of Scotland bei der Umsetzung großer IT-Projekte unterstützt. Dirk Slama ist Mitautor der Bücher »Enterprise SOA« und »Enterprise CORBA« (Prentice Hall International). Neben seinem Informatik-Diplom an der TU Berlin absolvierte Dirk Slama den Master of Administration (MBA) an der Hochschule IMD International in Lausanne. Dirk Slama verantwortet heute den Bereich BPM-Umsetzungsmethodik und Governance Solutions bei der inubit AG.

Ralph Nelius arbeitet seit 15 Jahren in verschiedenen Positionen in der Unternehmens-IT. Bei DaimlerChrysler war er als wissenschaftlicher Mitarbeiter und Software-Ingenieur tätig. Danach hat er als Berater bei Arthur D. Little und Capgemini sd&m in verschiedenen Branchen IT-Strategien entwickelt und Umsetzungsprojekte geleitet. Schwerpunkte seiner Beratungstätigkeit waren Enterprise Architecture Management, SOA/BPM und IT-Transitionsmanagement. Ralph Nelius arbeitet heute als Enterprise-Architekt bei der Deutschen Post AG.

Dirk Slama · Ralph Nelius

Enterprise BPM

Erfolgsrezepte für unternehmensweites Prozessmanagement

Unter Mitwirkung von Dirk Breitkreuz

Dirk Slama
dirk.slama@enterprise-bpm.org
Ralph Nelius
ralph.nelius@enterprise-bpm.org
www.enterprise-bpm.org

Lektorat: Christa Preisendanz
Copy-Editing: Annette Schwarz, Ditzingen
Herstellung: Birgit Bäuerlein
Umschlaggestaltung: Helmut Kraus, www.exclam.de
Druck und Bindung: Media-Print Informationstechnologie, Paderborn

Bibliografische Information der Deutschen Nationalbibliothek
Die Deutsche Nationalbibliothek verzeichnet diese Publikation in der Deutschen Nationalbibliografie;
detaillierte bibliografische Daten sind im Internet über http://dnb.d-nb.de abrufbar.

ISBN 978-3-89864-687-1

1. Auflage 2011
Copyright © 2011 dpunkt.verlag GmbH
Ringstraße 19 B
69115 Heidelberg

Die vorliegende Publikation ist urheberrechtlich geschützt. Alle Rechte vorbehalten. Die Verwendung der Texte und Abbildungen, auch auszugsweise, ist ohne die schriftliche Zustimmung des Verlags urheberrechtswidrig und daher strafbar. Dies gilt insbesondere für die Vervielfältigung, Übersetzung oder die Verwendung in elektronischen Systemen.
Es wird darauf hingewiesen, dass die im Buch verwendeten Soft- und Hardware-Bezeichnungen sowie Markennamen und Produktbezeichnungen der jeweiligen Firmen im Allgemeinen warenzeichen-, marken- oder patentrechtlichem Schutz unterliegen.
Alle Angaben und Programme in diesem Buch wurden mit größter Sorgfalt kontrolliert. Weder Autor noch Verlag können jedoch für Schäden haftbar gemacht werden, die in Zusammenhang mit der Verwendung dieses Buches stehen.
5 4 3 2 1 0

Geleitwort

Trotz der großen Aufmerksamkeit, die das Thema Business Process Management (BPM) momentan erfährt, herrscht doch eine große Unkenntnis darüber, wie man BPM-Technologien nutzbringend einsetzt. Die meisten Veröffentlichungen zu diesem Thema kümmern sich vorrangig um die Ablaufsteuerung von Prozessen. Hierzu modelliert man die Abläufe und übergibt sie einer Process Engine. Diese ruft dann nacheinander die gewünschten Services und Benutzerdialoge auf – so, wie es im Modell definiert ist. Das ist zweifellos ein zentraler Aspekt eines BPM-Systems. Allerdings gehört zur Implementierung eines Geschäftsprozesses wesentlich mehr als nur die reine Ablaufsteuerung. Mindestens genauso wichtig sind Datenstrukturen, Benutzeroberflächen, Anwendungslogik und Geschäftsregeln – um nur einige zu nennen.

Dirk Slama und Ralph Nelius ist es gelungen, ein Framework zu entwickeln, das all diese Aspekte berücksichtigt und zu einer durchgängigen Methodik integriert. Damit schließen sie die Lücke, die nach wie vor zwischen der betriebswirtschaftlichen Ebene und der Implementierung auf Basis Service-orientierter Architekturen (SOA) herrscht. Das Buch schafft das Kunststück, zugleich eine umfassende und durchdachte methodische Grundlage zu legen und einen praxisorientierten Leitfaden zur Umsetzung zu liefern. Es verzichtet auf den Abstieg in technische Details und fokussiert stattdessen auf die Zusammenhänge zwischen den verschiedenen Komponenten und Technologien. Damit richtet es sich zunächst an Softwarearchitekten, die BPMS- und SOA-basierte Systemlandschaften entwerfen und aufbauen wollen. Gehen sie ohne eine solche sauber strukturierte Methodik vor, so werden viele der Probleme wiederkehren, die man mit der neuen Architektur eigentlich beheben möchte. Auch das flexibelste BPM-System nützt wenig, wenn etwa die in einem Prozess aufgerufenen Services ungünstig geschnitten sind oder die verwendeten Daten schwer durchschaubare Abhängigkeiten aufweisen.

IT-Manager sollten sich ebenfalls mit dem Framework auseinandersetzen, denn es zeigt auf, wie unternehmensweite BPM-Initiativen durchgeführt werden können und wie sie mit allen wichtigen IT-Themen zusammenwirken, wie z. B. Strategie und Organisation, Portfoliomanagement, Enterprise Architecture Management oder Managed Evolution. Auch für Softwareentwickler ist es wichtig zu verstehen, wie die einzelnen Technologien in einem gesamten BPM-Framework zusammenwirken.

Nicht zuletzt sollte man das Buch auch fachlich orientierten Prozessexperten und Business-Analysten ans Herz legen, denn zu einem solchen Framework gehört ganz zentral auch die geeignete Modellierung und Beschreibung der fachlichen Aspekte, die mithilfe von BPM-Technologien umgesetzt werden. Das Buch setzt keine detaillierten technischen Kenntnisse voraus und ist damit auch für Nichtinformatiker verständlich, die die Möglichkeiten moderner Softwarearchitekturen genauer kennenlernen wollen.

Wer sich ernsthaft damit beschäftigt, wie man BPM-Technologien wirklich nutzbringend einsetzen kann, wird an diesem Buch nicht vorbeikommen. Daher wünsche ich dem Buch nicht nur viele Leser, sondern vor allem, dass diese die vorgestellten Konzepte erfolgreich in die Praxis umsetzen.

Thomas Allweyer
Professor für Unternehmensmodellierung und
Geschäftsprozessmanagement an der
Fachhochschule Kaiserslautern
Betreiber des Weblogs *www.kurze-prozesse.de*

Vorwort

Die Gestaltung und Optimierung von Geschäftsprozessen beschäftigt IT und Fachbereiche gleichermaßen seit vielen Jahren. Erst langsam verstehen wir aber, wie der Brückenschlag zwischen IT und Fachbereichen in diesem Umfeld durch Einsatz von BPM-Konzepten gelingen kann.

Obwohl das Autorenteam auf langjährige Erfahrung in diesem Bereich zurückblicken kann, sind wir bei dem Versuch der strukturierten Beschreibung der wichtigsten Techniken und Methoden von der Komplexität und dem Facettenreichtum des Themas immer wieder überrascht worden – wie wir später noch detaillierter darstellen werden, kann der Weg von Six Sigma zu XPDL sehr lang sein.

Bei der Arbeit an diesem Buch wurde uns relativ schnell klar, dass eine Betrachtung des Themas BPM auf Ebene einzelner Umsetzungsprojekte nicht ausreicht, sondern zusätzlich die Unternehmensperspektive eingenommen werden muss. Das Ziel ist, Prozessmanagement als nachhaltige Disziplin zu etablieren, die über den Scope eines einzelnen Projekts hinausgeht, um so das volle Potenzial von BPM ausschöpfen zu können. Mit »Enterprise BPM« vereinen wir diese beiden Perspektiven.

Die Erarbeitung und Strukturierung dieses Ansatzes wäre nicht möglich gewesen ohne die Mitwirkung von Dirk Breitkreuz. Vom ersten Buch-Urlaub in der Finca auf Mallorca über die Winter-Sessions auf dem Bauernhof in Brandenburg bis zum Review des finalen Manuskripts war seine Mitarbeit an diesem Projekt nicht nur inhaltlich essenziell, sondern auch immer mit viel Spaß und kreativem Input verbunden.

»Enterprise BPM« hat den Anspruch, nicht nur die konzeptuellen Grundlagen von BPM zu vermitteln, sondern diese auch mit den Erfahrungen abzugleichen, die in der industriellen Anwendung bereits gesammelt werden konnten. Daher haben wir diverse Vertreter von Industrieunternehmen, BPM-Technologieanbietern und Beratungshäusern zu den von uns diskutierten Themen – durchaus auch kontrovers – Stellung nehmen lassen. An dieser Stelle möchten wir uns noch einmal recht herzlich bei den folgenden Personen für ihre Expertenmeinung in unseren Interviews bedanken: Dieter Bourlauf, Dr. Gero Decker, Inge Hanschke, Thomas Maurer, Daniel Steiner, Roman Schlömmer, Björn Balazs, Dr. Stefan Junginger, Johannes Schmitz-Lenders, John Newton, Sylvia Bühler, Sven Brieger, Eamonn Cheverton sowie Samuel Stalder.

Unser Dank geht auch an Antonio Martinez, Axel Meinhardt, Dirk Marwinski, Georg Dembowski, Jürgen Schiewe, Leif Jakob, Michael Ferber, Najib Niazi, Ralf Wöbke, Roland Straub, Tobias Gauß und Thomas Hilgendorff, die uns bei verschiedenen Themen fachlichen Input geliefert haben. Danke auch an Dr. Torsten Schmale und Michael Hahn von der inubit AG sowie Dr. Peter Scharf von Capgemini für die großzügige Unterstützung des Buchprojekts.

Bedanken möchten wir uns weiter bei den fachlichen Reviewern des Buches für ihre konstruktiven und wertvollen Hinweise – hier insbesondere bei Herrn Prof. Thomas Allweyer und Herrn Dr. Stefan Junginger.

Während des gesamten Produktionsprozesses wurden wir tatkräftig unterstützt von Christa Preisendanz, Annika Mierke und Nadine Thiele – auch hierfür unseren Dank!

Und zu guter Letzt natürlich noch einmal ein herzliches Dankeschön an unsere Familien und Freunde, ohne deren grenzenlose Geduld dieses Projekt nicht möglich gewesen wäre.

Dirk Slama, Ralph Nelius
Berlin, Frankfurt
Oktober 2010

Inhaltsübersicht

Teil I
Grundlagen   **1**

1	**Einleitung**	**3**
1.1	Aufbau des Buches	3
1.2	Der lange Weg von Six Sigma zu XPDL	5
1.3	Werkzeuge des Business-BPM	7
1.4	Werkzeuge des IT-BPM	8
1.5	Nutzung von IT-BPM zur Umsetzung von Business-BPM	8
1.6	Wie dieses Buch hilft, die Potenziale von BPM auszunutzen	16
2	**BPM-Grundlagen**	**21**
2.1	Einordnung von BPM in die Unternehmenslandschaft	21
2.2	Die BPM-Vision	26
2.3	BPM trifft auf das Web 2.0	37
3	**SOA-Grundlagen**	**41**
3.1	SOA – Same Old Architecture?	41
3.2	Von der EAI zur SOA	42
3.3	Elemente der SOA	43
3.4	SOA-Komponenten	44
3.5	SOA-Schichten	46
3.6	Beispiel für den Einsatz von SOA	48
3.7	Bewertung des SOA-Ansatzes	49

4	**Managed Evolution**	**51**
4.1	Ausgewogenheit der Investitionen	51
4.2	Durchführung von beherrschbaren, risikogesteuerten Evolutionsschritten	53
4.3	Steuerung und Kontrolle des Fortschritts	57
5	**EAM-Grundlagen**	**59**
5.1	Inventarisierung	61
5.2	Architekturmodell	62
5.3	Auswertungen und Visualisierung	63
5.4	Architekturmanagement	64
5.5	Tool-Unterstützung für EAM	65
5.6	Expertenmeinung: EAM in der Praxis	66

Teil II
Integrierte BPM-Projektmethodik 71

6	**Einführung in die Integrierte BPM-Projektmethodik (IBPM)**	**73**
6.1	IBPM-Framework	74
6.2	IBPM-Patterns	78
6.3	IBPM-Vorgehensmodell	79
6.4	Die Beispiele im Buch	80
7	**IBPM-Framework**	**81**
7.1	Säule A: Prozessmodellierung und Dokumentation	81
7.2	Säule B: Prozessorganisation und Prozessrollen	100
7.3	Säule C: User Task Management	110
7.4	Säule D: Geschäftsregeln	132
7.5	Säule E: Prozessanalyse und Reporting	148
7.6	Säule F: SOA-Komponentisierung	168
7.7	Säule G: User Interface Design	185
7.8	Säule H: Prozesskomponenten	210
7.9	Säule I: Business-Objekte und Backend-Komponenten	223
7.10	Säule J: Technische Architektur und Infrastruktur	237
7.11	IBPM-Querschnittsthemen	259

8	**IBPM-Patterns**	**273**
8.1	Process/BO-Patterns	274
8.2	Process Portlet Patterns	277
8.3	UI/Process Modeling Patterns	281
8.4	Process Portal Patterns	284
8.5	Process Network Patterns	285
8.6	General BPM Patterns	288

9	**Vorgehen zur Umsetzung eines BPM-Projekts**	**291**
9.1	IBPM-Vorgehensmodell	291
9.2	Rollen	293
9.3	Phasen und Arbeitspakete	294

Teil III
Enterprise BPM-Framework — 329

10	**Einführung in das EBPM-Framework**	**331**
10.1	Unterschiedliche Ausprägungen von BPM-Initiativen	331
10.2	Beispiele für BPM-Initiativen	333
10.3	EBPM-Framework	333

11	**BPM-Strategie**	**335**
11.1	Grundsätzliche Ausrichtung und Sponsor	336
11.2	Business Case	337
11.3	Kontinuierliche Erfolgsnachweise	339
11.4	Stakeholder	340
11.5	Startpunkt und Vorgehen	340
11.6	Portfoliomanagement	342
11.7	Plattformstrategie	343

12	**Programm-Management**	**345**
12.1	Eigenschaften eines Programms	346
12.2	Aufgaben eines Programm-Managements	346
12.3	Portfoliomanagement und -planung	347

13	**BPM-Organisation**	**355**
13.1	Organisation eines BPM Competence Center	355
13.2	Organisation eines Transitionsprogramms	362
13.3	Organisation einer Prozessorganisationsinitiative	370
14	**BPM und EAM**	**373**
14.1	Enterprise-Kontext	373
14.2	IT-Governance	375
14.3	Beispiel BAA Heathrow	377
14.4	Geschäftsarchitektur	378
14.5	Servicearchitektur	381
14.6	Beispiel Deutsche Post AG	386
15	**BPM Lifecycle Management**	**389**
15.1	Lifecycle Management auf Enterprise-Ebene	389
15.2	Application Lifecycle Management	390
15.3	Lifecycle Management von Komponenten	391
15.4	Versionierung	393
15.5	Modellierung von Lifecycle-Informationen	395
16	**BPM-Plattform, -Standards und -Richtlinien**	**397**
16.1	BPM-Plattform	397
16.2	Standards und Richtlinien	401

Anhang		**405**
A	**Abkürzungsverzeichnis**	**407**
B	**Literatur**	**409**
	Index	**415**

Inhalt

Teil I
Grundlagen   1

1 Einleitung   3

1.1 Aufbau des Buches 3
1.2 Der lange Weg von Six Sigma zu XPDL 5
1.3 Werkzeuge des Business-BPM 7
1.4 Werkzeuge des IT-BPM 8
1.5 Nutzung von IT-BPM zur Umsetzung von Business-BPM 8
    1.5.1 IT-BPM Nutzen 1: Unterstützung bei der Transformation zur Prozessorganisation 9
    1.5.2 IT-BPM Nutzen 2: Unterstützung bei der Industrialisierung von Dienstleistungsprozessen 11
    1.5.3 IT-BPM Nutzen 3: Unterstützung des kontinuierlichen Verbesserungsprozesses 14
1.6 Wie dieses Buch hilft, die Potenziale von BPM auszunutzen 16
    1.6.1 Teil I – Grundlagen 16
    1.6.2 Teil II – Integrierte BPM-Projektmethodik 17
    1.6.3 Teil III – Enterprise BPM-Framework 19

2 BPM-Grundlagen   21

2.1 Einordnung von BPM in die Unternehmenslandschaft 21
    2.1.1 Prozess ist nicht gleich Prozess 21
    2.1.2 Die richtige Lösung für jedes Problem 22
    2.1.3 Verändert BPM die Funktion der IT? 24

2.2	Die BPM-Vision			26
	2.2.1	Anwenderperspektive		26
		2.2.1.1	Prozessgestaltung und Prozessdokumentation	26
		2.2.1.2	Prozessautomatisierung	27
		2.2.1.3	User Task Management	28
		2.2.1.4	Geschäftsregeln	28
		2.2.1.5	Einbindung von Anwendungen	29
		2.2.1.6	Zusammenspiel von Prozessen und Dokumenten	30
		2.2.1.7	Einbindung externer Partner	30
		2.2.1.8	Monitoring und Analyse	30
		2.2.1.9	Prozesssimulation	31
	2.2.2	Umsetzungsperspektive		31
		2.2.2.1	Elemente des BPMS	31
		2.2.2.2	Organisationsmodellierung	32
		2.2.2.3	Prozessmodellierung	33
		2.2.2.4	Prozessausführung	34
		2.2.2.5	Anwendungsintegration	36
		2.2.2.6	Grafische Benutzerschnittstellen	36
2.3	BPM trifft auf das Web 2.0			37

3 SOA-Grundlagen — 41

3.1	SOA – Same Old Architecture?	41
3.2	Von der EAI zur SOA	42
3.3	Elemente der SOA	43
3.4	SOA-Komponenten	44
3.5	SOA-Schichten	46
3.6	Beispiel für den Einsatz von SOA	48
3.7	Bewertung des SOA-Ansatzes	49

4 Managed Evolution — 51

4.1	Ausgewogenheit der Investitionen		51
4.2	Durchführung von beherrschbaren, risikogesteuerten Evolutionsschritten		53
	4.2.1	Planungszyklen	55
	4.2.2	Planungsportfolio	55
	4.2.3	Organisation	56
4.3	Steuerung und Kontrolle des Fortschritts		57

5 EAM-Grundlagen — 59

- 5.1 Inventarisierung — 61
- 5.2 Architekturmodell — 62
- 5.3 Auswertungen und Visualisierung — 63
- 5.4 Architekturmanagement — 64
- 5.5 Tool-Unterstützung für EAM — 65
- 5.6 Expertenmeinung: EAM in der Praxis — 66

Teil II
Integrierte BPM-Projektmethodik — 71

6 Einführung in die Integrierte BPM-Projektmethodik (IBPM) — 73

- 6.1 IBPM-Framework — 74
- 6.2 IBPM-Patterns — 78
- 6.3 IBPM-Vorgehensmodell — 79
- 6.4 Die Beispiele im Buch — 80

7 IBPM-Framework — 81

- 7.1 Säule A: Prozessmodellierung und Dokumentation — 81
  - 7.1.1 Management- vs. Modellsicht — 81
  - 7.1.2 Modellarten und Modellebenen — 83
    - 7.1.2.1 Strategieebene — 83
    - 7.1.2.2 Modellarten auf fachlicher und operativer Ebene — 85
    - 7.1.2.3 Prozessmodellierung im Detail — 86
  - 7.1.3 ARIS (WKD, EPK) — 87
    - 7.1.3.1 ARIS-Konzept — 87
    - 7.1.3.2 Ereignisgesteuerte Prozessketten (EPK) — 87
  - 7.1.4 Business Process Modeling Notation (BPMN) — 88
  - 7.1.5 EPK vs. BPMN — 90
  - 7.1.6 Überführung von EPKs in BPMN-Diagramme — 91
  - 7.1.7 Modellierungsebenen in IBPM — 92
    - 7.1.7.1 Modellebenen und Projektphasen — 92
    - 7.1.7.2 Modellprofile — 92
    - 7.1.7.3 Modelle der Planungsphase — 93
    - 7.1.7.4 Modelle der Analysephase — 94
    - 7.1.7.5 Modelle des fachlichen Designs — 94
    - 7.1.7.6 Modelle des Umsetzungsdesigns — 95
    - 7.1.7.7 Modelle der Umsetzungsebene — 95

	7.1.8	Konsistenz zwischen den Modellebenen	96
	7.1.9	Prozessmodelle und POAD	98
		7.1.9.1 Abhängigkeiten	98
		7.1.9.2 Artefakte der IBPM-Phasen in Säule A	99
7.2	Säule B: Prozessorganisation und Prozessrollen		100
	7.2.1	Von der funktionsorientierten zur prozessorientierten Organisation	100
	7.2.2	Beispiel Degussa Bank	102
	7.2.3	Welchen Einfluss hat die umgebende Organisation auf mein BPM-Projekt?	103
	7.2.4	Prozessrollen im Kontext BPM	104
	7.2.5	Verwendung von Prozessrollen in der Modellierung	105
	7.2.6	Steuerung von prozessorientierten Anwendungen über Prozessrollen	106
	7.2.7	Integration und Administration	107
	7.2.8	Artefakte der IBPM-Phasen in Säule B	109
7.3	Säule C: User Task Management		110
	7.3.1	Modellierung mit BPMN	113
	7.3.2	Task Management mit BPMS	114
		7.3.2.1 Typische Funktionalitäten	115
		7.3.2.2 Ausführung	115
		7.3.2.3 Implementierung	116
		7.3.2.4 Einordnung in die SOA	117
	7.3.3	User Interfaces	118
		7.3.3.1 Task-Listen	118
		7.3.3.2 Task-Administration und -Reporting	120
	7.3.4	Unified Task List	120
	7.3.5	Wann sollten keine Tasks verwendet werden?	122
	7.3.6	Task-Timeouts und Eskalation	124
	7.3.7	Ressourcen- und Kapazitätsmanagement	125
	7.3.8	Kanban	126
	7.3.9	BPM-Kanban	127
		7.3.9.1 Beispiel Schadensabwicklung als Push-Prozess	129
		7.3.9.2 Beispiel Schadensabwicklung als Pull-Prozess (Kanban)	130
	7.3.10	Task Management und POAD	131
7.4	Säule D: Geschäftsregeln		132
	7.4.1	Vorteile	133
		7.4.1.1 Automatisierung von Entscheidungen	133
		7.4.1.2 Erhöhte Agilität	134

		7.4.2	Notwendige Voraussetzungen	134

- 7.4.2 Notwendige Voraussetzungen 134
  - 7.4.2.1 Trennung von Prozessfluss und Entscheidungslogik 134
  - 7.4.2.2 Bereitstellung der notwendigen Wissensbasis 136
  - 7.4.2.3 Business Rule Management und Governance 137
- 7.4.3 Umsetzung 139
  - 7.4.3.1 Modellierung von Regeln 139
  - 7.4.3.2 Implementierung 142
- 7.4.4 Expertenmeinungen 144
  - 7.4.4.1 Anwenderperspektive: Credit Suisse 144
  - 7.4.4.2 Anbieterperspektive: Pegasystems 145
- 7.4.5 Geschäftsregeln und POAD 147

7.5 Säule E: Prozessanalyse und Reporting 148
- 7.5.1 Corporate Performance Management 149
- 7.5.2 Stakeholder und Perspektiven 150
- 7.5.3 Beispiel: Kreditvergabe bei der Good Bank 151
- 7.5.4 Sichten der Produktionssteuerung 152
- 7.5.5 Sichten der Prozessoptimierung 155
  - 7.5.5.1 Durchlaufzeiten 156
  - 7.5.5.2 Detailanalyse von Teilstrecken 157
  - 7.5.5.3 Prozesskostenanalyse 158
  - 7.5.5.4 Analyse prozessübergreifender Ineffizienzen ... 159
- 7.5.6 Sichten der strategischen Steuerung 161
- 7.5.7 Umsetzung 163
  - 7.5.7.1 Umsetzungsalternativen 163
  - 7.5.7.2 Modellierungsaspekte 164
  - 7.5.7.3 Umsetzungsarchitekturen 165
- 7.5.8 Prozessanalyse/Reporting und POAD 166

7.6 Säule F: SOA-Komponentisierung 168
- 7.6.1 Von der Prozess- zur Serviceperspektive (und zurück) 168
- 7.6.2 SOA-Evolution 170
- 7.6.3 SOA-Schichten 171
- 7.6.4 Vorgehen zur Umsetzung 174
  - 7.6.4.1 SOA-Analyse mit dem SOA Quick Check 174
  - 7.6.4.2 Fachliches SOA-Design mit SOA Maps 176
  - 7.6.4.3 SOA-Umsetzungsdesign: Kopplungsarchitektur, Schnittstellendesign und Wiederverwendung 179
- 7.6.5 SOA-Komponentisierung und SOAD 183

7.7	Säule G: User Interface Design		185
	7.7.1	User Centered Design	186
	7.7.2	UI Prototyping	188
		7.7.2.1 Beispiel Good Goods	190
		7.7.2.2 Ableitung des Process/BO-Patterns aus dem Beispiel Good Goods	192
	7.7.3	UI Design Patterns	193
		7.7.3.1 Object Identification Patterns	194
		7.7.3.2 UI Patterns und komplexe Fachanwendungen	195
	7.7.4	UI-Design für BPM-Applikationen	196
		7.7.4.1 Prozesscockpit vs. Task-getriebenes Arbeiten	196
		7.7.4.2 Prozessportal	202
	7.7.5	Portalbasierte Integration	203
	7.7.6	UI Flow vs. Prozessfluss	204
	7.7.7	Schnittstellen	208
	7.7.8	User Interface Design und SOAD	209
7.8	Säule H: Prozesskomponenten		210
	7.8.1	Grundlagen	210
		7.8.1.1 Prozessaktivitäten	210
		7.8.1.2 Interaktionsmatrix für Prozesskomponenten	211
		7.8.1.3 Die Prozesskomponente im Kontext der SOA-Schichten	212
	7.8.2	Prozessflusskontrolle	213
	7.8.3	Management des Prozesszustands	215
		7.8.3.1 Was ist eigentlich ein Prozesszustand?	215
		7.8.3.2 Wer ist für die Verwaltung der Zustandsinformationen verantwortlich?	217
		7.8.3.3 Prozess(zustands)historie	218
		7.8.3.4 Modellierung von Prozesszuständen	218
		7.8.3.5 Zustandsmatrix als Teil der Schnittstellendefinition	219
	7.8.4	Prozessmonitor	220
	7.8.5	Prozesskomponenten und SOAD	222
7.9	Säule I: Business-Objekte und Backend-Komponenten		223
	7.9.1	Vorgehen im Kontext SOAD und IBPM	225
		7.9.1.1 Neuentwicklung	225
		7.9.1.2 Erweiterung von Altsystemen	226
	7.9.2	Transaktionen und Datenintegrität	228
		7.9.2.1 BPM und Isolation bzw. Sperren	229
		7.9.2.2 Transaktionen und BPMN	230
		7.9.2.3 Alternativen zu Transaktionen	231

		7.9.3	Querschnittsthemen	235
		7.9.4	Business-Objekte/Backend-Komponenten und SOAD	236
7.10	Säule J: Technische Architektur und Infrastruktur			237
	7.10.1	Implementierungsalternativen		237
		7.10.1.1	BPMS, BRMS, ESB	237
		7.10.1.2	BPM-Standards	238
		7.10.1.3	Klassische Anwendungsentwicklung und modellgetriebene Entwicklung	241
		7.10.1.4	Hybrider Ansatz: BPMS & MDD	242
	7.10.2	Mapping der SOA auf die technische Architektur		248
		7.10.2.1	Schichtenarchitekturen	248
		7.10.2.2	Umsetzung von Schnittstellen	249
	7.10.3	Andere Umsetzungsaspekte		250
		7.10.3.1	Ausfallsicherheit und Fehlerbehandlung	250
		7.10.3.2	Skalierbarkeit und Performance	253
		7.10.3.3	Sicherheit	254
		7.10.3.4	Große BPM-Systeme strukturell beherrschen	255
		7.10.3.5	Betriebsinfrastruktur	257
	7.10.4	Technische Architektur/Infrastruktur und SOAD		258
7.11	IBPM-Querschnittsthemen			259
	7.11.1	Dokumentenmanagement		259
		7.11.1.1	Input-Management und Verarbeitung	261
		7.11.1.2	Output-Management	263
		7.11.1.3	Frontends	265
		7.11.1.4	Technische Integration von DMS und BPMS	265
		7.11.1.5	Dokumentenmanagement im Enterprise 2.0	267
	7.11.2	Master Data Management		269
		7.11.2.1	Beispiel 1: Kundenstammdatenverwaltung im Großkonzern	270
		7.11.2.2	Beispiel 2: Artikelstammdatenverwaltung im Handel	271

8	**IBPM-Patterns**		**273**
8.1	Process/BO-Patterns		274
8.2	Process Portlet Patterns		277
	8.2.1	Process/BO-Portlet	277
	8.2.2	Process/BO-Portlet mit Task Data	280
	8.2.3	Process/BO-Portlet mit Task Data und Wizard	280
8.3	UI/Process Modeling Patterns		281
8.4	Process Portal Patterns		284

8.5	Process Network Patterns	285
8.6	General BPM Patterns	288
	8.6.1 Process Monitoring	288
	8.6.2 Change Management	288

9 Vorgehen zur Umsetzung eines BPM-Projekts — 291

9.1	IBPM-Vorgehensmodell	291
9.2	Rollen	293
9.3	Phasen und Arbeitspakete	294
	9.3.1 Planung	294
	9.3.2 PO-A	297
	9.3.3 SO-A	300
	9.3.4 PO-D I	303
	9.3.5 SO-D I	310
	9.3.6 PO-D II	315
	9.3.7 SO-D II	323

Teil III
Enterprise BPM-Framework — 329

10 Einführung in das EBPM-Framework — 331

10.1	Unterschiedliche Ausprägungen von BPM-Initiativen	331
10.2	Beispiele für BPM-Initiativen	333
10.3	EBPM-Framework	333

11 BPM-Strategie — 335

11.1	Grundsätzliche Ausrichtung und Sponsor	336
11.2	Business Case	337
11.3	Kontinuierliche Erfolgsnachweise	339
11.4	Stakeholder	340
11.5	Startpunkt und Vorgehen	340
11.6	Portfoliomanagement	342
11.7	Plattformstrategie	343

| 12 | **Programm-Management** | **345** |

12.1 Eigenschaften eines Programms 346
12.2 Aufgaben eines Programm-Managements 346
12.3 Portfoliomanagement und -planung 347
    12.3.1 Strukturierung eines Programms 347
    12.3.2 Rollierende Quartalsplanung 348
    12.3.3 Struktur der Planungsdokumentation 349
    12.3.4 Der Prozess der Planung 350
    12.3.5 Berichte und Fortschrittskontrolle 351
    12.3.6 Management von Abhängigkeiten 353
    12.3.7 Unterschiedliche Schwerpunkte 354

| 13 | **BPM-Organisation** | **355** |

13.1 Organisation eines BPM Competence Center 355
    13.1.1 Organisationsaufbau 355
    13.1.2 Beispiel Deutsche Lufthansa AG 358
    13.1.3 Elfenbeinturm vs. Projektegoismus 360
13.2 Organisation eines Transitionsprogramms 362
    13.2.1 Organisationsaufbau 362
    13.2.2 Beispiel Lufthansa Systems AG 363
    13.2.3 Conway's Law 368
13.3 Organisation einer Prozessorganisationsinitiative . 370
    13.3.1 Organisationsaufbau 370
    13.3.2 Funktions- vs. Prozessorientierung 371

| 14 | **BPM und EAM** | **373** |

14.1 Enterprise-Kontext 373
14.2 IT-Governance 375
14.3 Beispiel BAA Heathrow 377
14.4 Geschäftsarchitektur 378
    14.4.1 Prozesslandkarten 378
    14.4.2 Prozesskatalog 380
14.5 Servicearchitektur 381
    14.5.1 Domänenmodell 381
    14.5.2 Geschäftsobjekte 384
    14.5.3 Serviceportfolio 384
14.6 Beispiel Deutsche Post AG 386

15	**BPM Lifecycle Management**	**389**
15.1	Lifecycle Management auf Enterprise-Ebene	389
15.2	Application Lifecycle Management	390
15.3	Lifecycle Management von Komponenten	391
15.4	Versionierung	393
	15.4.1 Schnittstellenversionierung	394
	15.4.2 Prozessversionierung	394
	15.4.3 Configuration-Matrix	395
15.5	Modellierung von Lifecycle-Informationen	395

16	**BPM-Plattform, -Standards und -Richtlinien**	**397**
16.1	BPM-Plattform	397
	16.1.1 Standardisierung, Konsolidierung und Ecosystems	398
	16.1.2 Welche BPM-Plattform für welchen Zweck?	398
	16.1.3 BPM im Zentrum der Integrationsplattform	399
	16.1.4 Schrittweiser bedarfsgetriebener Ausbau	400
	16.1.5 Technologieakquisition	400
16.2	Standards und Richtlinien	401
	16.2.1 Programm-Management	401
	16.2.2 Enterprise Architecture Management	402
	16.2.3 POAD	402
	16.2.4 SOAD	403
	16.2.5 Umsetzung und Governance	404

Anhang   405

A	**Abkürzungsverzeichnis**	**407**
B	**Literatur**	**409**
	Index	**415**

Teil I
Grundlagen

1 Einleitung

1.1 Aufbau des Buches

Dieses Buch gibt Ihnen in drei Teilen einen umfassenden Überblick über alle wichtigen Aspekte des Business Process Management (BPM). Es führt zunächst wichtige Grundlagen für BPM ein (Teil I), beschreibt die strukturierte Durchführung eines einzelnen BPM-Projekts (Teil II) und definiert dann die Rahmenbedingungen für die unternehmensweite Einführung von BPM (Teil III). Abbildung 1–1 zeigt die Kapitelstruktur.

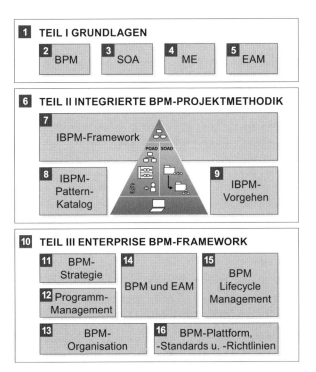

Abb. 1–1   Aufbau des Buches

Teil I führt zunächst die wesentlichen Grundlagen für die Umsetzung von BPM auf Unternehmensebene ein. Diese umfassen:

- **Business Process Management (BPM):** IT- und Business-Werkzeuge zur Beherrschung und Optimierung von Geschäftsprozessen.
- **Service-oriented Architecture (SOA):** Grundlegendes Architekturparadigma für komplexe Anwendungslandschaften.
- **Managed Evolution (ME):** Evolutionsstrategie für komplexe Anwendungslandschaften.
- **Enterprise Architecture Management (EAM):** Strategische Bebauungsplanung für komplexe Anwendungslandschaften.

Teil II stellt die »Integrierte BPM-Projektmethodik« (IBPM) vor. IBPM dient dazu, BPM-Projekte klar strukturiert und mit einheitlichem Vorgehen unter Anwendung von Best Practices durchzuführen. IBPM umfasst:

- **IBPM-Framework:** Definiert die 10 wichtigsten thematischen Säulen bei der Umsetzung eines BPM-Projekts. Dabei werden Elemente der Prozess- und Serviceorientierung zu einem Methodik-Tandem kombiniert.
- **IBPM-Patterns:** Definieren einen Katalog von Entwurfsmustern, die in einem BPM-Projekt zum Einsatz kommen können.
- **IBPM-Vorgehen:** Beschreibt das Vorgehen in einem BPM-Projekt, strukturiert nach dem IBPM-Framework und unter Einsatz der IBPM-Entwurfsmuster.

Teil III stellt das Enterprise BPM-Framework (EBPM) zur Einführung von BPM auf Unternehmensebene vor. EBPM umfasst:

- **BPM-Strategie:** Beschreibt die wichtigsten Aspekte, die bei der Definition der BPM-Strategie berücksichtigt werden müssen.
- **Programm-Management:** Beschreibt die wichtigsten Methoden und Werkzeuge zum Management einer umfangreichen BPM-Initiative.
- **BPM-Organisation:** Beschreibt den Aufbau einer effizienten Organisation für verschiedene Arten von BPM-Initiativen.
- **BPM und EAM:** Beschreibt das Zusammenspiel von BPM und Enterprise Architecture Management.
- **BPM Lifecycle Management:** Beschreibt, wie der Lebenszyklus der verschiedenen BPM-Artefakte projektübergreifend gesteuert werden kann.
- **BPM-Plattform, -Standards und -Richtlinien:** Beschreibt nicht nur die BPM-Plattform als Grundlage für die Projektumsetzung, sondern auch wie Standards und Richtlinien einen Ordnungsrahmen für die BPM-Initiative schaffen.

Ihnen sagen noch nicht alle Abkürzungen und Begriffe etwas oder Sie können sie noch nicht richtig in einen Zusammenhang bringen? Keine Sorge! Im folgenden

Abschnitt bieten wir Ihnen zunächst einmal eine ausführliche Motivation, aus der wir dann die restlichen Themen des Buches ableiten.

Sie sind bereits sehr erfahren in den meisten dieser Themen? Ebenfalls sehr gut! Dann kann Ihnen das Einführungskapitel vielleicht Anregungen liefern, wenn Sie das nächste Mal selber die Themen in Ihrem Unternehmen vorstellen müssen.

> Alle in diesem Buch verwendeten Abbildungen können von unserer Website *www.enterprise-bpm.org* heruntergeladen und von Ihnen in Ihren eigenen Präsentationen verwendet werden. Auf der Website finden Sie u.a. auch Diskussionsforen zu den einzelnen Kapiteln, Dokumentvorlagen, die IBPM und EBPM unterstützen, den kompletten Pattern-Katalog sowie das BANF-Beispiel aus dem Buch in ausführlicher Form.

1.2 Der lange Weg von Six Sigma zu XPDL

Business Process Management (BPM) ist wahrscheinlich eines der am stärksten überladenen Konzepte in der Wirtschaft. Die Liste der häufig mit BPM assoziierten Themen ist lang. Sie reicht von High-Level-Managementkonzepten wie Six Sigma und Lean Management bis hin zu ausgesprochen technischen Themen wie BPEL (Business Process Execution Language) und XPDL (XML Process Definition Language). Übrigens: Keine Sorge, wenn Sie weder ein Six Sigma Black Belt noch ein Experte für XPDL sind. Wahrscheinlich sind Sie dann sogar am besten bei uns aufgehoben. Dieses Buch wird sich weder in die Höhen von Six Sigma schwingen noch in die Tiefen von XPDL hinabsteigen. Unser Ziel ist es, genau die Lücke dazwischen zu schließen, indem wir Ihnen einen konkreten Leitfaden zur Umsetzung von BPM an die Hand geben.

Um den Begriff »BPM« etwas genauer abzugrenzen, lehnen wir uns zunächst an eine Unterteilung an, die in [SKJ+06] getroffen wurde: Hier wird zwischen betriebswirtschaftlichem BPM (bzw. **Business-BPM**) und technologischem BPM (bzw. **IT-BPM**) unterschieden. Diese Aufteilung wollen wir uns zunutze machen und in den nächsten beiden Abschnitten kurz die wichtigsten Methoden und Werkzeuge vorstellen, die in den Bereichen Business-BPM und IT-BPM typischerweise anzutreffen sind. Danach werden wir aufzeigen, wie IT-BPM das Business-BPM unterstützen kann.

Um den Zusammenhang von Business-BPM und IT-BPM auf oberster Ebene aufzuzeigen, ist das »System des integrierten Geschäftsprozessmanagements« nach [ScSe07] hilfreich (siehe Abb. 1–2). Dies ist ein Rahmenwerk, das die Grundkonzepte von Business-BPM beschreibt. In diesem Rahmenwerk bestimmt die **Geschäftsstrategie** zunächst, welche Geschäftsprozesse umzusetzen sind und welche die von diesen Prozessen umgesetzten strategischen Ziele sind. Die Prozesse starten mit den Anforderungen der Kunden (bzw. anderer Stakeholder) und enden mit der Bereitstellung der Ergebnisse an diese – daher spricht man in diesem Kontext auch häufig von **End-to-End-Prozessen**. Die Aufgabenfelder des integrierten Geschäftsprozessmanagements gemäß [ScSe07] umfassen:

- **Prozessführung:** Etablierung der Prozesskultur im Unternehmen.
- **Prozessorganisation:** Identifikation und Gestaltung der Prozesse, Definition von Rollen und Verantwortlichkeiten sowie die Integration der Prozesse in die Aufbauorganisation.
- **Prozesscontrolling:** Festlegung der Prozessziele, Kontrolle der Zielerreichung.
- **Prozessoptimierung:** Kontinuierliche Verbesserung von Prozessen (Evolution), ggf. auch komplettes Reengineering (Revolution).

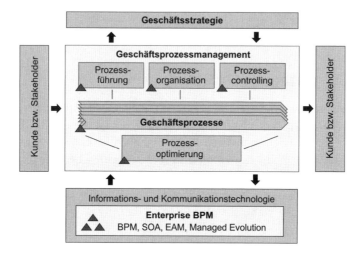

Abb. 1–2   *Enterprise BPM im Kontext des »Systems des integrierten Geschäftsprozessmanagements«*

In [ScSe07] wird auch definiert, dass das integrierte Geschäftsprozessmanagement von der Informations- und Kommunikationstechnologie eines Unternehmens unterstützt werden muss. Genau hier ist also das IT-BPM angesiedelt. Die Informationssysteme eines typischen Großunternehmens bestehen heute aus verschiedenen Standard-Anwendungspaketen (die häufig im Laufe der Zeit stark angepasst wurden und damit nicht mehr den Standards der Hersteller entsprechen) sowie aus Anwendungen, die im Unternehmen selber bzw. im Auftrag des Unternehmens entwickelt wurden. Wir sprechen in diesem Sinne auch von Standardsoftware (Commercial off-the-shelf, kurz COTS) und von Eigenentwicklung (Custom Software Development, kurz CSD). BPM präsentiert sich hier nun als dritte Alternative zwischen COTS- und CSD-Lösungen. Viele BPM-Hersteller bieten heute nicht mehr nur **BPM Engines** an, sondern bündeln diese mit vorgefertigten Lösungen. Außerdem hat BPM einen stark integrativen Charakter, weshalb das Thema SOA (**Service-oriented Architecture**) eine wichtige Rolle spielt. Damit man als IT-Manager die Kontrolle über die komplexen Anwendungslandschaften sowie das Zusammenspiel von COTS, CSD und BPM behält, haben sich heute die Konzepte der **Managed Evolution** (also wie man die Prozess- und Anwendungslandschaft über die Zeit optimiert) und EAM (**Enterprise Architecture Management** bzw. die strategische

Bebauungsplanung) etabliert. Diese vier Konzepte sind die Eckpfeiler von Enterprise BPM.

> **Definition Enterprise BPM**
>
> Enterprise BPM ist ein Baukasten aus IT-Methodikwerkzeugen und IT-Frameworks (Schwerpunkt auf IT-BPM), der spezifisch für die Unterstützung des integrierten Geschäftsprozessmanagements (Schwerpunkt auf Business-BPM) geschaffen wurde. Dieser Baukasten umfasst BPM, SOA, Managed Evolution und EAM.

1.3 Werkzeuge des Business-BPM

Wir werden hier nicht tief auf die verschiedenen Managementkonzepte eingehen können, die im Umfeld von Business-BPM normalerweise angesiedelt sind. Dies würde den Rahmen des Buches sprengen. Trotzdem wollen wir im Folgenden eine kurze Zusammenfassung der Konzepte geben, die wir als wichtige Werkzeuge des Business-BPM an verschiedenen Stellen im Buch referenzieren werden:

- **Lean Management:** Das Konzept der »schlanken Unternehmensführung« baut auf den Konzepten der Lean Production (schlanken Produktion) auf. Als weltweiter Benchmark für die schlanke Produktion gilt bis heute das Toyota-Produktionssystem [Ohn88]. Der Hauptfokus des Lean Management liegt auf der kontinuierlichen Effizienzsteigerung
- **Kaizen/KVP:** Das ursprünglich in Japan entwickelte »Kaizen« ist eine Managementmethodik, die auf ständiger, systematischer und schrittweiser Verbesserung von Arbeitsschritten unter Einbeziehung der Prozessbeteiligten basiert, mit dem Ziel der Identifikation und Eliminierung von Fehlern [Ima86, And10]. In Deutschland wurde Kaizen unter dem Begriff »Kontinuierlicher Verbesserungsprozess« (KVP) in vielen Unternehmen eingeführt.
- **Six Sigma:** Six Sigma ist eine stark datenorientierte Methodik zur Prozessoptimierung. Abweichungen von Prozesszielen werden durch systematische Messung von Prozessleistung und statistische Analyse ermittelt. Six-Sigma-Experten (Black Belts, Green Belts etc.) helfen dabei, Six Sigma erfolgreich im Unternehmen anzuwenden. Zu den Pionieren von Six Sigma gehören Motorola und General Electric [PNC00].
- **Prozesskostenrechnung:** Die Prozesskostenrechnung ermöglicht eine verursachergerechte Darstellung von Produktions- und Leistungskosten [HM89].
- **TQM:** Total Quality Management stellt die Qualität als zentralen Bestandteil der Unternehmensphilosophie in den Mittelpunkt. Die European Foundation for Quality Management (EFQM) definiert das »Model for Excellence«, das häufig als Grundlage für die Einführung von TQM verwendet wird [EFQM].
- **BPR:** Das von [HC03] geprägte Business Process Reengineering verspricht dramatische Leistungssteigerung mittels radikaler Veränderungen.

1.4 Werkzeuge des IT-BPM

Als Gegenstück zu den Werkzeugen des Business-BPM wollen wir an dieser Stelle die wichtigsten Werkzeuge des IT-BPM schon einmal kurz einführen. Diese müssen so beschaffen sein, dass sie den operativen Ablauf und die organisatorische Gestaltung der Prozesse aus dem Business-BPM unterstützen:

- **Modellierung:** Erstellung und Publikation insbesondere von Prozess-, Organisations- und Datenmodellen (siehe Abschnitt 7.1).
- **Prozesssimulation:** Simulation und Auswertung auf Basis formaler Prozessmodelle (kein Schwerpunkt dieses Buches).
- **Workflow und Prozessautomatisierung:** Automatische Steuerung von Arbeitsabläufen, z. B. auf Basis von angereicherten, formalen Prozessmodellen. Dies lässt sich noch wie folgt unterteilen:
  - **User Task Management:** Die Einbindung von Mitarbeitern und anderen Stakeholdern in automatisierte Arbeitsabläufe, z. B. über Arbeitslisten und elektronische Formulare (siehe Abschnitt 7.3).
  - **Business Rule Management:** Die Steuerung von Arbeitsabläufen auf Basis von fachlichen Geschäftsregeln (siehe Abschnitt 7.4).
  - **SOA (Service-oriented Architecture) bzw. EAI (Enterprise Application Integration):** Die Integration von Anwendungen und Softwarekomponenten über standardisierte oder proprietäre Schnittstellen in automatisierte Arbeitsabläufe (siehe Kap. 3).
  - **Dokumentenmanagement:** Die Integration von Dokumenten in automatisierte Arbeitsabläufe (siehe Abschnitt 7.11.1) bzw. prozessgesteuerte Lenkung von Dokumenten.
- **Business Activity Monitoring (BAM) und Business Intelligence (BI):** die Analyse und Auswertung von Prozessdurchläufen und Prozessergebnissen (siehe Abschnitt 7.5).

1.5 Nutzung von IT-BPM zur Umsetzung von Business-BPM

Nachdem wir die wichtigsten Werkzeuge und Methoden des Business-BPM und des IT-BPM beschrieben haben, wollen wir uns nun anschauen, wie IT-BPM das Business-BPM unterstützen kann (siehe Abb. 1–3).

Noch einmal Bezug nehmend auf das System des integrierten Geschäftsprozessmanagements (siehe Abb. 1–2) legen wir hier den Schwerpunkt darauf, wie IT-BPM die folgenden Themen unterstützt:

- die Transformation zur Prozessorganisation
- die Industrialisierung von Dienstleistungsprozessen
- den kontinuierlichen Verbesserungsprozess

1.5 Nutzung von IT-BPM zur Umsetzung von Business-BPM

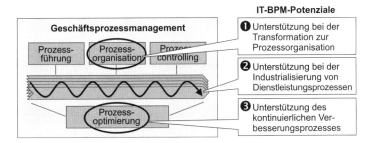

Abb. 1–3   Nutzung von IT-BPM zur Umsetzung von Business-BPM

IT-BPM leistet auch Unterstützung bei der Prozessführung (siehe z. B. Kap. 2) und dem Prozesscontrolling (siehe z. B. Abschnitt 7.5), aber die oben genannten drei Schwerpunktthemen sind häufig die dominierenden auf der Agenda des Senior Management.

1.5.1 IT-BPM Nutzen 1: Unterstützung bei der Transformation zur Prozessorganisation

Die meisten Unternehmen sind heute nach wie vor funktionsorientiert organisiert. Jede vertikale Funktion – wie beispielsweise Marketing, Entwicklung, Produktion und Kundenservice – ist hoch spezialisiert und bearbeitet nur einen Teil der Kundenleistung. Der Hauptfokus liegt auf der Schaffung von Effizienz innerhalb der Funktion (Ressourcenökonomie). Leider führt die Fragmentierung der Prozesse in der Funktionsorganisation häufig dazu, dass die Mitarbeiter keine ganzheitliche Sicht auf den Prozess und die Kundenanforderungen mehr haben (Prozessökonomie). Statt den Fokus auf die Kundenbedürfnisse zu legen, steht die Frage nach den Zuständigkeiten in der Funktionshierarchie im Vordergrund. Abteilungsgrenzen führen dazu, dass **Prozess-Silos** entstehen. Durchläuft eine Prozesskette mehrere Prozess-Silos, kommt es zu Ineffizienzen. Die organisatorischen Schnittstellen zwischen den Prozess-Silos verursachen Koordinations- und Kontrollaufwand. [SeSc07] definiert Prozessschnittstellen als mögliche *Liegestellen* (durch zeitliche Verzögerung bei der Übergabe der Verantwortung), *Irrtumsquellen* (durch Informationsverluste über den Aufgabenzusammenhang) und *Quellen der organisatorischen Unverantwortlichkeit*.

Analog zu den Prozess-Silos kann man in der Funktionsorganisation häufig auch das Auftreten von **Anwendungssilos** beobachten: Anwendungen werden auf Anforderung bestimmter Bereiche im Unternehmen hin entwickelt oder angeschafft. Dies führt dazu, dass die Anwendungen jeweils nur die Prozesse des jeweiligen Bereichs unterstützen, aber nicht auf die Unterstützung von End-to-End-Prozessketten ausgerichtet sind. Ähnlich wie versucht wird, Prozessketten auf der Organisationsebene über organisatorische Schnittstellen abteilungsübergreifend zu integrieren, hat man in der Vergangenheit häufig versucht, Anwendungssilos über technische Schnittstellen zu integrieren. In den 90er-Jahren war der Begriff der

Enterprise Application Integration (EAI) populär. Das Problem mit EAI ist jedoch, dass sie nur die Symptome, nicht aber die Ursache adressiert.

Viele Unternehmen gehen heute den Weg, die Probleme der Funktionsorganisation durch die Einführung einer prozessorientierten Sichtweise in der Organisationsgestaltung zu adressieren. Die Idee ist hier, dass sich die Ablauforganisation nicht mehr an die Aufbauorganisation anpassen muss, sondern der gesamte horizontale Ablauf der Prozesse im Vordergrund steht. Nur wenige Unternehmen werden wohl jemals so weit gehen, dass sie ihre vertikale Funktionsorganisation um 90 Grad drehen und der horizontalen Prozessorganisation angleichen. Aber vermehrt gehen viele Unternehmen heute den Schritt, eine hybride Organisationsform zu wählen, in der sie die klassische, hierarchische Funktionsorganisation mit abteilungsübergreifender, horizontaler Verantwortung für End-to-End-Prozesse kombinieren (siehe Abschnitt 7.2).

Nun bleibt noch das Problem mit den Anwendungssilos. Ebenso wie es für viele Unternehmen unrealistisch ist, vollständig auf eine funktionale Organisationshierarchie zu verzichten, wird man in den Unternehmen auch nicht auf spezialisierte Anwendungssilos verzichten können. Allerdings wurde auch hier erkannt, dass die reine Punkt-zu-Punkt-Integration zwischen den Anwendungssilos (wie sie z. B. häufig mit EAI umgesetzt wird) langfristig keine ausreichende Perspektive bietet. Daher werden heute andere Integrationsansätze gewählt. Wir werden in Kapitel 3 noch näher beschreiben, wie in einer serviceorientierten Architektur das Zusammenspiel von Prozessportal, End-to-End-Prozessen, Common Services und der Einbindung von anderen Anwendungen (COTS, CSD) funktioniert.

Abbildung 1–4 zeigt das Zusammenspiel von Business-BPM und IT-BPM in der Prozessorganisation (bzw. einer hybriden Organisation, die Elemente der Prozess- und der Funktionsorganisation kombiniert).

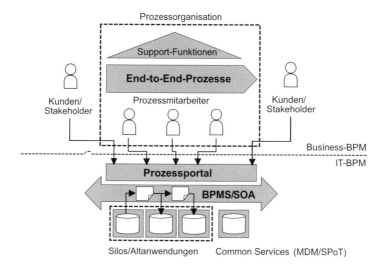

Abb. 1–4   Zusammenspiel von Business-BPM und IT-BPM in der Prozessorganisation

Das IT-BPM stellt ein integriertes Prozessportal zur Verfügung, über das alle Stakeholder eines Prozesses zusammenarbeiten. Die Prozessführung im Portal kann sehr strikt (Workflow, Task Management) oder weniger strikt (Case Management, Collaboration) sein. Wichtig ist, dass das Prozessportal mithilfe eines Business Process Management System (BPMS) und SOA die Prozessführung über die Grenzen der Anwendungssilos hinweg übernehmen kann. Dadurch werden viele der oben angesprochenen Probleme der organisatorischen Schnittstellen (Liegestellen, Irrtumsquellen, organisatorische Unverantwortlichkeit) zumindest teilweise adressiert. Zusätzlich können in einer SOA sogenannte Common Services geschaffen werden, die in verschiedene Anwendungssilos eingebunden werden können. Über diesen Mechanismus lassen sich Konzepte wie Master Data Management (MDM) bzw. Single Point of Truth (SPoT) umsetzen (siehe auch Abschnitt 7.11.2). Dadurch kann ein weiterer Nachteil von Prozess- bzw. Anwendungssilos adressiert werden, nämlich das Arbeiten auf redundanten und dadurch teilweise inkonsistenten Daten.

1.5.2 IT-BPM Nutzen 2: Unterstützung bei der Industrialisierung von Dienstleistungsprozessen

Viele Dienstleistungsindustrien – insbesondere Banken und Versicherungen – waren in der Vergangenheit nicht dem gleichen Marktdruck ausgesetzt wie beispielsweise die Industriegüterproduktion. Insbesondere die Automobilindustrie hat in den letzten Jahrzehnten aufgrund des hohen Marktdrucks fundamentale Umwälzungen erfahren. Mithilfe von Ansätzen wie Lean Management und Kaizen wurde die Produktion revolutioniert, durch Konzepte wie Just in Time wurde die Supply Chain fundamental neu gestaltet und neue Formen des Sourcings ermöglicht.

Viele Dienstleistungsunternehmen stehen hier erst am Anfang der Entwicklung, wobei der Marktdruck inzwischen in vielen Bereichen enorm gestiegen ist. Ein wichtiges Stichwort in diesem Zusammenhang ist die »Individualisierung dank Standardisierung«. Die Standardisierung der einzelnen Abschnitte der Wertschöpfungskette ermöglicht es Unternehmen, gezielter den Fokus auf die Bereiche zu legen, in denen sie sich differenzieren wollen. Economies of Scale sollen durch neue Sourcing-Konzepte realisiert werden. Benchmarking, Design to Cost, Lean Production und Business Process Outsourcing (BPO) werden heute als wichtige Optimierungshebel gesehen. Basierend auf den Erkenntnissen der produzierenden Industrie sollen Arbeitsabläufe konsequent nach den Prinzipien der Lean Production optimiert werden, unstrukturierte Prozesse werden in klare Produktionsflüsse überführt.

Um diese teilweise etwas abstrakten Konzepte möglichst konkret zu machen, haben wir das folgende Gespräch mit Herrn Bourlauf geführt, der viele dieser Konzepte bei der Degussa Bank in Projekten umgesetzt hat.

Dieter Bourlauf, Leiter des Kompetenzcenters Technologie bei der Degussa Bank

Ralph Nelius: Herr Bourlauf, auch in der Bankenbranche ist die Industrialisierung von Geschäftsprozessen ein viel diskutiertes Thema. Wie schätzen Sie den aktuellen Stand ein?

Dieter Bourlauf: Es wird viel geschrieben über die Industrialisierung bei Banken. Von Standardisierung, Taylorisierung, Automatisierung, Modularisierung, kontinuierlicher Verbesserung, Konzentration auf Kernkompetenzen und Reduzierung der Fertigungstiefe ist die Rede. Die Automobilbranche, die unterschiedliche Fabrikate auf einer Fertigungsstraße produziert, wird oft als Vorbild für die Finanzdienstleistungsbranche genommen. Green, Yellow, Black Belts und Ähnliches etablieren sich im Rahmen von Six Sigma als neue Berufsgruppen. Eine SOA hat heutzutage angeblich jedes Softwarehaus und jede IT-Abteilung, die etwas auf sich hält. Business Process Management (BPM) betreibt inzwischen jede moderne Organisation, sei es mit Visio, ARIS oder anderen »Maltools«. Kreditfabriken existieren und eigentlich sind die Banken doch schon sehr weit – oder?

Ralph Nelius: Das klingt ein bisschen ironisch.

Dieter Bourlauf: Nach dem, was ich beobachte, kann man zumindest feststellen, dass die Finanzdienstleistungsindustrie nicht umhinkommt, sich Gedanken darüber zu machen. Viele Institute haben schon mit der Umsetzung begonnen – aber jedes Institut anders.

Ralph Nelius: Welchen Weg sind Sie gegangen?

Dieter Bourlauf: Die Degussa Bank ist eine im Geschäftsmodell streng fokussierte Privatbank, die mit über 600 Mitarbeitern in über 210 Zweigstellen das Privatkundengeschäft in Deutschland betreibt. Wir haben in den letzten beiden Jahren schrittweise begonnen, zwei Bereiche zu industrialisieren und zu reorganisieren: den Immobilienkreditbereich und erhebliche Teile des Kundenservices mit über 70 Prozessen aus Konto- und Kundenservice. Die Geschäftsprozesse beider Bereiche haben unterschiedliche Charakteristika und Anforderungen. Während es im Immobilienkreditbereich um relativ wenige, aber dafür komplexe Prozessarten geht, gibt es im Kundenservice viele unterschiedliche Prozessarten mit hoher Agilität.

Bei der Umgestaltung haben wir uns von zwei Grundgedanken leiten lassen: Erstens werden alle Prozesse »End-to-End« vom Kunden aus betrachtet. Wir sprechen hier von kundenfokussierter Fertigung, zum Kunden hin individuell, in der Fertigung weitestgehend standardisiert. Zweitens denken wir betriebswirtschaftlich – analog zur Automobilindustrie – in Fertigungsstraßen und Standards, damit die Lösungen als »Blueprint« einsetzbar sind.

Im Rahmen unserer serviceorientierten Architektur sind heute alle Prozesse in einer BPM-Plattform abgebildet und werden dort orchestriert und überwacht. Die BPM-Plattform bildet das Bindeglied zwischen unserer SOA und der Fachabteilung.

Es gibt nun in allen Bereichen Produktionsleitstände, mit deren Hilfe wir u.a. eine deutlich flexiblere Arbeitsorganisation erreicht haben. Je nach tatsächlicher oder erwarteter Auslastung der Teams werden Finanzprodukte von einer Fertigungsstraße auf eine andere Fertigungsstraße verschoben oder Kollegen aus einem Team virtuell einem anderen Team zugeordnet, sofern sie über die entsprechenden Fähigkeiten verfügen. Zusätzlich besteht die Möglichkeit, Zweigstellen anderen Betreuungsteams zuzuordnen.

Ralph Nelius: Was waren Ihre Hauptziele?

Dieter Bourlauf: Prozesse sind wertvolle, strategische Assets einer Organisation, die kontinuierlich aktiv gestaltet werden müssen. Mit der Abbildung in einer BPM-Plattform haben wir mehrere Ziele verfolgt und auch erreicht. Dazu gehören die Erhöhung der Flexibilität bei Prozessänderungen bzw. -neugestaltung, im Idealfall direkt durch die Fachabteilung, die flexible Anpassung der Fertigungstiefe, die Erhöhung der Effizienz und Transparenz im operativen Geschäft mit flexibler, am Geschäftsbedarf ausgerichteter Ressourcensteuerung und die Vermeidung von redundanten Entwicklungen wie beispielsweise Webservices für unterschiedliche Projekte oder Produkte.

Ralph Nelius: Mit der Industrialisierung von Geschäftsprozessen verbunden sind sicherlich erhebliche Auswirkungen auf die Organisation, denen aber auch große Nutzenpotenziale gegenüberstehen. Können Sie uns diese kurz beschreiben?

Dieter Bourlauf: In der Tat hat die Industrialisierung erhebliche Auswirkungen auf unsere Gesamtorganisation und führt zu deutlichen Verbesserungen für unsere Servicequalität und Kostenposition. Die wichtigsten Aspekte aus meiner Sicht sind folgende:

- Geschäftlich relevante Prozesse laufen nun automatisiert in der BPM-Plattform ab und sind transparent für jeden verfügbar. Das ist die Grundlage für alle weiteren Möglichkeiten, die mit der Industrialisierung einhergehen. Voraussetzung hierfür war neben der Einführung der BPM-Plattform in unserem Fall auch die Digitalisierung der gesamten Kundenkorrespondenz und damit die Einführung der elektronischen Kredit- und Kundenakte.
- Da alle Informationen im System transparent vorhanden sind, können wir – egal über welchen Vertriebskanal der Kunde uns anspricht – direkt Auskunft über den Vorgang geben.
- Alle betroffenen Prozesse wurden standardisiert und können nun leicht verändert werden. Das bedeutet, dass wir jederzeit Prozessabschnitte taylorisieren oder zusammenfassen können, abhängig vom Mengenaufkommen und den Fähigkeiten der verfügbaren Mitarbeiter. Uns steht ein Pool an praxisgetesteten Prozessabschnitten zur Verfügung, die wir als Vorlage nutzen und rasch an sich schnell verändernde Marktbedingungen anpassen können. Außerdem können wir auf diese Weise unser Personal flexibler einsetzen, die erforderlichen Skill-Levels in einzelnen Prozessschritten senken und auf Engpässe zeitnah reagieren. Damit wird ein einheitlicher Qualitätsstandard gesichert, volle Transparenz erzeugt und die Einhaltung definierter Service Levels über alle Arbeitsprozesse hinweg überprüfbar.
- Die Fertigungstiefe kann die Bank jederzeit selbst bestimmen. Damit können wir z.B. einfachere Tätigkeiten im Rahmen der Kampagnenbearbeitung an externe Dienstleister auslagern und unsere hoch qualifizierten Mitarbeiter von monotonen Tätigkeiten entlasten.
- Die Strukturen der betroffenen Abteilungen wurden im Alignment mit den Prozessen aufgestellt. Durch das Aufsetzen eines kontinuierlichen Verbesserungsprozesses unter Verwendung der statistischen Kennzahlen aus dem BPM-System kann die Fachabteilung die Prozesse und ihre eigene Organisation optimieren. Die Reorganisation wurde aus der Fachabteilung initiiert, bedurfte keiner externen Beratungsgesellschaft, und die Organisationsstruktur passte sich Schritt für Schritt dem optimierten Prozessmodell an.
- Das Know-how der Mitarbeiter ist nun in der BPM-Plattform abgebildet und allgemein zugänglich. Dadurch ist die ursprüngliche Profession der Mitarbeiter teilweise verloren gegangen, neue Rollen und Fähigkeiten mussten erlernt und ausgebildet werden.
- Last but not least: Wir haben durch diese Maßnahmen Effizienzsteigerungen von 30 Prozent und mehr erreicht.

Die Einführung von BPM bei der Degussa Bank ist ein gutes Beispiel für den Beitrag von IT-BPM zur Industrialisierung von Dienstleistungsprozessen. Welchen Einfluss die Einführung von BPM auf die Organisation der Degussa Bank hat, können Sie in der zweiten Hälfte dieses Interviews in Abschnitt 7.2.2 lesen.

1.5.3 IT-BPM Nutzen 3: Unterstützung des kontinuierlichen Verbesserungsprozesses

Aus Perspektive des Business-BPM gibt es im Wesentlichen zwei Ansätze zur Leistungssteigerung von Prozessen: die Prozesserneuerung (»Big Bang«) und die evolutionäre Prozessverbesserung (z.B. KVP). Aufgrund der hohen Risiken, die sich aus einer »Big Bang«-Prozesserneuerung (z.B. Business Process Reengineering) ergeben, wird im normalen Betrieb eher auf die evolutionäre Prozessverbesserung gesetzt. Nur in Ausnahmesituationen wird man die hohen Risiken und Kosten eines Business-Process-Reengineering-Projekts eingehen.

Als Methoden der Prozessverbesserung haben sich heute KVP/Kaizen, Six Sigma und Total Cycle Time (TCT) durchgesetzt (TCT ist ein geschützter Begriff der Thomas Group Inc.). Während TCT auf die Beseitigung von »Barrieren« sowie die Reduzierung der Zykluszeiten abzielt, fokussiert sich KVP/Kaizen auf die Beseitigung von »Verschwendung« in den Prozessen. Six Sigma hat dagegen die Reduzierung von Variation und die Erreichung von Six σ (3,4 Fehler bei einer Million Möglichkeiten) zum Ziel.

Gegenüber diesen Business-BPM-Konzepten wird auf Seiten von IT-BPM häufig der BPM-Zyklus gestellt. Die Idee des BPM-Zyklus ist im Wesentlichen, dass ein BPM-System (BPMS) das sogenannte »Roundtrip Engineering« unterstützt, das von der Analyse und dem Design der Prozesse über deren Umsetzung bis hin zum Betrieb geht. Das BPMS bietet die entsprechenden Werkzeuge, die in diesen Phasen notwendig und die über die Grenzen dieser Phasen hinweg integriert sind, um einen nahtlosen Übergang zwischen den Phasen sicherzustellen. Beispielsweise ist die Idee, dass fachliche Prozessmodelle so weit mit technischen Details angereichert werden, dass sie eine ausführbare Anwendung ergeben. Die Ergebnisse der Ausführung dieser Anwendung können mit den entsprechenden Tools des BPMS im Sinne einer prozessorientierten Business Intelligence (BI) ausgewertet werden. Die Ergebnisse dieser Auswertung fließen dann in die weitergehende Optimierung der Prozessabläufe ein. Dadurch ergibt sich, wie in Abbildung 1–5 gezeigt, der BPM-Zyklus, der die Grundlage der kontinuierlichen Prozessverbesserung darstellt.

Allerdings muss man diese doch sehr BPMS-zentrische Sicht kritisch hinterfragen. Als Erstes stellt sich die Frage, ob die Auswertungsmöglichkeiten des BPMS alleine ausreichen, um alle für die Prozessoptimierung notwendigen Informationen zu gewinnen. Wie in Abschnitt 7.5 noch näher erläutert wird, sind die Reporting-Funktionalitäten des BPMS normalerweise nur ein Baustein eines umfassenden Corporate Performance Management.

1.5 Nutzung von IT-BPM zur Umsetzung von Business-BPM

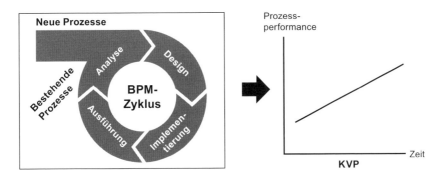

Abb. 1–5   Der BPM-Zyklus und KVP

Auch was das Design der Prozessmodelle durch die Fachbereiche angeht, wird man in der Praxis häufig starke Einschränkungen machen müssen. Die Erfahrung hat gezeigt, dass in der Regel schon relativ frühzeitig das Wissen eines IT-Experten hinzugezogen werden muss, um fachliche Prozessabläufe so zu gestalten, dass sie nicht nur in die Prozesslandschaft des Unternehmens passen, sondern auch in seine Anwendungslandschaft (siehe hierzu z. B. Abschnitt 7.6.4.2).

Bei der Implementierung der Prozesse (also entweder der Codierung oder, beim Einsatz eines BPMS, der Verfeinerung der Prozessmodelle mit genügend Informationen, sodass sie ausführbar werden) muss man genau verstehen, welche Auswirkungen die Anforderungen aus dem KVP haben. Kleine Anpassungen auf Produktionsebene (z. B. die Zuordnung einer Bankfiliale zu einem anderen Backoffice-Team) sind häufig leicht umzusetzen. Die Rekonfiguration des Systems durch Anpassung einer Regel (siehe Abschnitt 7.4) erfordert bereits einen kleinen, qualitätsgesicherten Änderungsprozess und setzt voraus, dass an der richtigen Stelle eine explizite Regel realisiert wurde (siehe hierzu die Diskussion zur Notwendigkeit einer serviceorientierten Architektur in Kap. 3). Prozessänderungen, die eher die Ablauflogik als die Entscheidungslogik betreffen, müssen entweder im Rahmen der normalen Anwendungswartung, oder – bei umfassenderen Änderungen – im Rahmen eines extra geplanten Projekts umgesetzt werden. Signifikante Änderungen, die über KVP hinausgehen – etwa im Rahmen eines Business-Process-Reengineering-Projekts – ziehen auch immer ein entsprechend großes IT-Projekt nach sich.

Bei der Ausführung wird sowohl das Prozessergebnis als auch die Qualität der Analyseergebnisse nicht nur vom BPMS, sondern auch von den Umsystemen und den von ihnen unterstützten Teilprozessen abhängen. Auch hier muss die Limitation des BPM-Zyklus akzeptiert werden, dass nicht immer ausreichende Einflussmöglichkeiten in diesen Bereichen bestehen.

In Abbildung 1–6 sind die wichtigsten Faktoren des Reality Check für den BPM-Zyklus noch einmal zusammengefasst.

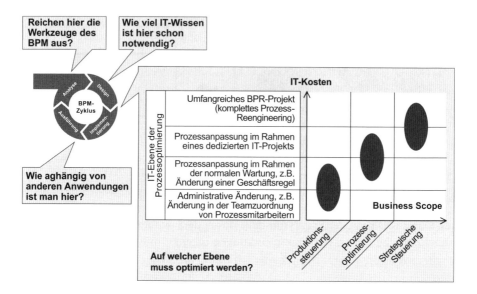

Abb. 1-6   Reality Check für den BPM-Zyklus, Reality Check

Auch wenn dieser Reality Check ergeben hat, dass der kontinuierliche Verbesserungsprozess sich nicht alleine auf den Einsatz eines BPMS verlassen kann, darf nicht unterschätzt werden, dass die in diesem Buch beschriebenen Architekturmuster auf Basis von IT-BPM und SOA in Kombination mit der Managed Evolution und der strategischen Bebauungsplanung die Voraussetzungen dafür schaffen, den KVP aufseiten der IT auf allen Ebenen so gut wie möglich zu unterstützen.

1.6   Wie dieses Buch hilft, die Potenziale von BPM auszunutzen

Im Folgenden werden wir kurz beschreiben, wie die drei Teile dieses Buches Ihnen dabei helfen, so effizient wie möglich eine Brücke zwischen Business-BPM und IT-BPM zu schlagen und dabei die Potenziale von IT-BPM so weit wie möglich auszuschöpfen.

1.6.1   Teil I – Grundlagen

In Teil I dieses Buches stellen wir neben den Grundlagen von BPM und SOA auch die Themen Managed Evolution und EAM bzw. strategische Bebauungsplanung vor. Warum sind diese im Kontext der drei gerade beschriebenen Schwerpunkte von Business-BPM wichtig?

Der Zusammenhang zwischen BPM und SOA und der Prozessorganisation wurde oben aufgezeigt. Das Duo BPM und SOA schafft die technischen Grundlagen, um über ein einheitliches Prozessportal die Probleme zu adressieren, die sich aus den organisatorischen Grenzen zwischen den Prozess-Silos ergeben.

Auch der Zusammenhang zwischen BPM und SOA und der Industrialisierung von Dienstleistungsprozessen war gut zu erkennen. Die Industrialisierung der Dienstleistungsprozesse erfordert eine Dekomposition und Rekombination der Wertschöpfungskette. Dies wird durch klassische Anwendungssilos kaum unterstützt. BPM und SOA bieten hier die notwendige Flexibilität bei der Dekomposition und die richtigen Werkzeuge bei der Rekombination der Prozesse.

Auch dass BPM und SOA die architektonischen Grundlagen schaffen, um im Sinne des KVP die Prozesse flexibel anzupassen (z.B. durch Verwendung von Geschäftsregeln), ist klar geworden. Gerade wenn es um größere Änderungen geht, reichen technische Konzepte oft nicht aus. Genau hier greifen Managed Evolution und strategische Bebauungsplanung. Während die Managed Evolution quasi das Gegenstück zur KVP auf der IT-Seite ist, stellt die strategische Bebauungsplanung die notwendigen strategischen Hilfsmittel zur effizienten Planung auf der IT-Seite zur Verfügung. Daher haben wir neben BPM und SOA den Schwerpunkt in Teil I auf diese beiden Themen gelegt (siehe Abb. 1–7).

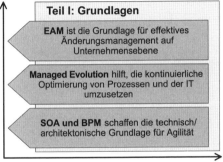

Abb. 1–7   *Zusammenhang zwischen KVP und den in Teil I beschriebenen Grundlagen von Enterprise BPM*

1.6.2   Teil II – Integrierte BPM-Projektmethodik

Wie insbesondere in der Diskussion zum Thema KVP zu sehen war, setzen viele fachliche Prozessoptimierungen die Durchführung von BPM-Projekten voraus. Das heißt, die effiziente Durchführung von BPM-Projekten auf IT-Seite ist Grundlage des KVP auf der Business-Seite. Außerdem muss sichergestellt sein, dass jedes Projekt einen Beitrag zum Auf- und Ausbau von BPM und SOA leistet, damit der KVP unterstützt werden kann (als Beispiel sei hier die Trennung von Prozessfluss und Entscheidungslogik genannt, die ein wesentliches BPM/SOA-Konzept ist und maßgeblich dazu beiträgt, dass Prozesse ohne das Aufsetzen eines Projekts, nur durch Anpassung der Regeln optimiert werden können). Daher muss sichergestellt sein, dass die Lieferergebnisse der Projekte konform mit den Architekturanforderungen von BPM und SOA sind. Abbildung 1–8 zeigt den typischen Ablauf eines einzelnen BPM-Projekts.

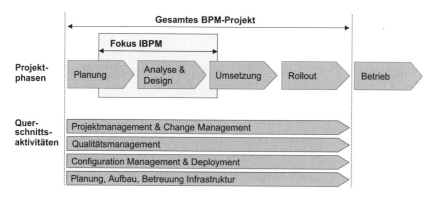

Abb. 1–8 *Einordnung der Integrierten BPM-Projektmethodik (IBPM) in ein Gesamtprojekt*

Um diesen Anforderungen – sowohl effiziente Durchführung als auch BPM/SOA-kompatible Projektergebnisse – gerecht zu werden, beschreiben wir in Teil II des Buches die **Integrierte BPM-Projektmethodik (IBPM)**. Diese ist »integriert« in dem Sinne, dass sie alle wichtigen Aspekte von BPM in einen einheitlichen Methodikansatz zusammenfasst. Dies ist insbesondere durch die 10 Säulen des IBPM-Frameworks sichergestellt, die eine integrierte Sicht auf das Zusammenspiel aller möglichen Aspekte eines BPM-Projekts geben (siehe Kap. 6).

Wichtig ist uns an dieser Stelle, dass wir das Rad nicht neu erfinden. Es gibt heute bereits diverse Vorgehensmodelle für die Softwareentwicklung, vom V-Modell XT über den Rational Unified Process (RUP) bis hin zu agilen Methoden wie SCRUM. IBPM fokussiert daher auf die inhaltlichen Spezifika eines BPM-Projekts und kann mit jeder dieser mehr generischen IT-Projektmethodiken kombiniert werden.

Wie in Abbildung 1–9 zu sehen ist, beschreibt das IBPM-Framework zunächst einmal das Zusammenspiel eines einzelnen Projekts mit der Unternehmensebene. Hierbei spielt die Einordnung des Projekts in den **Enterprise-Kontext** eine wichtige Rolle. Dies betrifft insbesondere die Einordnung in Organisationsstruktur, Prozesslandkarte und Domänenmodell des Unternehmens sowie die Abhängigkeiten zwischen dem Projekt und den unternehmensweiten Services und Anwendungen. Auch die Erfassung und Auswertung der Abhängigkeiten von Projekten untereinander ist erfolgskritisch.

Innerhalb des Projekts wird der Schwerpunkt dann auf das Zusammenspiel zwischen prozess- und serviceorientierten Methoden gelegt. Aus Sicht von **Prozessorientierter Analyse und Design** (POAD) sind die folgenden Elemente in IBPM wichtig:

- IBPM-Säule A: Prozessdokumentation und Prozessdesign
- IBPM-Säule B: Prozessorganisation und Prozessrollen
- IBPM-Säule C: User Task Management
- IBPM-Säule D: Geschäftsregeln
- IBPM-Säule E: Prozessanalyse und Reporting

1.6 Wie dieses Buch hilft, die Potenziale von BPM auszunutzen

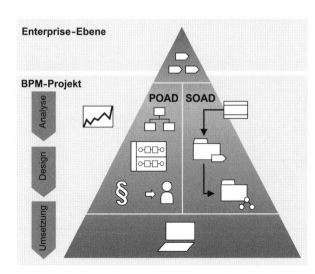

Abb. 1–9 Übersicht über das IBPM-Framework

Aus Sicht von **Serviceorientierter Analyse und Design** (SOAD) sind die folgenden Elemente in IBPM wichtig:

- IBPM-Säule F: SOA-Komponentisierung
- IBPM-Säule G: User Interface Design
- IBPM-Säule H: Prozesskomponenten
- IBPM-Säule I: Business-Objekte und Backend-Komponenten
- IBPM-Säule J: Technische Architektur

Die 10 Säulen des IBPM-Frameworks sind eng abgestimmt mit den IBPM-Patterns, die in Kapitel 8 beschrieben werden, sowie dem IBPM-Vorgehensmodell, das anhand eines zusammenhängenden Fallbeispiels in Kapitel 9 beschrieben wird.

1.6.3 Teil III – Enterprise BPM-Framework

Während sich das IBPM-Framework auf ein einzelnes BPM-Projekt bezieht, wurde das **Enterprise BPM-Framework** entwickelt, um zu beschreiben, wie eine BPM-Initiative auf Unternehmensebene umgesetzt werden kann.

Eine solche Initiative wird immer unterschiedliche Schwerpunkte haben, beispielsweise den Aufbau eines BPM Competence Center, die Durchführung eines konkreten Transformationsprogramms oder den Aufbau einer Prozessorganisation im Unternehmen. Abbildung 1–10 gibt einen Überblick über die Elemente des Enterprise BPM-Frameworks.

Abhängig von den Schwerpunkten muss die **Strategie** der BPM-Initiative angepasst werden, vom Business Case bis zur Einführungsstrategie. Häufig werden als Teil einer BPM-Strategie mehrere Projekte zu einem Programm zusammengefasst.

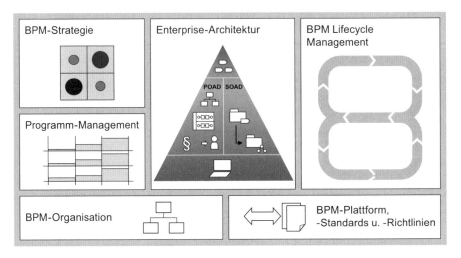

Abb. 1–10 *Enterprise BPM-Framework*

In diesem Fall ist es notwendig, dass die Projekte gemäß den Prinzipien der Managed Evolution durchgeführt und von einem darauf ausgerichteten **Programm-Management** flankiert werden. Das **Enterprise Architecture Management** setzt die strategische Bebauungsplanung um, die die Grundlage für eine effiziente Transformation einer komplexen Prozess- und Anwendungslandschaft ist. Das **BPM Lifecycle Management** beschreibt, wie der Lebenszyklus der verschiedenen BPM-Artefakte projektübergreifend gesteuert werden kann. Die **BPM-Organisation** umfasst den Aufbau einer effizienten Organisation für verschiedene Arten von BPM-Initiativen. Die Bereitstellung einer **BPM-Plattform** ist die Grundlage für die Umsetzung der BPM-Projekte. Standards und Richtlinien schaffen einen strukturellen Ordnungsrahmen für die BPM-Initiative und leisten somit einen wichtigen Beitrag für die Managed Evolution.

2 BPM-Grundlagen

Im Folgenden wollen wir zunächst eine Einordnung von BPM in die Unternehmenslandschaft vornehmen. Dabei liegt der Schwerpunkt auf IT-BPM, wobei wir stets deren Zusammenspiel mit Business-BPM berücksichtigen. Wenn wir im Rest dieses Buches den Begriff BPM ohne den Zusatz »IT« verwenden, dann meinen wir damit in der Regel die IT-zentrische Sicht auf BPM mit Schwerpunkt auf die Prozessautomatisierung. Wie die Vision dieses IT-zentrischen BPM genau aussieht, wird ebenfalls vorgestellt.

2.1 Einordnung von BPM in die Unternehmenslandschaft

Um zu verstehen, wie das IT-zentrische BPM in einem Unternehmen einzuordnen ist, werden zunächst unterschiedliche Klassen von Prozessen betrachtet, bevor wir uns dann die idealen Lösungsszenarien für Projekte anschauen, die diese unterschiedlichen Prozessklassen betreffen.

2.1.1 Prozess ist nicht gleich Prozess

Aus der BPM-Umsetzungsperspektive ist es sehr wichtig, dass man die spezifischen Eigenschaften der Prozesse genau versteht, in deren Umfeld die BPM-Aktivitäten angesiedelt sind. Nur dann wird man in der Lage sein, genau den Lösungsansatz zu finden, der der Zielsetzung und der jeweiligen Prozessklasse am besten gerecht wird.

Das Spektrum möglicher Prozessarten ist sehr breit. Einige Prozesse sind extrem strukturiert und haben eine hohe Wiederholungsrate, andere sind sehr unstrukturiert und jeweils hoch individuell vom Ablauf her. Drei typische Klassen von Prozessen sind Straight Through Processing (STP) bzw. die »Dunkelverarbeitung«, entscheidungsintensive Prozesse bzw. Prozesse mit einem hohen Anteil an »Hellverarbeitung« sowie das Case Management bzw. die Vorgangsbearbeitung. Abbildung 2–1 nennt Beispiele für diese drei Prozessklassen in Anlehnung an [VRL09].

(Voll-)Automatisierte Prozesse/ Straight Through Processing	Entscheidungsintensive Prozesse	Case Management
Elektron. Rechnungsdatenaustausch	Rechnungsprüfung	Produktentwicklung
Autom. Schadensregulierung	Schadensprüfung durch Experten	Help-Desk
Autom. Rechnungsabwicklung	Stellenbesetzung	Beschwerdemanagement

Sehr strukturierte und regulierte Prozesse ⟷ Sehr dynamische, Ad-hoc-, situationsabhängige Prozesse

Abb. 2–1 *Prozessklassifizierung*

STP zeichnet sich durch einen hohen Strukturierungsgrad, hohes Automatisierungspotenzial und oft durch strenge regulatorische Auflagen aus. Beispiele für STP sind der elektronische Rechnungsdatenaustausch, die automatische Schadensregulierung oder auch die automatische Angebotserstellung. Entscheidungsintensive Prozesse haben häufig einen hohen Anteil an Hellverarbeitung, d.h., sie basieren auf Entscheidungen, die von Mitarbeitern kontextsensitiv oder sogar intuitiv getroffen werden müssen, bzw. auf Basis von Regeln, die sich nur schwer formalisieren lassen. Beispiele für entscheidungsintensive Prozesse sind die Rechnungsprüfung, die Schadensprüfung durch Experten oder auch die Stellenbesetzung. Case Management ist das Gegenstück zu STP. Es zeichnet sich dadurch aus, dass die Prozesse sehr dynamisch sind, häufig Ad-hoc-Aufgaben beinhalten und meist recht individuelle Lösungswege erfordern. Bereiche, in denen Case Management Anwendung findet, sind beispielsweise die Produktentwicklung, der Help-Desk oder das Beschwerdemanagement.

2.1.2 Die richtige Lösung für jedes Problem

Wichtig ist, dass bei der Suche nach einer Lösung nicht nur die Zielsetzung bzw. das Problem bekannt ist, sondern auch genau verstanden ist, um welche Art von Prozess es sich handelt. Beides hat einen starken Einfluss auf die Wahl der richtigen Lösung. Neben dem Einsatz von BPM ist immer der Einkauf einer Standardanwendung (COTS) oder die komplette Eigenentwicklung (CSD) eine Alternative. Dies muss zunächst entschieden werden. Hierbei spielen viele Faktoren eine Rolle, inkl. der Kosten, Time to Market (TTM), Risiken sowie der strategischen Bedeutung des Prozesses bzw. der Anwendung.

Ist die Entscheidung für den Einsatz eines BPMS gefallen, gibt es auch hier noch unterschiedliche Optionen (siehe Abb. 2–2). In Anlehnung an [VRL09] kann zwischen integrationszentrischen, anwenderzentrischen und dokumentenzentrischen BPMS unterschieden werden. Jede dieser Klassen eines BPMS hat spezifische Eigenschaften.

Dank der hohen Integrationsfähigkeit (z.B. über SOA und EAI) von integrationszentrischen BPMS sind diese besonders für STP-Prozesse oder andere Prozesse

2.1 Einordnung von BPM in die Unternehmenslandschaft

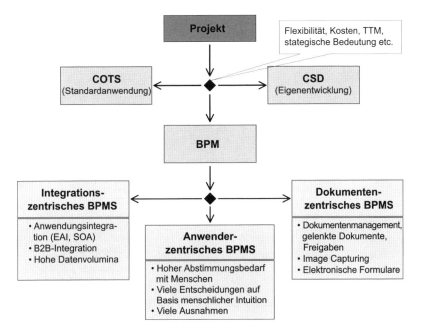

Abb. 2–2   Umsetzungsoptionen

mit einem hohen Grad an Dunkelverarbeitung und Systemintegration geeignet. Entscheidungsintensive Prozesse mit einem hohen Grad an Hellverarbeitung werden besonders gut durch anwenderzentrische BPMS unterstützt. Nur schwach strukturierte Vorgänge werden dagegen in der Regel am besten durch dokumentenzentrische BPMS unterstützt, da hier die Lenkung von (mehr oder weniger) strukturierten Dokumenten im Vordergrund steht.

Allerdings muss man auch sagen, dass heutzutage die Grenzen zwischen diesen BPMS-Klassen und ihren Anwendungsbereichen teilweise verschwimmen. Nehmen wir als Beispiel die Bestellanforderung, die uns im Rest des Buches noch begleiten wird. Eine Automatisierung der Bestellanforderung benötigt eigentlich alle drei Eigenschaften eines BPMS: Die Freigabeprozesse erfordern beispielsweise Interaktionen mit Menschen. Die Bestellanforderung muss Zugriff auf relevante Dokumente ermöglichen, z.B. über Anforderungsspezifikationen. Und sie muss mit Umsystemen integriert werden, beispielsweise einem ERP-System, wie wir später sehen werden. Daher kann man sagen, dass ein relativ einfach aussehender Prozess wie eine Bestellanforderung bereits hohe Anforderungen an die Fähigkeiten eines BPMS stellt.

In Abbildung 2–3 ist die Einordnung von BPM in die Anwendungslandschaft eines Unternehmens zu sehen. Wichtig ist hier die Unterscheidung zwischen strategischen Anwendungen und dem sogenannten »Long Tail«, also der großen Anzahl von Spezialanwendungen, die kleine Gruppen innerhalb der Fachbereiche eigentlich benötigen, aber aufgrund der geringen strategischen Bedeutung für das Unternehmen nicht von der IT geliefert bekommen. Innerhalb dieses »Long Tail« positionieren sich einige BPMS-Anbieter mit Mashup-Lösungen, die eine einfache Konfiguration von BPM-Lösungen für weniger komplexe Prozesse versprechen, d.h. für Prozesse, bei denen keine hohen Anforderungen an Performance, Nutzeranzahl etc. gestellt werden.

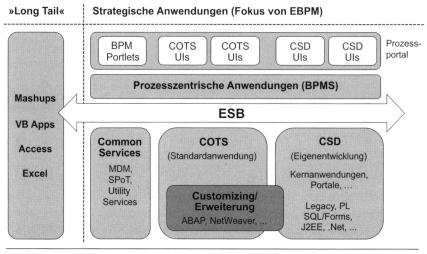

Abb. 2–3   Einordnung von BPM in die Anwendungslandschaft eines Unternehmens

Dem entgegen stehen die strategischen Anwendungen, die im Wesentlichen aus kommerziellen Anwendungspaketen und Eigenentwicklungen (COTS und CSD) bestehen. Allerdings ist noch anzumerken, dass sehr viele Unternehmen heute ihre COTS-Anwendungen so weit »gecustomized« haben (also auf ihre spezifischen Anforderungen hin angepasst haben), dass diese de facto den Charakter einer Eigenentwicklung angenommen haben. Die Aufgabe von BPM ist es, unter Zuhilfenahme der SOA und der Portalintegration eine Architektur zu schaffen, die eine gesunde Balance zwischen Spezialfunktionalitäten in Silo-Anwendungen (COTS und CSD) einerseits und der Unterstützung von End-to-End-Prozessen auf Basis BPM andererseits schafft.

2.1.3   Verändert BPM die Funktion der IT?

Neben der Einordnung von BPM in die Prozess- und Anwendungslandschaft ist noch die Frage der Einordnung von BPM in die Organisation wichtig (siehe auch Abschnitt 7.2). An dieser Stelle wollen wir insbesondere die Frage beantworten, inwiefern BPM eine Veränderung der Funktion der IT mit sich bringt bzw. ob auch eine Veränderung der Funktion der Fachbereiche zu erwarten ist.

IT ist komplex und aufgrund dieser Komplexität häufig für alle Beteiligten mit Frustrationsmomenten verbunden. Daher ist der vielgeäußerte Wunsch der Fachbereiche verständlich, selbst die Kontrolle über die Gestaltung und Automatisierung der eigenen Prozesse zu übernehmen. Allerdings muss sowohl die Sinnhaftigkeit als auch die Umsetzbarkeit dieses Anspruchs sehr kritisch hinterfragt werden. Eine (unserer Meinung nach etwas naive) Sicht auf BPM verspricht durch grafische Modellierungstools die Neu- bzw. Umgestaltung von automatisierten Prozessen auch für Nicht-ITler zu ermöglichen. In Teilbereichen mag dies in Grenzen tatsächlich möglich sein, z. B. durch die Konfiguration bzw. Anpassung vorgefertigter Prozesse durch Fach-Administratoren, wie folgende Beispiele belegen:

- Konfiguration eines vorgefertigten Freigabeprozesses (2-, 4- oder 6-Augen-Freigabe, parallele oder sequenzielle Freigabe etc.)
- Webbasierte Festlegung der Logik, nach der ein elektronisches Formular geroutet wird
- Umhängen einer Filiale auf ein anderes Backoffice-Team in der Credit Factory
- Änderung der Regeln, nach denen z. B. die Risiken bei der Kreditvergabe bewertet werden

Als grenzwertig sind Ansätze wie »BPM Mashups« oder auch »Guided Procedures« in SAP zu bewerten. Der Anspruch, diese Ansätze als Bindeglied zum »Long Tail« zu verwenden (also zur Ad-hoc-Umsetzung von nichtstrategischen Kleinanwendungen), hinkt häufig hinter den Problemen bei der Bedienung dieser Werkzeuge im Detail hinterher.

Noch schwieriger wird es, wenn es sich um komplexere Prozesse handelt, die dicht in die bestehende Anwendungslandschaft integriert werden müssen. Auch mit Ansätzen wie dem für die Zukunft geplanten »Executable BPMN« (also ausführbaren, fachlichen Prozessmodellen) muss man hier sehr vorsichtig sein. In der Praxis verhindern die hohe Komplexität an der Schnittstelle zwischen Fachlichkeit und IT sowie die hohen Anforderungen der Fachbereiche an die Usability der Benutzeroberflächen, die Performance, die Skalierbarkeit und die transaktionale Datenintegrität, dass die Prozessautomatisierung durch Mitarbeiter ohne technische Grundausbildung umgesetzt werden kann.

Hier muss tatsächlich auch die Frage nach der Sinnhaftigkeit gestellt werden. Selbst wenn es irgendwann möglich sein sollte, Prozessapplikationen auf einem Niveau erstellen zu können, das eine Umsetzung durch die Fachbereiche erlaubt – wäre es tatsächlich sinnvoll, die Fachbereiche diese Arbeit selber durchführen zu lassen? In der Regel ist zu erwarten, dass die Fachbereiche Kernkompetenzen haben (z. B. Einkauf, Logistik, Produktion), auf die sie sich fokussieren sollten. Eine Ausweitung der Tätigkeit der Fachbereiche auf die Bereitstellung von IT-Funktionen würde dem fundamental entgegenlaufen und wertvolle Ressourcen unnötig binden.

Allerdings stellt sich die Frage, ob BPM nicht wenigstens die Zusammenarbeit von Fachbereich und IT verbessern kann. Hier sehen wir das Potenzial als sehr groß an, da beispielsweise mit der Einigung auf formale Prozessmodelle als gemeinsame Sprache ein großer Schritt in Richtung IT-Business-Alignment getan wird.

2.2 Die BPM-Vision

An dieser Stelle wollen wir einen Überblick über die BPM-Vision geben. Dazu nehmen wir zunächst die Sicht des Anwenders ein, bevor wir dann die Sicht der Umsetzer beschreiben.

> **Vision vs. Wirklichkeit**
> BPM-Experten mag der folgende Abschnitt zu generisch vorkommen oder sogar als BPM-Marketing empfunden werden. Diese Leser verweisen wir auf die Kapitel in den Teilen II und III dieses Buches. Dort gehen wir auf die vielen Fallstricke und Probleme ein, die bei der Umsetzung von BPM zu erwarten sind. Die folgende Beschreibung kann Ihnen jedoch dabei behilflich sein, wenn es darum geht, die BPM-Vision z. B. an nichttechnische Stakeholder zu kommunizieren – und gerade deren Unterstützung ist extrem wichtig, wenn man mit BPM erfolgreich eine Brücke zwischen IT und Business schaffen will.

2.2.1 Anwenderperspektive

Zunächst wollen wir die Anwenderperspektive betrachten. Dabei verwenden wir ein an dieser Stelle sehr stark vereinfachtes Beispiel aus dem Bereich der Beschaffung (Teil II des Buches verwendet ein realistisches und vollständiges Beispiel für einen Beschaffungsantrag).

2.2.1.1 Prozessgestaltung und Prozessdokumentation

Ein wichtiger Aspekt bei der Gestaltung von Prozessen ist die Prozessdokumentation. Diese hilft, für alle Stakeholder des Prozesses Transparenz zu schaffen, und stellt eine hohe Qualität durch wiederholbare Prozesse sicher.

In der BPM-Welt geht man meistens davon aus, dass Prozesse durch formale Modelle beschrieben werden, hierzu werden z.B. die BPMN (Business Process Modeling Notation) oder EPKs (Ereignisgesteuerte Prozessketten) verwendet (siehe Abschnitt 7.1). Diese können in einem Prozesskatalog oder einem sogenannten House of Processes abgebildet werden, um eine übergeordnete Struktur zu schaffen (siehe Kap. 14). Häufig können die einzelnen Elemente in einem Prozessdiagramm mit weitergehenden Informationen, z.B. in Form von Dokumenten oder Formularen, hinterlegt werden (siehe Abb. 2–4).

Formale Prozessmodelle sind nicht der einzige Weg, um Prozesse zu dokumentieren. Häufig werden auch textuelle Arbeitsanweisungen verwendet. Ein Beispiel hierfür sind Standard Operating Procedures (SOP), die beispielsweise in klinischen Studien verwendet werden, um die Einhaltung standardisierter Prozessabläufe zu gewährleisten und zu dokumentieren. Ein anderes Beispiel für SOPs sind Checklis-

2.2 Die BPM-Vision

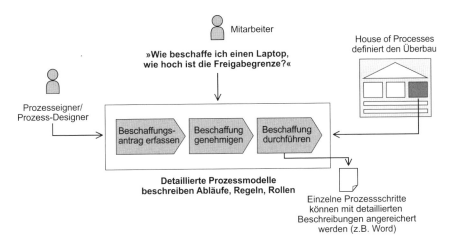

Abb. 2–4 *Prozessdokumentation als wesentliches Element der aktiven Prozessgestaltung*

ten, die Piloten in der Luftfahrt verwenden. Hierfür ist kaum Unterstützung durch ein BPMS notwendig.

2.2.1.2 Prozessautomatisierung

Der nächste Schritt in der Prozessgestaltung besteht darin, Prozessabläufe nicht mehr nur über Arbeitsvorschriften zu steuern, sondern diese durch Einsatz eines BPMS auch zu automatisieren (siehe Abb. 2–5). Oben wurde bereits erwähnt, dass abhängig von der Art des Prozesses – von Straight Through Processing über entscheidungsintensive Prozesse bis hin zum Case Management – unterschiedliche Schwerpunkte gesetzt werden und ggf. auch unterschiedliche Arten von BPMS zum Einsatz kommen können.

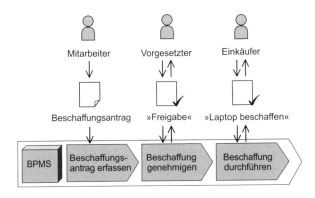

Abb. 2–5 *Prozessautomatisierung*

Die Grundidee ist, dass das BPMS die Kontrolle über die Prozessabarbeitung übernimmt. Hier begegnen uns auch die Begriffe Dunkel- und Hellverarbeitung wieder.

Mit Dunkelverarbeitung sind die Abschnitte eines Prozesses gemeint, die im Sinne eines STP-Prozesses unter Einbeziehung von anderen Anwendungen ausgeführt werden können. Hellverarbeitung bezeichnet dagegen die Prozessabschnitte, die unter Einbeziehung von Mitarbeitern abgearbeitet werden. Hier kommt das User Task Management ins Spiel.

2.2.1.3 User Task Management

Das User Task Management spielt im BPM eine wichtige Rolle. Es dient sozusagen als Schnittstelle zwischen dem BPMS und den Mitarbeitern und steuert damit die Hellverarbeitung (siehe Abb. 2–6).

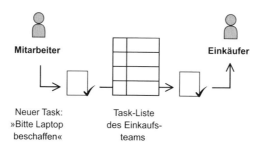

Abb. 2–6 *Beispiel für User Task Management*

Idealerweise hätte jeder Mitarbeiter eines Unternehmens eine zentrale Task-Liste, in der alle ihm zugeordneten Tasks vom BPMS eingetragen werden. Akzeptiert der Mitarbeiter einen Task, wird er vom BPMS zu der entsprechenden Maske weitergeleitet, die alle Informationen und Funktionen enthält, die er zur Erledigung der Aufgabe benötigt. Wir werden in Abschnitt 7.3 alle wichtigen Aspekte des Task Management besprechen. Dazu gehören z.B. die typischen Schwierigkeiten bei der Implementierung einer unternehmensweiten Task-Liste. Ein weiteres wichtiges Thema – auch im Kontext des Themas »Industrialisierung von Dienstleistungsprozessen«, wie wir es in der Einleitung vorgestellt haben – ist der Zusammenhang zwischen Task Management und Lean-Konzepten wie z.B. Kanban.

2.2.1.4 Geschäftsregeln

Geschäftsregeln sind ein wichtiges Instrument, um Prozessabläufe gut steuern zu können und sie schnell und flexibel anzupassen (siehe Abb. 2–7).

Eine wichtige Frage dabei ist, welche Regeln dem Endanwender gegenüber offengelegt werden sollen. Es kann beispielsweise durchaus im Interesse des Managements sein, hier eine gewisse Transparenz zu schaffen, um das Verständnis für den Prozessablauf bei den Mitarbeitern zu fördern. BPMS bieten die Möglichkeit, Geschäftsregeln mit in die Prozessdokumentation zu integrieren.

2.2 Die BPM-Vision

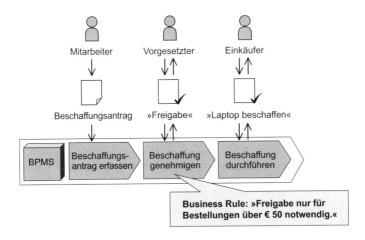

Abb. 2–7   *Prozesssteuerung über Geschäftsregeln*

2.2.1.5   Einbindung von Anwendungen

Während die ersten Workflow-Management-Systeme häufig selber noch relativ geschlossene Anwendungssilos waren, spielt die Integration von Anwendungen in den Prozessablauf heute eine fundamental wichtige Rolle. Viele moderne BPMS sind entsprechend mit EAI- und SOA-Funktionalitäten ausgerüstet, um die Integration anderer Anwendungen in den Prozessfluss zu gewährleisten (siehe Abb. 2–8).

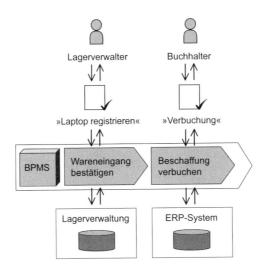

Abb. 2–8   *Integration von Anwendungen in den Prozessfluss*

2.2.1.6 Zusammenspiel von Prozessen und Dokumenten

Die Integration von Dokumenten und Prozessen spielt in vielen BPM-Projekten eine wichtige Rolle. Dabei kann es sich um die Erzeugung von Dokumenten als Ergebnis eines Prozesses handeln oder um die prozessbasierte Verarbeitung eines Eingangsdokuments. Auch die prozessbasierte Freigabe und die weitergehende Steuerung des Lebenszyklus von Dokumenten im Unternehmen spielen häufig eine wichtige Rolle. In Abschnitt 7.11.1 wird dieses Thema detailliert behandelt.

2.2.1.7 Einbindung externer Partner

Die Vision von BPM umfasst auch die Integration externer Partner. Wie in Abbildung 2–9 dargestellt, können externe Partner über verschiedenste Prozessschnittstellen in den Prozessablauf integriert werden. Im B2B-Bereich spielt hier nach wie vor EDI eine wichtige Rolle, für kleinere Unternehmen auch Web-EDI. Verschiedene mögliche Integrationsformen sehen entweder eine automatisierte Integration vor oder eine Integration über manuelle Schnittstellen, wie z.B. E-Mail oder Webformulare.

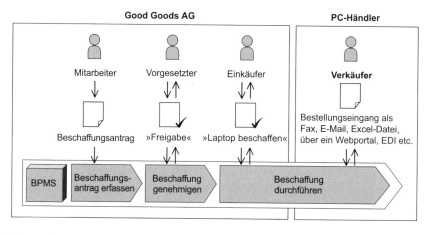

Abb. 2–9 *Integration externer Partner in den Prozess*

2.2.1.8 Monitoring und Analyse

Ein weiterer wichtiger Aspekt von BPM ist, dass Prozesse für Mitarbeiter »anfassbar« werden. Beispielsweise kann jeder Mitarbeiter die für ihn relevanten Prozessinstanzen (also laufende Prozesse) in einer Übersicht einsehen und für jede individuelle Instanz Details abfragen, z.B. zum aktuellen Status, zur Prozesshistorie oder auch zum weiteren Verlauf (siehe hierzu auch das Beispiel in Abschnitt 2.3).

Neben dem Monitoring des Prozessstatus ist die statistische Auswertung der Prozessdurchläufe mit den Mitteln eines BPMS ein wichtiges Werkzeug, um Informationen über die Prozess-Performance und mögliche Probleme zu erhalten (siehe hierzu auch die Diskussion in Abschnitt 7.5).

2.2 Die BPM-Vision

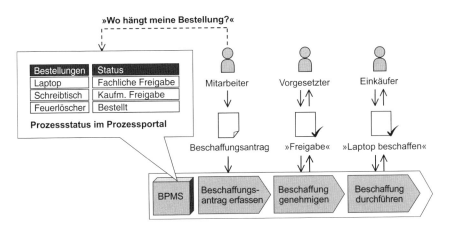

Abb. 2–10   *Prozessmonitoring mit dem BPMS*

2.2.1.9 Prozesssimulation

Für einige Prozesskategorien ist das Thema Prozesssimulation ein wichtiges Thema. Insbesondere hochvolumige, stark standardisierte Prozesse können hier in der Planung von den Mitteln der Prozesssimulation profitieren. Mittels der Prozesssimulation können beispielsweise wahrscheinliche Durchlaufzeiten und der Ressourcenverbrauch von geplanten Prozessen ermittelt werden. Auf Basis der so gewonnenen Informationen können ggf. Anpassungen an den Prozessentwürfen vorgenommen werden, bevor diese in die Umsetzung gehen.

2.2.2 Umsetzungsperspektive

Nachdem wir im vorangegangenen Abschnitt die BPM-Vision aus der Anwenderperspektive betrachtet haben, wollen wir uns nun die Umsetzungsperspektive anschauen. Wir bleiben an dieser Stelle wiederum bei einer High-Level-Betrachtung, die wir dann in Teil II des Buches konkretisieren werden.

2.2.2.1 Elemente des BPMS

Die Produktvision, die heute von vielen BPMS-Herstellern in ihren Marketingunterlagen dargestellt wird, ist die einer integrierten BPM-Suite, die allen Prozess-Stakeholdern eine Collaboration-Plattform bietet, die den kompletten BPM-Zyklus unterstützt (siehe Abb. 2–11). Ein einheitliches Repository verwaltet alle Prozessartefakte, inkl. Organisations-, Prozess- und sonstigen Modellen. Das BPMS unterstützt nicht nur die fachliche Modellierung, sondern auf Basis des gleichen Repository auch die Implementierung, Ausführung, das Monitoring und die Analyse der Prozesse. Zusätzlich unterstützt das BPMS die Integration von Dokumentenmanagement-Funktionen sowie die Anwendungsintegration über EAI-/SOA-Funktionalitäten. Eine Business-Rule-Management-Komponente ermöglicht die Steuerung von Prozessabläufen über Geschäftsregeln.

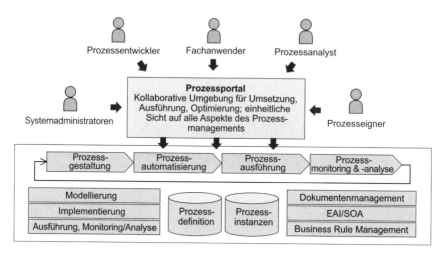

Abb. 2–11 *Elemente des BPMS*

In der Praxis muss man häufig feststellen, dass die Hersteller der eigenen Vision nicht vollständig gerecht werden und die Kunden selten auf ein einziges Produkt im Umfeld BPM setzen.

Die Einschätzung von Analysten wie Gartner und Forrester ist, dass die meisten Hersteller von BPM-Tools **entweder** führend im Bereich der Modellierung und Analyse (Business Process Analysis, kurz BPA) **oder** bei der Ausführung (BPMS) sind. Viele Kunden haben aus der Not eine Tugend gemacht und selber in den Aufbau einer integrierten Werkzeugkette (Toolchain) investiert, mit der ihr spezifischer BPM-Prozess umgesetzt wird.

Eine interessante Tendenz ist außerdem die derzeit sich abzeichnende Konsolidierung der BPA- und BPMS-Märkte, wie sie beispielsweise durch die Übernahme von IDS Scheer durch die Software AG oder den Aufkauf von Lombardi durch IBM vorangetrieben wird. Auch der Anspruch von BPM-Herstellern, die komplette Bandbreite von dokumentenzentrischem über anwenderzentrisches bis hin zu integrationszentrischem BPM abzudecken, ist am Markt erkennbar.

2.2.2.2 Organisationsmodellierung

End-to-End-Prozesse sind in der Regel organisationsübergreifend. BPM soll helfen, das Zusammenspiel der verschiedenen Organisationseinheiten in komplexen Prozessen zu optimieren. Viele BPM-Werkzeuge bieten daher die Möglichkeit der Organisationsmodellierung (siehe Abb. 2–12).

2.2 Die BPM-Vision

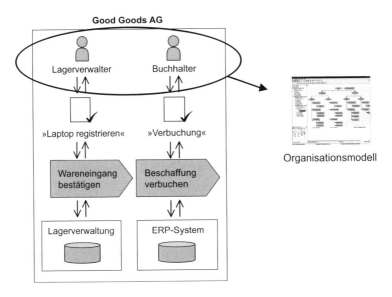

Abb. 2–12 *BPM und Organisationsmodellierung*

Die so entstandenen Organisationsmodelle sollen nicht nur helfen, Transparenz in der Organisation zu schaffen, sondern idealerweise auch die Grundlage für die Steuerung der automatisierten Prozesse im BPMS bilden, z.B. über die rollenbasierte Zuweisung von Aufgaben (Tasks). Inwiefern die Steuerung von komplexen Prozessabläufen auf Basis von Organisationsdiagrammen realistisch ist, besprechen wir in Abschnitt 7.2.

2.2.2.3 Prozessmodellierung

Neben der Organisationsmodellierung spielt die Prozessmodellierung im Kontext von BPM eine wichtige Rolle. Die fachliche Modellierung kann beispielsweise in BPMN erfolgen (siehe Abb. 2–13).

Ein Beispiel für ein einfaches BPMN-Modell ist in Abbildung 2–14 zu sehen. BPMN bildet Prozesse in Pools ab, die wiederum Swimlanes enthalten können. Den Swimlanes können Prozessrollen zugeordnet werden. Der Prozessfluss verwendet Start- und Endereignisse und die einzelnen Prozessschritte werden als Aktivitäten abgebildet. Prozessverzweigungen und Zusammenführungen erfolgen über Gateways.

Wichtig ist, dass man bei der Prozessmodellierung jeweils die Detailebene findet, die dem Verwendungszweck des Modells am besten entspricht. In Abschnitt 7.1 werden wir dazu die BPMN im Zusammenhang mit der Prozessmodellierung noch detailliert darstellen.

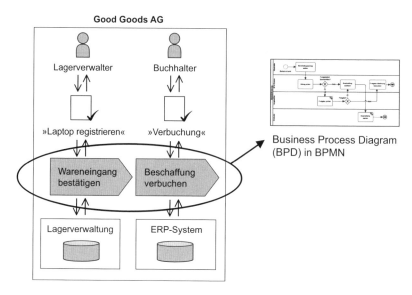

Abb. 2–13   Fachliche Modellierung

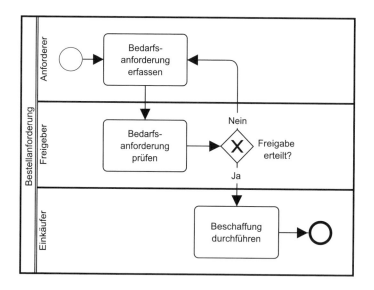

Abb. 2–14   Beispiel für ein BPMN-basiertes Prozessmodell

2.2.2.4 Prozessausführung

In der Anfangszeit von BPM wurde der Schwerpunkt häufig auf die Erstellung umfangreicher Prozessmodelle gelegt, die zwar eine Ist- oder Soll-Situation dokumentierten, diese aber nicht operativ unterstützten. Von einer rein fachlichen Sicht auf Prozessmodelle zu automatisierten Prozessen mit Anwendungsunterstützung zu kommen, ist nach wie vor eine der größten Herausforderungen im Kontext von BPM, aber auch ein wichtiger Bestandteil des Mehrwerts, der von BPM geschaffen werden kann.

Dieter Bourlauf von der Degussa Bank meint dazu: »*Ich bin mittlerweile der Ansicht, dass Prozessmodelle nur dann einen nachhaltigen Beitrag für das Geschäft liefern, wenn sie direkt auf einer Plattform ausführbar sind. Ist dies nicht gegeben, besteht die Gefahr, dass die Prozessmodelle lediglich in einer einmaligen Projektinitiative oder auf Wunsch der Revisionsabteilung ›gemalt‹ werden und danach entweder schnell wieder veralten oder mit relativ hohem Ressourcenaufwand à jour gehalten werden müssen. Ein Businessnutzen ist für mich daraus schwer abzuleiten. Wenn Sie es schaffen, ausführbare Prozessmodelle zu realisieren, dann hat dies den positiven Effekt, dass Business und IT nach relativ kurzer Zeit zu einer gemeinsamen Sicht und zu einer gemeinsamen Sprache finden. Beide arbeiten mit den gleichen Prozessmodellen. Außerdem orchestriert die BPM-Plattform die gesamte IT bis zum GUI und zu den Backend-Services. Über Simulationen können Sie direkt Ineffizienzen im Prozess erkennen. Aus dem Business-Cockpit bekommen Sie automatisch – out of the box – Analysedaten, die permanent fortgeschrieben werden und zur Produktionssteuerung, Überwachung der Service Levels und für KVP-Auswertungen genutzt werden können. Organisationsuntersuchungen klassischer Art sind obsolet.*«

Die Aufwände, die in das Erstellen einer echten Prozessanwendung fließen, dürfen aber nicht unterschätzt werden. Dabei ist es egal, ob die Prozessanwendung »ausprogrammiert« wird, auf Basis eines technischen Workflow-Standards wie BPEL oder XPDL realisiert wird oder – in der Zukunft – sogar ausführbares BPMN zum Einsatz kommt. In jedem Fall muss das ursprünglich rein fachliche Modell um sehr viele Details angereichert werden, von Daten-Mappings bis hin zum UI-Design. Dies wird – unabhängig vom Implementierungsansatz – immer mit signifikanten Entwicklungs- bzw. Modellierungs- und Testaufwänden verbunden sein, die man in der Regel nicht dem Fachbereich aufbürden möchte.

Es gibt derzeit, wie schon anfangs gesagt, mehrere Ansätze, um vom fachlichen Prozessmodell zum ausführbaren Prozess zu gelangen. Egal ob man nun aus einem fachlichen Modell ein technisches Modell ableitet (z.B. durch Model-to-Model-Transformationen von BPMN zu BPEL oder XPDL) oder ein fachliches Modell so weit mit Details anreichert, bis es interpretiert oder kompiliert werden kann, man wird es hier immer mit unterschiedlichen Perspektiven zu tun haben. Wichtig ist dabei, dass es leichter möglich ist, einen Bezug zwischen der fachlichen und der technischen Sicht auf den Prozess herzustellen, als dies in der klassischen Programmierung der Fall ist. Dies hilft, die Kommunikation zwischen Fachexperten und Technikern zu verbessern und fachliche Änderungen auch auf der Umsetzungsseite schneller zu realisieren (siehe Abb. 2–15).

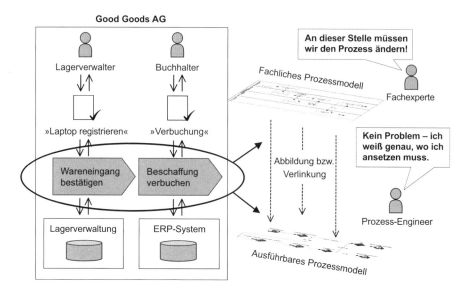

Abb. 2-15 Mapping zwischen fachlicher und technischer Prozessperspektive

2.2.2.5 Anwendungsintegration

Das Thema Anwendungsintegration ist gerade für die Aspekte der Dunkelverarbeitung in einem Prozess enorm wichtig. BPMN selber erlaubt es, in BPMN-Prozessmodellen Aktivitäten zu modellieren, die eine Interaktion mit einer externen Anwendung über Webservices darstellen. Viele Hersteller von integrationszentrischen BPMS stellen neben der Möglichkeit, Anwendungen über Webservices anzusprechen, noch weitergehende Funktionen zur Verfügung. Diese reichen von vorgefertigten Adaptoren für verschiedenste COTS-Anwendungen über Daten-Mapping-Tools bis hin zu ausgereiften EAI-Lösungen. Auch die Unterstützung von EDI-Standards ist für B2B-Prozesse elementar. In Abschnitt 7.6 gehen wir näher auf die Anwendungsintegration im Kontext der Prozessmodellierung ein.

2.2.2.6 Grafische Benutzerschnittstellen

Neben der Anwendungsintegration ist das Thema der Erzeugung von grafischen Benutzerschnittstellen elementar. Viele BPMS bieten hier ausgereifte Formulareditoren, die beispielsweise eng mit dem Task-Listen-Mechanismus des BPMS verzahnt sind. So kann das BPMS beim Öffnen eines Tasks das entsprechende Formular generieren, das zur Bearbeitung des Tasks benötigt wird.

Das Thema Benutzerschnittstelle ist sehr wichtig für die Akzeptanz von BPM-basierten Prozessen und nimmt daher eine eigene Säule im IBPM-Framework ein (siehe Abschnitt 7.7).

2.3 BPM trifft auf das Web 2.0

Die bisher vorgestellte BPM-Vision war relativ klassisch und basiert primär auf der Evolution von Workflow-Management, Dokumentenmanagement und EAI in den letzten 10 Jahren. Neben diesen klassischen Enterprise-Themen spielt heute das Thema Web 2.0 eine wichtige Rolle. Im Internet konnte man in den letzten Jahren beobachten, wie das Web 2.0 die Art und Weise verändert hat, wie Menschen am Internet partizipieren und miteinander interagieren. Einige der wichtigsten Aspekte des Web 2.0, die heute eine Rolle im Bereich BPM spielen oder voraussichtlich bald spielen werden, sind:

- **Crowd Sourcing und kollaborative Prozessgestaltung (Process Collaboration):** In der Vergangenheit wurde die Prozessgestaltung häufig »von oben« durchgeführt. Ein Prozessverantwortlicher definierte das Prozessmodell bzw. die Arbeitsanweisung, diese sollte dann von den Mitarbeitern so wie vorgegeben umgesetzt werden. Dies entspricht erstens nicht den Prinzipien des Kaizen, das ja eine enge Mitarbeitereinbindung bei der Prozessoptimierung vorsieht. Zweitens steht man fast immer vor dem Problem, dass nur die Prozessmitarbeiter den notwendigen Praxisbezug haben, um die Konsequenzen des im Prozess beschriebenen Vorgehens wirklich einschätzen zu können. Häufig kommt es daher dazu, dass Arbeitsanweisungen bzw. Prozessvorgaben nicht eingehalten werden. Mit den Mitteln des Web 2.0 ist eine bessere Einbindung der Betroffenen in die Prozessgestaltung möglich. Der Einsatz von Wikis, Blogs, Content Syndication und Social Bookmarking bietet auch bei der Prozessgestaltung enorme Vorteile (siehe Abschnitt 7.11.1.5 zum Thema Web 2.0, BPM und Dokumentenmanagement).
- **Rich Internet Applications (RIA):** Sowohl für die Werkzeuge der Prozessgestaltung als auch für die Prozessausführung liegt hier ein enormes Potenzial. Viele BPMS-Hersteller haben in den letzten Jahren stark investiert, um ihre Entwicklungswerkzeuge und ihre Prozessportale für den Endnutzer auf RIAs umzustellen.
- **Ende des Software Release Cycle, Mashups, leichtgewichtige Programmiermodelle:** Mithilfe dieser Techniken soll der »Long Tail« in Unternehmen unterstützt werden. Gemeint sind die vielen Prozesse, die nicht strategisch genug sind, um von der zentralen IT automatisiert zu werden. Zusätzlich erhofft man sich von den Kombinationsmöglichkeiten, die sich aus der Mashup-Technologie ergeben, neue, innovative, prozessgetriebene Anwendungen, z. B. im Bereich des Prozessreportings.
- **Cloud Computing, Software-as-a-Service (SaaS):** Einige BPMS-Hersteller haben heute angefangen, ihr Angebot auch in der Cloud zur Verfügung zu stellen. Welchen Akzeptanzgrad dies über initiale Testphasen hinaus finden wird, muss sich erst noch herausstellen.

Eine interessante Perspektive zum Thema kollaborative Prozessgestaltung im Web 2.0 hat Herr Decker zu bieten, den wir im Folgenden zu Wort kommen lassen wollen.

Dr. Gero Decker, Geschäftsführer bei der Signavio GmbH, einem Softwareanbieter im Bereich der kollaborativen Prozessgestaltung

Dirk Slama: Herr Decker, was genau kann ich mir unter »kollaborativer Prozessgestaltung« vorstellen?

Gero Decker: In den letzten Jahren haben sich ausgeklügelte Methoden für die Prozessmodellierung etabliert. Auf der Werkzeugseite sind dabei zahlreiche Lösungen entstanden, die Modellierungsexperten in ihrer Arbeit unterstützen. Leider bleiben die eigentlichen Fachexperten bei diesen Werkzeugen auf der Strecke. Sie haben weder Zeit noch Lust, sich entsprechend einzuarbeiten, und bleiben damit bei der Modellierung allzu oft außen vor. Genau solche Personen müssen aber aktiv in die Prozessgestaltung eingebunden werden. Kollaborativ heißt deshalb in diesem Zusammenhang, Prozessgestaltung nicht als Elfenbeinturmthema zu begreifen, sondern als etwas, das alle in einer Organisation etwas angeht. Tools können bei der Zusammenarbeit helfen und verschiedene Sichten auf die Prozesslandschaft bereitstellen.

Dirk Slama: Welche Rolle spielt dabei webbasierte Technologie?

Gero Decker: Als schönen Vergleich kann man Wikis heranziehen. Solange sich ein Nutzer zunächst einmal eine Wiki-Seite anschaut, besteht noch kein Unterschied zu einer klassischen Webseite. Möchte der Nutzer jedoch aktiv werden, weil er z.B. einen Rechtschreibfehler im Text entdeckt hat, zeigt sich die Stärke eines Wikis: Anstatt sich einen HTML-Editor herunterladen, Dateien erzeugen und auf einen Webserver zurückkopieren zu müssen, verwandelt sich der Wiki-Text mit einem Klick in einen Editor. Ähnliches lässt sich auch auf Prozessmodellierung übertragen. Webbasierte Prozessportale ermöglichen einen Lesezugriff auf Prozessdokumentation. Dank moderner Webtechnologie kann man inzwischen aber auch den zweiten Schritt gehen. Selbst interaktive Funktionen bis hin zu grafischer Modellierung finden heutzutage im Webbrowser statt. Damit spart man sich den Software-Rollout und kann Kollegen situativ (»mit einem Klick«) in die Prozessgestaltung mit einbinden. Möchte ein Mitarbeiter z.B. eine fehlerhafte Verantwortungszuordnung anmerken oder einen fehlenden Genehmigungsschritt hinzufügen, so kann er mit einer webbasierten Anwendung direkt aktiv werden.

Dirk Slama: Stichwort »Mashups«: Gibt es weitere Vorteile durch die Webtechnologie, beispielsweise hinsichtlich einer Einbettbarkeit in andere Anwendungen?

Gero Decker: Moderne Portale zeigen, dass man nicht mehr auf separate Desktop-Anwendungen angewiesen ist. Vielmehr kann man eine große Bandbreite des Arbeitsalltags in einer integrierten Umgebung abdecken. »Mashups« gehen hierbei noch einen Schritt weiter. Google Maps ist dabei das prominenteste Beispiel. Neben einer Adresse kann man gleich die entsprechende Straßenkarte einblenden oder ein Foto des Firmensitzes auf der Landkarte verorten. Ähnliche Möglichkeiten bestehen auch für Prozessdiagramme. So lässt sich das passende Diagramm direkt an der passenden Stelle in anderen Anwendungen einbetten (siehe Abb. 2–16). In einem CRM-System erscheint beispielsweise an der geeigneten Stelle eine Übersicht über die Kampagnenplanung. Besser noch, wenn man im Prozessdiagramm anzeigt, wo man sich gerade im Prozess befindet. Dies gibt nicht nur einen Hinweis, welche Aktivitäten als Nächstes im Prozess anstehen oder an wen eine Übergabe getätigt wird. Ganz nebenbei wird auch ein prozessorientiertes Bewusstsein geschärft. Statt eines »Aufgabe erledigt«-Knopfes kann man direkt sehen, wer an einem Fall die weiteren Schritte übernimmt oder in welchem größeren Kontext eine Aufgabe stattfindet.

2.3 BPM trifft auf das Web 2.0

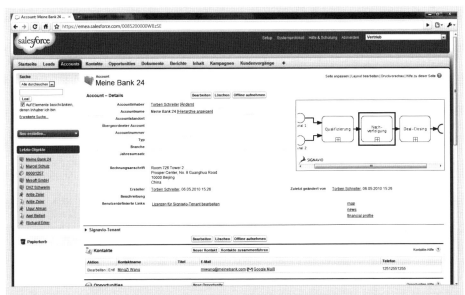

Abb. 2-16 *Beispiel für die Einbettung eines Prozessportals in ein CRM-System*

Dirk Slama: Das BPMN-Dokumentationsmodul für Salesforce.com ist ein interessantes Beispiel für eine Prozessdokumentation, die in eine Anwendung eingebettet wird. Wie muss man sich das genau vorstellen?

Gero Decker: Bei dem Modul handelt es sich um eine direkte Einbettung eines Prozessportals in ein CRM-System. Bei der Visualisierung der Transaktionsdaten kann sofort Bezug genommen werden auf das dazugehörige Prozessmodell. An einem Lead kann beispielsweise angezeigt werden, welche Schritte typischerweise im Vertriebsprozess vorzunehmen sind. Besonders spannend ist bei unserer BPMN-Komponente für Salesforce, dass hier zwei »Software-as-a-Service-«(SaaS-)Angebote direkt miteinander gekoppelt werden. Während die Prozesslandschaft physikalisch auf den Signavio-Servern abgelegt wird, befinden sich die CRM-Daten auf den Salesforce-Servern. Salesforce bietet Mechanismen, um zusätzliche Funktionalität einzubetten – entweder als Applikation, die auch auf den Salesforce-Servern betrieben und dynamisch hinzugebucht wird, oder auch externe SaaS-Angebote, die entsprechend »eingeklinkt« werden. Die Nutzer-Authentifizierung und -Abrechnung geschieht hierbei vollständig über die Salesforce-Plattform. Für den Nutzer ergibt sich ein durchgängiges Portalsystem mit einem zentralen Login, in dem auch die Signavio-Funktionen zur Verfügung stehen.

Dirk Slama: Bei Salesforce handelt es sich – wie bei den meisten Unternehmensanwendungen – um eine datenzentrische Applikation. Wie passt hier die prozessorientierte Sichtweise hinein?

Gero Decker: In Salesforce wird ein Prozess implizit dadurch abgebildet, dass Statuswerte an Business-Objekten gepflegt werden. Ein Prozessstatus ist damit aus einer Menge von Attributen abzulesen. Dies steht im Gegensatz zu reinrassigen Orchestrierungsansätzen, bei denen der Prozessstatus von der Prozess-Engine kontrolliert wird und entsprechende Transaktionen immer von der Engine getriggert werden. Die BPMN-Komponente für Salesforce geht hier einen anderen Weg: Das Prozessmodell wird nicht für die Steuerung verwendet, sondern findet lediglich für eine grafische Visualisierung von Prozesszuständen Anwendung. Das Diagramm ermöglicht damit eine prozessorientierte Perspektive auf ein System, das datenorientiert implementiert wurde. Ganz nebenbei ermöglicht man übrigens damit, nicht nur technische Prozessmodelle anzeigen zu können, sondern tatsächlich auch eine operative Sicht.

Dirk Slama: Technisch, operativ, wo liegt der Unterschied?

Gero Decker: Ein operatives Modell zeigt den logischen Arbeitsablauf in einem Prozess aus fachlicher Perspektive. Technische Prozessmodelle, die für eine Implementierung genutzt werden, sind von ihrer Granularität her auf die technischen Komponenten abgestimmt, die miteinander verbunden werden. Operative Modelle enthalten dagegen auch rein manuelle Tätigkeiten. Sie zeigen den Arbeitsablauf aus Sicht der Prozessbeteiligten – genau die Sicht, die für die Person vor dem Bildschirm die geeignete ist.

Dirk Slama: Lässt sich eine solche fachliche Prozesssicht im Nachhinein über jedes System stülpen? Wo sind die Grenzen?

Gero Decker: Besonders einfach wird es, wenn eine direkte Abbildung von Attributwerten auf fachliche Prozesszustände besteht. Ist beispielsweise eine Angebotsnummer im System zu finden, lässt sich daraus ablesen, dass ein Angebot bereits erstellt wurde. Schwierig wird es, wenn sich die Prozesse über sehr heterogene Systeme erstrecken und eine Zuordnung der Business-Objekte zueinander nicht so leicht möglich ist. Oft sieht man beispielsweise, dass in Freitextkommentarfeldern auf andere Objekte Bezug genommen wird. Dies erschwert eine eindeutige und automatische Ermittlung von Prozesszuständen. Allgemein kann man sagen, dass sich eine prozessorientierte Sichtweise im Nachhinein besonders dann einfach realisieren lässt, wenn nur wenige Business-Objekte betroffen sind. Mit einem pfiffigen Consultant kann eine erste Prozesssicht auf ein bestehendes System in diesem Fall an einem Nachmittag realisiert werden.

3 SOA-Grundlagen

Gerade in komplexen, heterogenen, historisch gewachsenen Systemlandschaften ist es unabdingbar, eine übergreifende, technologieunabhängige Sicht einzunehmen, um die fachlichen Funktionen der einzelnen Elemente der Systemlandschaft und ihr Zusammenspiel zu verstehen. Viele BPM-Projekte sind heute genau in solch einem Umfeld angesiedelt: Bestehende Anwendungssysteme sind seit Langem im Einsatz und unterstützen erfolgreich Teilprozesse. Mittels BPM sollen sie integriert werden, um einen End-to-End-Prozess abzubilden. Die im Folgenden beschriebenen Konzepte sollen Sie dabei unterstützen, die Komplexität in solch einem Umfeld mittels SOA besser in den Griff zu bekommen.

3.1 SOA – Same Old Architecture?

Der Begriff der serviceorientierten Architektur wurde Ende der 1990er-Jahre von Gartner geprägt [SN96]. Eine allgemeingültig akzeptierte Definition gibt es erstaunlicherweise bis heute nicht, häufig wird die folgende Definition der OASIS-Gruppe zitiert: *SOA ist ein Paradigma für die Strukturierung und Nutzung verteilter Funktionalität, die von unterschiedlichen Besitzern verantwortet wird* [OASIS06]. Allgemein besteht heute Einigung darüber, dass das SOA-Paradigma darauf aufbaut, dass technische Elemente der Anwendungsentwicklung (z. B. Programmcode, Datenbankschemas und -abfragen, Konfigurationsdateien) zu höherwertigen, fachlich orientierten Komponenten zusammengefasst werden. Diese fachlichen SOA-Komponenten bieten Dienste an, die beispielsweise als Grundlage für die Automatisierung von Prozessabläufen dienen können. Sogenannte »*Composite Applications*« fassen mehrere fachliche SOA-Komponenten mittels der sogenannten *Service-Orchestrierung* zu neuen Applikationen zusammen.

Viele der Konzepte für die Strukturierung komplexer IT-Systeme sind nicht neu, weshalb manche alte IT-Hasen SOA auch als Abkürzung für »*Same Old Architecture*« bezeichnen. Allerdings muss man hier vorsichtig sein. SOA geht über die reine Modularisierung hinaus, wie sie beispielsweise auch schon in einigen (neueren) Mainframe-Anwendungen praktiziert wurde. Die SOA-Schichtenarchitektur, wie sie im Folgenden erläutert wird, erlaubt eine bessere Integration von Software in heterogenen Anwendungslandschaften, als es die meisten der älteren Strukturierungsmethoden ermöglichen. Auch die starke Ausrichtung auf die Fachlichkeit der SOA-Komponenten ist keine Selbstverständlichkeit. Sogar modernere Softwaremethodiken wie z.B. der objektorientierte Ansatz sind nicht auf die speziellen Probleme der verteilten Systeme und heterogenen IT-Landschaften ausgerichtet, während der SOA-Ansatz genau zur Adressierung dieser Problematiken entwickelt wurde [KBS04, Jos08].

3.2 Von der EAI zur SOA

In der Vergangenheit wurden Anwendungen fast immer auf der Basis isoliert durchgeführter Projekte entwickelt. Die Projektleiter versuchten meistens naturgemäß, die Komplexität und Risiken ihres Projekts dadurch zu minimieren, dass sie die Abhängigkeiten von anderen Projekten oder Abteilungen minimieren. Dies ist aus Perspektive des einzelnen Projektleiters nachzuvollziehen, führt aber zur Entwicklung von Silo-Anwendungen, die in der Regel einen hohen Grad an funktionaler und Datenredundanz aufweisen, da sie nicht mit Nachbaranwendungen bzw. -projekten abgestimmt sind. Häufig werden dann im Nachgang die dringendsten Integrationsprobleme mithilfe der EAI adressiert. Dieses Vorgehen führt zu kaum noch wartbaren »Spaghetti-Architekturen«, wie auf der linken Seite von Abbildung 3–1 dargestellt.

Der SOA-Ansatz besteht darin, die Anwendungssilos nach Möglichkeit aufzubrechen und mittels funktionaler Dekomposition eine Anwendungslandschaft zu erstellen, die nicht mehr auf dem Konzept der Anwendungssilos aufbaut, sondern die auf der prozessgetriebenen Integration von wiederverwendbaren SOA-Komponenten beruht (siehe Abb. 3–1 rechts).

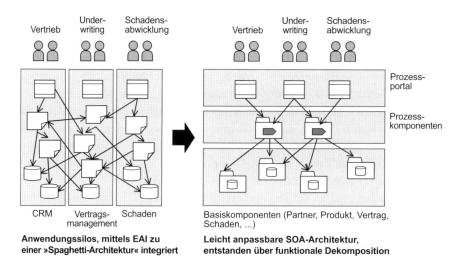

Abb. 3–1 Von der EAI zur SOA mittels funktionaler Dekomposition

Dieses Vorgehen setzt jedoch voraus, dass eine projektübergreifende Perspektive im Unternehmen existiert, die die notwendige Koordination zwischen den Projekten vornehmen kann, um Abhängigkeiten effizient zu managen, Redundanzen zu vermeiden und die Wiederverwendung auf Komponentenebene zu fördern. Dies ist kein einfaches Unterfangen, bedarf eines langen Atems und tangiert viele verschiedene Aspekte des Architekturmanagements. An dieser Stelle verweisen wir auf die Diskussion der Managed Evolution in Kapitel 4, der BPM-Organisation in Kapitel 13 sowie auf die Erläuterung des Zusammenspiels zwischen einzelnen Projekten und der strategischen Bebauungsplanung in Kapitel 14.

3.3 Elemente der SOA

Auch wenn es keine feststehende Definition für SOA gibt, so denken wir doch, dass Abbildung 3–2 die wesentlichen Elemente einer SOA gut zusammenfasst.

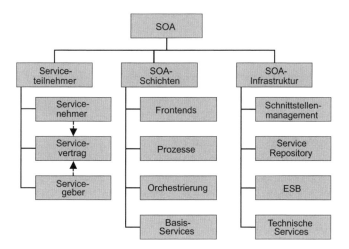

Abb. 3–2 Elemente der SOA

Zunächst einmal haben wir in einer SOA die **Serviceteilnehmer**. Die Servicenehmer (Consumer) rufen über – idealerweise – wohldefinierte Schnittstellen die vom Servicegeber (Provider) angebotenen Dienste auf. Der Servicevertrag (Service Contract) regelt das Zusammenspiel zwischen Servicegeber und Servicenehmern. Mehr Details dazu später.

Die Anordnung der SOA-Komponenten in vier klar definierten, fachlichen **Schichten** ist das zweite wichtige Ordnungskriterium in einer SOA, das wesentlich zur **Entflechtung** komplexer Anwendungslandschaften beiträgt (siehe Abschnitt 3.5).

Als Drittes haben wir das Thema **SOA-Infrastruktur**. Die Kopplung von Servicenehmer und Servicegeber kann wahlweise über direkte Schnittstellen (Punkt-zu-Punkt) oder – entkoppelt – über einen **Enterprise Service Bus** (ESB) erfolgen. In jedem Fall ist es notwendig, dass die richtige Technologie zum Management der

Schnittstellen bereitsteht, z. B. in Form eines SOAP-Stacks, XML-Parsern für REST-Schnittstellen oder proprietären Technologien zum Erzeugen und Verarbeiten von Nachrichtenformaten. Ein **ESB** kann helfen, die Kommunikation zwischen lose gekoppelten SOA-Komponenten sicher und transaktional umzusetzen. Allerdings sollte man die Kosten für das Aufsetzen eines ESB nicht unterschätzen! Ein **Service Repository** kann helfen, die Services und ihre Serviceverträge sowie die Nutzungsbeziehungen zwischen den Services zu verwalten und die Einhaltung von SOA Policies sicherzustellen. Genau wie beim ESB ist das Aufsetzen eines Service Repository in der Regel mit signifikanten Kosten verbunden. In manchen Fällen kann daher die Dokumentation der Schnittstellen auf Basis eines einfachen Wikis dem Einsatz eines umfangreichen Metadaten- Repository vorgezogen werden, dies hängt ganz von der jeweiligen Situation ab. Wichtig ist, dass für die Umsetzung einer SOA, wie sie in diesem Buch verstanden wird, lediglich die Bereitstellung der Schnittstellentechnologie zwingend vorausgesetzt wird, nicht aber die Nutzung eines ESB oder eines Service Repository.

3.4 SOA-Komponenten

Der Aufbau einer fachlichen SOA-Komponente ist heute relativ gut verstanden und kann technologieunabhängig definiert werden (siehe Abb. 3–3). Eine SOA-Komponente bietet nach außen eine Menge von öffentlichen Schnittstellen an (sie fungiert damit als Servicegeber). Diese Schnittstellen bieten fachliche Funktionen (»Services«) wie beispielsweise »Kunde anlegen« oder »Kunde suchen« an. Wir reden allgemein von SOA-Komponenten, obwohl inhaltlich eigentlich der Begriff SOA-Service-Komponente angebracht wäre, aber zu unhandlich ist. Technisch können die Schnittstellen z. B. in Form von RPC (Remote Procedure Call), CORBA IDL, WSDL (Web Services Description Language), REST (REpresentational State Transfer) oder XML-RPC implementiert sein. SOA geht normalerweise von einer Request/Response-Kommunikation (Anfrage/Antwort) aus. Das Format der Nachrichten kann beispielsweise in IIOP (binär), SOAP (oder anderen XML-Dialekten) oder einfach als CSV (kommaseparierte Daten) definiert sein.

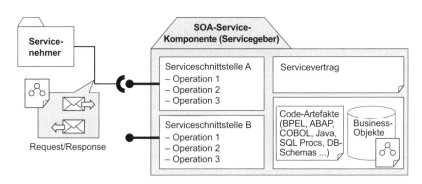

Abb. 3–3 *Aufbau einer SOA-Service-Komponente*

Die öffentlichen Eigenschaften der SOA-Komponente inkl. der von ihr angebotenen SOA-Services werden in Form eines sogenannten »Servicevertrags« definiert. Dies ist normalerweise kein Vertrag mit einem individuellen Servicenehmer, sondern er beschreibt allgemein die Eigenschaften bzw. die Metadaten der Komponente. Der Servicevertrag kann folgende Informationen beinhalten:

- **Basisdaten:** Name, aktuelle Version
- **Ownership:** Wer ist verantwortlich für Nutzungsanfragen, Betriebsfragen, Weiterentwicklung, Kosten?
- **Fachliche Schnittstellendefinition:** Eine fachliche Beschreibung der Schnittstellen, inkl. der Input- und Outputargumente (z. B. in Form von UML-Diagrammen) sowie möglicher Pre- und Post-Conditions
- **Technische Schnittstellendefinition:** Eine formale technische Schnittstellendefinition, z. B. in Form von WSDL, XML Schema sowie Beispiele für Input-/Output-Nachrichten
- **Business-Objekt-Ownership:** Definiert, für welche Business-Objekte (BO) die Komponente die Lifecycle-Ownership inne hat, d.h. welche Business-Objekte über die Komponente erzeugt, gesucht, geändert und dekommissioniert bzw. gelöscht werden können
- **Policy-Definitionen:** Informationen z. B. über das Verhalten der Schnittstellen im Kontext von Transaktionen, Security, Access Control etc.
- **SLAs (Service Level Agreements):** Beispielsweise Angaben zu Verfügbarkeit, Wartungsfenster, Ausfallsicherheit, durchschnittliche Antwortzeiten etc.
- **Enterprise Architecture (EA) bezogene Informationen:** Zu welcher Domäne gehört die Komponente, welche Prozesse unterstützt sie, auf welcher Applikation und welchen Infrastrukturkomponenten setzt sie auf, welche Projekte haben derzeit Auswirkungen auf sie, wie sieht die Release-Roadmap aus?

Die eigentlichen Implementierungsdetails der Komponenten sollten nach außen hin nicht sichtbar sein. Allerdings kann es gerade zur Beherrschung großer Systeme sehr hilfreich sein, wenn der logischen Komponente auch die eigentlichen Implementierungs-Artefakte zugeordnet werden können. Dies können beispielsweise Programmdateien, Java Interfaces, COBOL Copybooks, SQL-Prozeduren oder Datenbank-Schemadefinitionen sein. Diese Zuordnung hilft, Abhängigkeiten auf Komponentenebene in den Griff zu bekommen. Gerade in heterogenen Umfeldern ist es sonst nahezu unmöglich, die Kontrolle über die Abhängigkeiten zwischen den einzelnen Teilsystemen zu kontrollieren. Innerhalb einer Programmiersprache lassen sich z. B. Aufrufabhängigkeiten relativ gut analysieren. Ruft aber beispielsweise ein Java-Frontend ein COBOL-Backend über einen Webservice auf, dann ist diese Aufrufabhängigkeit nur dann nachvollziehbar, wenn ein übergreifendes Modell existiert. Das Gleiche gilt übrigens, wenn zwei Java-Komponenten beispielsweise remote gekoppelt sind oder eine implizite Abhängigkeit dadurch existiert, dass sie auf das gleiche Datenbankschema zugreifen. Ein SOA-Modell hilft hier, unabhängig von Technologie und technischen Schichten eine übergreifende, logische Sicht auf die Systemlandschaft zu gewinnen, die die wesentlichen Nutzungsbeziehungen einer Anwendung aus fachlicher Perspektive darstellt.

3.5 SOA-Schichten

Neben der Komponentenbildung ist die Gruppierung von Services gleicher Art in Schichten das zweite wichtige Architekturwerkzeug, das hilft, Komplexität in den Griff zu bekommen. Die heute weitgehend etablierten Schichten in einer SOA umfassen:

- **Frontends:** Von dieser Ebene aus werden die Interaktionen mit den Elementen der SOA initiiert. Dies umfasst insbesondere die grafischen Benutzeroberflächen (GUI) und Portale.[1]
- **Prozesskomponenten:** Die Komponenten und deren Services in dieser Schicht steuern den Prozessablauf. Diese Abläufe sind häufig langandauernd und involvieren Interaktionen mit Menschen. Eine Prozesskomponente kann entweder mittels BPM Engine realisiert werden oder auch in einer Programmiersprache wie Java oder C#. Die eindeutige Identifizierung von Prozessinstanzen über eine Prozess-ID (PID) ist ein wesentliches Merkmal von beiden Ansätzen.
- **Orchestrierungskomponenten:** Auf dieser Ebene können entweder Mehrwertfunktionen durch Kombination mehrere Basis-Services geschaffen oder technische Integrationsprobleme gelöst werden. Ersteres betrifft z. B. einen Service für Geschäftsregeln, der Daten aus mehreren Basis-Services zusammenführt und dann auf Basis dieser Daten eine Entscheidung triff (die dann wiederum von der aufrufenden Prozesskomponente zur weiteren Prozessablaufsteuerung verwendet wird). Bei der technischen Integration dient die Orchestrierungskomponente häufig als »Fassade«, die zwar technische Transformationen oder Dienste wie Logging und Zugriffskontrolle durchführt, aber keine fachliche Logik beinhaltet.
- **Basiskomponenten:** Die fundamentalen Basis-Services der SOA sind häufig sehr datenzentrisch. Sie verwalten den Lebenszyklus der ihnen zugeordneten Business-Objekte. Das heißt, die Erzeugung, Suche, Änderung oder Löschung bzw. Dekommissionierung eines Business-Objekts erfolgt über den Basis-Service. Der Basis-Service ist für die Validierung der Business-Objekte zuständig. Basis-Services zeichnen sich dadurch aus, dass sie in der Regel relativ wenigen Änderungen unterliegen.

---

1. Enterprise SOA [KBS04] ordnet an dieser Stelle auch Batches ein (Stapelverarbeitung). Einen weiteren Ansatz schlägt Quasar Enterprise [EHH+08] vor. Dort werden Integrationsmuster eingeführt, in denen Batches als Prozesse auf Massendaten definiert sind.

3.5 SOA-Schichten

Die Anordnung der Frontends und SOA-Komponenten in den SOA-Schichten ist ein wesentlicher Beitrag zur Entflechtung komplexer Anwendungslandschaften. In Abbildung 3–4 ist ein Beispiel angegeben.

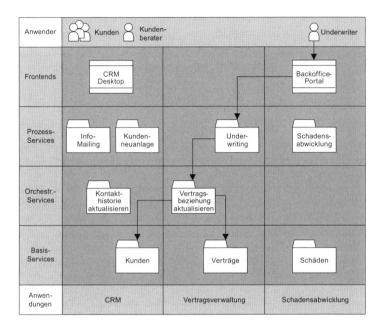

Abb. 3–4   *Anordnung von Frontends und SOA-Komponenten in den vier SOA-Schichten*

In diesem Beispiel verwenden wir eine sogenannte **SOA Map**, die zusätzlich noch Informationen über die Anwendungen gibt, in denen die Komponenten bzw. Frontends beheimatet sind. Außerdem sind die Nutzer der Frontends eingetragen. Mehr Details zu SOA Maps finden Sie in Abschnitt 7.6.

Wichtig ist noch zu erwähnen, dass sowohl die SOA-Komponenten als auch die SOA-Schichten komplett technologieunabhängig sind. Die vier SOA-Schichten haben beispielsweise keinen direkten Bezug zu einer technischen 3-Tier-Architektur, auch wenn serviceorientierte Lösungen auf Basis einer solchen umgesetzt werden können. Jede Komponente ist eine Blackbox, nur die Schnittstellen sind verbindlich. Nicht nur Basis-Services können Daten in einer Datenbank persistieren – auch eine Prozesskomponente kann beispielsweise den Prozessstatus in einer eigenen Datenbank abspeichern (auch wenn es sich hier idealerweise nicht um Business-Objekte handeln sollte, siehe Abschnitt 7.8).

Auch die Tatsache, dass eine Komponente logisch in der Prozessschicht der SOA angeordnet ist, setzt noch nicht zwingend voraus, dass diese auf Basis eines BPMS implementiert wird. In Abschnitt 7.10 stellen wir die Vor- und Nachteile des Einsatzes eines BPMS zur Implementierung einer Prozesskomponente dar, als Alternative zu beispielsweise der »manuellen« Ausprogrammierung des Prozesses in »einfachem« Java.

3.6 Beispiel für den Einsatz von SOA

SOA ist nicht nur ein Mittel zur Modernisierung von Altanwendungen. Es profitieren nicht nur COBOL- und PL/1-basierte Anwendungen beispielsweise von einer SOA-Einführung. Der Nutzen von SOA kommt immer dann zum Tragen, wenn ein IT-System eine Komplexitätsschwelle übersteigt, ab der es als unstrukturierter Monolith nicht mehr wartbar ist. Dies kann sogar auf Anwendungslandschaften zutreffen, die eigentlich auf hochmodernen Technologien aufsetzen, wie im Beispiel der Good Bank ersichtlich ist.

> **SOA-Einführung bei der Good Bank**
>
> Die (fiktive, aber durchaus realistische) Good Bank hat im Laufe von beinahe 10 Jahren ihr ehemals COBOL-basiertes Kernbankensystem durch eine moderne, Java-basierte Eigenentwicklung ersetzt. Nach vielen ausführlichen Tests wurde endlich der Mainframe abgeschaltet und die Java-Lösung erfolgreich in Betrieb genommen. Das neue Kernsystem besteht aus über 5 Millionen LOC (nichtkommentierte Lines of Code) und mehr als 40.000 Java-Klassen. Das Problem ist, dass die eigentlich neben der Senkung der Betriebskosten erhoffte Erhöhung der Entwicklungsproduktivität bisher nicht eingetroffen ist. Im Gegenteil muss man feststellen, dass die Komplexität der neuen Anwendung dazu führt, dass jede Änderung nach wie vor eine sehr aufwendige, projektspezifische Analyse der Aufrufbeziehungen vom Frontend bis zur Datenbank voraussetzt. Zwar wurde in der Neuentwicklung konsequent auf das Konzept von SOA-Schnittstellen zur Kopplung von Frontend und Backend gesetzt (hier wurde extra ein eigener Code-Generator entwickelt, um Java-unabhängige Webservices mit Java implementieren zu können). Allerdings wurde dabei keine Komponentenarchitektur umgesetzt, d. h., es ist nicht klar, welche Klassen hinter einer SOA-Schnittstelle logisch zusammengehören und eine fachliche Komponente bilden. Die 40.000 Java-Klassen werden in zwei großen Anwendungen deployt, dem Frontend und dem Backend. Diese bestehen wiederum aus mehreren hundert JARs, die aber nach technischen und nicht nach fachlichen Gesichtspunkten strukturiert sind, wie es bei der SOA-Komponentisierung eigentlich der Fall sein sollte. Das heißt, es gibt keine wirklich gute Möglichkeit, die Aufrufbeziehungen, die z. B. für die Abarbeitung eines Prozessschrittes notwendig sind, einfach nachzuvollziehen.
>
> Aufgrund der Probleme mit der Wartbarkeit und Betriebsstabilität der Anwendung wird ein strategisches Projekt aufgesetzt, das hier Abhilfe schafft: Zunächst wird mit einem **Domänenmodell** ein stabiler Ordnungsrahmen geschaffen, der die Strukturierung der Anwendungslandschaft nach fachlichen Gesichtspunkten erlaubt. Danach werden auf Basis von OSGi (Open Services Gateway initiative) die ca. **40.000 Klassen** des **Kernbankensystems in ca. 350 fachliche Komponenten gruppiert. Der Schnitt der Komponenten wird durch das Domänenmodell mitbestimmt.** Diese Komponenten entsprechen dann jeweils einer **SOA-Level-5**-Komponente, d. h. einer unabhängig deploybaren Komponente mit sauber definierten Schnittstellen, deren interne Implementierungsdetails nicht nach draußen gegeben werden (siehe Abschnitt 7.6.2). OSGi bietet hierzu die Möglichkeit, sogenannte Bundles zu definieren, deren Schnittstellen und Abhängigkeiten untereinander klar definiert sind.

> Zusätzlich wird ein neuer Dokumentationsmechanismus geschaffen: Der Java-Doc-Mechanismus für die Dokumentation einzelner Klassen war bei 40.000 Klassen einfach nicht mehr adäquat. Es war sehr schwer für einen Entwickler, in der riesigen Menge der verschiedenen Klassen diejenigen zu finden, die er benötigt, um andere Teile des Kernbankensystems anzusprechen. Der neu geschaffene **SOA-Doc**-Mechanismus reduziert die Komplexität signifikant. Er erlaubt es, die Schnittstellen und Aufrufbeziehungen der SOA-Komponenten auf Basis der OSGi-Bundles einfach, automatisiert und webbasiert zu dokumentieren. Dadurch können sich die Entwickler auf die Details in ihrer eigenen Komponente fokussieren, während die sie umgebenden Komponenten als wohldokumentierte Blackboxes erscheinen.
>
> Die konsequente SOA-Komponentisierung hilft, die Komplexität bei Änderungen und Weiterentwicklungen signifikant zur senken, die Betriebsstabilität durch bessere Beherrschung der Abhängigkeiten zu erhöhen und die zukünftige Umsetzung von BPM vorzubereiten.

3.7 Bewertung des SOA-Ansatzes

In den letzten Jahren ist der SOA-Ansatz teilweise unter heftige Kritik geraten. In einem »*Nachruf*« auf SOA hat die bekannte Analystin Anne Thomas Mane in ihrem Blog die These aufgestellt, dass SOA als Begriff ausgereizt ist und man heute besser einfach nur über »*Services*« als Grundlage für wichtige Themen wie Mashups, BPM, SaaS und Cloud Computing reden sollte [Man09]. Sicherlich hat sich auch unter den SOA-Verfechtern teilweise darüber Ernüchterung breitgemacht, wie lang und hart der Weg der SOA-Adaption ist. SOA verspricht sicherlich keinen schnellen ROI und ist damit nicht immer leicht zu »verkaufen«. Andererseits sehen viele Unternehmen mit komplexen, historisch gewachsenen Anwendungslandschaften heute wenig Alternativen, um mit ihren Problemen umzugehen. Nicht umsonst setzt beispielsweise die Credit Suisse – eine der Vorreiter-Organisationen beim Einsatz von SOA – nach wie vor auf eine Kombination aus SOA und Managed Evolution (siehe Kap. 4), da alle anderen Ansätze wie z.B. »Big-Bang«-Modernisierung noch weniger erfolgversprechend erscheinen.

Das Ergebnis einer aktuellen Umfrage von Forrester Research und TechTarget [TT10] zeigt, dass immerhin 23,2 % der Befragten ihre SOA-Initiative als »signifikanten Erfolg« bewerten und weitere 42,4 % als »akzeptablen Erfolg«. Nur 13,22 % bewerten ihre SOA-Initiative als erfolglos. Interessant ist auch die Einschätzung der Befragten zu den größten Vorteilen von SOA: 29,2 % nennen hier verbesserte Datenintegration, gefolgt von Legacy Integration (26,7 %), Flexibilität der Anwendungsentwicklung (27,2 %) und Anwendungsintegration innerhalb des eigenen Bereiches (21,9 %). Kostenersparnis (20,5 %) und Entwicklungsproduktivität (19,2 %) landen auf den hinteren Rängen.

Die allgemeine Einschätzung bezüglich SOA scheint heute zu sein, dass SOA zwar nicht mehr »sexy« ist, aber eine dringend notwendige Investition, um die Komplexitätsprobleme in der Unternehmens-IT zu bewältigen.

Als größte zukünftige Herausforderung bei der Weiterentwicklung ihrer SOA-Ansätze geben 26,7% der Befragten die Integration mit BPM, Event Processing, Business Rule Management (BRM) und Business Intelligence (BI) an. Dies ist aber nicht nur die größte Herausforderung, sondern gleichzeitig auch eines der größten Nutzenpotenziale der SOA. Anwendungslandschaften, die gemäß den SOA-Prinzipien komponentisiert und geschichtet wurden, lassen sich sehr viel agiler und flexibler anpassen. Naturgemäß haben unterschiedliche Teile der Anwendungslandschaft unterschiedliche Änderungsgeschwindigkeiten (siehe Tab. 3–1). Muss bei jeder Änderung das gesamte System neu getestet und ausgerollt werden, lassen sich kleinere Anpassungen nur sehr schwer umsetzen. Anders sieht dies aus, wenn Artefakte mit ähnlichen Änderungsgeschwindigkeiten in den jeweiligen SOA-Schichten zu Komponenten zusammengefasst wurden; hier sind sehr viel schnellere Anpassungen möglich.

Enterprise-SOA-Artefakt	Container/Plattform	Verantwortlichkeit	Person	Änderungshäufigkeit
SOA-Service	Transaktionscode (Java, Cobol etc.)	IT-Abteilung	Technischer Entwickler	Quartal
Orchestrierung	Transaktionscode oder BPMS	IT-Abteilung	Technischer Entwickler	Quartal/Monat
Prozess, Aktivität	BPMS	IT-Abteilung	Fachbereichskoordinator	Monat
Technische Regeln	BRM-System	IT-Abteilung	Fachbereichskoordinator	Woche
Fachliche Regeln	BRM-System	Fachabteilung	Fachbereich	Tag

Tab. 3–1 Unterschiedliche Änderungsgeschwindigkeiten in den verschiedenen SOA-Schichten

Wie schon anfangs gesagt, ist die Transformation einer Anwendungslandschaft in Richtung einer SOA ein evolutionärer Prozess. Daher spielt die sogenannte **Managed Evolution** eine wichtige Rolle im Werkzeugkoffer des modernen IT-Managers.

4 Managed Evolution

Viele Unternehmen erkennen zwar heute die strategische Bedeutung der kontinuierlichen Optimierung ihrer Geschäftsprozesse. Genauso sehen sie, dass es notwendig ist, die den Prozessen zugrunde liegende Anwendungslandschaft kontinuierlich weiterzuentwickeln. Aber nicht jedes Unternehmen hat bereits eine nachhaltige, langfristig orientierte und effektive **Evolutionsstrategie** dafür entwickelt. Die Managed Evolution – u.a. von Vordenkern bei der Deutschen Post und der Credit Suisse entworfen und implementiert – stellt einen solchen Ansatz dar [DHK+05, MWF08]. Die drei Grundsätze der Managed Evolution sind wie folgt definiert[1]:

1. Gesteuerte, ausgewogene Investitionen in die Implementierung von Geschäftsanforderungen aus den Fachbereichen und in die Verbesserung der IT-Effizienz
2. Durchführung von beherrschbaren, risikogesteuerten Evolutionsschritten
3. Verwendung von Metriken zur Steuerung und Kontrolle des Fortschritts

Wir fokussieren hier insbesondere auf die Operationalisierung der Managed Evolution.

4.1 Ausgewogenheit der Investitionen

Der erste Grundsatz der Managed Evolution fordert, dass eine ausgewogene Balance zwischen Investitionen in die Implementierung von Geschäftsanforderungen und in die Verbesserung der IT-Effizienz getroffen wird. Dies ist in den meisten Organisationen keine Selbstverständlichkeit, und es ist auch nicht einfach zu erreichen.

Das Argument ist klar: Investiert man ausschließlich in die kurzfristige Umsetzung von Geschäftsanforderungen, wird die Entwicklungseffizienz kontinuierlich sinken, und die Kosten für die Weiterentwicklung werden sehr schnell in keinem vernünftigen Verhältnis mehr zum Fortschritt stehen. Einige Investitionen in die IT-Effizienz sind dabei offensichtlicher, andere weniger, einige sind fast unmöglich zu

---

1. Die ursprüngliche Definition gemäß [MWF08] fokussierte auf IT-Entwicklungseffizienz. Wir fassen hier Entwicklungs- und Betriebseffizienz zusammen. Außerdem sah sie Metriken insbesondere zur Kontrolle des Fortschritts vor; wir legen hier den Schwerpunkt auf die Steuerung der Managed Evolution.

verargumentieren. Die meisten Unternehmen haben beispielsweise erkannt, dass sie die Release-Stände ihrer wichtigsten Infrastrukturelemente (z. B. Datenbankserver, Betriebssysteme, Applikationsserver) nicht auf Dauer der Marktentwicklung hinterherhinken lassen dürfen, wenn sie nicht riskieren wollen, hier den Anschluss zu verlieren. Doch obwohl es klar ist, dass größere Releasesprünge meistens mit höheren Kosten verbunden sind, lassen viele Organisationen die hier notwendige Stringenz bei der Aktualisierung ihrer Infrastruktur missen. Es ist ja auch klar: Das Business will nicht jedes Quartal eine neue Datenbankversion, es will neue Business-Funktionalitäten! Noch schwieriger wird es bei Investitionen in Maßnahmen, die auf die Optimierung von Softwarearchitekturen abzielen. Wie wir in Abschnitt 3.6 am Beispiel der fiktiven Good Bank gesehen haben, ist eine SOA-basierte Entflechtung und Komponentisierung einer neuen Kernbankenanwendung schwer zu »verkaufen«. Warum auch sollte so etwas notwendig sein, man hatte doch jahrelang in die Neuentwicklung auf Basis der neuen und angeblich so leistungsfähigen Java-Programmiersprache investiert! IT-Experten werden sofort verstehen, dass ein solches Migrationsunterfangen ohne flankierende Architekturmaßnahmen und regelmäßiges Refactoring nicht automatisch zu einer flexiblen und leicht wartbaren Anwendung führt – aber der Fachseite ist das schwer zu kommunizieren. Einige Verfechter der Managed Evolution versuchen zwar, den finanziellen Mehrwert von Investitionen in die IT-Architektur zu quantifizieren, aber dies ist ein sehr schwieriges Unterfangen. Und man muss auch fairerweise sagen, dass viele Techniker manchmal unrealistische Vorstellungen davon haben, wie viele Investitionen in Grundlagenarbeit finanziell und zeitlich wirklich abgebildet werden können. Software muss schließlich nicht schön sein, sie muss funktionieren und wartbar sein.

Trotzdem ist es wichtig, dass im Rahmen der Managed Evolution Einverständnis herrscht, dass Investitionen in die IT-Effizienz notwendig sind und dass diese eben oft nur schwer quantifizierbar sind.

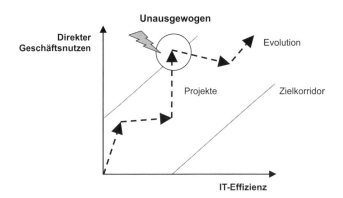

Abb. 4–1 Konzept der Managed Evolution

Der Grundsatz der gesteuerten, ausgewogenen Investitionen lässt sich gut grafisch veranschaulichen. Trägt man den Beitrag jedes Projekts einerseits zum direktem

Geschäftsnutzen und andererseits zur Steigerung der IT-Effizienz in einem Graphen wie in Abbildung 4–1 dargestellt ab, dann sollte sich das Projekt in einem Zielkorridor bewegen, der genau die Ausgewogenheit zwischen diesen beiden Zielkonflikten darstellt. Wie dies in der Praxis operationalisiert werden kann, schauen wir uns im Folgenden an.

4.2 Durchführung von beherrschbaren, risikogesteuerten Evolutionsschritten

Der zweite wichtige Grundsatz der Managed Evolution ist, dass die Evolution in beherrschbaren Schritten vorangeht. Folgende Ansätze haben sich beispielsweise häufig als sehr problematisch herausgestellt, da sie nur **schwer beherrschbar** sind:

- Konzernweite Einführung von Prozessmanagement auf Basis der berühmt-berüchtigten »**ARIS-Wandtapeten**«: Es ist erstaunlich, aber man trifft selbst heute immer noch auf Organisationen, die oft 1–2 Jahre lang mit einem kleinen – häufig isoliert arbeitenden – Team an einer umfassenden und ausführlichen Dokumentation der neuen, optimierten Prozesse gearbeitet haben. Danach wird dann leider meistens festgestellt, dass sich erstens die Welt schon dreimal weitergedreht hat, dass zweitens die operativen Einheiten nur schwer dazu zu bewegen sind, die neuen Prozesse anzunehmen, und dass es drittens unmöglich ist, 197 Prozesse auf einen Schlag durch eine entsprechende Anzahl von dafür notwendigen IT-Projekten anzupassen bzw. zu automatisieren.
- Ähnliches gilt für **Business-Process-Reengineering-(BPR-)Projekte**: Nach der enthusiastischen Aufnahme des Konzepts in der BPR-Hypephase musste man häufig feststellen, dass die Kosten und Risiken von BPR nur schwer beherrschbar sind. Manchmal lassen einem die wirtschaftlichen Umstände zwar keine andere Wahl, als drastische Änderungen umzusetzen. Aber trotzdem sollte man sich immer der Risiken bewusst sein.
- **Big-Bang-Einführung** komplexer neuer Software oder Migration von Altsystemen: Viele Unternehmen schauen heute auf eine lange Historie fehlgeschlagener oder aus dem Ruder gelaufener Projekte zurück, in denen versucht wurde, extrem komplexe Anwendungssysteme in einem Anlauf einzuführen oder abzulösen. Dieses Risiko ist nicht immer vermeidbar, beispielsweise wenn es darum geht, neue Märkte schnell zu besetzen. In der Regel wird es aber mittelfristig notwendig sein, auch die Ergebnisse einer solchen marktgetriebenen Big-Bang-Einführung zu konsolidieren und in einen kontrollierten Prozess der Managed Evolution zu überführen.

Aufgrund dieser Probleme ist die Forderung nach **beherrschbaren Evolutionsschritten** einleuchtend. Aber wie »beherrscht« man Evolutionsschritte nun eigentlich genau?

Eine wichtige Frage ist hier zunächst, wie groß die einzelnen Evolutionsschritte sein sollten. Die typische Jahresplanung auf Unternehmensebene ist hier sicherlich zu langfristig. Das Management von Projekt- und Anwendungsportfolios auf Unternehmensebene ist ebenfalls zu grobgranular. Projekte eignen sich als Organisationsform sowieso nur bedingt, da Projekte ja immer ein definiertes Lieferergebnis und eine definierte Laufzeit haben, was dem evolutionären, langfristig orientierten Ansatz der Managed Evolution widerspricht.

Das Enterprise BPM-Framework (EBPM), das in Teil III dieses Buches beschrieben wird, wurde speziell auf die Anforderungen der Managed Evolution ausgerichtet und bietet entsprechende Werkzeuge, die Ihnen dabei helfen, eine effektive Evolutionsstrategie umzusetzen (siehe Abb. 4–2). Dies geschieht auf den folgenden Ebenen:

- **Planungszyklen:** Die Diskrepanz zwischen Jahresplanung auf Unternehmensebene und Wochenplanung auf Projektebene kann durch die Einführung einer **rollierenden Quartalsplanung** gelöst werden.
- **Planungsportfolio:** Die Lücke zwischen Projekt- und Anwendungsportfolios auf Unternehmensebene sowie feingranularen Anforderungskatalogen in Projekten kann durch **Prozess- und Serviceportfolios** geschlossen werden.
- **Organisation:** Zwischen der globalen IT-Organisation und dem einzelnen Projekt fehlt häufig ein Mittelbau, der durch ein **BPM-Programm** eingerichtet werden kann.

Im Folgenden werden wir uns jede dieser Ebenen noch etwas detaillierter anschauen.

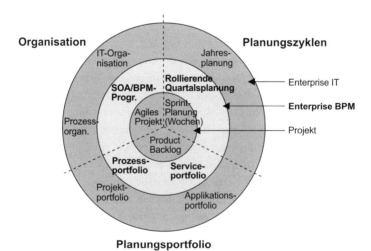

Abb. 4–2   Werkzeuge des Enterprise BPM-Frameworks zur Unterstützung der Managed Evolution

4.2.1 Planungszyklen

Auf der Business-Seite sind heute die Planungszyklen der meisten Unternehmen klar definiert: Auf oberster Ebene gibt es eine Jahresplanung, inkl. Umsatz- und Kostenplanung. Gerade börsennotierte Unternehmen haben auf der Ebene darunter eine Quartalsplanung, in der alle aktuellen Abweichungen vom Jahresplan ausgewiesen sind und in der ein aktualisierter Plan für das Restjahr enthalten ist. Auf Bereichsebene wird zusätzlich häufig noch auf der Monatsebene geplant und abgeglichen. Diese klar definierten Planungszyklen helfen einerseits Stabilität in den Planungsprozess zu bringen und andererseits auf kurzfristige Ereignisse reagieren zu können.

Auf der IT-Seite kann man heute häufig eine Lücke im Mittelbau der Planungszyklen beobachten. Zum Jahresende hin bricht große Planungshektik aus, da die Budgets für das kommende Jahr besprochen werden. Unter dem Jahr werden zwar regelmäßig Statusreports aus den Projekten abgefragt, aber eine inhaltliche Adjustierung der Projekte ist in der Regel schwierig. Ein wichtiger Grund dafür ist, dass Projektziele häufig zu langfristig definiert werden. Werden nicht jeweils kurzfristig und in regelmäßigen Abständen konkrete Lieferergebnisse der Projekte in die Produktion überführt, dann läuft man Gefahr, dass durch eine inhaltliche Änderung eines Projekts bisher getätigte Investitionen abgeschrieben werden müssen, da sie für sich alleine stehend nicht sinnvoll eingesetzt werden können. Um dieses Problem zu adressieren, muss auf der einen Seite feingranular geplant werden (siehe Abschnitt 4.2.2), außerdem sollte eine größere Stringenz bei der unterjährigen Planung sichergestellt werden. Beispielsweise bietet es sich an, eine **rollierende Quartalsplanung** einzurichten, in der die Vorgaben der Jahresplanung regelmäßig auf den Prüfstand gestellt werden. Auf dieser Ebene kann dann auf eine entsprechende Justierung der laufenden und geplanten Projekte reagiert werden. Dabei versucht man in der Regel, die als Nächstes anstehende Iteration relativ detailliert zu planen, die darauf folgenden drei Monate grob. Für das Gesamtvorhaben wird zusätzlich ein High-Level-Visionsdokument gepflegt. Ein wichtiges Element der rollierenden Quartalsplanung ist, dass die Planung der nächsten Iteration jeweils ein Teil der aktuellen Iteration ist. In Abschnitt 12.3.2 finden Sie mehr zu diesem Thema.

4.2.2 Planungsportfolio

Auf Unternehmensebene wird das Management der IT in der Regel auf Basis eines Projektportfolios umgesetzt, das wiederum in Bezug zu einem Anwendungsportfolio steht. Aus Perspektive der Managed Evolution sind diese beiden Arten von Portfolios in der Regel zu grobgranular.

Auf der Projektebene finden wir das andere Extrem: Viele Projekte setzen heute beispielsweise auf ein agiles, **Scrum-basiertes Vorgehen**. Eine Iteration (bzw. ein sogenannter »Sprint«) in einem Scrum-Projekt dauert in der Regel zwischen zwei und vier Wochen. Die Idee ist, dass jeder Sprint ein **potenziell auslieferbares Inkrement** der Software liefert, das mindestens als Basis für die Prüfung des Fortschritts dienen kann. Die planerische Ausgangsbasis eines Sprints ist das **Product Backlog**, eine priorisierte Anforderungsliste. Es wird versucht, Anforderungen immer nur für den nächsten konkreten Sprint im Detail zu spezifizieren, da davon auszugehen ist, dass sich Anforderungen kontinuierlich ändern. Ein »auf Vorrat« geschaffener, detaillierter Katalog von Anforderungsspezifikationen ist im Kanban-Sinne in der Scrum-Philosophie mit einem unnötig großen Zwischenlager in der Güterproduktion vergleichbar und wird gemäß Kanban als »Waste« bezeichnet. Auf Kanban gehen wir in Abschnitt 7.3.8 noch näher ein.

Das Konzept eines bedarfsorientierten Product Backlog als Basis für die Planung ist auf Projektebene sinnvoll. Auf Unternehmensebene wäre es jedoch viel zu feingranular. Projekte und Applikationen sind andererseits zu grobgranular. Daher bietet es sich an, hier als Zwischenstufe **Prozesse und Services** (im Sinne von grobgranularen Service-Komponenten) als **planerische Basis** zu verwenden. Jeder Prozess bzw. jede Service-Komponente sollte ein potenziell auslieferbares Ergebnis eines Projekts sein. Wenn beispielsweise auf Unternehmensebene eine Projekt »Neugestaltung der Sourcing-Prozesse/ERP« mit einer einjährigen Projektlaufzeit aufgesetzt wurde, dann sollten in diesem Projekt die Teilprozesse »Beschaffungsantrag« und »Bestellung« explizit als getrennte Teilprojekte durchgeführt werden. Während der Beschaffungsantrag auf der neuen BPM-Plattform unternehmensweit in die Produktion geht, läuft der Folgeprozess »Bestellung« noch auf einem alten System weiter. Der Vorteil ist, dass so schrittweise die Teilprozesse überarbeitet werden können und die Risiken entsprechend sinken. Der Nachteil ist, dass ggf. Mehrarbeit dadurch entsteht, dass neu gestaltete Prozesse mit noch nicht modernisierten Prozessabläufen bzw. Altanwendungen integriert werden müssen. Im Sinne der kurzen Feedbackschleife und des minimierten Risikos erscheint dies aber akzeptabel. Außerdem erkauft sich das Management mit diesem Ansatz die Option, nach erfolgreicher Inbetriebnahme des ersten Teilprozesses die Prioritäten verschieben zu können, ohne die bereits getätigten Investitionen in diesem Bereich abschreiben zu müssen. In den Abschnitten 14.4.2 und 14.5.3. finden Sie mehr Informationen zum Thema Management eines Prozess- bzw. Serviceportfolios.

4.2.3 Organisation

Eine weiterer Ebene der Umsetzung einer effektiven Evolutionsstrategie betrifft die Organisation selber. Wie eingangs erwähnt, eignet sich ein Projekt als Organisationsform nur bedingt. Ein Projekt ist einmalig und hat eine klar definierte Laufzeit. Ein Programm ist dagegen fortlaufend und soll einen kontinuierlichen Beitrag zur Erreichung der strategischen Ziele erbringen. Programme können auf Änderungen in der Unternehmensstrategie oder auf Änderungen im Unternehmensumfeld reagieren, indem sie das Portfolio ihrer Projekte entsprechend anpassen, z.B. indem sie die Zusammensetzung der Projekte selber, ihre Umfänge oder ihre Durchführungsgeschwindigkeiten entsprechend adjustieren. Aufgabe des Programm-Managements ist insbesondere das Management der rollierenden Quartalsplanung sowie des Prozess- und Serviceportfolios (siehe Kap. 13 für eine detaillierte Diskussion der möglichen Organisationsformen eines BPM/SOA-Programms).

4.3 Steuerung und Kontrolle des Fortschritts

Der dritte und letzte Grundsatz der Managed Evolution betrifft die Verwendung von Metriken zur Steuerung und Kontrolle des Fortschritts. Als Metrik für den Geschäftsnutzen wird in [MWF08] der Net Present Value (NPV) vorgeschlagen. Dies kann eine sehr nützliche Metrik sein. In einer BPM-Initiative könnte hier alternativ noch der Six-Sigma-Wert eines Prozesses verwendet werden. Allgemein fällt es auf der Business-Seite meistens leichter, den Beitrag eines Projekts zu quantifizieren.

Auf der Seite der IT-Effizienz ist dies schon wesentlich schwieriger: Die Messung von Betriebs- und Entwicklungseffizienz ist seit jeher ein schwieriges Unterfangen. Bei der Entwicklungseffizienz kann man versuchen, die Lieferzeit und Entwicklungskosten dem funktionalen Beitrag gegenüberzustellen. Während die ersten beiden Faktoren in der Regel noch bestimmbar sind, tut man sich mit dem letzten Faktor in der Regel extrem schwer. Hier gibt es zwar von Function Points über Use Case Points bis hin zu den Story Points in Scrum verschiedene Ansätze zur Quantifizierung von Funktionalität, aber die wenigsten IT-Organisationen sind heute tatsächlich in der Lage, diese Messungen zu operationalisieren.

Es ist auch tatsächlich die Frage, ob eine exakte Quantifizierung zur operativen Steuerung der Managed Evolution wirklich notwendig ist. Ein Ansatz ist, dass man im Rahmen der rollierenden Quartalsplanung jeweils pro Planungszyklus ein Portfolio erstellt, das die Projektkandidaten relativ zueinander nach Geschäftsnutzen und Beitrag zur IT-Effizienz bewertet. Schon alleine die Diskussion, warum welches Projekt wie genau auf diesen beiden Achsen einzuordnen ist, hilft die Planung für alle Beteiligten transparenter zu machen, die Argumente zu schärfen und dem wesentlichen Ziel – der Ausbalancierung der Investitionen – näher zu kommen. Die Erfahrung hat gezeigt, dass dieses relativ einfach erscheinende Managementwerkzeug sehr intensive Diskussionen in der Planungsphase fördert, die einen wertvollen Beitrag zur Managed Evolution leisten.

Es bleibt noch die Frage nach der idealen Portfoliostruktur gemäß der Managed Evolution. Idealerweise hat jede Iteration nur Projekte, die sowohl einen hohen Geschäftsnutzen haben als auch einen hohen Beitrag zur IT-Effizienz leisten. Das ist jedoch nicht immer realistisch. Daher ist es durchaus akzeptabel, wenn in einer Iteration eine Mischung aus Projekten enthalten ist, deren Schwerpunkt entweder in die eine oder die anderer Richtung zielt. Es ist jedoch besser, wenn man es z. B. schafft, ein Projekt mit ausschließlichem Fokus auf Geschäftsnutzen so zu erweitern, dass es einen – wenn auch nur kleinen – Beitrag zur IT-Effizienz erbringt (z. B. indem es einige der zentralen, neu entwickelten Services im Hinblick auf Wiederverwendung entwickelt und in das Serviceportfolio einbringt).

5 EAM-Grundlagen

Mit der **Managed Evolution** haben wir nun eine Evolutionsstrategie für komplexe Anwendungslandschaften kennengelernt. Aber was genau heißt eigentlich »komplex« in diesem Kontext? Einer der wichtigsten Faktoren, die hier eine Rolle spielen, ist sicherlich die Anzahl der betroffenen Anwendungen. Mit SOA und BPM haben wir bereits den Scope der einzelnen Anwendung verlassen. Eine genaue Anzahl der Anwendungen zu nennen, die typischerweise im Scope eines BPM/SOA-Transformationsprogramms involviert sind, ist aber nicht einfach – dies können 5 bis 10 Anwendungen sein oder bei großen Unterfangen auch 15 bis 25. Allerdings wird man feststellen, dass aus der Perspektive eines Konzerns mit mehreren Geschäftsbereichen und verschiedenen Ländergesellschaften die Anzahl der Anwendungen im gesamten Unternehmen in die Hunderte, wenn nicht sogar die Tausende gehen kann. Um eine solche Komplexität in den Griff zu bekommen, sind BPM und SOA alleine nicht die richtigen Werkzeuge (siehe Tab. 5–1).

	Anwendungs-architektur	BPM/SOA	Enterprise Architecture (EA)
Analogie	Architektur eines Hauses (inkl. Planung der Leitungen etc.)	Architektur eines Industriekomplexes (z.B. alle Gebäude eines Flughafens im Zusammenspiel)	Flächennutzungsplan (Raumnutzungsstrategien/räumliche Investitionssteuerung), Stadtentwicklungsplan (Leitlinien für Themenfelder wie Arbeiten, Wohnen, Ver-/Entsorgung), Bebauungsplan (Art der Bebauung wie Wohnhaus, Bürogebäude etc., Vorgaben wie Höhe, Freiflächenanteil etc.)
Anzahl Anwendungen im Scope	1	2–25	25–2.000
Wichtige Stakeholder	Entwickler, Softwarearchitekten, technische Experten	Programmarchitekten, Business-Analysten, Lösungsarchitekten, Projektmanager, Produktmanager	CIO-Office, Enterprise-Architekten

	Anwendungs-architektur	BPM/SOA	Enterprise Architecture (EA)
Ziele	Definition eines detaillierten (internen) Modells als Grundlage für die Umsetzung oder Erweiterung einer einzelnen Anwendung	Definition eines Modells, das das Zusammenspiel mehrerer Anwendungen beschreibt, um so übergreifende Prozesse umsetzen zu können, Komplexitäten besser zu managen und funktionale Wiederverwendung sicherzustellen	Grundlagen für strategische Bebauungsplanung schaffen, Abhängigkeiten auf oberster Ebene transparent machen; strategische Handlungsbedarfe und Umsetzungsoptionen aufzeigen; Umsetzungsentscheidungen herbeiführen und Umsetzungsverantwortung regeln
Typische Artefakte	Use Cases, Klassen, Datenbanktabellen, Anwendungskomponenten	Prozesse, fachliche Komponenten und Services, Anwendungen und Schnittstellen, Geschäftsobjekte	Strategische Anforderungen, Prozesskataloge, SOA-Domänen, Serviceportfolio, Anwendungsportfolio, Lifecycle-Pläne
Software-Kartentypen	Klassendiagramme, Entity-Relationship-Diagramme, Sequenzdiagramme	BPMN-Diagramme, SOA Maps	Prozesslandkarten, Domänenmodelle, Prozessunterstützungskarten, Cluster-Karten, Bebauungspläne, Intervallkarten

Tab. 5-1 EA im Vergleich mit BPM/SOA und Anwendungsarchitekturen

In diesem Kontext hat sich daher das sog. **Enterprise Architecture Management** (EAM) etabliert, deutsch auch strategische Bebauungsplanung genannt [Kel06, Han09]. Gerne wird hier auch die Analogie des *IT City Planning* (IT-Stadtplanung) verwendet. Der CIO und seine Enterprise-Architekten sind quasi die obersten Stadtplaner, die mithilfe von EAM das Anwendungsportfolio managen. Auch hier greifen prinzipiell die Grundsätze der Managed Evolution, nur werden sie in einem größeren Kontext angewendet. Während man bei der Umsetzung von SOA und BPM auf Ebene von Komponenten, Schnittstellen und konkreten Prozessabläufen agiert, muss der Enterprise-Architekt eine noch höhere Abstraktionsebene wählen und hier beispielsweise mit Anwendungsportfolios und Prozesskatalogen arbeiten. Um Enterprise-Architekturen zu visualisieren, werden häufig spezielle Kartentypen verwendet, die wir später kurz vorstellen werden. Die Enterprise-Architektur zeigt die Ist-Situation und kritischen Abhängigkeiten auf oberster Ebene auf und ist die Grundlage für die Planung der Soll-Architektur auf Unternehmensebene.

5.1 Inventarisierung

Die Ausprägung von EAM ist heute in vielen Unternehmen sehr unterschiedlich. Sie reicht von ausgereiften Architekturmanagementprozessen, die durch ERP-artige Planungsanwendungen unterstützt werden, bis hin zu einer hemdsärmeligen Führung von einigen Excel-Listen, auf deren Basis Ad-hoc-Entscheidungen getroffen werden. Es ist erschreckend, wenn der CIO eines großen Konzerns die Anzahl seiner SAP-Systeme nur mit »*ca. 150-200*« beziffern kann. Daher wird als Grundlage des EAM in der Regel zunächst eine Inventarisierung der wichtigsten Architekturelemente angestrebt, um Transparenz und damit eine Grundlage für die Planung zu schaffen. Erfasst werden dabei beispielsweise aus der IT-Perspektive alle relevanten Anwendungen und Datenbanken. Auch wichtige Abhängigkeiten können erfasst werden, wie z.B. der Zusammenhang zwischen Anwendungen untereinander (Schnittstellen), Anwendungen und Projekten oder Anwendungen und Prozessen. Ein gut gepflegter Anwendungskatalog ist eine wichtige Grundlage für das Architekturmanagement auf Unternehmensebene, der ggf. durch weitere Kataloge – wie z.B. einen Prozesskatalog und einen Projektkatalog – ergänzt werden sollte. Zusammen bilden diese Informationen ein logisches Modell der Unternehmensarchitektur – im Gegensatz zu einer physischen Sicht, wie sie z.B. in einer Configuration Management Database (CMDB) gepflegt wird. Dieses logische Modell beinhaltet sozusagen die Stammdaten des EAM. Bei der Erstellung und Pflege dieser Daten ergeben sich die folgenden Herausforderungen, die in den nächsten Abschnitten näher beleuchtet werden:

- **Prozessunterstützung:** Welche Prozesse des Architekturmanagements müssen unterstützt werden? Daraus leiten sich die wesentlichen Anforderungen an die Datenstruktur und ihre Visualisierungen ab. Ein genaues Verständnis dieser Anforderungen verhindert, dass EAM-Stammdaten als Selbstzweck erhoben werden.
- **Struktur:** Wie muss das Architekturmodell geschaffen sein, das die Struktur der EAM-Stammdaten bestimmt? Welche Informationsbedarfe und Architekturprozesse müssen unterstützt werden?
- **Aktualisierung:** Wie kann sichergestellt werden, dass die Datenbasis von jedem Projekt kontinuierlich aktualisiert wird, damit sie nicht schnell wieder veraltet und durch aufwendige jährliche Inventarisierungsprojekte neu erhoben werden muss?
- **Auswertung und Visualisierung:** Wie sehen Reports und Diagramme aus, die die EAM-Stammdaten am besten für die jeweiligen Stakeholder darstellen?

5.2 Architekturmodell

Das Architekturmodell bestimmt die Struktur der EAM-Stammdaten. Viele EAM-Frameworks wie TOGAF [TOGAF09], Archimate [ARCHI09] oder Quasar Enterprise [EHH+08] definieren hier eigene Modelle. Ein weiterer interessanter Ansatz zur Ableitung eines Architekturmodells ist der EAM-Pattern-Katalog der TU München [EAMPC08, Ern09]. Im Kontext von SOA und **Enterprise BPM** hat sich ein EAM-Architekturmodell bewährt, das vier Schichten umfasst: Geschäftsarchitektur, Servicearchitektur, Anwendungsarchitektur und technische Infrastruktur [DHK+05]. Abbildung 5–1 zeigt das Architekturmodell im Überblick.

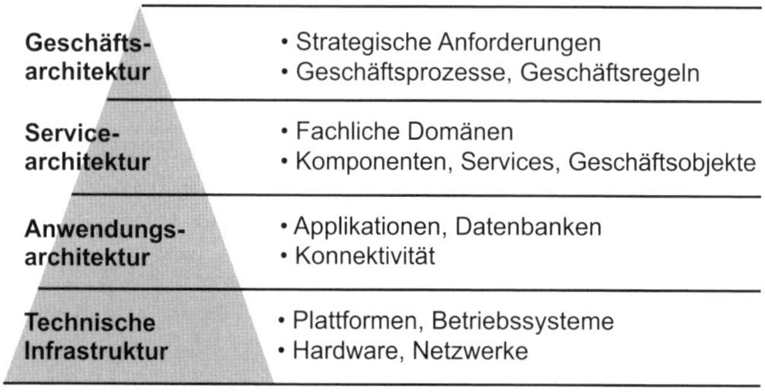

Geschäftsarchitektur	• Strategische Anforderungen • Geschäftsprozesse, Geschäftsregeln
Servicearchitektur	• Fachliche Domänen • Komponenten, Services, Geschäftsobjekte
Anwendungsarchitektur	• Applikationen, Datenbanken • Konnektivität
Technische Infrastruktur	• Plattformen, Betriebssysteme • Hardware, Netzwerke

Abb. 5–1 *EAM-Architekturmodell im Kontext von SOA und Enterprise BPM*

In der **Geschäftsarchitektur** werden neben den strategischen Anforderungen insbesondere die Geschäftsprozesse und Geschäftsregeln beschrieben. Hinzukommen können Geschäftsziele, Organisationseinheiten, Produktgruppen und viele weitere Geschäftsdimensionen, sofern sie für das EAM relevant sind. Die **Servicearchitektur** schlägt die vielbeschworene Brücke zwischen Business und IT. Domänen strukturieren die Unternehmensarchitektur nach fachlichen Gesichtspunkten. Zwischen Domänen bestehen Liefer- und Leistungsbeziehungen, die durch fachliche Services erbracht werden. Fachliche Services werden logisch zu fachlichen Komponenten gruppiert und technisch durch Anwendungen realisiert, genauer durch deren Schnittstellen. Die wichtigsten Bestandteile der **Anwendungsarchitektur** sind die Anwendungen und ihre Komponenten, Datenhaltung und Schnittstellen (Konnektivität). Anwendungen fungieren als Servicegeber und Servicenehmer. Schließlich gibt es noch die Ebene der **technischen Infrastruktur**. Hier sind die verschiedenen Plattformen und ihre technischen Komponenten beheimatet, die zum Betrieb erforderlich sind. In [EHH+08] finden Sie weitere Details und anschauliche Beispiele.

> **Funktionen und Capabilities**
>
> Einige Unternehmen unterscheiden auch »Funktionen« (was hier fachlichen Services entspricht) und »Services« im Sinne von technisch verfügbaren Services. Der Begriff des fachlichen Service hat gegenüber dem Funktionsbegriff den Vorteil, dass bei der Konzeption der Architektur über die Liefer- und Leistungsbeziehung zwischen Servicegeber und Servicenehmer nachgedacht werden muss. Ein weiterer verbreiteter Ansatz in EAM arbeitet mit Geschäftsfähigkeiten (Capabilities), um für die Gestaltung der Anwendungslandschaft stabile Strukturen im Geschäft zu finden (siehe z.B. [Kel09]).

5.3 Auswertungen und Visualisierung

Die Visualisierung von Architekturinformationen ist ein wichtiger Aspekt von EAM und ein etabliertes Forschungsgebiet der Universitäten (siehe z.B. [LMW05, Wit07]). Es gibt verschiedene Grundtypen von Softwarekarten, beispielsweise Clusterkarten, mit denen man Anwendungen nach Domänen gruppieren kann, Intervallkarten, mit deren Hilfe man den Lifecycle von Anwendungen darstellen kann, oder Prozessunterstützungskarten, die angeben, welche Anwendungen welchen Geschäftsprozess unterstützen (siehe Abb. 5–2).

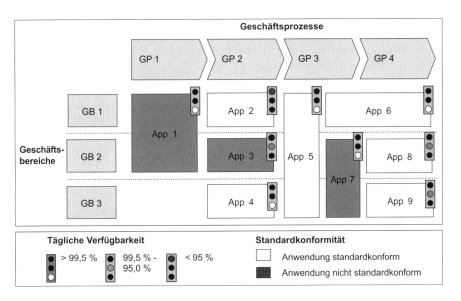

Abb. 5–2   *Beispiel für eine Prozessunterstützungskarte*

In dieser Beispielkarte wird auf sehr kompakte Art und Weise dargestellt, welche Anwendungen in welchen Geschäftsbereichen welche Prozesse unterstützen. Zusatzinformationen wie beispielsweise tägliche Verfügbarkeit und Standardkonformität können dem Enterprise-Architekten helfen, Planungsentscheidungen zu treffen. In einer idealen Welt werden derartige Softwarekarten automatisch durch eine EAM-Software generiert. In der Praxis limitieren allerdings zwei Faktoren die automatische Erstellung: 1) Der Aufwand, der bei Mitarbeitern und in der IT betrieben werden muss, um die für die Visualisierung benötigten Daten laufend aktuell bereitzustellen, und 2) die technischen Grenzen der EAM-Software bei der Erstellung aussagekräftiger und grafisch ansprechender Visualisierungen. So stellen das automatische Layout der Elemente und aggregierte Darstellungen für Planungs- und Kommunikationszwecke eine Herausforderung für Softwarewerkzeuge dar. Daher werden im EAM-Bereich viele Softwarekarten noch manuell erstellt.

5.4 Architekturmanagement

Wird die Rolle des EAM auf die Dokumentation der Ist-Landschaft reduziert, dann läuft man Gefahr, dass jeweils nur aufwendige Momentaufnahmen entstehen, die schnell wieder veralten. Daher sollte der Schwerpunkt der EAM-Aktivitäten auf dem Architekturmanagement liegen, also der Konzeption und Planung der zukünftigen Soll-Landschaften der Unternehmens-IT (auf Basis der Ist-Dokumentation).

Abbildung 5–3 stellt das Zusammenspiel von EAM, IT-Governance und den IT-Projekten im Überblick dar. Auf übergeordneter Ebene muss das EAM-Team dabei helfen, die **Managed Evolution** effizient umzusetzen. Dazu müssen die Geschäftsziele mit den als notwendig erachteten IT-strategischen Maßnahmen abgeglichen und ausbalanciert werden. Hier muss das EAM **Handlungsfelder** identifizieren und einen entsprechenden Einfluss auf die Planung der Projektportfolios nehmen, die normalerweise als Teil der allgemeinen IT-Governance geführt werden. Der **EAM-Masterplan** beinhaltet nicht nur die gesamte Ist-Architektur, sondern auch die Soll-Architekturen, wie sie in den verschiedenen Teilbereichen definiert sind. Auch Abhängigkeiten zwischen den verschiedenen Soll-Architekturen können Teil des Masterplans sein.

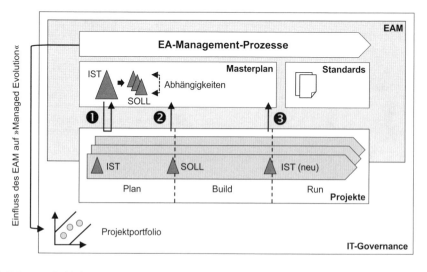

Abb. 5–3   Architekturmanagement

Der Masterplan liefert die Datengrundlage für alle Prozesse des Architekturmanagements und wird von diesem wiederum gestaltet. Seine Erstellung und Pflege muss eng mit den Projekten synchronisiert werden. Jedes Projekt muss in der Planungsphase die Ist-Architektur in seinem Kontext validieren (1). Am Ende der Planungsphase sollte eine entsprechende Soll-Architektur für den Projektkontext definiert worden sein (2). Am Ende der Umsetzungsphase muss das Projekt die Ist-Architektur aktualisieren, d.h., die vom Projekt bewirkten Veränderungen an der Anwendungslandschaft müssen im Masterplan reflektiert werden (3). Die in diesem Zusammenhang erforderliche enge Zusammenarbeit des EAM-Teams mit den Projekten ist einer der wesentlichen Prozesse des Architekturmanagements. Ein weiterer wichtiger Prozess ist die Definition und Überwachung der Einhaltung der EA-Standards.

5.5 Tool-Unterstützung für EAM

Viele Unternehmen betreiben heute nach wie vor EAM auf Basis von Excel, Visio und PowerPoint. Der Nachteil dabei ist, dass so Redundanzen und Inkonsistenzen entstehen, die kontinuierliche Aktualisierung der Informationen schwierig ist und die Erfassung sowie Auswertung von Abhängigkeiten nahezu unmöglich werden. Übersteigt das EAM die Anzahl von ca. 75–100 Anwendungen und soll EAM langfristig und nachhaltig betrieben werden, dann kann die Einführung eines EAM-Tools sinnvoll sein.

Hier gibt es verschiedene Möglichkeiten, von generischen Repositories und Meta-Modellierungswerkzeugen bis hin zu ERP-artigen EAM-Anwendungen. Eine ausführliche Untersuchung verschiedener EAM-Werkzeuge kann beispielsweise bei [MBL+08] gefunden werden.

Allerdings ist nicht in jedem Fall die Einführung eines Standardwerkzeugs für EAM sinnvoll. Häufig haben Unternehmen bereits in verschiedene Werkzeuge im Bereich der IT-Produktion investiert, die alle einen mehr oder weniger direkten Bezug zum EAM haben. Um hier nur einige zu nennen:

- ALM-(Application Lifecycle Management-)Tools und CMDBs (Configuration Management Databases), die meistens bereits einen Applikationskatalog enthalten.
- Requirement-Management-Tools, die strukturierte Anforderungen beinhalten, die sich häufig wieder auf Prozesse bzw. Use Cases sowie Applikationen und Komponenten beziehen.
- BPM-Tools, die Prozessmodelle unterschiedlicher Granularitätsebenen enthalten.
- UDDI oder andere SOA Repositories, die die Definitionen von SOA-Services enthalten.

Um hier Redundanzen und Inkonsistenzen zu vermeiden, gilt es, diese verschiedenen Werkzeuge und Datenbanken zu integrieren und nicht mit EAM ein weiteres

Silo danebenzustellen. Außerdem sind viele der EAM-Tools nicht sehr stark prozessorientiert, was ein Nachteil ist, wenn man den Schwerpunkt im EAM auf die Prozesse des Architekturmanagements legt. Hier kann es sich daher anbieten, auf Basis von BPM eine individuelle Lösung zu schaffen, die sich besser in die bestehende Systemlandschaft integriert und die Fähigkeiten von BPM ausnutzt, um die wichtigsten EAM-Prozesse im Unternehmen zu steuern. Das betrifft beispielsweise den Plan/Build/Run-Prozess sowie den Abgleich der Ist- bzw. Soll-Planung der einzelnen Projekte mit dem EAM-Masterplan.

5.6 Expertenmeinung: EAM in der Praxis

Im folgenden Interview diskutieren wir weitere wichtige Aspekte des Einsatzes von EAM in der Praxis und im Kontext von SOA und BPM.

Inge Hanschke, Geschäftsführerin der iteratec GmbH und Autorin des Buches »Strategisches Management der IT-Landschaft«

Ralph Nelius: Frau Hanschke, was sind Ihrer Erfahrung nach die wichtigsten Argumente für den Einsatz von EAM?

Inge Hanschke: Für Neueinsteiger gibt es zunächst drei typische Argumente: die IT in den Griff zu bekommen, Transparenz zu gewinnen und über bessere Grundlagen für Entscheidungen zu verfügen. In späteren Phasen geht es dann eher um strategische Themen wie bessere Steuerung der IT-Landschaft durch strategische Vorgaben oder IT-Bebauungsplanung im Rahmen der Geschäfts- und IT-Strategie. Darüber hinaus gibt es aber noch einen weiteren wichtigen Aspekt, der häufig zunächst nicht genannt wird, aber im Rahmen der Einführung dann zunehmend spürbar wird. Man kann beobachten, dass mit EAM im Laufe der Zeit eine immer bessere Kommunikationsbasis IT-intern und zwischen IT und Fachbereich entsteht. Sie erhalten mit EAM erstmals ein gemeinsames Verständnis darüber, welche IT-Systeme im Hause vorhanden sind oder welche Geschäftsprozesse und Geschäftsobjekte eine Rolle spielen. Die fachlichen und die IT-Strukturen werden zueinander in Beziehung gebracht. Ein Beispiel hierfür ist die Zuordnung von IT-Systemen zu Geschäftsprozessen. Auf dieser Basis können Sie dann fortgeschrittenere EAM-Themen angehen, um die Weiterentwicklung der IT-Landschaft besser und Business-orientiert zu steuern.

Ralph Nelius: Haben denn anfangs alle Beteiligten das gleiche Bild von EAM?

Inge Hanschke: Nein, absolut nicht. Das EAM-Zielbild vieler Kunden ähnelt in Summe häufig einer »Eier legenden Wollmilch-Sau«. Die Projektbeteiligten auf Kundenseite stammen häufig aus sehr unterschiedlichen Bereichen und haben unterschiedliche Erwartungen. Der IT-Stratege möchte mit EAM top-down aus den Business-Zielen Anforderungen an die IT ableiten und die Anwendungslandschaft übergreifend planen, während Verantwortliche aus dem operativen Bereich eher an detaillierte Informationen denken, etwa auf Ebene einer Configuration Management Database (CMDB) oder einzelner Projekte. Häufig liegen also die Erwartungen der Beteiligten sehr weit auseinander. Es funktioniert nicht, die Summe von allem anbieten zu wollen. So enttäuscht man letztendlich alle.

5.6 Expertenmeinung: EAM in der Praxis

Ralph Nelius: Was funktioniert stattdessen?

Inge Hanschke: Sie müssen überschaubare Schritte gehen und rasch Ergebnisse abliefern, die jedem Beteiligten einen erkennbaren Nutzen bringen. Ausgangspunkt ist häufig das Ziel »Schaffung von Transparenz«. Strukturen werden festgelegt, eine Bestandsaufnahme in zumindest einem Ausschnitt durchgeführt und die Ergebnisse entsprechend der relevanten Fragestellungen visualisiert. Der inkrementelle Ansatz hilft dabei, dass die Beteiligten erst mal ein Gefühl für EAM bekommen. Sie sammeln Erfahrungen darüber, welche Granularität verwendet werden sollte und was damit realistisch zu erreichen ist.

Ralph Nelius: Können Sie uns das an einem Beispiel erläutern?

Inge Hanschke: Gerne. Ich nehme mal ein Beispiel aus einem Versicherungsunternehmen. Zunächst gab es unterschiedliche Begriffe, die herumschwirrten: IT-System, Applikation, Komponente und vieles mehr. Klare Definitionen und Abgrenzungen waren nicht vorhanden. Wenn Sie fragen, wie viele IT-Systeme vorhanden sind, schwanken die Antworten zwischen 30 bis 40 und mehreren Hundert. Der eine versteht unter IT-System eine logische Gruppe, der andere eine vergleichsweise feingranulare CICS-Transaktion.

Ein anderes Beispiel aus der Energiebranche: Auf die Frage, ob die Geschäftsprozesse bekannt sind, erhalten Sie ein überzeugtes Ja. Wenn man genauer nachschaut, gibt es keine abgestimmten Prozesskataloge, und bei der Diskussion werden schnell unterschiedliche Ebenen, also Aktivitäten, Prozesse und Wertschöpfungsketten, durcheinander geworfen. Das würde man heute zwar nicht mehr erwarten, ist aber tatsächlich so. Hier ist eine Vereinheitlichung vonnöten, z.B. drei bis vier Ebenen für die Geschäftsprozesse, davon werden die oberen Ebenen für EAM genutzt.

Wir gehen immer so vor, dass wir Visualisierungen der Enterprise-Architektur im Kundenkontext anhand der Fragestellungen der Kunden instanziieren und damit rasch ein gemeinsames Verständnis erreichen. Es ist ungemein wichtig, den Kunden anhand der praktischen Beispiele aus seinem Umfeld abzuholen.

Ralph Nelius: Ich nehme an, Sie legen Ihren Kunden anschließend einige Modellierungsrichtlinien oder sogar ein Metamodell der Unternehmensarchitektur ans Herz?

Inge Hanschke: Ja, richtig. Wir formulieren Richtlinien und coachen den Kunden, damit für die Bestandsaufnahme die Datenqualität gewährleistet ist. Später erfolgt meist alle sechs Monate oder jährlich ein weiteres Coaching bzw. eine Qualitätssicherung durch einen erfahrenen Berater. Es ist wichtig, dass man bei der Datenqualität am Ball bleibt.

Typische Beispiele für Fragen von Kunden sind, wie man ein Portal oder einen ESB modelliert. Viele Kunden wollen das explizit in ihren Grafiken zusammen mit den Anwendungen sehen. Hier braucht man klare Modellierungsrichtlinien und ein Tool, das heterogene Elementtypen aufnehmen und visualisieren kann. Das bringt uns zum Metamodell.

Dieses Thema wird hauptsächlich bei Kunden diskutiert, die EAM eher IT-lastig angehen. Hier hat man es vor allem mit Softwarearchitekten, Anwendungsentwicklern oder Betriebsverantwortlichen zu tun, die z.B. SOA-Services bereitstellen und betreiben. Solche Gruppen möchten einen höheren Detaillierungsgrad in der Modellierung und damit auch im Metamodell. Aus meiner Sicht ist es aber im EAM wichtig, dass die Aufgaben nicht zu detailliert werden. Ich spreche gerne von der Angemessenheit zwischen Aufwand und Nutzen, alles andere ist nicht realistisch umsetzbar. Das hängt damit zusammen, dass man detaillierte Informationen nicht kontinuierlich aktuell halten kann. Sie können u.a. auch deshalb die Informationen nicht in einer ausreichenden

Qualität beschaffen, da die Beteiligten, die Sie als Informationslieferanten für eine einigermaßen vollständige Sicht auf ihre EA benötigen, sowieso Land unter und in vielen Projekten unterwegs sind. Sie müssen die Datenpflege möglichst einfach und aufwandsneutral gestalten.

Für das Metamodell heißt das: Halten Sie es einfach. Es muss Ihnen das liefern können, was Ihnen wichtig ist und was notwendig ist, um Ihre Fragestellungen zu beantworten. Nicht mehr und nicht weniger. Die detaillierte Spezifikation und der Bau von SOA-Services sind ein anderes Feld.

Ralph Nelius: Wie viel EAM braucht man, d.h., wie groß muss das EAM-Team sein, abhängig von Scope und Firmengröße?

Inge Hanschke: Das hängt von den Randbedingungen, Zielen und Fragestellungen und sicherlich auch vom EAM-Reifegrad ab. Erstes Beispiel: ein sehr großer Konzern, sehr verteilt, viele dezentrale Strukturen. Hier finden Sie viele verteilte Rollen, z.B. einen Bebauungsplaner für die Geschäftsarchitektur oder eigene Teams für einzelne Domänen wie Vertrieb und Handel. Diese Rolleninflation ist nötig, um die verschiedenen Teilbereiche abzudecken, führt aber wiederum zu zusätzlichem Konsolidierungs- und Qualitätssicherungsaufwand im EAM und damit zu weiteren Rollen. Anderes Beispiel: eine große Versicherung. Hier ist alles sehr zentralistisch organisiert und die EAM-Prozesse sind in die Planungs-, Entscheidungs- und IT-Prozesse integriert. Für EAM sind nur zwei Personen verantwortlich. Dies reicht auch aus, da lediglich das Einstiegsziel »Schaffung von Transparenz« verfolgt wird und die Informationen von diesen zwei Personen beschafft und gepflegt werden können.

Nach meiner Erfahrung ist EAM anfangs zentralistisch, verändert sich dann aber und wird zunehmend verteilter in Abhängigkeit von den verfolgten Zielsetzungen, der Größe und der Organisationsform des Unternehmens.

Ralph Nelius: Mit welchen Investitionen in EAM-Tools muss man rechnen?

Inge Hanschke: Mein Rat lautet hier, im ersten Schritt zunächst kein großes Tool-Investment zu tätigen. Besser ist es, sich zunächst darüber klar zu werden, was man zu Beginn und im Ausbau erreichen will. Wir starten beispielsweise häufig mit einem leichtgewichtigen Open Source Tool und schaffen damit im ersten Schritt Transparenz. Basisstrukturen und Visualisierungen werden entsprechend der Fragestellungen der Kunden festgelegt, eine Bestandsaufnahme durchgeführt und EAM pilotiert. Wenn Sie ein angemessenes Vorgehen einhalten, dauert das wenige Monate. Danach können Sie in aller Ruhe eine allgemeine Tool-Evaluierung starten und dann umsteigen, wenn notwendig. Die Tools am Markt sind sehr unterschiedlich und haben unterschiedliche Lizenzmodelle. Die Einführung großer EAM-Tools ist vergleichbar mit kleinen SAP-Einführungsprojekten, das darf man nicht unterschätzen. Das EAM-Projekt gerät dann in eine kritische Phase, denn neben dem weiteren Aufbau und Rollout müssen Sie dann noch ein komplexes Tool einführen. Der Ausbau von EAM erfordert die Etablierung von Steuerungsgrößen und die Integration ins Projektportfoliomanagement sowie Entscheidungsgremien. Und Sie müssen zeigen, dass die Pläne und KPIs aus dem Architekturmanagement etwas taugen. Das ist nicht so einfach.

Ralph Nelius: Wo sehen Sie die größten Herausforderungen im EAM?

Inge Hanschke: Das Erste, was ich sehe, ist das richtige Maß an Breite und Tiefe. Welche Stakeholder haben welche Ziele und Fragestellungen? Welche Daten werden hierfür benötigt – und welcher Aufwand entsteht für die Beschaffung und Pflege? Wir hatten schon über die schrittweise EAM-Einführung gesprochen. Nach den ersten Schritten wird den Beteiligten schnell klar, was man sinnvollerweise macht. Auf diese Weise zerstört man einerseits keine Träume, konzentriert sich aber in den ersten Schritten auf das Machbare, und die Beteiligten erkennen selbst, was machbar ist und was nicht.

Ein zweiter Punkt ist die Schwierigkeit, neue Geschäftsanforderungen zeitnah in IT-Bebauungspläne umzusetzen. Häufig wird versucht, entsprechend Methoden großer Analysten wie Gartner qua Deduktion aus Business- und IT-Zielen eine logische Kette aufzubauen, um dann am Ende z.B. zu sagen, dass im CRM künftig SAP verwendet werden soll. Hier muss man aufpassen, dass nicht nur Scheinrechtfertigungen entstehen für etwas, was man ohnehin machen will. Was tatsächlich hilft, ist methodisch zu arbeiten und neue Anforderungen entlang den Dimensionen der Geschäftsarchitektur herunterzubrechen. Beispiel: Man sieht sich genauer an, wie der Online-Vertragsabschluss unterstützt wird, wie der Prozess abläuft, welche Systeme unterstützen, und stellt fest, dass gewisse Daten online gar nicht angeboten werden oder Redundanzen in der IT-Unterstützung bestehen. Auf dieser Basis kann man als Unternehmensarchitekt auch weitere Hilfestellungen geben. Planungsszenarien können erstellt, analysiert und bewertet werden.

Als Drittes sehe ich das Management der Geschäftsarchitektur. Wer macht das eigentlich? Wer legt die Prozesslandkarte fest? Das Geschäft oder die IT? Wenn die Verantwortung für die Geschäftsarchitektur in der IT liegt, müssen Sie die Fachseite dazu bekommen, sich damit zu identifizieren. In der Praxis klappt das häufig nicht, und Prozessdokumentation und -realität laufen auseinander. Wenn die Fachseite die Geschäftsarchitektur verantwortet, unterscheiden sich die Granularitäten von Aktivitäten sehr und lassen sich häufig nur schwer Anwendungsfunktionen zuordnen. Das fällt dann auf, wenn man versucht, Prozessmodelle ausführbar zu machen.

Ralph Nelius: Wie sieht das Zusammenspiel von EAM, SOA und BPM aus?

Inge Hanschke: EAM hilft in BPM/SOA-Projekten, da damit top-down Prozessketten, Referenzmodelle und logische Funktionsmodelle bereitgestellt werden können, die dann im Projekt weiter detailliert werden. Vor allem das logische Funktionsmodell schafft einen Zusammenhang, den ich nicht mehr missen möchte (siehe Abb. 5–4).

Warum ist das so wichtig? Eine meiner Erfahrungen bei BPM/SOA-Projekten ist, dass die technische Komplexität sehr groß ist. Den kompletten Überblick haben praktisch nur ganz wenige Fachleute, was ein Risiko bedeutet. Umso wichtiger ist ein logisches Funktionsmodell, das den Zusammenhang herstellt. Außerdem scheint mir übrigens offen, ob der Nutzen der Flexibilität durch SOA immer automatisch realisiert wird. Wenn Sie in einer monolithischen, gewachsenen Landschaft Services herauslösen, haben Sie zunächst einen Programmieraufwand bei den Altanwendungen. Wenn jetzt eine neue Geschäftsanwendung kommt, wird noch mal Anpassungsaufwand entstehen. Fazit: Wiederverwendbarkeit ist bei Projekten unter Zeitdruck und einer gewachsenen IT-Landschaft schwierig zu erzielen. Auf Dauer wird man diese Ziele zwar erreichen, aber dazu braucht es einen langen Atem. Hier hilft auch wieder ein EAM, das die langfristige Perspektive im Blick behält.

Ralph Nelius: Frau Hanschke, vielen Dank für das Gespräch.

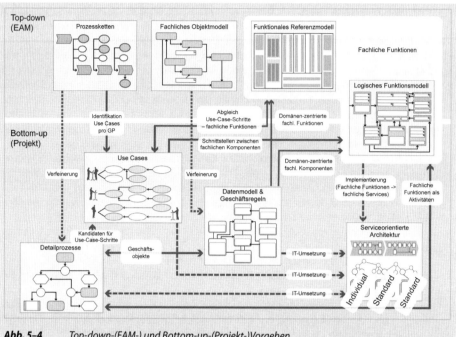

Abb. 5-4 Top-down-(EAM-) und Bottom-up-(Projekt-)Vorgehen

Teil II
Integrierte BPM-Projektmethodik

6 Einführung in die Integrierte BPM-Projektmethodik (IBPM)

Nachdem wir in Teil I des Buches die Grundlagen für Enterprise BPM behandelt haben, geht es im zweiten Teil um die erfolgreiche Durchführung eines einzelnen BPM-Projekts. Wir stellen Ihnen die **Integrierte BPM-Projektmethodik (IBPM)** vor, die wir zu diesem Zweck entwickelt haben.

Wie sind wir zu IBPM gekommen? Um Software zu entwickeln, gibt es heutzutage keinen Mangel an Projektmethodiken. In der Praxis findet man immer noch häufig wasserfallartige Vorgehensweisen, da diese für Auftraggeber und Auftragnehmer relativ einfach zu verstehen sind und gut zu Fixpreisprojekten passen – mit allen Vor- und Nachteilen. Hinzu kommen weitere klassische Ansätze wie das V-Modell XT oder der RUP (Rational Unified Process) mit einem bewährten Set an OOAD-Methoden (objektorientierte Analyse und Design). Diese Methodiken sind relativ groß (manche Stimmen sagen auch schwergewichtig) und daher so konzipiert, dass sie modular auf den jeweiligen Projektkontext angepasst werden können. Andere Herangehensweisen sind Vorgehensmodelle und Best Practices von großen Software-Herstellern und IT-Dienstleistern, etwa ASAP (Accelerated SAP) von SAP oder Quasar (Qualitätssoftwarearchitektur) von Capgemini. In den letzten Jahren hinzugekommen ist noch eine Vielzahl an agilen Methoden (z. B. Scrum, testgetriebene Entwicklung) und viele Best-Practice-Ratschläge zum Bau von SOA-Services. Kurz gesagt: Das Angebot ist riesengroß. Wir haben allerdings in unseren Projekten festgestellt, dass keiner dieser Ansätze die spezifischen Anforderungen eines BPM-Projekts erfüllt. Das liegt daran, dass BPM-Projekte einige Besonderheiten berücksichtigen müssen, die in der klassischen Softwareentwicklung häufig nur am Rande eine Rolle spielen. So sind BPM-Projekte zu einem guten Anteil immer auch Organisationsprojekte. Und man steht vor der Herausforderung, Prozessfluss und Entscheidungslogik untereinander und von altbekannten Aspekten wie Funktionen und Daten zu trennen, um letztlich mithilfe von SOA eine dazu passende, verteilte Komponentenarchitektur mit angemessen granularen, lose gekoppelten Services zu entwerfen. Die klassischen Konzepte wie Anforderungslisten, Use Cases und das Design mit OOAD-Mitteln reichen dazu nicht mehr aus.

Im Laufe der Jahre hat das Autorenteam dazu viele einzelne Bausteine und Ideen gesammelt und in BPM-Projekten erfolgreich angewendet. Nachdem klar war, dass diese Erfahrungen in Form eines Buches zusammengefasst werden sollen, sind in mehreren Klausurtagungen die Einzelbausteine in eine anwendbare Gesamtsystematik gebracht worden. Abbildung 6–1 zeigt einige Impressionen davon.

Abb. 6–1   *The Making of IBPM*

Das Ergebnis dieser Arbeit ist die **Integrierte BPM-Projektmethodik (IBPM)**. IBPM ist »integriert« in dem Sinne, dass es alle wichtigen Aspekte von BPM in einem einheitlichen Methodikansatz zusammenfasst. Der Ansatz besteht aus drei Teilen:

1. **IBPM-Framework:** Es definiert 10 thematische Säulen, die die für BPM wichtigsten Elemente der prozess- und serviceorientierten Perspektiven definieren und verknüpfen.
2. **IBPM-Patterns:** Eine Sammlung von wiederverwendbaren, BPM-spezifischen Entwurfsmustern (Patterns), die die praktische Arbeit erleichtern und strukturieren.
3. **IBPM-Vorgehensmodell:** Konkrete, BPM-spezifische Rollen, Arbeitspakete und Ergebnistypen für Projektteams werden festgelegt.

6.1   IBPM-Framework

Am Anfang der Entwicklung von IBPM stand die Überlegung, dass in einem typischen BPM-Projekt in der Regel eine immer wiederkehrende Menge von BPM-spezifischen Themen adressiert werden muss. Außerdem wurde schnell klar, dass in einem BPM-Projekt die Prozessperspektive gleichberechtigt neben der Serviceper-

6.1 IBPM-Framework

spektive stehen muss. Konsequenterweise wurde für IBPM ein Methoden-Tandem aus **Prozessorientierter Analyse und Design (POAD)** und **Serviceorientierter Analyse und Design (SOAD)** entwickelt, das die wichtigsten inhaltlichen Bereiche eines BPM-Projekts in 10 thematische Säulen unterteilt. Diese Säulen sind so geschnitten, dass sie helfen, die Inhalte jeweils klar zu definieren und die Abhängigkeiten zwischen ihren Elementen in den Griff zu bekommen. Abbildung 6–1 gibt einen Überblick über die thematischen Säulen des IBPM-Frameworks.

Methode	Säule
Prozessorientierte Analyse und Design (POAD)	A. Prozessmodell B. Prozessorganisation und -rollen C. User Task Management D. Geschäftsregeln E. Prozessmonitoring, -analyse und -reporting
Serviceorientierte Analyse und Design (SOAD)	F. SOA-Komponentisierung G. UI-Design H. Prozesskomponenten I. Business-Objekte und Backend-Komponenten J. Technische Architektur

Tab. 6–1 *Die 10 Säulen des IBPM-Frameworks*

Prozessperspektive: Säulen A–E

Die ersten fünf Säulen beschreiben Aspekte der **Prozessperspektive**. Wir sagen bewusst nicht fachliche Perspektive, denn auch in der Prozessperspektive spielen technische Dinge wie das BPMS oder das BRM-System eine wichtige Rolle in den Modellen. Die Elemente, die in der Prozessperspektive erfasst werden, kommen aber allesamt aus der Geschäftsarchitekturebene der Unternehmensarchitektur (siehe Abschnitt 5.2).

Das Hauptartefakt, in dem die Fäden der Prozessperspektive zusammenlaufen, ist das Prozessmodell (Säule A). Das Prozessmodell beschreibt geschäftliche Abläufe durch Geschäftsvorfälle (Ereignisse), Aktivitäten, Prozessflüsse und Konnektoren. Diese müssen von der zu erstellenden BPM-Lösung teil- oder vollautomatisiert umgesetzt werden (siehe Abb. 6–2).

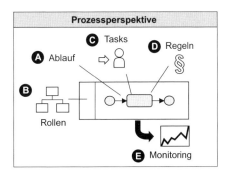

Abb. 6–2 *Prozessperspektive*

Das Prozessmodell verknüpft auch die vier weiteren Säulen der Prozessperspektive, nämlich Prozessorganisation und -rollen (Säule B), User Task Management (Säule C), Geschäftsregeln (Säule D) und Prozessmonitoring, -analyse und -reporting (Säule E).

Serviceperspektive: Säulen F–J

Die restlichen fünf Säulen beschreiben Aspekte der **Serviceperspektive**. Wir sagen bewusst nicht IT-Perspektive, denn auch hier werden fachliche Fragestellungen behandelt. Die Elemente, die in der Serviceperspektive erfasst werden, kommen aber vorwiegend aus der Servicearchitekturebene der Unternehmensarchitektur plus zusätzlich aus der Applikationsarchitekturebene (siehe Abschnitt 5.2).

Das Hauptartefakt, in dem die Fäden der Serviceperspektive zusammenlaufen, ist die SOA Map (Säule F). Die SOA Map beschreibt die Lösungsarchitektur in Form von fachlichen Komponenten und Services, die miteinander gekoppelt sind und Daten austauschen. Sie stellt außerdem die Verknüpfung zur Anwendungsarchitektur her, da sie zusätzlich angibt, welche Applikation als physischer Servicegeber für den Service selbst fungiert (siehe Abb. 6–3).

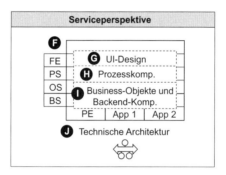

Abb. 6-3   *Serviceperspektive*

Die SOA Map verknüpft außerdem die vier weiteren Säulen der Serviceperspektive: UI-Design (Säule G), Prozesskomponenten (Säule H), Business-Objekte und Backend-Komponenten (Säule I) sowie die technische Architektur (Säule J).

Detaillierungsebenen

Jede der 10 Säulen gehört entweder zur Prozess- oder zur Serviceperspektive. Beide werden in BPM-Projekten benötigt. Daher legen wir in IBPM Wert darauf, beide Perspektiven parallel zueinander zu entwickeln und konsistent zu halten. Um das für ein Projekt handhabbar zu machen, führen wir zusätzlich fünf Detaillierungsebenen ein:

6.1 IBPM-Framework

1. Planung
2. Analyse
3. Fachliches Design
4. Umsetzungsdesign
5. Umsetzung

Zusammenführung

Führen wir nun die 10 Säulen der Prozess- und der Serviceperspektive mit den 5 generischen Phasen eines Projekts zusammen, dann ergibt sich eine 5×10-Matrix (siehe Abb. 6–4).

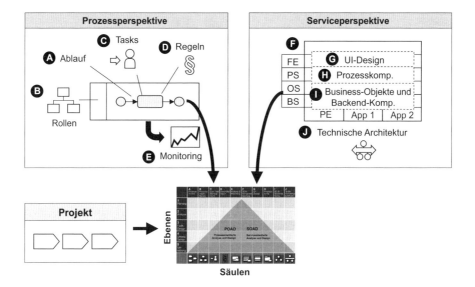

Abb. 6–4 Zusammenführung von Prozess- und Serviceperspektive in einem Mehrebenenmodell

Die so entstandene 5×10-Matrix ist die Grundlage des IBPM-Frameworks (teilweise nennen wir im Folgenden auch die Matrix selber IBPM-Framework). Für die einzelnen Felder der Matrix bzw. des IBPM-Frameworks werden durch POAD bzw. SOAD konkrete Methoden und Ergebnistypen definiert. In Abbildung 6–5 ist die Matrix noch einmal im Detail dargestellt.

In Kapitel 7 wird jede dieser 10 Säulen des IBPM-Frameworks auf 10–25 Seiten beschrieben. Am Ende eines jeden Abschnitts werden wir jeweils eine kurze Diskussion führen, wie die Artefakte der jeweiligen Säule in den Kontext von POAD bzw. SOAD passen.Diese Ausführungen machen einen wesentlichen Teil dieses Buches aus und definieren insgesamt die Grundlagen für die Anwendung von BPM in großen Unternehmen. Die Struktur des IBPM-Frameworks ist außerdem so angelegt, dass jedes einzelne Projekt leicht in den übergreifenden Enterprise-Kontext eingebettet werden kann. Dies wird in Kapitel 14 vertieft.

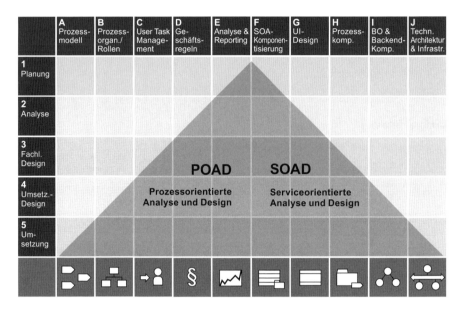

Abb. 6-5   POAD und SOAD im IBPM-Framework

6.2 IBPM-Patterns

Die IBPM-Patterns sind bewährte Lösungsmuster für wiederkehrende Entwurfsprobleme in BPM-Projekten. Wir haben 7 Gruppen identifiziert, die in Tabelle 6–2 zusammengefasst sind. Die Patterns bauen aufeinander auf. Angefangen bei grundsätzlichen Fragen, wie eine BPM-Prozessinstanz mit ihrem Umfeld (Benutzer und IT-Systeme) interagieren kann, bis hin zu allgemeinen Fragen der Modellierung von Eskalationen oder geplanten Änderungen an der Geschäfts- und Servicearchitektur helfen diese Lösungsmuster bei vielen Fragen weiter, die nach unserer Erfahrung im Projektverlauf auftreten. Die wichtigsten Patterns und Blueprints werden in Kapitel 8 vorgestellt.

Gruppe	Beschreibung
1 Process Interaction	Welche Interaktionsmuster kann ein Prozess unterstützen?
2 Process/BO	Wie modelliert man das Zusammenspiel von Prozessen und Geschäftsobjekten in einer SOA?
3 Process Portlets	Welche Portlets finden sich in einem Prozessportal?
4 UI/Process Modeling	Wie modelliert man das Zusammenspiel zwischen UI und Prozess?
5 Process Portal	Wie modelliert man Prozesse, die innerhalb eines Portals ablaufen?
6 Process Networks	Wie modelliert man vernetzte Prozesse und Geschäftsobjekte?
7 General Patterns	Wie modelliert man Eskalation, Change Management und Monitoring?

Tab. 6-2   Gruppen von IBPM-Patterns

6.3 IBPM-Vorgehensmodell

Das IBPM-Vorgehensmodell beschreibt die Phasen eines BPM-Projekts und gibt Hilfestellungen, wer in welcher Rolle wann welche IBPM-Artefakte erstellt. Im IBPM-Framework wurden thematische Säulen und Modellierungsebenen eingeführt. Diese werden im Vorgehensmodell aufgegriffen und in Form von 6 Arbeitspaketen gebracht. Diese sind:

- Prozessorientierte Analyse (PO-A)
- Serviceorientierte Analyse (SO-A)
- Prozessorientiertes fachliches Design (PO-D I)
- Serviceorientiertes fachliches Design (SO-D I)
- Prozessorientiertes Umsetzungsdesign (PO-D II)
- Serviceorientiertes Umsetzungsdesign (SO-D II)

Damit können Sie in der Projektarbeit schrittweise vorgehen, um mithilfe von POAD und SOAD umsetzungsreife Spezifikationen zu erstellen (siehe Abb. 6–6).

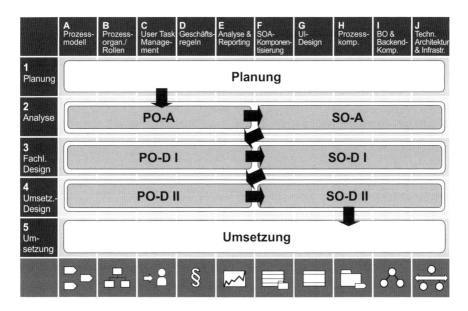

Abb. 6–6   Arbeitspakete

In Kapitel 9 wird anhand eines Fallbeispiels exemplarisch vorgeführt, wie ein BPM-Projekt nach diesem Vorgehensmodell ablaufen kann.

6.4 Die Beispiele im Buch

In den folgenden Kapiteln werden Ihnen mehrere Beispiele begegnen, die wir zur Illustration heranziehen. Diese sind:

- **Good Insurance:** Anhand der fiktiven Versicherung Good Insurance wird im Abschnitt 7.3 ein ausführliches Beispiel zur Kanban-orientierten Gestaltung eines Prozesses für die Schadensabwicklung erläutert.
- **Good Bank:** Die ebenso fiktive Good Bank kennen Sie bereits aus Abschnitt 3.6. In Abschnitt 7.5 wird der Kreditvergabeprozess der Good Bank im Detail betrachtet.
- **Good Goods:** Die letzte fiktive Firma – Good Goods, ein internationaler Hersteller besonders guter Güter – wird insbesondere in Kapitel 9 als Grundlage für das Vorgehensmodell herangezogen. Hier steht der Prozess der Bestellanforderung (BANF) im Mittelpunkt.

7 IBPM-Framework

7.1 Säule A: Prozessmodellierung und Dokumentation

Die Säule A des IBPM-Frameworks schafft die Grundlagen für das Thema »Prozessorientierte Analyse und Design« (POAD). In diesem Kapitel stellen wir die gängigsten Ansätze für die Prozessmodellierung und Dokumentation vor und beschreiben, wie die Prozessmodelle in den verschiedenen Phasen des IBPM-Frameworks zu gestalten sind, um dem Informationsbedarf in jeder Phase ideal gerecht zu werden.

7.1.1 Management- vs. Modellsicht

Prozessmodelle spielen in jedem BPM-Projekt eine zentrale Rolle als Kommunikations- und Strukturmittel. Allerdings darf man nie vergessen, dass Prozessmodelle nur Mittel zum Zweck sind. Aus Managementperspektive spielen typischerweise zunächst einmal andere Themen eine vordergründige Rolle: Viele Unternehmen erkennen heute in BPM weit mehr Möglichkeiten als in klassischen Workflow-Ansätzen, bei denen es häufig nur um die Ablösung von papierbasierten Arbeitsabläufen durch elektronische Formulare ging – meistens unter Beibehaltung der ursprünglichen Ablaufreihenfolgen. Dagegen wird BPM heute vielmehr als Werkzeug gesehen, mit dessen Hilfe Managementkonzepte wie Lean Management, Kaizen und kontinuierlicher Verbesserungsprozess (KVP) in allen Teilen des Unternehmens umgesetzt werden können. Dabei sollen diese ursprünglich aus der Güterproduktion stammenden Konzepte insbesondere auf Bereiche der Dienstleistungsprozesse bzw. der Verwaltungsprozesse ausgeweitet werden.

Die Vision vieler Manager ist heute, auch zentrale Dienstleistungsprozesse wie z.B. die Kreditvergabe im Bankenwesen (»Kreditfabrik«), das Fallmanagement im Versicherungsbereich oder den Order-to-Cash-Prozess in einem Telekommunikationsunternehmen nach Gesichtspunkten des Lean Management zu gestalten und zu optimieren. Das heißt, Prozesse werden als Produktionsstraßen gesehen, die z.B. Kredite produzieren. Wichtig dabei ist, dass hier der End-to-End-Prozess betrachtet wird, an dessen Anfang und Ende immer der Kunde steht (wobei dies durchaus auch interne Kunden sein können).

Etablierte Lean-Konzepte wie z.B. Kanban bzw. das Pull-Prinzip oder auch Just-in-Time-Produktion sollen mithilfe von BPM umgesetzt werden. Die Hauptmaxime des Lean Management, nach der Produktionssysteme am Wertstrom ausgerichtet werden, setzt eine detaillierte Betrachtung der Prozesse voraus – hierbei spielen formale Prozessmodelle eine wichtige Rolle. Die kontinuierliche Prozessverbesserung (KVP) bzw. Kaizen, wie sie im Lean Management forciert werden, erfordert, dass Prozessmodelle sowohl im Ist als auch im Soll erfasst werden können. BPM muss sicherstellen, dass eine effiziente Transformation der betroffenen Geschäftsprozesse in IT-basierte Produktionsstraßen möglich ist. Durch die Kombination von BPM und SOA, wie sie im IBPM-Framework postuliert wird, werden hierzu die Grundlagen geschaffen (siehe Abb. 7–1).

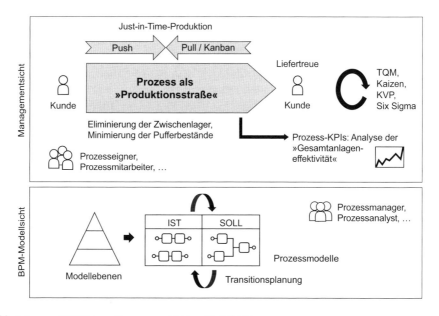

Abb. 7–1 BPM Vision – Managementsicht vs. Modellsicht

Konzepte aus der Lean Production wie z.B. Liefertreue finden sich in BPM als Prozess-SLAs wieder. Die Analyse der Gesamtanlageneffektivität in der Fabrikproduktion findet sich in immateriellen Produktionsprozessen in Form der Analyse von Prozess-KPIs wieder. Grundlage für die effiziente Messung von Prozess-KPIs sind wiederum funktionierende Prozessmodelle.

Da in einem BPM-Projekt fast immer sehr viele unterschiedliche Perspektiven berücksichtigt werden müssen – vom Manager bis zum Entwickler von technischen Workflows – ist es wichtig, dass Prozessmodelle effizient als Werkzeug eingesetzt werden, ohne dabei als übertriebener Formalismus der Innovation im Wege zu stehen. Dies ist eine große Herausforderung, insbesondere wenn man berücksichtigt, dass die Prozessmodelle ja nicht nur unterschiedliche Ebenen, sondern häufig auch noch die Ist- und die Soll-Perspektive abdecken müssen. Eine wichtige Voraussetzung ist hierbei, dass man ein gutes Verständnis für die unterschiedlichen Modellierungsebenen und die zur Verfügung stehenden Modellarten hat und diese sicher einsetzen kann – in der Regel nach dem Motto »So viel wie nötig, so wenig wie möglich«. Daher werden wir dies im Folgenden näher betrachten.

7.1.2 Modellarten und Modellebenen

Um den unterschiedlichen Interessen und Perspektiven der diversen Prozess-Stakeholder in einem Unternehmen gerecht zu werden, sind in der Vergangenheit verschiedene Ordnungsrahmen für die Prozessmodellierung entwickelt worden. In Deutschland ist hier insbesondere die Architektur integrierter Informationssysteme (ARIS) bekannt [Sche06].

Allgemein lassen sich die wichtigsten Modellebenen in die strategische, die fachliche und die operative Ebene einteilen. In diesen Ebenen wird normalerweise mit unterschiedlichen Modellarten gearbeitet, die die Bedürfnisse ihrer Stakeholder und den von ihnen benötigten Detailgrad optimal abbilden (siehe Abb. 7–2).

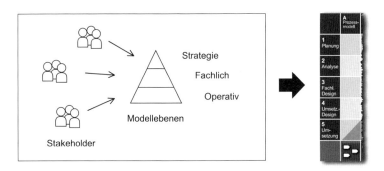

Abb. 7–2 *Stakeholder, Modellebenen und Projektphasen*

Auch in den unterschiedlichen Projektphasen von Umsetzungsprojekten werden unterschiedliche Perspektiven eingenommen, die wiederum unterschiedliche Modellebenen bzw. Modellarten verlangen. Welche Modellarten in welcher IBPM-Phase verwendet werden, wird in Abschnitt 7.1.7 erläutert. Im Folgenden schauen wir uns kurz gängige Modellarten für die Strategieebene sowie die fachliche und die operative Ebene an.

7.1.2.1 Strategieebene

Auf der Strategieebene findet man primär Prozesslandkarten. Diese stellen Prozesse in einfachen Übersichten dar, ohne Details wie Kontrollflüsse. Prozesslandkarten können hierarchisch aufgebaut sein, durch das Hinzufügen von Abhängigkeiten entstehen Prozessnetze. Die Prozessmodelle auf der Strategieebene bieten dem Nutzer ein Rahmenwerk zur Orientierung und Navigation in komplexen Modellen.

Beispiele für Prozessmodelle auf der Strategieebene sind die Wertschöpfungskette nach Porter [Por98] sowie Wertschöpfungskettendiagramme (WKD), wie sie von ARIS verwendet werden.

Wertschöpfungskette

Die **Wertschöpfungskette** unterteilt die Aktivitäten eines Unternehmens in Primäraktivitäten (direkter wertschöpfender Beitrag) sowie Unterstützungsaktivitäten (notwendige Voraussetzung zur Ausübung der Primäraktivitäten).

Wertschöpfungsketten helfen, einen schnellen Überblick über die Prozesslandschaft eines Unternehmens oder eines Bereichs zu bekommen. Sie werden daher in der Modellierung teilweise auch **Prozesslandkarten** genannt (siehe Abb. 7–3).

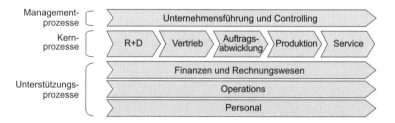

Abb. 7–3   *Wertschöpfungskette*

Hierarchisches Prozessmodell

Hierarchische Prozessmodelle – wie sie beispielsweise von ARIS verwendet werden – unterteilen Prozesse in unterschiedliche Ebenen, auf denen unterschiedliche Prozessarten und Aktivitäten angesiedelt sind. Beispiele hierfür sind End-to-End-Geschäftsprozesse, Teilprozesse und Vorgänge (siehe Abb. 7–4). Die Organisation von Prozessen in Hierarchien hilft bei der Inventarisierung und Strukturierung komplexer Prozesslandschaften.

Abb. 7–4   *Hierarchisches Prozessmodell*

7.1.2.2 Modellarten auf fachlicher und operativer Ebene

Auf fachlicher und operativer Ebene werden verschiedene Modellierungsstandards eingesetzt. Abbildung 7–5 gibt einen Überblick über die wichtigsten diagrammbasierten Methoden. In der betrieblichen Praxis dominieren kontrollflussorientierte Diagrammarten, da diese gut geeignet sind, die Details von Prozessabläufen darzustellen. Die prominentesten Vertreter sind derzeit EPKs (ereignisgesteuerte Prozessketten) nach ARIS sowie BPDs (Business Process Diagrams) auf Basis BPMN (Business Process Modeling Notation).

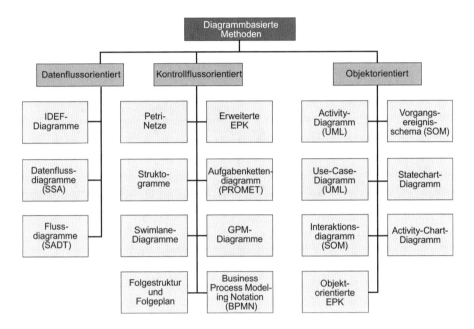

Abb. 7–5 Modellierungsstandards nach [Gad07]

Eine genaue Zuordnung der Modellarten auf die fachliche bzw. operative Ebene ist nicht immer leicht möglich. Beispielsweise gelten SADT und UML allgemein als der operativen IT-Umsetzungsebene zugeordnet. EPKs positionieren sich dagegen auf der fachlichen Ebene. BPMN hat den Anspruch, von einer rein fachlichen Sicht bis hin zum ausführbaren (also operativen) Modell Verwendung zu finden (ein Vergleich EPK vs. BPMN folgt in Abschnitt 7.1.5).

Wichtig ist anzumerken, dass auf fachlicher Ebene immer noch relativ schwach formalisierte Prozessmodelle dominieren, die häufig auf PowerPoint oder Visio basieren und die im Wesentlichen Swimlanes, Aktivitäten und Verzweigungen enthalten. Insbesondere reine Fachanwender tun sich mit der Erstellung formaler Prozessmodelle häufig schwer.

7.1.2.3 Prozessmodellierung im Detail

Auf fachlicher bzw. operativer Ebene kann ein Prozess als eine Abfolge von Aktivitäten oder Vorgängen definiert werden, die in einer logischen und zeitlichen Reihenfolge stehen. Ziel eines Geschäftsprozesses ist es, eine Kundenanforderung zu erfüllen: In vielen Ansätzen steht der Kunde immer am Anfang und am Ende des Prozesses. Prozesse haben mindestens ein Start- und ein Endereignis. Die Aktivitäten eines Prozesses müssen nicht sequenziell ablaufen: Parallele, alternative oder wiederholte Ausführungen von Aktivitäten sind möglich. Neben dem reinen Prozessablauf ist der Prozesskontext relevant (siehe Abb. 7–6): Das Prozessmodell muss definieren, wer in welchem Schritt involviert ist, welche Aufgaben er zu erfüllen hat und womit er sie erfüllt (Ressourcen, IT-Applikationen, Informationen, Dokumente).

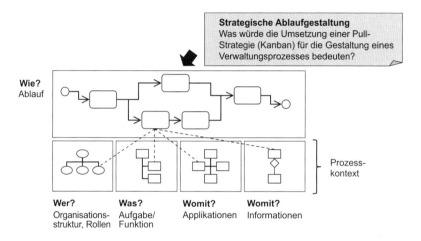

Abb. 7–6 *Prozessablauf im Kontext*

Die größte Herausforderung für den Prozessdesigner ist es sicherlich, den Prozessablauf so zu gestalten, dass er die Ziele gemäß Lean Management oder anderer Methoden erfüllt. Was bedeutet es beispielsweise, einen Prozessablauf in einem Modell so zu gestalten, dass er ein »Push-« und nicht ein »Pull-«Modell unterstützt? Wir werden in der Säule C (User Task Management) noch Push- vs. Pull-Verarbeitung von Nutzer-Tasks besprechen. Ein Pull-Task-Management alleine macht aber noch keinen Pull-Prozess gemäß Kanban aus. Wenn mithilfe von BPM die Vision des Prozesses als kontinuierlich optimierte Produktionsstraße auch für Dienstleistungsprozesse umgesetzt werden soll, dann muss der Prozessgestalter auf fachlicher Ebene in der Lage sein, mithilfe von Prozessmodellen den Prozessablauf entsprechend zu gestalten.

Im Folgenden werden wir kurz zwei der wichtigsten Standards für die Prozessmodellierung vorstellen und vergleichen: den ARIS-Ansatz und BPMN.

7.1.3 ARIS (WKD, EPK)

Anfang der 80er-Jahre entwickelte Scheer das Y-Modell, um die Integrationspfade betriebswirtschaftlicher Informationssysteme darzustellen. Das Y-Modell wurde später die Grundlage für die ARIS-Methodik, die sich zu einem häufig verwendeten Standard im Bereich der Prozessmodellierung entwickelte [Sche06, Leh07].

7.1.3.1 ARIS-Konzept

Das ARIS-Konzept zur ganzheitlichen Beschreibung von Unternehmen und betriebswirtschaftlichen Anwendungssystemen umfasst verschiedene Beschreibungsebenen und Sichten, für die unterschiedliche Diagrammtypen zur Verfügung stehen (siehe Abb. 7–7). Auf oberster Ebene (Prozesslandkarte) werden typischerweise Wertschöpfungskettendiagramme (WKD) und Organigramme verwendet. Auf Ebene 2 und 3 finden sich detailliertere WKD zur Beschreibung der Kern- und Hauptprozesse. Auf Ebene 3 kommen z.B. noch UML-Paketdiagramme hinzu, um die grobe Struktur der Anwendungssysteme zu beschreiben, die die Prozesse unterstützen. Ab Ebene 4 wechselt die Notation für Prozessmodelle auf ereignisgesteuerte Prozessketten (EPK), um den Ablauf und den Kontext der Prozesse detaillierter zu beschreiben. UML-Klassendiagramme werden für die systemtechnischen Aspekte verwendet.

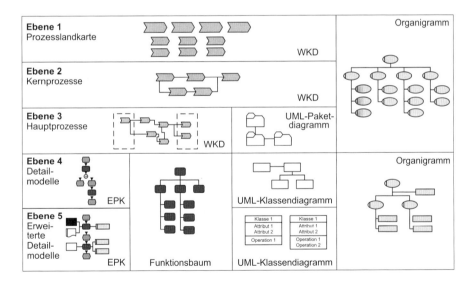

Abb. 7–7 *Modellierungsebenen und wichtige Diagrammtypen in ARIS*

7.1.3.2 Ereignisgesteuerte Prozessketten (EPK)

EPKs sind ein wesentlicher Bestandteil der ARIS-Methodik. Sie bilden den Kontrollfluss eines Prozesses ab, d.h. die zeitlich-logische Reihenfolge, in der die einzelnen Aktivitäten (in ARIS Funktionen genannt) eines Prozesses abgearbeitet werden. EPKs können betriebswirtschaftliche und informationstechnische Aspekte abbilden. Beispielsweise kann eine Funktion mit dem Aufgabenträger und der von ihm verwendeten Anwendung verknüpft werden.

Die in Abbildung 7–8 dargestellte Beispiel-EPK beschreibt einen Urlaubsantragsprozess. In diesem einfachen Beispiel kann man sehen, dass in einer EPK Funktionen immer über Ereignisse verkettet werden. Funktionen sind hier mit Stellen (Rollen) annotiert, z.B. Manager.

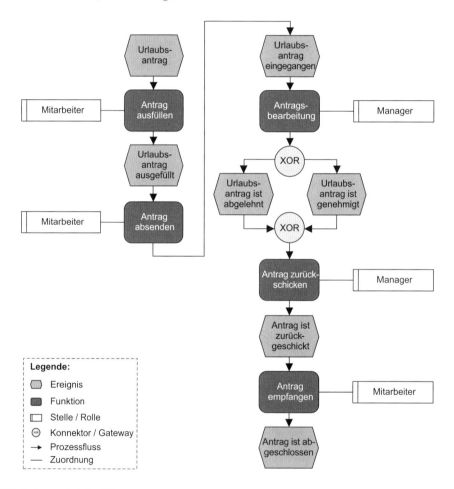

Abb. 7–8   Beispiel-EPK

7.1.4 Business Process Modeling Notation (BPMN)

Als Alternative zu EPK hat sich inzwischen die von der Object Management Group (OMG) standardisierte Business Process Modeling Notation (BPMN) etabliert

7.1 Säule A: Prozessmodellierung und Dokumentation

[All09, FRH10]. Da BPMN ein offener, internationaler Standard ist, wurde er inzwischen von vielen Tool-Herstellern adaptiert.

Die vier Hauptelemente in einem BPMN-Diagramm sind Swimlanes (Pools oder Lanes), verknüpfende Objekte, Flussobjekte und Artefakte. Die Verwendung von Swimlanes ist nicht eindeutig geregelt, sie können z.B. Prozesse, Organisationen, Rollen oder Systeme repräsentieren. BPMN unterscheidet zwischen Sequenzflüssen und Nachrichtenflüssen. Sequenzflüsse regeln die Verhaltensabhängigkeiten innerhalb eines Pools. Nachrichtenflüsse regeln die Kommunikation zwischen verschiedenen Pools. Flussobjekte in BPMN umfassen Aktivitäten (atomare Tasks oder komplexe Unterprozesse), Ereignisse und Gateways.

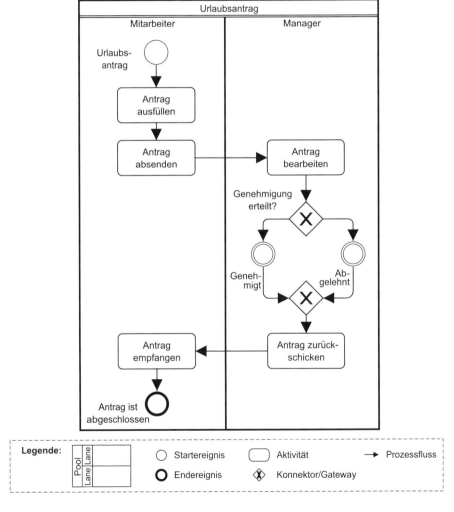

Abb. 7–9   *Beispiel BPMN-Diagramm*

BPMN verfügt inzwischen über eine Vielzahl an spezialisierten Notationselementen, was die Einstiegsschwelle für Anfänger sehr hoch setzt, sofern hier in einem Unternehmen keine Einschränkungen durch Modellierungskonventionen getroffen werden.

Interessanterweise ist in BPMN nicht immer völlig klar, was genau der Scope einer Prozessdefinition umfasst. Prinzipiell sollte sich ein Prozess immer innerhalb eines Pools befinden, allerdings muss ein Pool nicht zwangsweise für einen Prozess stehen, sondern kann beispielsweise auch für eine Organisation stehen [All09]. Das Zusammenspiel mehrerer (Teil-)Prozesse kann als »Choreografie« unter Verwendung mehrerer Pools modelliert werden. Das in Abbildung 7–9 dargestellte BPMN-Diagramm beschreibt den gleichen Prozess wie das EPK-Diagramm in Abbildung 7–8. Man kann erkennen, dass in BPMN weniger Ereignisse verwendet werden, da nicht zwangsweise jeder Aktivität ein Ereignis folgt. Außerdem gibt es spezialisierte Ereignistypen, wie beispielsweise Start-, Zwischen- und Endereignisse.

7.1.5 EPK vs. BPMN

Ein Vergleich von EPK- und BPMN-Diagrammen ist nicht ganz einfach. BPMN-Diagramme sind von der Ausdruckskraft her eine Obermenge von EPK, allerdings gibt es doch einige signifikante strukturelle Unterschiede in der Darstellung. Abbildung 7–10 stellt noch einmal die wichtigsten Elemente der EPK- und BPMN-Diagramme einander gegenüber.

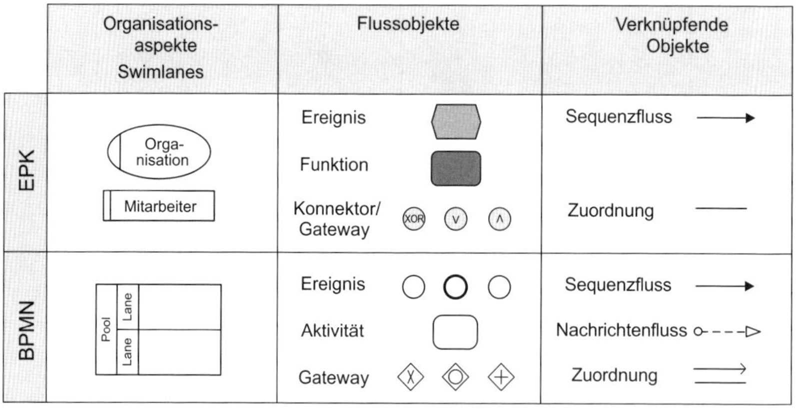

Abb. 7–10   *Gegenüberstellung EPK vs. BPMN*

Vergleicht man die beiden oben dargestellten Beispiele, fällt zunächst auf, dass der Kontrollfluss im EPK-Diagramm doppelt so lang wie der im BPMN-Diagramm aussieht. Das liegt an der zwangsweisen Kombination von Ereignissen und Funktionen in EPK – jede Funktion hat ein vor- bzw. nachgelagertes Ereignis. Dies erscheint nicht immer sinnvoll. In dem Urlaubsantragsprozess in Abbildung 7–8 etwa haben einige der Ereignisse keinen zusätzlichen Informationsgehalt: »Antrag ausfüllen« und »Urlaubsantrag ausgefüllt« bzw. »Antrag zurückschicken« und »Antrag ist zurückgeschickt« erscheinen redundant.

Insgesamt erscheinen BPMN-Diagramme sehr viel kompakter. Dies liegt neben der Tatsache, dass BPMN-Diagramme Events zwischen Aktivitäten nicht zwingend voraussetzen, auch daran, dass die Verwendung von Swimlanes erlaubt, die organisatorischen Aspekte eines Prozesses sehr kompakt darzustellen.

Allerdings bringt dieser Ansatz in BPMN auch Nachteile mit sich. Beispielsweise müssen in BPMN-Diagrammen die Zustände des Prozesses oder der involvierten Business-Objekte auf andere Art und Weise definiert werden. Insgesamt gibt es in BPMN wesentlich mehr Freiheitsgrade (Symbole und Verknüpfungsmöglichkeiten), was bedeutet, dass man sich zwar genauer ausdrücken, aber andererseits auch mehr Fehler machen kann. Gerade für unerfahrene Modellierer ist das ein sehr großes Problem. Generell sind die Regeln, nach denen in ARIS modelliert wird, sehr einfach. Es ist hier wesentlich schwieriger, syntaktische Fehler im Modell zu machen. Auf der anderen Seite ist auch die Semantik von EPK nicht in allen Fällen genau definiert [Men07]. Davon unbenommen bleibt die Frage, wie gut das Prozessmodell die Realität abbildet – auf dieser semantischen Ebene kann der Modellierer ebenfalls besser oder schlechter arbeiten.

Eine abschließende qualitative Bewertung von EPKs und BPMN fällt nicht leicht. Während ARIS vom Hintergrund her deutsch, teilweise akademisch und stark betriebswirtschaftlich ist, wird die BPMN eher von einer technisch geprägten Community mit angelsächsischem Hintergrund vorangetrieben. Die Internationalität und Offenheit geben BPMN, zumindest was die Toolunterstützung angeht, einen klaren Vorteil.

7.1.6 Überführung von EPKs in BPMN-Diagramme

Viele Unternehmen, die größere Bestände von EPK-Modellen haben, beschäftigen sich heute mit der Frage, ob es möglich ist, diese proprietären Modelle in den offenen Standard BPMN zu überführen. Generell ist eine automatische Überführung von EPK zu BPMN möglich, da EPK strukturell eine Teilmenge von BPMN ist.

Allerdings zeigt die Praxis, dass eine vollautomatische Überführung nur selten gute Qualität liefert, da es zu viele Optionen bei der Übersetzung gibt. Erforderlich ist mindestens eine vorherige Qualitätssicherung der EPKs, basierend auf der Definition geeigneter Modellierungskonventionen (d.h., ein Übersetzungsskript wird nur Modelle übersetzen können, die die Modellierungskonventionen einhalten).

In der Praxis wird man prüfen müssen, ob eine automatische Übersetzung wirklich sinnvoll ist, da die rückwirkende Anwendung von Modellierungskonventionen fast so aufwendig sein kann wie die Neumodellierung. Die Neumodellierung hat außerdem den positiven Effekt, dass Mitarbeiter sicherer im Umgang mit BPMN werden und die Modellqualität ggf. verbessert wird [DTP09].

7.1.7 Modellierungsebenen in IBPM

Im Folgenden werden wir die Modellierung auf den verschiedenen Ebenen des IBPM-Frameworks diskutieren.

7.1.7.1 Modellebenen und Projektphasen

Das IBPM-Framework definiert 5 Projektphasen, von der Planung bis zur Umsetzung. Jede dieser Phasen benötigt eine eigene Modellierungsebene, um dem Informationsbedarf der jeweiligen Phase gerecht zu werden. Abhängig von den verwendeten Modellierungstools können hier WKD, EPK und BPMN-Diagramme verwendet werden. Abbildung 7–11 beschreibt den Zusammenhang zwischen den IBPM-Projektphasen und den ARIS- bzw. BPMN-Ebenen. Wir legen hier den Fokus auf BPMN, da es wie bereits erwähnt ein weitverbreiteter, offener Industriestandard ist.

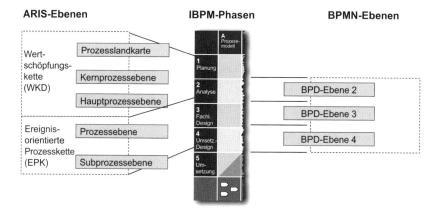

Abb. 7–11 *IBPM-Projektphasen und Modellierungsebenen*

Bei der Verwendung von BPMN mit IBPM wird empfohlen, sogenannte **Modellprofile** zu definieren, die den Modellierungsstil in der jeweiligen Ebene schärfen helfen. So sollte in einem Projekt insbesondere klar definiert sein, wie die Modellprofile für BPDs (BPMN-basierte Business Process Diagrams) der Ebenen 2-4 strukturiert sind, da dies die Ebenen sind, auf denen BPMN besonders intensiv genutzt wird (auf Ebene 5 könnte zukünftig noch das ausführbare Modell stehen, wenn sich Executable BPMN durchsetzt).

7.1.7.2 Modellprofile

Die Frage, welche Modellelemente in welcher Ebene bzw. Projektphase Verwendung finden sollten, lässt sich gut mithilfe von Modellprofilen beantworten. Insbesondere BPMN mit seiner extrem hohen Anzahl an unterschiedlichen Modellelementen sollte in den frühen Projektphasen stark eingeschränkt werden, um hier die Modellierungskomplexität in einem vertretbaren Rahmen zu halten.

In einer Studie wurden verschiedene BPMN-Diagramme auf die Häufigkeit der verwendeten Modellelemente hin untersucht [ZMR08]. Dabei reichte die Verwendungshäufigkeit von nahezu 100 % (normaler Fluss) bis nahezu 0 % (Compensation Association). Die Wissenschaftler unterteilen das BPMN-Modellset in 4 Bereiche: Common Core, Extended Core, Specialist Set und Overhead (siehe Abb. 7–12).

Ergebnisse dieser Art sollten bei der Definition von BPMN-Modellprofilen berücksichtigt und mit den individuellen Bedürfnissen kombiniert werden. Einige wirklich gute und sehr detaillierte Vorschläge zur Verwendung von BPMN auf unterschiedlichen Modellierungsebenen können in [FRH10] gefunden werden. Wir werden im Folgenden etwas weniger detaillierte Vorschläge für die Struktur von Prozessmodellen in den 5 IBPM-Ebenen beschreiben.

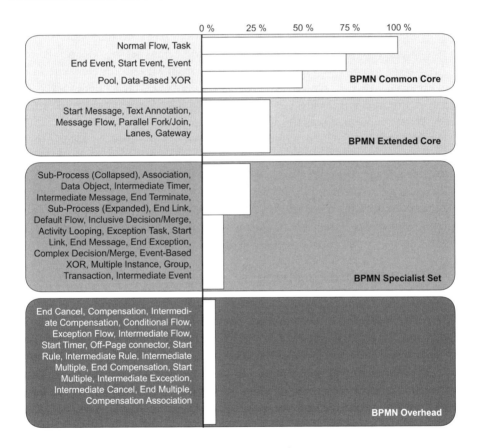

Abb. 7–12 *Verwendungshäufigkeit unterschiedlicher BPMN-Elemente*

7.1.7.3 Modelle der Planungsphase

In der Planungsphase gemäß IBPM werden in der Regel sehr einfache Modelle bzw. informelle Übersichtsgrafiken zur Gestaltung des Projektantrags und zur Formulierung der Vision verwendet. Sie helfen, den Projektumfang und die Aufgabenstellung zu visualisieren und klarer zu beschreiben.

Als Notation bieten sich hier insbesondere Wertschöpfungskettendiagramme (WKD) oder sehr einfache hierarchische Prozessmodelle an. Die Diagramme beinhalten typischerweise eine überblicksartige Darstellung von Prozessen oder Teilprozessen, optional werden häufig informell Kontextinformationen wie wichtige Anwender oder Systeme hinzugefügt.

Detaillierte Beispiele für die Modelle dieser und der folgenden Phasen werden später noch im IBPM-Vorgehensmodell gezeigt und besprochen (siehe Kap. 9).

7.1.7.4 Modelle der Analysephase

In der Analysephase gemäß IBPM wird die Prozessstruktur in Form eines ersten, groben Ablaufmodells festgelegt (»BPD-Ebene 2«). Dieses Modell sollte sich auf den standardmäßigen Ablauf ohne Ausnahmen fokussieren (der sog. »Happy Path«).

Als Notation bietet sich eine Grundmenge von BPMN an. Dabei sollte in der Regel für einen anwenderzentrischen Prozess ein Pool mit 2 bis 3 Lanes für die Rollen der wichtigsten Stakeholder verwendet werden bzw. für einen integrationszentrischen Prozess einzelne Pools für die Partnersysteme.

Der Kontrollfluss sollte in Form von Aktivitäten, Subprozessen (nicht ausmodelliert), einfachen Ereignissen und Nachrichten (ohne Intermediate Events) definiert werden, Gateways sollten nach Möglichkeit noch nicht oder nur sehr sparsam eingesetzt werden. Zusatzinformationen können als Kommentare ergänzt werden. Wenn es im Prozessablauf wichtig ist, können weitere Pools (zugeklappt) für interagierende andere Prozesse, externe Partner und Anwendungssysteme hinzugefügt werden.

7.1.7.5 Modelle des fachlichen Designs

In der fachlichen Designphase gemäß IBPM wird der Prozessablauf fachlich komplettiert (»BPD-Ebene 3«). Das resultierende Modell ist auch die Grundlage für die fachliche Prozessdokumentation.

Als Notation bietet sich ein erweitertes Set der BPMN an, inkl. Kontrollflusssteuerung mit Gateways, ausmodellierten Subprozessen und Events. Start-/Stop-Events sollten komplett sein, Intermediate Events sollten für Timer, fachliche Fehler und Message Flows verwendet werden. Aktivitäten sollten typisiert sein (manuell, User, Service). Wichtige Anwendungssysteme können als Annotation in Kommentaren oder als eigene Pools dargestellt werden. Business Rules sollten als Kommentare modelliert werden. Optional können verwendete Geschäftsobjekte und Prozesszustände als Zusatzartefakte definiert werden. Ein Beispiel hierfür ist in Abschnitt 9.3.4 zu finden.

7.1.7.6 Modelle des Umsetzungsdesigns

Die Modelle des Umsetzungsdesigns gemäß IBPM beinhalten die Detaillierung des Prozessablaufs als Grundlage für die Umsetzung (»BPD-Ebene 4«).

Als Notation kann hier BPMN ausgereizt werden, da die Modellierer auf dieser Ebene in der Regel einen technischen Hintergrund haben. Inhaltlich kommen auf dieser Ebene technische Details hinzu, methodisch empfehlen wir die Verwendung der in diesem Buch definierten BPM-Patterns (siehe Kap. 8).

Insbesondere sollte in dieser Phase eine klare Trennung zwischen den manuellen und den automatisierten Abläufen erfolgen. Dazu sollte der durch die BPM Engine automatisierte Teil des Prozesses als eigene Lane modelliert werden – jedoch nicht als eigener Pool, da dies die Komplexität des Modells unnötig erhöht und dem Ansatz widerspricht, dass ein Prozess in einem Pool abläuft (siehe hierzu auch die Betrachtung in Abschnitt 8.4).

Zusätzlich sollte ein BPD der Ebene 4 präzise Festlegungen für das User Task Management, die Verwendung von User Interfaces bzw. Masken sowie die Verwendung von Business-Objekten und deren Zuständen treffen. Auch hierfür werden Sie später noch nützliche Patterns finden.

Außerdem sollten mögliche fachliche Fehler und Transaktionsklammern im Detail ausmodelliert sein. Technische Fehlersituationen sollten möglichst über die Definition generischer Fehlerbehandlungsmodelle behandelt werden, außer an den Stellen, wo sie sich kritisch auf wichtige Transaktionen bzw. Sonderfälle auswirken können.

7.1.7.7 Modelle der Umsetzungsebene

Die Verwendung von Modellen in der Umsetzungsebene hängt stark von der verwendeten Technologie ab.

Erfolgt die Umsetzung über Programmcode (manuelle Programmierung oder Codegenerierung, z.B. mittels Model Driven Architecture), sind die Modelle nur noch implizit im Code enthalten.

Erfolgt die Umsetzung dagegen über eine moderne BPM Engine, werden in der Regel ausführbare Modelle verwendet. Hierbei stellt als zukünftiger Standard sicherlich das Executable BPMN eine interessante Alternative dar. Gegenwärtig verwenden die meisten Hersteller von BPM Engines entweder komplett proprietäre Lösungen oder proprietäre Erweiterungen offener Standards wie BPEL.

Häufig verwischen aber auch die Grenzen zwischen ausführbaren Modellen und Programmierung. Viele Engines kombinieren beispielsweise ausführbare Modelle mit XML-Transformationen via XSLT (eine Art Programmcode) oder den Modellelementen beigefügten SQL-Codes mit Variableninjektion (also eine Art »Embedded SQL« für BPM-Modelle). Letztendlich umfasst ein ausführbares Modell alle Details, die zur Laufzeit notwendig sind (analog zu einem vollwertigen Programm mit UI-Steuerung, Anwendungslogik, Persistenz, Anbindung externer Systeme etc.).

Daher gilt: Egal ob komplett ausmodelliert oder Modelle mit eingebettetem Programmcode – die detaillierte Erstellung von ausführbaren Prozessmodellen ähnelt in Komplexität und Aufwand der klassischen Programmierung und muss auch den dort etablierten Disziplinen wie Unit Tests und Integrationstests, Versionsverwaltung sowie Configuration Management unterworfen werden.

7.1.8 Konsistenz zwischen den Modellebenen

Das Arbeiten auf mehreren Abstraktionsebenen unter Verwendung unterschiedlicher Modellarten führt zwangsweise zu der Frage, wie die Konsistenz zwischen diesen Ebenen sichergestellt werden kann.

In der klassischen Softwareentwicklung hat sich das Konzept des Roundtrip Engineering eingebürgert, das für die Konsistenz zwischen Diagrammen und Code sorgt. Hier wird noch zwischen Forward Engineering (vom Diagramm zum Code) und Reverse Engineering (vom Code zurück zum Diagramm) unterschieden.

Die Komplexität im Bereich der Modellierung auf verschiedenen Ebenen ist höher als im klassischen Roundtrip Engineering. Beim Roundtrip Engineering zwischen Code und Modellen sind die Elemente auf der einen Ebene semantisch äquivalent zu den Elementen der anderen Ebene (auch wenn die eine typischerweise eine Obermenge der anderen ist) (siehe Abb. 7–13). Beim Arbeiten mit Modellen auf unterschiedlichen Abstraktionsebenen ist eine solche eindeutige Abbildung nicht immer möglich. Das bedeutet, dass die sogenannte »bruchfreie« Arbeit zwischen den Ebenen nicht immer möglich sein wird.

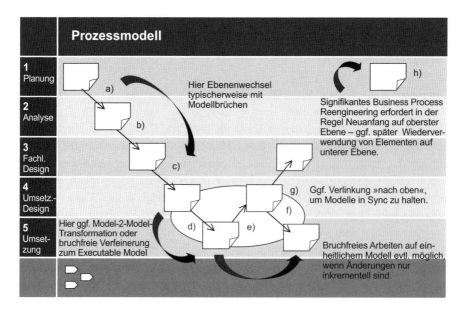

Abb. 7–13 Ansätze und Limitationen des Roundtrip Engineering in BPM

Wie wir gesehen haben, erfolgt die Modellierung in einem BPM-Projekt abhängig von der Projektphase und den Stakeholdern auf unterschiedlichen Ebenen, um verschiedene Perspektiven und Detailtiefen zuzulassen. Auf höheren Ebenen (1–4) bedeutet der Wechsel zur nächsttiefer gelegenen Ebene (Schritte a–c in Abb. 7–13) normalerweise einen Modellbruch. Zwar lassen sich häufig die Kernaktivitäten in der nächsttieferen Ebene wiederfinden, aber normalerweise ist der dargestellte Prozessfluss in größerer Detailtiefe anders als auf der Ebene darüber. Auch werden ggf. Aktivitäten aufgeteilt oder hinzugefügt, neue Akteure hinzugenommen, Entscheidungszweige hinzugefügt oder logisch anders dargestellt etc.

Im IBPM-Ansatz wird insbesondere in Kauf genommen, dass es evtl. Modellbrüche bei der Transition vom fachlichen Design zum Umsetzungsdesign gibt (Schritt c in Abb. 7–13). Das fachliche Design sollte idealerweise von technischen Sachzwängen frei sein, da es ja auch als operative Dokumentation für die Mitarbeiter dienen soll. Beispielsweise ist es auf dieser Ebene nicht relevant, wo Entscheidungen technisch getroffen werden. Das heißt insbesondere, dass auf Ebene 3 häufig in der Lane eines Akteurs Gateways auftauchen, die dann erst in Ebene 4 in einer dedizierten BPMS-Lane platziert und detailliert werden. Das Umsetzungsdesign auf Ebene 4 sollte dagegen klar aufzeigen, welche Aktivitäten und Entscheidungen vom BPMS automatisiert ausgeführt und welche Aktivitäten von Akteuren z. B. über spezialisierte User Interfaces umgesetzt werden.

Bei der Transition vom Umsetzungsdesign zur eigentlichen Umsetzung (Schritt d in Abb. 7–13) gibt es mehrere Möglichkeiten, wie vorgegangen werden kann:

1. Manuelle Transition: Das Umsetzungsdesign wird als Detail-Spezifikation verwendet, die Umsetzung findet z. B. in einer Programmiersprache wie Java oder C# statt.
2. Generierung bzw. Model-2-Model-Transformation: Die Prozessmodelle der Ebene 4 (manchmal auch schon Ebene 3) werden mithilfe einer Transformations-Engine (z. B. eines MDA-basierten Model-2-Model-Übersetzers) in ein Modell übersetzt, das dann angereichert und vom BPMS ausgeführt werden kann. Häufig bedeutet das technisch, dass Modelle der Ebene 3 bzw. 4 in BPMN (oder auch als ARIS EPK) modelliert und dann in technische Workflows (häufig in einer Art proprietärem BPEL) übersetzt werden.
3. Verfeinerung und direkte Modellausführung: Das verwendete BPMS erlaubt es, Prozessmodelle so weit mit technischen Informationen anzureichern (z. B. Mappings von Datenfeldern auf GUI-Elemente, Datenbanktabellen etc), dass zum Schluss ein ausführbares Prozessmodell entsteht. Dies ist auch das Ziel von Executable BPMN.

Der Nachteil der Ansätze 1 und 2 ist, dass Änderungen auf Umsetzungsebene nicht automatisch auf den darüber liegenden Ebenen aktualisiert werden. Dieses fehlende Roundtrip Engineering kann nur durch ein diszipliniertes Vorgehen adressiert werden, in dem Änderungen immer auf allen relevanten Modellebenen aktualisiert werden.

Der Vorteil von Ansatz 3 ist sicherlich, dass ein hoher Grad von Wiederverwendung möglich ist. Allerdings sollte die Schwierigkeit, Modelle über mehrere Abstraktionsebenen »in sync« zu halten, auch bei Verwendung von Ansatz 3 nicht unterschätzt werden. Fachbereiche lassen sich meistens nur ungern »Handschellen« in Form von Formalismen bei der Modellierung von Geschäftsprozessen anlegen, was aber notwendig ist, wenn die abstrakteren Modelle als direkte Grundlage für die ausführbaren Modelle dienen sollen.

Allgemein – auch bei Ansatz 3 – ist das »In-sync-Halten« der verschiedenen Modellebenen normalerweise nur bei inkrementellen Änderungen möglich. Ein signifikantes Process Reengineering führt meistens dazu, dass das neue »Soll-Modell« zunächst losgelöst von bestehenden Modellen entwickelt wird. Das ist im Sinne der effektiven Umsetzung von Veränderungen auch meistens richtig so.

Als Kompromiss zwischen den verschiedenen Ansätzen wird heute von einigen BPMS-Anbietern ein alternatives Modell unterstützt – die manuelle Verlinkung von Elementen verschiedener Modellarten und -ebenen. Beispielsweise kann eine Aktivität auf Ebene 3 manuell mit einer Aktivität auf Ebene 4 verknüpft werden. Dies erlaubt dann im Tool die automatische Navigation zwischen den Modellebenen. Die fachlich relevante Aktivität aus Ebene 3 kann auch im detaillierteren Umsetzungsdesign der Ebene 4 einfach wiedergefunden werden. Diese »lose Kopplung« zwischen den Modellarten und Modellebenen hat einige Vorteile. Beispielsweise verbessert sie die Kommunikation zwischen IT und Fachbereichen, ohne den Fachbereichen zu starke Vorgaben bei der Gestaltung ihrer eigenen Modelle zu machen. Außerdem ermöglicht dieser Ansatz es, bestimmte Informationen aus dem technischen Ablauf der Prozesse auf die fachliche Ebene zu bringen. Beispielsweise können Geschäftsregeln oder Messpunkte für KPIs auf fachlicher Ebene festgelegt und dann exakt in der technischen Umsetzung verortet werden. Dieser Ansatz stellt jedoch nur einen Kompromiss dar, der eine gewisse Disziplin beim Synchronisieren der Modelle verlangt.

7.1.9 Prozessmodelle und POAD

In diesem und den folgenden sieben Abschnitten zu den IBPM-Säulen werden wir am Ende jeweils eine kurze Diskussion führen, wie die Artefakte der betrachteten Säule in den Kontext von POAD bzw. SOAD passen.

7.1.9.1 Abhängigkeiten

Viele BPM-Praktiker haben den Anspruch, mithilfe von mächtigen Modellen eine einheitliche (oder zumindest verlinkte) Sicht zu generieren, die alle wichtigen Aspekte der Ablauf-, Aufbau- und Arbeitsorganisation zusammenfasst.

IBPM unterstützt einen solchen ganzheitlichen Ansatz. Allerdings basiert IBPM auf der Annahme, dass es aufgrund der Komplexität der verschiedenen zusammenlaufenden Disziplinen notwendig ist, jeden einzelnen Aspekt auch mit einem spezi-

7.1 Säule A: Prozessmodellierung und Dokumentation

ellen Fokus betrachten zu können, um sicherzustellen, dass alle Aspekte berücksichtigt wurden. Daher definiert IBPM die 10 Säulen des IBPM-Frameworks. Diese lassen eine individuelle Schwerpunktbetrachtung zu, in der die Abhängigkeiten zwischen den Säulen berücksichtigt werden. Daher auch der Name »Integrierte BPM-Projektmethodik«. IBPM hilft, die Komplexität der verschiedenen BPM-Disziplinen durch einen integrierten Ansatz besser in den Griff zu bekommen. Abbildung 7–14 zeigt noch einmal die Zusammenhänge zwischen der Säule Prozessmodellierung und den anderen Säulen des IBPM-Frameworks auf.

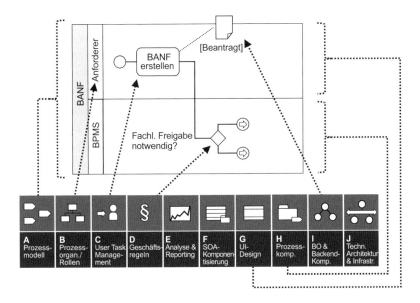

Abb. 7–14   *Abhängigkeiten zwischen Prozessmodell und den IBPM-Säulen*

7.1.9.2   Artefakte der IBPM-Phasen in Säule A

Die wesentlichen Modellartefakte der Säule A werden in Abbildung 7–15 noch einmal verdeutlicht: High-Level-WKDs in der Planungsphase, BPDs der Ebenen 2 als »Happy Path«, BPDs der Ebene 3 mit fachlichen Details, BPDs der Ebene 3 mit technischen Details unter Verwendung der BPM-Patterns.

Es sei hier noch auf die Wichtigkeit der Erfassung der fachlichen Fehler und Ausnahmefälle hingewiesen. Diese sollen im Detail zwar erst auf Ebene 4 ausmodelliert werden, müssen aber zuvor schon identifiziert und katalogisiert werden, um versteckte Zusatzaufwände frühzeitig erkennen und kommunizieren zu können (siehe hierzu auch die Diskussion in Kap. 9).

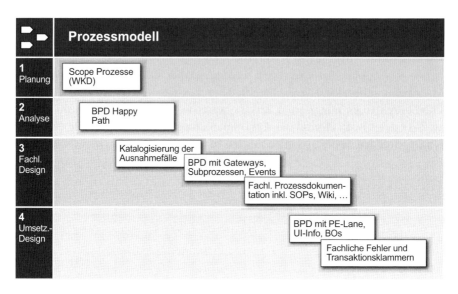

Abb. 7–15   Artefakte der IBPM-Phasen in Säule A

7.2 Säule B: Prozessorganisation und Prozessrollen

In den 1930er-Jahren wurden in der Organisationslehre erstmals die statischen und dynamischen Aspekte einer Organisation individuell betrachtet, indem zwischen Aufbau- und Ablauforganisation unterschieden wurde [Nor34]. Diese Betrachtungsweise dominiert bis heute viele Unternehmen. Bis in die 1980er-Jahre war das Prozessbewusstsein der meisten Unternehmen nur schwach ausgeprägt: Aufgaben und Teilaufgaben wurden in Organisationseinheiten gebündelt, die Aufbauorganisation dominierte die Ablauforganisation.

Globalisierung und zunehmende Sättigung der Märkte zwangen in den 1980ern viele Unternehmen dazu, ihren Fokus von der Produktinnovation auf die Prozessoptimierung zu verlagern. Anfang der 1990er weiteten Hammer/Champy mit dem Konzept des Business Process Reengineering die Prozessorientierung von der Produktion materieller Güter auch auf die Produktion immaterieller Güter (wie z. B. Finanz- und Versicherungsprodukte) sowie Verwaltungsprozesse aus [HC03].

7.2.1 Von der funktionsorientierten zur prozessorientierten Organisation

Aufgrund der Herausforderungen in unserer modernen Welt versuchen viele Unternehmen heute, eine abteilungsübergreifende End-to-End-Sicht auf ihre Prozesse einzunehmen: Die Beschaffung wird als »Procure-to-Pay«, die Personalverwaltung als »Hire-to-Retire/Fire«, der Produktionsprozess als »Order-to-Delivery« und der Verkauf inkl. Leistungsabrechnung als »Order-to-Cash« definiert.

Im Zuge dieses Umdenkens und der Fokussierung auf End-to-End-Prozesse wurde auch die klassische Aufbauorganisation infrage gestellt: Siloartige Abteilungen, die sich nur noch auf ihre eigenen Aufgaben fokussierten und sich von den benachbarten Abteilungen systematisch abschotteten, wurden als Problem erkannt. Heute wird häufig davon gesprochen, dass die Betrachtungsweise auf die Organisation um 90 Grad gedreht werden muss. Es sollen also nicht mehr die »vertikalen« Hierarchien der Organisation im Vordergrund stehen, sondern die Organisation soll um die »horizontalen« End-to-End-Prozesse herum gegliedert sein.

Neben der strikt funktionalen bzw. der strikt prozessorientierten Aufbauorganisation, wie sie in Abbildung 7–16 dargestellt sind, gibt es Mischformen, wie z. B. die hier dargestellte Prozess-Matrixorganisation. Diese Mischformen sind insbesondere deswegen interessant, da eine reine Prozessorganisation wohl in den meisten Firmen eine Vision bleiben wird. Dieser drastische Ansatz ist in den meisten Fällen weder politisch, organisatorisch noch strukturell durchsetzbar. Viele Mitarbeiter erwarten außerdem, dass sie in der Organisation eine Heimat haben, d.h. eine Organisationseinheit, der sie zugeordnet sind.

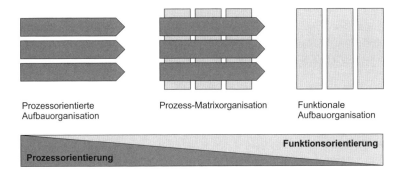

Abb. 7–16   *Vergleich möglicher Organisationsformen*

Anstatt der Einführung einer formalen Prozess-Matrixorganisation finden sich heute in einigen Firmen auch »virtuelle« Prozessorganisationen. Die Zuständigkeiten innerhalb der mehr oder weniger virtuellen Prozessorganisation werden über Rollenbeschreibungen definiert. Die Mitarbeiter sind nach wie vor einer Organisationseinheit zugeordnet, haben aber zusätzlich eine primäre Prozessrolle. Die Rollen sind z.B. vom Personalbereich (HR) als Teil der Stellenbeschreibungen umgesetzt. Auf der Visitenkarte der Mitarbeiter steht die zentrale Prozessrolle zusammen mit der Organisationseinheit.

Die Einführung von formalen Prozessmanagern ist ein wichtiger Schritt von der virtuellen zur formalen Prozess-Matrixorganisation. Bereichsverantwortliche und Prozessverantwortliche koexistieren in dieser Organisationsform. Die Verantwortung des Bereichsmanagers umfasst die Bereitstellung und Verwaltung von Ressourcen sowie die Planung und Umsetzung bereichsbezogener Maßnahmen. Neben der Erreichung der Bereichsziele und der Einhaltung der Bereichsbudgets muss der

Bereichsmanager auch einen Beitrag zur bereichsübergreifenden Prozessoptimierung liefern. Die Verantwortung des Prozessmanagers umfasst die Schaffung von Prozesstransparenz, die Leitung der Prozessoptimierungsinitiativen, die Koordination der dafür notwendigen Maßnahmen sowie die Steigerung der Prozessleistung allgemein.

7.2.2 Beispiel Degussa Bank

An dieser Stelle wollen wir das Interview mit Herrn Dieter Bourlauf, Leiter des Kompetenzcenters Technologie bei der Degussa Bank, fortsetzen, das wir in Abschnitt 1.5.2 begonnen haben. Die Degussa Bank hat durch die Einführung von BPM in den Bereichen Immobilienkredite und Kundenservice viel Erfahrung mit den Auswirkungen von BPM auf die eigene Organisation sammeln können.

> **Ralph Nelius:** Was sind Ihre wichtigsten Erfahrungen, die Sie im Laufe der letzten beiden Jahren aus dem Einsatz von BPM in Ihrer Organisation gewonnen haben?
>
> **Dieter Bourlauf:** Eine wichtige Erfahrung ist, dass die Optimierung von Geschäftsprozessen am Schreibtisch nur sehr selten gelingt. Viele Menschen denken häufig zu sehr in eingefahrenen Bahnen und sind nicht selten gedanklich gefangen in ihren lokalen Abläufen – der Prozess ist für sie eine Abfolge von Masken ihrer Anwendungen.
> Ein konsequenter BPM-Ansatz erlaubt Ihnen eine ganz andere Sicht auf Ihre Prozesse und gibt Ihnen viel mehr Möglichkeiten für die Optimierung. Bei der Industrialisierung spielen nicht nur Economies of Scale, Standardisierung und Automation (oft »Dunkelverarbeitung« genannt) eine Rolle. Von besonderer Bedeutung ist eigentlich die »Hellverarbeitung«. Batch-Prozesse hatten wir schon früher. Wichtig ist, dass wir unsere Prozesse kennen, sie leicht managen und schnell an Marktveränderungen anpassen können.
> Prozessorientierte Applikationen führen zu prozessorientierten Arbeitsweisen. Integraler Bestandteil der neuen, prozessorientierten Anwendungslandschaft ist die Kombination aus Posteingangskorb, rollenbasierter Task-Zuweisung und elektronischem Fallmanagement (inkl. elektronischer Kredit- und Kundenakte). Dadurch wird nicht nur die Arbeit der individuellen Mitarbeiter am End-to-End-Prozess ausgerichtet, sondern für jeden Prozess können nun auch echte Kosten- und Leistungsdaten bereitgestellt werden. Das Management kann damit bessere Entscheidungen treffen. Die aggregierten Kennzahlen aus dem Leitstand genießen hohe Aufmerksamkeit im Management und werden in regelmäßigen Runden besprochen. Dadurch schaffen sie eine positive Unruhe in der Organisation.
> Die erhöhte Transparenz der Prozesskennzahlen sowie die höhere Agilität bei der Reorganisation von Prozessabläufen sind Grundvoraussetzungen zur Etablierung eines kontinuierlichen Verbesserungsprozesses.
>
> **Ralph Nelius:** Können Sie ein konkretes Beispiel nennen?
>
> **Dieter Bourlauf:** Ja. Nach dem Erwerb erster Kenntnisse aus den Daten der BPM-Systeme haben wir im Kreditprozess das Neugeschäft vom Bestandsmanagement getrennt, weil in der Kundenwahrnehmung die schnelle und kompetente Abwicklung des Neugeschäfts ein wichtiges Merkmal für die Beurteilung der Gesamtbank darstellt. Durch die Gewinnung weiterer Erkenntnisse aus dem System und einer Neuausrichtung

im Vertrieb kam es zu einer Erweiterung der Restrukturierung. Der Immobilienprozess wurde in die drei Schwerpunkte Kommunikation und Qualitätssicherung, Produktionsmanagement und Bestandsmanagement aufgeteilt. Diese Reorganisationen wurden aus der Fachabteilung – ohne Einbeziehung von Beratungsunternehmen – auf Basis neuer Erkenntnisse aus dem System initiiert. Im Sinne des KVP werden die hier gesammelten Erfahrungen dann in weitere Optimierungsprojekte einfließen.

Ralph Nelius: Was bedeutet das für die Mitarbeiter?

Dieter Bourlauf: Ihre Arbeitswelt verändert sich. Beispielsweise gab es früher in der Finanzbranche Berufswünsche oder Stellenbeschreibungen wie Kontoführer, Leiter Kundenstammdaten, Sachbearbeiter Immobilienkredit, EC-Kontoverantwortlicher … Alle diese Stellen gibt es in ihrer damaligen Form heute nicht mehr. Mussten die Stelleninhaber damals noch viele Details der Abläufe kennen, so ist dieses Know-how mittlerweile ganz oder teilweise in die Engine gewandert. Heute werden für die Gestaltung und Durchführung der Prozessabläufe eher unterschiedliche Anforderungsprofile in neuen und wechselnden Rollen benötigt, z. B. Business-Analysten, KVP-Experten oder Prozess-Owner. Diese neuen Rollen sind innerhalb und außerhalb der Bank zunächst nicht mehr so einfach kommunizierbar wie früher. Daher gibt es landauf und landab neue Wortschöpfungen wie z. B. im Six Sigma den Black Belt, den Green Belt etc. Dies zeigt den Bedarf für ein gut kommunizierbares, institutsübergreifendes Rollenmodell. Letztlich benötigen Mitarbeiter in der neuen, von BPM geprägten Arbeitswelt einen neuen Symbolraum für ihr Selbstverständnis.

Ralph Nelius: Herr Bourlauf, wir danken für das Gespräch!

7.2.3 Welchen Einfluss hat die umgebende Organisation auf mein BPM-Projekt?

Viele Projektleiter denken, dass Betrachtungen zu den hier vorgestellten, allgemeinen Organisationsprinzipien für ihre Projekte keine Relevanz haben. Sie fühlen, dass ihr Fokus auf das Projekt und nicht die umgebende Organisation gelegt werden sollte, da diese außerhalb ihres Einflussbereichs liegt – das Projekt ist also ein weiterer gefühlter »Silo«.

Die Herausforderung vieler BPM-Projekte liegt darin, dass sie gerade funktionsübergreifende End-to-End-Prozesse automatisieren und optimieren helfen sollen. Im Zweifelsfalle ist also der Projektmanager der End-to-End-Prozesseigner, wenn ein solcher nicht bereits existiert und als Auftraggeber des Projekts fungiert. Als Projektmanager ist es zunächst wichtig zu verstehen, dass ein solches funktionsübergreifendes Projekt eine andere Dynamik, komplexere politische Aspekte und andere Risiken umfasst als ein Projekt, das nur innerhalb eines organisatorischen Silos agiert. Die oben beschriebene Verantwortung der einzelnen Bereichsleiter für ihre eigenen Bereichsziele steht häufig im Konflikt mit der Erreichung bereichsübergreifender Ziele. Daher ist es wichtig, dass der Prozesseigner (entweder vom Management explizit als solcher ausgezeichnet oder implizit durch seine Rolle als Projektleiter) eng mit dem Steering Committee bzw. Lenkungsausschuss zusammenarbeitet, um diese Herausforderungen zu adressieren. Gemeinsam muss eine Organisationsform gefunden werden, die nicht nur sicherstellt, dass das Projekt durch die Zuarbeit der einzelnen Bereiche zu einem technischen Erfolg wird, sondern dass die implementierten Prozesse auch optimale Ergebnisse im Betrieb liefern. Dazu gehören insbesondere auch abteilungsübergreifende Definitionen von Rollen sowie die ggf. ebenfalls abteilungsübergreifende Zuordnung der Mitarbeiter zu Rollen. Verschwimmen hierbei Abteilungsgrenzen, dann sind Konflikte vorprogrammiert.

Selbst wenn die aktuellen Gegebenheiten im Projektumfeld keine größeren Umstrukturierungsmaßnahmen in Richtung einer Prozessorganisation erlauben sollten, ist es trotzdem wichtig, dass zumindest auf operativer Ebene darüber nachgedacht wird, z.B. durch die Einführung von sogenannten Case-Workern oder Case-Teams, im Kontext des aktuellen Prozesses eine »lokale« Prozessorganisation mit End-to-End-Verantwortung für die Bearbeitung einer Prozessinstanz aufzubauen. Abbildung 7–17 verdeutlicht die Alternativen für die lokale Organisationsstruktur anhand eines Kreditvergabeprozesses.

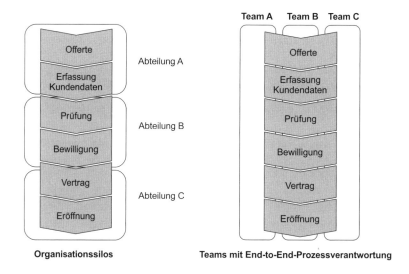

Abb. 7–17   Lokale Organisationsalternativen für einen Kreditvergabeprozess

7.2.4   Prozessrollen im Kontext BPM

Neben der Frage nach der allgemeinen Organisationsform – ob funktional oder prozessorientiert – ist für BPM-Projekte das Konzept der **Prozessrolle** sehr wichtig, da über dieses Konzept Rechte und Verantwortungen im Prozessablauf geregelt werden können. Das bedeutet, dass beispielsweise über Prozessrollen geregelt wird, wer welche Arbeiten zugewiesen bekommt, wer auf welche Informationen im Kontext eines Prozesses lesend oder schreibend zugreifen darf, wer welche Aktionen ausführen darf, und so weiter. Schon bei der Modellierung der Prozesse werden häufig Prozessrollen verwendet, um unterschiedliche Verantwortungen im Prozessablauf deutlich zu machen. Beispielsweise können in BPMN die **Swimlanes** einer

Rolle zugeordnet werden. Der Ablauf eines Prozesses kann dann über mehrere Swimlanes verteilt sein. Verschiedene Teilabschnitte eines Prozesses sind so unterschiedlichen Rollen zugeordnet.

Wichtig ist hierbei eine saubere Abgrenzung des Rollenkonzepts gegenüber verwandten Konzepten. Vergleicht man Prozessrollen mit einer Organisationshierarchie, wird man feststellen, dass die Prozessrollen im Gegensatz zur Organisationshierarchie nicht hierarchisch organisiert sind und sich auch nicht immer direkt auf die Elemente der Organisationshierarchie abbilden lassen. In einigen Modellierungsansätzen wie z.B. ARIS gibt es das Konzept der **Stelle**. Beispielsweise können in EPKs einzelne Funktionen (Aktivitäten) einer Stelle zugeordnet werden. Eine Stelle ist einer Organisationseinheit zugeordnet. Prozessrollen lassen sich dagegen häufig nicht so klar in einer Organisationshierarchie verorten. Es ist wichtig, hier eine klare Unterscheidung zwischen expliziten und impliziten Prozessrollen zu treffen.

Explizite Prozessrollen lassen sich tatsächlich direkt einer Stelle oder einer Personengruppe zuordnen. In unserem BANF-Beispiel in Abschnitt 9.3.4 gibt es die Rolle »Einkäufer«. Diese Rolle entspricht einer Stelle im Bereich Einkauf, kann also direkt einer oder mehreren Personen zugeordnet werden.

Implizite Prozessrollen lassen sich meist nur über Regeln abbilden. Im BANF-Beispiel gibt es die Rolle »Anforderer«. Es ist unwahrscheinlich, dass diese in der Modellierung der BANF verwendete Rolle in einem Unternehmensverzeichnis so direkt abgebildet wird. Stattdessen wird die Implementierung des BANF-Prozesses eine Regel verwenden, um festzustellen, ob ein Nutzer das Recht hat, eine Bestellanforderung zu erstellen und abzusenden, d.h., ob er die Rolle »Anforderer« einnehmen darf.

7.2.5 Verwendung von Prozessrollen in der Modellierung

Die klassischen Prozessmodellierungstools erlauben es, Organisationshierarchien zu modellieren und die darin enthaltenen Organisationseinheiten, Stellen und Personen dann auch Funktionen bzw. Aktivitäten in Prozessabläufen zuzuordnen. Allerdings reflektiert dieser Ansatz der direkten Zuordnung von Elementen einer funktionsorientierten Organisationshierarchie zu Prozessen nicht die Bedürfnisse einer hybriden Prozess-Matrixorganisation, wie sie häufig anzutreffen ist – insbesondere fehlt hier die Berücksichtigung von expliziten und impliziten Prozessrollen.

Es ist daher empfehlenswert, Organisationsdiagramme für ein BPM-Projekt so zu gestalten, dass sie auf die Rollen des aktuellen Prozesses fokussiert sind, und sie dann in den Kontext der hierarchischen Organisation setzen. Aufbauorganisation und Prozessorganisation bzw. Prozessrollen sollten deutlich voneinander getrennt sein, z.B. durch farbliche Unterscheidung oder Umrahmungen. Abbildung 7–18 zeigt das Prinzip.

Die funktionale Aufbauorganisation ist im oberen Teil abgebildet (zumindest der Teil, der im Kontext des aktuellen Prozesses relevant ist) und durch Umrahmung

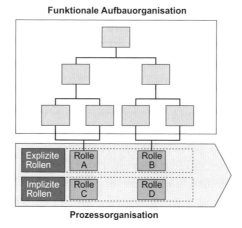

Abb. 7–18 Modellierung von Prozessrollen im Kontext einer funktionsorientierten Organisation

deutlich abgegrenzt. Die Rollen der Prozessorganisation sind durch einen Chevron-Pfeil gruppiert und nach expliziten und impliziten Rollen getrennt. Die expliziten Rollen sind Elementen der funktionalen Aufbauorganisation zugeordnet. Den impliziten Rollen könnten noch Kommentare zugeordnet werden, die die Regeln beschreiben, die für die Zuordnung zu diesen Rollen gelten. Alternativ können diese Informationen auch in einem detaillierten Rollenkatalog verwaltet werden.

7.2.6 Steuerung von prozessorientierten Anwendungen über Prozessrollen

Die Modellierung von Organisationsaspekten in einem BPM-Projekt geschieht nicht nur aus Dokumentationszwecken. Prozessrollen können direkt zur Steuerung verschiedener Aspekte einer prozessorientierten Applikation verwendet werden:

- Im User Interface wird häufig über Rollen gesteuert, welche Sichten auf ein Business-Objekt (BO) einem Nutzer erlaubt sind bzw. welche Teile eines Business-Objekts in einer Sicht verändert werden dürfen. Auch die erlaubten Aktionen (Buttons) in einer UI-Sicht können häufig aus der Kombination von Nutzerrolle und Prozesszustand abgeleitet werden (siehe hierzu auch die Diskussion zu Process/BO-Patterns in Abschnitt 8.2).
- Filter auf Task- bzw. Prozesslisten (siehe z.B. die Diskussion in Abschnitt 7.8.4) werden häufig rollenbasiert definiert. Beispielsweise sieht nur ein Nutzer in der Rolle »Einkäufer« alle aktiven BANF-Instanzen im Prozessmonitor. Der Default-Filter für einen Anforderer liefert nur die von ihm erzeugten BANF-Prozessinstanzen.
- Die Zuordnung von Tasks (Aufgaben) erfolgt häufig über Prozessrollen bzw. über die an ihnen hängenden Regeln.
- Auch in der Ablaufsteuerung kann auf die Rollen des aktuellen Nutzers zugegriffen werden, um Entscheidungen über den weiteren Ablauf zu treffen.

Aufgrund der Wichtigkeit von Prozessrollen zur Steuerung des Prozessablaufs ist es wichtig, die Organisationsaspekte nicht nur projektlokal zu beleuchten, sondern auch Informationen wie globale Organisationscharts, globale Rollenkataloge bzw. Rollenkataloge benachbarter Projekte oder Rollen in Freigaberegelungen und anderen Regelwerken mit in Betracht zu ziehen (siehe Abb. 7–19).

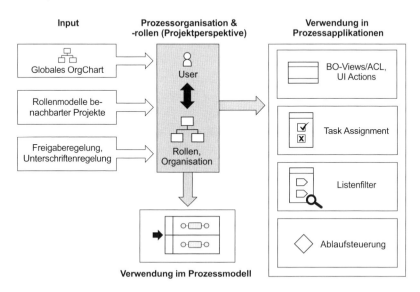

Abb. 7–19   *Prozessorganisation und -rollen im BPM-Projekt*

7.2.7 Integration und Administration

Bei der Umsetzung einer rollenbasierten Steuerung der prozessorientierten Applikationen muss man wieder primär zwischen impliziten und expliziten Rollen unterscheiden.

Bei impliziten Prozessrollen gibt es keine zentrale Zuordnung dieser Rollen zu Nutzern. Stattdessen führt die Anwendung eine rollenspezifische Prüfung durch, ob der aktuelle Nutzer der Rolle entspricht. Dabei können beispielsweise Geschäftsregeln zum Einsatz kommen, die diese Prüfung steuern. Teilweise lässt sich die Zuordnung der Nutzer zu den impliziten Rollen auch aus Informationen ableiten, die aus Datenbanken stammen, die Informationen über Organisations- oder Kostenstellenhierarchien beinhalten. Oft gelten auch noch andere, häufig implizite Regeln.

Bei expliziten Prozessrollen erfolgt eine dedizierte Zuordnung von Nutzern zu Rollen. Dabei können komplexe n:m-Beziehungen entstehen, deren Administration häufig sehr aufwendig sein kann. Die meisten BPM-Werkzeuge erlauben die explizite Zuordnung von Personen zu Rollen, Stellen oder Organisationseinheiten in Diagrammen. Diese Information kann dann zur Laufzeit von der Anwendung ausgelesen und zur Ablaufsteuerung verwendet werden. Allerdings ist die Verwendung von Diagrammen zur Steuerung von rollenbasierten Anwendungen nur in Projekten mit geringer Anzahl von Endnutzern praktikabel. Die Zuordnung von unterschiedlichen Rollen zu großen Nutzermengen sollte nicht in Diagrammen geschehen!

Eine mögliche Alternative zur Verwaltung dieser Informationen stellt ein Unternehmensverzeichnis wie LDAP (Lightweight Directory Access Protocol) dar. Allerdings ist ein zentrales Unternehmens-LDAP meistens nicht in eine administrative Organisation eingebunden, die die notwendige Flexibilität und fachliche Orientierung hätte, die wiederum eine wichtige Voraussetzung zur Verwaltung fachlicher Prozessrollen und deren Zuordnung zu Mitarbeitern ist. Daher scheidet LDAP häufig aus.

Eine wahrscheinlichere Lösung ist, dass mittel- bis langfristig ein dediziertes System zur Administration von Prozessrollen geschaffen werden muss. Insgesamt darf man die Komplexität der Verwaltung von Nutzern, Rollen und Rechten nicht unterschätzen. Informationen dieser Art sind häufig in diversesten Systemen zu finden, z.B. Rollenprofile in HR-Datenbanken, Unterschriftenregelungen in Controlling-Datenbanken, Portalrollen im Portal. Abbildung 7–20 zeigt exemplarisch die Vielfalt an administrativen Prozessen, Rollen und Systemen, mit denen man es in einem typischen BPM-Projekt schnell zu tun bekommen kann.

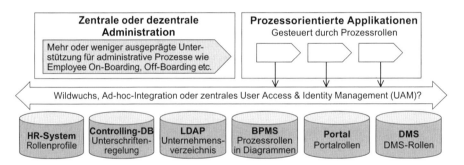

Abb. 7–20   Nutzer und Rollen in verschiedenen Systemen

Nur in gut organisierten Unternehmen findet sich wirklich ein zentrales **User Identity & Access Management (UAM)**, das wichtige Prozesse wie das Employee On-Boarding/Off-Boarding (also den Ein- bzw. Austritt der Mitarbeiter aus dem Unternehmen und die dazugehörige Erzeugung der notwendigen Accounts sowie der Zuweisung von Zugriffsrechten) unterstützt und als Anlaufstelle für prozess- und rollenorientierte Anwendungen dienen könnte.

Gibt es kein UAM, dann kann sich das Thema Nutzer- und Rollenverwaltung gerade beim ersten BPM-Projekt zu einem nicht zu unterschätzenden Unterprojekt ausweiten, das schnell den Charakter eines mittleren EAI-(Enterprise Application Integration-)Projekts annimmt, in dem Informationen zu Nutzern, Rollen und Rechten aus verschiedenen Systemen integriert werden.

Daher ist es wichtig, dass man diese Aspekte frühzeitig in einem BPM-Projekt untersucht und entsprechende Abgrenzungen macht bzw. die notwendigen Zeit- und Personalressourcen zur Lösung dieser Probleme mit einplant.

Gerade am Anfang einer BPM-Initiative sollte hier allerdings ein sehr pragmatischer Ansatz gewählt werden, auch wenn dessen Ergebnisse mittelfristig Nacharbeiten erfordern. Zumindest in der frühen Phase sollten fachliche Prozesse im Vordergrund stehen. Gerade am Anfang des BPM-Rollouts muss man in so einer Situation ggf. Redundanzen und administrative Ineffizienzen akzeptieren, die dann erst sukzessive adressiert werden.

7.2.8 Artefakte der IBPM-Phasen in Säule B

Zum Abschluss der Diskussion der Säule B verbleibt wieder der Blick auf die Artefakte der Säule im Kontext IBPM (siehe Abb. 7–21).

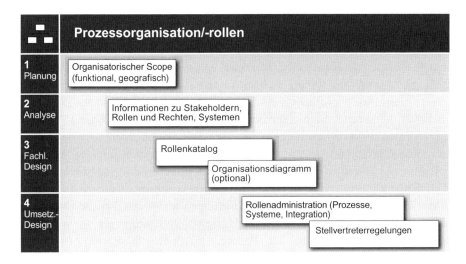

Abb. 7–21 *Artefakte der IBPM-Phasen in Säule B*

In der Planungsphase sollte hier insbesondere der organisatorische Scope definiert werden, d.h., welche funktionalen (oder auch geografischen) Organisationseinheiten sind von dem Projekt betroffen. In der Analysephase müssen die Stakeholder des Prozesses identifiziert und ggf. weitere Informationen eingeholt werden, z.B. über die relevanten Systeme, in denen bereits Informationen zu Nutzern, Organisationshierarchien und Rollen abgelegt sind. Im fachlichen Design sollte mindestens ein detaillierter Rollenkatalog erstellt werden, optional ergänzt durch ein Organisationsdiagramm. Im Umsetzungsdesign müssen die Details zur Integration mit relevanten Systemen festgelegt werden sowie die Details zur geplanten Administration der relevanten Informationen (also z.B. wer legt wie die Rollen für neu angestellte Mitarbeiter im System an bzw. passt diese bei Veränderungen an). Auch weitergehende Entscheidungen beispielsweise zur Struktur und Administration von Stellvertreterregelungen müssen getroffen werden, wenn dies relevant für das Projekt ist.

7.3 Säule C: User Task Management

In Säule A (»Prozessmodell«) haben wir uns mit der **Ablauforganisation** beschäftigt. Die prozessorientierte Herangehensweise führt zur Dekomposition der Arbeit in diskrete Aufgaben (Tasks), die dann in der Ablauforganisation (also im Prozessmodell) in Abhängigkeiten bzw. Reihenfolgen gesetzt werden. Diese Dekomposition ist eine notwendige Voraussetzung, um Prozesse beispielsweise gemäß der Produktionsstraßen-Analogie optimieren zu können. In Säule B (»Prozessorganisation und -rollen«) haben wir uns dagegen mit der **Aufbauorganisation** beschäftigt. Hier haben wir die Frage diskutiert, wie die Struktur der Organisation aussieht, innerhalb derer die Arbeit getan wird. In Säule C (»Task Management«) beschäftigen wir uns nun konkret mit der **Arbeitsverteilung**. Gablers Wirtschaftslexikon definiert Arbeitsverteilung als »*die Zuordnung von Aufträgen/Arbeitsgängen zu einzelnen Kapazitätsträgern innerhalb des durch die Produktionsprozessplanung festgelegten Rahmens. Die Kapazitätsträger sind einzelne Arbeitsstationen (Menschen, Maschinen, Mensch-Maschine-Kombinationen)*« [Gab10]. Diese aus der Güterproduktion stammende Sicht lässt sich auch auf Dienstleistungsprozesse anwenden. Letztendlich generieren auch elektronische Prozesse im BPM-Kontext Aufgaben, die im Rahmen der Arbeitsverteilung den Mitarbeitern zugeordnet werden müssen. Dabei müssen wichtige Aspekte wie verfügbare Kapazitäten und die Auslastung von Teams und einzelnen Mitarbeitern berücksichtigt werden. Gerade in Situationen, in denen kontinuierlich signifikante Mengen von Aufgaben entstehen, spielen die Priorisierung innerhalb von Aufgabengruppen sowie das Eskalationsmanagement im Fall der Nichteinhaltung von Fertigstellungszeiten eine wichtige Rolle. Arbeitsverteilung ist Bestandteil der allgemeinen Arbeitsorganisation bzw. Arbeitsvorbereitung. Effiziente Arbeitsorganisation bedingt, dass Arbeitseinheiten definiert und optimal verwaltet werden. Dabei müssen zunächst die grundsätzlichen Unterscheidungsmerkmale von Arbeitseinheiten verstanden sein:

- Ist die Arbeit geplant (scheduled) oder ungeplant (ad hoc)?
- Kommt die Art der Arbeit häufig vor und lässt sie sich standardisieren oder setzt die Art der Arbeit jedes Mal individuelle Lösungsansätze voraus?
- Ist von einer kurzen oder eher längeren Dauer der Arbeit auszugehen?
- Sind eine oder mehrere Personen involviert?
- Wie viele Ressourcen werden benötigt?
- Ist die Arbeitseinheit bereits atomar oder kann sie in weitere Unter-Arbeitseinheiten unterteilt werden?

Aus Sicht der Arbeitsorganisation spielt die Granularität der Arbeitseinheit eine wichtige Rolle. Dabei werden je nach Kontext häufig sehr unterschiedliche Begriffe verwendet, z.B. Aktivität, Arbeitspaket (Work Package) oder Aufgabe (Task). Das PMI PMBOK [PMI08] unterscheidet auch noch zwischen Activity und Scheduled Activity, also geplanter bzw. ungeplanter Aktivität. Gerade zwischen individuellen

Projekten und standardisierten Prozessen gibt es hier wichtig Unterschiede, die wir im Folgenden betrachten werden.

Im **Projektmanagement** versucht man, die Projektaufgabe in Arbeitspakete (Work Packages) bzw. Teilaufgaben zu zerlegen und mithilfe eines Projektstrukturplans (PSP) bzw. einer Work Breakdown Structure (WBS) zu verwalten. Der PSP bzw. die WBS ist die Grundlage für den Projektplan (Project Schedule), der die einzelnen Arbeitspakete in eine zeitliche Reihenfolge bringt und ihnen konkrete Ressourcen zuordnet. Die Arbeitsvorbereitung in einem Projekt besteht im Wesentlichen darin, die zur Erlangung der Projektziele notwendige Arbeit in Arbeitspakete zu unterteilen und diese in Form eines Projektstrukturplans (PSP) aufzubereiten. Die Arbeitsverteilung beinhaltet die konkrete zeitliche Planung unter Berücksichtigung von Randbedingungen (Verfügbarkeit von Ressourcen, Lieferterminen etc.). Die **Netzplantechnik** kann dabei helfen, in Projekten die logischen Beziehungen zwischen den Arbeitspaketen zu verwalten sowie deren zeitliche Planung zu optimieren. Die Netzplantechnik unterscheidet dabei zwischen Strukturplanung, Zeitplanung, Kostenplanung und Kapazitätsplanung. Eine etablierte Planungsmethodik ist hier z. B. die Critical Path Method (CPM), bei der den Arbeitspaketen als Planungsbasis u. a. Ressourcenanforderungen, Abhängigkeiten, ein geplantes Fertigstellungsdatum, die früheste/späteste Anfangs- bzw. Endzeit und die geplante Anfangs-/Endzeit hinzugefügt werden.

In einem **standardisierten Prozess** wird die Arbeit in Aktivitäten (bzw. Funktionen) heruntergebrochen. Eine Aktivität, die durch einen Menschen erledigt werden soll, wird **Aufgabe** bzw. **User Task** genannt (in dieser Säule auch kurz »**Task**« genannt). Aufgaben bzw. Tasks werden in Aufgabenlisten (Task-Liste, Task-Pool) verwaltet. Aufgabenlisten können – genau wie einzelne Aufgaben – einzelnen Personen oder Gruppen von Personen zugeordnet werden. Mithilfe von Aufgabenlisten können Aufgaben verwaltet werden. Beispielsweise können Aufgaben priorisiert und Fertigstellungstermine überwacht werden. Im Bereich der standardisierten Prozesse ist der **Funktionsbaum** das Pendant zum **Projektstrukturplan** eines Projekts. Der Funktionsbaum definiert die möglichen Aktivitäten des Prozesses, ohne allerdings den Kontrollfluss zu beschreiben. Dieser wird im **Prozessmodell** beschrieben, in etwa vergleichbar mit dem **Netzplan** eines Projekts. Während allerdings im Projektplan eines Projekts in der Regel den einzelnen Arbeitspaketen bereits konkrete Ressourcen zugeordnet sind, geschieht dies bei einem Prozess meistens erst während des Prozessablaufs – also dann, wenn die Arbeit konkret anfällt. Das ist einer der wesentlichen Unterschiede zwischen den Arbeitspaketen in einem Projekt und den Aktivitäten in einem standardisierten Prozess. Im ersten Fall sind die Arbeitspakete langfristig geplant, im zweiten Fall entstehen die Aktivitäten ungeplant und werden ad hoc zugewiesen. Daher verschiebt sich logisch die Arbeitsverteilung im Bereich der standardisierten Prozesse nach hinten: Sowohl der Funktionsbaum als auch die Prozessdefinition können zur Arbeitsvorbereitung gezählt werden, während die Arbeitsverteilung erst zum Zeitpunkt des konkreten Ablaufs der Prozesse stattfindet.

Abbildung 7–22 zeigt die Unterschiede zwischen einem individuellen Projekt und einem standardisierten Prozess im Überblick.

Individuelles Projekt		Standardisierter Prozess	
WBS/Projektstrukturplan	• Definiert und gruppiert diskrete Arbeitspakete • Grundlage für Kostenschätzung und Projektplanung	**Funktionsbaum**	• Der Funktionsbaum enthält die möglichen Aktivitäten eines oder mehrerer Prozesse • Der Funktionsbaum enthält keinen Kontrollfluss • Er kann nach unterschiedlichen Kriterien gruppiert werden
Netzplan	• Stellt Abhängigkeiten, mögliche zeitliche Abfolgen und den kritischen Pfad dar • Kann z.B. als PERT-Diagramm dargestellt werden	**Prozessmodell**	• Fügt die Aktivitäten in einem Kontrollfluss zusammen • Enthält Ablaufreihenfolge, zeitliche Abhängigkeiten, logische Steuerung, Informations-/Materialfluss etc.
Schedule/Projektplan	• Konkrete Umsetzung des Projekts mit definierten Plan-Anfangs-/Enddaten für die Aktivitäten • Projekte sind individuell, daher nur eine Instanz	**Prozessinstanzen**	• Konkrete Ausführung des Prozessmodells • Mehrere Instanzen für jedes Prozessmodell • In der Regel keine Planung von Aktivitäten in die Zukunft, d.h. kein Schedule für die Aktivitäten eines Prozesses
Scheduled Activity/ Geplante Aktivität, Arbeitspaket	• Definierte Anfangszeit, geschätzte Dauer + Kosten + Ressourcenbedarf • Definierte Abhängigkeiten von anderen Aktivitäten • Ggf. mehrere Personen in der Umsetzung involviert • Typische Dauer: Stunden/Tage/Wochen	**Task/ Aufgabe**	• Nicht langfristig im Voraus geplant, definierte Priorität • Abhängigkeiten von anderen Tasks stecken im Kontrollfluss • Genau 1 Person erledigt Task • Typische aktive Bearbeitungszeit: Minuten, evtl. einige Stunden

Abb. 7–22 *Individuelles Projekt vs. standardisierter Prozess*

Auch die Art der Arbeitspakete bzw. Aufgaben unterscheidet sich in Projekten und standardisierten Prozessen häufig. In einem Projekt haben Arbeitspakete meistens eine definierte Anfangszeit, eine geschätzte Dauer, Kosten und einen Ressourcenbedarf. Ihre Abhängigkeiten von anderen Arbeitspaketen sind klar definiert. Die Granularität ist meistens so geschnitten, dass die Arbeitspakete teilweise mehrere Arbeitsstunden oder sogar mehrere Personentage in Anspruch nehmen und ggf. mehr als eine Person zur Umsetzung benötigen. Häufig wird das RACI-Prinzip verwendet, um die Verantwortlichkeiten für ein Arbeitspaket klar zu definieren. RACI definiert dabei, wer die Durchführungsverantwortung hat (Responsible), wer der Auftraggeber ist (Accountable), wer Fachverantwortung trägt (Consulted) und wer ein Informationsrecht hat (Informed). Die Arbeitsergebnisse eines Arbeitspakets werden außerdem häufig formal abgenommen bzw. freigegeben.

Die Aufgaben (Tasks), die den Mitarbeitern im Rahmen eines mit BPM automatisierten Prozesses zugeteilt werden, sind dagegen nicht langfristig im Voraus geplant. Die zeitliche Reihenfolge der Abarbeitung verschiedener Aufgaben wird meistens nicht über einen expliziten Schedule, sondern beispielsweise über Prioritäten gesteuert. Die Abhängigkeiten einzelner Aufgaben voneinander sind im Kontrollfluss des Prozesses definiert. In der Regel wird eine Aufgabe (Task) von genau einer Person abgearbeitet. Die typische Bearbeitungszeit beträgt meistens eher einige Minuten, seltener einige Stunden.

Werden die Aufgaben, die im Rahmen eines Prozesses den Prozessmitarbeitern zugewiesen werden, zu umfangreich, können diese in der Regel nicht mehr ohne Planung umgesetzt werden. Der Prozessdesigner muss dies bereits bei der Dekomposition des Prozesses in die Teilaufgaben berücksichtigen. Oder es wird eine bewusste Entscheidung getroffen, dass bestimmte Aufgaben im Prozess durchaus sehr umfangreich sein dürfen. Dann sollte allerdings überlegt werden, ob beim Task Management nicht tatsächlich zwischen den kurzfristig zu erledigenden und den umfangreicheren Aufgaben unterschieden wird und diese Aufgaben ggf. in unterschiedlichen Task-Listen verwaltet werden. Die Task-Liste für die umfangreicheren Aufgaben sollte dann einen Schedule für die Aufgaben anbieten (z.B. in Form eines Gantt-Charts), analog zu einem Projektplanungswerkzeug.

> **Beispiel für einen hybriden Ansatz zum Management von Aufgaben**
>
> Good Com, ein mittelständisches Telekommunikationsunternehmen aus Deutschland, führt BPM zur Standardisierung und Steuerung seiner Customer-Support-Prozesse ein. Die Aufgaben für Support-Mitarbeiter werden über das Task Management eines BPMS verwaltet. Allerdings stellt sich schnell heraus, dass für viele Aufgaben neben den normalen Task-Listen eine Planungskomponente notwendig ist. Dies betrifft insbesondere Aufgaben, die Besuche beim Kunden vor Ort beinhalten (z.B. Prüfung eines technischen Defekts). Hier müssen sowohl die Verfügbarkeiten der Support-Mitarbeiter als auch die Verfügbarkeiten der Kunden koordiniert werden. Good Com entscheidet sich daher für einen hybriden Ansatz: Auf Teamebene werden Aufgaben über Task-Listen verwaltet. Zusätzlich erhält jeder Support-Mitarbeiter einen individuellen Schedule, in dem die ihm zugeordneten Kundenbesuche zeitlich und räumlich geplant werden. Der Schedule zeigt die Kundentermine und andere geplante Aufgaben eines Mitarbeiters in Form eines Gantt-Charts an. Für ungeplante, kürzer dauernde Aufgaben hat jeder Mitarbeiter zusätzlich eine individuelle Task-Liste.

7.3.1 Modellierung mit BPMN

Die Modellierung von Aufgaben (Tasks) im Kontext eines Prozesses ist eine Stärke von BPMN. Die BPMN-Spezifikation unterscheidet allerdings mehrere Arten von Tasks. Die wichtigsten sind:

- **Service Task:** Automatisierte Aufgabe, die z.B. von einem SOA-Service ausgeführt werden kann

- **Send und Receive Tasks:** Beschreiben das automatische Senden oder Empfangen einer Nachricht
- **User Task:** Wird beschrieben als typische Workflow-Aufgabe, die von einem BPMS erzeugt und unterstützt wird
- **Manual Task:** Eine Aufgabe, die zwar von einem Menschen, aber komplett ohne Unterstützung eines BPMS oder einer Anwendung durchgeführt wird
- **Business Rule Task:** Beschreibt die Berechnung einer Entscheidung durch eine Business Rule Engine

Die **Säule C** des IBPM-Frameworks bezieht sich ausschließlich auf **User Tasks** im Sinne der BPMN. Ein User Task in BPMN wird als Rechteck mit abgerundeten Ecken und einem Symbol für eine Person in der Ecke dargestellt (siehe Abb. 7–23). Die Verwendung im IBPM-Framework sieht vor, dass im fachlichen Design (Ebene 3) die logische Assoziation einer Aufgabe mit einer Rolle ausschließlich über die Swimlane geschieht, in der der Task liegt. Wenn die Rolle nicht explizit ist (siehe Abschnitt 7.2.4), dann muss im Umsetzungsdesign (Ebene 4) noch in der Swimlane des BPMS ein Business Rule Task definiert werden, der die Zuordnung des Tasks zu einer Rolle, Task-Liste oder Person steuert. Wird auf der Ebene 5 ein ausführbares Modell verwendet, dann muss in diesem meistens die Erzeugung des Tasks auch noch explizit ausmodelliert werden.

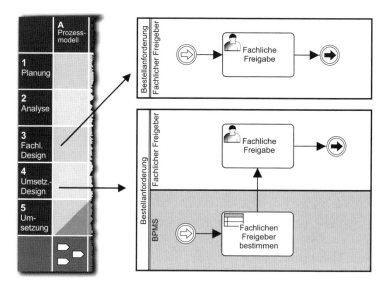

Abb. 7–23 Modellierung von User Tasks in den IBPM-Ebenen

7.3.2 Task Management mit BPMS

Im Folgenden wollen wir näher betrachten, welche Funktionalitäten ein BPMS normalerweise im Bereich Task Management bietet, wie das Task Management zur

Ausführungszeit aussieht, wie ein typisches Implementierungsmodell aussieht und wie das Implementierungsmodell in einer serviceorientierten Architektur einzuordnen ist.

7.3.2.1 Typische Funktionalitäten

Die meisten modernen BPMS bieten eine reichhaltige Unterstützung für das User Task Management. Im Bereich der Arbeitsorganisation sind hier normalerweise folgende Funktionen vorzufinden:

- **Task-Generierung:** Das Prozessmodell beschreibt, wo und wann im Prozessablauf Tasks generiert werden müssen. Die BPM Engine interpretiert diese Informationen und generiert die Tasks automatisch.
- **Task-Zuweisung:** Abhängig von der Implementierung des BPMS und den Details des Prozessmodells können Tasks an Gruppen, Teams, Task-Pools oder individuelle Nutzer zugewiesen werden. Geschäftsregeln können verwendet werden, um die Zuweisung der Tasks zu steuern. Sind Tasks einer Liste oder einer Gruppe zugeordnet, dann kann ein berechtigter Nutzer die Tasks übernehmen und ggf. auch wieder zurückgeben.
- **Operatives Management der Tasks:** Prozessmitarbeiter können Tasks akzeptieren, ablehnen, weiterleiten und delegieren. Der operative Prozessmanager kann Tasks priorisieren, repriorisieren, zusammenführen und Mengen von Tasks auf Teams verteilen und umverteilen (Load Balancing). Das BPMS sorgt automatisch für die Ausführung vordefinierter Regeln (z. B. Eskalationsregeln, Stellvertreterregelungen). Benachrichtigungen über wichtige Events werden automatisch an Prozessbeteiligte versendet.

BPMS stellen normalerweise grafische Nutzeroberflächen (GUIs) für die verschiedenen Nutzer des Systems zur Verfügung. Immer häufiger werden diese in ein Unternehmensportal integriert. Über diese GUIs werden z. B. dem Endnutzer Werkzeuge zur Verfügung gestellt, um Tasks in Task-Listen (manchmal auch Arbeitskorb/Arbeitsliste genannt) zu verwalten, Tasks zu suchen, zu sortieren, zu filtern, anzunehmen, zu öffnen und zu bearbeiten.

Task-bezogenes Reporting sollte Informationen zur Anzahl der abgearbeiteten Tasks über eine definierte Zeitperiode, die durchschnittliche Bearbeitungsdauer, die Anzahl an SLA-Verletzungen etc. geben. Das Management von Task-SLAs (Service Level Agreements) sollte durch die Verwaltung von Task Timeouts, Eskalationsregeln für SLAs, SLA-Reports etc. unterstützt werden.

7.3.2.2 Ausführung

Abbildung 7–24 zeigt, wie das Task Management zur Ausführungszeit funktioniert: Die Prozesskomponente (im Sinne der SOA) erzeugt einen neuen Task, indem sie mit der Komponente interagiert, die den entsprechenden Task-Pool verwaltet.

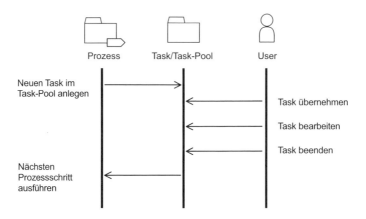

Abb. 7–24 *Beispiel für die Ausführung*

Der User übernimmt den Task aus dem Task-Pool, d. h., der Task ist ihm jetzt zugeordnet und kann ohne Eskalation von keinem anderen User mehr übernommen werden, er ist gesperrt. Als Nächstes – sofort oder zu einem späteren Zeitpunkt – wird der Task vom User bearbeitet und beendet. Der Prozess kann dann mit dem nächsten Schritt im Prozessfluss fortfahren und dabei ggf. die Ergebnisse der Ausführung des Tasks mit berücksichtigen.

7.3.2.3 Implementierung

Für das Verständnis eines Lösungsarchitekten (siehe Abschnitt 9.2) kann es manchmal hilfreich sein zu verstehen, wie das BPMS das Task Management intern implementiert. Hierfür zeigt Abbildung 7–25 eine kurze Übersicht über ein typisches Implementierungsmodell. Tasks gehören normalerweise zu einem Prozess. Tasks

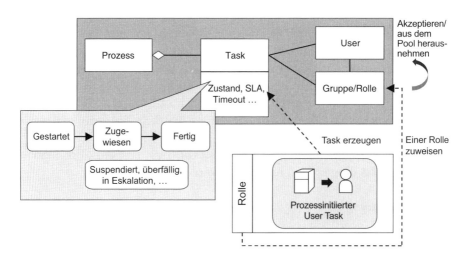

Abb. 7–25 *Implementierungsmodell für das Task Management*

7.3 Säule C: User Task Management

sind entweder einem User oder einer Gruppe bzw. Rolle zugeordnet. Der Task selber hat einen Zustand und ggf. weitere Attribute wie beispielsweise ein Timeout oder weitere SLAs. Die Zustandsübergänge eines Tasks können recht komplex sein, wie in dem Beispiel angedeutet. Mögliche Zustände sind »Neu«, »Zu erledigen«, »In Arbeit«, »Suspendiert«, »Überfällig«, »Fertig«, »Abgebrochen«, »Delegiert«, »Eskaliert« etc.

7.3.2.4 Einordnung in die SOA

Zum Schluss der Umsetzungsbetrachtung wollen wir noch kurz betrachten, wie sich die Komponenten des Task Management in eine SOA einordnen. Abbildung 7–26 gibt hier einen guten Überblick. Die Prozesskomponente interagiert zum Beginn der Erzeugung eines neuen Tasks häufig mit einem Service, der eine Geschäftsregel implementiert. Diese entscheidet, welchem Nutzer oder welcher Nutzergruppe der Task zugewiesen werden soll. Gemäß der Kategorisierung der SOA-Ebenen ist dies ein Orchestrierungs-Service, da er ggf. auf mehrere datenzentrische Basis-Services zugreifen muss, um Input für seine Entscheidung zu bekommen. Hat die Prozesskomponente die notwendigen Informationen, erzeugt sie einen neuen Task in einer Komponente, die Tasks verwaltet (gemäß der SOA-Klassifikation ein Basis-Service, da Tasks im Wesentlichen Daten darstellen und nicht von sich aus aktiv werden). Das Task-Listen-Portlet interagiert mit dem Task-Listen-Service, um Tasks zu suchen und in Listenform darzustellen. Wird ein Task geöffnet, wendet sich das

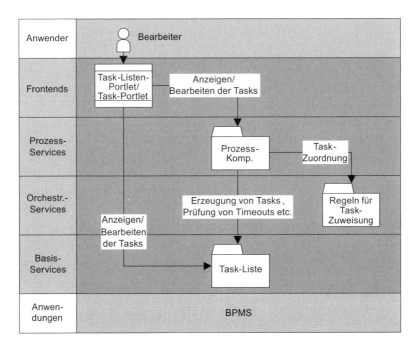

Abb. 7–26 *Einordnung der Komponenten des Task Management in die SOA*

Task-Portlet an die Prozesskomponente, um die notwendigen Informationen zur Darstellung des Tasks zu erlangen. Dieses ist normalerweise das Business-Objekt, das dem Prozess zugrunde liegt, plus die dem Nutzer in seiner aktuellen Rolle erlaubten Aktionen (jeweils abhängig vom Prozesszustand).

7.3.3 User Interfaces

Die Gestaltung der User Interfaces (UIs) für das Task Management ist extrem wichtig, da diese die Schnittstelle zwischen dem Prozess und dem Endanwender darstellen. Die gesamte Akzeptanz eines BPM-Projekts bei den Fachbereichen kann hiervon abhängen. In der Säule C werden wir nur die Aspekte der Task-Verwaltung anschauen. Die fachliche Abarbeitung der Tasks wird meistens durch elektronische Formulare bzw. Portlets gesteuert. Diese betrachten wir in Säule G »UI-Design« (siehe Abschnitt 7.7).

Abhängig von der individuellen Projektsituation können sich verschiedene Alternativen für die technische Basis der User Interfaces für das Task Management ergeben. Kann ein Projekt relativ unabhängig von UI-bezogenen Vorgaben agieren, werden wahrscheinlich die Standardfeatures des BPMS eingesetzt. Hier wird man heute häufig webbasierte Lösungen finden. Es ist jedoch sicherzustellen, dass diese in die allgemeine Portalstrategie des Unternehmens passen.

Anders sieht es aus, wenn das Projekt im Rahmen einer bestehenden Fachanwendung umgesetzt wird oder es andere Gründe gibt, die gegen den Einsatz der Standardfeatures des BPMS sprechen. Beispielsweise kommt es häufiger vor, dass Kunden bestehende Rich-Client-Anwendungen um Task Management erweitern wollen. Wie in Abbildung 7–26 dargestellt, sollte das BPMS die Task-Management-Funktionalität idealerweise als SOA-Komponente mit klar definierten Schnittstellen anbieten. Ist dies der Fall, kann man relativ einfach eigene Funktionen zur Verwaltung von Tasks in das UI der Bestandsanwendung integrieren. Für viele Anwender ist die Erweiterung einer im Betrieb erfolgreichen Anwendung um einen Arbeitskorb tatsächlich ein sehr großer Mehrwert, insbesondere dann, wenn diese Funktionalität sich quasi nahtlos in die bekannte Funktionalität integriert.

Teilweise gibt es auch Ansätze, in denen das Task Management Bestandteil einer Collaboration-Plattform ist. Dies ist insbesondere dann sinnvoll, wenn es sich um nur teilweise standardisierte Prozesse handelt und z. B. Ad-hoc-Task-Management eine wichtige Rolle spielt. Auch die Integration des Task Management in eine E-Mail-Infrastruktur kann für Endanwender sehr attraktiv sein, da sie ihre Mail-Box ohnehin oft als eine Art Arbeitsliste ansehen.

7.3.3.1 Task-Listen

Task-Listen (bzw. Aufgabenlisten oder Aufgabenkörbe) sind eines der wichtigsten UI-Elemente des Task Management. Im Wesentlichen gibt es hier zwei Alternativen: generische und fachspezifische Task-Listen.

7.3 Säule C: User Task Management

Generische Task-Listen stellen normalerweise alle Tasks eines Users oder einer Gruppe (bzw. einer Rolle oder eines Pools) dar. Die Gruppen-Tasks sind so gefiltert, dass nur zur Übernahme durch einen individuellen Nutzer bereitstehende Tasks angezeigt werden. Die nutzerspezifische Variante der generischen Task-Liste ist meistens so gefiltert, dass nur die vom User übernommenen Tasks in ihren verschiedenen Bearbeitungsstufen angezeigt werden. Abbildung 7–27 zeigt ein Beispiel für eine generische Task-Liste.

Task Liste						— x
Prozess	**Aufgabe**	**Zuweisungs-datum**	**Fälligkeit der Aufgabe**	**Priorität der Aufgabe**	**Rolle**	
Bestell-anforderung	Kaufm. Freigabe	10.12.2009	10.1.2010	Hoch	Manager	
Bestell-anforderung	Fachliche Freigabe	12.12.2009	12.1.2010	Normal	Legal Team	
Urlaubs-antrag	Freigabe	14.12.2009	14.1.2010	Normal	Manager	

Abb. 7–27 *Generische Task-Liste*

Eine generische Task-Liste umfasst normalerweise reichhaltige Funktionen zum Suchen und Filtern von Tasks. Ein Task kann selektiert werden, um ihn zu übernehmen oder zu bearbeiten. Für die Bearbeitung wird meistens eine neue Seite, ein Popup oder eine In-Line-Erweiterung des bestehenden Fensters geöffnet. In diesem neuen Formular sind dann die Details der Aufgabe zu sehen, also das zugrunde liegende Business-Objekt (z.B. die Bestellanforderungen mit ihren Bestellpositionen) und die erlaubten Aktionen (z.B. Freigabe, Zurücksendung), abhängig vom Prozessstatus und der Rolle des Nutzers.

In manchen Fällen kann es sinnvoll sein, anstelle von oder zusätzlich zu einer generischen Task-Liste auch fachspezifische Task-Listen anzubieten. Insbesondere wenn bestimmte Nutzergruppen regelmäßig große Mengen von einfach strukturierten Tasks bearbeiten müssen. In diesem Fall wünschen sie sich häufig, alle wichtigen Informationen für eine größere Menge von Aufgaben in einer kompakten Übersicht dargereicht zu bekommen, um diese dann »im Bulk« (also mehrere gleichzeitig) bearbeiten zu können. Abbildung 7–28 zeigt ein Beispiel für eine fachspezifische Task-Liste.

Wichtig ist, dass man bei fachspezifischen Task-Listen die entstehenden Zusatzaufwände richtig einschätzt: Nicht nur, dass man nicht mehr auf die Standardfunktionalität des BPMS zugreifen kann, sondern auch, dass sich die Komplexität rasch erhöht, da diese Task-Listen prozessspezifisch wie auch Task-spezifisch sein können (und ein Prozess in der Regel mehrere Arten von Tasks umfasst).

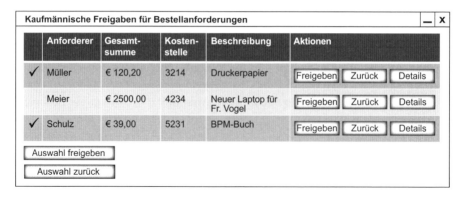

Abb. 7–28   *Fachspezifische Task-Liste*

7.3.3.2 Task-Administration und -Reporting

Wird das Task Management großflächig in einem Unternehmen ausgerollt, dann sollten nicht nur UIs für die Endanwender, sondern auch entsprechende Tools für Administratoren und Prozessmanager bereitgestellt werden. Über diese Tools sollte es möglich sein, z. B. mittels Task Load Balancing auf Prozessebene die Task-Zuweisung auf die verschiedenen Teams zu steuern, ein zentrales Monitoring für kritische Tasks zu realisieren und Task-spezifische Auswertungen zu erhalten. Die Säule E des IBPM-Frameworks beinhaltet eine ausführlichere Betrachtung des Themas Prozessmonitoring und -analyse, worunter auch das Task Monitoring fällt (siehe Abschnitt 7.5).

7.3.4 Unified Task List

Viele Unternehmen haben heute das Problem, dass sie eine große Anzahl von Anwendungen in Betrieb haben, die teilweise bereits über ein eigenes Task Management verfügen. Für die Mitarbeiter ist das natürlich unerfreulich – diese müssen mit mehreren Task-Listen arbeiten und haben keine zentrale Stelle, an der sie auf alle ihre Aufgaben gebündelt zugreifen können.

Auch unsere bereits bekannte Good Bank stand vor diesem Problem. Mit der Einführung von BPM wollte sie auch das Problem der verteilten Task-Listen lösen. Dafür wurde die in Abbildung 7–29 beschriebene Architektur umgesetzt. Die von der Good Bank eingesetzte BPM-Plattform bietet bereits eine Task-Komponente, auf die über Webservices zugegriffen werden kann. Um die Integration anderer Anwendungen – wie beispielsweise eines ERP-Systems und der COLOSSUS-Mainframe-Anwendung – in die Unified Task List zu ermöglichen, wurde ein »Unified Task List«-Orchestrierungs-Service geschaffen, der die Task-Liste des BPMS mit denen der anderen Systeme integriert. Dieser Orchestrierungs-Service wird zum einen von den externen Anwendungen über einen Datenbank-Trigger über Änderungen in den lokalen Task-Listen informiert (dies ist eine »aufwärts« gerichtete

7.3 Säule C: User Task Management

Interaktion, die gegen die in Abschnitt 7.6.2 definierten Aufrufregeln für eine SOA verstößt, daher hier als »Notify« mit gestrichelter Linie dargestellt) und kann diese Änderungen so in die zentrale Task-Liste übernehmen. Änderungen, die sich wiederum über das UI der Unified Task List ergeben, werden vom Orchestrierungs-Service an die externen Anwendungen zurückgespielt (der außerdem notwendige Abgleich von Nutzer- und Rolleninformationen ist hier nicht gezeigt, siehe dazu die Diskussion in Abschnitt 7.2.7).

Außerdem musste eine Integration auf UI-Ebene geschaffen werden. Dazu wurde das Portal des BPMS verwendet. Das ERP verfügte bereits über eine Weboberfläche, diese konnte per iFrame in das Portal integriert werden (ein iFrame ermöglicht die Darstellung einer HTML-Seite innerhalb einer anderen HTML-Seite). Hierzu war es notwendig, im Unified Task Management die richtigen URLs zu generieren, die der fachlich richtigen Einsprung-Adresse für den jeweiligen Task entsprechen. Die Integration der COLOSSUS-Anwendung in das Portal war etwas aufwendiger. Zunächst musste die Mainframe-Terminal-Anwendung über einen 3270 Web-Terminal-Emulator in das Portal integriert werden (dazu war keine Umprogrammierung der Terminal-Screens notwendig, die Anwendung emuliert ein vollwertiges Terminal im Web). Schwieriger war es, den richtigen Einsprung in die dem Task entsprechenden Masken zu realisieren, dazu mussten an einigen Stellen in den Mainframe-Anwendungen kleinere Anpassungen vorgenommen werden.

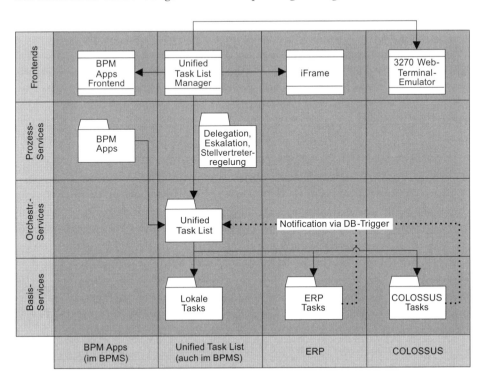

Abb. 7–29 *SOA Map für die Unified Task List bei der Good Bank*

Insgesamt haben sich für die Good Bank die notwendigen Investitionen aber ausgezahlt, da die Effizienz der Anwender durch das so entstandene, integrierte Prozessportal deutlich gestiegen ist. **Zusätzliche Mehrwerte** sind für die Good Bank außerdem in folgenden Bereichen entstanden:

- Das Task Management in COLOSSUS war sehr einfach, es verfügte nicht über die Möglichkeiten der Task-Eskalation, Delegation und Stellvertreterregelungen. Diese Funktionen können nun über das Unified Task Management bereitgestellt werden.
- Die Unified Task List bietet bessere Such- und Sortierfunktionen als die Task-Listen der externen Systeme.
- Die Unified Task List des BPMS unterstützt neben den klassischen, applikationsbezogenen Tasks noch weitere Aufgabentypen, wie beispielsweise Alerts und Notifications.
- Außerdem unterstützt die Unified Task List des BPMS das kollaborative Arbeiten durch die Erzeugung von Ad-hoc-Tasks. Diese können mit Routing-Informationen und Dokumenten-Attachments ausgestattet werden.

7.3.5 Wann sollten keine Tasks verwendet werden?

Automatisches User Task Management ist sicherlich einer der wesentlichen Aspekte eine BPM-Projekts, da ja genau hier die Schnittstelle zwischen der Dunkelverarbeitung und den im Prozess beteiligten Personen liegt. Genau aus diesem Grund muss man aber auch sehr vorsichtig sein. Nicht in allen Fällen stößt die Einführung von User Task Management auf Begeisterung beim Endanwender. Häufig empfinden Anwender die automatische Zuweisung und Kontrolle von Aufgaben als negativ. Kontrollverlust und Überwachungsängste spielen hier eine wesentliche Rolle. Neben dem kulturellen Change Management, das diese Aspekte adressieren muss, sollte der Prozessdesigner aber auch im Detaildesign des Prozesses sehr vorsichtig sein und das Task Management nicht exzessiv verwenden, sondern nur dort, wo es sinnvoll ist. Ein Beispiel ist im Folgenden beschrieben.

In einem Bestellprozess muss normalerweise die Bestellung an den Lieferanten verschickt werden und dann eine Auftragsbestätigung empfangen und der Bestellung hinzugefügt werden. Abbildung 7–30 zeigt ein mögliches Prozessmodell dazu.

Die Aufgabe »Auftragsbestätigung einpflegen« ist als BPMN User Task modelliert. Das impliziert, dass für die Rolle »Einkäufer« automatisch ein Task generiert wird, nachdem die Bestellung versendet wurde. Wenn die Auftragsbestätigung eingeht (z.B. per Fax oder E-Mail) muss in der Task-Liste der entsprechende Task herausgesucht und geöffnet werden, um der Bestellung die Auftragsbestätigung hinzuzufügen. Das Problem mit diesem Ansatz ist, dass dem Einkauf hier eine Art »Warte ab«-Aufgabe zugeteilt wurde. Diese Art von Aufgabe gehört normalerweise nicht in eine Task-Liste, da ja eine aktive Bearbeitung durch den Einkauf gar nicht möglich ist – dies hängt vom Verhalten des Lieferanten ab. Die Aufgabenliste sollte

7.3 Säule C: User Task Management

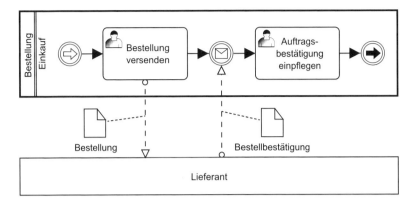

Abb. 7–30 *Auftragsbestätigung: Variante A*

möglichst immer nur die Aufgaben beinhalten, die wirklich mit einer gewissen Dringlichkeit bearbeitet werden müssen – sonst ist die Aufgabenliste schnell überfüllt, der Nutzer verliert den Überblick und meint, dass ihm die Kontrolle über die unübersichtliche Menge der Aufgaben verloren geht. Auch ein Filtern nach Prioritäten ist hier nur eine Notlösung.

Daher sollte das Design an dieser Stelle so geändert werden, dass die Aufgabe »Auftragsbestätigung einpflegen« nicht in der Task-Liste eingestellt wird. Tatsächlich unterscheiden wir hier im IBPM-Framework zwischen »system-assigned user tasks« und »user-initiated activities« (also Aufgaben, die automatisch zugeordnet werden, vs. Aufgaben, bei denen der Nutzer die Initiative übernimmt). Abbildung 7–31 zeigt ein entsprechend verbessertes Design.

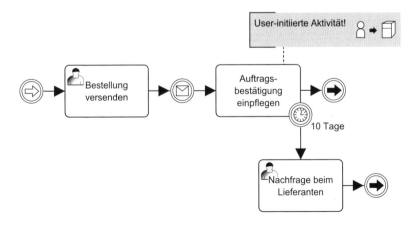

Abb. 7–31 *Auftragsbestätigung: Variante B (optimiert)*

Das verbesserte Design sollte so funktionieren, dass der Einkauf nach dem Versenden der Bestellung z.B. 10 Tage Zeit hat, um auf den Eingang der Auftragsbestätigung zu warten und dann von sich aus zur Anwendung zu gehen, um die Auftragsbestätigung einzupflegen. Hierzu muss das System eine Suchfunktionalität bereitstellen, die es dem Nutzer erlaubt, aus der Menge der Bestellungen die richtige herauszusuchen und zu öffnen und dann die gewünschte Funktion auszuführen. Hierzu kann beispielsweise ein Prozessmonitor dienen (siehe dazu Abschnitt 7.8.4). Verstreicht die definierte Wartezeit, ohne dass die Bestätigung eingepflegt wurde, dann muss vom Prozess ein neuer Task generiert werden, über den der Einkauf die Aufgabe bekommt, beim Lieferanten nachzuhaken. Dies ist wieder eine konkrete Aufgabe mit einer signifikanten Priorität, die daher auch in die Task-Liste des Einkaufs gehört.

> **Bearbeitung von Bestellanforderungen durch den Einkauf ohne Tasks?**
>
> Wie wir in Kapitel 9 sehen werden, gehen wir in unserem Beispiel der Bestellanforderung (BANF) davon aus, dass die BANF über verschiedene Tasks vom fachlichen Freigeber zum kaufmännischen Freigeber und schließlich zum Einkauf weitergeleitet wird. Insbesondere für die Freigeber scheint die Zuteilung der Aufgaben über Task-Listen sehr sinnvoll: Die Freigeber beschäftigen sich wahrscheinlich nur einen sehr kleinen Teil ihrer Arbeitszeit mit Freigaben, daher ist es sinnvoll, ihnen diesbezüglich jeweils explizit eine Aufgabe zuzuteilen, wenn eine Freigabe ansteht. Aus Sicht des Einkaufs sieht dies evtl. anders aus: Die Einkäufer beschäftigen sich den größten Teil ihrer Arbeitszeit mit der Bearbeitung von Beschaffungsanträgen. Daher sollte man sehr genau überlegen, ob die Interaktion mit den Einkäufern im Kontext der BANF tatsächlich über Tasks erfolgen sollte. Es könnte sein, dass es für die Einkäufer natürlicher erscheint, wenn sie eine zentrale Liste mit Beschaffungsanträgen zur Verfügung gestellt bekommen, die sie nach verschiedenen Kriterien filtern und sortieren können. So würde einer der Standardfilter immer die gerade aktuell zu bearbeitenden Beschaffungsanträge in der Liste oben anzeigen. Die Einkäufer hätten also keine Tasks wie »Beschaffungsantrag prüfen«, »Beschaffung in Bestellung überführen« etc. in ihrer Task-Liste, sondern würden sich stattdessen die relevanten Beschaffungsaufträge eigenständig heraussuchen und diese selbstständig bearbeiten. Da die Einkäufer die Bearbeitung von Beschaffungsanträgen ständig durchführen und sehr erfahren darin sind, bedürfen sie tatsächlich keiner engen Führung in ihrer Arbeit über Tasks. Im Gegenteil würden sie sich wahrscheinlich durch eine zu enge Führung in ihrer Tätigkeit gestört fühlen. Daher ist dies ein gutes Beispiel für Aktivitäten, die im Umsetzungsdesign eher von einer benutzerinitiierten Bearbeitung ausgehen sollten als von systeminitiierten Tasks. Ähnlich wie in dem Beispiel der Auftragsbestätigung im nachfolgenden Abschnitt könnte man einen Eskalationsmechanismus schaffen, der ausgelöst wird, wenn eine Bestellanforderung nicht in einer definierten Zeit vom Einkauf bearbeitet wird.

7.3.6 Task-Timeouts und Eskalation

In der Regel erlaubt es das BPMS, User Tasks mit einem Timeout zu versehen und im Fall der Zeitüberschreitung eine Aktion auszuführen, z.B. eine E-Mail zu verschicken. Abbildung 7–32 zeigt einige Beispiele für mögliche Timeouts bei einer Bestellanforderung. Zu unerwünschten Zeitüberschreitungen kann es z.B. kommen, wenn die Übernahme des Tasks durch einen Bearbeiter zu lange dauert oder die auflaufende Durchlaufzeit einen vereinbarten Service Level gefährdet.

7.3 Säule C: User Task Management

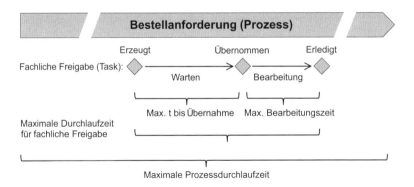

Abb. 7–32   *Beispiele für Timeouts im Prozessablauf*

Einfache Standard-Eskalationsmechanismen wie z. B. die Benachrichtigung des Task-Verantwortlichen bzw. seines Managers haben ihre Berechtigung und können in vielen Standardfällen effektiv sein. Ist eine Klasse von Tasks besonders kritisch, dann muss überlegt werden, ob spezifische, über einfache Benachrichtigungen hinausgehende Eskalationsmechanismen geschaffen werden. Beispielsweise kann das automatische Re-Assignment von Tasks ein effizientes Mittel sein, z. B. wenn ein Mitarbeiter wirklich überlastet oder beispielsweise krank geworden ist.

Eine weitere wichtige Frage ist, wo das Timeout definiert wird: an der Task-Definition oder an der Task-Instanz. Beispielsweise kann es sein, dass bei besonders dringlichen Bestellungen der Default-Timeout von 10 Tagen, der für jede Bestellung gilt, auf eine kürzere Zeit verringert wird, die dann aber nur für diese eine Bestellung gilt. Es ist auch wichtig, zwischen Prozess-Timeout und Task-Timeout zu unterscheiden. Ein auf Prozessebene definiertes Eskalations-Timeout kann unabhängig von den gerade aktiven Tasks getriggert werden.

Ein weiterer wichtiger Aspekt kann die Unterscheidung von Timeouts bis zur Übernahme des Tasks bzw. nach Übernahme sein. Wurde ein Task kurz vor Ende des Übernahme-Timeouts übernommen, dann sollte normalerweise dem Übernehmenden eine angemessene Zeitperiode eingeräumt werden, den Task zu erledigen.

7.3.7   Ressourcen- und Kapazitätsmanagement

Ein wichtiger Aspekt der Prozessautomatisierung ist das Management von Ressourcen und Mitarbeiterkapazitäten – eine Übersicht ist in Abbildung 7–33 gezeigt. In der **Arbeitsvorbereitung**, also bei der Gestaltung der Prozesse, muss bereits geplant werden, welche Ressourcen zur Bearbeitung der anfallenden Arbeiten zur Verfügung stehen müssen. Die benötigten Kapazitäten der »Produktionsstraße« in Form von Mitarbeitern (Anzahl Teams bzw. Anzahl Teammitglieder der einzelnen Teams oder Abteilungen) muss aus der geplanten bzw. voraussichtlichen Anzahl der Geschäftsvorfälle und dem durchschnittlichen Ressourcenbedarf eines einzelnen Prozesses abgeleitet werden. Dafür ist der **Prozesseigner** verantwortlich. Mithilfe eines Prozesssimulationswerkzeugs lassen sich hier komplexe Modelle erstellen und durchrechnen bzw. statistisch auswerten. Häufig ist es aber auch ausreichend, wenn Erfahrungswerte und wahrscheinliche Entwicklungen in einem Excel-Spreadsheet kombiniert werden, um die benötigten Informationen für die Ressourcen- und Kapazitätsplanung zu erlangen.

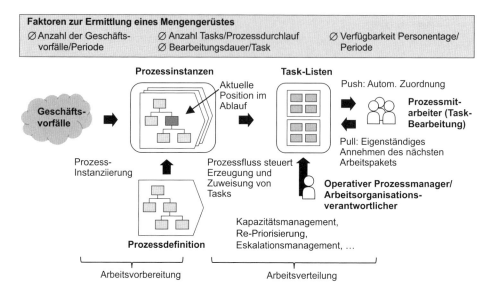

Abb. 7–33 *Parameter zur Steuerung von Kapazitäten und Ressourcen*

Im Tagesgeschäft ist der **operative Prozessmanager** für die **Arbeitsverteilung** verantwortlich – er muss sicherstellen, dass die anfallenden Aufgaben effizient auf die tatsächlich zur Verfügung stehenden Mitarbeiter verteilt werden. Dies kann z.B. durch (Re-)Priorisierung und Umverteilung von Tasks sowie durch Task-Eskalationsmanagement geschehen. In Abschnitt 7.5.4 ist ein Beispiel gezeigt, wie dies in einer Kreditproduktionsstraße ablaufen kann.

7.3.8 Kanban

Eines der wichtigsten Konzepte in der Lean Production ist Kanban bzw. »Pull« [And10]. Ein **Pull-Prozess** orientiert sich am Bedarf der verbrauchenden Stellen im Fertigungsablauf. Dabei signalisiert eine Stelle ihren Bedarf an die ihr im Prozessablauf vorgelagerte Stelle durch ein Kanban (japanisch für Karte bzw. Tafel oder Beleg). Eine Stelle produziert nicht mehr als von den nachgelagerten Stellen an Bedarf gemeldet. Dieser bedarfsorientierte Ansatz ermöglicht eine signifikante Reduktion der Lagerbestände. Dies wird auch als **Eliminierung von Verschwendung** (Waste) bezeichnet. Die in Ausführung befindliche Arbeit (**Work in Progress**, WIP) muss in einem Kanban-Prozess immer mit dem Bedarf in Einklang stehen, sonst ist mit Überproduktion zu rechnen bzw. bei Anforderungsänderungen mit Änderungen an bereits hergestellten (Zwischen-)Produkten.

Das Gegenstück zu Kanban/Pull ist Push: Ein **Push-Prozess** basiert auf einem Planungsansatz, nicht auf einem konkreten Bedarf. Das heißt, in einem Push-Ansatz wird produziert, bevor der Bedarf vorliegt.

Kanban ersetzt die herkömmliche Auftragssteuerung durch eine Verbrauchssteuerung, indem aus zwei hintereinander liegenden Prozessen ein verknüpfter **selbststeuernder Regelkreis** gebildet wird. Die Kanban-Karte ist das Auftragsdokument, über das der Bedarf des nachgelagerten Prozesses angezeigt wird. Die Prozesse im Regelkreis sind über ein Pufferlager miteinander verbunden. Der Teile erzeugende Prozess bestückt das Pufferlager, der Teile verbrauchende Prozess entnimmt sie hier (siehe Abb. 7–34).

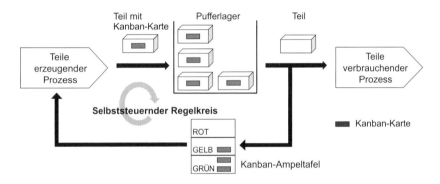

Abb. 7–34   *Kanban-Prozesse bilden einen bedarfsorientierten, selbststeuernden Regelkreis.*

Das **Zwei-Behälter-Kanban** dient beispielsweise der Versorgung der Produktionslinien mit Kleinteilen. Sind alle Teile aus dem ersten Behälter verbraucht, signalisiert der Arbeiter dem vorgelagerten Produktionsabschnitt seinen Bedarf an Nachschub, z. B. mit einer Karte oder dem geleerten Behälter. Die Teilemengen in den Behältern sind so berechnet, dass Befüllung und Transport des jeweils leeren Behälters überbrückt werden können.

Für komplexere Fertigungsflüsse gibt es z. B. die **Kanban-Ampel**: In die Farbbereiche Grün, Gelb und Rot gegliedert, signalisieren Steckwände für die Kanban-Karten sehr übersichtlich den Status quo des Arbeitsprozesses. Solange die Karten nur den grünen Bereich füllen, besteht kein Handlungsbedarf. Gelb signalisiert, dass mit der Fertigung im vorgelagerten Prozess begonnen werden muss. Rot bedeutet, dass sofort nachgeliefert werden muss.

7.3.9   BPM-Kanban

Obwohl das Kanban-Konzept ursprünglich aus der Produktion kommt, ist es auch im Kontext von Dienstleistungsprozessen gut anzuwenden. Folgende Beispiele machen das deutlich:

- Softwareentwicklung
  - Push: In einem wasserfallbasierten Projekt wird erst eine komplette Spezifikation erstellt (Plan), bevor diese von der Entwicklung umgesetzt wird.
  - Pull: In einem nach agilen Prinzipien durchgeführten Projekt melden Entwickler ihren Bedarf für eine Teilspezifikation an, die dann als Nächstes von ihnen kurzfristig umgesetzt wird. Die Erstellung von Spezifikationen auf Vorrat wird als »Waste« verstanden, da sich Anforderungen kurzfristig ändern können und damit Spezifikationen zu schnell nicht mehr aktuell sind.
- Vertrieb/Marketing
  - Push: Klassisch generiert das Marketing Leads (potenzielle Interessenten) gemäß einer Planvorgabe. Die Leads werden dann an den Vertrieb zur Weiterverarbeitung übergeben.
  - Pull: Man geht davon aus, dass die Produktion von Leads auf Vorrat nachteilig ist, da es immer am besten ist, aktuelle Interessenten vertrieblich zu bearbeiten. Daher meldet der Vertrieb jeweils kurzfristig seinen aktuellen Bedarf an Leads an das Marketing, das diese dann bedarfsorientiert generiert.

Teilweise lassen sich die klassischen Kanban-Konzepte aus der Güterproduktion recht gut auf die Konzepte von BPM abbilden:

- Das Zwischenprodukt bzw. Work in Progress (WIP) in Kanban entspricht einer Prozessinstanz mit den ihr zugeordneten Business-Objekten.
- Ein Teil in Kanban entspricht einer Aufgabe in einer Aufgabenliste.
- Das Pufferlager in Kanban entspricht der Aufgabenliste in BPM.

Die interessante Frage ist, welches Konzept in BPM dem Kanban selber entspricht. Das Kanban kann, muss aber nicht einer Aufgabe entsprechen. Im klassischen BPM werden Aufgaben häufig eher von vorgelagerten Teilprozessen für die nachgelagerten Teilprozesse generiert. In diesem Fall wäre die Aufgabe das Teil, nicht das Kanban. Nur dann, wenn die Aufgabe aus dem nachgelagerten Prozess als Aufforderung generiert wurde, damit der vorgelagerte Prozess produziert (z.B. »Neue Teilespezifikation für Entwicklung erstellen«, »Neuen Lead für den Vertrieb generieren«), entspricht die Aufgabe dem Kanban im Sinn einer Anforderung. Eher ist es wahrscheinlich, dass die BPM-Kanban-Tafel den »leeren« Plätzen einer Aufgabenliste entspricht, d.h. sie repräsentiert den Bedarf, neue Aufgaben für den nachgelagerten Prozess zu generieren. Im Folgenden soll ein Beispiel gezeigt werden, in dem beschrieben wird, wie eine BPM-Kanban-Tafel verwendet werden kann, um einen Push- in einen Pull-Prozess zu ändern.

7.3.9.1 Beispiel Schadensabwicklung als Push-Prozess

In der Schadensabwicklung in einer Versicherung müssen Schadensmeldungen geprüft und anschließend entweder beglichen oder mit einer Begründung abgelehnt werden. Dabei arbeiten normalerweise Sachbearbeiter mit unterschiedlichen Spezialisierungen zusammen, deren Gesamtkapazität optimal ausgenutzt werden soll. Es muss dabei entschieden werden, ob der Schaden von der Police gedeckt ist und ob Betrugsverdacht besteht. Außerdem wird geprüft, ob die Schadenshöhe überhaupt eine Prüfung durch Sachbearbeiter rechtfertigt. Dies alles geschieht in einer automatischen Vorprüfung. Diese entscheidet, welche Schadensmeldungen überhaupt manuell von Sachbearbeitern geprüft werden. Die Experten bekommen die zu überprüfenden Schadensmeldungen z.B. über einen elektronischen Arbeitskorb bzw. eine Arbeitsliste zugewiesen. Die Zuweisung kann direkt an einen Mitarbeiter erfolgen (Push) oder an einen Task-Pool, aus dem die berechtigten Mitarbeiter die Aufgaben bedarfsorientiert entnehmen. Auch wenn Letzteres als »Pull« klassifiziert wird, bedeutet die proaktive Annahme einer Aufgabe durch den Sachbearbeiter nicht zwangsweise, dass der Gesamtprozess ein Pull-Prozess ist. Das Beispiel in Abbildung 7–35 entspricht insgesamt einem Push-Prozess, da die Aufgaben aufgrund von statistischen Bewertungen, aber nicht bedarfsorientiert generiert werden.

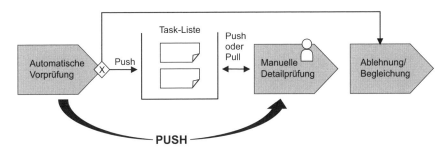

Abb. 7–35   *Schadensabwicklung als Push-Prozess*

Dadurch ergeben sich einige Probleme:

- Mühsames Ausbalancieren: Der Prozess bedarf einer kontinuierlichen Anpassung des Regelwerks in der Vorprüfung, um sicherzustellen, dass »die richtige Menge« an Prüfungsanfragen für die verfügbaren Sachbearbeiter generiert wird.
- Trotzdem herrscht ständige Gefahr, dass zu viele/zu wenige Anfragen generiert werden, da folgende Schwankungen ständig austariert werden müssen:
  - Schwankungen bei den Ressourcen (Urlaub, Krankheit, Kündigung, Neueinstellung)
  - Schwankungen bei den eingehenden Schadensmeldungen
- Es ist nahezu unmöglich, den Kunden Garantien zur maximalen Dauer der Bearbeitung einer Anfrage zu geben.

7.3.9.2 Beispiel Schadensabwicklung als Pull-Prozess (Kanban)

Eine Umdrehung des hier beschriebenen Prozesses zur Schadensabwicklung von Push zu Pull bedarf eines recht drastischen Umdenkens. Der Push-Ansatz untersucht alle hereinkommenden Anträge und entscheidet für jeden Antrag auf Basis der statistischen Analyse, ob dieser manuell geprüft werden soll oder nicht. Der Pull-Ansatz dreht dieses Verhalten um: Zusätzlich zur Aufgabenliste wird eine Kanban-Tafel eingeführt, in der für jede abgeschlossene manuelle Prüfung ein Eintrag generiert wird. Dieser signalisiert den »Bedarf« für eine neue Aufgabe. Erreichen die Anfragen in der Kanban-Tafel einen Schwellwert (also »Sprung von Grün auf Gelb«), muss die automatische Vorprüfung entscheiden, welches die derzeit vorhandenen Schadensmeldungen mit dem höchsten Bedarf an manueller Prüfung sind (z.B. die mit der höchsten Wahrscheinlichkeit für Betrug). Die Vorprüfung kann Schadensmeldungen so lange vorhalten, bis sie entweder manuell geprüft werden können oder die maximale Bearbeitungsdauer erreicht wurde. In diesem Fall würden sie direkt abgelehnt oder beglichen werden, also die manuelle Prüfung überspringen. Abbildung 7–36 zeigt das Ergebnis des Prozess-Redesigns:

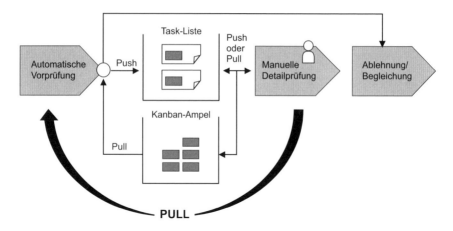

Abb. 7–36   *Schadensabwicklung als Pull-Prozess (Kanban)*

So wird die Schadensabwicklung zum selbstregulierenden Kreislauf. Feinjustierung von Geschäftsregeln, um Ressourcenschwankungen abzufangen, entfallen. Garantierte Antwortzeiten werden eingehalten und die Prüfungsqualität ist immer auf dem mit den aktuell verfügbaren Ressourcen erreichbaren Maximum.

Im Tagesgeschäft können Schwankungen in der Verfügbarkeit der Ressourcen jetzt wesentlich einfacher abgefangen werden. Anfänglich ist sicherlich eine Feinjustierung der BPM-Kanban-Ampel sowie der Puffergrößen notwendig (max. Anzahl der Aufgaben in der Task-Liste), allerdings sollte sich dies relativ schnell stabilisieren und der Prozess seine Aufgabe als selbstregulierter Steuerkreis erfüllen.

Aus strategischer Perspektive müssen zwei KPIs kontinuierlich beobachtet werden: erstens die Qualität der Schadensregulierung (als Mischung aus automatisch und von Menschen getroffenen Entscheidungen) und zweitens die Effizienz der Sachbearbeiter, z. B. Anzahl Prüfungen/Zeiteinheit oder Sachbearbeiter. Hierbei muss beachtet werden, dass in den meisten europäischen Großkonzernen eine individuelle Leistungskontrolle häufig problematisch ist.

7.3.10 Task Management und POAD

Zum Abschluss der Beschreibung der Säule C wollen wir wieder die Artefakte untersuchen, die für diese Säule in den IBPM-Phasen erstellt werden müssen (siehe Abb. 7–37).

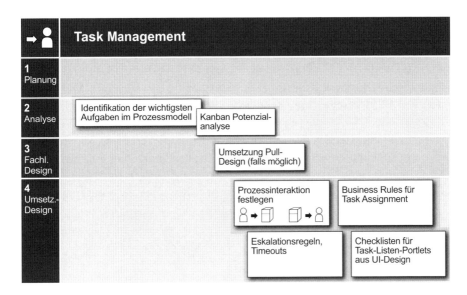

Abb. 7–37   *Detaillierte Einordnung von Task-Management-Artefakten in die IBPM-Phasen*

In der Analysephase sollten zunächst die wichtigsten Aufgaben identifiziert werden, die im Prozessablauf von Menschen erledigt werden sollen. Dies geschieht als normaler Teil der Analyse des Prozessablaufs. Zusätzlich sollte eine spezifische Kanban-Analyse durchgeführt werden. Analog zu dem oben beschriebenen Beispiel (Schadensabwicklung) sollte untersucht werden, ob der Prozess das Potenzial hat, von einem Push- auf ein Pull-Modell umgestellt zu werden. Ist dies der Fall, dann müssen im fachlichen Design die Details des Pull-Designs mitberücksichtigt werden. Aus Perspektive des Umsetzungsdesigns sind schließlich folgende Punkte wichtig:

- Festlegung der Prozessinteraktionen: Für jeden Task im Prozessmodell muss untersucht werden, ob es ein klassischer User Task ist (vom BPMS zugewiesen) oder ob es sich um eine nutzerinitiierte Aktivität handelt (kein Eintrag in der Task-Liste, Nutzer ruft proaktiv den Prozess auf).

- Weitere Task-Details: Genaue Spezifikation von Eskalationsregeln, Timeouts etc.
- Geschäftsregeln für Task-Zuweisung: Ist die Zuweisung von Tasks nicht eindeutig über Gruppen gewährleistet, dann müssen meist Geschäftsregeln definiert werden, die die Task-Zuordnung steuern.
- Checklisten für Task-Listen-Portlets: Gemäß der Portlet-Patterns in Abschnitt 8.2 sollte sichergestellt sein, dass alle notwendigen Portlets (insbesondere verschiedene Task-Listen mit spezifischen Filtervorbelegungen für unterschiedliche Nutzergruppen bzw. Teams) definiert und hinreichend spezifiziert sind (nutzer- bzw. rollenspezifische Filterkonfigurationen, Aufhängung im Unternehmensportal etc.).

7.4 Säule D: Geschäftsregeln

Geschäftsregeln (Business Rules) werden zunehmend als wichtiges Werkzeug im Kontext von BPM gesehen, um komplexe Entscheidungen im Prozessfluss besser treffen zu können. Viele BPM-Systeme unterstützen heute bereits die Verwaltung einfacherer Geschäftsregeln. Für die Auswertung komplexerer Geschäftsregeln gibt es dedizierte Regelmaschinen (Rules Engines), die Bestandteil umfangreicher Suiten zur Modellierung und Verwaltung von großen Regelmengen sind. Die dazugehörige Disziplin heißt Business Rule Management (BRM). Bei der Steuerung komplexer Prozessabläufe kommen Geschäftsregeln beispielsweise in folgenden Bereichen zum Einsatz:

- Entscheidungspunkte im Kontrollfluss
- Vollständigkeitsprüfung von Formularen
- Prüfung der Datenkonsistenz
- Prozessüberwachung (automatisierte Eskalationen)
- Zuweisung von Tasks zu Personen oder Gruppen (siehe Abschnitt 7.3)
- Generierung von Events

Fachliche Beispiele für den Einsatz von Business Rules beinhalten z. B. die Prüfung von Schadensmeldungen in einer Versicherung, Risiko- und Betrugsprüfung, automatische Klassifikation von Kundenprofilen, Generierung von Produktempfehlungen und Investmentstrategien, Berechnung von Arbeitsplänen in einer Fluglinie, Optimierung von Wegstrecken (Bahn, Flug, Straße), Kreditvergabe und Management von Kreditlimiten, Problemanalyse von Kundenproblemen z. B. im Callcenter, Berechtigungsprüfung für Sozial- und andere Leistungen, Einhaltung von regulatorischen Vorgaben und Firmenrichtlinien, Erstellung von Zeitplänen sowie Unterstützung bei der Diagnose von medizinischen Problemen.

Im Folgenden werden wir die verschiedenen Vorteile des Einsatzes von Geschäftsregeln näher beleuchten, bevor wir die dafür notwendigen Voraussetzungen diskutieren, gefolgt von einer Betrachtung der Umsetzungsaspekte.

7.4.1 Vorteile

Die Vorteile beim Einsatz von Geschäftsregeln sind mannigfaltig. Im Kontext von BPM sind hier insbesondere die Qualität und die Automatisierung der Entscheidungsfindung wichtig sowie die erhöhte Agilität beim Reagieren auf Marktanforderungen.

7.4.1.1 Automatisierung von Entscheidungen

In beinahe jedem Prozess müssen ständig Entscheidungen getroffen werden. Manuelle Entscheidungen im Prozessablauf sind häufig fehlerträchtig und erzeugen Kosten für die Bearbeitung. Die Steuerung der Entscheidungsfindung setzt die Erstellung und ständige Aktualisierung von Verfahrensanweisungen voraus, die Mitarbeiter müssen informiert und trainiert werden. Ein Beispiel hierfür sind die Regeln, nach denen in einem Großkonzern Buchungen für Geschäftsreisen erfolgen. Hier spielen viele Regeln eine Rolle, beispielsweise um die Frage zu beantworten, in welchen Fällen ein Economy- bzw. ein Business-Class-Ticket für einen Flug zu buchen ist. Dies hängt häufig sowohl von der Flugdauer als auch von der Hierarchiestufe des Mitarbeiters ab. Können diese Entscheidungen im Prozessablauf automatisiert getroffen werden, hilft dies, Arbeit zu sparen und die Qualität der Entscheidungen zu verbessern. Selbst wenn beispielsweise der Reisebuchungsprozess selber nicht automatisiert ist, sondern jeweils von einem Bereichssekretariat durchgeführt wird, wäre es sicherlich hilfreich, diesen Sekretariaten ein Werkzeug zur automatischen Validierung von Reisebuchungen zur Verfügung zu stellen. Damit wäre sichergestellt, dass alle Sekretariate Buchungsentscheidungen immer richtig und immer auf Basis der aktuellen Regeln treffen, die zentral administriert werden können.

Bei der Automatisierung von Geschäftsprozessen kommt der Automatisierung der Entscheidungsfindung in den verschiedenen Prozessschritten eine noch größere Bedeutung zu. Jede manuelle Entscheidung in einem teilautomatisierten Prozess bedeutet, dass gemäß Säule C (siehe Abschnitt 7.3) ein User Task generiert werden muss, um von einem Entscheidungsbefugten eine Entscheidung einzuholen. Jeder User Task verlängert die Prozessdurchlaufzeit und erzeugt zusätzliche Arbeit für die Mitarbeiter.

In [CORTICON08] wird beispielsweise beschrieben, wie ein Versicherungskonzern im Bereich der Schadensabwicklung einen manuellen Prozess mit 27 manuellen Entscheidungsschritten auf 7 manuelle Schritte reduzieren konnte. Durch die so erreichte Reduzierung von Fehlern und die effizientere Bearbeitung, die mehr Zeit für die kritischen Fälle lässt, konnten die Auszahlungen für Schäden um über 15,5 % reduziert werden. Bei einem Versicherungskonzern, bei dem die Kosten für Schadensregulierung häufig 80 % der Gesamtkosten ausmacht, ist das eine sehr signifikante Kostenreduzierung.

7.4.1.2 Erhöhte Agilität

Eines der Hauptargumente für den Einsatz von SOA, BPM und BRM ist die Möglichkeit, prozessorientierte Anwendungen sehr schnell an neue Anforderungen anzupassen. In Abschnitt 3.7 haben wir bereits den unterschiedlichen Lebenszyklus der Artefakte in einer SOA untersucht und beschrieben, wie die SOA hilft, den Anforderungen an die unterschiedlichen Änderungsgeschwindigkeiten Herr zu werden.

Die Verwendung expliziter Regeln (sei es auf Basis eines komplexen BRM oder »nur« die Verwendung einfacher Regeltabellen) zur Steuerung von Prozessabläufen gibt Unternehmen ganz neue Möglichkeiten, schnell auf sich ändernde Marktbedingungen zu reagieren. Während Änderungen in der Prozessimplementierung – trotz grafischer Editoren für Prozessmodelle – in der Regel von der IT durchgeführt werden müssen und einem längeren Umsetzungs- und Testzyklus unterliegen, können Änderungen an Geschäftsregeln in der Tat häufig von Fachanwendern selber durchgeführt werden.

Daher sollten in einem BPM-Projekt insbesondere alle Geschäftsregeln identifiziert werden, die sich häufig ändern. Diese Regeln sollten gekapselt, zentral verwaltet und entsprechend in den Prozessfluss eingebettet werden. Gerade bei komplexeren Regeln ermöglicht dieser Ansatz ein iteratives Vorgehen bei der Definition der kritischen Geschäftsregeln und hilft, die Abstimmungsschleifen zwischen Fachbereich und IT so kurz wie möglich zu gestalten.

7.4.2 Notwendige Voraussetzungen

Um die Vorteile von Geschäftsregeln im Kontext BPM voll ausnutzen zu können, müssen einige Voraussetzungen geschaffen werden. Dazu gehören insbesondere die Trennung von Prozessfluss und Entscheidungslogik, die Bereitstellung der notwendigen Wissensbasis und ein effizienter Governance-Prozess.

7.4.2.1 Trennung von Prozessfluss und Entscheidungslogik

Die Trennung von Prozess- und Entscheidungslogik ist sehr wichtig, sowohl auf der Modellierungs- als auch der Umsetzungsebene. Wird in Prozessmodellen die Ablaufsteuerung mit komplexer Entscheidungslogik vermischt, dann entstehen schnell überfrachtete und unlesbare Diagramme. Abbildung 7–38 zeigt ein Beispiel dafür.

Unsere Bestellanforderung (BANF) kommt gerade aus der fachlichen Prüfung. Als Nächstes muss festgestellt werden, wer sie kaufmännisch prüfen muss. Dabei spielen u. a. die Artikelart, die Bestellhöhe und die Budgetierung eine Rolle. Der Task »Fachliche Prüfung« ist klar ein Element des Prozesskontrollflusses. Die folgenden Gateways (»Limit prüfen« etc.) bilden einen komplexen Entscheidungsbaum ab, der nicht in einem Prozessablaufdiagramm enthalten sein sollte.

7.4 Säule D: Geschäftsregeln

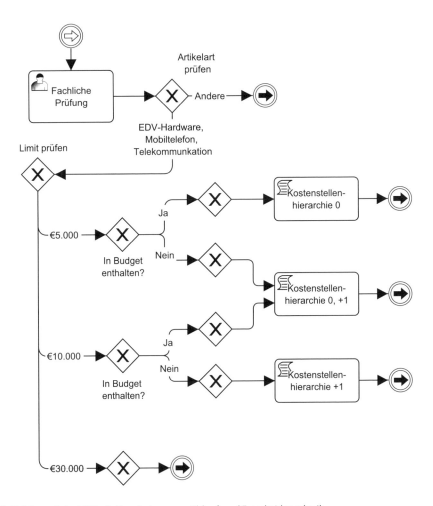

Abb. 7–38 *Beispiel für die Vermischung von Ablauf- und Entscheidungslogik*

Abbildung 7–39 zeigt, wie der komplexe Entscheidungsbaum korrekt in einen Business Rule Task ausgelagert wird.

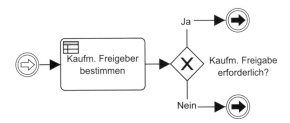

Abb. 7–39 *Auslagerung der Entscheidung in eine Geschäftsregel*

Wie wir im Folgenden besprechen werden, sind Entscheidungsbäume durchaus ein adäquates Mittel, um komplexe Regeln zu strukturieren. Nur sollten diese eben nicht mit einem Prozessablaufdiagramm vermischt, sondern in dedizierte Business Rule Tasks ausgelagert werden.

Der Trennungsansatz gilt natürlich auch andersherum. Zwar dürfen Geschäftsregeln durchaus komplex sein. Manchmal werden sie sogar Funktionen beinhalten, die andere Regeln ausführen oder externe Prozeduren aufrufen. Aber Regeln sollten generell keinen aktiven Einfluss auf den Prozessablauf nehmen. Die Prozesssteuerung ist im Prozessmodell definiert, und nur hier. Ein wichtiger Aspekt in diesem Kontext sind Regeln, die **Events** generieren. Ein Beispiel hierfür ist eine Regel, die auf die Überschreitung eines definierten Kontrollparameters (z. B. die Höhe eines Dispo-Kredits) mit der Erzeugung eines Events reagiert. Eine solche Regel ist zwar aktiv in dem Sinne, dass sie von sich aus ein Event generiert. Dieses Event muss aber von einem Prozess abgefangen werden, der operativ auf das Event reagiert, also z. B. eine Maßnahme ergreift, die der Abweichung vom Kontrollparameter angemessen ist (z. B. Sperrung des Kontos bei Überziehung des Dispo-Kredits).

Die Trennung von Prozessfluss und Entscheidungslogik ist nicht nur einer der wichtigsten Aspekte der Prozessmodellierung, es ist zugleich auch einer der schwierigsten. Die Grenzen zwischen den beiden Sichten sind nicht immer klar gezogen. Häufig wird es schwerfallen, sich bei der Detailbetrachtung eines Problems für die eine oder andere Ebene zu entscheiden. Hier ist das Fingerspitzengefühl des Designers gefragt. Er sollte sich immer fragen: Wie groß ist die Wahrscheinlichkeit, dass dieser Teilaspekt häufig geändert werden muss? Wie sieht es mit der Wiederverwendbarkeit aus? Nimmt dieser Teilaspekt aktiven Einfluss auf den Prozessablauf oder liefert er lediglich Input, der vom Prozesscontroller bei der Festlegung der nächsten Schritte interpretiert wird?

7.4.2.2 Bereitstellung der notwendigen Wissensbasis

Der nächste Erfolgsfaktor für den Einsatz von Business Rule Management ist die Bereitstellung der notwendigen Wissensbasis (siehe Abb. 7–40). Die Aufwände hierfür sollten in der Projektplanung nicht unterschätzt werden. In einem BPM-Projekt setzt sich die für das BRM relevante Wissensbasis normalerweise aus Fakten, Statistiken, Variablen und Regeln zusammen. Fakten sind z. B. das Kundenprofil inkl. Informationen über Schadensmeldungen in der Vergangenheit. Statistiken sind z. B. die Wahrscheinlichkeiten für bestimmte Krankheiten in bestimmten Altersgruppen oder andere demografische Statistiken. Eine Regel ist beispielsweise, dass keine manuelle Prüfung einer Schadensmeldung unter einer bestimmten Schadenshöhe durchgeführt wird, da die Prüfungskosten höher sind als das Einsparungspotenzial. Die genaue Schadenshöhe ist eine Variable der Regel und muss ebenfalls definiert werden.

7.4 Säule D: Geschäftsregeln

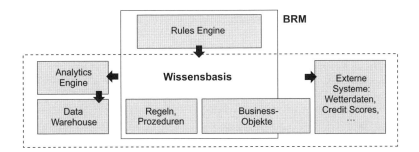

Abb. 7–40   *Wissensbasis einer Rules bzw. Inferenz Engine*

Zusätzlich zu der Wissensbasis, die direkt unter Hoheit des BRM verwaltet wird, müssen in vielen Projekten Informationen von externen Systemen hinzugezogen werden. Dies können beispielsweise weitere Daten sein, die in Bestandssystemen anderer Geschäftsbereiche liegen, Auswertungen aus der Analytics Engine einer Business-Intelligence-(BI-)Anwendung oder Informationen von externen Datenanbietern wie z.B. einer Bonitätsauskunft (etwa für die Kreditvergabe) oder einem Wetterdienst (etwa zur Prüfung der Plausibilität von Hagelschäden).

7.4.2.3   Business Rule Management und Governance

Wie wir gesehen haben, können Geschäftsregeln eine sehr wichtige Rolle bei der Steuerung von Prozessen spielen und die Dauer der Anpassung einer komplexen Anwendung von mehreren Monaten auf wenige Stunden oder Tage reduzieren. Genau hierin liegt aber auch eine große Herausforderung: Wenn der Mechanismus zum Treffen geschäftskritischer Entscheidungen konzentriert an einer Stelle vorliegt und sehr schnell geändert werden kann, dann bedeutet das auch, dass dieser Mechanismus mit besonderer Vorsicht etabliert und gewartet werden muss.

So sagt Najib Niazi, Leiter des Business-Rule-Kompetenzzentrums bei der Credit Suisse: »*Einsatz und Verwendung der BR-Technologie bieten nicht nur Chancen, sondern bergen auch gewisse Risiken. Business Rules sind ein Instrument mit großem Einfluss. Kommt es unkontrolliert zur Anwendung, kann das für eine Firma schwerwiegende Folgen haben. Deshalb legen wir bei Credit Suisse größten Wert auf die Business Rule Governance.*«

In der klassischen Anwendungsentwicklung sind es Fachbereiche gewöhnt, dass Änderungen nicht nur länger dauern, sondern dass die Änderungen auch durch einen elaborierten Qualitätssicherungsmechanismus gehen, der häufig in großen Teilen von der IT getrieben wird. Gibt man dem Fachbereich mehr Kontrolle über die Erstellung und Änderung von Geschäftsregeln, dann verlagert sich auch die Verantwortung für die Qualitätssicherung hin zum Fachbereich. Es muss dem Fachbereich klargemacht werden, welche Konsequenzen es hat, wenn er beispielsweise selber die Übernahme von Regeländerungen in die Produktion steuert, ohne dass es einen nachgelagerten Qualitätssicherungsprozess gibt, der – wie sonst häufig üblich – von der IT übernommen wird.

Es ist daher absolut essenziell, dass der Lebenszyklus der Geschäftsregeln von allen Stakeholdern verstanden und eine entsprechende Governance zur Steuerung des Lebenszyklus aufgesetzt wird. Der Lebenszyklus von Geschäftsregeln unterscheidet sich teilweise von dem Lebenszyklus anderer Artefakte in einer komplexen Anwendung und sollte gesondert betrachtet werden:

- **Rule Discovery:** Identifikation der Geschäftsregeln, z. B. durch Interviews, Analyse von bestehenden Verfahrensanweisungen oder dem Verhalten bzw. dem Sourcecode von Altanwendungen. In einem IBPM-Projekt mit starkem Fokus auf Regeln sollte dies in einem dedizierten Arbeitspaket geschehen
- **Rule Analysis:** Die detaillierte Analyse der in der Discovery identifizierten Regelkandidaten
- **Rule Authoring:** Die Modellierung der Regeln in einem BRM-System
- **Rule Validierung:** Das Testen und die Freigabe der Regeln. Sowohl das Testen als auch die Freigabe benötigen ggf. eigenständige Governance-Prozesse, die sich von den Standardprozessen im Projekt unterscheiden.
- **Rule Deployment:** Überführung in das Produktionssystem – dies kann in einem eigenen Deployment-Prozess geschehen, der unabhängig vom allgemeinen Deployment-Prozess der Anwendung ist. So wird die schnelle Anpassbarkeit in den durch die Regeln kontrollierten Bereichen sichergestellt, aber auch ein zusätzlicher Deployment-Prozess geschaffen, für den eigene Regeln gelten.
- **Rule Retirement:** Die potenziell hohe Dynamik im Bereich der Geschäftsregeln bedarf nicht nur spezieller Prozesse zur Inbetriebnahme, sondern ggf. auch zur Dekommissionierung von Regeln. Insbesondere wird die Dekommissionierung einer Regel einer formalen Freigabe bedürfen. Auch kann es ggf. sinnvoll sein, Regeln mit einem Gültigkeitsdatum auszustatten, bei dessen Ablauf explizit geprüft werden muss, ob die Regel weiteren Fortbestand haben soll oder nicht.

In einem regelzentrischen BPM-Projekt muss untersucht werden, welche zusätzlichen Stakeholder es im Vergleich zu einem nicht so stark regelorientierten BPM-Projekt gibt. Häufig wird man feststellen, dass es neben den Stakeholdern, die sich insbesondere für den operativen Ablauf der Prozesse interessieren (die z. B. bei unserer Diskussion zum Thema BPM und Kanban hellhörig werden), auch Stakeholder gibt, die eher an komplexen Regeln in speziellen Teilbereichen eines Prozesses interessiert sind. Ein Beispiel hierfür ist ein Aktuar bzw. Versicherungsmathematiker, der sich insbesondere für die Analyse bestimmter Risiken und Wahrscheinlichkeiten interessiert. In unserem Beispiel »Schadensregulierung« wird man sehr wahrscheinlich im Teilprozess »Automatische Vorprüfung« eine Menge von Regeln finden, die tiefes analytisches Wissen beinhalten und nur von einem Experten geliefert werden können.

Ein letzter Aspekt, der hier noch angesprochen werden soll, ist das Thema Sicherheit. Die hohe Konzentration geschäftskritischer Regeln an einer Stelle sowie die potenzielle Möglichkeit, diese in einem gesonderten Deployment-Prozess in die

Produktion zu übernehmen, der an den etablierten Sicherheits- und Qualitätssicherungsmechanismen vorbeigeht, stellen besondere Herausforderungen an das Thema Sicherheit. Die BRM-spezifischen Sicherheitsmechanismen müssen steuern, wer die Definitionen der Geschäftsregeln sehen darf, wer sie ändern darf, wer sie freigeben und in die Produktion überführen darf.

Viele der hier vorgestellten Konzepte greifen sicherlich insbesondere dann, wenn Geschäftsregeln einen wesentlichen Teil des BPM-Projekts ausmachen und z.B. durch ein BRM-System unterstützt werden. Allerdings sollten die Kosten und Aufwände zur Einführung eines dedizierten BRM-Systems nicht unterschätzt werden. Die Mehrzahl der BPM-Projekte wird daher mit einfacheren Mitteln die Thematik Geschäftsregeln adressieren, zumindest bis zum Erreichen einer größeren Regelkomplexität.

7.4.3 Umsetzung

Im Folgenden werden wir noch untersuchen, welche Aspekte bei der technischen Umsetzung von Business Rule Management im Kontext von BPM eine Rolle spielen. Dies sind insbesondere die Modellierung und die Implementierung.

7.4.3.1 Modellierung von Regeln

Die Modellierung von Regeln kann auf viele verschiedene Arten und Weisen erfolgen. Am häufigsten sind freie Texte, Regeltabellen, Regelflüsse bzw. in einfacherer Ausprägung Regelbäume sowie formale Regelsprachen anzutreffen. Die Ausdrucksfähigkeiten dieser Modellierungsarten sind teilweise deckungsgleich oder stark überlappend. Es ist z.B. möglich, eine Regeltabelle in einen Regelbaum oder in eine Regelsprache zu überführen. Trotzdem hat jede Repräsentation ihre Vor- und Nachteile:

- **Textuelle Repräsentation:** Wird z.B. als Bestandteil von Verfahrensanweisungen verwendet. Ein Nachteil ist, dass die Darstellung mangels formaler Struktur bei komplexen Verfahrensanweisungen schnell unübersichtlich wird. Ansätze wie RuleSpeak (siehe *http://www.rulespeak.com*) helfen hier mit Best Practices zur textuellen Repräsentation von Regeln.
- **Tabellarische Repräsentation:** Regeltabellen sind einfach erstellbar und gut verständlich, können aber nur eine begrenzte Komplexität übersichtlich erfassen.
- **Grafische Modelle (z.B. Regelbaum):** Gerade für komplexe Regeln eignet sich die grafische Repräsentation z.B. als Regelbaum sehr gut. Werkzeugunterstützung hilft, Inkonsistenzen zu vermeiden. Die grafische Darstellung ist am besten für Fachanwender geeignet.
- **Formale Regelsprache:** Begrenzt verständlich, kaum von rein fachlichen Anwendern erstellbar. Syntaxprüfung reduziert begriffliche Inkonsistenzen. Für komplexe Anwendungsfälle geeignet.

Regeltabellen

Regeltabellen sind ein einfaches, aber effektives Mittel, um Regeln strukturiert zu erfassen. Abhängig von einem oder mehreren Inputparametern geben sie den korrespondierenden Wert zurück. Ein einfaches Beispiel für eine Regeltabelle ist ein Zugfahrplan. Zwei Inputparameter (Abfahrtsort, Zielort) bestimmen den Output (die Abfahrtszeit).

Regeltabellen können mehrere Parameter (bzw. Bedingungen und Unterbedingungen) kombinieren und eine Menge von möglichen Werten oder Aktionen zurückliefern. Das Beispiel in Abbildung 7–41 zeigt eine Regeltabelle, die z.B. vom Support-Personal eines Druckerherstellers für die Problemanalyse verwendet werden könnte. In der oberen Hälfte sind die Bedingungen definiert, in der unteren Hälfte die Aktionen. Wenn beispielsweise der Drucker nicht druckt, die rote Lampe blinkt, aber der Drucker trotzdem vom PC erkannt wird, dann sollte auf Verfügbarkeit von Drucker-Toner und Papierstau geprüft werden.

		Regeln							
Bedingungen	Drucker druckt nicht	J	J	J	J	N	N	N	N
	Rote Lampe leuchtet	J	J	N	N	J	J	N	N
	Drucker wird nicht erkannt	J	N	J	N	J	N	J	N
Aktionen	Stromkabel prüfen				X				
	Kabel zw. Drucker und PC prüfen	X			X				
	Drucker-Treiber prüfen	X			X		X		X
	Drucker-Toner prüfen	X	X				X	X	
	Auf Papierstau prüfen			X	X				

Abb. 7–41 *Beispiel für eine Regeltabelle (Quelle: http://en.wikipedia.org/wiki/Decision_table)*

Wie man gut sehen kann, steigt die Anzahl der Kombinationsmöglichkeiten in einer Regeltabelle mit der Anzahl der Bedingungen. Daher verwendet man häufig Ansätze, in denen statt einer vollständigen Auflistung der Kombinationsmöglichkeiten (»Balanced« Table) nur bestimmte Parameter-Kombinationen explizit bezeichnet sind und für den Rest übergreifende Regeln (»Unbalanced« Table) definiert werden.

Regeltabellen sind gut geeignet für einfach strukturierte Probleme. Sobald zu viele Bedingungen existieren oder kontextabhängige Entscheidungen notwendig sind, sollte man auf andere Mittel wie z.B. Entscheidungsbäume zurückgreifen.

7.4 Säule D: Geschäftsregeln

Entscheidungsbäume

Entscheidungsbäume helfen, komplexe Entscheidungshierarchien grafisch darzustellen. Sie werden insbesondere verwendet, um Datenobjekte zu klassifizieren und über diese Klassifikation Fragen zu beantworten, z.B. ob ein Kunde (Datenobjekt) einen Kredit erhalten sollte (Frage). Die Knoten eines Entscheidungsbaums repräsentieren logische Regeln, die Blätter des Baums repräsentieren das Ergebnis der Klassifikation. Um zu einer Klassifikation zu gelangen, traversiert man den Baum vom Wurzelknoten abwärts. An jedem Knoten wird ein Attribut des Datenobjekts abgefragt, um eine Entscheidung über die Auswahl des nächsten Knotens treffen zu können, bis man an einem Blatt angelangt ist.

Abbildung 7–42 zeigt ein Beispiel für einen Entscheidungsbaum zur Prüfung einer Schadensmeldung durch eine Versicherung. Das Beispiel wurde mit dem Werkzeug Visual Rules erstellt. Zunächst wird die Fristeinhaltung geprüft, dann das weitere Vorgehen abhängig vom Verursacher des Schadens bestimmt. Wenn der Versicherungsnehmer selber der Verursacher ist, dann wird ein weiterer Entscheidungsbaum zur Prüfung der Schadensabdeckung aufgerufen.

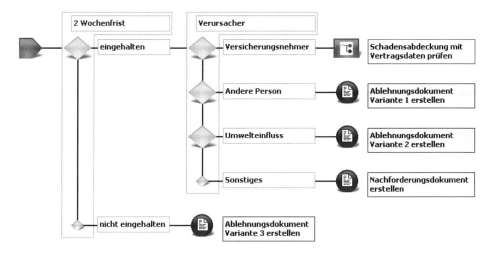

Abb. 7–42   *Beispiel für einen Entscheidungsbaum*

Einige BRM-Tools verwenden Entscheidungsbäume als visuelles Frontend für Fachanwender und erweitern das oben beschriebene Konzept von Entscheidungsknoten und Antwortblättern um weitere Möglichkeiten wie z.B. den Aufruf von Prozeduren (um Vergleichswerte dynamisch zu generieren oder von externen Systemen abzufragen), Aufrufe von Unter-Regelbäumen und Entscheidungstabellen, Ranglisten (zur Ermittlung von Werten aus Wertemengen anhand von Bewertungsfunktionen) und verschiedene Konstrukte zur Ablaufsteuerung (Variablen, Schleifen, Wenn-/dann-Entscheidungen etc.).

Der große Vorteil von Entscheidungsbäumen ist, dass sie gut erklärbar und nachvollziehbar sind. Ein Nachteil ist, dass Entscheidungsbäume ab einer gewissen Komplexität unüberschaubar werden und man den Überblick verliert.

7.4.3.2 Implementierung

Für die Implementierung von dedizierten Geschäftsregeln zur Steuerung von Prozessabläufen gibt es mehrere Alternativen. Viele BPM-Systeme bieten heute bereits Unterstützung für Geschäftsregeln. Beispielsweise erlauben viele BPM-Systeme, dass an Entscheidungspunkten (Gateways) Regeln definiert werden können (z. B. als Regular Expressions, Skripte oder XML-Sprachen), die entscheiden, in welchem Zweig (Branch) der Prozessfluss weitergeht. Diese Mechanismen sind sehr nützlich, decken aber häufig nicht alle Anforderungen an komplexere Entscheidungen ab.

In vielen Fällen ist es sinnvoll, Regeln in dedizierte SOA-Services zu kapseln, die für die Einholung der benötigten Informationen und die Berechnungen zuständig sind. Beispielsweise kann eine Matrix mit Regeln für die kaufmännische Freigabe in einer XML-Datenstruktur verwaltet werden, die dann von dem Service gelesen und interpretiert wird.

Und zuletzt stehen noch sehr mächtige kommerzielle und Open-Source-Werkzeuge zur Verfügung, die sich auf das Business Rule Management fokussieren. Beispiele hierfür sind IBM/ILOG JRules, Innovations Visual Rules, FICO Blaze Advisor, Corticon, Drools (Open Source) und andere. Einige BPM-Systeme wie etwa von Pegasystems implementieren sogar die komplette BPM-Funktionalität auf Basis einer BRM Engine (siehe hierzu auch das Interview mit Daniel Steiner im Abschnitt 7.4.4.2).

Elemente eines BRMS

Die wesentlichen Konzepte eines Business Rule Management System (BRMS) umfassen die Rule Base, die Rules Engine sowie das Objektmodell, auf dem die Regeln aufbauen:

- **Rule Base** bzw. **Knowledge Base:** Das »Wissen« des Systems in Form von Daten (Fakten) und Regeln
- **Rules** bzw. **Inference Engine:** Ein Programm, das versucht, Antworten aus der Knowledge Base abzuleiten
- **Objektmodell** oder **Domain Ontology:** Das »Vokabular«, das die Regeln verwenden, um ein Problem zu beschreiben

Ein dediziertes BRMS muss den kompletten Lebenszyklus der Geschäftsregeln unterstützen, wie wir ihn anfänglich beschrieben haben, von der Modellierung der Regeln bis zum Deployment im Produktionssystem. Die meisten BRMS sind modular aufgebaut und bieten ein **Rule Modeling Environment** (Modellierung der Regeln, z. B. als Regelbäume), ein **Rules Repository** (versionsgesicherte und zugriffskontrollierte Verwaltung der Regeln), die **Rules Execution Engine** selber, Unterstützung für Regelmodellsimulation und -testen, Monitoring und Analyse sowie Management und Administration der Regeln im Repository. Abhängig von der Art des BRM werden die Regeln zur Laufzeit interpretiert oder zur Entwicklungszeit in anderen Code (z. B. Java) übersetzt und kompiliert.

Einordnung in die SOA

Unabhängig von der genauen Implementierung, die für das Rules Management gewählt wird, lässt sich relativ gut eine Generalisierung dafür in unserer SOA-Referenzarchitektur beschreiben (siehe Abb. 7–43).

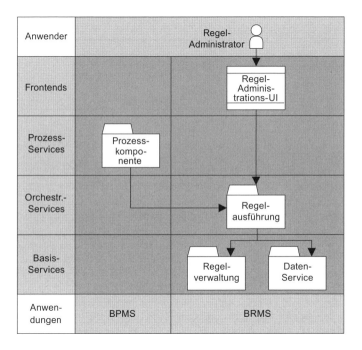

Abb. 7–43   *Einordnung BRM in die SOA*

In Abbildung 7–43 ist die Komponente »Regelausführung« definiert. Eine solche Komponente könnte auf Basis einer kommerziellen Rules bzw. Inference Engine umgesetzt sein oder z. B. auch als programmierte Lösung, die eine Menge von einfachen Regeln aus einer XML-Datei interpretiert. Die Komponente ist in jedem Fall als Orchestrierungs-Service klassifiziert (siehe hierzu auch die Matrix mit den Eigenschaften der verschiedenen SOA-Ebenen in Abschnitt 7.6.3). Dies ist auch noch einmal wichtig im Kontext unserer Diskussion zum Thema Trennung von Prozessfluss und Regellogik. Während der Prozessfluss in der Regel zustandsbehaftet ist und längere Durchlaufzeiten hat, ist die Auswertung einer Regel zustandslos und kurzlebig, d. h., sie liefert sofort eine Entscheidung zurück und beinhaltet insbesondere keine Interaktionen mit Menschen z.B. über User Tasks. Die Regelausführung ist auch deshalb als Orchestrierungs-Service klassifiziert, weil sie auf verschiedene Basis-Services zugreift, die die Wissensbasis repräsentieren (also die Regeldefinition und weitere Daten). Außerdem gibt es meistens Frontends, über die die Geschäftsregeln administriert werden (und wenn dies nur ein Texteditor ist, mit dem eine Datei bearbeitet wird, die beispielsweise die Regeldefinitionen in Form von XML beinhaltet).

7.4.4 Expertenmeinungen

Aufgrund der großen Bedeutung des Themas Geschäftsregeln finden Sie im Folgenden noch zwei Expertenmeinungen, die das Thema einmal aus Anwender- und einmal aus Anbieterperspektive beleuchten.

7.4.4.1 Anwenderperspektive: Credit Suisse

Thomas Maurer, Vice President bei der Credit Suisse und IT Business Architect

Dirk Slama: Herr Maurer, in der IT einer Großbank wie der Credit Suisse spielt die Beherrschung der Komplexität eine große Rolle. Wie spielen Prozessmanagement und Geschäftsregeln in diesem Kontext zusammen?

Thomas Maurer: Zunächst einmal möchte ich sagen, dass ich Ihre hier vertretene Meinung voll teile, was die Notwendigkeit der Trennung zwischen Prozessablauf und Entscheidungslogik angeht. Auch die Credit Suisse setzt voll auf den SOA-Ansatz, um diese Trennung sicherzustellen. Allerdings sagen Sie in Ihrem IBPM-Vorgehensmodell, dass die formale Definition der Geschäftsregeln erst in der Phase 4 – Umsetzungsdesign erfolgt. Das würde ich teilweise anders sehen, zumindest in einem Projekt, in dem formale Regeln eine wesentliche Rolle spielen. Nehmen Sie das Beispiel einer Spezifikation, in der eine Regel »Prüfung eines Aktienhandelsgeschäfts« definiert ist. Ein Inputparameter ist hier die Wertschriftenkennung. Bei einer solchen Definition ist nicht klar, ob hiermit ein Ticker-Symbol gemeint ist (dies wäre weltweit nicht eindeutig und bedürfte weiterer Angaben), eine bankinterne ID oder eine Aktienregister-ID. Das heißt, es ist nicht wirklich klar, was für ein Attribut hier geprüft wird. Diese Prüfung müsste dann in einem zweiten Durchlauf des Umsetzungsdesigns erfolgen. Dadurch verlängert sich das Umsetzungsdesign unnötig, Sie haben das Problem einfach nur nach hinten verlagert. Daher bin ich der Meinung, dass in der Analysephase ein klar strukturiertes, konzeptionelles Business-Objekt-Modell entstehen muss (bzw. das bestehende Modell für die aktuelle Anwendungsdomäne validiert werden muss). In der Phase 3 - Fachliches Design dient das Modell dann als Grundlage für die präzise fachliche Definition der Geschäftsregeln. Dies ist die Verantwortung des Business Engineers und gehört meiner Meinung nach bereits in das fachliche und nicht erst in das Umsetzungsdesign. Der Business Engineer muss kontinuierlich prüfen, ob seine Regeln gegenüber dem Business-Objekt-Modell greifen. Wenn beispielsweise bei der Definition einer Regel festgestellt wird, dass ein Attribut fehlt, dann muss natürlich das zugrunde liegende Modell angepasst werden.

Dirk Slama: Welcher der hier beschriebenen Ansätze zur Definition von Geschäftsregeln hilft Ihrer Meinung nach am besten, komplexe Regeln in den Griff zu bekommen?

Thomas Maurer: Sie schreiben ja, dass eine formale Regelsprache die höchste Ausdrucksmächtigkeit hat. Das impliziert, dass ab einer gewissen Komplexität nur noch Regelsprachen eingesetzt werden können. Hier ist meine Erfahrung, dass gerade mit der steigenden Komplexität eine Visualisierung der Abhängigkeiten unabdingbar wird. Eine Regelsprache mag in der Lage sein, komplexere Sachverhältnisse formal auszudrücken, aber sie kann diese nicht visualisieren. Daher erscheint in der Praxis die Verwendung eines grafischen Regelbaums bzw. von Entscheidungstabellen die bessere Wahl gerade bei komplexen Sachverhältnissen zu sein. Diese erleichtern wesentlich die Kommunikation und Nachvollziehbarkeit.

Dirk Slama: Wir haben über die Beherrschung der Komplexität mittels der SOA gesprochen. Wie sieht es mit der Komplexität innerhalb der Regelwerke aus?

Thomas Maurer: Ja, die Strukturierung innerhalb der Regelwerke sowie deren Input- und Outputstruktur sind ebenfalls sehr wichtig. Hier spielt die Modularisierung mittels Rule Sets eine zentrale Rolle. Eine wichtige Frage dabei ist, wie man mit multidimensionalen Regeln umgeht. Hier versuchen wir, Regeln Feature-orientiert zu strukturieren und zusammenzufassen. Nehmen Sie beispielsweise die Regeln, die typischerweise einen Trade steuern. Hier haben Sie z. B. globale Blocking Rules, marktspezifische Regeln, und länderspezifische Regeln. In diesem Kontext gilt es, Redundanzen zu vermeiden und die Performance zu optimieren. Teurer ist der Orchestrierungs-Service, der die Daten für die Ausführung der Regeln zusammenzieht. Daher kann sich aus Performance-Gründen bei der Ausführung der Regeln eine andere Reihenfolge ergeben als ursprünglich fachlich vorgesehen. In den meisten Fällen ist nicht die Ausführung der Regeln zeitkritisch, sondern die spezifische Aufbereitung der Inputdaten für die Regelverarbeitung. Die Reihenfolge der Abarbeitung in solch einem Microflow innerhalb des Regelwerks darf keinen Einfluss auf den Prozessablauf haben. Auch aus Sicht der redundanzfreien, wiederverwendbaren und skalierenden Gestaltung der Regelwerke spielt die Strukturierung der Rule Sets eine wichtige Rolle.

Dirk Slama: In der Umsetzung ist die Strukturierung der Rules Sets bzw. die Unterscheidung zwischen Prozessfluss und Business Rule Microflows sicherlich nicht immer leicht?

Thomas Maurer: Nein, das ist keine präzise Wissenschaft und setzt viel Erfahrung auf Seiten der Rule-Designer und Rule-Entwickler voraus. Daher ist es meiner Meinung nach wichtig, ein Business Rule Center of Excellence (CoE) zu etablieren, das die Projekte bei der Umsetzung unterstützt.

Dirk Slama: Herr Maurer, wir danken für Ihre Zeit!

7.4.4.2 Anbieterperspektive: Pegasystems

Daniel Steiner, Senior Sales Consultant bei Pegasystems (Pegasystems ist bekannt für die PegaRULES Rules Engine, auf der auch Pegas SmartBPM Suite aufsetzt)

Dirk Slama: Ihr SmartBPM BPMS ist bekannt dafür, dass es komplett auf dem Rules Management System aufsetzt. Wie muss man sich regelbasiertes BPM vorstellen?

Daniel Steiner: In einem regelzentrischen Ansatz werden nicht nur Prozessflussentscheidungen durch Regeln getroffen, sondern auch Datenmanipulation, Logik, Fehlerbehandlung, dynamische Erzeugung von GUI-Komponenten und Integrationsfunktionalität sind als Regeln abgebildet. Das ermöglicht an jeder Stelle im System die Steuerung des Systemverhaltens durch die dynamische Auswertung von Regeln. Durch den Ansatz, sowohl Prozesse als auch Geschäftsregeln in ein und derselben semantischen Struktur zu definieren, ergibt sich eine viel mächtigere, mehrdimensionale Modellierung. Prozessabläufe werden so um einiges dynamischer und reaktiver auf situative Umgebungseinflüsse, die zur Laufzeit in Betracht gezogen werden können.

Dirk Slama: Wir haben in diesem Kapitel gefordert, eine strikte Trennung von Prozessfluss und Entscheidungslogik in einer SOA-Schichtenarchitektur umzusetzen, um die Komplexität großer Anwendungen besser beherrschbar zu machen und die Wartbarkeit sicherzustellen. Wie stehen Sie dazu?

Daniel Steiner: Die Nachteile einer totalen Separierung von BPM und Geschäftsregeln in verschiedenen Systemen sind mannigfaltig: Es sind zwei separate Umgebungen inkl. Know-how aufzubauen und zu warten. Jede Prozessentscheidung erfordert einen (teuren) externen Aufruf, mit entsprechend negativer Auswirkung auf die Skalierbarkeit. Daraus folgend werden die Prozesse in der Regel weniger dynamisch konzipiert. Faktisch erfordert die Separierung nach wie vor detailliertes semantisches Wissen über die Gegenseite (Prozess und Regelservice) und bricht dadurch die Vorteile von loser Kopplung. Die Synchronisation beider Metamodelle ist meistens kompliziert und aufwendig und behindert so die rasche Umsetzung von Änderungen. Jedes zusätzliche Entscheidungskriterium, jede Änderung der Objektmodelle erfordert koordinierte Implementation, Packaging, Testing, Einführungsprozesse etc. in zwei disjunkten Umgebungen, im schlimmsten Fall mit unterschiedlichen Releasefenstern.

Dirk Slama: Aber liegt genau in dieser Trennung der Releasezyklen nicht auch ein Vorteil? Wenn für jede Änderung das komplette System durch den Releasezyklus gehen muss, da keine Komponentisierung umgesetzt wurde, dann erhöht das deutlich die Releaseaufwände. Im SOA-Ansatz können die verschiedenen Komponenten ja gerade in unterschiedlicher Geschwindigkeit weiterentwickelt werden.

Daniel Steiner: Für den Fall, dass die Änderung nicht die oben genannte Synchronisation der Metamodelle oder eine Änderung der Schnittstelle zwischen BPM- und BRM-System umfasst, trifft das zu. Dadurch aber, dass das SOA-Prinzip der Komponentisierung auch durchgängig in der kombinierten Engine umgesetzt ist, inkl. Schichtung und sauberen Schnittstellen, entfällt meines Erachtens dieser Vorteil für den getrennten Ansatz. Erst recht dann, wenn (wie bei Pega) zum Beispiel eine Änderung einer Geschäftsregel auf Basis einer Entscheidungstabelle direkt vom Fachbereich am laufenden System vorgenommen und durch einen klar definierten Benutzer oder Betriebsbeauftragten getestet und freigeschaltet werden kann.

Dirk Slama: Das bedarf sicherlich einer soliden Methodik, guter Governance im Projekt und einer großen Disziplin.

Daniel Steiner (lacht): Ja, aber das gilt für jeden der Ansätze.

Dirk Slama: Welche Werkzeuge werden vom Business als besonders wertvoll erachtet?

Daniel Steiner: Das Business möchte seine Anforderungen schnell umgesetzt bekommen, die Lösung nachvollziehen können und idealerweise selber Änderungen vornehmen. Die Beschreibung von Prozessabläufen in Visio und die Definition von Regeltabellen in Excel, die dann importiert und interpretiert werden, sind gute Beispiele. Des Weiteren wird die Fähigkeit des Systems sehr begrüßt, zu jeder Zeit auf Knopfdruck die Systemdokumentation inkl. Prozessmodelle, Use Cases, Geschäftsregeln und Benutzer-Interfaces als Word- oder PDF-Dokument zu erstellen. Was aber sicher am meisten geschätzt wird, ist die sofortige Ausführbarkeit der sich noch in der Modellierung befindlichen Applikation.

Dirk Slama: Wir danken für das Gespräch!

7.4.5 Geschäftsregeln und POAD

Wie für jede IBPM-Säule wollen wir auch hier zum Abschluss noch kurz die Einordnung der für BRM notwendigen Artefakte in das IBPM-Vorgehen beschreiben.

Wie in Abbildung 7–44 dargestellt, wird insbesondere in der Analysephase der Fokus auf die operative Sicht des Prozesses gelegt, d.h., es wird zunächst der logische Prozessablauf analysiert und modelliert. Aus Perspektive der Geschäftsregeln wird in der Analysephase untersucht, welche relevanten Vorschriften und Regelkandidaten es gibt.

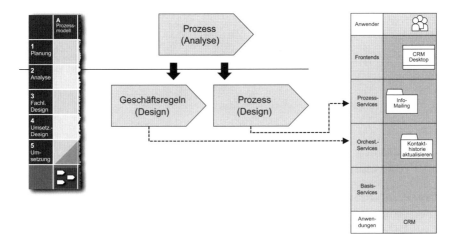

Abb. 7–44   *Einordnung von Geschäftsregeln in IBPM und SOA*

Erst in der fachlichen Designphase werden Geschäftsregeln auf Modellebene mitbetrachtet. Wichtig ist hier, dass in den Business Process Diagrams (BPDs) nur Prozessabläufe modelliert werden, keine fachlichen Details von Regeln. Wie oben besprochen muss in den BPDs explizit erwähnt werden, an welchen Stellen Geschäftsregeln im Prozessablauf zum Einsatz kommen. BPMN stellt hierzu den Aktivitätstyp »Business Rule« zur Verfügung. In Projekten mit starkem Fokus auf Regeln wird man bereits in der fachlichen Designphase in gesonderten Diagrammen (also nicht in den BPDs) mit einem Grobdesign bzw. einer Vorstrukturierung der Regeln beginnen. Im Normalfall wird man die detaillierte Modellierung der Geschäftsregeln allerdings erst im Umsetzungsdesign beginnen, da die hier benötigten Modelle häufig doch schon beinahe Implementierungscharakter haben.

Außerdem muss im Umsetzungsdesign dafür Sorge getragen werden, dass alle weiteren in dieser Säule beschriebenen Aspekte berücksichtigt werden, also auch die Designs für die Bereitstellung der notwendigen SOA-Komponenten und Administrationswerkzeuge erstellt werden. Abbildung 7–45 zeigt die Einordnung von Artefakten der Säule D »Geschäftsregeln« in die IBPM-Phasen.

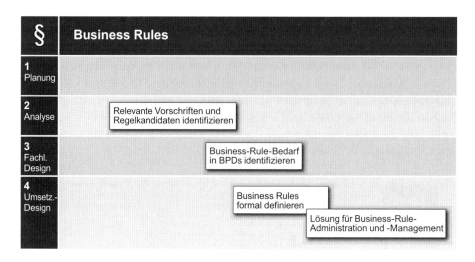

Abb. 7-45   *Einordnung von Business-Rule-Artefakten in die IBPM-Phasen*

7.5   Säule E: Prozessanalyse und Reporting

Neben der strukturellen Analyse von Prozessen (beispielsweise mithilfe von Prozessmodellen) liefert die Analyse der eigentlichen Prozess-Performance einen wesentlichen Beitrag, um Prozesse operativ und strategisch beherrschen und optimieren zu können. Während die klassische Business Intelligence (BI) sich eher auf das Ergebnis der Prozesse fokussiert, liegt der Schwerpunkt der Prozessanalyse mehr auf der Prozessausführung. **Kennzahlen der klassischen BI** umfassen beispielsweise:

- Umsatzzahlen
- Gesamtkosten
- Kundenzufriedenheit

Kennzahlen der Prozessanalyse umfassen dagegen beispielsweise:

- Durchlaufzeiten
- Prozess-SLAs, z. B. Liefertermintreue
- Prozesskosten

Zusätzlich versucht man häufig, die strukturelle und die operative Analyse von Prozessen zu kombinieren. Für die Prozessoptimierung interessiert beispielsweise die Anzahl der Durchführungen bestimmter Prozesspfade oder Teilabschnitte eines Prozesses. Insbesondere versucht man in diesem Bereich, Informationen über die Häufigkeit und Ursachen von Abweichungen vom Standardprozess zu gewinnen (Sonderfälle, fachliche Problemfälle etc.).

7.5.1 Corporate Performance Management

Kombiniert man die klassische BI mit der Prozessanalyse, erhält man ein mächtiges Werkzeug, um das **Corporate Performance Management (CPM)** zu unterstützen. Ziel des CPM ist es, die Unternehmensziele und Geschäftsprozesse kontinuierlich aufeinander abzustimmen und konsistent zu halten. Dabei soll ein geschlossener Kreislauf (»Closed Loop«) entstehen, in dem die Geschäftsprozesse auf operativer, taktischer und strategischer Ebene geplant, überwacht und gesteuert werden. Abbildung 7–46 zeigt das Prinzip.

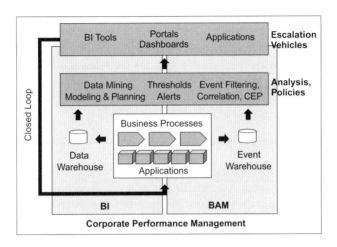

Abb. 7–46   Die »Closed Loop« des Corporate Performance Management (CPM)

Aus dem operativen Geschäft (bzw. den Anwendungen, die dies unterstützen) werden relevante Informationen und Ereignisse gesammelt.

In einem Data Warehouse werden in der Regel Prozessergebnisse aggregiert und analytisch aufbereitet (klassisches BI). Mit den statistisch-mathematischen Mitteln des Data Mining lassen sich Muster erkennen. Beispielsweise kann mithilfe der Mustererkennung eine Kundensegmentierung durchgeführt werden, die die Grundlage für eine gezielte Werbemaßnahme ist.

In einem Event Warehouse werden Events gesammelt. Events können gefiltert und analysiert werden. Wird eine kritische Situation erkannt, können fachliche Alarmmeldungen (Alerts) weitergeleitet werden. Die Korrelation von Events (Event Correlation) ermöglicht es, Gesamtaussagen über Prozesse zu machen. Die Korrelation der Events »Kreditantrag zur Bearbeitung erhalten« und »Vertrag versendet« über die Antragsnummer erlaubt beispielsweise, die Durchlaufzeit für Kreditanträge zu ermitteln. Dieser Bereich wird **Business Activity Monitoring (BAM)** genannt. Es gibt einige Anwendungsbereiche, in denen eine sehr aufwendige Erkennung, Analyse, Gruppierung und Verarbeitung voneinander abhängiger Ereignisse notwendig ist. Beispiele hierfür sind algorithmischer Aktienhandel (Algorithmic

Stock Trading), Kreditkartenbetrugserkennung und die Behandlung von Ereignissen, wie sie beispielsweise von verschiedenen Sensoren in einem Auto gemeldet werden können. In diesen Fällen kommen sehr spezielle Werkzeuge zu Anwendung, die das sogenannte **Complex Event Processing (CEP)** unterstützen.

Ziel des Corporate Performance Management ist es, die Ergebnisse von BI, BAM und CEP aufzufangen, mit den Richtlinien (Policies) des Unternehmens abzugleichen und wenn notwendig entsprechend zu reagieren. Die Ebene der sogenannten »Escalation Vehicles« (etwa: Eskalationswerkzeuge) aggregiert die Analyseergebnisse und stellt sie beispielsweise in Form von Dashboards in einem Portal dar. Auf operativer Ebene können sogar Informationen direkt wieder an die Anwendungen zurückgeleitet werden, um den Prozessablauf zu steuern. In der Säule D (siehe Abschnitt 7.4) haben wir beschrieben, wie die Einhaltung von Richtlinien in Form von Geschäftsregeln analysiert werden kann. Beispielsweise können Geschäftsregeln verwendet werden, um den gerade erwähnten Anwendungsfall Kreditkartenbetrugserkennung mitzusteuern.

7.5.2 Stakeholder und Perspektiven

Um die Informationsbedarfe der unterschiedlichen Zielgruppen optimal erfüllen zu können, ist es wichtig, deren Anforderungen genau zu verstehen (siehe Abb. 7–47). Das Topmanagement und die Prozesseigner, häufig unterstützt durch dedizierte Prozesscontroller, verantworten die strategische Steuerung und benötigen hierzu einen Überblick über den operativen Stand der Prozesse sowie die wichtigsten strategischen Kennzahlen in Form von Dashboards oder Managementreports. Der Prozessmanager braucht etwas detailliertere Informationen, um Optimierungspotenziale

Scope	Gruppe	Ziel & Informationsbedarf	Zeitbezug	Lösung
Strategische Steuerung	Top-Management	Überblick über den operativen Stand der Prozesse und strategischen Kennzahlen	Prognose Ex post	Berichte und Dashboards mit aggregierten Kennzahlen
	Prozesseigner	Überblick über den operativen Stand der Prozesse Optimierungspotenziale identifizieren	Prognose Ex post	
Prozessoptimierung	Prozessmanager	Prozessdurchführung und Zielerreichung (Kennzahlen, Service Level) steuern Optimierungspotenziale identifizieren	Prognose Echtzeit/ Ex post	Ad-hoc-Prozessanalysen Berichte
Produktionssteuerung	Prozessmitarbeiter	Operative Schwachstellen identifizieren und beheben (fachlich)	Echtzeit	Prozessleitstand Monitoring und Alerting
	Admin (techn. Betrieb)	Operative Schwachstellen identifizieren und beheben (technisch)	Echtzeit	

Abb. 7–47 *Perspektiven der Prozess-Stakeholder*

identifizieren zu können. Außerdem benötigt der Prozessmanager häufig einen Leitstand, über den er die operative Prozessdurchführung und Zielerreichung steuern kann. Der Prozessmitarbeiter ist auf einen fachlichen Prozessmonitor angewiesen, mit dessen Hilfe er operative Probleme auf fachlicher Ebene identifizieren und beheben kann. Der für den operativen IT-Betrieb Verantwortliche benötigt schließlich einen technischen Prozessmonitor, um Betriebsprobleme adressieren zu können.

Im Folgenden werden wir diskutieren, welche Sichten in der **Produktionssteuerung**, in der **Prozessoptimierung** und in der **strategischen Steuerung** benötigt werden. Außerdem werden wir untersuchen, wie die in diesen Sichten bereitgestellten Informationen jeweils optimal eingesetzt werden können, um die Ziele der unterschiedlichen Stakeholder zu erreichen. Um diese Diskussion möglichst konkret zu gestalten, wird sie beispielhaft entlang des Prozesses »Kreditbearbeitung« bei der Good Bank geführt.

7.5.3 Beispiel: Kreditvergabe bei der Good Bank

Die Good Bank ist eine fiktive Bank mit einen Filialnetz in Deutschland, über das u.a. Konsumentenkredite, Investitionsfinanzierungen und Baufinanzierungen vertrieben werden. Aufgrund der regulatorischen Anforderungen der Bundesanstalt für Finanzdienstleistungsaufsicht ist der Bereich »Markt« vom Bereich »Marktfolge« aufbauorganisatorisch getrennt. Die Bearbeitung der Kreditanträge geschieht daher in einem von den Filialen organisatorisch und räumlich getrennten Backoffice. Da die Kreditvergabe ein Kernprozess der Good Bank ist, hat man diesen Prozess im Rahmen eines BPM-Projekts im Sinne einer »Produktionsstraße für Kreditprodukte« umgestaltet. Der Kreditantrag wird von der Prüfung bis zum Übergang in die Bestandsverwaltung in einem Team bearbeitet. Es gibt mehrere Teams für jede Kreditart. Ein Team kann eine oder mehrere Kreditarten bearbeiten. Einem Team sind jeweils mehrere Filialen zugeordnet. Ein sogenannter »Load Balancing«-Mechanismus erlaubt allerdings die Verteilung der Anträge auf andere Teams, abhängig von der Arbeitslast. Der Prozess »Kreditvergabe« ist in Abbildung 7–48 noch einmal als BPD dargestellt.

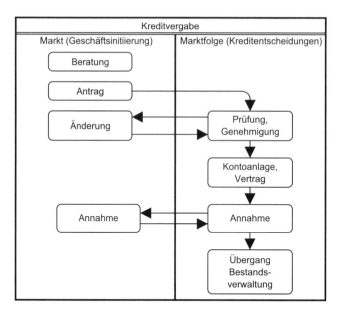

Abb. 7–48   *Prozess »Kreditvergabe« bei der Good Bank*

7.5.4 Sichten der Produktionssteuerung

Die erste Perspektive, die wir näher untersuchen wollen, ist die der Produktionssteuerung. Der Prozessmanager und die Prozessmitarbeiter benötigen in dieser Perspektive insbesondere Informationen, die ihnen helfen, operative Probleme zu erkennen und zu beheben.

In Abbildung 7–49 ist ein Beispiel dargestellt, welche Informationen eine Maske zur Darstellung einer Instanz des Prozesses »Kreditbearbeitung« aus Sicht der Produktionssteuerung anbieten sollte. Hierbei greifen wir auf das »Process/BO-Portlet«-Pattern zurück, das in Abschnitt 8.2.1 noch ausführlich beschrieben wird. In diesem Pattern wird ein Prozess mit dem dazugehörigen Business-Objekt in einer dreigeteilten Maske dargestellt. Im oberen Teil ist eine kurze Zusammenfassung zu sehen, im mittleren Teil die Details des Business-Objekts und des Prozessstatus, im unteren Teil (hier nicht angezeigt) die für den aktuellen Nutzer im aktuellen Prozessstatus erlaubten Aktionen.

Aus Sicht der Produktionssteuerung interessiert hier insbesondere der aktuelle Status (hier: »Freigabe durch Genehmigungsträger 1«), wem ggf. Tasks im Kontext des Prozesses zugewiesen sind (hier: »Ferdinant Freigeber«), die Prozesshistorie (wer hat wann was gemacht?) sowie – in diesem Beispiel – das fachliche Prozessmodell, in dem die für diese Prozessinstanz aktuelle Position im Ablauf hervorgehoben ist. Diese Informationen sind wichtig, um beispielsweise im Rahmen einer Eskalation schnell herauszufinden, an welcher Stelle im Ablauf der Prozess gerade feststeckt und was ggf. getan werden kann.

7.5 Säule E: Prozessanalyse und Reporting

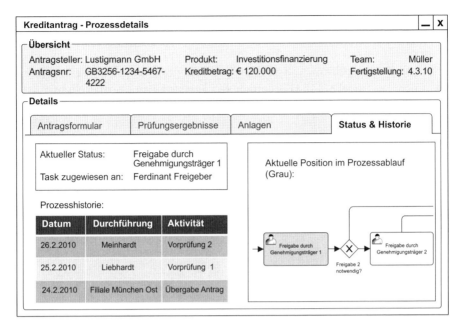

Abb. 7–49   Detailsicht »Kreditantrag«

Die nächste Sicht ist Teil des Leitstands für die Produktionssteuerung (siehe Abb. 7–50). In dieser werden alle Prozessinstanzen in einer Übersicht dargestellt. Diese Art der Übersicht nennen wir auch einen **fachlichen Prozessmonitor**. Fachlich deswegen, weil keine technischen Details des Prozesses angezeigt werden (wie etwa die interne Prozess-ID oder technische Zustandsattribute), sondern ausschließlich fachlich relevante Attribute. Ein fachlicher Prozessmonitor beinhaltet normalerweise diverse Filterfunktionen, um beispielsweise die Prozessliste nach dem Status der Prozesse, der Teamzuordnung, der Produktart oder einem Datum (z.B. dem Anfangs- oder Enddatum) einzuschränken.

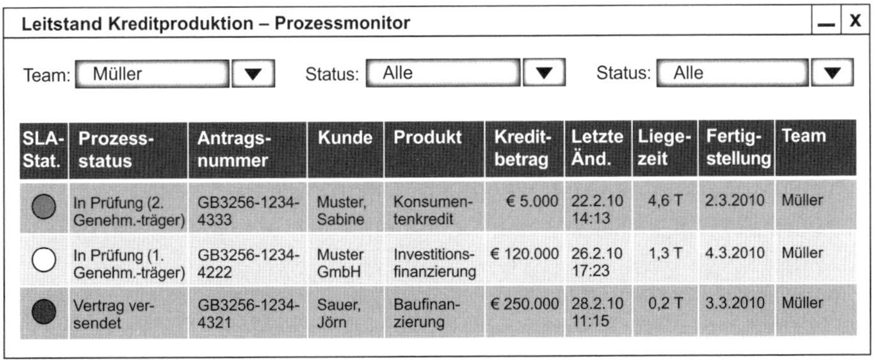

Abb. 7–50   Leitstand Kreditproduktion – Prozessmonitor

Ampeln sind ein beliebtes Mittel in einem Prozessmonitor, um den Status der verschiedenen Prozesse schnell und übersichtlich darstellen zu können. Allerdings ist es dabei nicht immer einfach, eine sinnvolle und für alle leicht nachvollziehbare Definition der Ampelfarben Rot/Grün/Gelb zu gestalten. In unserem Beispiel bezieht sich die Ampel auf die Einhaltung des Service Level »Fertigstellung«. Ist die Differenz zwischen der noch verbleibenden Zeit bis zur geplanten Fertigstellung und der Summe der durchschnittlichen Bearbeitungsdauer für die noch offenen Prozessschritte im kritischen Bereich, wird die Ampel entsprechend auf Gelb gesetzt. Ist die geplante Fertigstellungszeit überschritten, wird die Ampel auf Rot gesetzt und eine E-Mail mit einer Eskalations-Benachrichtigung verschickt (wobei man hier aufpassen muss, die Prozesskette nicht zu verlassen).

Die nächste Ebene im Kredit-Produktionsleitstand bietet eine aggregierte Sicht, mit deren Hilfe die aktuelle und zukünftige Auslastung der Teams analysiert werden kann (siehe Abb. 7–51).

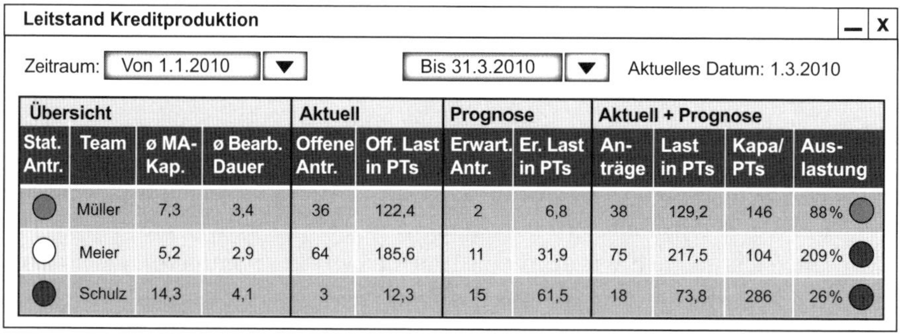

Leitstand Kreditproduktion										
Zeitraum: Von 1.1.2010 ▼				Bis 31.3.2010 ▼			Aktuelles Datum: 1.3.2010			
Übersicht				Aktuell		Prognose		Aktuell + Prognose		
Stat. Antr.	Team	ø MA-Kap.	ø Bearb. Dauer	Offene Antr.	Off. Last in PTs	Erwart. Antr.	Er. Last in PTs	An-träge	Last in PTs	Kapa/ PTs	Aus-lastung
◐	Müller	7,3	3,4	36	122,4	2	6,8	38	129,2	146	88 % ◯
○	Meier	5,2	2,9	64	185,6	11	31,9	75	217,5	104	209 % ●
●	Schulz	14,3	4,1	3	12,3	15	61,5	18	73,8	286	26 % ●

Abb. 7–51   *Leitstand Kreditproduktion – Teamauslastung*

Die Spalten dieser Sicht sind wie folgt zu verstehen:

- **Übersicht**
  - Status Anträge: Darstellung einer roten Ampel, wenn mindestens drei dem Team zugeordnete Anträge auf Rot sind, Gelb analog.
  - Ø MA Kapa: Ø Anzahl verfügbarer Mitarbeiter im Betrachtungszeitraum
  - Ø Bearb. Dauer: Ø Bearbeitungsdauer je Antrag in Personentagen (PTs)
- **Aktuell**
  - Offene Anträge: Anzahl der derzeit dem Team zugeordneten Anträge, die noch nicht abgeschlossen sind
  - Offene Last in PTs: (Ø Bearb. Dauer) × (Offene Anträge)
- **Prognose**
  - Erwartete Anträge: Prognose des Vertriebs der Filialen, die dem Team derzeit zugeordnet sind
  - Erwartete Last in PTs: (Ø Bearb. Dauer) × (Erwartete Anträge)

7.5 Säule E: Prozessanalyse und Reporting

- **Aktuell + Prognose**
  - Anträge: Offene + Erwartete Anträge
  - Last in PTs: (∅ Bearb. Dauer) × Anträge
  - Kapa/PTs: (∅ MA Kapa) × restliche Werktage in Periode
  - Auslastung: Last/Kapa

Die Analyse der wahrscheinlichen Auslastung (Anzahl Mitarbeiter im Team vs. aktuelle und erwartete Anträge) ergibt in diesem Beispiel, dass mit einer Überauslastung im Team »Meier« (209 %) und einer Unterauslastung im Team »Schulz« (26 %) zu rechnen ist.

In Abbildung 7–52 sind die verschiedenen Möglichkeiten dargestellt, wie der operativ verantwortliche Prozessmanager auf die aktuelle Situation reagieren kann:

1. Umverteilung von Anträgen (von Team Meier zu Team Schulz)
2. Umverteilung von Mitarbeitern (von Team Schulz zu Team Meier)
3. Umverteilung von zugeordneten Filialen (von Team Meier zu Team Schulz)

Eine Voraussetzung für die Durchführung dieser Aktionen ist, dass das Prozessportal entsprechende Administrationsfunktionen bereitstellt, über die diese ausgeführt werden können.

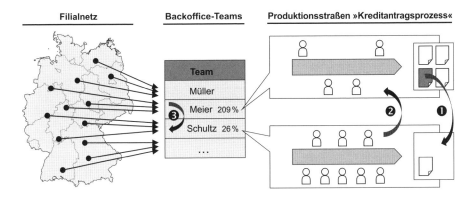

Abb. 7–52 Mögliche Reaktionen auf Auslastungsprobleme

7.5.5 Sichten der Prozessoptimierung

Der Prozessmanager ist auf operativer Ebene hauptverantwortlich für die kontinuierliche Optimierung der von ihm verantworteten Prozesse. Dafür braucht er Informationen, mit deren Hilfe er Optimierungspotenziale identifizieren kann. Hierbei interessieren in der Regel Durchlaufzeiten, Ausnahmen, Fehlerquoten und Prozesskosten. Abhängig von den Ergebnissen der Prozessanalyse hat er dann die Möglichkeit, den Prozess zu optimieren, indem er einzelne Prozessschritte, den internen Prozessablauf oder den übergreifenden Prozess umgestaltet. Für jede dieser drei

Optionen werden wir im Folgenden Beispiele geben. Die Optimierung sollte in klar definierten Schritten erfolgen, der Erfolg sollte mithilfe eines Ist-/Soll-Abgleichs gemessen werden und als Basis für weitere Optimierungsschritte dienen – womit sich der Kreislauf der **kontinuierlichen Verbesserung von Prozessen (KVP)** schließt (siehe Abb. 7–53).

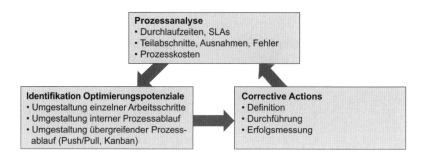

Abb. 7–53   Kontinuierliche Verbesserung (KVP) von Prozessen

7.5.5.1   Durchlaufzeiten

Schauen wir zunächst auf die Durchlaufzeiten. Im Bereich Kreditvergabe bei der Good Bank werden diese wöchentlich in einem Meeting ausgewertet, an dem der Prozessmanager und die Team-Leads teilnehmen. Ein Beispiel für die dabei verwendeten Reports ist in Abbildung 7–54 dargestellt.

Durchlaufzeiten und SLAs									
Antrag	Filiale	Team	Prüfbar	Geprüft	Genehmig. 1	Genehmig. 2	Vertrag versend.	Durchlaufzeit in Tagen	
GB3256-1234-4333	MUX1	Müller	16.02.10	17.02.10	19.02.10	19.02.10	22.02.10	5	●
GB3256-1234-4222	MUX2	Müller	08.02.10	09.02.10	10.02.10	12.02.10	12.02.10	5	●
GB3256-1234-4321	MUX1	Müller	15.02.10	17.02.10	19.02.10	19.02.10	22.02.10	6	○
GB3256-1234-4241	BLN1	Schulz	01.02.10	04.02.10	05.02.10	12.02.10	15.02.10	11	●
GB3256-1234-4424	BLN1	Schulz	15.02.10	15.02.10	16.02.10	19.02.10	22.02.10	7	○
GB3256-1234-5331	BLN2	Schulz	25.01.10	26.01.10	29.01.10	12.02.10	15.02.10	16	●
...									

Abb. 7–54   Durchlaufzeiten und SLAs

In diesem Beispiel ist zu erkennen, dass zwei Kreditanträge den derzeit auf 5 Tage festgelegten SLA für Durchlaufzeiten überschritten haben (gelbe Ampel), zwei weitere sogar die kritische Schwelle von 10 Tagen (rote Ampel). Die Detailanalyse der

7.5 Säule E: Prozessanalyse und Reporting

Durchlaufzeiten ergibt, dass der Arbeitsschritt »Genehmigung 2« hierbei ein Problem zu sein scheint: An dieser Stelle hing der Prozess in 3 der 4 kritischen Fälle mehrere Tage lang fest. Nach Rücksprache mit allen Beteiligten einigte man sich darauf, den Prozess an dieser Stelle so zu verändern, dass zukünftig eine Stellvertreterregelung greift, wenn die Freigabe 2 nicht zeitnah erfolgt. Dies entspricht einer Umgestaltung des internen Prozessablaufs gemäß des KVP-Zyklus in Abbildung 7–53.

7.5.5.2 Detailanalyse von Teilstrecken

Um eine regelmäßige, detaillierte Strukturanalyse von Teilstrecken des Kreditbearbeitungsprozesses durchführen zu können, wurde ein weiteres Analysewerkzeug geschaffen, das in Abbildung 7–55 zu sehen ist.

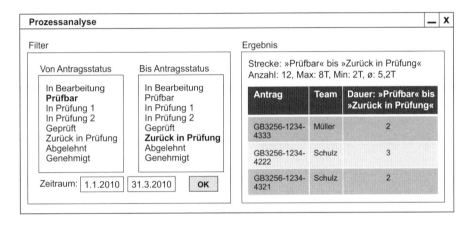

Abb. 7–55 *Detailanalyse von Teilstrecken des Prozesses*

Mithilfe dieses Werkzeugs können Filter definiert werden, die Teilstrecken des Prozesses definieren, die in einem bestimmten Zeitraum analysiert werden. Dafür werden zwei Prozessstatus ausgewählt, die den Anfang und das Ende der Teilstrecke definieren. In dem obigen Beispiel wird nach Prozessinstanzen gesucht, die mindestens einmal von »Prüfbar« bis »Zurück in Prüfung« durchgelaufen sind. In diesem Fall werden im ersten Quartal des Jahres 12 Prozessinstanzen gefunden, auf die dies zutrifft. Die Durchlaufzeit für den Teilabschnitt betrug dabei im Durchschnitt 5,2 Tage.

Der Prozessmanager und seine Team-Leads beschließen zu untersuchen, warum diese 12 Anträge jeweils zurück in die Prüfung mussten. Hier könnte ein Fehler in der Arbeitsanweisung für die Prüfung liegen, da zu häufig nachgeprüft werden muss. Gemäß den Lean-Management-Prinzipien sollten Fehlerquellen im Prozess sofort eliminiert werden. Daher wird dem sofort nachgegangen und der Arbeitsschritt Prüfung angepasst. Dies entspricht der Umgestaltung eines einzelnen Arbeitsschritts im KVP-Zyklus gemäß Abbildung 7–53.

7.5.5.3 Prozesskostenanalyse

In den beiden vorherigen Abschnitten haben wir uns auf die Prozesseffizienz fokussiert und dafür Durchlaufzeiten und Abweichungen vom Idealverlauf betrachtet. Häufig möchte man zusätzlich auch eine reine Kostenperspektive einnehmen. Diese ist beispielsweise hilfreich für das Benchmarking (also den Vergleich mit anderen internen Prozessen oder Vergleichswerten aus der Industrie) oder eine Produktkostenbetrachtung. Prozesskosten können auch Kosten mit einbeziehen, die nicht direkt in die Produkterstellung eingehen. Beispielsweise können Wartungsaufwände für ein bestimmtes Produkt mit in die Gesamtprozesskosten für dieses Produkt einbezogen werden. Wird ein Produkt zwar günstig produziert, führt aber zu erhöhten Wartungsaufwänden, dann kann dies hier ganzheitlich dargestellt werden.

Wikipedia definiert die **Prozesskostenrechnung** (**PKR**) als »*ein Instrument, das die Kosten der indirekten Leistungsbereiche (z.B. Beschaffung, Marketing, Vertrieb und Logistik) abbildet und eine beanspruchungsgerechtere Verteilung dieser Gemeinkosten ermöglicht*« [WPKR10]. Die Prozesskostenrechnung basiert auf dem ursprünglich aus den USA stammenden **Activity Based Costing** (**ABC**). Anstelle von Aktivitäten nimmt die PKR allerdings als Basis Prozesse, die sich aus Aktivitäten zusammensetzen.

In Abbildung 7–56 ist ein Beispiel für die Prozesskosten der Teilprozesse des Hauptprozesses »Hypothekarkreditvergabe« nach [Wip00] dargestellt. Dieses Beispiel basiert auf einer ebenfalls fiktiven Genossenschaftsbank mit einer Bilanzsumme von 330 Mio. CHF (ca. 253 Mio. Euro). In dem Beispiel sind für jeden Teilprozess die Anzahl der Prozessdurchläufe sowie ein Prozesskostensatz angegeben. Dadurch lassen sich für jeden Teilprozess die absoluten Prozesskosten sowie der Anteil am Gesamtprozess berechnen. Die Kostentreiber sind in diesem Beispiel »Gesuche verwalten« mit 45,8 %, »Hypothekarkredite bewilligen und auszahlen« mit 22,3 % sowie die Tragbarkeitsrechnungen mit zusammen 18,8 %. Neben den Prozesskosten ist auch noch der Kapazitätsverbrauch angegeben, was wiederum bei der Kapazitätsplanung hilfreich ist.

Hauptprozesse	Teilprozesse	Prozess-menge	Prozess-kostensatz	Prozesskosten			Kapazitätsverbrauch		
				in CHF	in % zu Hauptprozess	in % zu Total	in Std.	in % zu Hauptprozess	in % zu Total
Hypothekar-kreditvergabe	Tragbarkeitsrechnung Privatkunden	189	106 CHF	20.034 CHF	4,9 %	3,1 %	97	4,3 %	2,9 %
	Tragbarkeitsrechnung kommerzielle Kunden	102	560 CHF	57.120 CHF	13,9 %	8,9 %	294	12,9 %	8,8 %
	Objektbesichtigung	74	322 CHF	23.828 CHF	5,8 %	3,7 %	111	4,9 %	3,3 %
	Schätzung	95	34 CHF	3.230 CHF	0,8 %	0,5 %	19	0,8 %	0,6 %
	Auskünfte einholen, Kst. KKB	762	13 CHF	9.906 CHF	2,4 %	1,5 %	47	2,1 %	1,4 %
	Auskünfte einholen, Kst. KKA	1345	9 CHF	12.105 CHF	3,0 %	1,9 %	73	3,2 %	2,2 %
	Gesuche verwalten	327	575 CHF	188.025 CHF	45,8 %	29,3 %	1.081	47,6 %	32,4 %
	Fehlende Unterlagen einfordern	71	11 CHF	781 CHF	0,2 %	0,1 %	5	0,2 %	0,1 %
	Mahnen von Unterlagen und Sicherheiten	206	17 CHF	3.502 CHF	0,9 %	0,5 %	21	0,9 %	0,6 %
	Hypothekarkredite Bewilligen und Auszahlen	280	327 CHF	91.560 CHF	22,3 %	14,3 %	524	23,1 %	15,7 %
				410.091 CHF	100,0 %	64,0 %	2.272	100,0 %	68,0 %

Abb. 7–56 *Prozesskosten für die Teilprozesse des Hauptprozesses »Hypothekarkreditvergabe« nach [Wip00]*

Die Prozesskostenrechnung ist ein mächtiges Werkzeug im BPM-Werkzeugkasten. Richtig angewendet kann sie helfen, signifikant mehr Kostentransparenz in die Prozessorganisation zu bringen. Allerdings ist es bei der Prozesskostenrechnung ein bisschen ähnlich wie bei unserer Diskussion zum Thema Prozessorganisation vs. funktionale Aufbauorganisation in Säule B (siehe Abschnitt 7.2): Die wenigsten Unternehmen wenden heute einen rein prozessorientierten Ansatz im Controlling an. Im besten Fall sind wiederum hybride Ansätze zu finden, die klassisches, kostenstellenorientiertes Controlling mit Ansätzen des prozessorientierten Controllings kombinieren. Neben der Fixkostenproportionalisierung und der Gemeinkostenschlüsselung ist ein wesentliches Problem der Prozesskostenrechnung die Erhebung der tatsächlich pro Prozessinstanz verbrauchten Ressourcen – insbesondere ist es schwierig, die für die individuelle Prozessinstanz angefallenen Arbeitszeiten zu erfassen. Häufig werden Prozesskosten nur in einem Soll-Modell ermittelt, in dem in einer Prozesssimulation den einzelnen Prozessschritten Kostenschätzungen und Durchlaufwahrscheinlichkeiten zugeordnet werden, die dann als Basis für die Simulation dienen.

Für die Ermittlung der eigentlichen Ist-Kosten bietet der BPM-Ansatz einige wertvolle Mittel an. Die Formel PROZESSKOSTEN = Σ PROZESSDURCHLAUFZEITEN × PERSONALKOSTENSATZ wäre jedoch zu einfach gerechnet: Die Durchlaufzeiten repräsentieren in der Regel nicht die Zeit, die die Mitarbeiter wirklich mit der Abarbeitung der ihnen zugeordneten Aufgaben (Tasks) verbracht haben. Wie wir in Säule C »User Task Management« besprochen haben, hat jeder Prozess Liegezeiten, in denen er auf den Input für Tasks wartet. Auch die Zeit zwischen Zuweisung (Push) bzw. Aufnahme (Pull) eines Tasks und seiner Erledigung kann normalerweise nicht als Maß für die zur Erledigung benötigte Zeit verwendet werden, da man nicht sicher annehmen kann, dass der Mitarbeiter die ganze Zeit ausschließlich an diesem Task gearbeitet hat.

Allerdings bietet das **Task Management** eines BPMS einen sehr guten Einstiegspunkt für die Erfassung von prozessbezogenen Aufwänden: Wenn am Ende jedes Tasks nicht nur die Erledigung des Tasks bestätigt wird, sondern der Nutzer zusätzlich noch dazu aufgefordert wird, die für diesen Task angefallene Arbeitszeit anzugeben, dann lässt sich so sehr einfach die notwendige Informationsbasis für die Prozesskostenrechnung erheben, zumindest was die prozessbezogenen Arbeitsaufwände angeht. Denken wir auch noch einmal kurz zurück an den Vergleich zwischen den Aufgaben in Projekten und denen in standardisierten Prozessen, den wir in Säule C gezogen haben: In den meisten Projekten werden die Aufwände für die Projektarbeit in einem Zeiterfassungsmodul der Projektmanagementsoftware erfasst. So erscheint es nur folgerichtig, wenn analog dazu die Aufwände für die einzelnen Prozessschritte in der BPM-Anwendung erfasst und ausgewertet werden.

7.5.5.4 Analyse prozessübergreifender Ineffizienzen

Nachdem wir uns bisher auf die Optimierungspotenziale innerhalb des Prozesses Kreditantrag fokussiert haben, wollen wir jetzt noch prozessübergreifende Optimierungspotenziale anschauen. Hierzu lassen sich nicht immer harte Fakten aus den verschiedenen Reports extrahieren. Viele Faktoren, die hier eine Rolle spielen, haben mit der Erfahrung der involvierten Personen zu tun.

Ein Beispiel hierfür sind die Anpassungen, die im operativen Tagesgeschäft getätigt werden müssen, um die Arbeit zwischen den einzelnen Kreditbearbeitungsteams der Good Bank auszubalancieren. Wie wir vorhin diskutiert haben, gibt es hier verschiedene Möglichkeiten, von der Umverteilung einzelner Kreditanträge zwischen den Teams bis hin zur Umverteilung von Filialen auf andere Teams. Diese ständig notwendigen Umverteilungen resultieren aus der Tatsache, dass der Prozess im Sinne des in Säule C eingeführten Kanban-Konzepts als Push-Prozess umgesetzt wurde: Die Anträge der einzelnen Bankfilialen werden im Push-Modus an die zugeordneten Teams weitergeleitet (siehe Abb. 7–57 »IST«).

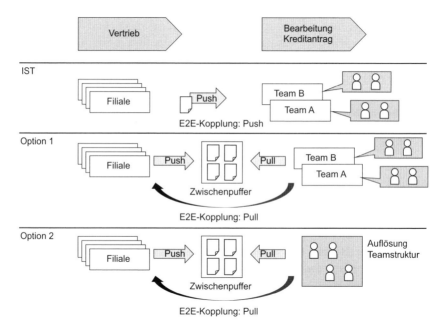

Abb. 7–57 Optionen für die Gestaltung des übergeordneten Kreditprozesses inkl. Vertrieb und Bearbeitung des Kreditantrags

Die hieraus resultierenden Ineffizienzen lassen sich tatsächlich nur schwer quantifizieren. Es geht hierbei nicht nur um die Zusatzaufwände für den Prozessmanager, die durch die kontinuierliche Feinjustierung entstehen, sondern auch um die Probleme, die entstehen, wenn nicht schnell genug reagiert werden kann, also z.B. Teams über- oder unterlastet sind.

Eine Möglichkeit der Umgestaltung des Prozesses ist als Option 1 in Abbildung 7–57 dargestellt. Wenn die Anträge der Filialen in einem Zwischenpuffer gesammelt würden, dann könnten diese bedarfsorientiert auf die einzelnen Teams verteilt werden. Das Problem der Unter- bzw. Überlastung wäre dadurch gelöst, solange sichergestellt ist, dass die Gesamtkapazität der Teams ausreichend ist. Allerdings bliebe immer noch das Problem, dass es notwendig sein kann, Mitglieder zwischen Teams umzuverteilen, z. B. wenn sich Teamstrukturen durch Urlaub oder Krankheit ändern. Eine Möglichkeit, dieses Problem zu lösen, wäre der komplette Verzicht auf Teamstrukturen: Mitarbeiter bekommen unabhängig von einer Teamstruktur Aufgaben aus einem gemeinsamen Zwischenpuffer zugewiesen bzw. können Aufgaben bedarfsorientiert entnehmen (Option 2 in Abb. 7–57).

Allerdings ist die Entscheidung in diesem Falle nicht einfach, da sowohl die Zuordnung von Filialen zu Teams als auch die Teamstrukturen selber einige Vorteile bieten. Teams bieten den Vorteil, dass die Mitarbeiter ein Gefühl der Zugehörigkeit haben und sich ihren Teammitstreitern kollegial verbunden fühlen. Nicht umsonst sind Teams im Produktionsmodell von Toyota als »Produktionszellen« mit gemeinsamer Verantwortung, räumlicher Nähe und direktem Zugriff auf Produktionsmittel ein wesentliches Element. Auch bietet die Teamstruktur die Möglichkeit, Mitarbeiter, die auf bestimmte Produktarten spezialisiert sind (z.B. Hypothekenkredite), zusammenzufassen. Auch die Zuordnung von Filialen zu Backoffice-Teams kann vorteilhaft sein. Es ist häufig effizienter, wenn die an einem Prozess beteiligten Mitarbeiter sich kennen und dadurch weniger Barrieren existieren, sich direkt z. B. über das Telefon oder via E-Mail abzustimmen, wenn es bei einem Prozess zu Problemen kommt.

Der Prozessmanager muss sich bei der Ausschöpfung der oben beschriebenen Optimierungspotenziale also fragen, ob die Vorteile der Umgestaltung die möglichen Nachteile der Auflösung funktionierender Strukturen überwiegen.

7.5.6 Sichten der strategischen Steuerung

Aus Sicht der strategischen Steuerung interessieren nicht mehr die Details der operativen Aspekte der Prozesse, sondern aggregierte Sichten, die den Vergleich mit anderen Unternehmensbereichen bzw. Prozessen sowie die Steuerung der Prozessperformance erlauben.

Während wir aus der operativen Perspektive die Prozesskosten der Teilprozesse der Kreditvergabe betrachtet haben, interessieren aus strategischer Perspektive einerseits die Prozesskosten aller Hauptprozesse im Bereich Hypothekargeschäft, andererseits die den Kosten gegenüberstehenden Erlöse, wie sie in Abbildung 7–58 dargestellt sind.

Interessant an dieser Darstellung ist auch, dass hier wiederum eine hybride Darstellung gewählt wurde, die exakt der in Säule B dargestellten hybriden Prozessorganisation entspricht: Den Hauptprozessen sind in einer Matrixdarstellung die Hauptkostenstellen gegenübergestellt. F steht dabei für Finanzen, ZW für Zahlungsverkehr, MZ für die Mutationszentrale, KKA für die kommerzielle Kreditadministration und KKB für die kommerzielle Kundenbetreuung.

Hauptprozesse des Hypothekargeschäfts (Kosten in CHF)	Hauptkostenstellen					Total	Kostenträger Hypothekar-geschäft
	1 KKB	2 KKA	3 F	4 ZV	5 MZ		
Prozesskosten (Selbstkosten), Total	347.646 CHF	277.454 CHF	821 CHF	1.879 CHF	28.263 CHF	656.063 CHF	656.063 CHF
Hauptprozess »Kundenbetreuung"	222.843 CHF		591 CHF			223.434 CHF	223.434 CHF
Hauptprozess »Hypothekarkredit-vergabe«	117.291 CHF	263.911 CHF		1.879 CHF	28.263 CHF	411.344 CHF	411.344 CHF
Hauptprozess »Betreuung der Hypothekarkredite«	2.808 CHF					2.808 CHF	2.808 CHF
Hauptprozess »Zinsen und Amortisationsvereinnahmungen«	2.039 CHF	3.924 CHF				5.963 CHF	5.963 CHF
Hauptprozess »Hypothekarkreditauflösungen«		9.053 CHF				9.053 CHF	9.053 CHF
Lmn Kosten	2.665 CHF	566 CHF	230 CHF			3.461 CHF	3.461 CHF
Nettozinserlös							4.288.863 CHF
Ergebnis							3.632.800 CHF

Abb. 7–58   *Aggregierte Prozesskostensicht für das Hypothekargeschäft in Anlehnung an [Wip00]*

Neben der detaillierten tabellarischen Darstellung, wie in Abbildung 7–58 gezeigt, ist es sinnvoll, auch ein prozessorientiertes Management-Dashboard zu erstellen, wie es in Abbildung 7–59 zu sehen ist.

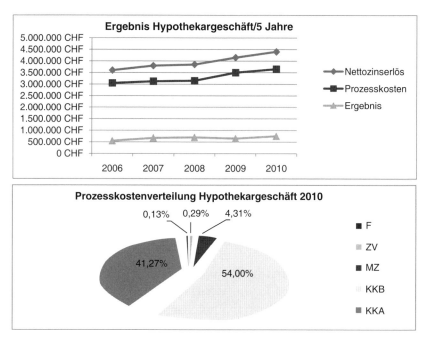

Abb. 7–59   *Prozessorientiertes Management-Dashboard »Hypothekargeschäft«*

Ein weiteres verbreitetes Managementwerkzeug zur strategischen Unternehmenssteuerung ist die **Balanced Scorecard** (**BSC**). In dieser werden die für das Unternehmen wichtigsten Perspektiven aufgenommen und für jede Perspektive Ziele auf Basis von **Key-Performance-Indikatoren** (**KPIs**) definiert. Aus der BPM-Perspektive können hier beispielsweise KPIs im Bereich Finanzen (Prozesskosten) und Prozessmanagement (Prozesseffizienz) definiert werden.

7.5 Säule E: Prozessanalyse und Reporting

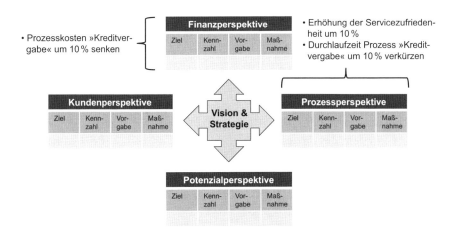

Abb. 7–60   Input für die Balanced Scorecard aus der BPM-Perspektive

7.5.7 Umsetzung

Im Folgenden wollen wir uns noch kurz die verschiedenen Umsetzungsalternativen, die Modellierungsaspekte sowie die möglichen technischen Architekturen anschauen.

7.5.7.1 Umsetzungsalternativen

Eine wesentliche Frage bei der Umsetzung von Prozessanalyse und Reporting ist, ob es sich um ein neues System auf Basis BPM handelt oder um eine bestehende Anwendung, bei der nachträglich eine prozessorientierte BI umgesetzt werden soll.

Bei der **prozessorientierten BI auf Basis BPM** sind die Prozessabläufe klar definiert und werden von der BPM Engine gesteuert. Die meisten BPM Engines bieten Möglichkeiten, ohne Zusatzaufwand gewisse Grundinformationen über Prozesse zu sammeln und zu analysieren, z.B. Prozessdurchlaufzeiten, Abbruchhäufigkeiten, Ablaufmuster. Die Erfassung und Darstellung von Zusatzinformationen kann oft mithilfe von Bordmitteln des BPMS erfolgen, wobei die Analysefähigkeiten meistens eingeschränkt sind, da die meisten BPM-Systeme keine dedizierten BI-Lösungen beinhalten, sondern sich eher auf das Reporting relationaler Daten beschränken.

Bei der **nachträglichen Umsetzung** (häufig auch **Prozessrekonstruktion** genannt) sind die Prozessabläufe nur implizit in Bestandsanwendungen implementiert und nicht explizit und zentral von einer BPM Engine gesteuert. Daher muss der Prozessablauf nachträglich rekonstruiert und relevante Daten gesammelt und korreliert werden. Neben dem nachträglich erstellten Prozessmodell muss untersucht werden, über welche Daten in den Altanwendungen die zu einem fachlichen Prozess gehörenden Informationen korreliert werden können, z.B. durch eine Auftragsnummer. Danach muss festgestellt werden, welche Zusatzinformationen extrahiert bzw. neu erfasst und dem Prozess zugeordnet werden müssen, damit sie für die spätere Auswertung als Prozesskennzahlen zur Verfügung stehen.

Bei der Kombination der beiden Ansätze werden BPM-basierte Anwendungen in bestehende Anwendungslandschaften eingebettet. Gerade in der frühen Phase einer BPM-Initiative wird das BPMS nur Teilprozesse abdecken, während andere Teilprozesse manuell oder über Altanwendungen laufen. In solchen Fällen ist es ratsam, die beiden oben beschriebenen Ansätze zu kombinieren und einen Mehrwert zu generieren, indem die prozessorientierte BI den End-to-End-Prozess betrachtet, auch wenn er nur teilweise vom BPMS automatisiert wurde.

Für jede der hier dargestellten Umsetzungsalternativen gilt, dass in einem IBPM-basierten Projekt für die Umsetzung entsprechende Ressourcen bereitgestellt werden müssen, die das Design der gewünschten Reports, den Aufbau der Datenbasis sowie die Umsetzung der Reports realisieren. Dies muss bei der Projektplanung entsprechend berücksichtigt werden.

7.5.7.2 Modellierungsaspekte

Unabhängig von der Ausgangssituation – also Neugestaltung mit BPM-System oder Prozessrekonstruktion – sollte ein fachliches Modell die Grundlage für alle Messungen sein. Im Modell sollten klar die verschiedenen Messpunkte definiert sein, die die Basis für die Berechnung von Durchlaufzeiten sind. Außerdem sollten im Modell auch die Punkte definiert sein, die als Basis für die Messung von prozessspezifischen Key-Performance-Indikatoren dienen (siehe Abb. 7–61).

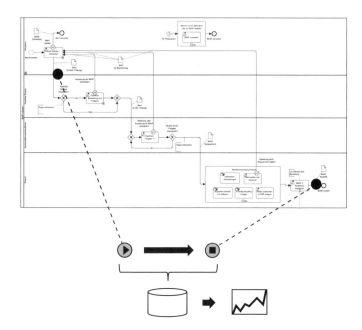

Abb. 7–61 *Definition von Messpunkten im Prozessmodell*

7.5 Säule E: Prozessanalyse und Reporting

Der Vorteil eines von allen Beteiligten akzeptierten, fachlichen Prozessmodells als Grundlage für die Prozessanalyse ist, dass es als Kommunikationsbasis zwischen den Auswertern der Informationen einerseits und den IT-Umsetzern andererseits dient und damit das IT-Business-Alignment im Bereich BPM ein Stück weiter voranbringt. Beim Einsatz eines BPM-Systems können häufig Informationen zu Messpunkten in den Prozessmodellen automatisch für die Erstellung der Reports verwendet werden.

7.5.7.3 Umsetzungsarchitekturen

Für die Umsetzung der Prozessanalyse und des Prozess-Reportings gibt es meistens zwei Alternativen: Entweder man bewegt sich ausschließlich innerhalb der BPM-Umgebung oder man integriert die Prozessanalyse in die BI-Infrastruktur.

Im ersten Ansatz wird normalerweise eine relationale Datenbank aufgebaut, in der Informationen zu Prozessinstanzen und prozessbezogenen Ereignissen abgespeichert werden. Aus dieser Datenbank werden dann Reports generiert, häufig unter Verwendung einer Reporting-Library, die auf relationale Datenquellen spezialisiert ist. Die Datenbank wird auch als Grundlage für die Erstellung eines prozessspezifischen Prozessleitstands verwendet, wie wir ihn anhand des Leitstands für den Kreditbearbeitungsprozess eingeführt haben. Dieser Ansatz ist für viele Anwendungsfälle ausreichend und kostengünstig. Er hat allerdings auch einige Einschränkungen, da er weder die analytischen Möglichkeiten eines expliziten, mehrdimensionalen BI-Ansatzes unterstützt noch eine dynamische Analyse-Workbench, die die Erstellung von Ad-hoc-Auswertungen und Reports erlaubt (siehe Abb. 7–62).

Abb. 7–62 *Prozess-Reporting auf Basis einer relationalen Prozessdatenbank*

Die Integration der Prozessanalyse in eine echte BI-Architektur (siehe Abb. 7–63) erweitert die Möglichkeiten der Analyse und der Erstellung von Reports und Dashboards enorm. Nicht nur können alle Features der BI-Applikation ausgenutzt werden, inkl. mehrdimensionale Cubes und Analyse-Workbench, sondern es können insbesondere auch die Prozessdaten mit anderen Daten verknüpft und in Kontext gesetzt werden. Dadurch können Analyseanwendungen erstellt werden, die eine klassische und prozessorientierte BI kombinieren und so der Grundlage für ein Corporate Performance Management sehr nahe kommen, das am Anfang dieses Abschnitts beschrieben wurde. Allerdings haben diese Vorteile auch einen Preis: Die Integration eines BPMS mit einer BI-Lösung erfordert nicht nur Investitionen in einen ETL-Prozess (Extract, Transform, Load), sondern es muss auch berücksichtigt werden, dass im BI-Umfeld ganz andere Erfahrungen und Kenntnisse benötigt werden, die evtl. im Staffing eines BPM-Projekts ursprünglich gar nicht vorgesehen waren.

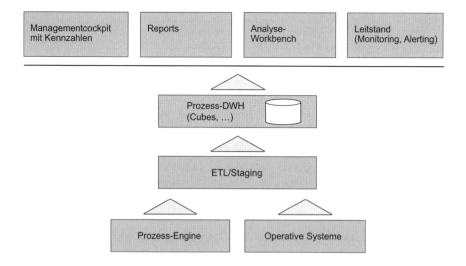

Abb. 7–63 *Prozessanalyse und Reporting integriert mit einer BI-Architektur*

7.5.8 Prozessanalyse/Reporting und POAD

Wie immer wollen wir am Ende der Beschreibung einer Säule des IBPM-Frameworks noch kurz die Einordnung der hier relevanten Artefakte untersuchen. Zunächst seien hier noch ein paar allgemeine Worte zum Vorgehen gesagt: Gefährlich sind Ansätze, in denen auf Verdacht »möglicherweise für das Business relevante« Events gesammelt werden, ohne die Anforderungen der Fachbereiche oder des Managements vorher genau untersucht zu haben. Hier entstehen schnell große Teilprojekte, ohne dass klar ist, was mit den Informationen wirklich angefangen werden soll. Besser ist es, zuerst mit dem Fachbereich klar die Informationsbedarfe abzuklären: Welche KPIs sind relevant? In welcher Form sollen sie dargestellt werden (Reports)? Welche Daten bzw. Events müssen dafür erfasst werden? Auf Basis dieser Anforderungen können dann in der Regel sehr viel schlankere Lösungen gebaut werden, die effizienter und kostengünstiger sind als ein zu breit angelegtes Vorgehen.

7.5 Säule E: Prozessanalyse und Reporting

Genau dies wird auch vom IBPM-Framework berücksichtigt. Es fordert, dass in der Analysephase die genauen Informationsbedarfe identifiziert werden, die mit der Prozessanalyse und dem Reporting befriedigt werden sollen. Im fachlichen Design werden dann die Messpunkte und Messstrecken in den BPDs verortet sowie – soweit möglich – die KPIs den dazugehörigen Aktivitäten oder Ereignissen zugeordnet. Außerdem kann hier ggf. die Prozesssimulation durchgeführt werden, um erste Soll-Analyseergebnisse zu erhalten. Außerdem müssen detaillierte Entwürfe für die benötigten Reports erstellt sowie ggf. die Details der Tools beschrieben werden, die eine Ad-hoc-Analyse ermöglichen (wie z.B. in Abb. 7–55 dargestellt). Im Umsetzungsdesign muss dann die Detailspezifikation für die benötigte Infrastruktur erfolgen. Abhängig vom Lösungsansatz – also mit BPM-Bordmitteln oder Einbettung in eine dedizierte BI-Architektur – muss hier der Lösungsweg aufgezeigt werden. Außerdem müssen die Sichtbarkeiten der Informationen festgelegt werden: Wer darf was bzw. muss was sehen?

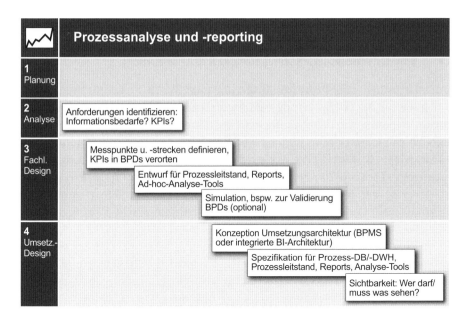

Abb. 7–64 *Einordnung der Artefakte für Prozessanalyse und Reporting in das IBPM-Framework*

7.6 Säule F: SOA-Komponentisierung

Nachdem wir mit den Säulen A–E die Grundlagen für das Thema »**Prozessorientierte Analyse und Design**« (POAD) geschaffen haben, wollen wir nun das Gleiche für das Thema »**Serviceorientierte Analyse und Design**« (SOAD) vornehmen. Während die POAD einen Schwerpunkt auf die fachliche Betrachtung des Prozesses im Kontext der Aufbau- und Arbeitsorganisation sowie von Regeln und Auswertungen legt, beschäftigt sich die SOAD mit der IT-technischen Umsetzung des Prozesses auf Basis von SOA-Komponenten. Daher ist es wichtig, auch die Übergänge und Schnittstellen zwischen den beiden Vorgehen zu beschreiben. In Säule F wird zunächst der Schwerpunkt auf die Gestaltung der SOA-Komponentenlandschaft als Ganzes gelegt, um dann in den Säulen G, H und I die einzelnen Schichten der SOA näher zu detaillieren und das Zusammenspiel mit POAD zu betrachten. Abschließend wird in Säule J noch die technische Architektur betrachtet, die die Grundlage für die Implementierung ist.

7.6.1 Von der Prozess- zur Serviceperspektive (und zurück)

Seit den Ursprüngen der Prozessmodellierung mit z.B. ARIS, Adonis, Bonapart fragen sich die für die IT-Umsetzung verantwortlichen Projektleiter und Architekten, wie man am besten von den – häufig sehr abstrakten – fachlichen Modellen zu einer konkreten Implementierung kommt. Die Entwicklung von **Prozessmodell-2-Java-Generatoren** (bzw. ABAP, C++, C# etc.) war wahrscheinlich neben dem berühmtberüchtigten »*Da schreibe ich uns schnell mal ein objektrelationales Persistenz-Framework*« eine der beliebtesten Freizeitbeschäftigungen besonders ambitionierter Projektmitarbeiter (die sich in der Regel langfristig zu einem Wartungsalbtraum entwickelten).

Das Problem der Object/Relational-Mapper (O/R-Mapper) ist der sogenannte **Impedance Mismatch**, also der strukturelle Unterschied zwischen dem relationalen und dem objektorientierten Modell. Es hat über ein Jahrzehnt gebraucht, bis aus den ersten O/R-Frameworks leistungsfähige Lösungen wie das heute weit verbreitete Hibernate-Framework entstanden sind [WHIB10].

Der »Impedance Mismatch« zwischen fachlichen Prozessmodellen und der Ausführung dieser Modelle auf einer technischen Plattform (Implementierungsperspektive) ist wahrscheinlich noch um einige Größenordnungen ausgeprägter als der im O/R-Bereich. Dies liegt insbesondere daran, dass die meisten fachlichen Prozessmodelle zu wenig formal strukturiert sind, um automatisch auf eine Implementierung abgebildet werden zu können. Sobald man anfängt, Prozessmodelle zu formalisieren und um die vielen für die Ausführung notwendigen Details anzureichern – wie es beispielsweise die Vision der Executable BPMN Community ist –, bewegen wir uns leider meist sehr weit weg von den Modellen, die für die fachlichen Anwender noch nachvollziehbar sind (siehe z.B. Abschnitt 7.1.7). Daher sind auch Dar-

7.6 Säule F: SOA-Komponentisierung

stellungen wie die in Abbildung 7–65 immer mit Vorsicht zu genießen. Das hier dargestellte Mapping zwischen dem fachlichen Prozessmodell und dem Komponentenmodell auf der Implementierungsseite suggeriert, dass es tatsächlich ein einfaches 1:1-Mapping zwischen beiden Seiten gibt.

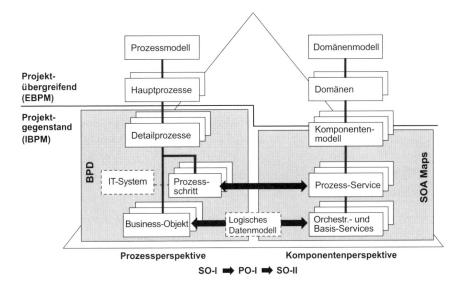

Abb. 7–65   *Zusammenhang zwischen Prozess- und Komponentenperspektive*

In der idealen Welt würde man im Rahmen von POAD die Detailprozesse im Kontext der Hauptprozesse erstellen, die einzelnen Prozessschritte und die von ihnen verwendeten Geschäftsobjekte definieren und dann in POAD daraus die benötigten SOA-Services ableiten und implementieren (nachdem projektübergreifend noch einmal die Einordnung in die Domänen- und Komponentenlandschaft feinjustiert wurde).

Leider leben wir nicht in einer idealen Welt, sodass dieses Vorgehen wohl sehr selten umsetzbar sein wird. In der realen Welt wird man mehrere Iterationen benötigen, in denen zwischen der Prozesssicht und der Komponentensicht hin- und hergeschaltet werden muss. Die ersten Prozessmodelle werden noch sehr unstrukturiert sein und sich primär auf die fachlich wesentlichen Aspekte fokussieren. Das Zusammenspiel von SOAD und POAD muss sicherstellen, dass durch SOAD eine Struktur geschaffen wird, der sich dann die Prozessperspektive auf Ebene des Umsetzungsdesigns unterwirft. Nur so kann sichergestellt werden, dass Prozessdesigns erstellt werden, die den Anforderungen der SOA – also z.B. Trennung von UI-Flüssen, Prozessablauf, Orchestrierungs- und Entscheidungslogik – gerecht werden. Das heißt, die SOAD-Perspektive gibt **logische Cluster** vor, die in der POAD-Perspektive aufgegriffen werden, um die unterschiedlichen Abläufe innerhalb dieser Cluster zu detaillieren (in Form von Prozessdiagrammen, UI-Flussdiagrammen,

Entscheidungsbäumen etc.). SOAD hilft wiederum, die Schnittstellen und das Zusammenspiel dieser logischen Cluster genau zu verstehen.

IBPM ist als Framework entworfen worden, das SOAD und POAD zusammenführt und damit hilft, den Impedance Mismatch zwischen der fachlichen Prozessperspektive und der Umsetzungsperspektive zu überbrücken. Wie das genau funktioniert, schauen wir uns in dieser Säule des IBPM-Frameworks an.

7.6.2 SOA-Evolution

In der idealen Welt sind SOA-Komponenten definiert als voneinander unabhängig installierbare Softwareeinheiten, die nur lose miteinander gekoppelt sind und dadurch eigenständige Lebenszyklen erhalten (siehe hierzu auch die Diskussion zu SOA-Komponenten in Kap. 3). Da wir selten in der idealen Welt leben, soll an dieser Stelle noch kurz auf die verschiedenen möglichen Reifegrade in der Evolution einer SOA-Komponente eingegangen werden. Dazu dient das folgende einfache Reifegradmodell:

- **Level 0 – Candidate Component:** Die SOA-Komponente wurde als fachlich sinnvoll identifiziert, benannt und ggf. im Domänenmodell verankert. Handelt es sich um eine Ist-Analyse, müssen die zugrunde liegenden Applikationen bekannt sein.
- **Level 1 – Tagged Elements:** Alle Implementierungsartefakte, die zu der Komponente gehören (Programmdateien, Datenbanktabellen, technische Workflows bzw. BPEL-Dateien, Configuration Files etc.) wurden identifiziert und der Komponente zugeordnet.
- **Level 2 – Identified Access:** Auf die Funktionalität der Komponente wird nur noch über bekannte und erlaubte Schnittstellen zugegriffen.
- **Level 3 – High Quality Interfaces:** Die Schnittstellen der Komponente sind gut dokumentiert, auf Einhaltung technischer Standards geprüft und halten architekturelle Designvorgaben ein.
- **Level 4 – Highly Reuseable:** Die Schnittstellen der Komponente sind auf Wiederverwendung hin optimiert[1], die Komponente ist über einen Servicevertrag umfassend dokumentiert.
- **Level 5 – Independently Deployable:** Die Komponente ist so paketiert, dass sie unabhängig von anderen Komponenten installiert und in Betrieb genommen werden kann.

Es ist davon auszugehen, dass nur wenige Anwendungslandschaften tatsächlich die Ebene 5 mit ihrer SOA erreichen werden, da die meisten Unternehmen die dafür

---

1. Achtung: Dies muss nicht immer das ideale Vorgehen sein – es kann häufig auch Sinn ergeben, zwar die Komponente und ihre Daten wiederzuverwenden, aber für verschiedene Servicenehmer individuell optimierte Schnittstellen zu schaffen!

notwendigen Investitionen scheuen. Allerdings kann schon die rein konzeptionelle Strukturierung in SOA-Komponenten (Level 0) hilfreich sein, insbesondere wenn diese mit einem »Denken in SOA-Schichten« kombiniert wird. Dadurch werden langfristig die Grundlagen für die Adaption und weitere Evolution der SOA im Unternehmen geschaffen, ähnlich wie die Schaffung einer Prozesskultur Grundlage für die Adaption von BPM ist.

7.6.3 SOA-Schichten

Neben der Komponentenbildung ist eine saubere Schichtung von SOA-Komponenten gemäß der von ihnen angebotenen Services das zweite wichtige Architekturwerkzeug, das hilft, Komplexität in den Griff zu bekommen. Wir haben bereits in Kapitel 3 die Schichten einer SOA diskutiert:

- **Frontends:** Von dieser Ebene aus werden die Interaktionen mit den Elementen der SOA initiiert. Dies umfasst insbesondere Graphical User Interfaces (GUIs) und Portale.
- **Prozesskomponenten:** Die Komponenten in dieser Schicht steuern den Prozessablauf.
- **Orchestrierungskomponenten:** Auf dieser Ebene können entweder Mehrwertfunktionen durch Kombination mehrerer Basis-Services geschaffen oder technische Integrationsprobleme gelöst werden.
- **Basiskomponenten:** Diese fundamentalen Services der SOA sind häufig sehr datenzentrisch. Sie verwalten den Lebenszyklus der ihnen zugeordneten Business-Objekte (BO).

Eine Übersicht über die unterschiedlichen Arten von SOA-Service-Komponenten und ihrer Eigenschaften ist noch einmal in Abbildung 7–66 zusammengefasst.

	Beschreibung	Komplexität	Conversational State Mgmt.	User Task Mgmt.	BO Ownership	Wiederverwendung	Änderungshäufigkeit
Frontends	Keine echten Services im Sinne der SOA. Frontends sind die aktiven Elemente der SOA. Über sie werden Prozesse instanziiert.	Hoch	Session State	Nein	Nein	Nein	Hoch
Prozess-Services	Kapselt Prozesslogik	Hoch	Stateful (hält »conversational state« zw. den Interaktionen)	Ja	Nein	Niedrig	Hoch
Orchestr.-Services	Orchstrierung, Rule-Ausführung, Fassaden, Datenumwandlung	Niedrig bis mittel	Stateless (nur Microflows)	Nein	Nein	Niedrig	Mittel bis hoch
Basis-Services	Einfache, datenzentrische Services	Niedrig bis mittel	Stateless (nur Microflows)	Nein	Ja	Hoch	Niedrig

Abb. 7–66 *Vergleich der Service-Arten in einer SOA*

SOA Maps

Das wichtigste Werkzeug im SOAD-Koffer ist die sogenannte **SOA Map**. Eine SOA Map stellt eine Menge von SOA-Komponenten in den vier Ebenen dar sowie die Aufrufbeziehungen zwischen den Komponenten. Zusätzlich können die Nutzer der GUIs dargestellt werden. Außerdem können die SOA-Komponenten zu Gruppen zusammengefasst werden, die in der Regel einer Anwendung entsprechen.

Abbildung 7–67 zeigt als Beispiel eine SOA Map für den Teilprozess »Angebotserstellung«, wie er bei der Good Bank im Bereich der Kreditfabrik umgesetzt wurde.

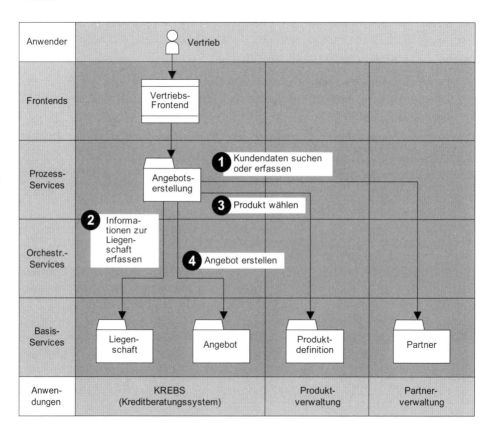

Abb. 7–67   *Beispiel für eine SOA Map*

Im dargestellten Ausschnitt der Service- und Anwendungslandschaft der Good Bank sind drei eigenständige Anwendungen involviert: KREBS (das Kreditberatungssystem), das Produktverwaltungssystem sowie die Partnerverwaltung. KREBS verwaltet Informationen zu den Liegenschaften und den Angeboten. Diese werden mit Partnerinformationen verknüpft, die in der Partnerverwaltung liegen. Die Produktdefinitionen für die Angebote kommen aus der Produktverwaltung. Der Prozess der Angebotserstellung bietet dem Vertrieb ein Frontend, das ihn Wizard-gesteuert durch den Prozess führt.

Das Beispiel zeigt, wie in kurzer Zeit ein Überblick über die Daten und Funktionalitäten der verschiedenen involvierten Anwendungssysteme geschaffen werden kann und wie deren Zusammenspiel im Kontext des Teilprozesses sehr gut deutlich wird. SOA Maps werden häufig ähnlich wie UML-Sequenzdiagramme aufgebaut. Ein **Nachteil der SOA Map** ist, dass die Reihenfolge der Interaktionen nicht so einfach abzulesen ist wie in einem UML-Sequenzdiagramm oder in einem BPMN-Prozessdiagramm. Hier muss man sich wie in unserem Beispiel mit der Nummerierung der einzelnen Schritte behelfen. Der erste **große Vorteil** der SOA Map ist, dass sie sehr schnell einen Überblick über komplexe Vorgänge in verteilten Systemen gibt. Der zweite große Vorteil ist, dass sie jeden Teilprozess konsequent durch die Perspektive der vier SOA-Schichten betrachtet und dadurch jeden Beteiligten zwingt, »in SOA zu denken«. Dadurch wird die Einhaltung der SOA-Prinzipien bereits in der Analyse bzw. im Design manifestiert. Aus Perspektive der fachlichen Strukturierung komplexer Anwendungslandschaften ist dies wichtiger als Investitionen in die SOA-Infrastruktur, wie beispielsweise in einen ESB (Enterprise Service Bus).

Wie viele Details in einer SOA Map?

Generell sollte eine SOA Map nicht zu stark überladen werden. Die Darstellung in den vier SOA-Schichten braucht allgemein etwas mehr Platz als die Darstellung von Interaktionen in einem UML-Sequenzdiagramm, da diese einfach untereinander geschrieben werden können. Daher sollte eine SOA Map in der Regel nur Teilprozesse oder einzelne Use Cases exemplarisch darstellen. Es ist sinnvoll, einen komplexeren Prozess auf mehrere, nacheinander zu lesende SOA Maps zu verteilen, wenn man merkt, dass die Darstellung in einer SOA Map zu unübersichtlich wird.

Aufrufrichtungen in der SOA Map

Ein letzter wichtiger Aspekt der SOA ist die Richtung der Nutzungsbeziehungen zwischen den Elementen der SOA. Wie bereits erwähnt, sind die Frontends keine Services, können daher nur selber aufrufen, aber nicht aufgerufen werden. Prozess- und Orchestrierungskomponenten können jeweils Services von Komponenten in der gleichen Ebene sowie in darunter liegenden Ebenen aufrufen. Basiskomponenten können prinzipiell keine anderen Services aufrufen (siehe Abb. 7–68).

Ist eine Kommunikation in der SOA-Schichtenarchitektur von unten nach oben notwendig, so ist dies keine Kommunikation im Sinne der SOA, sondern entspricht einer Kommunikation im Sinne der Message Oriented Architecture (MOA). Als solches sollte sie auch mit den typischen Mitteln der MOA abgebildet werden, also beispielsweise mit einem Messaging-System (das Teil eines ESB sein kann). In einer SOA Map wird die Kommunikation von unten nach oben als »Notifies« mit einer gestrichelten Linie dargestellt.

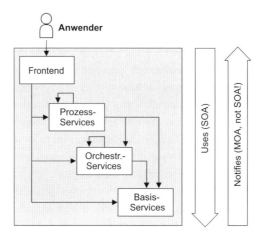

Abb. 7–68   Richtung der Nutzungsbeziehungen in der SOA

Die Einhaltung dieser Regeln für die Aufrufbeziehungen in einer SOA ist absolut essenziell. Nur so können **zyklische Aufrufbeziehungen vermieden** werden. Die SOA trägt durch ihre Regeln ganz wesentlich dazu bei, dass die klassischen **Integrations-Spaghetti**-Situationen (eine Bezeichnung der Gartner Group) vermieden werden und beherrschbare Architekturen entstehen.

7.6.4   Vorgehen zur Umsetzung

Im Folgenden werden wir uns anschauen, wie die hier vorgestellten SOA-Konzepte im IBPM-Vorgehensmodell angewendet werden. Die Anwendung erfolgt in drei Phasen:

- **Analyse (SO-A):** Durchführung eines SOA Quick Check – beinhaltet eine High-Level-Ist-Analyse und einen ersten groben Entwurf des Soll-Modells
- **Fachliches Design (SO-D I):** Erstellung von SOA Maps – Komponenten bzw. fachliche Cluster identifizieren und in Schichten einordnen
- **Umsetzungsdesign (SO-D II):** Erstellung der Kopplungsarchitektur, technische Verfeinerung (insbesondere Schnittstellen)

7.6.4.1   SOA-Analyse mit dem SOA Quick Check

Der SOA Quick Check ist dazu gedacht, in einem sehr strukturierten Ansatz innerhalb kurzer Zeit einen möglichst umfassenden Überblick über die wesentlichen Aspekte einer komplexen Anwendungslandschaft zu gewinnen. Die Prozessunterstützungskarte (PÜK) aus dem EAM-Werkzeugkoffer (siehe Abschnitt 5.3) ist hierzu auf Projektebene nicht wirklich geeignet, da sie nicht tief genug ins Detail geht. Alternativ werden häufig informelle Zeichnungen verwendet, die die wesentlichen Anwendungen als Kästchen darstellen, die dort mit Linien verbunden sind,

7.6 Säule F: SOA-Komponentisierung

wo die Anwendungen technisch integriert sind. Diese Art der Darstellung hilft wiederum nicht, um schnell genug Informationen über Nutzer, Prozessverantwortung oder Datenhoheit zu erlangen.

Der SOA Quick Check setzt auf einer einfachen Matrix auf, die leicht auf einem Flipchart oder auch in einem Excel-Spreadsheet erstellt werden kann. Die Matrix hat auf der Y-Achse Nutzer, Frontends, Prozesse, Daten und Applikationen. Orchestrierung spielt auf dieser Abstraktionsebene keine Rolle.

	Nutzer	Administrator (IT-Betrieb)	Anforderer, Freigeber, Einkäufer	Einkäufer, Rechn.-wesen	Einkäufer, Admin. (IT-Betr.)
❸					
❹	Frontends	LDAP-GUI	BANF-GUI (in Portal)	ERP (Beschaffungs- und Finanzmodule)	DMS-Thin Client
❺	Prozesse	User Provisionierung, Access Management	BANF-Prozess	Bestellung abwickeln, Rechnungsabwicklung	
❷	Daten	Benutzerprofile, Rollen, Rechte	BANF	Bestellung, Lieferant, Artikel, Lieferdaten, Rechnung	Dokumente zu Bestellanforderungen und Bestellungen
❶	Anwendungen	LDAP	Portal, BANF-Applikation (BPMS)	ERP	DMS

Abb. 7–69   *Beispiel für einen SOA Quick Check: Soll-Design der Bestellanforderung (BANF)*

Eine strukturierte Interviewtechnik hilft, hier schnell sehr gute Ergebnisse zu erlangen. Die Praxis hat gezeigt, dass es sinnvoll ist, zunächst mit einer Auflistung der relevanten Anwendungen anzufangen (1). Diese werden auf der Y-Achse der Matrix aufgetragen. Wenn man schon bei den Anwendungen ist, kann man noch schnell die wesentlichen Business-Objekte abfragen, über die die Anwendung herrscht (sind Daten in der Anwendung als Kopie vorhanden, sollte dies explizit vermerkt werden) (2). Danach sollte man die Matrix von oben nach unten füllen. Das heißt, zunächst sollte man sich einen Überblick über die Nutzer der jeweiligen Anwendungen verschaffen (3), dann über die von der Anwendung angebotenen Frontends (hier erlebt man oft Überraschungen!) (4), dann über die von der Anwendung hauptsächlich verantworteten Prozesse (5). Dies sind häufig nicht durch BPM automatisierte Prozesse, sondern Prozesse, die hart in der Anwendungslogik verdrahtet sind bzw. nur implizit unterstützt werden. In einem Transitionsprojekt sollte definitiv an dieser Stelle zunächst eine Ist-Betrachtung durchgeführt werden, gefolgt von einer Soll-Betrachtung. In vielen Projekten wird dies die einzige schriftliche Aufzeichnung einer Ist-Analyse sein, aber auf dieser Detailebene sollte sie mindestens dokumentiert sein.

Gerade in Situationen, in denen die Projektsituation anfänglich unübersichtlich ist oder der Gegenüber eine sehr andere Perspektive als man selber hat, ist es erstaunlich, wie schnell man mithilfe des SOA Quick Check Transparenz und eine gemeinsame Kommunikationsbasis schaffen kann. Die Investition in Zeit und Material ist minimal, also probieren Sie es bei nächster Gelegenheit doch einmal aus!

7.6.4.2 Fachliches SOA-Design mit SOA Maps

Das fachliche SOA-Design (SO-D I) verwendet SOA Maps, um eine Komponentenlandschaft zu definieren, die einerseits die Realitäten der bestehenden Anwendungslandschaft berücksichtigt und andererseits die aus dem fachlichen Prozessdesign (PO-D I) resultierenden Anforderungen umsetzen kann (Abb. 7–70).

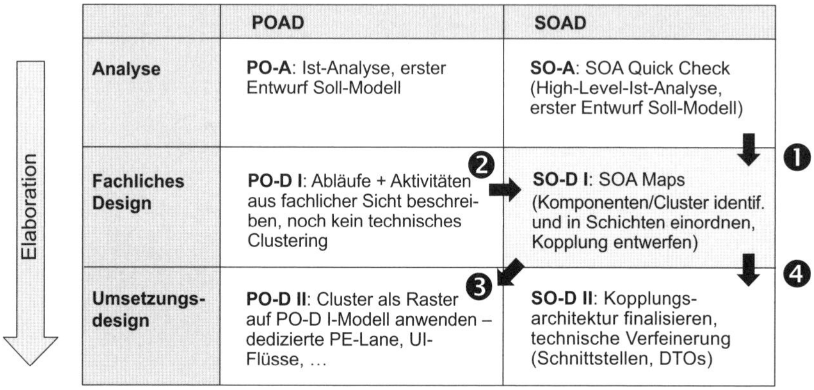

	POAD	SOAD
Analyse	PO-A: Ist-Analyse, erster Entwurf Soll-Modell	SO-A: SOA Quick Check (High-Level-Ist-Analyse, erster Entwurf Soll-Modell)
Fachliches Design	PO-D I: Abläufe + Aktivitäten aus fachlicher Sicht beschreiben, noch kein technisches Clustering	SO-D I: SOA Maps (Komponenten/Cluster identif. und in Schichten einordnen, Kopplung entwerfen)
Umsetzungsdesign	PO-D II: Cluster als Raster auf PO-D I-Modell anwenden – dedizierte PE-Lane, UI-Flüsse, …	SO-D II: Kopplungsarchitektur finalisieren, technische Verfeinerung (Schnittstellen, DTOs)

Abb. 7–70 *Erstellung von SOA Maps im fachlichen SOA-Design (SO-D I)*

Als Input zur Erstellung der SOA Maps dient dabei zunächst das Ergebnis des SOA Quick Check (**1**). Zusätzlich fließen die BPDs (BPMN-Diagramme) aus dem fachlichen Prozessdesign (PO-D I) ein (**2**). Diese BPDs sollten die fachlichen Abläufe und Aktivitäten im Kontext der Anwendungslandschaft darstellen und bereits erste Informationen über die wichtigsten Business-Objekte beinhalten. Sie sind aber noch nicht nach technischen Umsetzungsgesichtspunkten strukturiert. Ziel im Umsetzungsdesign ist es, sauber zwischen Prozessfluss, UI-Fluss und Entscheidungslogik zu unterscheiden. Dies ist im fachlichen Prozessdesign noch nicht gewährleistet. Erst durch das Clustering im fachlichen SOA-Design (SO-D I) entsteht hierzu die Grundlage, die dann sozusagen als Raster für das Clustering der BPDs im Umsetzungsdesign für die Prozesse (PO-D II) verwendet wird (**3**). In der darauf folgenden Verfeinerungsstufe des SOA-Designs (SO-D II) wird die Kopplungsarchitektur finalisiert und die Schnittstellen werden im Detail festgelegt (**4**).

Abbildung 7–71 stellt die Schnittstellen zwischen PO-D I, SO-D I und PO-D II noch einmal schematisch dar. Die BPDs des PO-D I sollten Pools enthalten, die im Wesentlichen den Prozessen entsprechen, die in der SOA als Prozesskomponenten umgesetzt werden. Im Design der SOA werden Entscheidungen getroffen, welche Frontends zum Einsatz kommen und welche Backend-Services (also Orchestrie-

7.6 Säule F: SOA-Komponentisierung

rungs- und Basis-Services) benötigt werden. Aus dem SOA-Design der SO-D I werden dann die nach Umsetzungsgesichtspunkten strukturierten BPDs der PO-D II abgeleitet. In diesen gibt es insbesondere in jedem Prozess-Pool eine dedizierte Swimlane, die die Prozesssteuerung verantwortet (siehe hierzu auch das Pattern »Process Portal« in Abschnitt 8.4). Diese Swimlane beinhaltet also alle Abläufe, die durch die Prozesskomponente automatisiert werden (beispielsweise unter Einsatz einer BPM Engine). Die Frontends der SO-D I entsprechen dann weiteren Swimlanes im gleichen Pool, die den Nutzern der Frontends zugeordnet sind (siehe hierzu auch das Pattern »UI/Process Modeling« in Abschnitt 8.3). Orchestrierungs- und Basis-Services verwalten die Business-Objekte, die den Aktivitäten des Prozesses zugeordnet sind. Diese Zuordnung sollte im PO-D II vollständig sein.

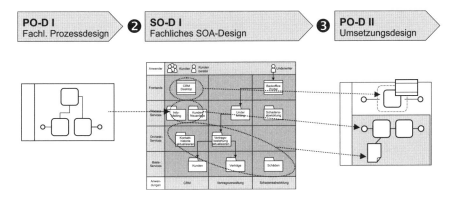

Abb. 7–71   Inputs und Outputs des fachlichen SOA-Designs (SO-D I)

Details der Erstellung einer SOA Map

Für das Vorgehen bei der Erstellung einer detaillierten SOA Map gibt es mehrere Ansätze. Eine Möglichkeit ist es, die SOA Map gemeinsam in einem Workshop mit den relevanten Wissensträgern zu erarbeiten und sich dabei einerseits an den Ergebnissen des SOA Quick Check zu orientieren und andererseits die BPDs der PO-D I als Grundlage zu nehmen. Dann werden die SOA Maps beispielsweise gemeinsam am Flipchart oder auch mit einem Werkzeug unter Zuhilfenahme eines Beamers gemeinsam erarbeitet. Neben dem fachlichen Wissen über die Prozesse fließt in dieses Vorgehen in der Regel viel informelles Wissen über die Struktur der zugrunde liegenden Datenstrukturen und ihrer Verortung in den beteiligten Anwendungssystemen ein.

Gerade in komplexeren Projekten bietet sich allerdings ein etwas strukturierteres Vorgehen an (siehe Abb. 7–72). Dieses sieht vor, dass für jeden Prozess eine tabellarische Darstellung der Kernaktivitäten erstellt wird, in etwa analog zu einem Funktionsbaum (einige Werkzeuge unterstützen dies automatisch). Diese tabellarische Darstellung sollte die Aktivitäten durchnummerieren und zu jeder Aktivität den Akteur, die benötigten Ressourcen (insbesondere die zugrunde liegenden IT-

Anwendungen) sowie die Business-Objekte (Input und Output) beinhalten. Ein Vorteil einer solchen tabellarischen Darstellung ist, dass jeder dieser Aspekte noch einmal explizit abgefragt wird – häufig werden hier wichtige Aspekte im grafischen Prozessmodell vergessen, da BPMN nicht vorschreibt, jede Aktivität mit diesen Informationen zu annotieren. Außerdem wird die grafische Darstellung schnell unübersichtlich, wenn sie mit zu vielen Informationen annotiert ist.

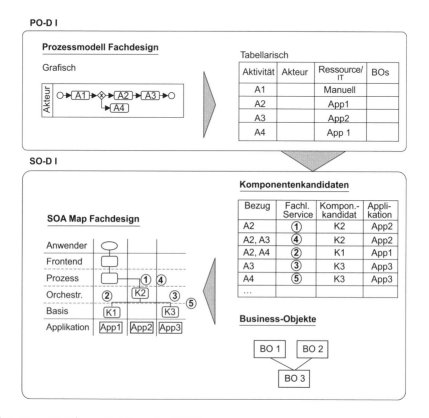

Abb. 7–72   *Vorgehen zur Erstellung einer SOA Map*

Aus der vollständigen Tabelle der Aktivitäten im Prozessmodell lassen sich dann leicht die relevanten Informationen zur Erstellung der SOA Map ableiten.

- Erstens muss für jede Aktivität im Prozessmodell festgelegt werden, ob sie manuell oder teilweise bzw. vollständig systemgestützt durchgeführt wird. Manuelle Aktivitäten erscheinen nicht auf der SOA Map. Für systemgestützte Aktivitäten müssen fachliche Services definiert werden, die geeignet sind, die Aktivität systemseitig zu unterstützen bzw. vollständig zu übernehmen.
- Zweitens gibt die Tabelle einen vollständigen Überblick über die beteiligten Anwendungen. Dies ergibt die X-Achse der SOA Map.
- Drittens lässt sich aus der Tabelle eine vollständige Liste der beteiligten Business-Objekte ableiten. Diese müssen in einem fachlichen Datenmodell detail-

liert werden, die dann die Grundlage für das Design der Basis- und ggf. Orchestrierungs-Services in diesem Kontext gibt.

Jede Zeile in der Tabelle entspricht letztendlich einer Interaktion zwischen zwei SOA-Komponenten in der SOA Map. Beispielsweise sind in Abbildung 7–67 SOA-Komponenten zu sehen, die fachliche Services für die Prozessaktivitäten »Kundendaten erfassen«, »Informationen zur Liegenschaft erfassen«, »Produkt wählen« und »Angebot erstellen« erbringen. Das dazugehörige **Prozessmodell** (hier nicht gezeigt) würde den Fokus ganz klar auf die Modellierung des **Ablaufs** dieser Aktivitäten legen, also z.B. über Gateways die Ablaufreihenfolgen und -bedingungen definieren. Die **SOA Map** dagegen betrachtet die Prozesskomponente als Blackbox, deren genauer interner Ablauf hier prinzipiell nicht relevant ist. Der Fokus der SOA Map liegt auf den **Aufrufabhängigkeiten** (Kopplung) zwischen der Prozesskomponente und den anderen Komponenten, die sich aus dem internen Ablauf der Prozesskomponente ergeben. Möchte man innerhalb der SOA Map eine Reihenfolge der Interaktionen zwischen den Komponenten ausdrücken, kann man dies zumindest exemplarisch anhand der Nummerierung in der tabellarischen Darstellung der Prozessaktivitäten erreichen. Allerdings liegt der Schwerpunkt der SOA Maps tatsächlich nicht so sehr auf der genauen Ablaufreihenfolge, sondern im Wesentlichen auf der SOA-Komponentisierung, der Einordnung der Komponenten in die SOA-Schichten sowie dem Aufzeigen der Aufrufabhängigkeiten. Letztere ergeben sich zwar aus der Ablauflogik innerhalb der Prozesskomponente, aber eine Darstellung der Aufrufreihenfolge auf SOA-Ebene ist nicht zwingend notwendig.

7.6.4.3 SOA-Umsetzungsdesign: Kopplungsarchitektur, Schnittstellendesign und Wiederverwendung

Im SOA-Umsetzungsdesign (SO-D II) werden die fachlichen SOA Maps aus SO-D I verfeinert, die Kopplungsarchitektur zwischen den Komponenten definiert und die Schnittstellen im Detail festgelegt.

Kopplungsarchitektur

Wir haben uns am Anfang dieses Abschnitts bereits kurz mit dem Reifegrad von SOA-Komponenten beschäftigt. Dies ist insbesondere wichtig, wenn bestehende Anwendungslandschaften in Richtung SOA entwickelt werden sollen, da man hier meistens nur schrittweise vorgehen kann. So erlaubt es das Reifegradmodell insbesondere auch, zunächst einmal eine konzeptionelle SOA-Sicht auf eigentlich gar nicht serviceorientierte Altanwendungen einzunehmen.

Gerade bei der Neu- oder Weiterentwicklung hat man hier in der Regel aber sehr viel mehr Einflussmöglichkeiten auf das Design und die Umsetzung. Eine wichtige Frage, die sich aus SOA-Perspektive im Umsetzungsdesign (SO-D II) stellt, ist die Frage nach der Kopplungsarchitektur. Die Kopplungsarchitektur definiert aus verschiedenen Perspektiven, wie die Komponenten miteinander gekoppelt sind. Diese Kopplungsperspektiven umfassen insbesondere:

- **Kommunikation:** Erfolgt die Kommunikation synchron oder asynchron?
- **Transaktionen (TX):** Arbeiten Servicenehmer und Servicegeber im gleichen Transaktionskontext?
- **Validierung:** Müssen alle Ein- und Ausgabeparameter bei jedem Aufruf auf technische und fachliche Korrektheit hin überprüft werden?
- **Datenbanken (DB):** Können getrennte Datenbanken verwendet werden, oder ist eine enge Kopplung über eine gemeinsame Datenbank notwendig?
- **Datentypen (DT):** Gibt es ein gemeinsames fachliches Datenmodell für die Ein- und Ausgabeparameter, oder machen die Komponenten nur geringe Annahmen über technische Datentypen (Zahl, String, Datum etc.)?

Ein Mantra der SOA-Community ist das der »losen Kopplung«. Sicherlich hat lose Kopplung viele Vorteile, allerdings muss man auch die damit verbundenen Kosten sehen: Lose Kopplung kostet in der Entwicklung in der Regel wesentlich mehr. Daher ist lose Kopplung nicht als Selbstzweck zu sehen, sondern sollte nur dort eingesetzt werden, wo sie ihre Vorteile auch wirklich ausspielen kann. Im Quasar Enterprise-Framework [EHH+08] sind Empfehlungen für Kopplungsstufen definiert. Diese helfen, den Kopplungsgrad zwischen Komponenten zu planen (siehe Abb. 7–73).

Kopplungsstufen	Abhängigkeit der Verfügbarkeit		Vertrauen	Wissen	
	Kommunikation	TX	Validierung	DB	DT
1. eng	synchron	ja	nein	gemeinsam	fachlich
2. mittel	synchron	nein	ja	getrennt	technisch
3. lose	asynchron	nein	ja	getrennt	technisch

Abb. 7–73 *Kopplungsstufen gemäß Quasar Enterprise*

Enge Kopplung ist beispielsweise in der Regel problemlos einsetzbar, wenn Komponenten innerhalb einer fachlichen Domäne miteinander interagieren. Eng gekoppelte Komponenten können im Kontext der gleichen Transaktion interagieren und dabei auf die gleiche Datenbank zugreifen. Das bedeutet in der Regel, dass die Komponenten physisch auch auf dem gleichen Server laufen (von verteilten Transaktionen ist im Normalfall abzuraten, da diese eine immense Komplexität in sich bergen – siehe dazu auch Abschnitt 7.10.2). Eine mittlere Kopplungsstufe ist dann angeraten, wenn Komponenten in verschiedenen fachlichen Domänen liegen (und damit häufig auch zu unterschiedlichen organisatorischen Bereichen bzw. Anwendungen gehören). Wirklich lose Kopplung kann z. B. für die Integration über Unternehmensgrenzen hinweg sinnvoll sein.

Abhängig von der Kopplungsstufe kommen wiederum unterschiedliche Integrationstechnologien zum Einsatz. In der Kopplungsstufe 1 erfolgt die Kommunikation beispielsweise entweder über die Mechanismen einer Programmiersprache (z.B. Aufruf einer Methode eines Objekts in einer virtuellen Maschine) oder z.B. über Webservices. In der Kopplungsstufe 2 kann beispielsweise ein ESB zum Einsatz kommen, in der Kopplungsstufe 3 FTP oder EDI.

Die Festlegung der Kopplungsarchitektur für alle Komponenten im Projektscope kann beispielsweise über eine SOA Map erfolgen, in der die Spalten mit Domänen gebildet werden (siehe Abb. 7–74).

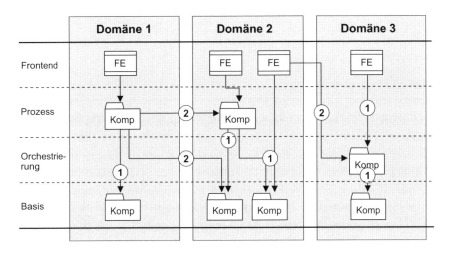

Abb. 7–74   Definition von Kopplungsstufen

Schnittstellendesign und -optimierung

Nachdem in der SOA Map die Komponenten und ihre Aufrufbeziehungen festgelegt und in der Kopplungsarchitektur die Kopplungsbeziehungen definiert wurden, müssen nun die Schnittstellen im Detail festgelegt und optimiert werden.

Dazu können zunächst die SOA Maps selber erweitert werden, indem die Schnittstellen der Komponenten benannt und die in der SOA Map verwendeten Operationen hinzugefügt werden (siehe Abb. 7–75 links). Zusätzlich sollten die Schnittstellen beispielsweise in Tabellenform spezifiziert werden (siehe Abb. 7–75 rechts). Die fachliche Schnittstellenspezifikation in Tabellenform wird im fachlichen Design (SO-D I) erstellt. Im Umsetzungsdesign müssen dann die technischen Aspekte der Schnittstellen formal definiert werden (z.B. die genauen Datentypen der Attribute der Input- und Outputargumente).

Im Umsetzungsdesign muss auch untersucht werden, ob das fachliche Schnittstellendesign aus technischer Perspektive noch optimiert werden muss. Ein Beispiel hierfür ist die Strukturierung der Input-/Outputdaten der Operationen (Data Transfer Objects, DTOs). Deren Granularität muss nach Performance-Gesichtspunkten optimal gestaltet sein. Zu feingranulare DTOs führen zu häufigen Interaktionen, was aufgrund von Netzwerklatenz zu Verzögerungen führen kann. Zu

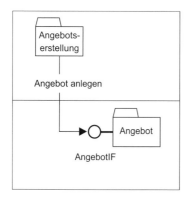

Abb. 7–75   Schnittstellenverfeinerung

grobgranulare DTOs können Verzögerungen aufgrund zu hoher Datenvolumen mit sich bringen.

Ein weiteres Beispiel bezieht sich auf die transaktionale Integrität des Systems. Hier kann es manchmal nötig sein, Operationen so zu gestalten, dass sie »idempotent« sind, also ohne Seiteneffekte mehrfach aufgerufen werden können – was insbesondere in Fehlersituationen wichtig ist. Allerdings ist dies teilweise schwierig und wird in der Praxis meistens nicht konsequent umgesetzt. Trotzdem sollte man im Umsetzungsdesign genug Zeit für die Gestaltung und Optimierung der Schnittstellen einplanen. In der Regel erfordert die Abstimmung der Schnittstellen recht intensive und nicht immer einfache Diskussionen mit verschiedenen Stakeholdern.

Wiederverwendung von Services

Das Thema Wiederverwendung spielt im Kontext der SOA eine große Rolle. Dabei ist es zunächst einmal wichtig zu verstehen, worauf hier der Schwerpunkt gelegt werden soll: auf die Wiederverwendung von Service-Schnittstellen oder auf die Wiederverwendung von Service-Komponenten, die aber evtl. über verschiedene Schnittstellen angesprochen werden, die jeweils für den individuellen Anwendungsfall optimiert wurden.

Roman Schlömmer, Senior Consultant bei der Holisticon AG, meint dazu: »*Oft erleben wir in unseren Kundenprojekten, dass es zwar bestehende Services oder serviceähnliche Konstrukte gibt, die einen Teil der Anforderung abdecken. Letztlich muss aber häufig doch auf eine Wiederverwendung verzichtet werden, weil das bestehende Konstrukt neben den gewünschten Dingen noch einen gewissen ›fachlichen Beifang‹ erledigt, der unerwünscht ist. Ein Refactoring ist oft durch mangelndes Abhängigkeitsmanagement – so teuer, dass eine Neuentwicklung vorgezogen wird. Dieser Beifang kann beispielsweise darin bestehen, dass ein Service bzw. eine Operation für exakt die Verwendung in dem einen Geschäftsprozess gestaltet ist, in dem er aktuell eingesetzt wird. Solange die Daten bzw. die Backend-Funktionalitä-*

ten wiederverwendet werden, ist es aber durchaus o.k., mit anwendungsfallspezifischen Schnittstellen zu arbeiten. Durch die verschiedenen Ebenen von Services – von den Prozess-Services bis zu reinen Datenbeschaffern können wir Services außerdem so gestalten, dass prozessspezifische Dinge möglichst dicht am Prozess passieren. Allgemeingültigere Aufgaben können in andere Services ausgelagert und von mehreren Prozessen genutzt werden.«

Gerade das Thema Wiederverwendung ist ein Thema, das nicht innerhalb eines einzelnen Projekts betrachtet werden kann, sondern im Enterprise-Kontext gesehen werden muss.

SOA im Enterprise-Kontext (EBPM)

Findet die Erstellung des SOA-Designs im Kontext einer unternehmensweiten SOA statt, dann müssen die lokalen SOA-Designentwürfe mit der Unternehmens-SOA abgeglichen werden. Dazu muss zum einen ein Abgleich mit der unternehmensweiten Servicearchitektur und ihren fachlichen Domänen, Komponenten, Services und Geschäftsobjekten erfolgen. Die Servicearchitektur auf Unternehmensebene unterscheidet sich häufig von der Perspektive eines einzelnen Projekts, da das Projekt einen anderen Scope und andere Ziele und Bedürfnisse hat. Beispielsweise mag man aus Unternehmensperspektive entscheiden, einen Basis-Service mit hohem Wiederverwendungspotenzial aus einer projektspezifischen Anwendung herauszulösen und in den Pool der **Common Services** eines Unternehmens einzufügen. Solche Common Services werden häufig in einer dedizierten IT-Einheit entwickelt und betrieben, die keinem einzelnen Geschäftsbereich direkt zugeordnet ist, im Gegensatz zu den meisten Anwendungen, die als Ergebnis eines Fachbereichsprojekts entstehen. Fachlich muss außerdem eine Einordnung evtl. neu geschaffener Komponenten und Services in das fachliche Domänenmodell erfolgen (siehe Kap. 14).

Hat das Unternehmen ein unternehmensweites Lifecycle Management für SOA-Komponenten etabliert, dann muss die Projektplanung auf SOA-Ebene in dieses Lifecycle Management integriert werden. Das bedeutet insbesondere, dass die entsprechenden Nutzungsanträge für Schnittstellen gestellt werden bzw. die Freigabe für die Neuerstellung oder Änderung von bestehenden Komponentenschnittstellen beantragt wird. Das heißt, die lokale Projektplanung wird mit der unternehmensweiten Planung des SOA-Portfolios synchronisiert (siehe Kap. 15).

7.6.5 SOA-Komponentisierung und SOAD

Zum Abschluss dieses Abschnitts wollen wir noch die Einordnung von Säule F in die SOAD besprechen.

Wie in Abbildung 7–76 dargestellt, bildet das Thema SOA-Komponentisierung mit dem starken Fokus auf die SOA Maps den Rahmen für die nachfolgenden Säulen G-J. In Säule G fokussieren wir auf die Frontends, in Säule H auf die Prozesskomponenten und in Säule I auf Backend-Komponenten (Orchestrierungs- und

Basiskomponenten). Säule J schließt das Thema SOAD mit der Betrachtung der technischen Architektur ab.

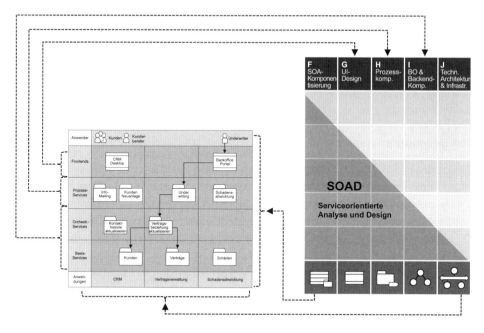

Abb. 7–76   *SOA Maps und SOAD*

Abbildung 7–77 zeigt noch einmal die Artefakte auf, die im Rahmen der Komponentisierung in Säule F in den Phasen des IBPM-Frameworks entstehen:

- **Planung:** Hier erfolgt eine Verortung des Projekts im Domänenmodell – welche Domänen sind vom Projekt betroffen?
- **Analyse (SO-A):** Hier wird der SOA Quick Check durchgeführt, mit dem die Ist- und Soll-Anwendungslandschaft (AWL) aus SOA-Perspektive grob erhoben wird.
- **Fachliches Design (SO-D I):** Hier werden die Frontends und SOA-Komponenten im Detail aus den Ergebnissen des SOA Quick Check sowie den BPDs und den Business-Objekt-Modellen abgeleitet und in den SOA-Schichten verortet. Dabei entstehen SOA Maps für die Hauptprozesse. Die konzipierten Komponenten und Services werden in den Enterprise-Kontext (Domänenmodell, Serviceportfolio) eingeordnet.
- **Umsetzungsdesign (SO-D II):** Hier werden die Kopplungsarchitektur und die Details der Schnittstellen festgelegt sowie SOA Maps für Sonderfälle definiert, die nicht im fachlichen Design behandelt wurden.

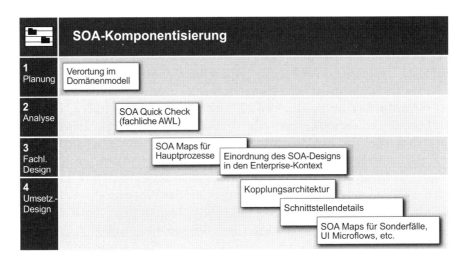

Abb. 7–77   *SOA-Komponentisierung und IBPM*

7.7 Säule G: User Interface Design

Die Gestaltung und Implementierung von guten User Interfaces (UI) war schon immer eine der anspruchsvollsten Aufgaben in einem Umsetzungsprojekt. Ein schlechtes User Interface führt zu Akzeptanzproblemen beim Endanwender. Es kann damit über den gesamten Erfolg eines BPM-Projekts entscheiden – schließlich ist das User Interface die Schnittstelle zwischen dem Endanwender und dem Prozess. Auch aus der Projektperspektive ist das UI ein zentrales Thema: In vielen Projekten entsteht hier ein wesentlicher – wenn nicht der größte – Teil der Projektaufwände. Nicht umsonst stellt das UI-Design eine eigene Säule im IBPM-Framework dar. In dieser fassen wir nicht nur die wesentlichen Elemente der Gestaltung von User Interfaces aus Endnutzerperspektive zusammen, sondern auch die Modellierung des Verhaltens des UIs sowie des Designs der Schnittstellen zwischen dem UI und den dahinter liegenden SOA-Services. Wir können in diesem Buch nicht alle grundlegenden Konzepte des UI-Designs umfassend beschreiben – wir versuchen stattdessen, die wichtigsten **BPM-spezifischen Aspekte** des UI-Designs herauszuarbeiten.

Die erste wesentliche Herausforderung im Kontext von BPM ist, dass das UI die **rollenbasierte Steuerung des Prozessablaufs** unterstützen muss. Daraus ergeben sich besondere Anforderungen an das UI. Einige Teile sind sicherlich wiederverwendbar und sollten für alle Rollen einheitlich gestaltet sein, während andere Teile rollenspezifisch gestaltet werden müssen. Abhängig vom Rollenprofil wird der Prozess – und damit das dazugehörige UI – eine stärkere oder eine schwächere Steuerung des Nutzers vorsehen. Dies wird am Beispiel der Bestellanforderung deutlich: Nutzer, die die Anwendung nur gelegentlich (Antragsteller) oder nicht sehr intensiv (Freigeber) nutzen, werden stärker gesteuert – insbesondere über Task-Listen und Wizards innerhalb der Tasks. Nutzer, die die Anwendung intensiv und oft benutzen – also in diesem Beispiel der Einkauf –, werden eine starke Steuerung über viele feingranulare Tasks als Einschränkung empfinden. Sie werden ein Prozesscockpit erwarten, das ihnen mehr Freiheiten bei der Bearbeitung der Bestellanforderungen gibt.

Neben der BPM-spezifischen Nutzerführung ist es wichtig, die **BPM-spezifischen Kostentreiber** im Bereich der UI-Entwicklung zu beherrschen. Dies fängt sicherlich mit der Technologieauswahl an. Diese wird häufig von Unternehmensstandards und der vom BPMS unterstützten Technologie beeinflusst sein. Eine wichtige Frage bei webbasierten BPM-Anwendungen ist, ob ein Portalserver zum Einsatz kommt. Dieser kann viel Flexibilität bringen, führt aber auch zu zusätzlichen Kosten, die nicht unterschätzt werden dürfen. Bei der Umsetzung eines UIs gibt es klassische Kostentreiber, die auch bei einem BPM-Projekt gelten. Bei webbasierten Anwendungen sind dies insbesondere Cross-Browser-Kompatibilität, dynamische Elemente des UIs und Validierung. Frameworks wie JSF 2.0 können hier helfen, sind aber auch mit Einführungskosten verbunden. Auch die Einhaltung der richtigen Reihenfolge bei Design und Umsetzung ist wichtig: Ein umfassendes Re-Design eines UIs nach Fixierung der Wire Frames ist sehr kostspielig. Daher muss vor der Implementierung sichergestellt sein, dass das UI-Design sorgfältig durchdacht und idealerweise schon erprobt wurde. Die rollenspezifische UI-Gestaltung ist ein wichtiger BPM-spezifischer Kostentreiber. Rollenspezifische UIs sind komplexer, sowohl in der Umsetzung als auch beim Testen. Rollenspezifische UI-Tests können extrem aufwendig sein, da die verschiedenen Aktivitäten nicht nur in der richtigen Reihenfolge, sondern jeweils auch in der richtigen Rolle ausgeführt werden müssen. Auch die Konfiguration einer rollenspezifischen BPM-Anwendung sowie ihre Integration in ein Unternehmensportal (inklusive Single Sign-on) kann sehr aufwendig sein.

Ein weiteres wichtiges Thema sind UI Design Patterns. Schon beim klassischen UI-Design spielen diese eine wichtige Rolle. Aus Perspektive der Endanwender helfen sie, eine einheitliche User Experience für unterschiedliche Anwendungen bzw. Anwendungsteile sicherzustellen. Aus Projektperspektive helfen sie die Kosten zu senken, da so bewährte Konzepte wiederverwendet werden können. Neben den klassischen UI Design Patterns werden wir in dieser Säule des IBPM-Frameworks einige **BPM-spezifische UI Design Patterns** vorstellen.

Ein guter allgemeiner Einstieg in das Thema UI-Design ist das sogenannte **User Centered Design** (UCD). Wir werden es im Folgenden kurz allgemein vorstellen, um dann im weiteren Verlauf jeweils die BPM-spezifischen Aspekte herauszuarbeiten.

7.7.1 User Centered Design

User Centered Design (die nutzerorientierte Gestaltung, kurz UCD), ist eine Designphilosophie, bei der die Bedürfnisse, Wünsche und Limitationen der Nutzer im Vordergrund stehen (siehe hierzu z. B. [BH98] und [Nor86]). Beispielsweise würde der UCD-Ansatz beim Design einer Webanwendung die folgenden Fragen in den Vordergrund stellen:

7.7 Säule G: User Interface Design

- Wer sind die Nutzer der Anwendung?
- Was sind ihre Aufgaben und Ziele?
- Welche Informationen und Funktionen benötigen sie zur Erreichung ihrer Ziele?
- Welche Erfahrung haben die Nutzer im Umgang mit den Informationen und Prozessen der Anwendung?
- Welches Verhalten erwartet der Nutzer von der Anwendung?

UCD ist ein iteratives Vorgehen, das mehrere Phasen durchläuft. In [Chavan] findet sich eine gute Darstellung, die die Aktivitäten im UCD-Prozess neben denen im Softwareentwicklungszyklus aufzeigt (siehe Abb. 7–78).

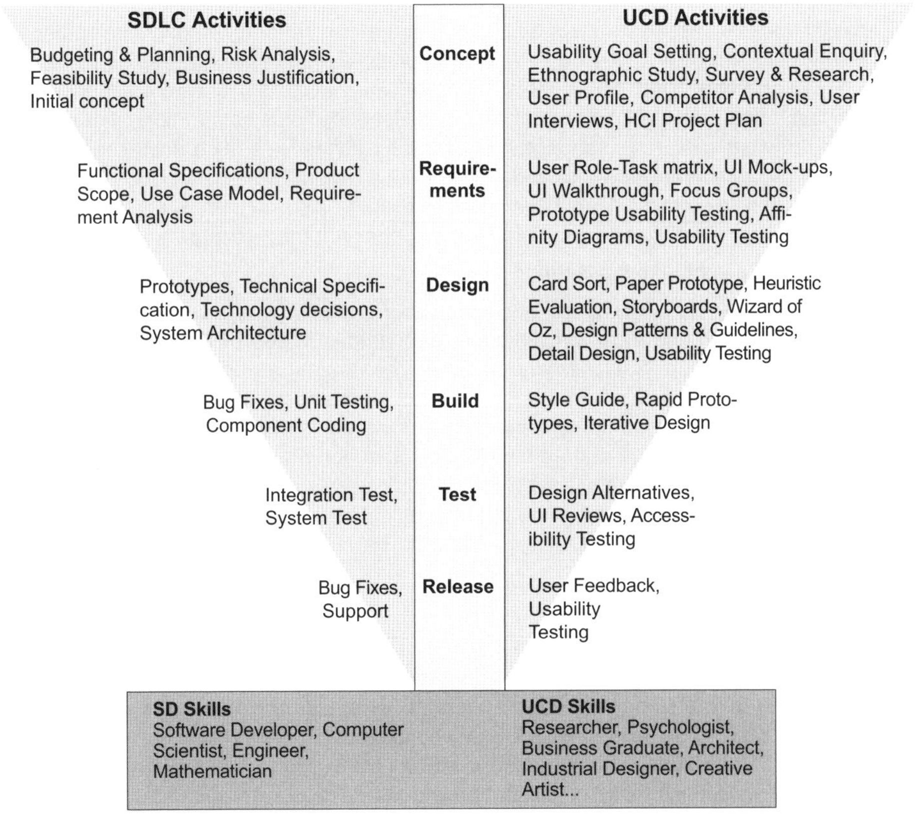

SDLC Activities		UCD Activities
Budgeting & Planning, Risk Analysis, Feasibility Study, Business Justification, Initial concept	Concept	Usability Goal Setting, Contextual Enquiry, Ethnographic Study, Survey & Research, User Profile, Competitor Analysis, User Interviews, HCI Project Plan
Functional Specifications, Product Scope, Use Case Model, Requirement Analysis	Requirements	User Role-Task matrix, UI Mock-ups, UI Walkthrough, Focus Groups, Prototype Usability Testing, Affinity Diagrams, Usability Testing
Prototypes, Technical Specification, Technology decisions, System Architecture	Design	Card Sort, Paper Prototype, Heuristic Evaluation, Storyboards, Wizard of Oz, Design Patterns & Guidelines, Detail Design, Usability Testing
Bug Fixes, Unit Testing, Component Coding	Build	Style Guide, Rapid Prototypes, Iterative Design
Integration Test, System Test	Test	Design Alternatives, UI Reviews, Accessibility Testing
Bug Fixes, Support	Release	User Feedback, Usability Testing
SD Skills Software Developer, Computer Scientist, Engineer, Mathematician		**UCD Skills** Researcher, Psychologist, Business Graduate, Architect, Industrial Designer, Creative Artist...

Abb. 7–78   *Softwareentwicklungszyklus (SDLC) vs. User Centered Design (UCD)*

Wie Abbildung 7–78 verdeutlicht, bietet UCD einen reichhaltigen Werkzeugkasten. Die wenigsten Projekte werden alle hier dargestellten Mittel voll ausschöpfen. Beispielsweise sind die Kosten für aufwendige Usability-Studien meistens nur bei strategischen Anwendungen mit sehr hoher Anzahl von Nutzern tragbar. Trotzdem sollten dem BPM-Lösungsarchitekten die Grundprinzipien von UCD und seine Werkzeuge bekannt sein und selektiv verwendet werden.

> **Björn Balazs, Leiter des Bereichs Analyse, Design & Test bei der Apliki GmbH**
>
> **Dirk Slama:** Herr Balazs, Ihnen ist unser UI-Ansatz bekannt. Bei der Erwähnung von Usability-Studien haben Sie geschmunzelt – warum?
>
> **Björn Balazs:** Sie sagen, dass sich aufwendige Usability-Studien nur in größeren Projekten lohnen. Das ist so natürlich richtig, aber es stellt sich die Frage: Müssen Usability-Maßnahmen, also Maßnahmen zur Absicherung der Anwendungsqualität, denn automatisch aufwendig sein?
>
> **Dirk Slama:** Was empfehlen Sie unseren Lesern?
>
> **Björn Balazs:** Barry Boehm hat schon in den 80er-Jahren treffend formuliert: Je später im Entwicklungsprozess ich einen Fehler finde, umso weniger Handlungsspielraum habe ich, diesen Fehler noch zu beheben, und vor allem umso teurer wird die Behebung. Die von Ihnen angesprochenen aufwendigen Usability-Tests haben nicht nur das Problem, aufwendig zu sein, sondern sie werden typischerweise auch noch spät im Entwicklungsprozess angewandt, wodurch die notwendige Fehlerbehebung zusätzliche Folgekosten verursacht. Dabei bieten sich in allen, also auch in kleinen, Projekten viele Möglichkeiten, diesen Usability-Fehler schon sehr früh zu entdecken.
>
> **Dirk Slama:** Wie könnte das aussehen?
>
> **Björn Balazs:** Sie stellen z.B. die Methodik des Prototypings vor. Das ist ein Beispiel einer geeigneten und nicht aufwendigen Maßnahme. Im Beispiel der Bestellanforderungen könnten Sie einen klickbaren Prototypen erzeugen und diesen mit einigen weniger IT-affinen Mitarbeitern testen, z.B. aus dem Lager oder dem Sekretariat. Der Grundgedanke ist, wenn diese weniger IT-affinen Menschen mit dem Dialog zurechtkommen, schaffen es die anderen auch. Und so finden Sie evtl. vorhandene Usability-Fehler, bevor auch nur eine Zeile Code geschrieben wurde. Doch auch andere Maßnahmen, etwa moderne webgestützte Untersuchungen, versprechen frühzeitig nicht aufwendige Hinweise auf vorhandene Usability-Probleme.
>
> **Dirk Slama:** Warum lohnt sich das in BPM-Projekten?
>
> **Björn Balazs:** Das ist eine ganz einfache Rechnung. Durch eine suboptimale Gestaltung der Interfaces brauchen Ihre Mitarbeiter im Schnitt 5 Minuten für eine Bestellung, statt vielleicht möglichen 3 Minuten. Nun überschlagen Sie selbst, wie oft ein Mitarbeiter eine Bestellung ausführt, wie viele Mitarbeiter Sie haben. So bekommen Sie einen Eindruck, was es Sie kostet, Usability im Projekt nicht zu berücksichtigen. Der Lagerarbeiter, der den Dialog nicht versteht, probiert es erst selbst und fragt dann noch den Kollegen. Schließlich muss er die Bestellung mit dem System ausführen – da will er keine Fehler machen. So können selbst vermeintlich kleine Usability-Fehler große Auswirkungen haben.

7.7.2 UI Prototyping

Die Umsetzung von UI-Komponenten ist mit signifikanten Kosten verbunden. Nachträgliche Änderungen am grundsätzlichen Design sind schwierig und kostspielig. Daher sollte vor der eigentlichen Umsetzung genügend Zeit in die Gestal-

7.7 Säule G: User Interface Design

tung investiert werden. Dazu eignen sich verschiedene Mechanismen, die Teil des UCD-Prozesses sind.

Eine einfache, aber effiziente Methode zur Validierung von UI-Entwürfen sind **Papier-Prototypen**. Hierbei können beispielsweise verschiedene Karteikarten zum Einsatz kommen, auf denen jeweils wichtige Bereiche des UIs skizziert werden und mit deren Hilfe beispielsweise ein einfacher Seitenfluss anschaulich demonstriert werden kann. Dieser Ansatz ist sehr wertvoll, um UI-Konzepte in der frühen Phase mit Endanwendern zu erproben. Die Kosten sind gering, und das Einholen von Feedback zum UI in der frühen Projektphase verhindert Fehlentwicklungen, die hinterher zu kostspieligen Änderungen führen.

Ein weiteres wichtiges Werkzeug in der frühen Designphase sind sogenannte **Mockups** (Modell oder Attrappe). Ein Mockup ist quasi die elektronische Version eines Papier-Prototypen. Es gibt heute sehr einfach zu bedienende Anwendungen, die zur Erstellung von Mockups verwendet werden können, z. B. das populäre Balsamiq (*www.balsamiq.com*). Abbildung 7–79 zeigt, wie mit dem Balsamiq-Tool sehr schnell ein Mockup erstellt werden kann, der bewusst in einer einfachen, quasi comicartigen Darstellung daherkommt, um das prototypische Element zu verdeutlichen. Natürlich lassen sich UI-Entwürfe auch mit anderen Tools wie beispielsweise MS Powerpoint oder Visio erstellen. Auch für Visio gibt es entsprechende Stencils, die die wesentlichen UI-Elemente in Visio darstellen. Der Vorteil an Tools wie Balsamiq ist, dass sie auf die Erstellung von UI Mockups spezialisiert sind.

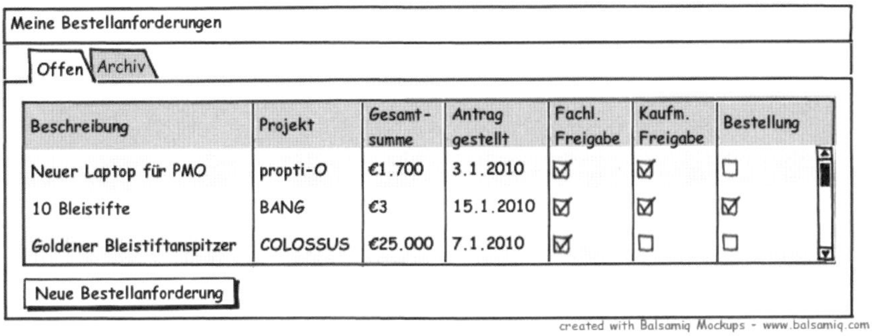

Abb. 7–79 *Beispiel eines UI Mockups mit Balsamiq*

Abhängig von der strategischen Bedeutung der Anwendung kann es sinnvoll sein, nach der Erstellung des Mockup noch einen echten Prototypen zu erstellen. Ein solcher »Click-Dummy« erlaubt es, gemeinsam mit dem Endanwender Tests an einem System durchzuführen, das der echten Anwendung dann schon sehr nahekommt. Für die Erstellung eines Click-Dummys gibt es verschiedene Ansätze, von einfachen HTML-basierten Prototypen bis hin zum Einsatz von spezialisierten Tools wie z. B. axure (*www.axure.com*), die auf das Rapid Prototyping von UIs spezialisiert sind.

7.7.2.1 Beispiel Good Goods

In unserem Good Goods-BANF-Beispiel wurde entschieden, einen ersten Entwurf des UIs auf Basis von Visio zu erstellen. Der erste Entwurf für das UI zur Darstellung und Bearbeitung einer Bestellanforderung ist in Abbildung 7–80 zu sehen.

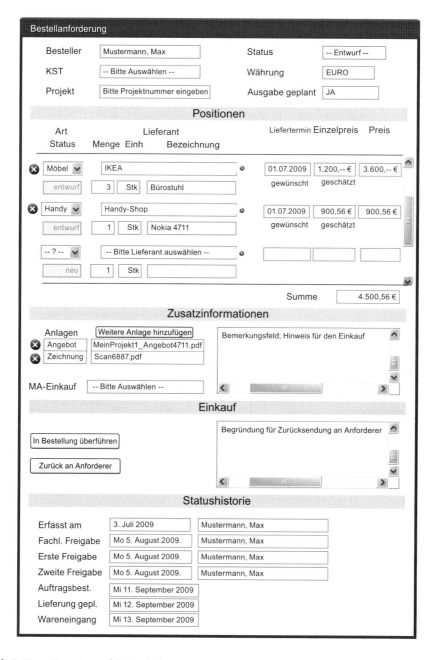

Abb. 7–80 Erster Entwurf der Maske für die Good Goods-Bestellanforderung

7.7 Säule G: User Interface Design

Ein Review dieses ersten Entwurfs hat einige Kritikpunkte zutage gebracht, zum Beispiel:

- Die Maske erscheint überfrachtet, sehr viele Details sind auf einer Seite untergebracht.
- Die Liste der Bestellpositionen ist sehr unübersichtlich.
- Rollenspezifische Aktionen für den Einkauf tauchen einfach so in der Mitte des UIs auf.

Mithilfe eines Usability-Experten wurde der erste Entwurf überarbeitet. Die neue Version ist in Abbildung 7–81 zu sehen.

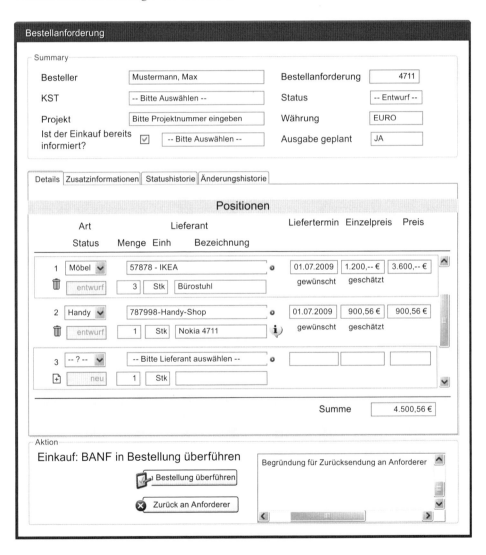

Abb. 7–81 Überarbeitete Version der Maske für die Good Goods-Bestellanforderung

In dieser überarbeiteten Version wurde die Maske in drei zentrale Bereiche unterteilt. Der erste Bereich ist immer sichtbar und beinhaltet die wichtigsten Details der Bestellanforderung, wie z.B. den Namen des Bestellers, die Kostenstelle und das Projekt. Der zweite Bereich beinhaltet die Detailinformationen, verteilt auf mehrere Reiter. Die Bestellpositionen sind im ersten Reiter in einer Tabelle zusammengefasst. Die Einträge in der Tabelle sind durch alternierende Farben deutlicher zu unterscheiden. Der Reiter Zusatzinformationen beinhaltet Kommentare und Dokumenten-Attachments. In dieser Version wurde noch eine Unterscheidung zwischen Statushistorie und Änderungshistorie gemacht. Diese Angaben wurden in der finalen Version zusammengeführt. Der dritte Bereich fasst nun die rollenspezifischen Aktionen und Inputs zusammen. Beispielsweise kann der Einkauf nach erfolgreicher fachlicher und kaufmännischer Freigabe die Bestellanforderung entweder mit einem Kommentar an den Besteller zurücksenden oder diese in eine Bestellung überführen. Insgesamt stellt diese überarbeitete Version eine deutliche Verbesserung gegenüber der ersten Version dar.

7.7.2.2 Ableitung des Process/BO-Patterns aus dem Beispiel Good Goods

Das Design der Maske für die Good Goods-Bestellanforderung lässt sich auch auf viele Anwendungsfälle in BPM-Projekten übertragen. In den meisten Fällen liegt einer BPM-Anwendung ein zentrales Business-Objekt (BO) zugrunde, das in verschiedenen Prozessschritten bearbeitet bzw. ergänzt wird oder als Grundlage für Entscheidungen in einem Prozessschritt dient, wie z.B. einer Freigabe. In vielen Fällen werden die verschiedenen in den Prozess involvierten Personen die gleiche Sicht auf das zentrale Business-Objekt haben. Die wichtigste Frage ist meistens, ob der jeweilige Prozess-Stakeholder das Objekt bearbeiten darf oder nicht. In manchen Fällen, insbesondere wenn externe Stakeholder wie z.B. Kunden, Lieferanten oder Bewerber involviert sind, wird man ggf. zwei zentrale Sichten auf das Business-Objekt definieren, z.B. bei einem Bewerbungsprozess eine Sicht für den Bewerber und eine Sicht für alle in den Auswahlprozess involvierten Mitarbeiter. In den allermeisten Fällen wird es notwendig sein, auch nach der initialen Erfassung der Daten des Business-Objekts eine Maske bereitzustellen, über die das Business-Objekt nachträglich bearbeitet werden kann. Hier ist zu überlegen, ob sich die Maske für die initiale Datenerfassung von der Bearbeitungsmaske unterscheiden muss oder ob für alle Fälle die gleiche Maske verwendet werden kann. Insbesondere wenn die initiale Erfassung komplex und erklärungsbedürftig ist, wird man ggf. dafür optieren, den Nutzer hier über einen Wizard-Mechanismus stärker zu führen. Auch hierzu werden wir in Kapitel 8 noch einige Patterns vorstellen. An dieser Stelle soll zunächst kurz die Verallgemeinerung der Bestellanforderung zu einem allgemeingültigen Pattern beschrieben werden. In Abbildung 7–82 ist daher das generische Process/BO-Pattern dargestellt.

Abb. 7–82   *Process/BO-Pattern*

Dieses Pattern geht davon aus, dass einem Prozess ein zentrales Business-Objekt zugrunde liegt. In einem Header werden die wichtigsten Eigenschaften des Prozesses und des Business-Objekts zusammengefasst. In einem zweiten Bereich werden die Details des Business-Objekts sowie beispielsweise die Prozesshistorie dargestellt. In einem dritten Bereich werden dann jeweils die Aktionen und Inputs abgebildet, die sich aus der Rolle des jeweiligen Nutzers und dem aktuellen Prozesszustand ergeben. Da dieses Pattern für die UI-Gestaltung die wesentlichen Aspekte eines Prozesses und des ihm zugrunde liegenden Business-Objekts zusammenfasst, nennen wir es Process/BO-Pattern. In Kapitel 8 werden wir seine verschiedenen möglichen Varianten detaillierter beschreiben.

7.7.3   UI Design Patterns

Wie in vielen Bereichen der IT versucht man auch im Bereich des User Interface Designs wiederverwendbare Muster zu erkennen, um diese dann in UI Pattern Libraries zusammenzufassen und für die Wiederverwendung aufzubereiten. Die Vorteile von Patterns sind heute weitläufig akzeptiert. Im Bereich der UI Patterns helfen sie, die Entwicklungskosten zu reduzieren und für den Endanwender eine möglichst optimale und einheitliche User Experience zu gewährleisten. Es gibt im Bereich der UI Patterns mehrere Bücher, ein sehr weit verbreitetes ist [Tid05]. Die Patterns in diesem Buch sind in folgende Gruppen unterteilt:

- Organisation der Inhalte
- Navigation
- Organisation der Seite
- Input vom Nutzer einholen
- Komplexe Daten anzeigen
- Kommandos und Aktionen
- Direkte Manipulation
- Stilistische Elemente

Ein Beispiel-Pattern haben wir bereits in dem überarbeiteten UI für die Bestellanforderung verwendet: Das Pattern »Alternating Row Colors« (alternierende Zeilenfarben) aus der Gruppe »Komplexe Daten anzeigen« wird verwendet, um Tabellen übersichtlicher darzustellen.

Viele der hier beschriebenen Patterns sind einfach anzuwenden und werden in vielen guten Anwendungen eingesetzt. Trotzdem ist es sinnvoll, die Patterns systematisch zu ordnen und sauber zu dokumentieren. Ein weiteres Pattern, das uns im Folgenden beschäftigen wird, ist das Pattern »Übersicht plus Detail« aus der Pattern-Gruppe »Organisation der Inhalte«. Dieses Pattern beschreibt eine Liste von Objekten, aus der jeweils ein Objekt selektiert werden kann, das dann im Detail unter oder neben der Liste dargestellt wird. Wir kennen dieses Pattern insbesondere aus E-Mail-Programmen, in denen wir aus einer Liste von E-Mails jeweils eine auswählen und dann im Detail angezeigt bekommen. Etwas weiter ausgebaut wird dieses Pattern auch »Object Identification Pattern« genannt. Dieses wollen wir uns im Folgenden etwas näher anschauen.

7.7.3.1 Object Identification Patterns

Die Suche, Identifikation und Bearbeitung von Objekten ist eine der häufigsten Tätigkeiten in fachlichen Anwendungen. Dies gilt auch für BPM-Anwendungen. Ein wichtiges Beispiel hier sind Prozesslisten: Die Suche und Auswahl von bestimmten Prozessinstanzen ist ein wesentliches Element der meisten BPM-Anwendungen.

Das Object Identification Pattern (OIP) geht davon aus, dass zunächst in einem standardisierten Suchfeld eine Vorauswahl getroffen wird, die dann in einer Liste angezeigt wird. Aus dieser kann ein Objekt ausgewählt werden, das dann gemäß dem eingangs erwähnten »Übersicht plus Detail«-Pattern im Detail angezeigt wird. Abbildung 7–83 zeigt ein Beispiel für die Anwendung des OIP Patterns.

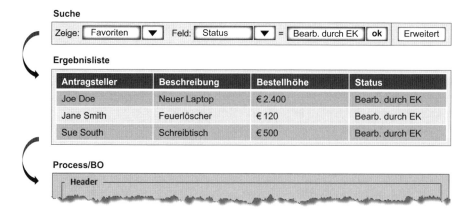

Abb. 7–83   OIP am Beispiel Prozessliste für Bestellanforderung

Die Suche beinhaltet hier die Möglichkeit, entweder eine vordefinierte komplexe Anfrage (»Zeige«) auszuführen oder alternativ nach dem Wert eines Felds zu suchen (»Feld«). Komplexere Anfragen können über »Erweitert« erstellt und ggf. zur späteren Verwendung unter »Zeige« abgespeichert werden. Unterhalb der Suche wird die Ergebnisliste angezeigt. Wird ein Element aus der Ergebnisliste ausgewählt, wird es unterhalb der Ergebnisliste im Detail angezeigt, hier unter Verwendung des Process/BO-Patterns, das wir bereits in Abschnitt 7.7.2.2 kennengelernt haben (siehe Abb. 7–82). Dieses zeigt dann für das ausgewählte Element eine Übersicht, die Details in Reitern sowie die rollen- und prozessspezifischen Aktionen. Hier muss eine wichtige Designentscheidung im Kontext von BPM getroffen werden: Welche Aktionen sollen wann angezeigt werden? Die verfügbaren Aktionen in der Process/BO-Maske leiten sich normalerweise aus der Rolle und dem Status des Prozesses ab. Allerdings gibt es evtl. unterschiedliche Möglichkeiten, zu einem Process/BO zu navigieren, z.B. sowohl über eine Task- als auch über eine Prozessliste. Wenn für den aktuellen Nutzer ein Task vorliegt, der Nutzer aber nicht über die Task-Liste, sondern über eine Suche in der Prozessliste zu dem Process/BO gelangt ist, sollen dann trotzdem die in dem Task definierten Aktionen und Inputs im Aktionsfeld dargestellt werden? Diese Frage sollte in einem Unternehmen möglichst allgemeingültig beantwortet werden, um ein einheitliches Verhalten verschiedener BPM-Anwendungen zu gewährleisten.

7.7.3.2 UI Patterns und komplexe Fachanwendungen

In den letzten Jahren sind im UI-Bereich viele weitere Patterns entstanden, die sich mit dem Zusammenspiel von UI-Elementen im Kontext von komplexen Fachanwendungen beschäftigen. Ein gutes Beispiel sind hier die UI Patterns aus dem Umfeld der SAP-Anwendungsentwicklung. Eine Zusammenfassung des SAP UI-Pattern-Frameworks ist in Abbildung 7–84 zu sehen.

Das hier dargestellte Framework geht davon aus, dass für bestimmte Aktivitäten bzw. Teilprozesse (wie beispielsweise die Beschaffung) spezielle Anwendungscockpits geschaffen werden, die alle Funktionen für diese Aktivität zusammenfassen. Dass dies nur eine mögliche Sicht für eine BPM-Anwendung ist, werden wir noch im nächsten Abschnitt diskutieren. SAP hat für die Gestaltung von Anwendungscockpits auf Basis verschiedener UI Patterns den Begriff des »Application Floor Plans« geprägt (also eines Wohnungsgrundrisses für Anwendungen). Interessanterweise ist in dieser Darstellung von »Business Flow«, »Activity« und »Task« die Rede. Diese hier dargestellten Konzepte lassen sich so nicht 1:1 auf eine BPM-Anwendung übertragen! In einer klassischen SAP-Anwendung sind Prozesse häufig nicht über eine explizite Prozessflusskontrolle realisiert, sondern basieren viel stärker auf Business-Objekten und deren Status. Auch die hier erwähnten »Tasks« entsprechen nicht den Tasks in einer BPM-Anwendung, sondern einer viel allgemeineren, impliziteren Vorstellung von Aufgaben – in einer BPM-Anwendung sind Tasks stärker durch das BPMS gesteuert. Trotzdem gibt die Darstellung in Abbildung 7–84 eine sehr gute Übersicht über das Zusammenspiel von UI Patterns in komplexen Fachanwendungen.

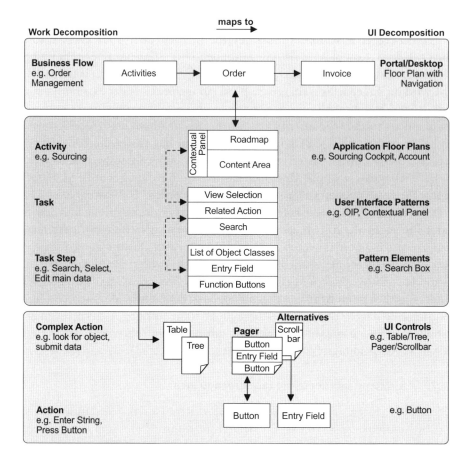

Abb. 7–84 *UI Patterns im Kontext komplexer Fachanwendungen (SAP-zentrische Sicht aus [SA10])*

7.7.4 UI-Design für BPM-Applikationen

Nachdem wir nun die wichtigsten Standardaspekte des UI-Designs und von UI Patterns besprochen haben, möchten wir diese im Kontext von BPM-Anwendungen einsetzen. Dazu schauen wir uns zunächst typische Kombinationen von Standard-Design-Patterns zu BPM-spezifischen UI-Komponenten an, bevor wir auf das Thema Prozessportale eingehen.

7.7.4.1 Prozesscockpit vs. Task-getriebenes Arbeiten

Viele BPMS setzen stark auf einen Ansatz, der Tasks mit Formularen kombiniert, um Prozesse zu automatisieren. In diesem Ansatz wird – jeweils abhängig von der Aufgabe in einem Prozessschritt – ein individuelles Formular erzeugt, das bestimmte Daten vom Nutzer abfragt und in den Prozessfluss einspeist. Dieser Ansatz muss für Unternehmensprozesse mit Vorsicht genossen werden – häufig erlaubt er zwar, sehr schnell erste Ergebnisse zu erzielen, kann aber mittelfristig zu inkonsistenten Nutzerschnittstellen und Mehraufwänden führen. Die wenigsten Prozesse sind so einfach gestrickt, dass sie mit einem rein formularbasierten Ansatz ohne durchgängige und wiederverwendbare UI-Komponenten auskommen! Was als einfaches »Lass uns doch mit dem neuen BPMS gerade eben mal den Urlaubsantragsprozess umsetzen« anfängt, führt schnell zu »Wie ändere ich einen Urlaubsantrag nachträglich?«, »Wie kann ich noch mal die Details und den aktuellen Status einsehen?« und »Wie hängen meine verschiedenen Urlaubsanträge und mein Urlaubskonto zusammen?«. Auch in diesem Fall wird schnell klar, dass der Urlaubsantrag ein zentrales Business-Objekt ist, das in verschiedenen Sichten auftaucht – Erstellung, nachträgliche Bearbeitung, Freigabe, Buchungen auf das Urlaubskonto etc.

Daher bietet es sich in einem BPM-Projekt zunächst immer an, die zentralen Business-Objekte und die für diese benötigten Sichten zu definieren. Diese Sichten sollten dann möglichst an allen Stellen wiederverwendet werden, an denen im Prozess auf das Business-Objekt zugegriffen werden muss (siehe Abschnitt 8.1). Rollen- und prozessspezifische Aktionen und Inputs können im Aktionsfeld angesiedelt werden. Im Aktionsfeld können auch komplexere Eingaben über Wizards gesteuert erfolgen (siehe Abschnitt 8.2).

Nachdem eine möglichst allgemeingültige und wiederverwendbare Sicht auf die zentralen Business-Objekte in Form einer Ausprägung des Process/BO-Patterns definiert wurde, stellt sich die Frage, wie diese für den Nutzer jeweils im Kontext eines Prozesses verfügbar gemacht werden. Hierbei ist es wichtig, dass man die unterschiedlichen möglichen Rollenprofile berücksichtigt. Abhängig vom Rollenprofil muss eine stärkere oder eine schwächere Steuerung des Nutzers vorgesehen werden. In den meisten Prozessen gibt es **Prozessbeteiligte** und **Prozessmitarbeiter**.

Prozessbeteiligte zeichnen sich meistens dadurch aus, dass sie selten mit dem Prozess zu tun haben oder nur mit kleineren Teilabschnitten des Prozesses. Bei der Bestellanforderung sind dies beispielsweise der Besteller und die Freigeber, beim Urlaubsantrag der Antragsteller und der freigebende Manager. Prozessmitarbeiter beschäftigen sich in der Regel intensiv und sehr häufig mit dem Prozess. Bei der Beschaffungsanforderung ist dies der Einkauf, beim Urlaubsantrag ein HR-Verantwortlicher, der für die Urlaubskonten verantwortlich ist.

Prozessbeteiligte müssen in der Regel stärker durch den Prozess gesteuert werden. Für diese ist die Arbeit mit Task-Listen durchaus angebracht. Prozessmitarbeiter, die die Anwendung intensiv und oft benutzen, werden eine starke Steuerung über viele feingranulare Tasks als Einschränkung empfinden. Sie werden ein spezialisiertes Prozesscockpit erwarten, das ihnen mehr Freiheiten bei der Bearbeitung gibt.

Abbildung 7–85 zeigt für diese beiden Nutzergruppen mögliche UI-Typen, die wir uns im Folgenden näher ansehen werden.

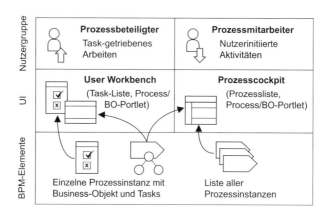

Abb. 7–85 Unterschiedliche UI-Typen für verschiedene Nutzergruppen

Aufbau eines Prozesscockpits

Die Aufgabe eines Prozesscockpits ist es, alle wichtigen Informationen und Funktionen für eine oder mehrere Arten von Geschäftsprozessen (Bestellanforderung, Bestellung, Urlaubsantrag) über ein einheitliches User Interface zugänglich zu machen. Dafür ist es zunächst einmal notwendig, dass der Nutzer den Kontext definieren kann, in dem er sich aktuell bewegt. Selbst wenn das Cockpit nur einen Prozess unterstützt, wird es in der Regel mehrere Kontexte geben, beispielsweise Prozessinstanzen (z.B. Bestellungen) vs. Stammdaten (z.B. Lieferanten). Ist der Kontext komplex, sollte das Cockpit eine spezialisierte Suche innerhalb des Kontexts ermöglichen (»Suche 1« in Abb. 7–86). Ist der Kontext selektiert, werden meistens zunächst einmal Informationen und Aktionen auf Prozessdefinitionsebene berücksichtigt, beispielsweise statistische Informationen, KPIs oder Aktionen wie das Erzeugen eines neuen Prozesses. Als Nächstes wird in der Regel das Object Identification Pattern (OIP) verwendet. Dies ermöglicht es, Objekte des jeweiligen Kontextes zu selektieren (Bestellungen, Lieferanten etc.). Wird ein Prozess-Objekt selektiert, dann wird es in der Process/BO-Perspektive dargestellt, d.h. zunächst die Übersicht, dann die Details in Reitern und zuletzt die für den aktuellen Nutzer zulässigen Prozessaktionen auf dem Objekt.

In den meisten Fällen sind Geschäftsprozesse bzw. Business-Objekte Teil von komplexeren Netzwerken (siehe hierzu Abschnitt 8.5). Beispielsweise kann die Bestellanforderung mit Lieferanten und einer Bestellung verknüpft sein. Im Beispiel der Urlaubsanträge sind diese mit Buchungen im Urlaubskonto verbunden. Daher ist es wichtig, dass das Prozesscockpit die Navigation zwischen Geschäftsprozessen bzw. Geschäftsprozessen und Business-Objekten ermöglicht, wie dies in Abbildung 7–87 dargestellt ist.

7.7 Säule G: User Interface Design

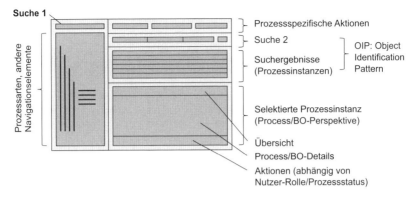

Abb. 7-86   Aufbau eines Prozesscockpits

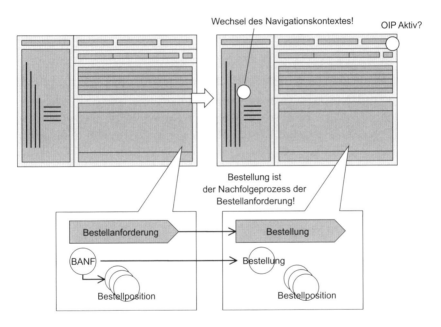

Abb. 7-87   Navigation zwischen Geschäftsprozessen

In diesem Beispiel selektiert ein Nutzer in einer Bestellanforderung die dazugehörige Bestellung, um deren Details abzufragen. Hierbei ergeben sich einige wichtige Aspekte. Zunächst einmal muss das Framework sicherstellen, dass der Kontextwechsel im Kontext-Frame abgebildet wird. Außerdem stellt sich die Frage, ob die ausgewählte Bestellung direkt dargestellt wird oder wiederum im Kontext des OIP Patterns. Immerhin ist die Bestellung ja eindeutig, daher würde hier die Liste nur genau einen Eintrag beinhalten. Allerdings würde die Verwendung des OIP Patterns an dieser Stelle konsistent sein und dazu führen, dass der Nutzer immer die gleiche Sicht erhält (nämlich OIP + Process/BO). Auch ermöglicht es dem Nutzer, einfach per Aktualisierung der Suche zu einer anderen Bestellung im gleichen Kontext zu wechseln.

Auch die Navigation von einer Prozessinstanz zu reinen Business-Objekten muss innerhalb des Cockpits möglich sein. Beispielsweise kann der Einkäufer von einer Bestellung zum dazugehörigen Lieferanten wechseln, die Lieferantenadresse aktualisieren oder einen neuen Lieferanten anlegen. Hier wird das Cockpit sehr stark der Stammdatenverwaltung in einer klassischen ERP-Anwendung wie beispielsweise SAP ähneln.

Ein weiteres Beispiel für das Zusammenspiel von Business-Objekten und Prozessen ist in Abschnitt 7.11.1.3 zu sehen. In diesem Beispiel benutzt eine Versicherung Stammdaten (Kunden und Verträge) als oberste Navigationsstruktur, der dann Prozessinstanzen und Dokumente untergeordnet werden. Das heißt, ein Sachbearbeiter sucht zuerst einen Kunden, selektiert dann ein Produkt und sieht dann die Prozessinstanzen, die zu diesem Produkt gehören.

User Workbench

Neben der detaillierten Sicht auf einzelne Prozessklassen, wie sie im Prozesscockpit für die »Heavy User« geboten wird, bedarf es einer weiteren Sicht, die eher den Bedürfnissen derjenigen Prozessbeteiligten gerecht wird, die nur selten mit der jeweiligen Prozessklasse zu tun haben oder für die in der Regel nur Teilabschnitte des Prozesses relevant sind (z. B. Freigaben). Eine solche Sicht, die wir im Folgenden **User Workbench** nennen, kann viele Ausprägungen haben. Abbildung 7–88 zeigt ein mögliches Beispiel.

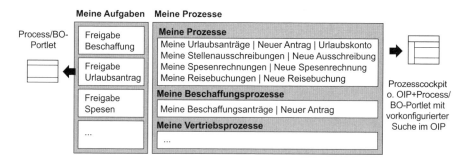

Abb. 7–88 Beispiel für eine User Workbench

In diesem Beispiel für eine User Workbench sind auf einer Seite eine Aufgabenliste sowie eine Übersicht über alle für den Mitarbeiter relevanten Prozesse zusammengefasst. Es kann hiervon diverse Varianten geben. In einem umfassenderen Portal kann es z. B. pro Prozessklasse (HR, Beschaffung etc.) eine eigene Seite geben, die in die Portalhierarchie integriert ist und die neben Prozessinformationen noch weiteren Content (z. B. Anleitung für Spesenabrechnungen als PDF) auf dieser Seite ablegt. In unserem Beispiel gibt es für jeden Prozesstyp einen Link auf die Liste der aktuell für den Nutzer relevanten Prozessinstanzen sowie einen Link zum Erzeugen eines neuen Prozesses.

Die Darstellung der für den Nutzer relevanten Prozessinstanzen kann auf einer eigenen Seite geschehen oder auch direkt in der Workbench auftauchen. Wenn eine eigene Seite verwendet wird, dann bietet sich hier wahlweise ein Link in das Prozesscockpit für den jeweiligen Prozess an oder auch eine dedizierte Seite, die eine Kombination aus OIP-Pattern und Process/BO-Pattern beinhaltet, aber weniger komplex als das Prozesscockpit ist. Der größte Aufwand in allen drei Fällen ist die Bereitstellung von geeigneten Suchen im OIP. Diese müssen so konfiguriert sein, dass die Default-Anfrage nach dem aktuellen Nutzer sowie nach einem sinnvollen Status wie z.B. »Offene Bestellanforderungen« sucht, damit der Nutzer wirklich nur »Seine Bestellanforderungen« zu Gesicht bekommt.

Neben der Prozessübersicht beinhaltet die User Workbench in der Regel eine Aufgabenliste. Die Einträge in dieser Liste verweisen in der Regel wiederum auf ein Process/BO-Fenster, in dem der Prozess, das zugrunde liegende Business-Objekt sowie die in der aktuellen Aufgabe möglichen Eingaben und Aktionen enthalten sind.

Prozesse vs. Vorgänge

Wie bereits mehrfach diskutiert, ist es häufig sinnvoll, zwischen stark strukturierten Prozessen und weniger stark strukturierten Vorgängen zu unterscheiden (siehe z.B. Abschnitt 7.3). In Abschnitt 7.10.1.4 werden wir noch das Beispiel eines Bildungsträgers diskutieren, der Weiterbildungsmaßnahmen durchführt. Hier werden wir z.B. zwischen der Weiterbildungsmaßnahme als weniger stark strukturiertem Vorgang und der Kostenrückerstattung mit Freigabe als stark strukturiertem Unterprozess einer konkreten Weiterbildungsmaßnahme unterscheiden. In dem Beispiel wird die Weiterbildungsmaßnahme als Objekt so gestaltet, dass sie u.a. einen Verlauf enthält, der alle wichtigen Ereignisse umfasst. Dies können z.B. die Publizierung der geplanten Maßnahme, das Erreichen der Mindestteilnehmeranzahl oder aggregierte Informationen aus Unterprozessen sein, beispielsweise die Einreichung und Erledigung einer Kostenrückerstattung.

Aus Perspektive des UI-Designs treffen sich hier klassisches, anwendungsorientiertes UI-Design und prozessorientiertes UI-Design. Der Vorgang »Weiterbildungsmaßnahme« als Klammer über verschiedene Prozesse wird sicherlich der Einstiegspunkt für viele Anwender in die Applikation sein. Hier erwartet er, sowohl strukturierte Informationen zu wichtigen Unterprozessen als auch unstrukturierte Informationen, wie z.B. den Stundenplan oder eine Newsliste bzw. ein Blog für die Kommunikation zwischen Kursadministratoren, Teilnehmern und Ausbildern. Das heißt, die Weiterbildungsmaßname als Vorgang muss im UI sowohl Aspekte einer klassischen Anwendung, einer BPM-Anwendung als auch einer kollaborativen Anwendung erfüllen (siehe Abschnitt 2.2.3). Die hierfür notwendige Flexibilität kann beispielsweise durch den Einsatz eines Portalservers erlangt werden, wie nachfolgend dargestellt wird.

7.7.4.2 Prozessportal

Nachdem wir nun die wesentlichen UI Patterns im Kontext von BPM diskutiert haben, stellt sich noch die Frage, wie diese in einem Webportal integriert werden. Hier gibt es meistens zwei Alternativen: Entweder es wird ein eigenständiger Portalserver verwendet (also beispielsweise ein Server, der JSR 168 und verwandte Standards unterstützt) oder der Layout-Manager des BPMS verwendet. Abbildung 7–89 zeigt die beiden Alternativen.

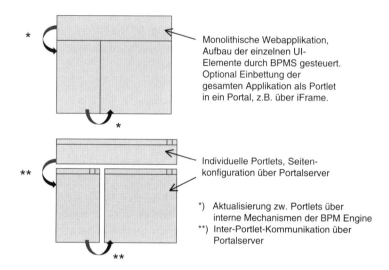

Abb. 7–89 *Layout-Manager des BPMS vs. Portalserver*

Portalserver erlauben es, Portalseiten aus verschiedenen Portlets zu konfigurieren. Der Layout-Manager eines Portalservers erlaubt in der Regel ein relativ flexibles Layout für mehrere Portlets auf einer Seite. Der Layout-Manager eines BPMS ist dagegen in der Regel etwas weniger flexibel, aber dafür einfacher zu benutzen. Meistens bieten sie vorkonfigurierte Lösungen zur Umsetzung von Prozesscockpits und User Workbenches, wie wir sie vorhin vorgestellt haben. Die Anpassung erfolgt über Bordmittel des BPMS. Da aber meistens keine offenen Standards wie JSR 168 unterstützt werden, ist man bezüglich der Flexibilität und Anpassbarkeit auf die Features des BPMS beschränkt.

In einem Portal gibt es die Möglichkeit, dass Task-Listen, Prozesslisten sowie einzelne Process/BO-Masken als individuelle Portlets realisiert werden. Dies stellt eine maximale Flexibilität bei der Gestaltung einzelner Seiten der Prozessapplikationen sicher. Beispielsweise können so individuelle User Workbenches erstellt werden, die neben den Portlets der BPM-Anwendung noch weitere Portlets hinzuziehen. Zum Beispiel könnte die HR-Workbench auf einer Seite die wichtigsten HR-Process-Portlets zusammen mit einem HR-News-Portlet und einem weiteren Portlet mit den wichtigsten HR-Dokumenten aggregieren.

Allerdings ist diese Flexibilität oft mit einem relativ hohen Preis verbunden. Nehmen wir beispielsweise das Zusammenspiel zwischen dem Kontext-Portlet des Cockpits (alle Prozessklassen und Stammdatentypen), dem Prozesslisten-Portlet (z. B. Liste der Bestellungen) und den Process/BO-Portlets (Details einer Bestellung). Wird im Prozesslisten-Portlet ein neuer Eintrag selektiert (z. B. eine andere Bestellung), muss das korrespondierende Process/BO-Portlet (also die Details der selektierten Bestellung) aktualisiert werden. Dies muss im Kontext eines Portalservers über die sogenannte **Inter-Portlet-Kommunikation** erfolgen. Hier muss an dieser Stelle gewarnt werden, dass die Implementierung von Inter-Portlet-Kommunikation **sehr aufwendig** und **fehleranfällig** sein kann. Daher ist es sehr wichtig zu entscheiden, ob man tatsächlich die Flexibilität und Offenheit eines Portalservers benötigt oder ob man nicht doch besser auf den wahrscheinlich etwas weniger flexiblen, aber dafür in der Regel dichter integrierten Layout-Manager des BPMS setzen sollte.

Ein weiterer häufig genannter Vorteil eines Portalservers ist die Personalisierung von Webseiten für individuelle Nutzer oder Nutzergruppen. Auch hier muss man sehr vorsichtig sein. Natürlich klingt Personalisierung zunächst einmal sehr gut. Allerdings sollte man die Umsetzungskosten von personalisierten Portalen nie unterschätzen! Nicht nur die Konzeption und Implementierung, sondern auch die Konfiguration, das Testen und die Administration können hier extrem aufwendig werden.

Tabelle 7–1 fasst noch einmal die Vor- und Nachteile der beiden Alternativen zusammen.

Portalserver	BPMS-Layout-Manager
(+) Basiert auf Standards	(-) Proprietär
(+) Offen, erweiterbar	(-) Geschlossene Welt, funktional limitiert
(+) Integrationsplattform	(+) Kompakt, meistens relativ effizient
(+) Personalisierung – wirklich ein (+)?	(+) Aus Perspektive Funktionalität, Stabilität und Performance kann eine »geschlossene« Welt Vorteile haben
(-) Komplexität, Kosten (z. B. Konfiguration, Inter-Portlet-Kommunikation)	

Tab. 7–1   Portalserver vs. proprietärer BPMS-Layout-Manager

7.7.5   Portalbasierte Integration

Die Integration bestehender Anwendungen in historisch gewachsene Anwendungslandschaften ist ein wesentlicher Treiber für die Entwicklung des IBPM-Frameworks und der darin beschriebenen Techniken. Wie in Abschnitt 7.6 beschrieben, bietet die SOA verschiedene Ebenen zur Integration. Neben der Integration auf Ebene von Prozessen oder Orchestrierungs-Services spielt auch die Integration auf UI-Ebene eine wichtige Rolle. Diese kann häufig sehr viel kostengünstiger sein als eine tiefe technische Integration z. B. auf Ebene der Orchestrierung (siehe hierzu beispielsweise das Interview in Abschnitt 13.2.2). Im einfachsten Fall können mehrere Anwendungen mithilfe der iFrame-Technologie über die Angabe einer URL in einem Portal integriert werden. Natürlich kommt hier sofort das Thema »Single Sign-on« mit ins Spiel, das schon eine wesentlich kostenintensivere Art der Integration darstellt (siehe Abschnitt 7.2.7).

Ein weiterer wichtiger Ansatzpunkt für die Integration verschiedener Anwendungen in einem einheitlichen Portal ist die Einführung einer Unified Task List. Diese ermöglicht es, auch Anwendungen mit in das Prozessportal zu integrieren, die nicht auf einem BPMS aufbauen und stattdessen über ihre eigenen Task-Listen verfügen (siehe hierzu auch das ausführliche Beispiel in Abschnitt 7.3.4).

7.7.6 UI Flow vs. Prozessfluss

Nachdem wir uns nun ausführlich mit der Struktur von User Interfaces für BPM-Anwendungen beschäftigt haben, wollen wir uns anschauen, wie die Ablauflogik im UI (UI Flow) mit dem allgemeinen Prozessfluss (Process Flow) zusammenspielt bzw. wie sich diese beiden abgrenzen lassen. Dabei werden wir feststellen, dass diese Abgrenzung zwischen UI Flow und Prozessfluss nicht immer ganz eindeutig ist. Nicht immer lässt sich genau sagen, was noch ein fachlicher Prozessfluss ist und was schon ein UI Flow ist.

Wichtig ist dabei, dass alle Entscheidungen, die den Verlauf des Prozessflusses beeinträchtigen, von der Prozesskomponente und nicht im UI getroffen werden. Dies bedeutet insbesondere, dass eine UI-Komponente keine Zustände in Basis-Services ändern darf, die einen Einfluss auf den Prozessfluss haben – dies bleibt der Prozesskomponente vorbehalten!

Auf der anderen Seite lässt sich als generelle Regel definieren, dass der Aufbau bzw. die Mutation von Business-Objekten durch einen Benutzer keinen Teil des Prozessflusses darstellt. Beispielsweise ist die Logik hinter der Erstellung einer Bestellanforderung – also insbesondere das Hinzufügen oder Löschen von Bestellpositionen – keine Prozesslogik, sondern Teil des UI Flows der BANF-Anwendung.

Ein Prozessfluss liegt hingegen dann vor, wenn das Business-Objekt in mehreren Teilschritten von verschiedenen Nutzern aufgebaut wird, z.B. eine Hilfskraft erfasst eine Rechnung, das Controlling fügt Informationen zu Rechnungsabgrenzung und Auszahlungstermin hinzu. Hier werden in der Regel Aufgaben (Tasks) vergeben, in denen bestimmte Daten abgefragt werden, die dem Business-Objekt hinzugefügt werden. Diese Logik sollte als Teil der Prozessmodellierung ausdetailliert werden.

Kontrollflüsse gemäß SOA

Rufen wir uns noch einmal kurz die Einordnung des UIs in der serviceorientierten Architektur in Erinnerung: Die zentrale Komponente in einem SOA-basierten Pro-

7.7 Säule G: User Interface Design

zess ist die Prozesskomponente. Diese steuert den allgemeinen Prozessfluss. In einer UI-Komponente kann auf zwei Arten ein eigener, auf einen Prozess bezogener Kontrollfluss gestartet werden:

- Nutzerinitiierte Aktivität: Der Nutzer öffnet beispielsweise über eine Prozessliste ein Process/BO-Portlet, das rollen- und prozessstatusabhängige Aktionen erlaubt.
- System-assigned Task: Der Nutzer öffnet einen Task in einer Task-Liste, der beispielsweise wiederum als Process/BO-Portlet dargestellt wird.

In beiden Fällen bezieht sich der UI Flow auf einen bestimmten Prozess. Das UI kann eigenständig agieren, z.B. indem es mit Backend Services interagiert. Diese können das UI mit Daten (Business-Objekten) versorgen oder Regeln ausführen, die für die UI-Steuerung notwendig sind. Außerdem kann das UI die Kontrolle zurück an den Prozess übergeben, beispielsweise indem ein Freigeber nach Prüfung der Bestellanforderung die Freigabe erteilt und damit für ihn der Task abgeschlossen ist. Es ist nun an der Prozesskomponente, das weitere Vorgehen zu bestimmen (siehe Abb. 7–90).

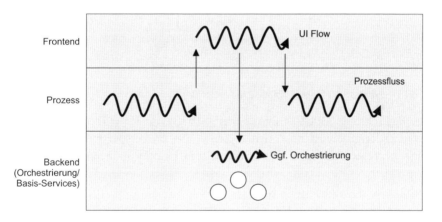

Abb. 7–90 *Kontrollflüsse in der SOA*

Warum ist diese Abgrenzung gemäß den SOA-Prinzipien so wichtig? Der SOA-Ansatz soll uns helfen, Komplexität besser in den Griff zu bekommen. Moderne Anwendungsframeworks wie z.B. im Java-Umfeld sind häufig sehr stark komponentenorientiert. In vielen BPMS muss sich der Nutzer heute noch sehr stark selber um die Komponentisierung kümmern. Beispielsweise erlauben einige BPMS, sowohl UI Flows als auch Prozessflüsse in einem einzigen, ausführbaren Prozessmodell zu definieren. Es bleibt dem Entwickler überlassen, hier eine saubere Komponentisierung innerhalb dieses Modells zu erreichen und so die Komplexität seiner Anwendung in den Griff zu bekommen. Ähnlich wie es im objektorientierten Bereich Regeln gibt, wie komplex eine Klasse oder eine einzelne Methode sein soll, sind im BPM-Umfeld Regeln für die Komplexität einzelner Diagramme bzw.

Modelle zu erstellen. Außerdem müssen – wiederum analog zur klassischen Programmierung – die einzelnen Diagramme bzw. Modelle zu zusammengehörigen Komponenten mit sauber definierten Schnittstellen gruppiert werden. Daher ist es wichtig, die UI Flows sauber von den anderen Elementen der SOA abzugrenzen (siehe hierzu auch die Diskussion in Abschnitt 7.10.3.4).

Beispiel

Nehmen wir im Folgenden an, eine BPM-Anwendung soll die Arbeit in einem Callcenter optimieren. Ein wichtiger Arbeitsschritt ist dabei die Erfassung von Kundenanfragen. In einem fachlichen Prozessmodell, das in der IBPM-Phase PO-D I (also prozessorientiertes Fachdesign) erstellt wird, könnte dies wie in Abbildung 7–91 dargestellt aussehen. Wir verwenden hier eine Notation für Business-Objekte, die später in Abschnitt 8.1 noch detaillierter erläutert wird. In diesem Fall gehen wir davon aus, dass der Arbeitsschritt »Kundenanfrage erfassen« ein neues Business-Objekt »Anfrage« erzeugt.

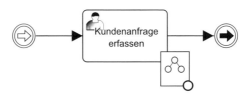

Abb. 7–91   Arbeitsschritt »Kundenanfrage erfassen« im fachlichen Prozessmodell gemäß PO-D I

Bei der Betrachtung des UI-Designs in der IBPM-Phase SO-D II (serviceorientiertes Umsetzungsdesign) wird man sich diesen – aus Prozessperspektive einfachen – Arbeitsschritt noch einmal aus Perspektive des UI Flows im Detail anschauen müssen (siehe Abb. 7–92). Dabei wird man feststellen, dass es zur Erfassung der Kundenanfrage notwendig ist, den Kunden zu kennen, damit die Anfrage dem Kunden zugeordnet werden kann. Das heißt, das UI muss es ermöglichen, den Kunden zunächst zu suchen bzw. ihn neu zu erfassen, wenn er noch nicht im System vorhanden ist.

In Abbildung 7–92 verwenden wir einige Symbole, die wir formal noch nicht eingeführt haben. Das Dokument mit der Lupe bedeutet »Business-Objekt suchen«, das Dokument mit dem Kreis »Business-Objekt erzeugen«. Links oben ist das Symbol für »Nutzerinitiierte Aktivität«, da ja die Erfassung einer Anfrage in einem Telefonat nicht durch einen Task zugewiesen wurde. Rechts oben ist das Symbol für ein Process/BO-Portlet mit Wizard. Alle diese Symbole werden in Kapitel 8 noch ausführlich erläutert.

Das hier dargestellte Beispiel für einen UI Flow ist tatsächlich noch eine Grauzone. Man könnte hier evtl. argumentieren, dass die Reihenfolge der Arbeitsschritte »Kunde suchen«, optional »Kunde anlegen« und »Anfrage aufnehmen« ein wesentlicher Bestandteil des Prozessflusses in einem Callcenter ist. Allerdings ist es wahr-

7.7 Säule G: User Interface Design

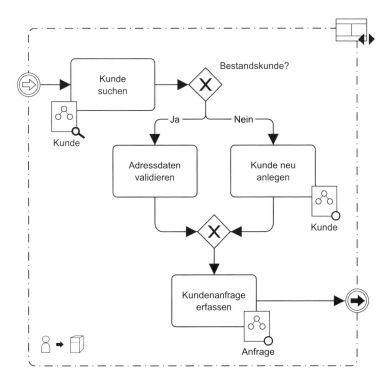

Abb. 7-92   UI Flow für »Kundenanfrage erfassen« gemäß SO-D II

scheinlich, dass der übergreifende Prozess sich doch wesentlich stärker auf die Abarbeitung der Anfrage konzentrieren wird und dass die in Abbildung 7–92 dargestellte Detailtiefe zu hoch für den Prozessablauf ist. So oder so wird man den Task aus Abbildung 7–91 hier in einen BPMN-Unterprozess umwandeln, um die Komplexität des Top-Level-Prozesses in Grenzen zu halten. Unser Verständnis wäre, dass dieser Unterprozess als UI Flow zu klassifizieren ist, da er sich im Wesentlichen mit dem Aufbau eines Business-Objekts beschäftigt. Außerdem wird der hier dargestellte Kontrollfluss nicht von einer Prozesskomponente, sondern von einer UI-Komponente umgesetzt. Wie wir in Säule F des IBPM-Frameworks besprochen haben, ist es die Aufgabe der SOA, ein gewisses Clustering vorzugeben, innerhalb dessen sich die verschiedenen Modelle bewegen (siehe Abschnitt 7.6). Daher sollte die von einer UI-Komponente umgesetzte Logik auch als UI Flow und nicht als Prozessfluss klassifiziert werden.

Allgemein wird man feststellen, dass sich das fachliche **Prozessdesign** sehr stark auf **Bewegungsdaten** (z.B. »Anfrage«, »Bestellanforderung«) konzentriert. Die Logik zur Bereitstellung der **Stammdaten** (z.B. »Kunde«, »Lieferant«), denen die Bewegungsdaten zugeordnet werden, ist in der Regel eher **UI Flow** als Prozessfluss.

Nicht in jedem Fall wird man BPMN als Modellierungssprache für detaillierte UI Flows verwenden wollen, auch wenn es einige Vorteile hat. In vielen Projekten verzichtet man auf detaillierte UI Flows und beschränkt sich beispielsweise auf die eingangs beschriebenen UI Mockups. Dies hängt wiederum davon ab, wie formal und vollständig die Spezifikationen sein müssen, was wiederum von der speziellen Projektsituation abhängt (z. B. In-House-Entwicklung vs. Offshoring).

7.7.7 Schnittstellen

Zum Abschluss der Diskussion in dieser Säule wollen wir noch einmal kurz auf die Schnittstellen zwischen den UI-Komponenten und den SOA-Services zu sprechen kommen. Wir haben in der Pattern-Diskussion insbesondere das Process/BO-Pattern motiviert. Dieses kombiniert die Darstellung und Bearbeitung eines Prozesses mit dem ihm zugrunde liegenden Kern-Business-Objekt. Daraus ergibt sich, dass eine solche UI-Komponente auch zwei Schnittstellen hat: eine zu einem Basis-Service (der das zentrale Business-Objekt verwaltet) und eine zur steuernden Prozesskomponente (siehe Abb. 7–93). Die Schnittstelle zum Basis-Service wird insbesondere verwendet, um das zentrale Business-Objekt zu lesen und zu schreiben. Von einer Speicherung von Business-Objekt-Daten direkt in der Prozesskomponente ist abzuraten – dies würde den SOA-Prinzipien widersprechen und kann mittelfristig zu verschiedenen Problemen führen.

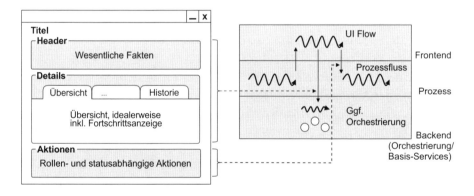

Abb. 7–93 Schnittstellen zwischen UI-Komponente und SOA-Service-Komponenten

Wir haben in dieser Säule Konzepte zur Spezifikation der Struktur und Ablauflogik von UIs für BPM-Applikationen besprochen. Der letzte fehlende Teil in der Spezifikation der UI-Komponenten ist die Definition der Schnittstellen zu den SOA-Service-Komponenten, die sich aus der Struktur und der Ablauflogik der UI-Komponenten ergeben. Dieser Aspekt wird häufig unterschätzt. Oft stellt man erst mitten in der Umsetzung fest, dass zur Steuerung bestimmter UI-Elemente noch weitere Daten erforderlich sind, die von einem Service zur Verfügung gestellt werden müssen, der im Design nicht berücksichtigt wurde. Daher muss im Design für jedes UI-Element genau definiert werden, auf welche Daten es wie zugreifen muss und welche Schnittstellen dafür benötigt werden. Für die Definition der Schnittstelle zwischen UI und Prozesskomponente kann beispielsweise die in Abschnitt 7.8.3.5 beschriebene Zustandsmatrix verwendet werden.

7.7.8 User Interface Design und SOAD

Wie in jeder Säule des IBPM-Frameworks diskutieren wir an dieser Stelle abschließend noch einmal die IBPM-Phasen und die für diese Säule relevanten Artefakte (siehe Abb. 7–94).

In der Planungsphase muss zunächst untersucht werden, wie sich das Projekt in die Portalstrategie des Unternehmens einordnet. Daraus werden sich bereits viele Anforderungen und Vorgaben ableiten lassen. In der Analysephase kann ein Use-Case-Diagramm hilfreich sein, das die für den Prozess notwendigen Anwendungsfälle im UI-Bereich aus Perspektive der verschiedenen Stakeholder zusammenfasst. Im fachlichen Design liegt der Fokus auf der Entwicklung von Mockups und Prototypen für die benötigten UIs. Im Umsetzungsdesign müssen die einzelnen Prozess-Portlets sowie die Einbindung in die Portalstruktur genau definiert werden. Außerdem können ggf. detaillierte UI Flows z.B. auf Basis von BPMN (aber explizit klassifiziert und strukturell getrennt von den fachlichen Prozessmodellen) erstellt werden. Außerdem müssen die vom UI benötigten Schnittstellen der SOA-Service-Komponenten definiert werden.

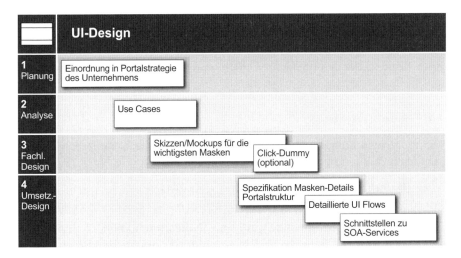

Abb. 7–94   *User Interface Design und POAD*

7.8 Säule H: Prozesskomponenten

Das Herzstück einer BPM-Anwendung ist die Prozesskomponente, die den eigentlichen Prozessablauf steuert. Die fachliche Modellierung des Prozessablaufs geschieht im IBPM-Framework in der Säule A (siehe Abschnitt 7.1) als Teil der POAD (Prozessorientierte Analyse und Design). Aufgabe der SOAD (Serviceorientierte Analyse und Design) ist es, durch entsprechendes fachliches Clustering dafür zu sorgen, dass der Fokus der fachlichen Prozessmodelle in der POAD tatsächlich auf dem liegt, was letztendlich in der SOA von der Prozesskomponente gesteuert wird. Wie wir bereits in Abschnitt 7.7 gesehen haben, müssen der Prozessfluss und der UI Flow in der Modellierung sauber voneinander getrennt werden, damit die Zuordnung auf die entsprechenden Service-Komponenten-Typen in der SOA möglich ist.

Neben der Prozessflusskontrolle, die letztendlich aus dem Prozessmodell der Säule A abgeleitet wird, spielen aber noch einige andere Aspekte beim Design der Prozesskomponenten eine wichtige Rolle. In diesem Abschnitt werden wir uns dabei insbesondere auf die spezifischen Aufgaben der Prozesskomponente in einer BPM-Anwendung, das Management des Prozesszustands (Process State Management) sowie die Darstellung von Prozesslisten im UI (Prozessmonitor) konzentrieren.

7.8.1 Grundlagen

Im Folgenden werden die möglichen Arten von Prozessaktivitäten vorgestellt, die eine Prozesskomponente unterstützen muss. Dann stellen wir die verschiedenen Möglichkeiten vor, wie eine Prozesskomponente mit ihrer Umwelt interagiert. Dies wird im Kontext der SOA-Schichten noch einmal anhand von Beispielen veranschaulicht.

7.8.1.1 Prozessaktivitäten

Zerlegt man einen komplexen Prozess in einzelne Arbeitsschritte, ergeben sich im Wesentlichen drei verschiedene Arten von Arbeitsschritten:

- **Manuelle Arbeitsschritte**, z. B. Bestellformular ausdrucken, handschriftlich ausfüllen, an Lieferanten faxen. In BPMN entspricht dies einem »Manual Task«.
- **Anwendungsbasierte Arbeitsschritte *mit* Nutzerinteraktion**, z. B. Genehmigungs-Task öffnen, Freigabe durch Knopfdruck bestätigen. Dieser Arbeitsschritt entspricht einem »User Task« in BPMN.
- **Anwendungsbasierte Arbeitsschritte *ohne* Nutzerinteraktion (Dunkelverarbeitung)**, z. B. automatische Genehmigung eines Anschaffungsantrags mit Bestellwert unter 50 Euro. In BPMN wird Dunkelverarbeitung durch die Task-Arten »Service Task«, »Send and Receive Task« sowie »Business Rule Task« unterstützt.

Aus Perspektive der Prozesskomponente spielen nur die beiden letztgenannten Arbeitsschritte eine Rolle. Die Aufgabe der Prozesskomponente ist es im Wesentlichen, den Prozessfluss zu steuern und dabei die oben genannten Aufgabentypen zu unterstützen. Das bedeutet insbesondere, dass die Prozesskomponente User Tasks generiert, andere Services aufruft oder selber aufgerufen wird sowie Geschäftsregeln auswertet, um zu entscheiden, welche Schritte als Nächstes im Prozessfluss ausgeführt werden müssen.

7.8.1.2 Interaktionsmatrix für Prozesskomponenten

Untersucht man die möglichen Interaktionsarten mit einer Prozesskomponente genau, ergibt sich eine einfache 2x2-Matrix (siehe Abb. 7–95). Im Wesentlichen kann eine Prozesskomponente entweder mit einem Nutzer oder mit einer anderen Anwendung interagieren (erste Dimension der Matrix). Diese Interaktion kann entweder von der Prozesskomponente selber oder von extern initiiert werden (zweite Dimension).

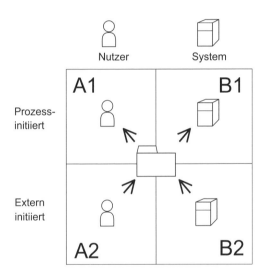

Abb. 7–95 *Interaktionsarten der Prozesskomponente*

Wir werden im Folgenden diese Interaktionsmatrix an verschiedenen Stellen referenzieren. Daher sind die vier möglichen Interaktionsarten von A1 bis B2 durchnummeriert und wie folgt zu verstehen:

- **Prozessinitiierte Nutzerinteraktion (A1):** Der Prozess initiiert die Interaktion mit dem Nutzer in der Regel dadurch, dass er dem Nutzer einen Task in der Task-Liste zuweist.
- **Nutzerinitiierte Prozessinteraktion (A2):** Der Nutzer initiiert die Interaktion mit dem Prozess von sich aus, z. B. indem er eine Prozessinstanz in einer Prozessliste sucht und dann eine Aktion auf der Prozessinstanz durchführt.

- **Prozessinitiierte Systeminteraktion (B1):** Der Prozess erkennt, dass als Nächstes eine Aktivität ausgeführt werden muss, die Interaktion mit einem externen System erfordert. Dies wird beispielsweise durch einen Webservice-Aufruf angesprochen.
- **Systeminitiierte Prozessinteraktion (B2):** Ein externes System ruft eine Schnittstelle auf, über die mit dem Prozess interagiert werden kann.

7.8.1.3 Die Prozesskomponente im Kontext der SOA-Schichten

Betrachten wir im Folgenden noch einmal die Prozesskomponente im Kontext der serviceorientierten Schichtenarchitektur, wie in Abbildung 7–96 dargestellt. Hier sind die vier Interaktionsarten aus der Interaktionsmatrix gut nachvollziehbar.

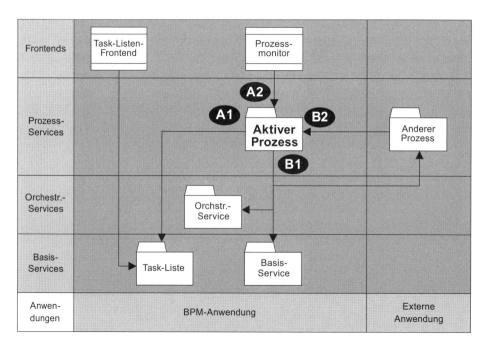

Abb. 7–96 Interaktionsmöglichkeiten der Prozesskomponente in den SOA-Schichten

Die prozessinitiierte Nutzerinteraktion (A1) bedeutet, dass von der Prozesskomponente ein neuer Eintrag in der Task-Liste erfolgt. Die Task-Liste ist ein Basis-Service, der vom Task-Listen-Frontend abgefragt wird. Hier ist zu beachten, dass die Interaktion nicht direkt von der Prozesskomponente zum Frontend dargestellt wird. Eine solche nach oben gerichtete, direkte Kommunikation ist in der serviceorientierten Schichtenarchitektur nicht zulässig (siehe Abschnitt 7.6.3).

Die nutzerinitiierte Prozessinteraktion (A2) bedeutet, dass der Nutzer über ein Frontend direkt mit der Prozesskomponente interagiert. Diese wird zunächst die Liste der Prozessinstanzen gemäß der angegebenen Filter- und Sortierkriterien zurückgeben. Details einer selektierten Prozessinstanz können dann beispielsweise in Form einer Process/BO-Maske angezeigt werden (siehe Abschnitt 7.7.2.2).

Die prozessinitiierte Systeminteraktion (B1) bedeutet, dass die Prozesskomponente einen externen Service anspricht. Wie in Abbildung 7–96 dargestellt, kann dies entweder ein Orchestrierungs-Service sein oder ein Basis-Service oder ein anderer Prozess-Service (die serviceorientierte Schichtarchitektur erlaubt »seitwärts« gerichtete Aufrufe zwischen Prozesskomponenten).

Die systeminitiierte Prozessinteraktion (B2) bedeutet, dass ein externes System die Prozesskomponente aufruft. In vielen Fällen wird ein solcher Aufruf von Altsystemen kommen, die nicht nach SOA-Gesichtspunkten gestaltet wurden. Aber selbst in diesem Fall kann angenommen werden, dass der Aufruf im Kontext eines anderen Prozesses entsteht, über den das Altsystem die Kontrolle hat. Daher gehen wir konzeptionell immer davon aus, dass ein externer Aufruf unserer Prozesskomponente von einer anderen Prozesskomponente erfolgt (siehe hierzu auch noch einmal die Diskussion zu SOA-Reifegraden in Abschnitt 7.6.2).

7.8.2 Prozessflusskontrolle

Wir gehen beim IBPM-Ansatz davon aus, dass alle Konzepte unabhängig von einer bestimmten Technologie umgesetzt werden können. Eine SOA-Komponente ist eine »Blackbox«, die über wohldefinierte Schnittstellen mit ihrer Umwelt interagiert. Daher kann auch die Implementierung einer Prozesskomponente auf unterschiedliche Art und Weise geschehen. Nicht in jedem Fall ist die Einführung eines dedizierten BPMS zur Umsetzung einer prozessorientierten Anwendung gerechtfertigt, manchmal werden sogar Kosten- oder Lizenzierungsgründe (z. B. bei der Entwicklung eines Standardprodukts) gegen den Einsatz eines BPMS sprechen.

Viele Anwendungen, die ohne ein dediziertes BPMS entwickelt wurden, sind inhärent prozessorientiert. Nehmen wir beispielsweise eine Webanwendung, die einen Online-Verkaufsprozess auf Basis einer J2EE- oder .Net-Plattform abbildet. Auch diese Anwendung wird normalerweise eine dedizierte Komponente beinhalten, die den Verkaufsprozess steuert und gemäß den hier beschriebenen SOA-Prinzipien mit anderen Komponenten interagiert.

Unabhängig von der Technologiebasis ist ein fundamentales Prinzip einer prozessorientierten Anwendung, dass sie eine eindeutige **Prozess-ID** verwendet, um **Prozessinstanzen** zu **identifizieren** und auf den Prozess bezogene **Aktivitäten zu korrelieren**. Eine solche Prozess-ID kann auch verwendet werden, um nachträglich eine Prozessperspektive auf nicht prozessorientierte Altanwendungen einzunehmen. So wie die Objekt-ID das fundamentalste Prinzip der Objektorientierung darstellt, ist die Verwendung von Prozess-IDs das fundamentalste Prinzip einer prozessorientierten Anwendung. Da ein Prozess letztendlich ein spezielles Objekt ist, gelten für die Prozess-ID die gleichen Grundsätze wie für die Objekt-ID: Sie sollte kein fachlicher Schlüssel sein (insbesondere kein zusammengesetzter), sondern ein synthetischer (also vom System generierter) Schlüssel.

Wird für die Steuerung des Prozessflusses keine klassische Programmierplattform, sondern ein dediziertes BPMS eingesetzt, so sollte dieses einige grundlegende Anforderungen im Bereich der Steuerung des Prozessflusses erfüllen. Diese Anforderungen sind sehr gut in den von der Workflow Patterns Initiative [WPI] definierten Workflow Patterns dokumentiert. Eine gute Übersicht hierzu gibt [RAH06], die auch eine Gegenüberstellung der Workflow Patterns mit verschiedenen Produkten und Standards (BPMN, XPDL, BPEL) beinhaltet. Im Folgenden soll zumindest eine kurze Übersicht gegeben werden.

Basic Control-Flow Patterns sind eine Klasse von Patterns, die die elementaren Aspekte der Prozessflusskontrolle beschreiben. Sie umfassen:

- Sequence: Eine Aktivität in einem Prozess wird nach der Beendigung einer vorhergehenden Aktivität durchgeführt.
- Parallel Split (AND-Split): Beschreibt die Aufteilung eines Prozesszweigs in zwei oder mehr parallel ausgeführte Prozesszweige.
- Synchronization (AND-Join): Beschreibt die Zusammenführung von zwei oder mehr Prozesszweigen in einen einzelnen Prozesszweig. Dieser hat die Kontrolle über den weiterführenden Prozessfluss, sobald alle zu ihm führenden Prozesszweige angekommen sind.
- Exclusive Choice (XOR-Split): Es liegen zwei oder mehrere Verzweigungsmöglichkeiten vor. Wird der XOR-Split aktiviert, wählt er genau einen Zweig aus, der dann die exklusive Kontrolle über den Prozessfluss erhält.
- Simple Merge (XOR-Join): Wie AND-Join, nur dass sofort weiterverzweigt wird, sobald einer der eingehenden Zweige aktiviert wird (d.h., es erfolgt keine Synchronisation).

Die meisten BPMS und Standards (BPMN, XPDL, BPEL) unterstützen heute diese Basic Patterns. Es gibt noch eine Menge von weiterführenden »Branching and Synchronization Patterns«, wie z.B. Multi-Choice, Synchronizing Merge, Multi-Merge and Discriminator. Hier unterscheiden sich die verschiedenen Systeme und Standards häufig in den Details.

Die sogenannten **Structural Patterns** beschreiben wichtige strukturelle Aspekte der Prozessflusskontrolle, insbesondere die Struktur der Schleifenverarbeitung sowie die möglichen Arten der Prozessterminierung (implizite vs. explizite Terminierung). Für die Schleifenverarbeitung gibt es folgende Patterns:

- Arbitrary Cycle (Beliebiger Zyklus): Führt den Prozessfluss an einer beliebigen anderen Stelle fort. Entspricht in etwa dem »Goto«-Statement in klassischen Programmiersprachen.
- Structured Loop (Strukturierte Schleife): Entspricht in etwa den bekannten Programmiersprachen-Konstrukten `while ... do` und `repeat ... until`.
- Recursion (Rekursion): Wiederholung basierend auf Selbstaufruf.

Ein BPMS muss auch in der Lage sein, mit Daten umzugehen. Die meisten BPMS erlauben die Definition von Prozessvariablen, auf die aus einer Aktivität heraus zugegriffen werden kann. Die **Data Related Patterns** beschäftigen sich insbesondere mit dem Gültigkeitsbereich (Scope) dieser Prozessvariablen. Dieser kann eine oder mehrere Aktivitäten, einen Teilprozess oder den gesamten Prozess umfassen. Daten können auch über den Scope eines Prozesses hinaus sichtbar sein, hier würden in unserem Ansatz die Mechanismen von SOA greifen, um den Austausch von Daten zwischen Prozessen untereinander oder zwischen Prozessen und externen Systemen zu steuern. Hierbei müssen die entsprechenden SOA-Kommunikationsmuster wie z. B. Push vs. Pull berücksichtigt werden (**External Data Interaction Patterns**). Auch stellt sich die Frage, wie Datenobjekte übertragen werden, also »by value« oder »by reference«, wobei im letzteren Fall zwischen »locked« und »unlocked« unterschieden werden muss (**Data Transfer Patterns**).

Ein wichtiges Pattern in der Praxis ist der **Event-Based Task Trigger**. Es beschreibt die Fähigkeit, eine Aktivität durch ein externes Event zu starten. Die meisten BPMS verfügen über ausgereifte Scheduler, über die beispielsweise zeitgesteuert Aktivitäten und Prozesse initiiert werden können.

Ein weiterer wichtiger Bereich umfasst die Unterstützung des Task Management. Das BPMS muss entsprechende Funktionalität anbieten, um im Prozessfluss Tasks zu erzeugen und diese mit Folgeaktivitäten zu verknüpfen. Außerdem muss es möglich sein, Tasks zu delegieren, zu eskalieren etc.

7.8.3 Management des Prozesszustands

Die Steuerung des Prozessflusses, wie wir ihn gerade diskutiert haben, beruht in vielen Fällen auf Entscheidungen, die auf Basis von Zuständen getroffen werden. Daher ist die saubere Spezifikation von Prozesszuständen und Zustandsübergängen sehr wichtig. Die Erfahrung in vielen Projekten hat aber auch gezeigt, dass man sich gerade hiermit häufig nicht leicht macht. Das liegt wahrscheinlich daran, dass die Definition von Prozesszuständen und Zustandsübergängen bedeutet, dass man sich genau an dieser Stelle von – manchmal doch noch etwas vagen – fachlichen Modellen hin zu einer sehr formalen Sicht auf den Prozess bewegt. Fängt man an, eine Zustandsübergangsmatrix bzw. ein Zustandsübergangsdiagramm aus einem Prozessmodell abzuleiten, dann zeigt sich häufig, wie hoch der tatsächliche Abdeckungsgrad des Prozessmodells bezüglich der möglichen Zustände wirklich ist. Häufig ist festzustellen, dass nicht alle möglichen Fälle im Prozessmodell abgedeckt sind, was das Team dann wieder zurück an den Zeichen- bzw. Modellierungstisch führt.

7.8.3.1 Was ist eigentlich ein Prozesszustand?

Das Problem der sauberen Spezifikation von Prozesszuständen und Zustandsübergängen fängt häufig schon mit der Frage »Was ist eigentlich der Zustand eines Prozesses?« an. BPMN beispielsweise definiert Prozesszustände wie aktiv, inaktiv, fertig, terminiert, fehlgeschlagen, komplettiert, kompensiert oder geschlossen. Diese Zustände sind allerdings sehr technisch und mehr für das BPMS als für die Prozessimplementierung von Relevanz. Für die Prozessimplementierung ist eine fachliche Sicht auf den Prozesszustand notwendig. Was aber bedeutet das genau? Ist eine Kundenadresse ein Teil des Prozesszustands? Sicherlich nicht. Eine Kundenadresse ist ein Stammdatum und kein Teil eines Prozesszustands, auch wenn sich die Kundenadresse auf einen Prozess auswirken kann. So wird heute häufig beim Credit Scoring die Adresse als ein Parameter verwendet, um die Kreditwürdigkeit einer Person zu ermitteln. Aber auch ein Credit Score ist kein Teil eines Prozesszustands – auch wenn er sicherlich Auswirkungen auf den Ablauf eines Prozesses haben wird, beispielsweise bei der Prüfung eines Kreditantrags. Allerdings ist davon auszugehen, dass der Credit Score jeweils möglichst zeitnah berechnet und daher nicht als Zustandsvariable am Business-Objekt geführt wird. Wenn schon Stammdaten scheinbar kein Teil des Prozesszustands sind, wie sieht es dann mit Bewegungsdaten aus? Lässt sich beispielsweise aus dem Vorhandensein von Bestellpositionen an der Bestellanforderung ableiten, dass die Bestellanforderung jetzt bereit ist für die weitere Prüfung und Bearbeitung? Sicherlich nicht. Der Übergang einer Bestellanforderung vom Zustand »In Bearbeitung« zum Zustand »In fachlicher Prüfung« wird explizit durch eine Aktion des Antragstellers ausgelöst. Daher wird man sich hier wahrscheinlich entscheiden, eine **explizite Zustandsvariable** einzuführen, die den **fachlichen Zustand** des Bestellanforderungsprozesses definiert.

Nehmen wir an, die Variable (bzw. das Attribut) mit dem Namen BANF_State hat mögliche Zustände wie in_Bearbeitung, in_fachlicher_Prüfung, in_kaufmännischer_Prüfung etc. Da es mehrere hintereinander folgende kaufmännische Prüfungen geben kann, stellt sich als Nächstes gleich die Frage, ob man hier mit in_kaufmännischer_Prüfung_1, in_kaufmännischer_Prüfung_2 etc. arbeiten würde oder eine zusätzliche Variable mit der Ebene der kaufmännischen Prüfung einführt. Auch könnte man theoretisch für jeden der Prüfungsschritte eine eigene Zustandsvariable führen, z.B. Fachliche_Prüfung = [undefiniert | genehmigt | abgelehnt]. Dies könnte z.B. dann wichtig sein, wenn man nach einer fachlichen oder kaufmännischen Ablehnung in den Zustand BANF_State := in_Bearbeitung zurückgehen möchte, ohne die Information zu verlieren, warum man wieder in diesem Zustand gelandet ist. Die Alternative wäre, diese Information jeweils in mögliche Werte für die Variable BANF_State zu kodieren (z.B. in_Bearbeitung_nach_fachlicher_Ablehnung), was zunächst nicht praktikabel erscheint. In beiden Fällen wäre übrigens noch nicht das Problem gelöst, dass man ja evtl. dem Antragsteller auch noch mitteilen möchte, wer abgelehnt hat und warum. Daher erscheint es in diesem Falle wahrscheinlich, dass hier tatsächlich mit etwas komplexeren Strukturen gearbeitet wird, die Informationen über die Durchführung und das Ergebnis der Freigaben enthalten. Der fachliche Prozesszustand leitet sich dann aus einer Kombination aus den expliziten Zustandsvariablen und den Werten der zusätzlichen Datenstrukturen ab.

Wichtig ist noch zu erwähnen, dass man bei der Definition der Prozesszustände sehr großes Augenmerk auf die möglichen **Fehlerfälle** bzw. die aus den möglichen Fehlern resultierenden **Fehlerzustände** legen sollte. Nur so ist in der Regel ein vollständiges und robustes Fehlermanagement zu erreichen.

In der Praxis wird sich außerdem häufig erweisen, dass die Menge der für die Umsetzung notwendigen fachlichen Zustände für den Endanwender immer noch zu technisch und zu feingranular sein wird. Das heißt, man wird hier noch einmal eine Abbildung der Werte der fachlichen Zustandsvariablen auf eine für den Endanwender nachvollziehbare Lesart finden müssen, die im GUI verwendet wird.

7.8.3.2 Wer ist für die Verwaltung der Zustandsinformationen verantwortlich?

Die nächste wichtige Frage ist, wo die Prozesszustandsinformationen verwaltet werden sollen. Hier bieten sich entweder die Prozesskomponente selber an (z. B. die BANF-Prozesskomponente) oder alternativ die Basis-Service-Komponente, die das zentrale Business-Objekt des Prozesses verwaltet (z. B. die Bestellanforderung).

Im Allgemeinen gilt hier, dass fachliche Zustandsinformation immer bei dem Basis-Services des zentralen Business-Objekts liegen sollte. Wie wir gerade gesehen haben, ist es nicht immer mit einer einzelnen, dedizierten Zustandsvariablen getan. Häufig sind komplexere Datenstrukturen mit wichtigen fachlichen Daten Bestandteil derjenigen Daten, die den Zustand des Objekts definieren. Werden Zustandsinformationen in der Prozesskomponente und nicht im Basis-Service gehalten, so laufen wir erstens Gefahr, in der Prozesskomponente komplexere Business-Objekte zu verwalten, was gegen die in Abschnitt 7.6.3 definierten SOA-Prinzipien verstoßen würde. Zweitens wird es immer wieder Situationen geben, in denen andere Komponenten oder Systeme direkt auf den Basis-Service zugreifen müssen. Beispielsweise wird nicht nur die BANF-Prozesskomponente auf den BANF-Basis-Service zugreifen, sondern auch die Bestellungs-Prozesskomponente. Die Bestellung braucht ja alle Informationen der Bestellanforderung. Diese sollte sie möglichst zentral an einer Stelle erhalten.

Allerdings ist die Antwort auf die Frage, wer den Prozesszustand kontrolliert, nicht immer ganz klar. Erstens kann es in vielen Fällen schlichtweg unmöglich sein, den Prozesszustand direkt am Business-Objekt anzusiedeln. Dies wird insbesondere dann der Fall sein, wenn das Business-Objekt von einer Altanwendung verantwortet wird, deren Datenstrukturen man nicht verändern möchte oder kann. Ein zweites Problem ist die Frage nach der Validierung: Einerseits wird es häufig notwendig sein, zur Prüfung eines Zustandsübergangs weitere Daten des Business-Objekts heranzuziehen, was dafür sprechen würde, Zustandsinformationen und Validierung am Business-Objekt anzusiedeln. Andererseits gibt es häufig weitere Informationen, die zur Validierung notwendig sind, die eher der Prozesskomponente bekannt sind. Hier sind insbesondere der aktuelle Nutzer bzw. seine Rollen wichtig, da häufig bestimmte Zustandsübergänge nur von einer bestimmten Rolle durchgeführt werden dürfen. Letzteres Problem kann dadurch adressiert werden, dass der Zustand beim Business-Objekt liegt, Validierungen aber immer dort durchgeführt werden, wo es sinnvoll ist.

7.8.3.3 Prozess(zustands)historie

Ein weiteres wichtiges Thema, das sehr eng (aber nicht exklusiv) mit dem Prozesszustand zusammenhängt, ist das Thema der Prozesshistorie bzw. Prozesszustandshistorie.

Wie Abbildung 7–97 zeigt, wird man hier zwischen der generischen Historie (also einem eher technischen »Trace«) und einer fachlichen Historie unterscheiden (beispielsweise einer Buchungshistorie, wie man sie von seinen Kontoauszügen her kennt).

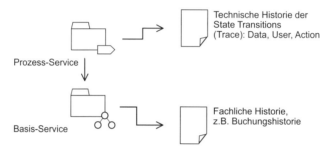

Abb. 7-97   *Verortung der Prozesshistorie*

Auch eine generische Historie kann als Grundlage für eine fachliche Historie verwendet werden, wenn die Informationen für den Endanwender entsprechend nach Relevanz gefiltert und für die Darstellung sinnvoll aufbereitet werden. Eine generische Historie wird in der Regel Informationen wie die Art des Ereignisses, den Zeitpunkt, den Nutzer und eine textuelle Beschreibung beinhalten. Es bietet sich an, eine solche generische Prozesshistorie in der Prozesskomponente umzusetzen, da hier auf Werkzeuge des BPMS zugegriffen werden kann und die Informationen nicht den Charakter von Business-Objekten haben. Anders sieht das aus, wenn die Informationen stark strukturiert sind, wie beispielsweise die Buchungssätze eines Kontos, die die Buchungshistorie darstellen. Dies sind ganz klar fachliche Entitäten, die zu den Basis-Services des Kontos gehören.

7.8.3.4 Modellierung von Prozesszuständen

Für die Modellierung von Zuständen und Zustandsübergängen gibt es diverse Ansätze, von Petri-Netzen über Zustandsübergangsmatrizen bis hin zu State-Transitions-Diagrammen in UML. In Zustandsübergangsdiagrammen (z.B. Petri-Netze) sind die Zustände die Knoten, und die Kanten zwischen den Knoten repräsentieren die Ereignisse oder Aktivitäten, die zu Zustandsänderungen führen. In prozessorientierten Modellen, wie beispielsweise BPMN, sind die Aktivitäten die Knoten und die Zustandsinformationen und Bedingungen stehen an den Kanten.

Leider ist der Umgang mit Zuständen in BPMN relativ vage definiert. Zwar kann ein Datenobjekt in BPMN mit einem Zustand attributiert werden, aber die weitere Behandlung oder Darstellung wird explizit von der Standardisierung ausgenommen. In der BPMN-2.0-Spezifikation wird vorgeschlagen, den Zustand eines Datenobjekts in eckigen Klammern unter den Namen des Objekts zu schreiben. Dabei wird aber beispielsweise der Name des Attributs des Business-Objekts nicht genannt.

Es kann sehr mühsam sein, ein BPMN-Diagramm mit vollständigen Zustandsinformationen zu versehen, wie bereits in der linken Hälfte von Abbildung 7–98 zu erkennen ist: BPMN-Diagramme werden schnell unübersichtlich, wenn für jeden möglichen Zustandswechsel ein Datenobjekt mit aufgenommen wird, das auch noch mit den normalen Kanten des Diagramms durch eine zusätzliche Linie verbunden werden muss. Außerdem sind die Bedingungen an den Gateways teilweise mit den Namen der Zustände redundant.

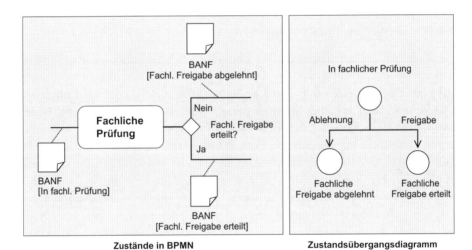

Abb. 7–98   *Mögliche Repräsentationen von Zustandsübergängen*

In vielen Projekten ist es daher sinnvoll, nach der Erstellung der fachlichen BPDs (PO-A oder PO-D I) in der SO-D II zusätzlich ein formales Prozessübergangsmodell zu definieren. Dies kann entweder in Form eines Petri-Netz-artigen Diagramms oder in Form einer Tabelle geschehen. Letzteres kann einige Vorteile bieten. Es muss nicht noch ein zusätzliches grafisches Modell erstellt und verwaltet werden. Man braucht kein spezielles Tool, sondern kann mit einem einfachen Spreadsheet arbeiten. Zusatzinformationen können schnell und informell in weiteren Spalten hinzugefügt werden.

7.8.3.5   Zustandsmatrix als Teil der Schnittstellendefinition

Insbesondere für die Schnittstelle zwischen UI und Prozesskomponente bietet es sich an, eine Zustandsmatrix (State Matrix) zu definieren (siehe Abb. 7–99). In dieser sollte jeweils für den aktuellen Zustand definiert sein, wer in welcher Rolle welche Aktionen durchführen darf. Optional kann noch der Nachfolgezustand mit aufgenommen werden.

Pre-State	Permitted User Roles	Permitted Action	Post-State
In Bearbeitung	Antragsteller	Speichern	Entwurf
	Antragsteller	Beantragen	In fachl. Prüfung
	Antragsteller	Verwerfen	Verworfen
In fachl. Prüfung	Fachlicher Prüfer	Genehmigen	Fachlich freigegeb.
	Fachlicher Prüfer	Ablehnen	In Bearbeitung
...	...	...	...

Abb. 7–99 *Beispiel für Zustandsübergangsmatrix (Ausschnitt)*

Diese Tabelle kann ein sehr wichtiger Bestandteil der Spezifikation einer Prozesskomponente sein. Häufig werden die UI-Komponenten und die Prozesskomponente über eine technisch sehr einfache Schnittstelle miteinander kommunizieren, die im Wesentlichen aus einer Methode `processEvent (in string eventName)` besteht. Sie wird vom UI aufgerufen, wenn der Nutzer eine entsprechende Aktion durchgeführt hat, die eine Interaktion mit dem Prozess erfordert (also z.B. in der Process/BO-Maske der BANF der Button »Beantragen« gedrückt wurde). In diesem Fall gibt die Matrix wichtige Informationen zu den Pre-Conditions der Methode `processEvent()`. Werden die Informationen aus der Matrix in einer Form gespeichert, die auch automatisch eingelesen und verarbeitet werden kann (z.B. XML), dann können die Bedingungen sogar automatisch geprüft werden, ggf. können sogar die Zustandsübergänge automatisch aus der Matrix gesteuert werden.

7.8.4 Prozessmonitor

Ein letzter wichtiger Aspekt beim Design der Prozesskomponente ist die Frage, wie Prozesslisten in einer korrespondierenden UI-Komponente dargestellt werden. Die Kombination aus der entsprechenden Schnittstelle der Prozesskomponente und der UI-Komponente nennen wir im Folgenden Prozessmonitor. Hier muss zwischen generischem und fachlich spezialisiertem Prozessmonitor unterschieden werden.

Der generische Prozessmonitor (siehe Abb. 7–100) kann für alle Prozessklassen verwendet werden. Das bedeutet, dass nur eine Liste zur Darstellung verschiedener Prozessklassen benötigt wird. Daher entstehen in der Regel keine Zusatzaufwände bzw. die Aufwände entstehen nur einmal, nicht für jede neue Prozessklasse.

7.8 Säule H: Prozesskomponenten

Prozessmonitor							– x
Prozess-klasse	Prozess ID	Gestartet von	Startdatum	Letzte Aktivität	Status	Priorität	
Bestellanforderung	1234	Joe Doe	03.1.2010	15.1.2010	In Bearbeitung	Hoch	
Bestellung	2345	Sue Smith	15.1.2010	21.1.2010	Fehler	Mittel	
Urlaubsantrag	3456	Uwe Urlaub	07.1.2010	20.1.2010	Abgeschloss.	Niedrig	

Abb. 7–100 *Generischer Prozessmonitor*

Abbildung 7–100 zeigt ein Beispiel für einen generischen Prozessmonitor. Der Nachteil ist, dass der generische Prozessmonitor von den meisten fachlichen Anwendern als zu generisch bzw. zu technisch empfunden wird. Viele Anwender erwarten eine sehr viel spezialisiertere Sicht auf Prozesse, in der wesentlich mehr Details schon in der Übersicht dargestellt werden und generische BPM-Konzepte nicht mehr auftauchen. Es ist für viele Anwender natürlicher, über »Meine Bestellanforderungen« zu sprechen als über »die Liste der Bestellanforderungsprozesse«.

Daher betrifft die erste Änderung in dem spezialisierten Prozessmonitor in Abbildung 7–101 gleich den Titel: Hier ist einfach von »Bestellanforderungen« die Rede statt von »Prozessmonitor«. Aus »Gestarted von« wurde der spezifische Rollenname »Anforderer«. Neu hinzugekommen sind die Spalten Kostenstelle, Projekt, Summe in € und Beschreibung. Aus »Startdatum« wurde »Antrag gestellt«. Wichtig: Der Status ist jetzt ein fachlicher Status. Unverändert sind »Letzte Aktivität« und »Priorität«.

Bestellanforderungen								– x
Anforderer	Kost.-stelle	Projekt	Summe in €	Beschreibung	Antrag gestellt	Letzte Aktivität	Status	Priorität
Doe	A324	propti-O	1700,00	Neuer Laptop	03.1.2010	15.1.2010	Warten auf fachl. Freig.	Hoch
Smith	B213	BANG	3,50	10 Bleistifte	15.1.2010	21.1.2010	Bearbeitung durch Einkauf	Mittel
Jones	A324	COL.US	25000,00	Gold. Anspitzer	07.1.2010	20.1.2010	Abgelehnt kaufm. Freig.	Niedrig

Abb. 7–101 *Beispiel für einen spezialisierten Prozessmonitor (Bestellanforderung)*

Aus Perspektive des Endanwenders stellt diese spezifische Sicht auf die Bestellanforderungen eine signifikante Verbesserung dar, daher ist allgemein von der Verwendung eines generischen Prozessmonitors abzuraten, außer für das technische Prozessmonitoring. Interessant ist auch noch die Einbindung des Prozessmonitors in das Prozesscockpit, wie es in Abschnitt 7.7.4.1 beschrieben wurde. Hier spielen insbesondere die Aspekte Filtern und Sortieren eine wichtige Rolle. Ein fachlich spezialisierter

Prozessmonitor bietet auch hier eine wesentlich nutzerfreundlichere Oberfläche, da nach spezifischen Attributen des Geschäftsprozesses gefiltert und sortiert werden kann.

7.8.5 Prozesskomponenten und SOAD

Kommen wir zum Schluss wieder wie üblich zur Einordnung dieser Säule in das IBPM-Vorgehen (siehe auch Abb. 7–102).

In der Analysephase wird man versuchen, zunächst eine oberflächliche **Sammlung** der möglichen **Prozessstatus** durchzuführen bzw. aus der Perspektive der Serviceorientierten Analyse (SO-A) noch einmal die BPDs durchgehen, die in der Prozessorientierten Analyse (PO-A) entstanden sind.

In der fachlichen SOA-Designphase (SO-D I) entsteht in der Regel eine erste formale **Zustandsübergangstabelle** (oder alternativ ein Zustandsübergangsdiagramm). Dazu werden alle BPDs der PO-D I-Phase mit Hinblick auf Informationen zu Zuständen bzw. Zustandsübergängen untersucht. Hier ist es außerdem wichtig, dass alle zu diesem Zeitpunkt bekannten **Fehlerstatus** mit aufgenommen werden! Zusätzlich muss in der SO-DI ein erster Entwurf des UIs für den **fachlichen Prozessmonitor** entstehen (entweder hier in Säule H oder bereits in Säule G beim User Interface Design).

Im fachlichen Umsetzungsdesign (SO-D II) der Säule H muss zunächst die Spezifikation der Zustandsübergänge finalisiert werden. Dann müssen die Schnittstellen der Prozesskomponente festgelegt werden. Dies sind insbesondere die Schnittstellen zum UI. Hierbei ist in der Regel einerseits eine Schnittstelle für einzelne Prozessinstanzen im UI notwendig (Process/BO-Maske) sowie eine weitere für den Prozessmonitor (fachliches Suchen von Prozessmengen, Sortierung etc.). Weitere Schnittstellen sind dann notwendig, wenn andere Prozesse mit der aktuellen Prozesskomponente interagieren müssen.

Zuletzt erfolgt die weitere technische Spezifikation der Prozesskomponente. Ist geplant, die bestehenden BPDs (BPMN-Diagramme) aus der PO-D II (Umsetzungs-Prozessdesign) als Grundlage für eine automatisierte Implementierung zu verwenden (sei es die Verfeinerung der fachlichen BPDs in Richtung Executable BPMN oder eine modellbasierte Generierung von BPEL/XPDL oder anderen technische Workflows aus den BPDs), dann müssen an dieser Stelle die entsprechenden Vorbereitungen getroffen werden. Das heißt insbesondere, dass alle Metadaten, die für die Implementierung verwendet werden sollen, auf Vollständigkeit und Richtigkeit geprüft werden. Außerdem müssen die Schnittstellen zu den Backend-Services aus Perspektive der Prozesskomponente noch einmal überprüft werden. Beispielsweise muss sichergestellt werden, dass die notwendigen Schnittstellen für den Zugriff auf Informationen zum Prozessstatus bereitgestellt werden.

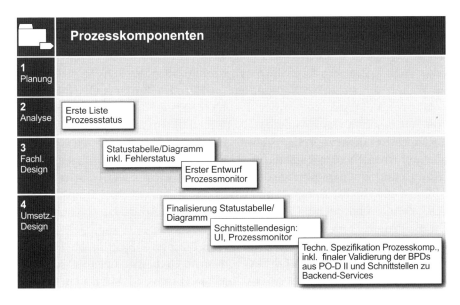

Abb. 7–102 Prozesskomponenten und SOAD

7.9 Säule I: Business-Objekte und Backend-Komponenten

Während die Prozesskomponente den Ablauf des Prozesses steuert, stellen Backend-Komponenten die für den Prozess benötigten Business-Objekte (BO) und Funktionen zur Verfügung. **Backend-Komponenten** werden dabei als **Sammelbegriff** für **Orchestrierungs- und Basiskomponenten** verstanden. Wie in Abschnitt 3.5 definiert, sind Basiskomponenten in der Regel daten- oder funktionszentrisch. Basiskomponenten können z.B. Services zur Verwaltung von Stammdaten (etwa Kundendaten und Stücklisten) oder Bewegungsdaten (etwa eine Angebotsanfrage) anbieten. Ein Beispiel für eine Orchestrierungskomponente ist eine Komponente zur Auswertung von Geschäftsregeln, beispielsweise die Bestimmung der Kreditwürdigkeit eines Kunden.

Wenn wir den Zusammenhang zwischen Backend-Komponenten und Business-Objekten verstehen wollen, müssen wir zunächst die Frage beantworten, *was genau ist eigentlich ein Business-Objekt?* Unser Verständnis ist, dass ein Business-Objekt zunächst einmal eine eindeutig identifizierbare fachliche Entität ist. Deren Struktur kann aus fachlicher Perspektive beispielsweise als UML-Klassendiagramm definiert werden. Technisch existiert ein Business-Objekt häufig in verschiedenen Ebenen. Es wird beispielsweise in einer relationalen Datenbank verwaltet, von COBOL-Programmen gelesen und gespeichert, von einer Middleware in XML umformatiert und in einem Java-Frontend angezeigt. Dementsprechend erfolgt die technische Strukturdefinition sowohl in Form von Datenbanktabellen, COBOL-Copybooks, XML-Schemas als auch Java-Klassen.

Aus Perspektive der SOA übernimmt idealerweise genau ein SOA-Service (präziser: eine SOA-Service-Komponente) die Kontrolle über den Lebenszyklus des Business-Objekts. D. h. über diese Komponente wird der Lifecycle des Business-Objekts zentral gesteuert. Über die Serviceschnittstellen der SOA-Service-Komponente können die zu dieser Komponente gehörenden Business-Objekte erzeugt, gesucht, gelesen und gelöscht werden. Häufig bietet die Komponente Schnittstellen an, die auf bestimmte Anwendungsfälle zugeschnitten sind. Beispielsweise wird eine Kunden-Komponente Schnittstellen anbieten, die Zugriff auf unterschiedliche Sichten auf einen Kunden ermöglichen (Abfrage der Kunden-Basisdaten, Abfrage der Adressinformationen, Abfrage der Kontakthistorie etc.). Der Transfer des Kunden-BOs zu und von der Komponente erfolgt in sogenannten Data Transfer Objects (DTOs), die alle relevanten Informationen (Basisdaten, Adressdaten, Kontakthistorie) beinhalten.

Abbildung 7–103 zeigt ein Beispiel für ein Business-Objekt in der SOA. Hier wird der Lifecycle des Business-Objekts von einem Orchestrierungs-Service verantwortet. Dieser prozessiert das Business-Objekt in Form von XML Daten. Das Business-Objekt setzt sich aus Daten zusammen, die in zwei unterschiedlichen Basis-Services verwaltet werden. Beispielsweise könnten die Adressinformationen in einem ERP-System liegen, die Kontakthistorie dagegen in einem CRM-System. Ein Frontend greift in diesem Beispiel auf das Kunden-BO zu, dabei wird das Kunden-BO als Java DTO gelesen und geschrieben.

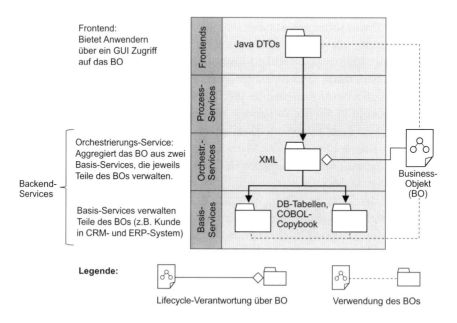

Abb. 7–103 *Business-Objekte in der SOA*

7.9.1 Vorgehen im Kontext SOAD und IBPM

Im Folgenden wollen wir uns anschauen, wie die Spezifikation von Business-Objekten und Backend-Services im Kontext der SOAD und der IBPM-Phasen erfolgt. Dabei unterscheiden wir zwei Situationen: die Neuentwicklung sowie die Erweiterung von Altanwendungen.

7.9.1.1 Neuentwicklung

Bei der Neuentwicklung müssen keine bestehenden Anwendungssysteme und Strukturdefinitionen für Business-Objekte berücksichtigt werden. In der IBPM-Phase SO-A (serviceorientierte Analyse) wird daher in der Regel zunächst einmal eine Liste der im Projektkontext wichtigen Fachbegriffe bzw. der Namen der bekannten Business-Objekte erhoben.

In der IBPM-Phase SO-D I (fachliches Design) werden zunächst die klassischen Prinzipien des objektorientierten Designs (OOD) angewendet, um ein fachliches Klassenmodell zu erarbeiten. Dieses definiert die Struktur der Business-Objekte unter Verwendung der etablierten OOD-Mechanismen, also Klassenbildung, Generalisierung, Definition der Beziehungen zwischen Klassen (Assoziation, Aggregation etc.). Das hier entstehende Klassenmodell berücksichtigt noch keine Umsetzungsaspekte, also insbesondere keine der Implikationen, die sich durch Verteilung ergeben.

Erst in der SO-D II (serviceorientiertes Umsetzungsdesign) werden diese Aspekte aufgegriffen: Im Umsetzungsdesign wird das fachliche Objektmodell auf ein verteiltes, SOA-basiertes Modell abgebildet. Dabei entstehen SOA-Service-Komponenten mit Schnittstellendefinitionen und DTOs (Data Transfer Objects). SOA-Service-Komponenten sind die »Owner« der Business-Objekte, sie unterstützen alle CRUD (Create, Read, Update, Delete)-Operationen, die notwendig sind. DTOs sind die Datenstrukturen, die als Input- bzw. Output-Argumente für die Operationen der SOA-Service-Interfaces verwendet werden; sie sind quasi eine »By Value«-Repräsentation der Business-Objekte. Beim Zuschnitt der DTOs und der entsprechenden Operationen müssen verschiedene Faktoren berücksichtigt werden. Bezüglich der **Identität** von Business-Objekten muss entschieden werden, welche Teilobjekte selber eindeutige IDs haben (z. B. Adresse) bzw. welche nur relativ zum Vater-Objekt eindeutig sind (z. B. Eintrag in der Kontakthistorie). Bezüglich der **Performance** der Schnittstelle spielen viele Faktoren eine Rolle. Generell sollte eine Operation nie zu viele oder zu wenige Daten in Form von DTOs zurückliefern. Zu häufiges Aufrufen feingranularer Operationen ist kritisch, da jeder Aufruf einen gewissen Overhead hat. Hier spielt insbesondere die sogenannte Network Latency eine wichtige Rolle, die zu einer Grundverzögerung je Aufruf führt. Ein Transfer zu großer Datenmengen ist aus verschiedenen Gründen genauso kritisch. Hier wird in der Regel versucht, Schnittstellen zu schaffen, die größere Datenmengen in Teilabschnitten transportieren (im Frontend »Paging«, auf Schnittstellenebene z. B. Iteratoren – wobei hier technisch das Offenhalten eines Datenbank-Cursors in einer

SOA-Schnittstelle vermieden werden sollte). Zur **Transaktionalität** und **Isolation** kommen wir noch im nächsten Abschnitt.

Abbildung 7–104 fasst das Vorgehen bei Neuentwicklungen noch einmal zusammen. In der SO-D I entsteht das fachliche Designmodell. In der SO-D II folgt das Umsetzungsdesign. Hier werden ausgezeichnete Klassen des fachlichen Designmodells den SOA-Service-Komponenten zugeordnet, die den Lebenszyklus der Instanzen dieser Klassen kontrollieren. Abhängig von Anwendungsfällen und Performance- sowie anderer Betrachtungen werden ausgewählte Klassen zu DTOs gruppiert, die von den SOA-Komponenten als Input- und Output-Argumente der Service Operationen verwendet werden.

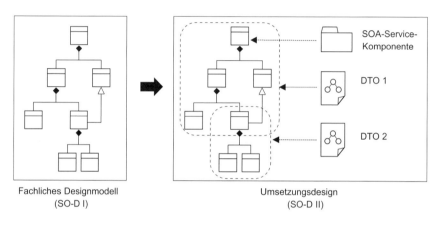

Abb. 7–104 *Vorgehen bei Neuentwicklung*

7.9.1.2 Erweiterung von Altsystemen

In der Praxis finden heutzutage nur noch wenige Entwicklungsprojekte auf der grünen Wiese statt. Stattdessen müssen bestehende Altsysteme erweitert oder eingebunden werden. Eine sehr typische Ausgangssituation ist, dass eine bestehende Funktionalität erweitert werden muss, ohne dass die Kernanwendung selber verändert werden darf.

In diesem Falle weicht das Vorgehen von dem oben beschriebenen Vorgehen ab (siehe Abb. 7–105). In der SO-A (serviceorientierte Analyse) erfolgt zunächst eine Analyse der Altanwendung bzw. der von ihr bereitgestellten Schnittstellen. Daraus wird ein fachliches Ist-Modell erstellt. In der SO-D I (fachliches Modell) wird das Ist-Modell erweitert bzw. angepasst, um die neuen Anforderungen zu erfüllen. Dabei müssen die technischen Möglichkeiten bzw. mögliche Einschränkungen im Hinterkopf behalten werden. Das Ergebnis ist das fachliche Soll-Modell. In der SO-D II (Umsetzungsdesign) wird dieses Soll-Modell dann auf das Umsetzungsdesign abgebildet. Dabei werden die Altanwendungen als Basis-Services eingebunden, die deren Funktionalität kapseln. Außerdem werden neue Basis-Services geschaffen, die die zusätzlichen Informationen aufnehmen. Darüber werden Orchestrierungs-

7.9 Säule I: Business-Objekte und Backend-Komponenten

Services gelegt, die eine konsolidierte Sicht auf die Business-Objekte geben und ihren Lebenszyklus verwalten. Diese Orchestrierungs-Services sind auch dafür zuständig, ggf. redundante Informationen zwischen den Systemen zu synchronisieren, Mappings zwischen unterschiedlichen IDs zu verwalten etc.

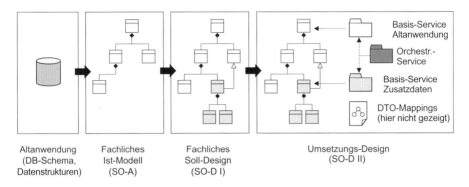

Abb. 7–105   *Vorgehen bei Erweiterung von Altanwendungen*

Im Folgenden ist ein kurzes Beispiel für die Erweiterung einer Altanwendung gegeben (siehe Abb. 7–106). Das Beispiel geht davon aus, dass der Bestellprozess in

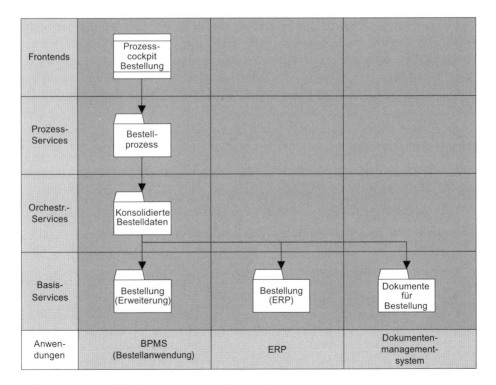

Abb. 7–106   *Beispiel für die Erweiterung einer Altanwendung*

einem Unternehmen durch ein neues Frontend optimiert werden soll. Eine Altanwendung (ein ERP-System) bildet derzeit den Bestellprozess ab. In dem neuen Frontend sollen zusätzliche Informationen zur Bestellung verwaltet werden können, inkl. Dokumenten-Attachments. Da das ERP mittelfristig ersetzt werden soll, darf keine Weiterentwicklung im ERP-Kern stattfinden. Daher werden die Zusatzinformationen einem neuen Basis-Service »Bestellung (Erweiterung)« im BPMS verwaltet, die Dokumenten-Attachments werden im Dokumentenmanagementsystem (DMS) abgelegt. Ein neuer Orchestrierungs-Service »Konsolidierte Bestelldaten« bietet eine einheitliche Sicht auf die Bestellungen. Der Orchestrierungs-Service übernimmt auch das Anlegen neuer Bestellungen in den beteiligten Systemen.

7.9.2 Transaktionen und Datenintegrität

Eines der schwierigsten Probleme bei der Umsetzung von Anwendungsprojekten ist es sicherzustellen, dass die Daten in der Anwendung konsistent sind – zumindest dort, wo dies eine Anforderung ist. Das klassische Beispiel ist die Durchführung einer Buchung, die zwei Einzelbuchungen umfasst. Die Anwendung muss sicherstellen, dass die Buchung entweder komplett oder gar nicht durchgeführt wird. Die Ergebnisse der ersten Einzelbuchung dürfen nicht sichtbar sein, bevor nicht auch die zweite Einzelbuchung erfolgreich durchgeführt wurde. Schlägt die zweite Buchung fehl, dürfen auch die Ergebnisse der ersten Buchung nicht dauerhaft gespeichert werden, sondern müssen rückgängig gemacht werden. In der Informatik hat man für diese Art von Problem das Konzept der **Transaktionen** entwickelt. Eine Transaktion ist eine »*Alles oder nichts*«-Aktion, deren Ergebnis erst ganz am Ende der Aktion für alle sichtbar gemacht wird. Die internen Zwischenzustände (also z. B. Haben-Buchung erfolgt, Soll-Buchung noch nicht) dürfen für niemanden außerhalb der Transaktion sichtbar sein. Um dies sicherzustellen, hat man das sogenannte **ACID-Transaktionskonzept** entwickelt:

- **Atomicity**: Eine Menge von Arbeitsschritten wird ganz oder gar nicht ausgeführt.
- **Consistency**: Die Transaktion stellt den Übergang von einem konsistenten Zustand der Daten in einen anderen, ebenfalls konsistenten Zustand sicher.
- **Isolation**: Die Zwischenstände einer Transaktionen sind nach außen nicht sichtbar.
- **Durability**: Alle Änderungen sind selbst bei Systemfehlern, die während der Transaktion passieren, sicher gespeichert.

In der Praxis werden die **ACID-Anforderungen** sehr häufig aufgeweicht, z. B. aus Performance-Gründen. Manchmal kann man es nicht verhindern, dass Teilschritte nach außen sichtbar durchgeführt werden (Aufweichung der Isolation) oder Teilaktionen unabhängig von der Gesamtaktion durchgeführt werden (Aufweichung der Atomicity).

Insbesondere in **verteilten Systemen** (also z. B. zwei Anwendungen mit jeweils eigener Datenbank) ist es nahezu unmöglich, mit vertretbaren Kosten ACID-Transaktionen umzusetzen. Das sogenannte **Two-Phase-Commit (2PC)** beschreibt zwar eine Möglichkeit, verteilte ACID-Transaktionen umzusetzen, indem eine neutrale Instanz das Zusammenspiel der verschiedenen Teilnehmer der Transaktion koordiniert [GR92]. In der Praxis ist dieser Ansatz aber extrem aufwendig und oft technisch nicht umsetzbar. Insbesondere die Integration von Anwendungen in eine verteilte Transaktion (also 2PC) ist nahezu unmöglich, wenn diese nicht explizit auf Unterstützung von 2PC ausgerichtet sind, was fast nie der Fall ist. Wir werden daher später einige alternative Ansätze diskutieren.

7.9.2.1 BPM und Isolation bzw. Sperren

In klassischen Datenbankanwendungen mit kurzen Transaktionen werden Sperren verwendet, um das I in ACID zu erzwingen. Beispielsweise kann die Datenbank eine Sperre (Lock) auf Datensätzen setzen, die in einer Transaktion verändert wurden. Diese Sperre wird erst am Ende der Transaktion aufgehoben, davor darf keine andere Transaktion mehr auf den veränderten Datensatz zugreifen.

Schon innerhalb einer Datenbank können Sperren zu Problemen führen (dem berühmten Datenbank-»Deadlock« etwa, wenn zwei Transaktionen jeweils auf die Freigabe eines Datensatzes warten, der von der anderen Transaktion gelockt wird). In langlebenden Prozessen bzw. Workflows werden daher fast ausschließlich fachliche Sperren verwendet, d.h. nicht die internen Sperrmechanismen der Datenbank, sondern gezielt für ein spezifisches Anwendungsproblem geschaffene Mechanismen. Beispielsweise kann die Erlaubnis zur Bearbeitung einer Bestellanforderung vom Prozessfluss gesteuert werden – nach der Erstellung durch den Antragsteller kann die BANF immer nur durch denjenigen bearbeitet werden, der gerade einen aktuellen Task bezüglich der BANF hat (Freigabe, Überarbeitung, Überführung in Bestellung, etc). In diesem Beispiel wird also der Task als »Token« verwendet, das die Bearbeitung erlaubt. Dies funktioniert gut, aber nur solange, wie sichergestellt ist, dass keine parallele Bearbeitung von Tasks erfolgt. Nehmen wir an, dass die fachliche und kaufmännische Freigabe der BANF gleichzeitig erfolgen, d.h. zwei auf der BANF operierende Tasks aktiv sein können. In diesem Fall ist nicht klar geregelt, wer wann die BANF verändern darf. Hierfür könnte beispielsweise explizit eine Sperre auf die BANF gesetzt werden. Diesen Ansatz nennt man **Pessimistic Locking**. Hierbei wird das Objekt während der Bearbeitung für andere Zugriffe gesperrt. Alternativ kann beim Speichern jeweils geprüft werden, ob es Zugriffskonflikte gegeben hat. Dieser Ansatz wird als **Optimistic Locking** bezeichnet. Hierbei wird das Objekt während der Bearbeitung nicht für andere Zugriffe blockiert, aber vor dem späteren Schreibversuch wird überprüft, ob der Datensatz noch aktuell ist. Diese Überprüfung erfolgt normalerweise nicht durch Vergleich aller einzelnen Datenelemente, sondern über eine speziell dafür vorgesehene Versionsnummer oder einen Zeitstempel.

7.9.2.2 Transaktionen und BPMN

Auch die BPMN-Spezifikation hat sich des Themas Transaktionen angenommen. Wird in einem BPMN-Diagramm eine Aktivität mit doppeltem Rand dargestellt, dann bedeutet dies, dass sie transaktional ist (siehe Beispiel in Abb. 7–107). Eine Transaktion wird durch ein Cancel Event abgebrochen, in der Abbildung als Kreis mit »X« am Rand der transaktionalen Aktivität dargestellt.

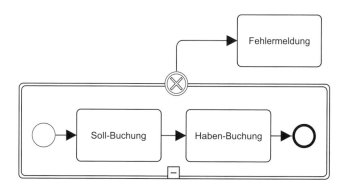

Abb. 7–107   *Beispiel für eine Transaktion in BPMN*

Die BPMN-2.0-Spezifikation ist allerdings teilweise relativ schwammig, was die Semantik von Transaktionen in BPMN, insbesondere die Modellierung und das Verhalten von verteilten Transaktionen, angeht. Ein Beispiel dafür zeigt die folgende Abbildung 7–108.

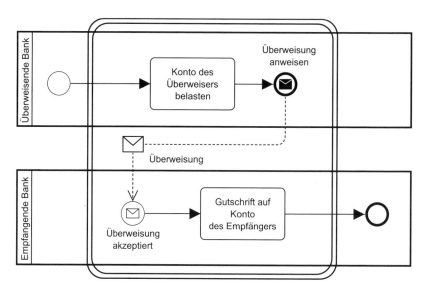

Abb. 7–108   *(Nicht ganz korrektes) Beispiel für eine verteilte Transaktion in BPMN*

Abbildung 7–108 zeigt eine Überweisung zwischen zwei Banken als verteilte Transaktion. Gemäß BPMN ist jede Bank als eigener Pool dargestellt. Die überweisende Bank belastet das Kundenkonto, von dem die Überweisung ausgeht. Dann wird die empfangende Bank angewiesen, das Geld dem Zielkonto gutzuschreiben. Leider hat dieses Beispiel **einige Fehler**. Erstens impliziert BPMN zwar, dass eine Aktivität mit doppeltem Rahmen eine verteilte Transaktion ist. Allerdings dürfen Aktivitäten nicht eine Lane bzw. einen Pool überschreiten, wie es hier dargestellt ist. Das heißt, dieses Beispiel ist syntaktisch falsch, obwohl von der Intention her richtig. Zweitens ist es komplett unrealistisch, dass zwei Banken ihre bestandsführenden Systeme für eine verteilte Transaktion über ein 2PC-Protokoll zu einem externen Partner öffnen. Es ist insgesamt unwahrscheinlich, dass Partner in einer B2B-Transaktion über 2PC miteinander kommunizieren. Drittens sieht der fachliche Gesamtprozess einer Überweisung in der Realität komplett anders aus: Überweisungen werden nicht direkt zwischen Banken durchgeführt, sondern über ein Clearing House, das im Tagesgeschäft die verschiedenen Buchungen mitprotokolliert und dann erst am Ende des Geschäftstags ein »End of Day Settlement« durchführt, in dem alle Buchungen gegeneinander aufgerechnet werden, um die Geldflüsse zu minimieren.

7.9.2.3 Alternativen zu Transaktionen

Aufgrund der mannigfaltigen Probleme mit verteilten Transaktionen muss man in BPM-Projekten häufig alternative Ansätze befolgen, um die Konsistenz der Daten im System sicherzustellen und mit Fehlersituationen umzugehen.

Ein häufiges Problem sind Kommunikationsprobleme zwischen verteilten Anwendungskomponenten. Bekommt der Client keine Antwort vom Server auf seine Anfrage, dann kann er – solange keine Transaktionsklammer existiert – nicht entscheiden, ob die Anfrage ausgeführt wurde oder nicht. Ein erneutes Senden der Anfrage kann dann problematisch sein, wenn der Server die erste Anfrage erhalten und verarbeitet hat, es beim Senden der Antwort aber zu einem Fehler kam. In diesem Fall würde ein erneutes Senden der Anfrage dazu führen, dass diese noch einmal vom Server ausgeführt wird, was beispielsweise im Falle einer Buchung sehr problematisch wäre. Hier kann man sich allerdings sehr einfach mit dem Mittel der sogenannten **Idempotenz** behelfen, ohne gleich in den Aufbau einer Transaktionsinfrastruktur investieren zu müssen. Eine idempotente Operation kann vom Client ohne Probleme mehrfach aufgerufen werden. Dies kann beispielsweise durch die Verwendung einer einfachen Sequenznummer erreicht werden. Bekommt der Server eine Anfrage mit einer Sequenznummer, die er bereits erfolgreich verarbeitet hat, so kann er diese Anfrage ignorieren.

Eine weitere mögliche Alternative zu verteilten Transaktionen ist die Verwendung von **Kompensationsmechanismen**. Eine Kompensation macht eine bereits ausgeführte Aktion fachlich rückgängig. Die kompensierende Aktion für eine Haben-Buchung ist eine Soll-Buchung auf dem gleichen Konto in gleicher Höhe. BPMN unterstützt die Modellierung von Kompensationsmechanismen durch verschiedene Symbole. Eine Aktivität in BPMN kann auf dem Rand mit einem Kompensationsereignis versehen werden. Das Kompensationsereignis sieht aus wie ein Rückspulsymbol auf einem Kassettenrecorder (falls man in Zeiten von MP3 und iPhone ein solches Beispiel noch bemühen darf). Es zeigt auf eine kompensierende Aktivität, also eine fachliche Umkehraktion für die erste Aktivität. Die kompensierende Aktivität wird durch das Kompensationsereignis ausgelöst.

Abbildung 7–109 zeigt hierfür ein Beispiel. Für eine Reise wird entweder ein Flug oder ein Zug gebucht. Wird danach die Reise abgebrochen, muss diese Buchung rückgängig gemacht werden. Das heißt, die Idee ist, dass der Kompensationsmecha-

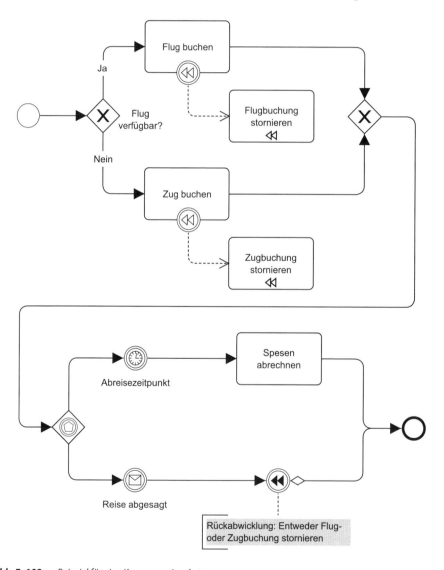

Abb. 7–109 *Beispiel für eine Kompensationskette*

nismus des BPMS dafür sorgt, dass der Prozess »zurückgespult« wird (womit das Beispiel vom Kassettenrecorder doch einen Sinn ergibt), indem die auf dem ursprünglich beschrittenen Weg liegenden Kompensationsaktionen ausgeführt werden.

Das Kompensationskonzept in BPMN soll helfen, eine logische Rückabwicklung für einen Teilabschnitt eines Prozesses ohne verteilte Transaktionen bzw. 2PC durchzuführen. In der Praxis funktionieren fachliche Prozesse so nur sehr selten: Eine fachliche Rückabwicklung bzw. Stornierung ist in der Regel wiederum ein komplexer fachlicher Prozess, der nicht auf eine einfache Kompensationsaktivität reduziert werden kann. Auch die vollautomatisierte technische Rückabwicklung eines teilweise abgelaufenen Prozesses, wie es vom Kompensationsmechanismus in BPMN impliziert ist, wird in der Praxis »auf Knopfdruck« nur selten funktionieren. Daher sollte man hier vorsichtig sein und sich nicht zu stark auf dieses Feature in BPMN verlassen.

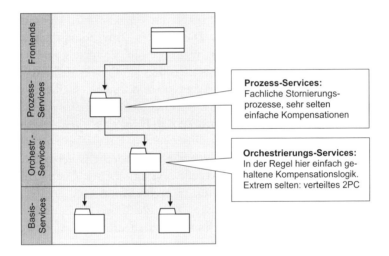

Abb. 7–110 Einordnung von Kompensationen in der SOA-Architektur

Warum wird das Thema Kompensationsmechanismen in diesem Buch eigentlich in den Bereich der Backend-Komponenten eingeordnet und nicht in den Bereich der Prozesskomponenten? Die folgenden Aussagen mögen nicht unumstritten sein, aber die Autoren dieses Buches glauben, dass Kompensationsmechanismen in der Regel eher sinnvoll in automatisierten Orchestrierungs-Services verwendet werden, als in langlebigen Prozessen im Prozess-Layer. Wir denken, dass einfache Kompensationsmechanismen durchaus sinnvoll sein können, um Fehlerfälle in einer Orchestrierung über zwei oder mehrere Basis-Services zu behandeln. Ein »Zurückspul-Mechanismus« wie ihn BPMN impliziert, wird aber auf der Ebene fachlicher Prozesse nur selten umsetzbar sein. In der Regel führen Probleme in fachlichen Prozessen zu neuen fachlichen Prozessen, die mit diesen Problemen umgehen. Beispielsweise wird ein Problem mit einer Lieferung zur Auslösung eines Stornierungsprozesses führen, der nicht 1:1 einem Zurückspulen des ursprünglichen Prozesses entspricht. Dieser Prozess muss mit Gutschriften und den entsprechenden Buchhaltungstransaktionen umgehen können. Das ist auch der Grund, warum das Thema Kompensation in dieser Säule und nicht in der vorhergehenden Säule – also auf dem Prozess-Layer – aufgehängt ist; wobei hier Ausnahmen sicherlich die Regel sein werden und wir uns auf eine rege Diskussion zu diesem Thema unter *www.enterprise-bpm.org* freuen.

Auch die konsequente Umsetzung von Kompensationsmechanismen in einem BPM-Projekt kann sehr teuer sein. Abhängig von der Kritikalität des Prozesses wird man daher individuell entscheiden, an welchen Stellen Fehlerfälle tatsächlich durch kompensierende Transaktionen automatisch behoben werden sollen. In der **Mehrheit der Projekte** wird man feststellen, dass aus **Kostengründen** die Umsetzung von **Kompensationsmechanismen** zur automatischen Fehlerbehebung **gar nicht oder nur punktuell** erfolgen wird (auch hier: Gegenteilige Erfahrungen bitte unbedingt posten).

Eine häufig eingesetzte Minimallösung zum Umgang mit Fehlerfällen ist die Verwendung von **Log-Informationen**. Die meisten Anwendungsplattformen wie J2EE bieten heute umfangreiche Unterstützung für die Erstellung und Analyse von System-Logs zur Laufzeit. Da diese Logs allerdings häufig sehr viel und sehr technische Informationen beinhalten, kann es sinnvoll sein, einen zusätzlichen fachlichen Log-Mechanismus zu schaffen, in dem tatsächlich nur die fachlich wichtigen Informationen (z. B. *»Soll-Buchung auf Konto XYZ in Höhe von 100 Euro durchgeführt am 1.2.2010 von Nutzer PQR*) protokolliert werden. Ein solches fachliches Log ist nicht sehr aufwendig und kann eine wertvolle Hilfe bei der Behebung von Problemen im System sein. Eine weitere wertvolle Investition kann eine fachliche Recovery-Konsole sein, über die der Administrator Probleme nach Fehlerfällen lösen kann. Beispielsweise könnte eine Recovery-Konsole für ein Buchungssystem erlauben, einzelne Soll- oder Haben-Buchungen durchzuführen, auch wenn dieses eigentlich den Regeln der doppelten Buchführung widerspricht. Aber gerade nach einem Problem mit einer Doppelbuchung kann der Administrator so – beispielsweise auch in Kombination mit dem fachlichen Log – sehr schnell auf fachliche Inkonsistenzen reagieren.

Abbildung 7–111 fasst noch einmal die widersprüchlichen Zielfaktoren Umsetzungskosten und Datenintegrität zusammen.

7.9 Säule I: Business-Objekte und Backend-Komponenten

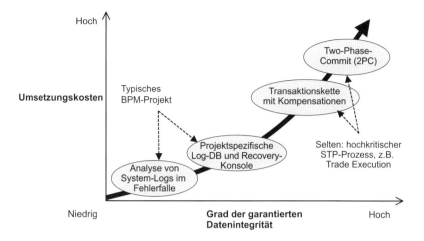

Abb. 7–111   Umsetzungskosten vs. garantierte Datenintegrität

7.9.3 Querschnittsthemen

Bisher haben wir uns im Kontext der Backend-Services allgemein auf das Thema Business-Objekte fokussiert. **Dokumente** repräsentieren eine weitere Klasse von Daten, die im Kontext BPM sehr wichtig sind. Ein Dokument kann dabei ein klassisches Office-Dokument sein, ein eingescanntes Schriftstück oder auch ein webbasiertes Dokument. Die Grenze zwischen Dokumenten und Business-Objekten kann fließend sein: Ist eine Rechnung beispielsweise ein Business-Objekt oder ein Dokument? Eine der größten Herausforderungen ist in diesem Kontext die sachliche Zuordnung von Dokumenten zu Vorgängen, Prozessen, Stamm- oder Bewegungsdaten, was eine Voraussetzung für die weitere Verarbeitung der Dokumente ist. Im Kontext der Säule I des IBPM-Frameworks muss die **strukturelle Zuordnung** zwischen Dokumenten und Business-Objekten definiert werden. Beispielsweise muss sichergestellt werden, dass eine Bestellung nicht nur die Bestellpositionen als Datenobjekte beinhaltet, sondern dass der Bestellung auch eine Menge von relevanten Dokumenten zugeordnet werden kann, beispielsweise Angebote verschiedener Anbieter. Das Thema Dokumentenmanagement selber beinhaltet aber natürlich mehr als nur die Perspektive von Backend-Services zur Verwaltung von Dokumenten. Sie finden eine umfassendere Betrachtung des Themas in Abschnitt 7.11.1.

Ein weiteres wichtiges Querschnittsthema ist der Bereich des Master Data Management bzw. der Stammdatenverwaltung. **Stammdaten** – beispielsweise die zentrale Kundenadressliste – sind ein wichtiger Input für viele Prozesse. Im Kontext der Säule I des IBPM-Frameworks muss der Bedarf an Stammdaten in einem BPM-Projekt klar identifiziert werden. Die Verwaltung und Bereitstellung der benötigten Stammdaten ist dabei meistens ein gesondertes Thema, das über die reine Backend-Service-Thematik hinausgeht. Eine umfassendere Betrachtung des Themas finden Sie in Abschnitt 7.11.2.

7.9.4 Business-Objekte/Backend-Komponenten und SOAD

Kommen wir wie immer zur abschließenden Einordnung des Themas in das IBPM-Framework:

- Planung: In der Planungsphase ist es wichtig, den Scope der relevanten Business-Objekte und Backend-Systeme sauber zu definieren. In unserem BANF-Beispiel könnte das z.B. die Menge der relevanten Produktgruppen sein.
- Analyse: In der Analysephase muss für funktional neue Bereiche eine fachlich vollständige Liste der Fachbegriffe bzw. Business-Objekte erstellt werden. Für zu integrierende Altanwendungen muss ein Modell der Ist-Datenstrukturen aus bestehenden Schnittstellen oder Datenbankstrukturen abgeleitet werden.
- Fachliches Design: Im SO-D I (fachliches Design) werden die Datenmodelle komplettiert und eine **Zuordnung der Business-Objekte zu den Backend-Services** erstellt (z.B. als Tabelle). Dies beinhaltet auch die Zuordnung von Dokumenten zu Datenobjekten (und damit implizit zu Prozessen und Vorgängen).
- Umsetzungsdesign: Im SO-D II (Umsetzungsdesign) werden die fachlichen Objektmodelle auf Komponenten und DTOs abgebildet. Die fachlichen und technischen Spezifikationen der Backend-Komponenten und der von ihnen angebotenen Services werden finalisiert; dabei werden Problematiken wie transaktionale Konsistenz, Kompensierung, Logging und Fehlerbehandlung im Backend mit berücksichtigt.

Abbildung 7–112 zeigt noch einmal die Entstehung der relevanten Artefakte in der Säule I.

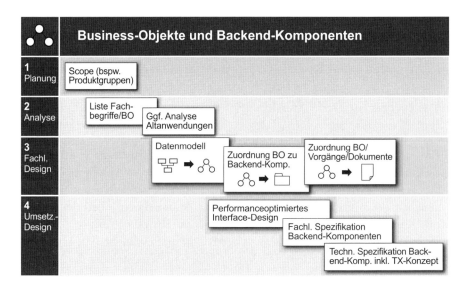

Abb. 7–112 *Business-Objekte und Backend-Komponenten im IBPM-Framework*

7.10 Säule J: Technische Architektur und Infrastruktur

Nachdem wir nun in den ersten 9 Säulen des IBPM-Frameworks das Zusammenspiel von Prozessdesign und SOA eher fachlich bzw. strukturell betrachtet haben, möchten wir nun noch das Thema der technischen Architektur (TA) und Infrastruktur für die Implementierung diskutieren. Diese Aspekte wollen wir in der zehnten und letzten Säule des IBPM-Frameworks betrachten.

7.10.1 Implementierungsalternativen

Die meisten Designansätze, die wir im Kontext POAD und SOAD bisher besprochen haben, sind per se zunächst einmal unabhängig von einem bestimmten Implementierungsansatz. Es kann durchaus sinnvoll sein, Teile des POAD- und SOAD-Ansatzes in einem klassischen Anwendungsentwicklungsprojekt zu übernehmen. Tatsache ist, dass bei einem signifikanten Anteil von BPM-Projekten anfänglich die nicht zu vernachlässigenden Anfangsinvestitionen in BPM-Infrastruktur vermieden werden und nach leichtgewichtigen Ansätzen Ausschau gehalten wird. Natürlich sollte man hier wiederum nicht versuchen, seine eigene BPM-Infrastruktur zu implementieren – man wird ja heute auch nicht mehr ein Datenbankmanagementsystem oder ein objektrelationales Framework in einem Fachprojekt selber bauen wollen. Aber es kann durchaus interessante Mischformen von BPMS-basierter und klassischer Anwendungsarchitektur geben, wie wir im Folgenden zeigen werden.

7.10.1.1 BPMS, BRMS, ESB

Die Entscheidung für den Einsatz eines Business Process Management System (BPMS) – und ggf. einem Business Rule Management System (BRMS) und einem Enterprise Service Bus (ESB) – hängt von vielen verschiedenen Faktoren ab.

Der erste wichtige Faktor ist, welche Infrastruktur und Skill-Kapazitäten einem ggf. von einer übergeordneten Stelle zur Verfügung gestellt werden. Der zweite wichtige Faktor betrifft die spezifische Beschaffenheit der Prozesse, die im Scope des Projekts sind. Wir haben beispielsweise in Kapitel 2 die Unterscheidung zwischen Straight Through Processing, entscheidungsintensiven Prozessen und dem wenig strukturierten Case Management getroffen. Fällt das Projekt klar in einen dieser drei Bereiche, dann sollte nach Möglichkeit auch die entsprechende BPM-Technologie gewählt werden, also ein **integrationszentrisches, anwenderzentrisches** oder **dokumentenzentrisches BPMS**. Man wird hier nicht immer die Wahlfreiheit haben, sollte diese Aspekte aber zumindest in die Entscheidung mit einbeziehen. Manchmal wird man allerdings auch feststellen, dass das Projekt gar nicht ganz klar in eine dieser drei Kategorien eingeordnet werden kann. Nehmen wir nur das Beispiel eines Bestellprozesses: Dieser muss wahrscheinlich mit verschiedenen Altsystemen integriert werden, er muss in der Lage sein, die für den Prozess relevanten Dokumente wie z.B. Angebote zu verwalten und er muss für die verschiedenen Bearbeitungsschritte auf ein User Task Management aufsetzen. Ist kein BPMS verfügbar, das alle Anforderungen erfüllt, dann müssen die Schwerpunkte des Projekts identifiziert und bei der Technologieauswahl besonders berücksichtigt werden.

Ein weiterer wichtiger Aspekt ist, dass eine **zu strikt prozesszentrische Umsetzungsperspektive** in vielen Projekten **kontraproduktiv** sein kann. Sehr viele Projekte kombinieren Aspekte klassischer Fachanwendungen, wie wir sie beispielsweise aus dem ERP-Umfeld kennen, mit den Aspekten eines BPM-Projekts. Ersteres fokussiert stark auf komplexe Datenstrukturen und User Interfaces zur Bearbeitung dieser Strukturen, letzteres dagegen auf die Prozessführung. Häufig – wenn nicht sogar meistens – wird man eine Kombination aus beiden Sichten benötigen. Der hier beschriebene SOAD-Ansatz berücksichtigt daher auch alle drei Bereiche: Das IBPM-Framework beinhaltet jeweils eine Säule für User Interfaces, Prozesskomponenten und datenzentrische Backend-Services. Im Folgenden werden wir uns konsequenterweise noch einmal ganz kurz die klassische Anwendungsentwicklung und das Thema MDD (Model Driven Development) anschauen, bevor wir dann mögliche Hybridansätze diskutieren.

Vorher aber noch ein letztes Wort an dieser Stelle zu den Themen BRMS und ESB, die ja neben dem BPMS als weitere Kernbausteine einer Enterprise SOA gelten. Die notwendigen Investitionen in beide Technologien sollten nicht unterschätzt werden. Wenn das BPM-Projekt weder auf eine bestehende Infrastruktur zugreifen kann noch Pilotcharakter mit Schwerpunkt auf den Aufbau einer solchen Infrastruktur hat, dann ist generell von dem Einsatz abzuraten. In diesem Fall ist es besser, auf die Fachlichkeit des Projekts zu fokussieren, und diese mit einfacheren Mitteln umzusetzen. Ein SOA-zentrischer Ansatz setzt keinen ESB voraus, der Schwerpunkt sollte ohnehin auf dem Zuschnitt der Interfaces und der logischen Schichtung gemäß SOA-Schichtenarchitektur liegen. Viele Aspekte des Business Rule Management lassen sich ebenfalls mit einfacheren Mitteln umsetzen. Gerade die Trennung von Prozesslogik und Entscheidungslogik ist primär ein architektonisches Problem und setzt kein BRMS voraus. Häufig bietet auch schon das BPMS rudimentäre Unterstützung für Geschäftsregeln. Es gibt aber auch andere Fälle, bis hin zu einer Situation, bei der man sich aufgrund der hohen Komplexität der Geschäftsregeln für ein BRMS entscheidet, aber beispielsweise aufgrund der geringen Anforderungen an das Prozessmanagement gegen ein BPMS. Aber dies wäre dann wahrscheinlich auch kein Projekt, das gut in das IBPM-Framework passt.

7.10.1.2 BPM-Standards

Soll bei der Umsetzung mit dedizierter BPM-Technologie gearbeitet werden, dann spielt das Thema Standards eine wichtige Rolle. Mit BPMN haben wir bereits einen wichtigen Standard zur Modellierung von Prozessen kennengelernt. Zwei weitere wichtige Standards im Bereich der Definition ausführbarer Prozessmodelle sind XPDL (XML Process Definition Language) sowie BPEL (Business Process Execution Language). Während XPDL von der Workflow Management Coalition definiert wird, ist BPEL Teil der WS-* Spezifikation, die von OASIS definiert wird.

XPDL ist eine graphorientierte Sprache, während BPEL blockorientiert ist. Der graphorientierte Ansatz von XPDL erleichtert die Unterstützung von BPMN. BPEL fokussiert stark auf die Orchestrierung von Webservices, während sich XPDL eher auf die Ausführung von Aufgaben durch Menschen konzentriert. Beides sind Standards, die keinen starken Fokus auf die Visualisierung der Prozessmodelle legen, sondern eher auf die technische Definition von Prozessmodellen, die zwischen Prozess-Engines ausgetauscht werden können.

Neben BPMN, XPDL und BPEL gibt es noch eine Menge anderer Standards im BPM-Umfeld, beispielsweise BPEL4People, BMM, SBVR und ebBP. Für Nicht-Insider ist es häufig schwierig, die Relevanz verschiedener Standards einzuschätzen. Dr. Stefan Junginger, den wir im Folgenden interviewt haben, konnte als langjähriger Vorstand der BOC-Gruppe und Produktmanager für das Business Process Analysis (BPA) Tool **ADONIS** sehr viel Erfahrung in diesem Umfeld sammeln. In seiner heutigen Funktion beschäftigt er sich immer noch mit dem Thema, nun aber aus Anwenderperspektive.

> **Dr. Stefan Junginger, Leiter Softwareentwicklung, BG-PHOENICS GmbH**
>
> **Dirk Slama:** Herr Junginger, was sind die aus Ihrer Sicht relevanten BPM-Standards und was kann man von ihnen erwarten?
>
> **Stefan Junginger:** Die prominentesten BPM-Standards sind aus meiner Sicht BPMN für die Prozessmodellierung sowie XPDL und BPEL zum Austausch von Prozessmodellen. Gelegentlich wird als Quasi-Standard für die fachliche Geschäftsprozessmodellierung noch EPK genannt. Die Arbeiten der seit 1993 bestehenden Workflow Management Coalition haben – abgesehen von XPDL – heute leider einen geringen Bekanntheitsgrad. Generell muss man sagen, dass wir im BPM-Bereich noch recht weit von der Popularität und Akzeptanz von Standards wie UML, Entity-Relationship-Modellierung und SQL entfernt sind. Jedoch normieren Standards immer auch Terminologie, was zumindest die Begriffsverwirrung reduziert. Im Hinblick auf die Interoperabilität zwischen Produkten sollte man nicht zu viel erwarten.
>
> **Dirk Slama:** Wie schätzen Sie die Prozessmodellierungsstandards ein?
>
> **Stefan Junginger:** EPK sind im deutschsprachigen Raum recht weit verbreitet, haben aber aufgrund ihrer optischen Komplexität und einer zum Teil unklaren Ablaufsemantik oft ein Akzeptanzproblem. Wenn sich eine Prozessmodellierungssprache durchsetzt, wird dies nach meiner Einschätzung BPMN sein. Allerdings wird BPMN mit jeder neuen Version komplexer. Betrachtet man allein die hohe Anzahl an verschiedenen grafischen Elementen kann ich mir nicht vorstellen, dass Fachabteilungen BPMN in seiner Gesamtheit für die Kommunikation über Geschäftsprozesse akzeptieren. Ich hoffe deshalb sehr, dass die im Rahmen von BPMN 2.0 geplanten Konformitätsklassen ihren Eingang in den Standard finden. Diese Konformitätsklassen definieren Teilmengen der BPMN-Sprachelemente für die unterschiedlichen Zwecke der Prozessmodellierung.[2]

---

2. Siehe hierzu auch Abschnitt 7.1.7.2 Modellprofile.

Auf der anderen Seite wird für die technische Prozessmodellierung eine ausdrucksstarke Sprache benötigt, und dem versucht die OMG durch BPMN durchaus erfolgreich Rechnung zu tragen. Skeptisch bin ich allerdings beim Austausch von Prozessmodellen zwischen Produkten, sei es mit BPMN, XPDL oder auch BPEL.

Dirk Slama: Woher rührt Ihre Skepsis?

Stefan Junginger: Der Austausch von fachlichen Prozessmodellen über BPMN – und BPMN 2.0 soll ja auch ein Dateiformat standardisieren – wird meines Erachtens weitgehend funktionieren, die Hersteller werden sich nicht erlauben können, dies nicht zu unterstützen. Auf der Ausführungsebene, also beim Austausch von idealerweise ausführbaren Prozessmodellen, gibt es jedoch vielfältige Probleme: Die BPM-Hersteller differenzieren sich über unterschiedliche Funktionalitäten ihrer Produkte. Ein signifikanter Teil dieser Funktionalitäten findet sich in den Prozessmodellen und genau diese Definitionen können dann nicht übertragen werden. Dies wird auch BPMN 2.0 nicht lösen, genauso wenig wie die bereits verfügbaren Standards BPEL und XPDL. Zusätzlich ist BPEL mit seinem derzeitigen Sprachumfang für ein ganzheitliches BPM nicht ausreichend mächtig, deshalb unterstützen viele BPM-Hersteller nur XPDL. Auch muss man klar sagen, dass das reine Erstellen der Prozessdefinition bei der Realisierung einer BPM-Lösung einen vergleichsweise geringen Aufwand erfordert. Die großen Aufwände stecken in der fachlichen Klärung dessen, was benötigt wird, im technischen Design und außerdem oft in der technischen Integration der benötigten Fachanwendungen.

Dirk Slama: Sie haben die Workflow Management Coalition erwähnt. Was ist von den dort erarbeiteten Ergebnissen zu halten?

Stefan Junginger: Das 1995 publizierte Reference Model der WfMC [WfMC95] ist nach wie vor aktuell. Leider ist die WfMC abgesehen von XPDL kaum noch aktiv. Durch Webservices und einige weitere technologische Entwicklungen haben sich glücklicherweise die Technologien zur Einbindung von Fachanwendungen in ausführbare Prozesse verringert; hier hatten wir vor zehn Jahren noch sehr viel mehr Komplexität. Beispielsweise werden aber immer mehr Organisationen in den nächsten Jahren gezwungen sein, auf ein neues BPM-Produkt zu migrieren, weil das derzeit eingesetzte nicht mehr weiterentwickelt wird. Hierfür sieht das Reference Model der WfMC unterschiedliche sogenannte »Interface Types« vor. So haben viele Organisationen basierend auf den APIs des jeweils gewählten BPM-Produkts eigene Clients für die Arbeitslisten entwickelt, aber es gibt leider keinerlei Standardisierung dieser APIs. Eine besondere Herausforderung ist auch die Migration von Prozessinstanzen langlaufender Prozesse von einem BPM-Produkt auf ein anderes. Dies sind meist sehr aufwendige Projekte. Generell rate ich, bei der Auswahl eines BPM-Produkts darauf zu achten, ob und welche APIs angeboten werden und dass diese APIs auch versionssicher sind.

Dirk Slama: Zum Abschluss noch ein Blick in die Zukunft. Wie werden sich nach Ihrer Einschätzung BPM-Standards entwickeln?

Stefan Junginger: Ich hoffe, dass BPMN nicht an seiner Komplexität zugrunde geht. Dann wird es sich nach meiner Einschätzung zumindest für die fachliche Prozessmodellierung durchsetzen. Sofern auch das Dateiformat von BPMN praktikabel ist, kann ich mir vorstellen, dass es XPDL und BPEL verdrängen wird; ansonsten werden Prozessmodelle weiter über XPDL ausgetauscht. Was weitere Aspekte der Interoperabilität zwischen Produkten angeht, bin ich wenig optimistisch, dafür hat BPM einfach zu viele Facetten.

7.10.1.3 Klassische Anwendungsentwicklung und modellgetriebene Entwicklung

Als mögliche Alternative oder Ergänzung zum Einsatz von BPM-Technologie bieten sich die klassischen Werkzeuge der Anwendungsentwicklung an, die auch für prozesszentrische Anwendungen verwendet werden können. Die Fortschritte, die im Bereich der Tools und Plattformen für die klassische Anwendungsentwicklung in den letzten Jahren gemacht wurden, sind beachtlich. Von Perl über C#/.Net bis hin zu Java und dem Eclipse-Umfeld sind hier Ecosysteme entstanden, die eine sehr hohe Produktivität bei der Entwicklung bieten (immer vorausgesetzt, man beherrscht die Komplexität dieser Umgebungen entsprechend). Befeuert wurde die Entwicklung in diesem Umfeld von der hohen Dynamik des Internets in den letzten Jahren, zuletzt beispielsweise im Bereich von Ajax und RIA (Rich Internet Applications). Auf diese Fähigkeiten will man im Bereich BPM nicht verzichten.

Ein weiterer wichtiger Aspekt in der klassischen Anwendungsentwicklung ist die modellgetriebene Entwicklung (MDD: Model Driven Development) bzw. die Model Driven Architecture (MDA). Nach dem üblichen initialen Hype und der daraufhin einsetzenden Ernüchterung erfreut sich der MDD/MDA-Ansatz heute einer großen Beliebtheit in Entwicklerkreisen [Heise10]. Gerade für klassische Anwendungen mit komplexen fachlichen Datenstrukturen und entsprechenden UIs für deren Manipulation bietet MDD/MDA eine hohe Produktivität und Stringenz in der Entwicklung. Basierend auf einem fachlichen Klassenmodell können mithilfe von MDD/MDA große Teile der Anwendungsentwicklung automatisiert werden, von der Persistenz über die Datenvalidierung bis hin zur semiautomatischen Erzeugung von User Interfaces.

Ein gutes Beispiel für die Kombination von MDD/MDA-Ansätzen mit klassischen Anwendungsplattformen (Java/Spring) und neuen Entwicklungen aus dem Internet (insbesondere RIA) ist **Grails**, eine Mischung aus Groovy (eine Java-Skriptsprache) und den Konzepten von »Ruby on Rails« (ein Web Application Framework). Grails ermöglicht – auch dank des zugrunde liegenden MDD/MDA Ansatzes – eine sehr hohe Produktivität für die Entwicklung von Web-2.0-basierten Anwendungen.

Hat eine Organisation bereits stark in den Aufbau einer entsprechenden Entwicklungs- und Laufzeitplattform investiert, inkl. dem Aufbau der benötigten Ressourcen und Fähigkeiten, dann muss genau untersucht werden, wie der BPM-Ansatz in dieses Umfeld passt. Welche Projekte sollten auf Basis der klassischen Anwendungsplattform umgesetzt werden, welche auf Basis von BPM? Oder ergibt es sogar Sinn, die beiden Ansätze zu verknüpfen? Genau dies wollen wir uns im Folgenden anschauen.

7.10.1.4 Hybrider Ansatz: BPMS & MDD

Klassische fachliche Anwendungen wie beispielsweise ein ERP-System sind häufig datenzentrisch. Das Backend ist auf die Verwaltung komplexer fachlicher Objektstrukturen ausgerichtet, die UIs sind entsprechend auf die Darstellung, Navigation und Manipulation dieser Objektstrukturen spezialisiert. Suchen und Filtern sowie die Darstellung und Bearbeitung von Objekten in Listen und Baumstrukturen sind wichtige Elemente der UI-Gestaltung (siehe Abschnitt 7.7.3). Prozesse sind nur schwach ausgeprägt und häufig nur implizit über den Status der fachlichen Objekte ersichtlich (siehe hierzu auch das Interview in Abschnitt 2.2.3). Die Implementierung von Prozesslogik basiert häufig auf einer (idealerweise expliziten, real häufig impliziten) Zustandsübergangsmatrix. Die Verfügbarkeit von Aktionen (z. B. in Form von »Action Buttons«) ist abhängig vom aktuellen Zustand des fachlichen Objekts. Wird eine Aktion ausgelöst, dann führt z. B. eine Java-Methode im Backend die entsprechenden Manipulationen der von der Aktion betroffenen Objekte aus und schaltet den Zustand des fachlichen Objekts gemäß der Zustandsübergangsmatrix weiter.

Der BPMS-Ansatz dagegen geht von einem durchgängigen Prozess aus, der die Kontrolle über den kompletten Ablauf hat. Der Prozess führt den Nutzer, er generiert entsprechende UI-Elemente (z. B. Tasks und Formulare), interagiert mit anderen Anwendungen über Webservices etc. Das bedeutet insbesondere auch, dass der Prozess für das »Aufbauen« komplexer Business-Objekte zuständig ist (z. B. das Hinzufügen von Bestellpositionen zur Bestellung durch den Anforderer), sowohl im UI als auch im Backend. In letzter Konsequenz bedeutet dies, dass man z. B. auf die Formulardesigner und die Validierungs- und Persistenzmechanismen des BPMS angewiesen ist und auf die Fähigkeiten von Frameworks wie dem oben beschriebenen Grails oder anderer MDD/MDA-Frameworks verzichten muss – es sei denn, das BPMS erlaubt eine Kombination mit solchen Frameworks. Ein solcher hybrider Ansatz kombiniert das Beste aus der Welt des BPMS mit den mächtigen Features modellgetriebener Web-2.0-Frameworks. Die Idee dabei ist, dass zunächst die Grundlage einer klassischen Anwendung geschaffen wird, die auf komplexen fachlichen Datenstrukturen und den entsprechenden UIs für die Basisnavigation und -manipulation basiert. Der Nutzer kann sich zunächst relativ frei in diesem UI bewegen. Bestimmte Aktionen des Nutzers starten dann Prozesse. Diese wiederum liegen dann vollständig in der Kontrolle des BPMS und können alle Vorteile des BPMS ausnutzen. Das heißt, die Nutzer werden innerhalb der Applikation vom BPMS durch die strukturierten Prozesse geführt, die integraler Teil der Applikation sind. Genau dafür wollen wir uns im Folgenden ein Beispiel anschauen.

Beispiel: Management von Lehrgängen bei einem Bildungsträger

Ein großer bundesweiter Träger von Qualifikations- und Weiterbildungsmaßnahmen benötigt eine relativ spezielle Software zur Unterstützung seiner administrativen Prozesse. Insbesondere soll die Software die komplette Administration von

Lehrgängen unterstützen. Ein Lehrgangsleiter betreut in der Regel mehrere Dutzend Lehrgänge gleichzeitig, von der Planung über die Ausschreibung bis hin zur Teilnehmerregistrierung und zum Kostencontrolling. Einer der zu unterstützenden Prozesse ist die Kostenrückerstattung. Kostenrückerstattungsanträge (KRAs) werden in der Regel von den Ausbildern gestellt, von den Lehrgangsleitern freigegeben und schließlich von der Buchhaltung entsprechend verbucht und zur Zahlung angewiesen.

Abbildung 7–113 zeigt ein Beispiel für den Prozess der Kostenrückerstattung. Dieser hat einige interessante Aspekte:

- Das Anlegen eines KRA sowie das Erfassen der Belege inkl. der Möglichkeit, Rechnungskopien als Attachment beizufügen, ist eine nutzerinitiierte Aktivität, also kein Task im klassischen Sinne eines Workflow (siehe Abschnitt 7.8.1.2). Das UI hierfür ist relativ komplex und würde stark von den Features eines Web-2.0-Framework wie z. B. Grails profitieren.
- Die Freigabe des KRA durch den Lehrgangsleiter sowie die Bearbeitung durch die Buchhaltung sind dagegen klassische Tasks im Sinne eines BPMS-basierten Workflow.

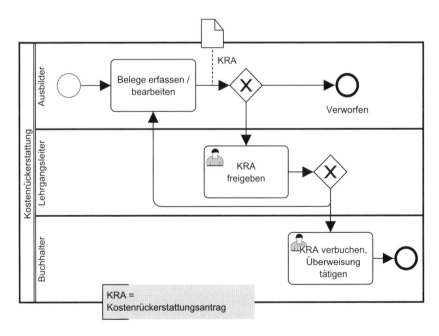

Abb. 7–113 *Prozess für Kostenrückerstattung*

Der Kostenrückerstattungsprozess ist nur einer von vielen administrativen Prozessen im Kontext eines Lehrgangs. Aus Sicht des Lehrgangsleiters ist ein Lehrgang selber kein strikter Prozess (obwohl ein Lehrgang Zustände hat), sondern entspricht eher einem **Vorgang** im Sinne des Case Management. Der Lehrgang stellt eher eine

Klammer über verschiedene Dokumente (z. B. den Stundenplan) und Unterprozesse (Ausschreibung, Teilnehmer-Registrierung, Kostenrückerstattung etc.) dar. Während die Kostenrückerstattung also ein sehr klar strukturierter, gradliniger Prozess ist, ist ein Lehrgang eher ein kollaborativer Vorgang.

Lösungsansatz

Bei der Bewertung der Anforderungen an die Umsetzungsplattform wurde festgestellt, dass die neu zu schaffende Anwendung sowohl viele Züge einer klassischen Applikation hat, aber auch Element des Case Management und des klassischen Prozessmanagements durch ein BPMS. Also wurde eine Lösung gesucht, die diesen Anforderungen gerecht wird. Es wurde schließlich ein Produkt ausgewählt, das ein MDD/MDA-basiertes Web-2.0-Anwendungsframework mit den Funktionalitäten eines BPMS kombiniert. Diese hybride BPM-Plattform stellt eine Menge von Klassen im BPM-Kontext bereit, die in der oberen Hälfte von Abbildung 7–114 zu sehen sind.

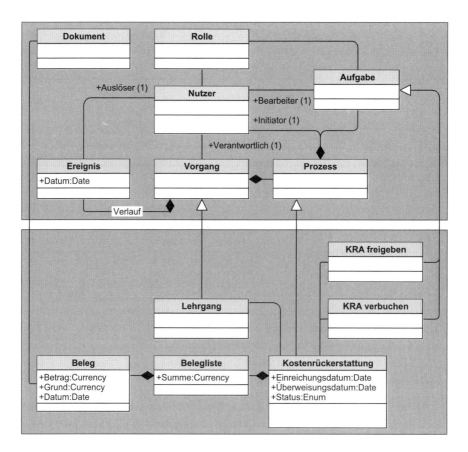

Abb. 7–114   BPM-Modell und fachliches Modell als Grundlage für die Anwendungsentwicklung

Der obere Teil der Abbildung 7–114 stellt das BPM-Modell dar. Diese Entitäten repräsentieren einen wesentlichen Teil der Basisfunktionalität des BPMS:

- Das BPMS stellt eine mit den Mitteln der MDA erweiterbare Nutzer- und Rollenverwaltung bereit.
- Dokumente sind ebenso als »Bürger erster Klasse« im Modell explizit mit modelliert und können so leicht anderen Entitäten zugeordnet werden.
- Unstrukturierte Vorgänge sind vom Modell unterstützt. Vorgänge beinhalten u.a. eine Ereignishistorie, die teilweise automatisch, teilweise gemäß der Fachlogik mit Ereignissen gefüllt wird.
- Ein Vorgang aggregiert Prozesse, die wiederum mehrere aktive Aufgaben (Tasks) aggregieren können.

Alle Entitäten der BPMS-Basisfunktionalität sind ausimplementiert. Sie verfügen über saubere Schnittstellen und nutzerfreundliche User Interfaces auf Basis des Web-2.0-Frameworks. Das User Interface umfasst die in Abschnitt 7.7 beschriebenen Patterns, inkl. eines Prozesscockpits, Task-Listen, User Workbench etc. Diese UIs sind teilweise in ihrer Funktionalität noch limitiert. Beispielsweise sind Prozesslisten, die in Prozessmonitoren (siehe Abschnitt 7.8.4) Verwendung finden, noch nicht fachlich ausgeprägt, da die Klasse »Prozess« keine fachlichen Attribute oder Beziehungen hat. Der modellgetriebene Ansatz erlaubt aber eine solche fachliche Erweiterung des Frameworks, wie sie im nächsten Abschnitt beschrieben ist.

Fachspezifische Erweiterung des Modells

Um nun die Anforderungen des Bildungsträgers an das Management von Lehrgängen im Allgemeinen und der Kostenrückerstattung im Speziellen gerecht zu werden, wird das BPM-Modell in Abbildung 7–114 vom Lösungsarchitekten um ein fachliches Modell erweitert:

- Zunächst wird eine neue Klasse »Lehrgang« geschaffen, die von der vordefinierten Klasse »Vorgang« abgeleitet wird. Der Lehrgang erhält dadurch automatisch alle Eigenschaften eines Vorgangs, inkl. beispielsweise der Ereignishistorie.
- Die neue Klasse »Kostenrückerstattung« wird von der Klasse »Prozess« abgeleitet. Dadurch erhält sie automatisch alle Eigenschaften eines Prozesses, der Teil eines Vorgangs ist.
- Eine Kostenrückerstattung aggregiert Beleglisten, die wiederum Belege aggregieren. Einem Beleg können ein oder mehrere Dokumente zugeordnet werden.
- Außerdem werden zwei neue Aufgabentypen (Task-Arten) definiert: KRA freigeben und KRA verbuchen.

Diese neuen Klassen sind nun die Grundlage für die Erstellung des Systems, wie im Folgenden beschrieben.

Umsetzung

Der Ansatz für die Umsetzung ist in Abbildung 7–115 beschrieben.

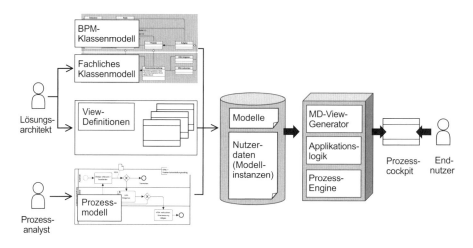

Abb. 7-115   *Umsetzungsansatz*

Zunächst muss der Lösungsarchitekt im System View-Definitionen anlegen, die sich auf das neue fachliche Modell beziehen. Beispielsweise soll für einen ausgewählten Lehrgang die Liste der Kostenrückerstattungsanträge angezeigt werden. Anstatt hier den generischen Prozessmonitor zu verwenden, sollen in dieser Liste spezifische Attribute der Kostenrückerstattung erscheinen, also beispielsweise das Einreichungsdatum, das Überweisungsdatum sowie der fachliche Status. Das Framework erlaubt es, hier einen neuen View anzulegen. Diesem wird mitgeteilt, auf welche Klasse er sich bezieht, und welche Attribute angezeigt werden sollen. So kann mit dem modellgetriebenen Ansatz sehr schnell und ohne Programmierung ein fachlicher Prozessmonitor erstellt werden, wie er in Abschnitt 7.8.4 beschrieben ist.

Das nächste UI-Element sind die Aufgaben (Tasks). Sowohl die Freigabe als auch die Verbuchung beziehen sich jeweils konkret auf eine Kostenrückerstattung. Dies ist im Modell abgebildet: Die Klassen »KRA freigeben« bzw. »KRA verbuchen« sind von der Klasse »Aufgabe« abgeleitet, und haben jeweils eine Assoziation zur Klasse »Kostenrückerstattung«. Dadurch ist es möglich, jeweils spezialisierte Views zu definieren, die die für die Erledigung der Aufgabe notwendigen Informationen beinhalten (also den Kostenrückerstattungsantrag inkl. Beleglisten).

Schließlich leitet der Lösungsarchitekt aus dem fachlichen Prozessmodell die technische Umsetzung durch Verfeinerung und Attributierung ab. Sein Prozess bezieht sich dabei einerseits auf das fachliche Klassenmodell und verwendet außerdem die vorher definierten Views, z.B. zur Darstellung einer Aufgabe im Workflow.

Alle Modellinformationen (Prozessmodell, fachliche Klassen, View-Definitionen) werden im BPM-Repository deployt. Zur Laufzeit interagieren die Prozess-Engine und der modellgetriebene View-Generator, um den Prozess entsprechend im

Portal abzubilden. Der View-Generator kontrolliert nicht nur die Generierung der Views, sondern auch die Verlinkungslogik im Portal, wenn beispielsweise von einer Prozessliste zu einem Detailprozess navigiert wird etc. Er unterstützt Patterns wie das OIP-Pattern oder das Process/BO-Pattern, die wir in Abschnitt 7.7 definiert haben.

Wo notwendig, kann außerdem noch ganz normale Anwendungslogik hinzugefügt werden, die die nichtprozessorientierten Aspekte der Lehrgangsverwaltung adressiert. Dadurch kann sichergestellt werden, dass hier die besten Ansätze aus zwei Welten sinnvoll miteinander verbunden werden – die **klassische Anwendungsentwicklung** wird **mit den Funktionen eines BPMS dicht integriert**.

Es gibt sehr viele Anwendungsfälle für den hier beschriebenen, hybriden Ansatz. In Abschnitt 7.3.5 haben wir beispielsweise die Bearbeitung einer Bestellanforderung durch Anforderer, Freigeber und Einkäufer beschrieben. Hier war die Forderung, dass Anforderer und Freigeber eine BPMS-zentrische, Task-orientierte Sicht auf den Prozess bekommen, während der Einkauf ohne Tasks, nur auf Basis von Anforderungslisten mit entsprechenden Statusfiltern arbeitet, was letztendlich eher einer klassischen Anwendungsperspektive entspricht. Das heißt, auch in diesem Fall ist die Umsetzung mit dem hybriden Ansatz sinnvoll.

Johannes Schmitz-Lenders, geschäftsführender Gesellschafter bei der parcs it-consulting GmbH

Dirk Slama: Herr Schmitz-Lenders, Sie haben langjährige Erfahrung mit der Umsetzung prozessorientierter Anwendungen. Welche Empfehlungen können Sie unseren Lesern geben?

Johannes Schmitz-Lenders: Zunächst einmal finde ich es gut, dass Sie eine differenzierte Betrachtung über die Möglichkeiten, aber auch Limitationen des rein BPMS-basierten Ansatzes durchführen. Die Vision der unkomplizierten, rein modellbasierten Umsetzung komplexer Prozesse durch nichttechnische Fachexperten wird wohl für zahlreiche Anwendungen nicht oder nur teilweise erfüllbar sein, hier braucht es pragmatische Ansätze.

Dirk Slama: Wann lohnt sich der Einsatz eines BPMS?

Johannes Schmitz-Lenders: Ein BPMS kann schon einige Mehrwerte in ein prozesszentrisches Umsetzungsprojekt einbringen. Zunächst sind hier Basisfunktionen wie Task Management, Prozessmonitoring, Dokumentenmanagement und Adapter- bzw. Integrationsfunktionalitäten zu nennen, die man oft nicht neu erfinden möchte. Die durchgängige Steuerung von Prozessen durch ein BPMS ist z.B. dann sinnvoll, wenn in einem Prozess die Synchronisation von mehreren parallelen Strängen erfolgt. Hier kann das BPMS seine Stärken im Bereich der grafischen Modellierung und Ausführung von Splits und Joins ausspielen. Der Einsatz eines BPMS empfiehlt sich auch, wenn sich Prozessdefinitionen häufiger ändern, dann kann auch die Unterstützung für Prozessversionierung wertvoll sein. Darüber hinaus sind BPMS zunehmend als Bestandteil von Standardsoftware für bestimmte Anwendungsbereiche zu finden, hier zahlt sich dann die enge Integration aus, z.B. in Verbindung mit Knowledge Management.

> **Dirk Slama:** Wann sehen Sie den Einsatz eines BPMS kritisch?
>
> **Johannes Schmitz-Lenders:** Wie Sie selber schon gesagt haben – ein BPMS ersetzt selten ein ausgereiftes Anwendungsframework, mit dem spezialisierte Anwendungen entwickelt werden können, und viele Anwendungen haben nur einen schwach ausgeprägten oder einen rein Frontend-getriebenen Prozesscharakter. Viele prozessorientierte Anwendungen wiederum benötigen beides, also eine Kombination aus durchgängiger Prozesssteuerung und spezialisierten Lösungen. Von daher ist der hier beschriebene Hybrid-Ansatz in vielen Fällen sinnvoll.
>
> **Dirk Slama:** Wir danken für das Gespräch.

7.10.2 Mapping der SOA auf die technische Architektur

Unabhängig vom Implementierungsansatz – BPMS, klassische Applikation oder hybrid – muss man im Rahmen der SOAD dafür sorgen, dass die fachliche SOA auf die technische Architektur (TA) abgebildet wird, für die man sich letztendlich entscheidet.

7.10.2.1 Schichtenarchitekturen

Die in Kapitel 3 definierten vier Schichten der SOA sind rein fachlich, und daher unabhängig von einer technischen Schichtenarchitektur. Ein Frontend kann z.B. ein Web-Frontend, ein Java Rich Client oder ein Mainframe VT3270 Screen sein. Ein Basis-Service kann z.B. eine C#-Komponente mit MSSQL oder ein unter CICS laufendes PL/1-Programm mit DB2 sein.

Daher ist es notwendig, in der technischen Architektur die vier fachlichen SOA-Ebenen auf die technischen Gegebenheiten der involvierten Systeme abzubilden. Abbildung 7–116 zeigt ein einfaches Beispiel dafür.

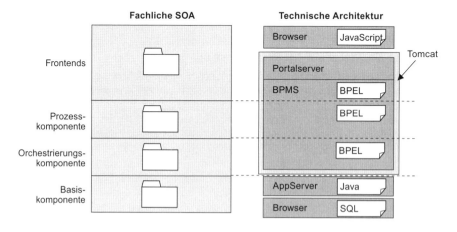

Abb. 7–116 Abbildung der fachlichen SOA auf die technische Architektur

Das Beispiel geht davon aus, dass eine BPMS-basierte Anwendung ohne Anbindung weiterer Umsysteme erstellt wird. In diesem Fall besteht das Frontend aus einer Mischung aus JavaScript und HTML im Browser sowie einem Portalserver und einigen BPEL-Workflows im BPMS, die für die Steuerung der Seitenflusslogik verantwortlich sind. Andere BPEL-Workflows sind verantwortlich für den eigentlichen Prozesskontrollfluss. Diese sind logisch zu einer fachlichen Prozesskomponente zusammengefasst, obwohl sie in der gleichen BPM Engine laufen. Weiterhin gibt es eine Menge von BPEL-Workflows, die eine Orchestrierung durchführen. Diese sind konsequenterweise zu einer Orchestrierungskomponente zusammengefasst. Die Modularisierung der verschiedenen Workflows gemäß den SOA-Prinzipien ist sehr wichtig für die Beherrschung umfangreicher Systeme. Eine detailliertere Diskussion des Themas Modularisierung von Workflows findet sich in Abschnitt 7.10.3.4.

Portal und BPMS laufen auf einem Tomcat Server. Die Basis-Services in diesem Beispiel sind in Java implementiert und laufen auf einem eigenen Server, der wiederum auf eine Datenbank zugreift.

In einem realistischeren Beispiel, in dem mehrere Umsysteme integriert werden, würde die Abbildung der fachlichen SOA auf die technische Architektur etwas umfangreicher ausfallen, da die Abbildung auch für jedes Umsystem durchgeführt werden muss, um das Zusammenspiel aller Systeme in der TA aus Perspektive der fachlichen SOA genau zu verstehen. Hier spielt auch das Thema Kopplungsarchitektur eine sehr wichtige Rolle, wie in Abschnitt 7.6.4.3 beschrieben.

7.10.2.2 Umsetzung von Schnittstellen

Ein häufig unterschätztes Thema ist das Mapping zwischen den fachlichen SOA-Schnittstellendefinitionen und deren technischer Repräsentation in der TA. Hier gibt es im Wesentlichen zwei Aspekte: Abstraktion und Heterogenität.

Abstraktion ist erforderlich, da die technischen Schnittstellendefinitionen in der Regel nicht als Basis für die fachliche Spezifikation taugen. Insbesondere WSDL oder XML Schema sind für Fachanalysten keine geeignete Arbeitsgrundlage. Fachanalysten erwarten hier heute, dass sie Schnittstellen entweder in Form von Tabellen (z.B. jeweils mit einer Zeile für jedes Input- bzw. Output-Argument) in einem Office-Dokument erstellen oder eine grafische Notation wie vereinfachtes UML verwenden können. Beide Arten der Darstellung sind nicht direkt auf technische Schnittstellenformate abbildbar. Hier ist es entweder notwendig, ein entsprechendes Werkzeug anzuschaffen, das diese Abbildung vornehmen kann, oder ein solches Werkzeug selber zu bauen. Gegebenenfalls kann auch mit einfacheren Mitteln wie Dokumentenvorlagen für die fachliche Spezifikation von Schnittstellen gearbeitet werden, die dann manuell auf technische Schnittstellendefinitionen abgebildet werden. In der Regel ist hier ein Top-down-Vorgehen (also von der fachlichen zur technischen Sicht) dem Bottom-up-Vorgehen vorzuziehen – selbst wenn dies bedeutet, dass man auf einige Features der Zielsprache verzichtet. Ein weiterer Vorteil von

Top-down-Ansätzen ist (insbesondere wenn sie MDA-basiert sind), dass eine fachliche Schnittstelle sehr einfach sowohl als lokales API als auch als technologieunabhängige Remote-Schnittstelle angeboten werden kann.

Das zweite Problem ist die **Heterogenität** von Schnittstellenformaten. In der Regel ist es nur selten über einen langen Zeitraum durchzusetzen, dass ein einheitliches Schnittstellenformat verwendet wird. Dies wird tatsächlich umso schwieriger, je mehr Geschäftseinheiten oder Anwendungen und COTS-Pakete involviert sind. Hier ist häufig ein breites Spektrum von CORBA IDL über Java RMI bis hin zu Comma-Separated-Values in MQ-Dateien und schließlich diversesten XML-Formaten von WSDL bis REST anzutreffen. Auch um die Heterogenität zu adressieren, bietet es sich an, ein einheitliches, abstrakteres fachliches Format für die Schnittstellendefinitionen zu verwenden, also z. B. tabellarische oder UML-basierte Darstellungen, wie oben angesprochen.

7.10.3 Andere Umsetzungsaspekte

Man muss heute generell davon ausgehen, dass eine BPM-Anwendung, die in einem größeren Unternehmen in einer bestehenden Anwendungslandschaft eingeführt wird, auch alle Eigenschaften eines komplexen, verteilten Systems hat. Daran ändern auch die Abstraktionsmechanismen des BPMS in der Regel wenig. Im Folgenden schauen wir uns einige kritische Punkte an.

7.10.3.1 Ausfallsicherheit und Fehlerbehandlung

Ein berühmtes Zitat von Ken Arnold lautet: »Das Design verteilter Anwendungen muss auf der Grundannahme aufbauen, dass es Ausfälle geben wird« [VA02]. Das sieht in einem BPM-System nicht anders aus. Wie ist damit umzugehen?

Die 8 fatalen Annahmen

Peter Deutsch und andere Pioniere im Bereich der verteilten Systeme haben die These aufgestellt, dass Entwickler ohne Erfahrung im Bereich der verteilten Systeme grundsätzlich die im Folgenden beschriebenen »8 fatalen Annahmen« treffen [WFAL10]:

1. Das Netzwerk ist zuverlässig.
2. Die Netzwerk-Latenz ist gleich Null.
3. Die Bandbreite ist unendlich.
4. Das Netzwerk ist sicher.
5. Die Netzwerk-Topologie ändert sich nicht.
6. Es gibt einen Administrator.
7. Die Transportkosten sind gleich Null.
8. Das Netzwerk ist homogen.

Tatsächlich ist immer wieder zu beobachten, dass diese Annahmen am Anfang eines Projekts getroffen werden und dann im Laufe des Projekts zu massiven Problemen und Mehraufwänden führen.

Ein Klassiker ist beispielsweise, dass beim Design der Schnittstellen der SOA-Komponenten davon ausgegangen wird, dass die Netzwerk-Latenz vernachlässigt werden kann und zu feingranulare Schnittstellen geschaffen werden, die zu viele Interaktionen zwischen verteilten Komponenten zur Folge haben. Oder es wird das andere Extrem gewählt und zu viele Daten übertragen, was wiederum zu langen Ladezeiten führt.

Auch im Bereich der Entwicklung mit AJAX/RIAs kann man hier viele Fehler machen. Eine Ajax-Anwendung, die auf dem Entwicklungsrechner prima läuft, fängt im Produktionssystem auf einmal an zu ruckeln, da hier andere Netzwerk-Latenzen herrschen.

Mögliche technische Fehlerarten

Einige Beispiele für typische Fehler in verteilten Systemen sind im Folgenden beschrieben:

- Der Empfänger einer Nachricht kann nicht kontaktiert werden.
- Der Sender einer Nachricht ist nicht erreichbar, um die Antwort des Empfängers entgegenzunehmen.
- Der Empfänger hat die Nachricht entgegengenommen, hat aber keine Antwort geschickt. Dies ist ein schwieriges Problem: Hat der Empfänger die Nachricht nun prozessiert oder nicht? Kann ein erneutes Senden dazu führen, dass die Nachricht doppelt prozessiert wird (also z. B. zweimal Geld abgebucht wird)?
- Der Empfänger hat die Nachricht entgegengenommen, der Sender hat aber die Antwort doppelt erhalten.
- Es ist zu einem Deadlock zwischen zwei Prozessen gekommen: Beide warten auf eine Antwort vom anderen Prozessen.
- Es ist zur Korruption von Daten während der Übertragung gekommen.
- Ein Versionskonflikt in der Schnittstellendefinition führt dazu, dass die Nachricht vom Empfänger nicht prozessiert werden kann.
- Das Netzwerk ist nicht verfügbar.
- Die Netzwerkbandbreite degradiert dramatisch.
- Es gibt Probleme mit der Synchronisation von verteilten Timern.

Zusätzlich kann es auch innerhalb der Workflows im BPMS zu Fehlern kommen, vom einfachen »Division by Zero« bis zu schwer nachvollziehbaren Race Conditions, bei denen das Ergebnis einer Operation vom zeitlichen Verhalten bestimmter Einzeloperationen abhängt. Genau wie in einer normalen Programmiersprache muss man hier entsprechende Vorkehrungen treffen, um diese Fehler zu antizipieren und entsprechend abzufangen und zu behandeln.

Umgang mit technischen Fehlern

Um es vorwegzusagen – es gibt kein Patentrezept, um mit Fehlermöglichkeiten in verteilten Systemen umzugehen. Wer schon einmal auf der Suche nach einem »Heisenbug« (einem schwer nachzuvollziehenden bzw. zu reproduzierenden Fehler) in einem verteilten System gewesen ist, wird dem zustimmen.

Generell sollte man den Empfehlungen des Herstellers der ausgewählten Plattform folgen, was Failover, Replikation und sonstige Mechanismen angeht. Wichtig ist, dass man im Projekt von vornherein Ressourcen einplant, um entsprechende Investitionen in präventive Fehlerbehandlungsmaßnahmen tätigen zu können. Man wird nicht jede mögliche Fehlersituation im vornherein identifizieren können, und von den identifizierten möglichen Fehlersituationen wird man auch nicht für jede eine Vorsorge treffen können. Hier gilt es, die wahrscheinlichsten zu selektieren und für diese entsprechende Mechanismen zu schaffen.

Ein wertvoller Mechanismus für die Schnittstellen von verteilten Komponenten ist das Design sogenannter idempotenter Operationen. Eine Operation ist dann **idempotent**, wenn sie mehrfach aufgerufen werden kann, ohne dass es zu Problemen führt. Dies kann durch Verwendung eines einfachen Zählers erreicht werden, der vom Sender mit jeder neuen Nachricht hochgezählt wird. Erhält der Empfänger die gleiche Nachricht mehrfach, kann er sie ignorieren. So lässt sich ein einfacher, aber sicherer **Re-Try-Mechanismus** etablieren, der bei Kommunikationsproblemen zwischen Sender und Empfänger zum Greifen kommt.

Insbesondere an den Stellen im Prozess, an denen auf externe Komponenten zugegriffen wird, ist es wichtig, **Timeouts** zu definieren. Diese greifen, falls beispielsweise die Datenbank nicht in der vordefinierten Zeit antwortet. Diese Timeouts sollten wiederum mit Re-Try-Mechanismen kombiniert werden.

Generell kann die Fehlerbehandlung auf verschiedenen Ebenen erfolgen, von lokaler Fehlerbehandlung für einen einzelnen Prozessschritt über einen definierten Fehlerscope für eine Summe von Teilschritten bis hin zu einer globalen Fehlerbehandlung für eine ganze Komponente. Je spezialisierter die Fehlerbehandlung, desto größer die Reaktionsmöglichkeiten, aber desto teurer ist auch die Umsetzung. Erneutes Starten am Anfang des Prozesses nach einem Fehler ist weniger aufwendig zu realisieren als das Rückgängigmachen aller bis zum Auftreten des Fehlers ausgeführten Aktionen. Theoretisch sollten hier die Transaktions- bzw. Kompensationsmechanismen des BPMS helfen, aber wir haben deren Einschränkungen und Kosten ja bereits in Abschnitt 7.9.2 diskutiert. Dort haben wir die Empfehlung ausgesprochen, stattdessen in den Aufbau einer Logging-Infrastruktur und ggf. fachliche Recovery-Konsolen zu investieren.

Fehler auf Workflow-Ebene

In [RAH06] ist eine gute Übersicht über mögliche Fehlerarten auf der Ebene von Prozessen gegeben. Diese umfassen:

- Work-Item Fehler: Während der Ausführung eines Prozesses kann eine Aufgabe nicht fertiggestellt werden. Dies kann beispielsweise zum Abbruch des Prozesses durch den Nutzer führen. Das Prozessmodell muss definieren, wie damit umzugehen ist.
- Deadline Expiry: Die Deadline einer Aufgabe ist erreicht, entsprechende Maßnahmen müssen ergriffen werden.
- Nichtverfügbarkeit benötigter Ressourcen: Entweder die Ressource kann bei Erteilung einer Aufgabe nicht beschafft bzw. nicht auf sie zugegriffen werden oder sie ist bei der Durchführung der Aufgabe nicht mehr verfügbar.
- Externe Trigger: Der Prozess erhält ein externes Signal, das eine Fehlersituation signalisiert.
- Constraint-Verletzung: Ein Constraint, das sich auf Ressourcen im Kontext des Prozesses bezieht, wurde verletzt.

Für jede dieser möglichen Fehlerarten sollte es nach Möglichkeit auf der Prozessebene eine entsprechende Fehlerbehandlung geben. In BPMN beispielsweise gibt es die Möglichkeit, Fehler-Events zu definieren und diese mit Aktivitäten zur Fehlerbehandlung zu assoziieren (siehe Abb. 7–117). Verwendet man ein BPMS zur Implementierung der Prozesse, dann muss man hier sehr genau in das Benutzerhandbuch schauen, wie die Fehlerbehandlung im BPMS umgesetzt wird.

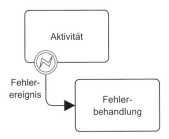

Abb. 7–117 Fehler-Zwischen-Event und Fehlerfluss in BPMN

7.10.3.2 Skalierbarkeit und Performance

Viele BPMS setzen heute auf Anwendungsservern auf, die selber schon über Mechanismen verfügen, über die die Skalierung der Anwendungen sichergestellt werden kann, z.B. über Load Balancing und andere Mechanismen. Trotzdem muss die technische Architektur sicherstellen, dass diese Mechanismen unterstützt bzw. nicht durch schlechtes Umsetzungsdesign ausgehebelt werden. Auch ist es wichtig, dass man zum Anfang des Projekts in der Planungsphase ein Verständnis dafür gewinnt, mit welchem Volumen zu rechnen ist. Dabei sind z. B. folgende Informationen relevant:

- Erwarteter Datendurchsatz und geschätzte Transaktionsraten (insbesondere bei einem hohem Anteil von Dunkelverarbeitung)
- Geplante Anzahl der Nutzer, maximale Anzahl gleichzeitig aktiver Nutzer
- Anzahl Prozessinstanzen pro Jahr, maximale Anzahl Prozessinstanzen pro Sekunde
- Geschätzte Anzahl von Business-Objekten bzw. erwartetes Datenvolumen

Basierend auf diesen Informationen ist es in der Regel möglich, ein erstes Gefühl für das notwendige Sizing der Server zu bekommen und dieses entsprechend vorzubereiten. Dafür ist es hilfreich, wenn man von den verschiedenen Systemkomponenten präzise Informationen über deren Ressourcenanforderungen hat.

Auch bezüglich der Performance müssen im technischen Design einige Grundregeln beachtet werden. Dies fängt damit an, dass man die Performance-kritischen Schnittstellen frühzeitig identifiziert und diese entsprechend den Performance-Anforderungen gestaltet. Ungeschicktes Prozessieren von großen Mengen XML kann ebenfalls negative Auswirkungen auf die System-Performance haben. Allgemein gilt aber die Faustregel, dass man nur durch Ausprobieren realistischer Testszenarien ein Gefühl für die wirkliche Performance des Systems gewinnen wird. Naive Designentscheidungen sollten von Anfang an verhindert werden, aber man sollte auch nicht zu früh anfangen, »auf Verdacht« zu optimieren, da hier unnötige Kosten entstehen können. Es ist immer hilfreich, frühzeitig auf Möglichkeiten zu achten, die späteres Optimieren erleichtern. Beispielsweise sollte man zeitnah herausfinden, ob der verwendete Server ein Clustering unterstützt oder ob man selber eine Strukturierung vorsehen muss, die beispielsweise die Verteilung von Nutzergruppen oder Prozessgruppen auf mehrere Server umsetzt.

7.10.3.3 Sicherheit

Das Thema Sicherheit darf in der Diskussion der technischen Architektur nicht fehlen. Allgemein unterscheidet sich der Umgang mit dem Thema Sicherheit im Kontext BPM nicht wesentlich von den Konzepten der klassischen Anwendungsentwicklung.

Ein wichtiges Thema ist die rollenbasierte Prüfung der Zugriffsrechte. Wir haben das Thema Prozessrollen ausführlich in Abschnitt 7.2 behandelt. Dabei sind wir auch zu der Einschätzung gekommen, dass die Integration der verschiedenen Rollen- und Rechteverwaltungen der normalerweise beteiligten Anwendungen schnell zu einem mittleren EAI-Projekt führt, dessen Kosten nicht unterschätzt werden dürfen. Eine zentrale Frage bei der Umsetzung ist, ob die Rollen- und Rechteverwaltung der Backend-Anwendungen direkt integriert wird oder ob man diese umgeht und eine vorgelagerte Prüfung einbaut. Im ersten Fall muss man die Rollen und Rechte der Systeme synchronisieren, im letzteren Fall loggt sich der Prozess quasi mit einem Root-User mit allen Rechten in das Backend-System ein und darf damit auf alle Objekte zugreifen. Man muss sich in diesem Fall darauf verlassen können, dass der Prozess selber eine entsprechende Kontrollmechanismus aufsetzt. Dazu zwei Beispiele:

- Ein von einem BPMS gesteuerter Prozess muss auf Kundenkonten in einem Mainframe-System zugreifen. Der Mainframe kontrolliert den Zugriff auf die Daten mit dem RACF-(Resource Access Control Facility-)Mechanismus. Die Nutzer-IDs des Mainframes werden mit den Nutzer-IDs des BPMS synchronisiert. Greift der BPMS-basierte Prozess auf ein Kundenkonto zu, so geschieht dies mit der richtigen Nutzer-ID, der Mainframe hat volle Kontrolle über die Prüfung der Zugriffsrechte.
- Ein anderer, ebenfalls von einem BPMS gesteuerter Prozess, muss prozessbezogene Dokumente in einem Dokumentenmanagementsystem (DMS) verwalten. Eine Synchronisation der Nutzer und Rollen zwischen BPMS und DMS wird nicht durchgeführt, da zu aufwendig. Das BPMS reserviert sich einen Teilbereich für die Speicherung von Dokumenten im DMS. Auf diesen greift es als »Root« zu. Damit wird de facto das Rollen- und Rechtekonzept des DMS unterlaufen. Der Prozess führt selber eine Prüfung der Zugriffsrechte durch, allerdings auf Basis seines eigenen Rollen- und Rechtekonzepts.

Beide Ansätze haben Vor- und Nachteile, in der Praxis trifft man beide an. Es gibt noch viele andere Aspekte der Sicherheit, wie beispielsweise Single Sign-on, Verschlüsselung etc., die jeweils in einer Einzelfallbetrachtung adressiert werden müssen.

7.10.3.4 Große BPM-Systeme strukturell beherrschen

Die meisten etablierten Entwicklungsplattformen – von COBOL über Java bis C# – haben viele Jahre gebraucht, bis sie effiziente Strukturierungsmechanismen geschaffen hatten, die den Einsatz für wirklich große Anwendungen ermöglichen. Dies fängt bei der berühmten »Go To statement considered harmful«-Erkenntnis an [WSPR10], und hört bei modernen Klassen- und Modulkonzepten nicht auf, wie sie in Java und C# zu finden sind. Selbst Klassen und Pakete in Java reichen zur Strukturierung großer Anwendungen nicht aus. Mit J2EE wurde versucht, Komponentisierung auf einer Ebene umzusetzen, die noch wesentlich grobgranularer als das Klassenmodell ist. OSGi könnte hier zukünftig eine interessante Rolle spielen mit dem Ansatz des »Bundlings« von Java-Code und der Verwaltung von klar definierten öffentlichen Schnittstellen. Selbst in der Welt der Mainframe-Programmiersprachen gibt es heute ausgereifte Mechanismen und Werkzeuge, mit denen komplexe Codestrukturen besser in den Griff zu kriegen sind. Das fängt mit Business Rule Mining für COBOL-Code an und geht bis hin zu komplexen Tools, mit denen die zyklomatische Komplexität der Codebasis bestimmt, problematische Codeteile entdeckt und toter Code eliminiert werden kann.

Im Bereich der BPMS fühlt es sich an, als ob wie hier noch in den Kinderschuhen stecken. Während man heute beispielsweise eine relativ gute Vorstellung davon hat, wie viele Zeilen Code maximal in einer Java-Klasse enthalten sein sollten, fehlt es schlichtweg an Erfahrung, wie groß beispielsweise ein einzelnes ausführbares Prozessdiagramm sein darf, bevor seine Komplexität nicht mehr beherrschbar wird. Viele Entwickler, die heute BPMS verwenden, nutzen globale Variablen, als ob wir in den letzten drei Jahrzehnten nichts über modulare Programmgestaltung gelernt hätten. Während sich die BPM Community sehr viele Gedanken um die Semantik von Standards wie Executable BPMN macht, sind bisher noch nicht viele Ansätze bezüglich der Entwicklung von notwendigen Modularisierungs- und Paketierungsstandards im Bereich BPM zu erkennen. Wir erleben derzeit in großen BPM-Projekten, dass man mit zunehmender Komplexität der Prozesse in ähnliche Probleme läuft wie in frühen Programmierprojekten.

Umso wichtiger ist es, dass man selber eine Stringenz in seinen Projekten entwickelt, die die Vorteile eines BPMS mit den etablierten Ansätzen zur Modularisierung großer Anwendungen kombiniert. Wir haben mit dem in diesem Buch beschriebenen Ansatz der SOA-Komponentisierung ein mächtiges Werkzeug bereitgestellt, das hier helfen kann (siehe z.B. Abschnitt 3.6).

Abbildung 7–118 zeigt noch einmal den Vergleich zwischen einer Anwendung, die gemäß den SOA-Schichten aufgebaut wurde, versus einer komplett monolithischen Umsetzung des gleichen Prozesses.

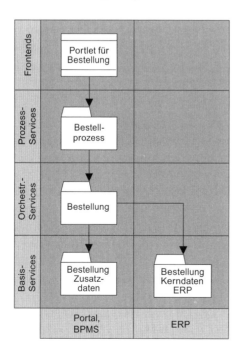
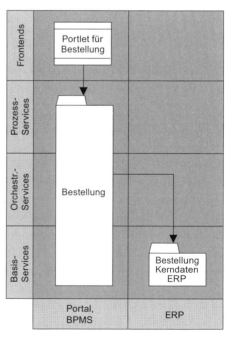

Abb. 7–118   SOA-Schichtung vs. monolithischer Anwendungsaufbau

Auf der linken Seite sind drei neue Komponenten geschaffen worden, die jeweils über klar definierte Schnittstellen miteinander kommunizieren (diese müssen nicht zwangsweise Remote-Schnittstellen sein – hier muss man auf die **Performance** aufpassen!). Auf der rechten Seite sehen wir eine Umsetzung, in der Prozesslogik, Orchestrierungslogik und die Persistenz in einer Komponente umgesetzt wurden. Dies hat evtl. anfänglich den Vorteil der schnelleren Umsetzung, wird aber bereits mittelfristig zu Ineffizienzen bei Erweiterungen und Wartung führen.

Interessant ist die Frage, wie man den beschriebenen SOA-Ansatz mit einem BPMS umsetzen kann, das diesen Ansatz so evtl. nicht unterstützt. In diesem Fall kann man versuchen, zumindest über die Strukturierung der Prozessdiagramme sowie ein entsprechendes Namensschema zu agieren. Das heißt, es gibt z. B. für die Bestellung ein oder mehrere Prozessdiagramme, die den logischen Prozessfluss enthalten. Diese werden als eine Komponente gesehen. Dann gibt es ein oder mehrere Prozessdiagramme, die die Orchestrierung beinhalten, und so weiter. Erreicht ein BPM-System eine Komplexität, in der mehrere hundert oder sogar tausende von ausführbaren Prozessdiagrammen erstellt wurden, dann ist es elementar, dass man eine übergeordnete Struktur für diese hat – ansonsten wird das System nicht mehr wartbar sein.

Interessant ist auch noch die Frage nach den Schnittstellen zwischen den Teilprozessen. Viele BPMS unterstützen hier noch keinen expliziten Mechanismus, der – ähnlich dem public Interface einer Java-Komponente – die Semantik der Prozessschnittstellen darstellt. Dies ist ein weiteres Problem bei der Entwicklung großer Anwendungen auf Basis eines BPMS, das der Anwender ggf. durch eine eigene Lösung adressieren muss. Ähnlich wie es beispielsweise im Java-Bereich inzwischen Code-Analyse-Tools wie z. B. Structure101 gibt, die die Abhängigkeitsstrukturen großer Java-Anwendungen automatisch analysieren, gibt es inzwischen vermehrt BPM-Projekte, die sich Tools gebaut haben, um die Abhängigkeiten zwischen ihren Prozessdiagrammen besser zu verstehen. Hier ist auch die Community der BPM-Hersteller gefordert.

7.10.3.5 Betriebsinfrastruktur

Ein Großteil der Betriebsinfrastruktur einer BPM-Anwendung unterscheidet sich nicht wesentlich von der Betriebsinfrastruktur einer normalen Anwendung. Integration mit Application-Management-Werkzeugen wie Tivoli, OpenView oder BMC Patrol gehört heute zum normalen Geschäft der Betriebsverantwortlichen.

Wie bereits mehrfach erwähnt, kann sich für kritische Anwendungen die Investition in eine verteilte Logging-Infrastruktur lohnen. Auch der Aufbau einer anwendungsspezifischen Recovery-Konsole kann helfen, Betriebsprobleme zu minimieren. Diese muss über Wissen über die zugrunde liegenden Prozesse verfügen, um sinnvolle Punkte zum Wiederaufsetzen von Prozessen zu finden, bei denen es Probleme gab. Global eindeutige IDs für Prozessinstanzen und Business-Objekte helfen bei der Fehlersuche. Hier spielt auch der fachliche Prozessmonitor, in dem die fachliche Historie der Prozesse bis zum Auftauchen eines möglichen Problems abgelesen werden kann, eine wichtige Rolle.

Weiter ist es notwendig, in ein solides Betriebskonzept inkl. **Betriebshandbuch** zu investieren. In der Praxis hat sich hier das Aufsetzen eines **Wikis** für jede Applikation bzw. jeden Prozess bewährt, in dem auch die im laufenden Betrieb gesammelten Erfahrungen dokumentiert werden.

7.10.4 Technische Architektur/Infrastruktur und SOAD

Wie ordnen sich nun die technische Architektur und die Infrastruktur in den SOAD-Prozess ein? Abbildung 7–119 gibt einen Überblick über die Aktivitäten und Artefakte.

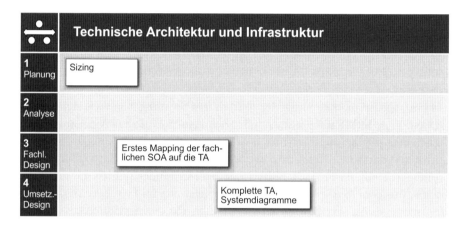

Abb. 7–119   TA/Infrastruktur und SOAD

In der Planungsphase wird man in der Regel bereits ein erstes Sizing durchführen. Während parallel das fachliche Design stattfindet, wird man für die technische Architektur bereits ein erstes Mapping der fachlichen SOA auf die technische Architektur vornehmen, um hier später keine bösen Überraschungen zu erleben. Ist es das erste Projekt auf Basis einer neuen technischen Plattform, bietet sich in dieser Phase ein erster technischer Proof of Concept an.

Die Hauptarbeit liegt in der Regel aber in der Phase des Umsetzungsdesigns, in der die komplette technische Architektur und Infrastruktur definiert werden muss. Dabei sollten alle in dieser Säule besprochenen Aspekte berücksichtigt werden.

7.11 IBPM-Querschnittsthemen

Zum Abschluss des Themas IBPM wollen wir an dieser Stelle noch zwei wichtige Querschnittsthemen betrachten: Dokumentenmanagement und Stammdatenverwaltung (bzw. Dokumentenmanagement und Master Data Management). Beides sind Themen, die einen wichtigen Beitrag in einem BPM-Projekt liefern können, z.B. durch die Bereitstellung entsprechender Backend-Services (siehe Abschnitt 7.9). Sowohl Dokumente als auch Stammdaten sind eine wichtige Grundlage vieler Prozesse. Da beide Themen aber nicht nur Backend-Services betreffen, sondern von ihren eigenen Managementprozessen bis hin zur SOA-basierten Integration in die Anwendungslandschaft sehr vielschichtig sind, werden sie in diesem Teil als Querschnittsthemen über alle IBPM-Säulen hinweg behandelt.

7.11.1 Dokumentenmanagement

Dokumente spielen in Geschäftsprozessen an vielen Stellen eine wichtige Rolle. Nehmen wir hier zum Beispiel die Prozesskette von der Angebotserstellung über Auftrag und Lieferschein bis hin zur Rechnung. Die Angebotserstellung hat zunächst einen stark kollaborativen Charakter: Das Angebotsteam erstellt gemeinsam das Angebot, dabei entstehen häufig mehrere Dokumente in unterschiedlichen Formaten (z.B. Word, Excel, Visio) und in verschiedenen Versionen. Idealerweise hat das Angebotsteam daher einen Arbeitsbereich, in dem es diese Dokumente gemeinsam erstellen und versionsgesichert bearbeiten kann. Am Ende dieses eher unstrukturierten Prozesses entsteht ein zentrales Dokument, das Angebot. Dieses Dokument wird nun Bestandteil eines etwas strukturierteren Prozesses, nämlich der Angebotsfreigabe. Diese umfasst nicht nur die inhaltliche und kaufmännische Freigabe des Angebots, sondern kann z.B. auch die Aktualisierung einer Vertriebsdatenbank zur Folge haben. In dieser werden die Angebotshöhe und die geschätzte Erfolgswahrscheinlichkeit eingetragen. Die Auftragsbestätigung wird wahrscheinlich als Dokument eingehen. Dieses muss mit dem Angebot verknüpft und die Vertriebsdatenbank muss aktualisiert werden. Je nach Art des Angebots und der Lieferkonditionen erfolgt dann die Rechnungsstellung bei der beispielsweise aus einem ERP-System heraus die Generierung eines Dokuments angestoßen wird. Dokumentenmanagement ist also ein wichtiges Thema für BPM – bzw. BPM ist ein wichtiges Thema für das Dokumentenmanagement.

Der wahrscheinlich wichtigste Trend der letzten Jahre im Bereich des Dokumentenmanagements ist das Thema **Enterprise Content Management** (ECM). Wikipedia definiert ECM als die »Erfassung, Verwaltung, Speicherung, Bewahrung und Bereitstellung von Content und Dokumenten zur Unterstützung organisatorischer Prozesse in Unternehmen«. Auch wenn es sicherlich unterschiedliche Sichten auf ECM gibt, werden heute meistens die Themen Input- und Output-Management, Dokumentenmanagement, Web-Content-Management, Collaboration, elektronische Archivierung sowie Workflow darunter verstanden. Abbildung 7–120 zeigt ein Beispiel für die ECM-Architektur bei einem Versicherungskonzern mit mehreren Geschäftssparten.

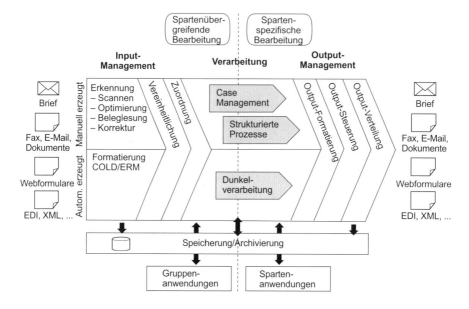

Abb. 7-120 *ECM-Architektur bei einem Versicherungskonzern*

Die Architektur ist in Input-Management, Verarbeitung und Output-Management unterteilt. Das Input-Management wiederum ist grob in zwei horizontale Bereiche unterteilt:

- **Manuell erzeugter Input**: Briefe, Faxe, E-Mails und Office-Dokumente müssen so weit wie möglich automatisch bearbeitet werden und ihre Inhalte erkannt, erfasst und klassifiziert werden. Die Texte in eingescannten Dokumenten müssen mittels OCR-Software (Optical Character Recognition bzw. optische Buchstabenerkennung) in strukturierte Texte überführt werden. Wichtige Daten wie z.B. Absender, Empfänger und Formulardaten müssen extrahiert und für die Weiterverwendung aufbereitet werden.

- **Automatisch erzeugter Input**: Die zweite Klasse von Input-Daten ist in der Regel sehr viel besser strukturiert als die manuell erzeugten Dokumente. Ein Server für Webformulare stellt beispielsweise bereits strukturierte Daten als Input für die nachgelagerten Prozesse zur Verfügung. Auch EDI, XML (z.B. BiPRO) oder andere Datei-Input-Formate sind in der Regel relativ stark strukturiert. COLD (der Begriff »Computer Output on Laser Disk« hat sich gehalten, obwohl das Medium selber kaum noch verwendet wird) bzw. ERM (Enterprise Report Management) helfen, angelieferte Ausgabedateien so aufzubereiten, dass sie unabhängig vom erzeugenden System weiterverarbeitet werden können (insbesondere Speicherung und Archivierung).

Ein wichtiges Ziel des Input-Managements ist es, unabhängig vom Input-Kanal und Input-Format die relevanten Informationen zu erkennen, aufzubereiten und zu **vereinheitlichen**. Aus Sicht der nachgelagerten Prozesse ist es irrelevant, ob eine Rechnung per Fax, E-Mail oder EDI eingegangen ist. Daher ist nach der Vereinheitlichung der nächste Schritt die möglichst automatische **Zuordnung** zu laufenden Vorgängen und Prozessen. Kann dem Input kein laufender Vorgang oder Prozess zugeordnet werden, dann muss ggf. ein neuer Prozess gestartet werden. Über diesen muss dann die Weiterbearbeitung des Dokuments sichergestellt werden. Meistens lässt sich mindestens der Empfänger automatisch ermitteln, dem der neue Prozess dann per Task Management zugeordnet werden kann. Abhängig vom Ergebnis der Zuordnung läuft also eine der drei bekannten Prozessklassen ab: Case Management (Vorgänge), strukturierte (entscheidungsintensive) Prozesse oder Straight Through Processing (Dunkelverarbeitung). Das Ziel ist es, eine möglichst hohe Rate an Dunkelverarbeitung zu erreichen. Im Kontext unserer Beispielversicherung wird hier noch zwischen 1st- und 2nd-Level-Support-Prozessen unterschieden: 1st-Level-Prozesse sind spartenübergreifend, 2nd-Level-Prozesse sind spartenspezifisch. Neben dem Zugriff auf die zentral gespeicherten Dokumente müssen diese Prozesse auch auf weitere Anwendungen zugreifen, um die Inputs zu bearbeiten.

Viele Prozesse müssen nicht nur Inputs bearbeiten, sondern auch Outputs generieren. Ein typisches Beispiel ist die Erstellung eines Briefs an einen Kunden. Ein solches Schreiben wird idealerweise automatisch oder zumindest teilautomatisiert erstellt, unter Verwendung von vordefinierten Textbausteinen und Dokumenten-Templates. Hier greift das Thema **Output-Formatierung**. Der Bereich der **Output-Steuerung** umfasst Themen wie das Bündeln und Sammeln von Dokumenten sowie die Verteilsteuerung nach vordefinierten Empfänger-Verteilregeln. Die **Output-Verteilung** übernimmt dann die Dokumente und leitet diese weiter, beispielsweise an eine Druckstraße, ein Faxgerät oder einen E-Mail-Server.

7.11.1.1 Input-Management und Verarbeitung

Aus Kostengründen sind viele Unternehmen bestrebt, die Erfassung, Sortierung, Klassifikation und Verarbeitung von Briefen und anderen Eingangsdokumenten so weit wie möglich zu automatisieren. Wenn bei einem großen Unternehmen täglich tausende Briefe eingehen, kann man sich das Potenzial für Kosteneinsparungen leicht vorstellen. Die Automatisierungstiefe kann hier sehr unterschiedlich ausfallen. Im einfachsten Falle werden eingehende Briefe eingescannt und nach der automatischen Erkennung des unternehmensinternen Adressaten an diesen über einen elektronischen Postkorb weitergeleitet. Weltweit versuchen heute viele Postunternehmen, diese Art von Dienstleistung am Markt zu etablieren. Es bleibt hier das Problem, dass es dem Empfänger überlassen ist, das Dokument zu analysieren, es ggf. laufenden Vorgängen oder Prozessen zuzuordnen sowie die im Dokument enthaltenen Daten elektronisch zu erfassen. Viele Unternehmen streben daher eine weitergehende Automatisierung der sogenannten Belegerfassung an. Im Idealfall soll es möglich sein, einen Großteil der eingehenden Post vollautomatisch zu prozessieren und nur in Ausnahmefällen einen Sachbearbeiter zu involvieren. Wird bei der Bearbeitung einer Eingangsrechnung vom System die dazu passende Bestellung und der Wareneingang im ERP-System gefunden, kann eine automatisierte Buchung erfolgen. Eine wichtige Voraussetzung dafür ist, dass die in der Eingangsrechnung enthaltenen Daten richtig erkannt werden – also z.B. Bestellnummer, Adressdaten, Rechnungspositionen etc. Im Folgenden beschreiben wir eine mögliche Anwendungsarchitektur für dieses Beispiel (siehe Abb. 7–121).

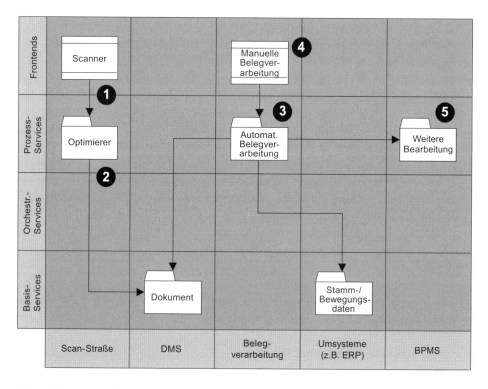

Abb. 7–121 *Beispiel für eine automatische Belegverarbeitung bzw. Indizierung*

In einer Scan-Straße wird die Eingangsrechnung vom Scanner in ein digitales Image konvertiert und an einen Optimierer übergeben (**1**). Dieser kümmert sich zunächst um Themen wie elektronisches Zuschneiden und Ausrichten, Drehung in Leserichtung, Eliminierung von Linien und Verschmutzungen etc. Mittels einer OCR-Funktion wird das optimierte Image in ein strukturiertes Textdokument überführt, üblicherweise im PDF-Format. Das Dokument wird in einem Dokumentenmanagementsystem (DMS) abgelegt (**2**). Die Belegverarbeitung übernimmt das Dokument und versucht nun, es möglichst automatisiert zu bearbeiten (**3**). Zunächst wird versucht, die Dokumentenklasse bzw. Vorgangsart zu erkennen. Ist die Struktur des Dokuments bekannt, bzw. enthält es einen Barcode, ist dies relativ einfach. Bei einem Dokument, dessen Struktur nicht bekannt ist, müssen Regeln angewendet werden, um das Dokument klassifizieren zu können. In unserem Beispiel kann der Text nach »Rechnungsnummer«, »Rechnung«, »Rechn.-Nr.« etc. durchsucht werden. Ist ein solcher Text enthalten, handelt es sich wahrscheinlich um eine Rechnung. Steht rechts davon oder darunter eine Nummer, ist dies wahrscheinlich die Rechnungsnummer. Die Belegprüfung braucht in der Regel Zugriff auf Stamm- und Bewegungsdaten, um das Dokument weiter zu prüfen und ggf. eine Zuordnung zu einem Vorgang durchführen zu können (Beispiele sind hier Abgleich von Kundennummern, Kontonummern, Vorgangsnummern etc.). Kann das Dokument nicht zugeordnet werden, muss eine manuelle Zuordnung erfolgen (4). Abhängig von der Dokumentenklasse bzw. der erkannten Vorgangsart können nun Prozesse zur weiteren Bearbeitung des Dokuments initiiert werden. In unserem Fall muss nun – nachdem erkannt wurde, dass es sich um eine Rechnung von einem bekannten Lieferanten handelt – ein entsprechender Prozess zur Bearbeitung dieser Rechnung gestartet werden (5). Dieser Prozess muss prüfen, ob eine zur Eingangsrechnung passende Bestellung und ein Wareneingang im ERP-System vorhanden sind. Ist dies der Fall, kann ggf. eine automatische Buchung veranlasst werden, andernfalls muss die Rechnung über die Aufgabenliste einem Sachbearbeiter zur weiteren Bearbeitung zugeordnet werden.

Die Verarbeitung einer Eingangsrechnung wäre in unserem Versicherungsbeispiel von oben ein spartenunabhängiger Prozess. Ein sehr ähnliches Vorgehen würde man aber auch für spartenspezifische Prozesse anwenden, beispielsweise für eine eingehende Schadensmeldung, die ja zunächst einmal der entsprechenden Sparte zugeordnet werden müsste.

7.11.1.2 Output-Management

Ebenso wie im Input-Management bestehen auch im Output-Management hohe Kostenoptimierungspotenziale. Bei sehr großvolumigen Outputs spielt hier beispielsweise das Thema Druckkosten und Lagerhaltung eine wichtige Rolle. Nicht zu unterschätzen ist auch das Thema der Corporate Identity (z. B. Verwendung einheitlicher Dokumenten-Templates). Aus BPM-Perspektive interessiert aber eher das Thema der Prozesskosten.

Wie bereits eingangs angesprochen, umfasst das Thema Output-Management in einem Großkonzern in der Regel die Themen **Output-Formatierung, Output-Steuerung** und **Output-Verteilung**. Hier sind Themen wie Druck- und Frankierstraßen relevant sowie neuerdings die Integration mit elektronischem Dokumentenversand und hybride Kanäle mit Mehrwertdiensten (z. B. E-Postbrief).

Nicht jedes BPM-Projekt wird gleich auf eine ausgewachsene Lösung für Output-Management zugreifen, und trotzdem spielt bei den meisten Projekten mindestens das Thema der Dokumentengenerierung eine wichtige Rolle. Im Folgenden wollen wir daher kurz ein Beispiel für eine leichtgewichtige Lösung anhand eines Schadensabwicklungsprozesses diskutieren, wie er z. B. bei einer kleineren Versicherung umgesetzt werden würde. Wir haben verschiedene Aspekte der Schadenabwicklung ja bereits in Abschnitt 7.3.9 diskutiert. Unabhängig von der Entscheidung, die im Prozess getroffen wird, steht am Ende der Prüfung die Generierung eines Dokuments, das dann per Post an den Kunden geschickt wird. In diesem Dokument wird die getroffene Entscheidung auf Basis vorgefertigter Textbausteine erläutert.

Die SOA Map in Abbildung 7–122 stellt das Zusammenspiel der verschiedenen beteiligten Komponenten dar.

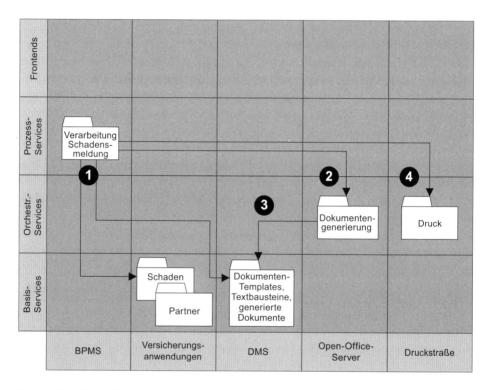

Abb. 7–122 *Beispiel für Output-Management im Prozess Schadensmeldung*

In einem BPMS läuft die Verarbeitung der Schadensmeldung. Nach der Prüfung werden die notwendigen Daten zusammengestellt, die zur Erzeugung des Schreibens notwendig sind (**1**). Diese umfassen Informationen zum Schaden selber, die Adresse des Kunden (aus dem Partner-Management), sowie die zu verwendenden Textbausteine (aus dem DMS). Danach wird die Generierung des Schreibens angestoßen (**2**), in unserem Beispiel wird hierzu ein Open Office Server verwendet. Dieser greift wiederum auf das DMS zu, um zunächst eine Dokumentenvorlage zu holen (z.B. eine Word-dot-Datei), auf deren Basis dann das Dokument generiert und im DMS abgelegt wird (**3**). Danach kann vom Prozess der Druck und ggf. die automatische Kuvertierung und Versendung angestoßen werden (**4**).

7.11.1.3 Frontends

Abhängig von der Branche haben sich heute teilweise gewisse Muster etabliert, nach denen Frontends erstellt werden, in denen Stammdaten, Prozesslogik und Dokumente zusammengeführt werden. Im Bereich der Versicherungen findet man beispielsweise relativ häufig einen Ansatz, in dem vom Kunden ausgehend zu dessen Produkten (also die vom Kunden abgeschlossenen Versicherungen) navigiert werden kann. Den Produkten sind dann wiederum Prozessinstanzen zugeordnet, denen dann die relevanten Dokumente zugeordnet werden. In Abbildung 7–123 ist ein Beispiel dafür zu sehen.

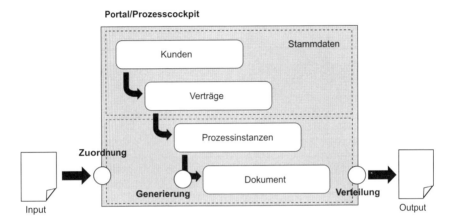

Abb. 7–123   *Beispiel für ein integriertes Frontend im Versicherungsbereich*

Das Beispiel zeigt, wie hier verschiedene Themen zusammenkommen. Wie im Bereich Input-/Output-Management besprochen, müssen Dokumenten-Inputs zunächst den relevanten Prozessinstanzen zugeordnet werden (wenn das möglich ist). Die Prozessinstanzen sind Stammdaten zugeordnet (siehe dazu Abschnitt 7.11.2). Stammdaten, Prozesse und Dokumente sind in einem Portal bzw. einem Prozesscockpit integriert, wie wir es in Abschnitt 7.7.4 vorgestellt haben. Aus dem Portal heraus können im Kontext von Prozessen neue Dokumente generiert werden, die dann vom Output-Management weiterverteilt werden müssen.

7.11.1.4   Technische Integration von DMS und BPMS

In vielen BPM-Projekten stellt sich die Frage, wie ein BPMS überhaupt technisch mit einem DMS integriert werden kann. Die meisten DMS bieten seit langer Zeit Unterstützung für dokumentenzentrisches Workflow-Management. Wir haben bereits in Abschnitt 2.1.2 die unterschiedlichen Ausprägungen für BPMS vorgestellt: integrationszentrisch, anwenderzentrisch und dokumentenzentrisch. Für einige Unternehmen mag es sinnvoller sein, die bestehende DMS/ECM-Infrastruktur in Richtung BPM auszubauen. Andere Unternehmen werden eher einen Ansatz wählen, in dem die BPM-Plattform die dominierende Rolle im Bereich der Prozessdokumentation und -automatisierung spielt. In diesem Fall wird das DMS in die BPM-Plattform mit integriert. Wichtig in beiden Fällen ist, dass die Verantwortungsbereiche klar definiert sind und für den Endanwender keine funktionalen Redundanzen existieren. Beispielsweise wäre es nicht nutzerfreundlich, wenn er mit zwei Arbeitslisten hantieren müsste, eine vom BPMS und die andere vom DMS (siehe Abschnitt 7.3.4). Abbildung 7-124 beschreibt aus der SOA-Perspektive, wie ein mögliches, BPMS-zentrisches Integrationsszenario mit einem DMS aussehen könnte.

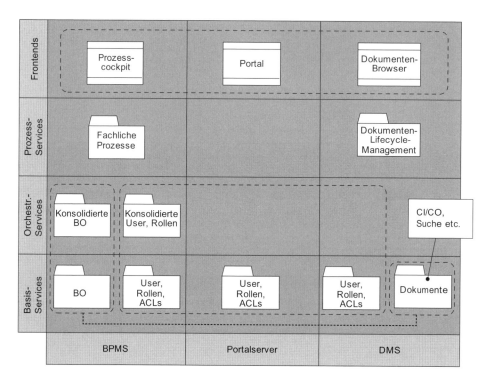

Abb. 7-124   Integration von BPMS und DMS

In diesem Fall sind die fachlichen Prozesse in BPMS angesiedelt. Das DMS ist lediglich für Prozesse verantwortlich, die direkt den Lebenszyklus der Dokumente betreffen. Das DMS bietet in der Regel Schnittstellen an, über die Dokumente erzeugt, gesucht, ein- und ausgecheckt werden können etc. Das heißt, aus Perspektive der fachlichen Prozesse spielt das DMS die Rolle eines Basis-Services. Business-Objekte können so über Orchestrierungsmechanismen mit Dokumenten verknüpft werden. Auf der Ebene des Frontends ist es wichtig, die verschiedenen UI-Komponenten zu integrieren. Beispielsweise kann der Dokumenten-Browser des DMS mit dem Prozesscockpit des BPMS über die Portlet-Mechanismen eines Portalservers integriert werden. Ein häufig übersehener Kostentreiber in Projekten, in denen das erste Mal DMS und BPMS kombiniert werden, ist die Synchronisation von Nutzerdaten, Rollen und Zugriffsrechten.

7.11.1.5 Dokumentenmanagement im Enterprise 2.0

Gerade in wissensintensiven Branchen und Prozessen versucht man heute, die klassischen Disziplinen des Dokumentenmanagements mit Konzepten aus dem Web 2.0 zu verknüpfen. Am Anfang stand hier beispielsweise die Verknüpfung von Web-2.0-Inhalten mit klassischen Dokumenten, z.B. die Möglichkeit, in einem Wiki-Eintrag auf ein Office-Dokument zu verlinken. Heute wird zunehmend der Nutzer in den Vordergrund gestellt und auch versucht, den »Sozialen Graphen« zwischen den Mitarbeitern und Partnern des Unternehmens auszunutzen, um Informationen effizienter verarbeiten zu können. Das folgende Interview mit John Newton, einem Veteranen der Dokumentenmanagement-Industrie, beleuchtet einige dieser Aspekte.

> **John Newton, CTO und Chairman von Alfresco Software und Mitgründer des ECM-Unternehmens Documentum**
>
> **Dirk Slama:** John, nachdem wir Sie gebeten hatten, unser Material zu BPM und Dokumentenmanagement zu kommentieren, war Ihre erste Reaktion – nun ja, dass wir eine sehr dokumentenzentrische Sicht auf das Thema eingenommen haben...
>
> **John Newton** (lacht): Ja. Verstehen Sie mich nicht falsch. Dokumente sind ein integraler Bestandteil von BPM, und ich glaube, dass Ihr Ansatz auch die essenziellen Dinge mitbringt, die man für eine integrierte Sicht auf BPM, Portale und DMS benötigt. Aber für mich sieht es so aus, als ob ein wesentlicher Baustein in der SOA Map fehlt, die Sie gezeichnet haben. Mir schwebt eine SOA Map vor, die all die neuen Konzepte aufzeigt, die wir momentan dabei beobachten können, wie sie unsere Branchen revolutionieren – von der Adaption von Social-Networking-Ansätzen in Unternehmen über Mashups bis hin zu der ganzen NoSQL-Bewegung.
>
> **Dirk Slama:** Aber alles begann mit den Dokumenten?
>
> **John Newton:** Richtig. In meinen ersten Jahren bei Documentum drehte sich alles um die Bereitstellung einer zentralen Datenbank für Dokumente und die damit verbundenen Verwaltungsprozesse, also Dokumente erstellen, ablegen, recherchieren, abrufen und archivieren. Der primäre Treiber waren regulatorische Bestimmungen – welche Information ist wo abgelegt. Das nächste große Thema drehte sich darum, dass wir uns näher ansahen, was genau passiert, nachdem ein Dokument erstellt wurde. Die Leute sahen in DMS und ERP immer zwei getrennte Märkte, aber in Wirklichkeit waren sie das nie. Es gab immer eine sehr enge Verbindung zwischen beiden – man sieht selten ein ERP ohne ein angeschlossenes DMS, und es gibt normalerweise auch keine Rechnung und keinen Kaufauftrag ohne die dazugehörigen Dokumente. Dann kam das Internet, und mit ihm kamen die Portale. Anfangs bestand eine Website nur aus einem Bündel von Dateien. Aber die Leute erkannten schnell, dass der Verlust einer Datei in Wirklichkeit den Verlust von Umsatz bedeutet. Also mussten wir Workflows erfinden, um die Website zu verwalten. Das Interessante daran war, das sich das Web Content Management mehr und mehr der Softwareentwicklung annäherte – der Unterschied zwischen den Datensätzen einer Anwendung und dem Web Content eines Portals begann zu verschwimmen. Alles wurde Teil des Geschäftsprozesses. Anfang 2000

sah es so aus, als ob wir wegen der Wirtschaftskrise eine Pause einlegen müssten. Tatsächlich läutete aber der Kollaps der Enrons und WorldComs dieser Welt die nächste Runde im Wachstum des Dokumentenmanagements ein, vor allem wegen SOX und anderen regulatorischen Anforderungen.

Dirk Slama: Welche Änderungen sehen Sie heute am Horizont?

John Newton: Die Adaption von Web 2.0 und teilweise auch von Social Networking in Unternehmen ist eine große Revolution, die gerade abläuft. In der Vergangenheit haben wir uns sehr stark auf Dinge wie Metadaten, Klassifikationsschemata, formale Taxonomien oder Ontologien konzentriert. In all diese Themen wurde viel Geld investiert, um das Zusammenspiel zwischen den Portalen und der Office-Dokumentenwelt besser zu gestalten. So wird z.B. gerne ein Tool wie MS Sharepoint eingesetzt, um einen strukturierten Zugang zu Dokumenten in Portalen bereitzustellen. Aber letztlich erweist sich dieser strukturierte Ansatz als viel zu schwerfällig und zu teuer in der Pflege. Inspiriert von Facebook und anderen sozialen Netzwerken beginnen wir nun zu sehen, wie mächtig es ist, die Zusammenarbeit rund um Personen herum aufzubauen und nicht um strukturierten Content. Wenn Sie neu in einem Unternehmen anfangen, wollen Sie kein riesengroßes Portal durchsuchen, um herauszufinden, was wichtig ist. Sie wollen vielmehr sehen, auf welche Dokumente Ihr Chef und Ihre Kollegen häufig zugreifen. Wenn Sie ein Vertriebsleiter sind, wollen Sie direkt sehen, an welchen Leads ihr Vertriebsteam am intensivsten arbeitet. Mit anderen Worten: Die Mitarbeiter werden die Metadaten. Wer steht in Verbindung mit wem, wer arbeitet woran? Für Regulatoren entstehen hier auch interessante neue Fragen: Was passiert mit diesen »sozialen« Daten? Welche sozialen Daten müssen archiviert werden? Wir fangen gerade erst an zu lernen, wie wir mit diesen sozialen Daten leben werden. Ich denke, dass die allgemeinen Regeln und die gesetzlichen Vorgaben in diesem Bereich weiter gelockert werden, nicht nur um das Geschäft zu forcieren, sondern auch, um bessere Arbeitsbedingungen zu schaffen, sodass das Arbeiten mehr Spaß macht.

Dirk Slama: Sie haben angedeutet, dass wir als Folge von all dem ein Wiederaufleben des Case Management erleben werden?

John Newton: Ja. Natürlich brauchen wir weiterhin formale Prozesse und Workflows, die auf hochstrukturierten Daten aufsetzen, um geschäftliche Transaktionen formal korrekt abzuschließen. Aber bis es zu der geschäftlichen Transaktion kommt, spielen im Vorfeld informelle Prozesse in Kombination mit unstrukturierten und sozialen Daten eine immer wichtiger werdende Rolle. Hier gilt es, den Informationsfluss zwischen den beteiligten Personen so zu gestalten, dass Sie die geschäftliche Transaktion vorbereiten können. Diese neue Art von Case Management, die wir sehen werden, wird auch sehr stark kundenfokussiert sein. CRM-zentrisches Case Management wird helfen, kundenzentrierte Sichten auf End-to-End-Prozesse einzunehmen und dabei formale und informale Abläufe bzw. strukturierte und unstrukturierte Prozessinformation miteinander zu kombinieren.

Dirk Slama: Das BPMS wird dabei eine Schlüsselrolle spielen, um diese Information zusammenzuführen?

John Newton: Ja. Deswegen haben wir auch Tom Baeyens und Joram Barrez zu uns an Bord geholt, zwei Schlüsselpersonen aus dem JBoss-jBPM-Projekt. Sie werden die Entwicklung unserer Activity Process Engine vorantreiben. Aber es geht nicht nur um die Engine. Wir haben eingangs über SOA gesprochen: Ich glaube, dass wir eine viel höhere Flexibilität auf diesem Gebiet benötigen. Wir müssen REST-Protokolle und

> Mashups einsetzen, um rascher in einer sich schnell ändernden Welt von semistrukturierten Daten agieren zu können. Dasselbe gilt für Transaktionen und Datenmanagement. Wir werden dabei den Fokus weniger auf die transaktionale Integrität für alle diese Datenarten richten, sondern stattdessen mit einer Philosophie arbeiten, wie sie die NoSQL-Bewegung repräsentiert. Natürlich setzt eine solche Herangehensweise ein sehr gutes Verständnis der verschiedenen Daten- und Prozessarten voraus. Das gilt auch für die eingesetzten Architekturen und Technologien. Und im Interesse Ihrer Businesskosten können Sie es sich nicht leisten, ein Geschäft zu verlieren, nur weil die transaktionale Datenintegrität nicht gewährleistet ist. Aber im Interesse Ihrer IT-Kosten können Sie es sich ebenso wenig leisten, die Umsetzungskosten zu tragen, die anfallen würden bei dem Versuch, neue Lösungen für soziale und informelle Daten mit dem herkömmlichen, strukturiert-transaktionalen Ansatz zu bauen. An dieser Stelle kann der in Ihrem Buch vorgeschlagene Ansatz über ein Enterprise Architecture Management (EAM) interessant sein, denn dieser scheint mir zu helfen, den notwendigen Grad an Steuerung und Kontrolle über die IT-Architekturen zu erlangen.
>
> **Dirk Slama:** John, vielen Dank für dieses Gespräch!

7.11.2 Master Data Management

Master Data Management (bzw. Stammdatenverwaltung) ist ein weiteres wichtiges Querschnittsthema für Enterprise BPM, da fast alle Prozesse in einem Unternehmen von der Verfügbarkeit qualitativ hochwertiger Stammdaten abhängig sind. Die Abgrenzung zwischen **Stammdaten** und ihrem Gegenstück, den **Bewegungsdaten**, ist allerdings nicht immer ganz klar. Stammdaten sind in der Regel zustandsorientierte Daten, die der Beschreibung von Sachverhalten dienen und die normalerweise über einen längeren Zeitraum unverändert bleiben. Bewegungsdaten dagegen sind abwicklungsorientierte Daten, die immer wieder neu durch die betrieblichen Prozesse erzeugt werden. Bewegungsdaten hängen in der Regel von Stammdaten ab. So kann beispielsweise eine Buchung (Bewegungsdaten) nicht ohne Konto (Stammdaten) existieren.

Die Hauptaufgabe der Stammdatenverwaltung ist die anwendungsübergreifende Bereitstellung von konsistenten Stammdaten. Die Sicherstellung der anwendungsübergreifenden Datenkonsistenz ist in vielen Unternehmen ein schwieriges Thema. Zum Ersten kommen häufig Doubletten von Daten vor, die im Rahmen der **Stammdatenkonsolidierung** eliminiert werden müssen. Zweitens existieren fachlich identische Stammdaten häufig mehrfach mit unterschiedlichen IDs in verschiedenen Systemen. Hier muss mittels der **Stammdatenharmonisierung** eine Zusammenführung der fachlich identischen Stammdaten erfolgen. Für die Pflege von Stammdaten bieten sich zwei unterschiedliche Verfahren an: **lokale** und **zentrale Stammdatenpflege**. Bei der lokalen Stammdatenpflege erfolgt die Anlage und Pflege der Daten zunächst lokal. Die lokalen Daten werden dann mittels eines regelmäßigen Batch-Prozesses oder auch über Echtzeitintegration (SOA) mit dem zentralen Stammdatenserver synchronisiert. Bei der zentralen Stammdatenpflege erfolgt die Anlage und Pflege auf einem zentralen Stammdatenserver, von dem aus die Daten dann an die verschiedenen relevanten Anwendungen verteilt werden. Die Stammdatenverwaltung spielt nicht nur innerhalb eines Unternehmens eine wichtige Rolle, sondern auch zunehmend unternehmensübergreifend. Im Folgenden schauen wir uns zwei Beispiele für Stammdatenverwaltung im Kontext von SOA und BPM an, eines innerhalb eines großen Mischkonzerns und eines im Bereich Artikelstammdatenverwaltung in der Supply Chain.

7.11.2.1 Beispiel 1: Kundenstammdatenverwaltung im Großkonzern

Das erste Beispiel, das wir uns ansehen wollen, ist die Konsolidierung und Harmonisierung von Kundenstammdaten in einem globalen Mischkonzern. Das Projekt wurde auf Initiative des CEOs hin gestartet, der eine einheitliche Sicht auf Kunden in allen Unternehmensteilen forderte. Um dies umzusetzen, wurde ein globales Projekt gestartet, in dem ein zentrales System für die Erfassung und Verwaltung der Kundenstammdaten geschaffen wurde. Mit diesem System müssen sich nun alle anderen Anwendungen abgleichen, die Kundendaten führen oder referenzieren. Abbildung 7–125 zeigt einen Überblick über die Lösung aus der SOA-Perspektive.

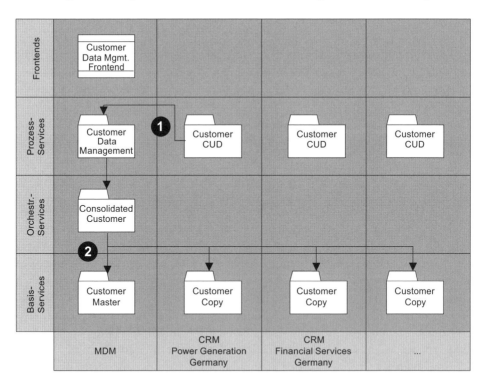

Abb. 7–125   *Kundenstammdatenverwaltung in einem Großkonzern*

Die Lösung setzt auf lokale Kontrolle der Anwendungen über Kundendaten. Insbesondere erfolgen alle lesenden Zugriffe lokal. Allerdings müssen alle Prozesse in beteiligten Systemen, die Kunden anlegen, ändern oder löschen (Create, Update, Delete, kurz »CUD«), diese Änderungen in Echtzeit an einen zentralen »Customer Data Management«-Prozess-Service melden (**1**). Dieser Prozess-Service übernimmt die Verwaltung der Daten im zentralen »Customer Master«-Basis-Service. Über einen Orchestrierungs-Service (»Consolidated Customer«) werden Änderungen an alle relevanten Anwendungen wiederum in Echtzeit weitergeleitet (**2**).

Der Vorteil dieser Lösung liegt darin, dass die Kundendaten tatsächlich in Echtzeit zwischen den Systemen repliziert werden. Wählt man hier beispielsweise eine zentrale Datenverwaltung mit täglicher Batch-Synchronisation der beteiligten Anwendungen, riskiert man, dass untertägig Dateninkonsistenzen auftreten. Der Nachteil der Lösung besteht im höheren Integrationsbedarf. Die Integration der Anwendungen in Echtzeit über den SOA-Ansatz auf Anwendungsebene führt im Schnitt zu höheren Kosten als eine einfache, datenbankbasierte Batch-Synchronisation.

7.11.2.2 Beispiel 2: Artikelstammdatenverwaltung im Handel

Das zweite Beispiel beschäftigt sich mit dem Management von Artikelstammdaten in der Supply Chain zwischen Herstellern und Händlern. Gerade für Kernprozesse wie Bestellung, Bestandskontrolle und Rechnungslegung spielt die Verfügbarkeit von qualitativ hochwertigen Artikelstammdaten eine wichtige Rolle. Um der Komplexität in einer Supply Chain mit vielen beteiligten Händlern und Lieferanten Herr zu werden, hat sich heute ein Ansatz für die Artikelstammdatenverwaltung herauskristallisiert, der auf dem Konzept eines Aggregators basiert. Der Aggregator sammelt Artikelstammdaten von vielen beteiligten Händlern, bereitet diese Daten weiter auf und stellt sie den Interessenten – also meistens den Händlern – in standardisierter Form zur Verfügung. Die Händler übernehmen die Daten und bereiten sie in lokalen Prozessen weiter auf. Dabei werden beispielsweise Preisinformationen und regionale Verfügbarkeit hinzugefügt. Ein interner Freigabeprozess stellt sicher, dass nur qualitativ abgesicherte Stammdaten in die nachgelagerten Prozesse einfließen.

In Abbildung 7–126 ist wieder die SOA/BPM-Perspektive auf den Prozess und die beteiligten Komponenten zu sehen.

Die Kommunikation zwischen den Weiterleitungs- und Entgegennahme-Prozessen kann beispielsweise über XML, Webservices, aber auch EDI oder Excel erfolgen. Die Aufbereitung beim Händler erfolgt über einen lokalen Prozess, der von der BPM Engine gesteuert wird und die Datenpflege über ein lokales Portal (hier nicht gezeigt) ermöglicht.

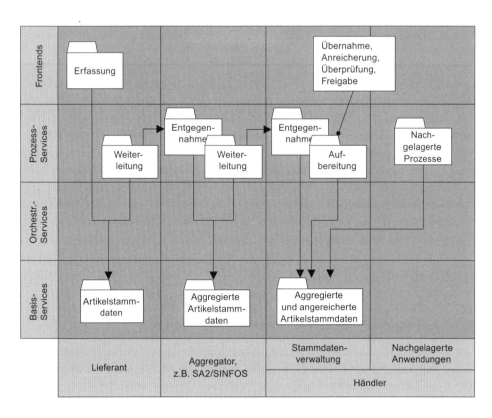

Abb. 7-126 Artikel-Stammdatenverwaltung im Handelsumfeld

Fazit

Die hier besprochenen Beispiele belegen, dass die Umsetzung einer umfassenden Master-Data-Management-Strategie mit signifikanten Investitionen und kontinuierlichen Anstrengungen verbunden ist. Roman Schlömmer, Senior Consultant bei der Holisticon AG meint dazu: *In den letzten Jahren lässt sich vermehrt ein Phänomen beobachten. Die Fachabteilungen fühlen sich weder für die Daten noch für die Operationen darauf verantwortlich und häufig bleibt als Konsequenz die Verantwortung in der IT-Abteilung. Dies ist sogar in gewisser Weise nachvollziehbar: wer übernimmt schon gerne die inhaltliche Verantwortung für etwas, dessen fachlicher Umfang nicht klar abgegrenzt ist und/oder über Abteilungsgrenzen hinausgeht? Um dem entgegenzuwirken ist es erforderlich, eine Facharchitektur mit fachlich geschlossenen und abgegrenzten Services aufzubauen und diese in sinnvollen Domänen mit klar definierten Verantwortungsbereichen zu platzieren.*

Um die hier erwähnten Probleme auf Unternehmensebene zu adressieren, haben wir ja in Kapitel 5 bereits das Konzept des Enterprise Architecture Management eingeführt. Das Zusammenspiel von EAM und BPM wird in Kapitel 14 beschrieben. Im Abschnitt 14.5.1 gehen wir insbesondere auf die Bedeutung von Domänenmodellen im Kontext von EAM und BPM ein.

8 IBPM-Patterns

Nachdem wir nun die 10 Säulen des IBPM-Frameworks betrachtet haben, wollen wir als Nächstes einige Entwurfsmuster (Patterns) betrachten, die sich als Lösungsschablonen für wiederkehrende Entwurfsprobleme in vielen BPM-Projekten bewährt haben.

Der Katalog der Patterns ist derzeit in sieben aufeinander aufbauende Bereiche aufgeteilt. Abbildung 8–1 gibt eine Übersicht über den allgemeinen Aufbau des Katalogs.

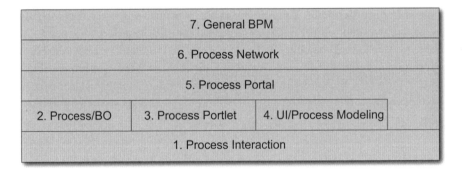

Abb. 8–1 Aufbau des IBPM-Pattern-Katalogs

In den einzelnen Bereichen sind folgende Patterns zu finden:

1. **Process Interaction Patterns:** Beschreiben die vier Grundmuster der Prozessinteraktion (siehe dazu Abschnitt 7.8.1.2).

2. **Process/BO-Patterns:** Beschreiben typische Interaktionen zwischen Prozessen und Business-Objekten.

3. **Process Portlet Patterns:** Definieren die Liste der wichtigsten Portlets, die für Human User Interaction benötigt werden. Sie beschreiben deren generischen Aufbau.

4. **UI/Process Modeling Patterns:** Muster zur Modellierung des Zusammenhangs von User Interfaces und BPMN-Prozessmodellen

5. **Process Portal Patterns:** Muster zur Modellierung von Interaktionen zwischen Nutzern und automatisierten Prozessen in einem Prozessportal
6. **Process Network Patterns:** Muster zur Modellierung komplexer Prozessnetze
7. **General BPM Patterns:** Weitere Muster, z. B. zur Modellierung von Eskalationen, Veränderungen

Eine detaillierte Beschreibung aller Patterns würde den Umfang dieses Buches sprengen. Auf *www.enterprise-bpm.org* ist der komplette Katalog aller BPM-Patterns online verfügbar. Wir würden uns sehr freuen, wenn Sie sich auf dieser Webseite aktiv an der Weiterentwicklung des Katalogs beteiligten! Im Folgenden wird ein Auszug aus dem Katalog beschrieben, der für die in diesem Buch verwendeten Beispiele relevant ist.

8.1 Process/BO-Patterns

Eines der wichtigsten Themen beim Prozessdesign ist die Beziehung zwischen dem Prozessablauf und den Business-Objekten (BO), auf denen der Prozess basiert. BPMN definiert hier bereits einige Grundlagen, die aber in der Praxis teilweise nicht ausreichend sind, insbesondere aus Perspektive der fachlichen Modellierung.

Folgende grundlegenden Annahmen haben sich in der Praxis bewährt: Business-Objekte werden von Prozessen erzeugt, gelesen, mutiert (geändert) und gelöscht (logisch oder physisch). Außerdem muss es in einem Prozess mit Human User Interaction möglich sein, ein Business-Objekt zu suchen. Weiterhin sollte der Hauptzustand eines Business-Objekts angegeben werden können. Um dies auszudrücken, werden in diesem Pattern die in Abbildung 8–2 dargestellten Symbole verwendet.

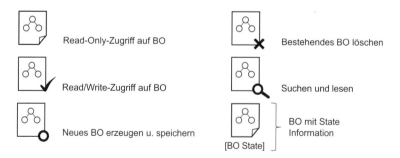

Abb. 8–2   *Process/BO-Patterns*

Symbole des Process/BO-Patterns werden in BPMN verwendet, indem sie mit Aktivitäten assoziiert werden. Dies kann über eine gestrichelte Linie vom Pattern zur Aktivität erfolgen (siehe Beispiel 1 in Abb. 8–3). Alternativ können mehrere Aktivitäten mit einer BPMN-konformen Gruppierung umgeben werden (gestrichelte Linie), die dann mit dem Process/BO-Pattern assoziiert wird, um auszudrücken, dass alle in der Gruppierung enthaltenen Aktivitäten sich auf das angegebene Business-Objekt beziehen (siehe Beispiel 2 in Abb. 8–3).

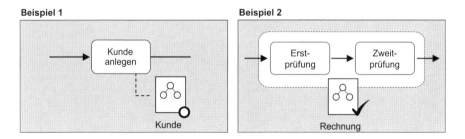

Abb. 8–3   *Beispiele für die Anwendung der Process/BO-Patterns*

Das IBPM setzt stark auf das SOA-Konzept. Es geht daher davon aus, dass Business-Objekte eindeutig einer SOA-Komponente zugeordnet sind, die den Zugriff auf alle Instanzen einer Klasse von Business-Objekten regelt. Wir haben in Abschnitt 7.9 das Zusammenspiel von Business-Objekten und Backend-Services ausführlich diskutiert.

Auch die BPMN-Spezifikation beschäftigt sich mit dem Thema der Datenverarbeitung in Prozessen. BPMN definiert hier das Konzept der Data Objects, das eine sehr technische Perspektive einnimmt, die bereits stark auf die Ausführung von BPMN-Prozessmodellen abzielt. Data Objects in der BPMN entsprechen einer technischen Datenstruktur, die zum Prozessieren von Daten in der Prozess-Engine verwendet wird. Beispielsweise sagt die BPMN-Spezifikation über Datenobjekte: »The lifecycle of a Data Object is tied to the lifecycle of its parent Process or Sub-Process. When a Process or Sub-Process is instantiated, all Data Objects contained within it are also instantiated. When a Process or Sub- Process instance is disposed, all Data Object instances contained within it are also disposed. At this point the data within these instances are no longer available.« Das heißt, Datenobjekte in BPMN entsprechen eher einer Prozessvariablen, aber nicht einem langlebigen Business-Objekt im Sinne von IBPM. Die BPMN-Spezifikation definiert das Konzept eines Date Store; das Symbol ist eine stilisierte Datenbank. Ein direkter Datenbankzugriff durch einen Prozess entspricht nicht der SOA-Philosophie. Wir gehen im IBPM-Framework immer davon aus, dass der Lebenszyklus eines Business-Objekts von einer SOA-Komponente kontrolliert wird.

Die hier definierten Patterns erlauben eine sehr ausdrucksstarke Modellierung des Zusammenspiels zwischen Prozessaktivitäten und Business-Objekten im Kontext einer SOA. Abbildung 8–4 zeigt ein Beispiel hierfür. Links oben ist die Aktivität »Erstprüfung« zu sehen, für die schreibend auf ein Business-Objekt »Rechnung« zugegriffen wird[1]. Es ist an einer Stelle global definiert worden, dass die SOA-Komponente »Rechnungsverwaltung« für den Lebenszyklus des Business-Objekts »Rechnung« verantwortlich ist. In der gleichen Abbildung unten ist die Langform zu sehen, die dann in Richtung ausführbares BPMN geht.

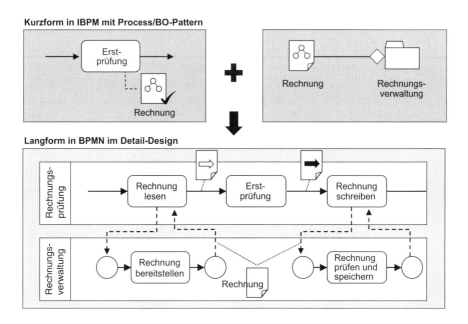

Abb. 8–4   *Beispiel für unterschiedliche Darstellungsebenen*

Ein weiteres wichtiges Thema ist die Modellierung von Zusammenhängen zwischen Business-Objekten. Insbesondere das Thema des »Aufbauens« eines Business-Objekts in einem Geschäftsprozess ist hier bedeutend. Mit »Aufbauen« meinen wir, dass ein Business-Objekt in mehreren Prozessschritten aus Teilobjekten zusammengesetzt (bzw. aufgebaut) wird. Dafür verwenden wir eine gerichtete Assoziation zwischen zwei Business-Objekten, an deren Ziel ein »+« steht. Dadurch wird ausgedrückt, dass ein Business-Objekt dem anderen hinzugefügt wird.

In Abbildung 8–5 sind zwei Beispiele gezeigt. Im ersten Beispiel wird eine Sammelbestellung erstellt, der dann eine Bestellanforderung hinzugefügt wird. Im zweiten Beispiel wird eine neue Bestellposition erstellt und einer Bestellung hinzugefügt.

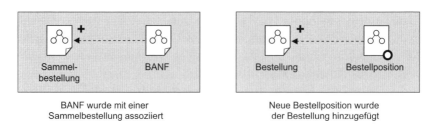

Abb. 8–5   *Beispiele für das Aufbauen komplexer Business-Objekte*

---

1. Es wäre denkbar, das Modell an dieser Stelle noch zu erweitern, um Informationen über die für den Zugriff auf das Business-Objekt verwendete Schnittstelle bzw. sogar die aufgerufene Operation anzugeben. Diese Informationen müssten nicht zwangsweise im Modell ersichtlich sein, könnten in einem Modellierungswerkzeug aber als Metadaten dem Prozessmodell hinzugefügt werden.

8.2 Process Portlet Patterns

Die Wichtigkeit von wiederverwendbaren Mustern zur Gestaltung homogener User Interfaces (UI) für prozessorientierte Anwendungen haben wir bereits in Abschnitt 7.7 hervorgestrichen. Einige Patterns wurden dort bereits eingeführt. Abbildung 8–6 zeigt die komplette Liste der Process Portlet Patterns. Im Folgenden werden wir einige ausgewählte Beispiele vertiefen. Für weitere Details verweisen wir wiederum auf *www.enterprise-bpm.org*.

Abb. 8–6   *Übersicht Process Portlet Patterns*

Diese Patterns beschreiben die wesentlichen Portlets, die normalerweise in einer BPM-basierten Anwendung verwendet werden. Mit Portlet ist hier übrigens nicht zwangsweise die Umsetzung von JSR 168 gemeint, es können auch andere Konzepte der UI-Modularisierung zum Tragen kommen. Wir haben in Abschnitt 7.7.4.2 bereits die Vor- und Nachteile der Verwendung eines echten Portalservers besprochen. Unabhängig davon, ob die hier vorgestellten UI-Elemente als »echte« Portlets umgesetzt werden oder eine proprietäre Technologie eingesetzt wird: Die hier vorgestellten Patterns sollten in jedem Falle die funktionale Essenz der UI-Elemente einer prozessorientierten Anwendung wiedergeben. Im Folgenden beschreiben wir nur die verschiedenen Varianten des Process/BO-Portlet im Detail. Für die anderen Patterns sei wiederum auf die Webseite zum Buch verwiesen.

8.2.1 Process/BO-Portlet

Dieses elementare Portlet wurde bereits in Abschnitt 7.7.2.2 eingeführt und soll an dieser Stelle noch einmal vollständig beschrieben werden.

Abbildung 8–7 zeigt den Aufbau des Process/BO-Portlet. Die wesentliche Idee ist, dass hier alle Elemente eines Prozesses und die für ihn relevanten Business-Objekte sowie andere Informationen in kompakter Form in einem Portlet bzw. einer Maske dargestellt werden. In der Regel haben die meisten Prozessbeteiligten die gleiche Sicht auf den Prozess und das zugrunde liegende Business-Objekt, daher sollte dieses Portlet möglichst generisch und innerhalb des Prozesses wiederverwendbar gestaltet werden. Das Process/BO-Portlet wird sowohl für systeminitiierte Tasks als auch für nutzerinitiierte Aktivitäten verwendet. Es ist wie folgt aufgebaut:

- Im oberen Teil des Portlet ist eine kurze Zusammenfassung der wesentlichen Informationen zu sehen. Diese sollten 4-6 Attribute nicht übersteigen.
- Im mittleren Teil sind alle Details in übersichtlicher Darstellung zugreifbar. Eine Aufteilung in mehrere inhaltliche Gruppen kann beispielsweise mithilfe von Tabulatoren erreicht werden.
- Im unteren Teil des Portlet ist ein Bereich, in dem die aktuell verfügbaren Aktionen ausgelöst werden können; sie werden beispielsweise über Buttons dargestellt. Wenn das Portlet aus der Task-Liste heraus geöffnet wird, ergibt sich die Menge der verfügbaren Aktionen aus dem Prozesszustand und der aktuellen Nutzerrolle. Wenn das Portlet aus der Prozessliste heraus geöffnet wird, gibt es mehrere Optionen: Gibt es keinen Task für den Nutzer, wird keine Aktion angezeigt (bzw. nur Ad-hoc-Aktionen, die für diesen Prozess definiert und in der aktuellen Rolle erlaubt sind). Gibt es genau einen Task für den Nutzer in der aktuellen Rolle, sollten die für diesen Task gültigen Aktionen angezeigt werden. Gibt es mehrere Tasks für die aktuelle Rolle, dann muss dies als Sonderfall behandelt werden.

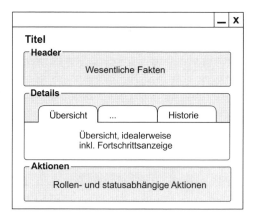

Abb. 8–7   Process/BO-Portlet

8.2 Process Portlet Patterns

Das Portlet sollte außerdem folgende Funktionen und Abhängigkeiten berücksichtigen:

- **Fortschrittsanzeige:** Das Portlet sollte eine kompakte Übersicht enthalten, die den fachlichen Fortschritt des Prozesses anzeigt. Dies kann beispielsweise eine Liste der 3-4 wichtigsten fachlichen Zustände sein, die über ein Icon darstellt, ob der jeweilige Zustand bereits erreicht wurde (bei der BANF z.B. »Freigabe 1«, »Freigabe 2«, »Erledigung durch Einkauf«).
- **Prozesskontext:** Alternativ oder zusätzlich zur Fortschrittsanzeige kann auch das fachliche Prozessmodell angezeigt werden, in dem die gerade erreichte Position im Prozessablauf visuell ausgezeichnet ist. Beispiele hierfür haben wir in den Abschnitten 2.2.3 und 7.5.4 gezeigt.
- **Verbleibende Bearbeitungszeit:** Das Portlet sollte Informationen über mögliche Timeouts anzeigen, die entweder mit dem aktuellen Task oder dem Prozess assoziiert sind.
- **Historie bzw. Prozessverlauf:** Das Portlet sollte Zugriff auf Informationen zum Prozessverlauf enthalten. Für den normalen Benutzer ist hier eigentlich nur die fachliche Prozesshistorie von Interesse. Für Administratoren kann es interessant sein, wenn hier zusätzlich optional auch die komplette technische Historie angezeigt werden kann. Für den fachlichen Prozessverlauf ist immer die Frage, wie viele Details auf welcher Ebene erfasst werden sollten und wie diese ggf. gefiltert werden können (siehe hierzu Abschnitt 7.10.1.4).
- **Attachments:** Liste der Anlagen, die für diesen Prozess hochgeladen wurden.
- **Drucken:** Jedes Process/BO-Portlet sollte eine Druckfunktion beinhalten, über die alle relevanten Informationen in einem Druckformat wie beispielsweise PDF dargestellt werden können.
- **Systemnachrichten:** Es muss möglich sein, Nachrichten vom System anzuzeigen. Dabei kann es sich beispielsweise um das Feedback einer Validierungsfunktion handeln.
- **Kompaktsicht:** Es sollte die Möglichkeit geben, zwischen einer Kompaktsicht (nur oberer und unterer Teil) und einer Volldarstellung hin- und herschalten zu können. Die Kompaktsicht ist z.B. für Freigabe-Tasks von Interesse, bei denen der Freigeber nur in Ausnahmen die vollen Details des Process/BOs sehen möchte.

Die Erstellung des Process/BOs kann auf unterschiedlichen Wegen erfolgen. Die meisten BPMS bieten hier relativ generische Formulareditoren, mit deren Hilfe ein Process/BO erstellt werden kann. Einen alternativen Ansatz auf Basis der modellgetriebenen Entwicklung haben wir in Abschnitt 7.10.1.4 beschrieben. In diesem Ansatz sind die Process/BO-Portlets bereits vorbereitet, inkl. der Aufteilung in die drei Bereiche, plus zusätzlicher Funktionen wie beispielsweise der Prozesshistorie. Der Entwickler muss also nur noch die Business-Objekt-spezifischen Teile des UI im Detail festlegen.

8.2.2 Process/BO-Portlet mit Task Data

Das Process/BO-Portlet geht davon aus, dass in der Regel entweder das komplette Business-Objekt bearbeitet werden kann oder ein Schreibschutz für das ganze Business-Objekt besteht, abhängig vom Prozesszustand und der Rolle. In manchen Fällen ist es aber nicht ausreichend, wenn dem Nutzer einfach das komplette Business-Objekt dargereicht wird. Insbesondere bei Task-orientierten Arbeiten möchte man häufig einen gesonderten Bereich im Portlet haben, der ein Formular beinhaltet, über das die für diesen spezifischen Task einzugebenden Daten erfasst werden.

Abbildung 8–8 zeigt ein Beispiel hierfür. Es geht um die Vorerfassung von Daten für eine eingescannte Rechnung. Wir sehen, dass das Process/BO erweitert und vom Aufbau her angepasst wurde. Das Aktionsfeld ist größer geworden und umfasst nun ein Formular, über das gezielt Daten erfasst werden, die für die Erledigung der Aufgabe »Rechnung vorerfassen« komplett sein müssen. Der Sachbearbeiter kann diese Informationen aus dem eingescannten Dokument ablesen und eintragen. Die Daten werden dann nach Erledigung des Tasks dem Business-Objekt »Rechnung« hinzugefügt.

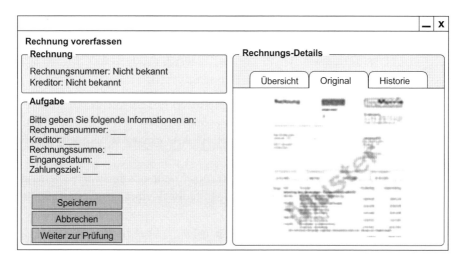

Abb. 8-8   Beispiel für ein Process/BO-Portlet mit Task Data

8.2.3 Process/BO-Portlet mit Task Data und Wizard

Eine weitere, häufig benötigte Erweiterung des Process/BO-Portlet ist die Möglichkeit, über einen Wizard im Aktionsbereich mehrere Aktionen hintereinander ausführen zu lassen (ggf. auch mit Abhängigkeiten zwischen den Schritten). Abbildung 8–9 zeigt ein Beispiel hierfür. Die im vorangegangenen Abschnitt vorgestellte Rechnungsvorerfassung ist abgeschlossen, und wir befinden uns nun in der Rechnungserstprüfung. Diese besteht wiederum aus drei Teilschritten, die aber nicht als gesonderte Tasks durchgeführt, sondern in einer Maske hintereinander von derselben

Person erledigt werden. Im Beispiel ist oben eine Zeile mit einer Fortschrittsanzeige für den Wizard enthalten (nicht zu verwechseln mit dem Prozessfortschritt). Im Aktionsbereich kann der Wizard über Vorwärts-/Rückwärts-Buttons weitergeschaltet werden.

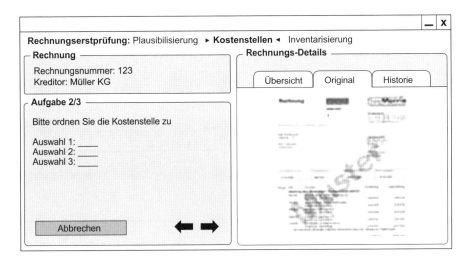

Abb. 8–9   Beispiel für ein Process/BO-Portlet mit Task Data und Wizard

8.3   UI/Process Modeling Patterns

Als nächstes Thema im Pattern-Katalog beschäftigt uns die Frage, wie der Zusammenhang zwischen dem UI (in Form der gerade beschriebenen Portlet Patterns) und dem Prozessablauf in einem formalen Prozessmodell beschrieben werden kann.

Abbildung 8–10 zeigt eine Übersicht der Process/BO-Modeling-Patterns. Die wesentliche Idee ist, dass bestimmte Elemente im Prozessmodell gruppiert werden und dieser Gruppe von Modellelementen dann ein Portlet Pattern zugeordnet wird.

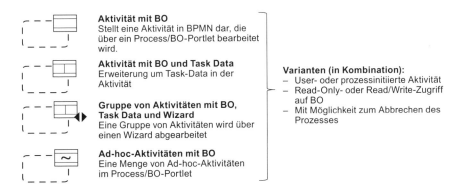

Abb. 8–10   Übersicht Process/BO-Modeling-Patterns

Aus Abschnitt 8.1 kennen wir bereits die Process/BO-Patterns und aus Abschnitt 8.2 die Process/BO-Portlet-Patterns. Diese werden im UI/Process Modeling zusammengeführt. Dazu wird eine Aktivität zusammen mit einem Gateway und einem Business-Objekt gruppiert. Der Gruppe (gestrichelte Linie) wird dann rechts oben das Symbol für das Process/BO-Portlet-Pattern zugeordnet (siehe Abb. 8–11).

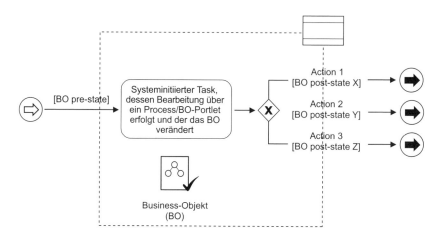

Abb. 8-11 *Beispiel für UI/Process Modeling*

Wichtig ist, das Mapping zwischen dem Prozessmodell und dem Process/BO-Pattern zu verstehen. Die Idee ist, dass jeder Ausgang des Gateways genau einer Aktion im Aktionsbereich eines Process/BO-Portlet entspricht (siehe Abb. 8–12). Das zentrale Business-Objekt des Portlet ist das Business-Objekt, das im Prozessmodell angegeben ist.

Die hier beschriebenen Patterns lassen sich miteinander kombinieren. Abbildung 8–13 zeigt beispielsweise den zweiten Schritt der Rechnungsprüfung, für den wir oben schon das Portlet definiert hatten. In diesem Schritt werden drei Aktivitäten ausgeführt, die alle von einem User in einem Portlet durchgeführt werden. Dafür wird hier das »Process/BO-Portlet mit Task Data und Wizard«-Pattern verwendet. Außerdem ist im Prozessmodell noch angegeben, wie das übergeordnete Rechnungs-BO aus drei Teil-BOs aufgebaut wird. Dafür verwenden wir wieder das Process/BO-Pattern.

8.3 UI/Process Modeling Patterns

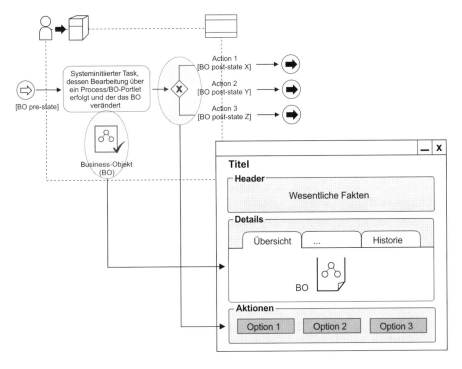

Abb. 8–12 *Mapping zwischen Prozessmodell und Process/BO-Portlet*

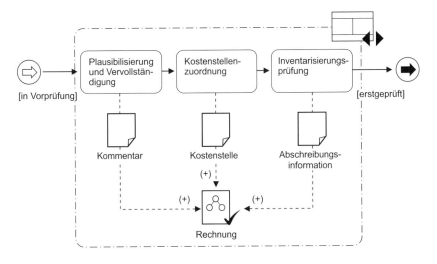

Abb. 8–13 *Beispiel: Prozessmodell mit UI und Business-Objekt-Aufbau*

8.4 Process Portal Patterns

Viele Projekte verwenden BPMN zur Modellierung von Prozessen, die durch ein BPMS gesteuert werden. Im Verlauf des Prozesses orchestriert das BPMS dabei diverse Interaktionen mit Nutzern über ein Prozessportal.

BPMN gibt uns hier sehr viele Freiheiten bei der Modellierung. Beispielsweise könnte das BPMS als eigenständiger Pool modelliert werden, der neben einem weiteren Pool steht, der dem Prozessportal entspricht, jeweils mit einer Lane für jeden Portalnutzer im Prozesskontext. Diese Art der Modellierung führt allerdings schnell zu sehr komplexen Diagrammen, da die Interaktionen zwischen dem Portal und dem BPMS über Nachrichtenflüsse abgebildet werden müssen. Außerdem erscheint es auch nicht logisch, einen zusammenhängenden Prozess auf zwei Pools zu verteilen. Daher definiert das Process Portal Pattern, dass das **Prozessportal und die Prozess-Engine in einem Pool** zusammen dargestellt werden. Die **Swimlane der Prozess-Engine sollte farblich hervorgehoben werden**, damit sie leicht erkennbar ist. Abbildung 8–14 zeigt ein Beispiel für die Modellierung.

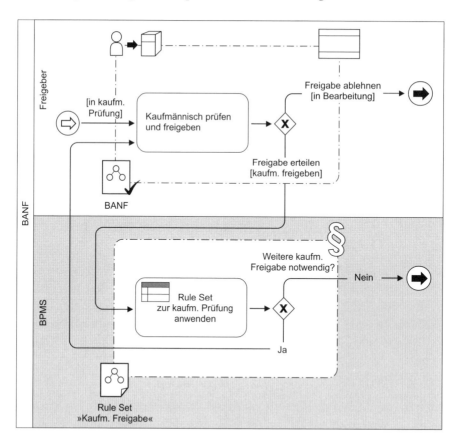

Abb. 8–14   *Modellierung eines Prozessportals in BPMN*

Dieses Pattern mag einem trivial erscheinen, aber: Es kommt immer wieder zu langen und unfruchtbaren Diskussionen in Projekten, wie die BPM Engine in BPMN denn nun genau zu modellieren sei. Der Vorschlag hier erscheint pragmatisch. Wenn zusätzlich die BPM Engine noch farblich hervorgehoben ist, führt dies zu einer guten Strukturierung der Diagramme mit hohem Wiedererkennungswert.

8.5 Process Network Patterns

Die wenigsten Prozesse existieren alleine. Fast immer hat ein Prozess vor- und nachgelagerte Prozesse. Häufig sind diese über Business-Objekte miteinander verkettet. Dadurch ergeben sich komplexe Netzwerke aus Prozessen und Business-Objekten. Abbildung 8–15 zeigt ein Beispiel für ein solches komplexes Prozessnetzwerk.

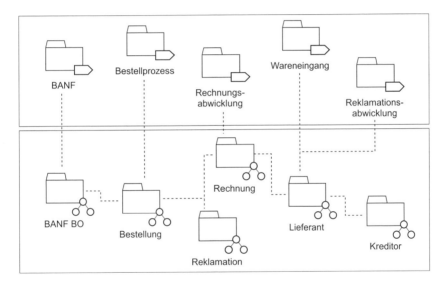

Abb. 8–15 *Beispiel für ein Prozessnetzwerk*

Die BANF (Bestellanforderung), die wir in Kapitel 9 noch im Detail besprechen werden, ist Teil eines Netzwerks von Prozessen, die von der Bestellung über die Rechnungsabwicklung bis hin zu Wareneingang und Reklamationsabwicklung reichen. Diese Prozesse sind über verschiedene Business-Objekte miteinander verkettet, z.B. kann eine Bestellanforderung einer Bestellung zugeordnet sein, diese wiederum einer Rechnung und so weiter. Tabelle 8–1 zeigt weitere Beispiele für die Verkettung von Prozessen.

Beispielsweise wird normalerweise der Prozess Kreditantragsabwicklung von Prozessen wie Auszahlung und Tilgung gefolgt. Selbst der gerne als einfaches Beispiel zitierte Urlaubsantrag hat einen relativ komplexen Folgeprozess, nämlich die Verwaltung des Urlaubskontos.

Prozess	Business-Objekt (BO)	Überführung in
BANF-Prozess	BANF	Bestellung
Kreditantragsabwicklung	Kreditantrag	Kredit, Auszahlung, Tilgung
Urlaubsantragsverwaltung	Urlaubsantrag	Urlaubsmeldung
Urlaubsverwaltung	Urlaubsmeldung	Urlaubskonto
Flugbuchung	Buchung	Ticketing, Sitzplatzreservierung, Checkin

Tab. 8–1   Weitere Beispiele für Prozessverkettungen

Im Zuge unserer Arbeiten sind wir auf fünf Process Network Patterns gestoßen. Abbildung 8–16 zeigt eine Übersicht.

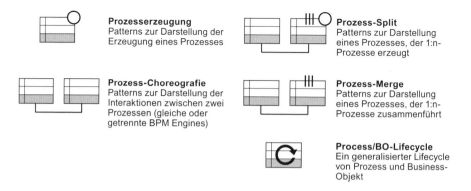

Abb. 8–16   Übersicht der Patterns im Bereich der Prozessnetze

BPMN ist dafür entworfen worden, alle hier beschriebenen Patterns zu unterstützen. Das Problem ist, dass BPMN sehr umfangreich und flexibel ist und es nicht immer offensichtlich ist, welche dieser Patterns in den Details des BPMN-Diagramms tatsächlich gerade umgesetzt werden. Daher kann es hilfreich sein, wenn man sich auf die hier beschriebenen Symbole für die verschiedenen Patterns abstützt. Zwei Beispiele werden im Folgenden noch etwas näher erläutert, für den Rest verweisen wir wieder auf *www.enterprise-bpm.org*.

Abbildung 8–17 zeigt ein Beispiel für einen **Process Split**, d.h. einen Prozess, der in mehrere Folgeprozesse aufgeteilt wird. In diesem Fall wird der Bestellanforderungsprozess abgebildet, der einen oder mehrere Beschaffungsprozesse als Nachfolgeprozesse hat. Die hier verwendete Notation mag als etwas eigenwillige Erweiterung von BPMN gesehen werden, aber der Zweck heiligt ja angeblich die Mittel.

Das **Process/BO-Lifecycle**-Pattern ist in Abbildung 8–18 dargestellt. Es ist weniger als konkretes Modellierungs-Pattern gedacht, sondern soll nur noch einmal den typischen Lebenszyklus eines Prozesses und der ihm zugeordneten Business-Objekte verdeutlichen.

8.5 Process Network Patterns

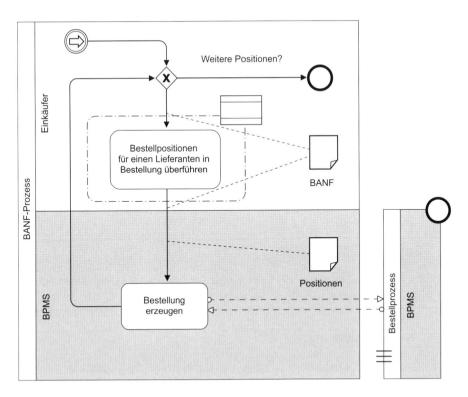

Abb. 8-17 *Beispiel für einen Process Split*

Insbesondere viele Dienstleistungsprozesse laufen nach folgendem Muster ab:

- Der Prozess wird initiiert (gestartet), dabei wird häufig vom Prozessinitiator ein komplexes Business-Objekt aufgebaut (BANF, Kreditantrag etc.).
- Der Prozess geht in eine Bearbeitungsphase, z. B. die Freigabe der BANF oder des Kreditantrags.
- Der Initiator hat die Möglichkeit, Ad-hoc-Aktivitäten auszuführen, z. B. den Prozessstatus einzusehen oder den Prozess abzubrechen.
- Nach erfolgreicher Bearbeitung erhält der Nutzer eine Bestätigung, und es werden 1:n-Nachfolgeprozesse mit entsprechenden Business-Objekten erzeugt (z. B. n Bestellungen für einen Bestellantrag)

Abbildung 8-18 zeigt ein generisches Beispiel für dieses Pattern. Die generelle Annahme ist, dass die Richtung »von links nach rechts« ist, d. h. ein einmal abgeschlossener Prozess kann von seinen Nachfolgeprozessen nicht wieder aktiviert werden (die Prozesshistorie bleibt erhalten). Wenn es Probleme in den Nachfolgeprozessen gibt, müssen ggf. Problembehandlungsprozesse gestartet werden.

Wie gesagt, dies ist ein eher generisches Pattern, was zum generellen Verständnis des Zusammenspiels von Prozessen in komplexen Prozessnetzen beitragen soll.

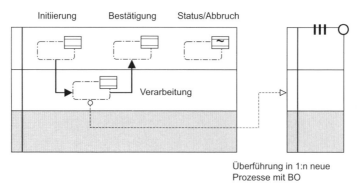

Abb. 8–18   *Generischer Process/BO-Lifecyle*

8.6 General BPM Patterns

Zum Abschluss wollen wir noch kurz einige weitere Patterns vorstellen, die sich nicht in die vorherigen Kategorien einordnen lassen.

8.6.1 Process Monitoring

Um in einem BPMN-Diagramm aufzeigen zu können, welche Teilabläufe eines Prozesses für das Monitoring (z.B. Durchlaufzeiten) relevant sind, schlagen wir die in Abbildung 8–19 dargestellten Symbole vor. Deren Einsatz ist in Abschnitt 7.5.7.2 anhand eines Beispiels beschrieben.

Abb. 8–19   *Symbole für Process Monitoring*

8.6.2 Change Management

Ein letzter wichtiger Bereich der Modellierung ist der Umgang mit Veränderung. Beispielsweise ist es häufig notwendig, in einem Projektantrag zwischen Ist- und Soll-Modellen zu unterscheiden. Aus Architekturperspektive gibt es eigentlich nur drei Aktionen, die auf einem architekturrelevanten Element durchgeführt werden können: Es kann eingeführt (introduced), es kann verändert (update) oder es kann abgelöst (retired) werden.

Für diese drei elementaren architekturverändernden Aktionen definieren wir drei Symbole (siehe Abb. 8–20).

Abb. 8–20   *Symbole für das Change Management*

Diese Symbole können beispielsweise in SOA Maps verwendet werden, um so die Veränderung in der Anwendungslandschaft deutlich zu machen (siehe dazu auch das Beispiel in Abschnitt 15.5). Alternativ kann auch mit einer Farbkodierung gearbeitet werden. Beispielsweise kann es sinnvoll sein, in einem BPMN-Diagramm die Teile des Prozesses, die sich ändern sollen, farblich zu markieren. Ein Beispiel dazu findet sich ebenfalls in Abschnitt 15.5.

9 Vorgehen zur Umsetzung eines BPM-Projekts

In diesem Kapitel betrachten wir das konkrete Vorgehen zur Umsetzung eines BPM-Projekts anhand des BANF-Beispiels der fiktiven Good Goods AG. Dabei greifen wir auf das IBPM-Framework zurück, das mit POAD und SOAD eine sowohl prozess- als auch serviceorientierte Methodik bereitstellt. Das IBPM-Vorgehensmodell definiert die benötigten Arbeitspakete, und ein Rollenmodell legt die Zuständigkeiten und Ergebnisverantwortung fest. In den Arbeitspaketen kommen die IBPM-Patterns zum Einsatz. Um den Rahmen dieses Buches nicht zu sprengen, ist das Beispiel hier relativ knapp gehalten, Eine ausführliche Beschreibung finden Sie auf unserer Website unter *www.enterprise-bpm.org*.

9.1 IBPM-Vorgehensmodell

Die Besonderheit eines BPM-Projekts liegt darin, dass es sich gleichzeitig um ein Organisations- und ein IT-Projekt handelt. In der Praxis hat sich hierfür der in Abbildung 9–1 dargestellte Projektablauf bewährt.

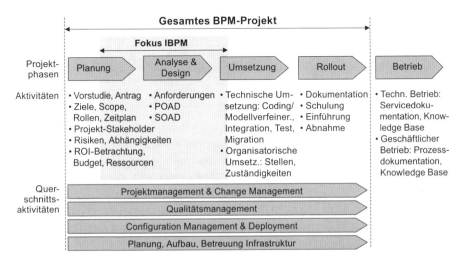

Abb. 9–1 *Projektphasen und Aktivitäten in einem BPM-Projekt*

In der Planungsphase werden die Voraussetzungen für einen erfolgreichen Projektverlauf gelegt. IBPM hilft hier bei verschiedenen Aufgaben wie der Bestimmung des Projektumfangs (Scoping) oder der Projekt- und Ressourcenplanung. In der Phase Analyse und Design kommen POAD und SOAD intensiv zum Einsatz. Hier liegt der Fokus von IBPM. Aus dem IBPM-Framework übernehmen wir die thematischen Säulen und Modellierungsebenen und erhalten damit die in Abbildung 9–2 dargestellten sechs Arbeitspakete für Analyse und Design:

- PO-A: Prozessorientierte Analyse
- SO-A: Serviceorientierte Analyse
- PO-D I: Prozessorientiertes fachliches Design
- SO-D I: Serviceorientiertes fachliches Design
- PO-D II: Prozessorientiertes Umsetzungsdesign
- SO-D II: Serviceorientiertes Umsetzungsdesign

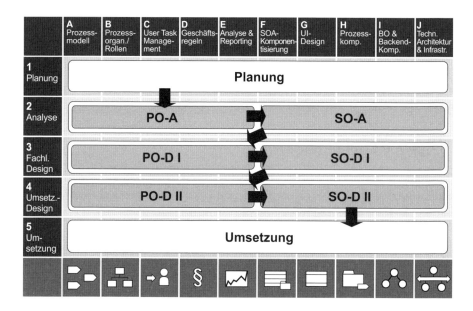

Abb. 9–2 *Arbeitspakete für Analyse und Design*

Die Arbeitspakete werden im Wesentlichen nacheinander bearbeitet, wobei innerhalb der Ebenen jeweils ein paralleles Arbeiten an Prozess- und Serviceperspektive erforderlich ist. Jede Ebene verfeinert die in der vorangegangenen Ebene erstellten Ergebnisse, bis eine hinreichende Detaillierungstiefe für die Umsetzungsphase erreicht wird.

In der Umsetzung müssen dann parallel technische und organisatorische Aspekte bearbeitet werden. Und beim Rollout findet ein doppelter Übergang in den geschäftlichen und technischen Betrieb statt.

Für den Projekterfolg sind außerdem einige Querschnittsaktivitäten erforderlich, wie sie auch in anderen IT-Projekten üblich sind.

9.2 Rollen

Abbildung 9–3 zeigt, welche Rollen in den einzelnen Phasen des Vorgehensmodells hauptsächlich beteiligt sind.

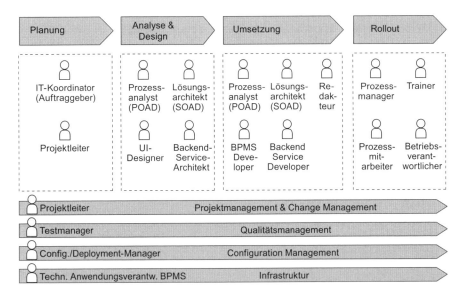

Abb. 9–3   *Hauptrollen im Vorgehensmodell*

Die Planung ist zunächst Sache des Auftraggebers. Hier kann z.B. ein IT-Koordinator das Vorhaben anstoßen. Sobald ein Projektleiter designiert ist, übernimmt dieser und führt die weitere Projektplanung durch.

In der Phase Analyse und Design kommen zwei Rollen zum Einsatz, die speziell für BPM-Projekte benötigt werden: ein Prozessanalyst (POAD) und ein Lösungsarchitekt (SOAD). Beide treiben gemeinsam die Spezifikation voran. Daneben sind weitere Spezialisten erforderlich, z.B. für das grafische Design der Frontends (UI-Designer) oder für das Design der benötigten Backend-Services (Backend-Service-Architekt).

Prozessanalyst und Lösungsarchitekt begleiten federführend die weitere Umsetzung. In dieser Phase sind sie kompetente Ansprechpartner für die Entwickler und kümmern sich um die anfallenden organisatorischen und technischen Fragestellungen. Die Entwickler sorgen für die Umsetzung der spezifizierten Services im BPMS und in den Backend-Systemen. Ergänzend werden Redakteure tätig, um die notwendige Dokumentation für Prozessbeteiligte sowie Wartung und Betrieb zu erstellen.

Im Rollout kümmern sich Prozessmanager und Betriebsverantwortliche gemeinsam mit dem Projektleiter um die reibungslose organisatorische und technische Einführung. Bei größeren Veränderungen sind Trainer erforderlich, um die betroffenen Prozessmitarbeiter zu schulen.

Des Weiteren müssen für Querschnittsaktivitäten zusätzliche Rollen wie z. B. Qualitäts- und Testmanager oder technischer Anwendungsverantwortlicher BPMS besetzt werden.

Wie immer bei Rollen gilt, dass eine Person mehrere Rollen ausfüllen kann. Damit kann die Projektteamgröße dem Projektumfang angepasst werden, sodass auch kleinere Projekte mit einem schlanken Team umgesetzt werden können.

9.3 Phasen und Arbeitspakete

9.3.1 Planung

Der Chief Operation Officer (COO) der Good Goods AG sieht im Bereich Beschaffung große Optimierungspotenziale durch BPM. Nach einem positiv verlaufenen Vorprojekt wird ein Projektleiter ernannt, der die Planungsphase abschließen soll. Abbildung 9–4 beschreibt, was alles zu tun ist.

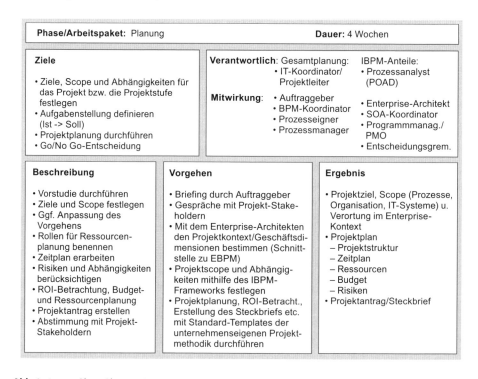

Abb. 9–4   *Phase Planung*

Zunächst führt der Projektleiter Gespräche mit den Projekt-Stakeholdern aus dem Fachbereich, um den fachlichen Hintergrund genauer zu bestimmen. Zusammen mit einem Prozessanalysten und dem BPM-Koordinator verortet er das BANF-Projekt in der Prozesslandkarte der Good Goods AG. Er identifiziert den Prozesseigner,

9.3 Phasen und Arbeitspakete

in diesem Fall den Leiter Beschaffung, und trifft zusammen mit ihm einige grundsätzliche Entscheidungen bezüglich des Prozess-Scopes. So soll in der ersten Projektstufe lediglich der Beschaffungsprozess (BANF) für Nichtproduktionsgüter und Dienstleistungen mit BPM abgebildet werden.

Im nächsten Schritt bespricht er das Projekt mit dem zuständigen Enterprise-Architekten und dem SOA-Koordinator der Good Goods AG. Dabei klärt er die Verortung des Projekts im unternehmensweiten Domänenmodell und prüft, inwieweit bereits Vorgaben aus einer Zielarchitektur vorliegen, welche Services wiederverwendet werden können und welche Anwendungssysteme bereits vorhanden sind. Mit diesem Hintergrundwissen klärt er den Scope der technischen Architektur und Infrastruktur (siehe Abb. 9–5): Im Rahmen des BANF-Prozesses wird derzeit das System GGS zusammen mit dem zentralen ERP-System eingesetzt. Das GGS-System soll durch das Projekt komplett abgelöst und durch eine portalbasierte BPMS-Lösung ersetzt werden. Die BPMS-Plattform ist bereits im Unternehmenseinsatz.

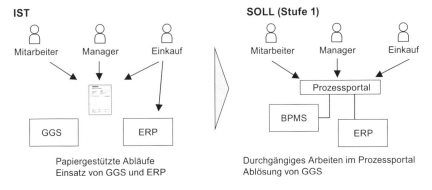

Abb. 9–5   *Scope technische Architektur und Infrastruktur*

Das IBPM-Vorgehensmodell hilft dem Projektleiter auch bei der Erstellung des Projektplans. Die notwendigen Ressourcen stehen glücklicherweise komplett zur Verfügung. Basierend auf den im BPM Competence Center der Good Goods AG (siehe Abschnitt 13.1) vorhandenen Erfahrungen aus ähnlichen BPM-Projekten legt er den Projektplan wie in Abbildung 9–6 dargestellt fest.

Am Ende der vierwöchigen Planungsphase steht die interne Genehmigung für das Projekt. Für Analyse und Design werden neun Wochen benötigt, um eine umsetzungsreife Spezifikation zu erstellen. Die Bearbeitung erfolgt in den sechs POAD/SOAD-Arbeitspaketen. Für die darauffolgende Umsetzung werden sieben, für den Rollout nochmals vier Wochen veranschlagt. Der Zeitpuffer pro Phase beträgt jeweils ca. eine Woche. Parallel laufen die Querschnittsaktivitäten (Projektmanagement, Qualitätsmanagement, Infrastruktur usw.). Außerdem plant der Projektleiter Sitzungen des Steuerkreises am Ende jeder Projektphase ein. Zusätzlich legt er eine weitere Sitzung in KW 9 fest, da erfahrungsgemäß im ersten Prozessmodell aus der Analysephase (PO-A) noch viele Unwägbarkeiten stecken können, die

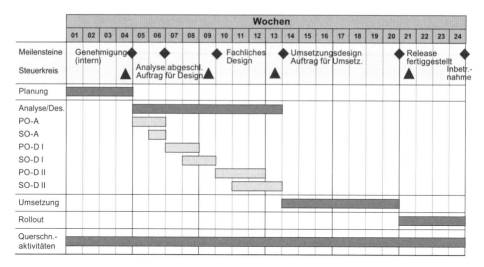

Abb. 9–6   Projektplan

erst im detaillierten fachlichen Design (PO-D I) zutage treten. Dadurch besteht die Gefahr, dass mit dem groben Analysemodell zu hohe Erwartungen bei den Anwendern geweckt werden, die mit dem ursprünglich geplanten Budget und Zeitplan nicht erfüllt werden können. Eine Steuerkreissitzung zu diesem Zeitpunkt kann ggf. ein Re-Scoping durchführen oder Anforderungen auf spätere Releases verschieben.

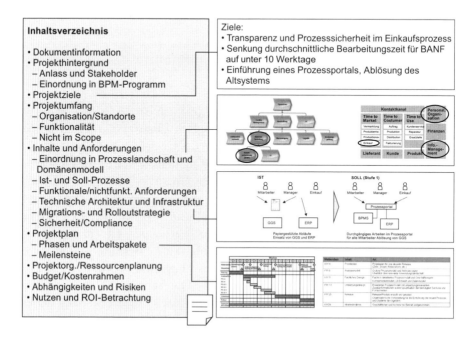

Abb. 9–7   Projektantrag

Der gesamte Projektplan sollte noch mehr umfassen, z. B. Projektorganisation und Ressourcenplan, Kostenschätzung und Festlegungen zum Budget, Betrachtung von Abhängigkeiten und Risiken sowie Angaben zu Projektnutzen und ROI.

Nach Abschluss der Planungsphase fasst der Projektleiter alle wesentlichen Ergebnisse in einem Projektantrag zusammen. Abbildung 9–7 zeigt ein typisches Inhaltsverzeichnis für ein solches Dokument.

9.3.2 PO-A

Ziel des ersten Arbeitspakets »Prozessorientierte Analyse« (PO-A) ist es, zusammen mit dem nachfolgenden Arbeitspaket »Serviceorientierte Analyse« (SO-A) ein tieferes Verständnis der Ist- und Soll-Situation herzustellen, Optimierungspotenziale und Risiken für das Projekt zu identifizieren und eine Grundlage für die Beauftragung der internen IT oder eines externen Dienstleisters zu legen (siehe Abb. 9–8). Für das BANF-Projekt werden in PO-A Arbeitsergebnisse in allen POAD-Säulen A – E erstellt.

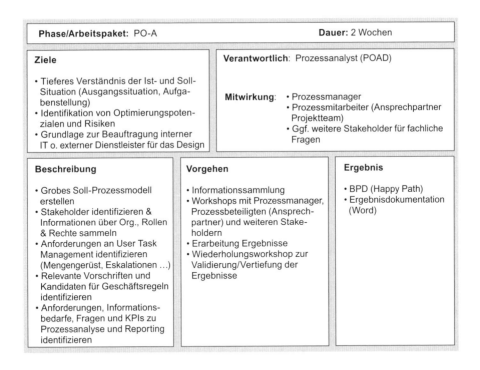

Abb. 9–8 *Arbeitspaket PO-A*

In **Säule A Prozessmodellierung** erstellt der Prozessanalyst gemeinsam mit dem Prozessmanager und Mitarbeitern aus dem Geschäftsprozess ein erstes Soll-Prozessmodell, den sogenannten »Happy Path«. Wichtig dabei ist es, im Zusammenspiel mit den Experten aus dem Fachbereich den Grundablauf zu verstehen und die Grundstruktur im Soll festzulegen. Wer sind die wichtigsten Akteure? Wo beginnt der Prozess, wo hört er auf? Was soll künftig anders laufen? Gibt es Interaktionen mit anderen Prozessen? Um sich nicht in Details zu verlieren, hat es sich bewährt, zunächst mit einer kleinen Grundmenge an BPMN-Elementen zu arbeiten und zu versuchen, ohne Gateways auszukommen (siehe Abschnitt 7.1.7). Im Zuge der Modellierung festgestellte Zusatzinformationen können in Kommentaren festgehalten werden. Abbildung 9–9 zeigt den Happy Path für unser BANF-Projekt, in das die Ergebnisse der nachfolgenden Säulen B–E eingeflossen sind.

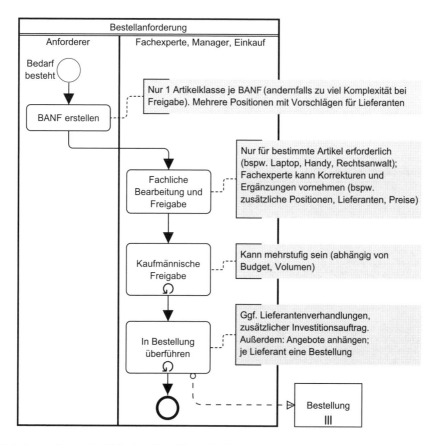

Abb. 9–9   *Prozessmodell Analysephase (Happy Path)*

Im Zuge der Erstellung des Prozessmodells müssen auch **Prozessorganisation und Prozessrollen** (**Säule B**) skizziert werden. Die operativ tätigen Rollen, hier Anforderer, Fachexperten für fachliche Freigabe, Kostenstellenverantwortliche für kaufmännische Freigabe und Einkäufer, werden bereits benötigt, um die einzelnen Lanes zu beschriften. Von besonderem Interesse sind hier in der Analysephase darüber hinaus das damit verbundene Mengengerüst und der geografische Standort der Anwender. So geht es bei den Anforderern der Good Goods AG z.B. um mehrere hundert Mitarbeiter, verteilt auf verschiedene europäische Standorte. Daraus ergeben sich Anforderungen an Software (z. B. Mehrsprachigkeit) und technische Architektur (z. B. Anbindung der Standorte). Falls zu diesem Zeitpunkt noch nicht klar sein sollte, wie die Rollen Prozesseigner und Prozessmanager besetzt sind, sollte der Prozessanalyst über den Projektleiter geeignete Maßnahmen anstoßen, um diese zu bestimmen. Anderenfalls fehlen ihm die notwendigen Ansprechpartner im Projektverlauf für fachliche Anforderungen und Entscheidungen. Außerdem müssen weitere Fragen geklärt werden, insbesondere wo im Unternehmen Informationen über die Organisation und Rollen zu finden sind (etwa im Personalbereich mit dem Unternehmensorganigramm, im IT-Bereich mit Informationen zur Verwaltung von Benutzerdaten oder auch in Nachbarprojekten, wobei der Hinweis darauf aus einem BPM-Programm-Management kommen kann) und wo nutzerbezogene Informationen (Identitäten, Accounts, Rollen und Rechte) zu finden sind sowie welche Prozesse und Administrationsmechanismen damit verbunden sind.

In **Säule C User Task Management** müssen grundsätzliche Fragen zur Arbeitsorganisation und zum fachlichen Prozessablauf geklärt werden. Die wichtigsten sind:

- Mengengerüst: Wie viele Vorgänge sind zu Produktionsbeginn und in den folgenden Jahren zu erwarten? Ist mit Spitzenbelastungen oder sehr hohen Datenvolumina zu rechnen?
- Kanban-Potenzialanalyse: Kann der Prozess von einem Push-Modell auf ein Pull-Modell umgestellt werden?
- Stellvertreterregelung: Wie ist die Stellvertreterregelung im Einkauf und den benötigten Fachabteilungen heute geregelt? Sind Änderungen nötig oder geplant?
- Eskalationen: Gibt es besondere Vorgaben oder kritische Punkte im Prozessablauf (z. B. Kundenzusagen, Service Level Agreements), an denen geprüft werden muss, was geschehen soll, wenn bestimmte Parameter oder Zeiten überschritten werden?

Als Nächstes versucht der Prozessanalyst in **Säule D Geschäftsregeln** herauszufinden, ob es bereits Unterlagen oder IT-Systeme gibt, die Geschäftsregeln im Zusammenhang mit dem BANF-Prozess beschreiben. Hier stellt sich heraus, dass es im Einkauf ein Excel-Spreadsheet gibt, in dem definiert ist, nach welchen Regeln fachlich und kaufmännisch freigegeben werden muss. Diese Excel-Datei wird später im Arbeitspaket PO-D I bei der Spezifikation der Geschäftsregeln genutzt werden. Darüber hinaus erfährt der Prozessanalyst, dass derzeit eine »Controlling-Datenbank« aufgebaut wird, in der Angestellte mit Informationen zu Managementhierarchieebenen, verantworteten Kostenstellen und Vorgesetztenverhältnissen verwaltet werden sollen. Diese Datenbank enthält also wichtige Informationen zur Ausführung des Geschäftsprozesses und zur Anwendung der Geschäftsregeln. Der Prozessanalyst gibt diese Informationen an den Lösungsarchitekt und den Projektleiter weiter, da entschieden werden muss, ob diese Datenbank weitergebaut werden soll und wie die technische Architektur für die BANF und die darin enthaltenen

Geschäftsregeln aussehen soll. Eine Entscheidung soll später im Umsetzungsdesign getroffen werden.

Schließlich bespricht der Prozessanalyst mit dem Prozesseigner (Leiter Beschaffung), dem Prozesscontroller (Mitarbeiter Leiter Beschaffung) und dem Prozessmanager (Teamleiter Einkauf), welche Anforderungen hinsichtlich **Prozessanalyse und Reporting (Säule E)** bestehen. Für dieses Release werden folgende benötigte Auswertungsmöglichkeiten festgehalten:

- Monatliche Anzahl an BANF-Vorgängen
- Durchlaufzeit (max. 10 Tage)
- Genehmigtes Volumen (monetär) je Produktkategorie

Alle Informationen sollen für den Einkauf und den Leiter Beschaffung sichtbar sein. Der Leiter Beschaffung erwartet überdies einen monatlichen Bericht mit den wesentlichen Prozesskennzahlen. Diese sollen vom Prozesscontroller in das monatliche Gesamtreporting integriert werden. Der Prozessmanager soll den Bericht vor Abgabe einsehen und kommentieren können. Außerdem soll der Prozessmanager einen Prozessleitstand erhalten, mit dem er eine Übersicht über den aktuellen Prozessstatus erhält. Der Prozessleitstand soll auch vom Prozesscontroller und den Einkäufern eingesehen werden können.

9.3.3 SO-A

Das Arbeitspaket »Serviceorientierte Analyse« (SO-A) ergänzt die prozessorientierte Analyse (PO-A) aus dem vorangegangenen Abschnitt. Im BANF-Projekt werden hierfür Arbeitsergebnisse in allen SOAD-Säulen F – J erstellt. (siehe Abb. 9–10).

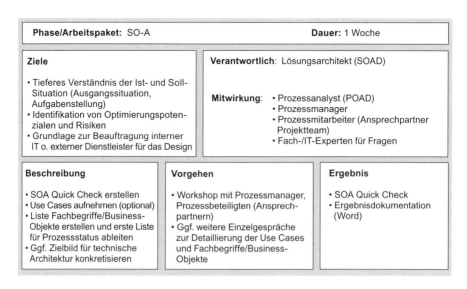

Abb. 9–10 Arbeitspaket SO-A

9.3 Phasen und Arbeitspakete

Als Einstieg in die serviceorientierte Analyse hat sich der SOA Quick Check aus der **Säule F SOA-Komponentisierung** bewährt (siehe Abschnitt 7.6.4.1). Die Informationen können sowohl von Mitarbeitern aus der IT als auch aus dem Fachbereich abgefragt werden. Abbildung 9–11 zeigt das Ergebnis im IST für das BANF-Projekt.

	Nutzer	Anforderer, Freigeber, Einkäufer	Anforderer, Freigeber, Einkäufer	Einkäufer, Rechn.-wesen
❸				
❹	Frontends	–	GGS Frontend	ERP (Beschaffungs- und Finanzmodule)
❺	Prozesse	BANF erstellen & freigeben	Bestellung abwickeln (nur Nicht-Produktionsartikel)	Bestellung abwickeln (nur für Produktionsartikel), Rechnungsabwicklung
❷	Daten	BANF-Formular	Bestellung, Lieferant (Kopie aus ERP), Lieferdaten	Bestellung, Lieferant, Artikel (Produktion), Lieferdaten, Rechnung
❶	Anwendungen	Manuell	GGS	ERP

Abb. 9–11 SOA Quick Check IST

Aus der Ergebnismatrix des SOA Quick Check geht hervor, dass der BANF-Prozess heute komplett manuell abgewickelt wird. Die Einkäufer arbeiten parallel mit dem GGS- und dem ERP-System.

Im nächsten Schritt wird das Verfahren angewendet, um die in Abbildung 9–12 dargestellte SOLL-Sicht zu entwerfen. Hier wird festgelegt, dass die GGS-Anwendung ersetzt wird und der BANF-Prozess für Anforderer, Freigeber und Einkäufer komplett auf dem Prozessportal und dem BPMS durchgeführt werden soll. Einige Datenbestände liegen im LDAP- und im ERP-System, die auch weitere Prozesse neben der BANF unterstützen. Zusätzlich soll ein existierendes DMS-System zur zentralen Dokumentenablage verwendet werden.

	Nutzer	Administrator (IT-Betrieb)	Anforderer, Freigeber, Einkäufer	Einkäufer, Rechn.-wesen	Einkäufer, Admin. (IT-Betr.)
❸					
❹	Frontends	LDAP-GUI	BANF-GUI (in Portal)	ERP (Beschaffungs- und Finanzmodule)	DMS-Thin Client
❺	Prozesse	User Provisionierung, Access Management	BANF-Prozess	Bestellung abwickeln, Rechnungsabwicklung	
❷	Daten	Benutzerprofile, Rollen, Rechte	BANF	Bestellung, Lieferant, Artikel, Lieferdaten, Rechnung	Dokumente zu Bestellanforderungen und Bestellungen
❶	Anwendungen	LDAP	Portal. BANF-Applikation (BPMS)	ERP	DMS

Abb. 9–12 SOA Quick Check SOLL

In der **Säule G Frontends und UI-Design** besteht in der Analysephase die Option, Use Cases zu erarbeiten, um eine zusätzliche Übersicht über die Erwartungen und Anforderungen der Anwender zu erhalten. Auch im BANF-Projekt beschreitet der Lösungsarchitekt diesen Weg und erarbeitet mit den Anwendern die wichtigsten Use Cases.

Im Themenbereich **Prozesskomponenten** (**Säule H**) legt der Lösungsarchitekt eine erste Version der relevanten Prozessstatus an. Im vorliegenden Fall liegt der Prozessstatus im Geschäftsobjekt Bestellanforderung (BANF). Im Analysemodell werden zunächst vier fachlich relevante Zustände im Standard-Prozessablauf identifiziert, mit denen auch die in Säule E geforderten Analyse- und Reportingfähigkeiten abgedeckt werden können: »beantragt«, »in fachlicher Prüfung«, »in kaufmännischer Prüfung« und »bestellt«. Diese Liste wird im Projektverlauf noch weiter verfeinert werden.

Als Nächstes untersucht der Lösungsarchitekt, welche **Business-Objekte** (**Säule I**) im Projekt eine Rolle spielen. Dies findet er heraus durch eine Analyse der verwendeten Formulare (Papier, Excel), einen Blick auf die Masken bestehender Systeme und Gespräche mit den Fachbereichen und Anwendungsverantwortlichen. Für das BANF-Projekt identifiziert er die in Abbildung 9–13 dargestellten Business-Objekte.

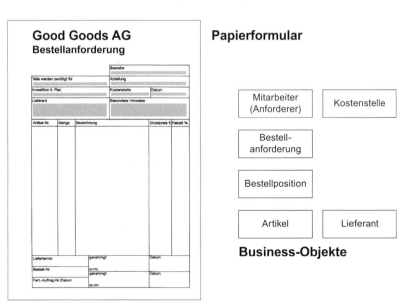

Abb. 9–13   *Identifizierte Business-Objekte*

9.3 Phasen und Arbeitspakete

Der SOA Quick Check aus Säule F gibt an, in welchen Systemen die identifizierten Business-Objekte »leben«. Im weiteren Projektverlauf werden diese Business-Objekte in ein Datenmodell einfließen.

Schließlich erweitert der Lösungsarchitekt in **Säule J Technische Architektur und Infrastruktur** die Vorgaben aus dem Projektantrag um neu gewonnene Erkenntnisse. Dies führt zur Darstellung in Abbildung 9–14

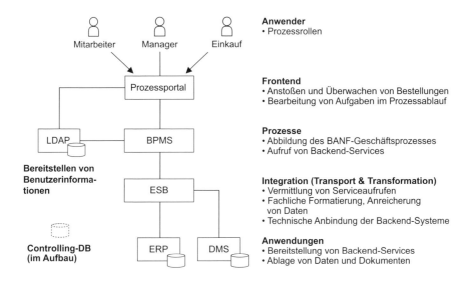

Abb. 9–14 *Technische Architektur (Analyse)*

Die Benutzerinformationen für Prozessportal und BPMS sollen einheitlich aus dem LDAP kommen. Darüber hinaus muss die Verwendung der im Aufbau befindlichen Controlling-DB geklärt werden. Zur Integration zwischen BPMS und Backend-Systemen soll ein ESB verwendet werden, der ebenfalls bereits im Hause im Einsatz ist. Schließlich ist darüber auch das im Unternehmen vorhandene DMS anzubinden.

9.3.4 PO-D I

Ziel des dritten Arbeitspakets »Prozessorientiertes fachliches Design« (PO-D I) ist es, das Prozessmodell aus fachlicher Sicht zu komplettieren (siehe Abb. 9–15). Dabei müssen alle Themen eng mit den Arbeiten des Lösungsarchitekten im Arbeitspaket SO-D I abgestimmt werden.

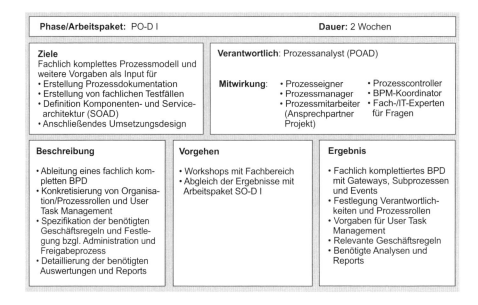

Abb. 9–15   *Arbeitspaket PO-D I*

Im fachlichen Design der **Säule A Prozessmodell** verfeinert der Prozessanalyst das Prozessmodell aus der Analysephase. Dazu verwendet er auf dieser Ebene ein erweitertes Set von BPMN-Elementen (siehe Abschnitt 7.1.7). Abbildung 9–16 und 9–17 zeigen das Ergebnis für den BANF-Prozess. Die Prozessrollen sind nun weiter ausdifferenziert, und der Ablauf wird mit einem höheren Detailgrad beschrieben.

9.3 Phasen und Arbeitspakete

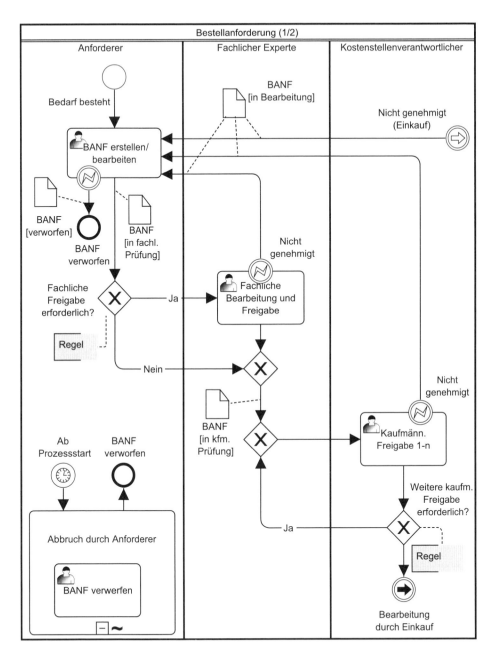

Abb. 9-16   Prozessmodell fachliches Design (Teil 1)

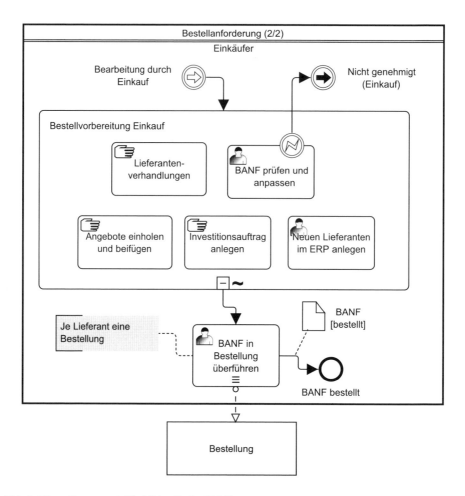

Abb. 9–17 *Prozessmodell fachliches Design (Teil 2)*

Im fachlichen Design der **Säule B Prozessorganisation und Prozessrollen** geht es darum, die Prozessrollen und die Verantwortlichkeiten genauer festzulegen. Hierfür eignet sich zunächst eine tabellarische Beschreibung der einzelnen Prozessrollen. Darüber hinaus trennen wir in IBPM zwischen Aufbauorganisation und Prozessrollen (siehe Abschnitt 7.2). Letztere werden explizit oder implizit, d.h. via Regel, zugeordnet. Abbildung 9–18 zeigt die Festlegungen des BANF-Projekts exemplarisch für die Landesgesellschaft Deutschland.

Ein Teil der Rollenzuordnungen wird explizit festgelegt. So sollen z.B. die Aufgaben der Fachexperten Legal von allen drei Mitarbeitern des Referats in der Zentrale wahrgenommen werden oder die Einkäuferrolle durch das dezentrale Beschaffungsteam NP übernommen werden. Zwei Rollen werden implizit über eine Regel festgelegt: Anforderer können alle regulären Mitarbeiter der Good Goods-Landesgesellschaften sein, und die Rolle des kaufmännischen Freigebers hängt ab von der Verantwortung für eine Kostenstelle.

9.3 Phasen und Arbeitspakete

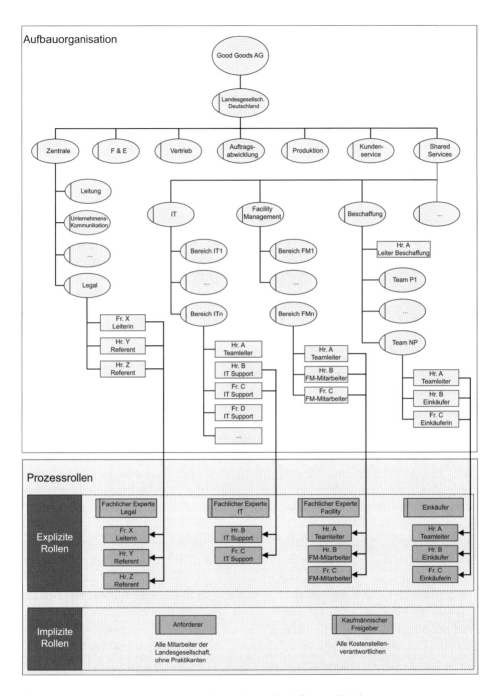

Abb. 9–18 Organigramm und Prozessrollen, Landesgesellschaft Deutschland

Im fachlichen Design der **Säule C User Task Management** werden die Ergebnisse des Analysemodells wieder aufgegriffen und weiter detailliert. Im BANF-Projekt muss z. B. ein gestufter Eskalationsmechanismus für die kaufmännische Freigabe definiert werden (etwa Erinnerung an den Kostenstellenverantwortlichen nach zwei Tagen, Information an das Einkaufsteam nach vier Tagen). Hier ist auch zu entscheiden, inwieweit die Eskalation in das fachliche Prozessmodell (siehe Abb. 9–16 und 9–17) aufgenommen werden soll. Außerdem müssen Stellvertreterregelungen festgelegt werden (siehe Tab. 9–1). Schließlich ist noch zu klären, von wem und wie die Stellvertreterregelungen administriert werden.

Prozessrolle	Stellvertreterregel
Anforderer	Keine
Einkäufer	Anderer Einkäufer (zurück zum Gruppenkorb*)
Fachlicher Experte	Anderer fachlicher Experte (zurück zum Gruppenkorb*)
Kaufmännischer Freigeber	Kostenstellenverantwortlicher: Nächsthöherer in der Kostenstellenhierarchie
Prozessmanager (Hr. A., Teamleiter Einkauf)	Hr. B. (Einkäufer)
Prozesscontroller (Hr. Muster, Mitarbeiter beim Leiter Beschaffung)	Nicht besetzt
*: Jede Gruppe muss mind. zwei Mitglieder haben, die nicht gleichzeitig abwesend sind.	

Tab. 9–1 Stellvertreterregelung

Im Teil 1 des fachlichen Prozessmodells (siehe Abb. 9–16) wurde an zwei Stellen ein Bedarf für **Geschäftsregeln (Säule D)** identifiziert, nämlich bei der Steuerung der fachlichen und der kaufmännischen Freigabe. Beides wird nun in tabellarischer Form spezifiziert (siehe Abb. 9–19). Darüber hinaus muss an dieser Stelle darüber nachgedacht werden, wer die Geschäftsregeln administriert und wie der Freigabeprozess aussieht.

Im fachlichen Design der **Säule E Prozessanalyse und Reporting** werden die Anforderungen aus der Analysephase weiter konkretisiert. Dazu fragt der Prozessanalyst zunächst ab, welche Kennzahlen und Auswertungen für das Prozesscontrolling gebraucht werden. Es bleibt bei den drei Kennzahlen Durchlaufzeit, Anzahl bearbeiteter Vorgänge und Gesamtvolumen genehmigter Bestellanforderungen je Produktkategorie. Für alle Kennzahlen erwarten die Prozessverantwortlichen eine grafische Darstellung mit historisierten Daten. Die Anforderungen werden zur Veranschaulichung in einer einfachen Excel-Skizze festgehalten. Zusätzlich erstellt der Prozessanalyst ein analytisches Datenschema, in dem die benötigten Kennzahlen und Auswertungsdimensionen definiert werden. Für die Berechnung der Durchlaufzeit müssen darüber hinaus weitere Details festgelegt werden, etwa Einschränkung auf landesspezifische Arbeitstage (keine Feiertage) und die Bestimmung von Beginn, Unterbrechung, Wiederaufnahme und Ende im Prozessablauf. Dazu greift

9.3 Phasen und Arbeitspakete

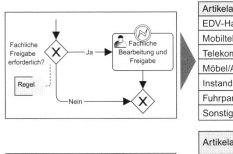
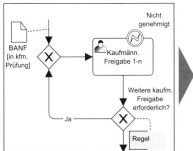

Abb. 9–19   Identifizierte Geschäftsregeln

der Prozessanalyst auf die Process Monitoring Patterns zurück. Abbildung 9–20 zeigt dafür ein Beispiel. Auf diesen Grundlagen spezifiziert der Prozessanalyst die Anforderungen an ein Auswertungswerkzeug zur Analyse der historisierten Kennzahlen und für das monatliche Reporting. Schließlich bespricht der Prozessanalyst mit dem Prozessmanager, welche Informationen im Prozessleitstand enthalten sein müssen. Mit den Ergebnissen konzipiert er auch hierfür eine Lösung, die die fachlichen Anforderungen erfüllt.

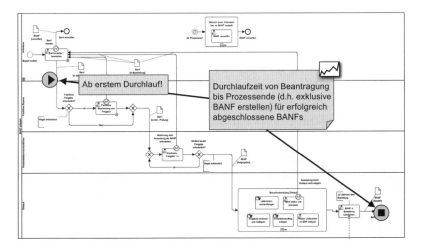

Abb. 9–20   Kennzahl Durchlaufzeit im Prozessmodell

9.3.5 SO-D I

Im vierten Arbeitspaket »Serviceorientiertes fachliches Design« (SO-D I) legt der Lösungsarchitekt die Grundstruktur der Komponenten- und Servicearchitektur fest. Außerdem entwirft ein UI-Designer die benötigten Benutzeroberflächen (siehe Abb. 9–21). Alle Themen müssen eng mit den Arbeiten des Prozessanalysten im Arbeitspaket PO-D I abgestimmt werden.

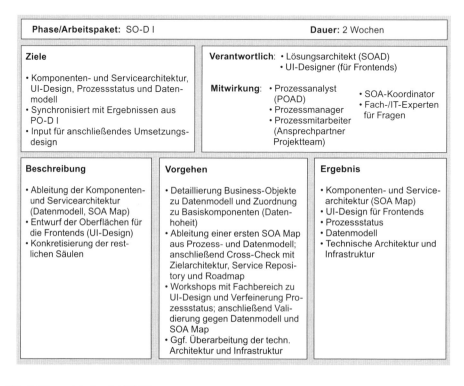

Abb. 9–21   *Arbeitspaket SO-D I*

Der Entwurf der Komponenten- und Servicearchitektur erfolgt im fachlichen Design der **Säule F SOA Komponentisierung** mithilfe einer SOA Map (siehe Abschnitt 7.6.4.2). Die Frontends und Komponenten, die in der SOA Map beschrieben werden, müssen in der Lage sein, den fachlich vorgegebenen Prozessablauf inkl. aller funktionalen und nichtfunktionalen Anforderungen sicherzustellen. Darüber hinaus sollten die Komponenten den Vorgaben einer Zielarchitektur aus der Enterprise-Architektur entsprechen, sofern diese für den zu bebauenden Ausschnitt der Anwendungslandschaft existiert. Abbildung 9–22 zeigt die SOA Map des BANF-Prozesses im fachlichen Design.

9.3 Phasen und Arbeitspakete

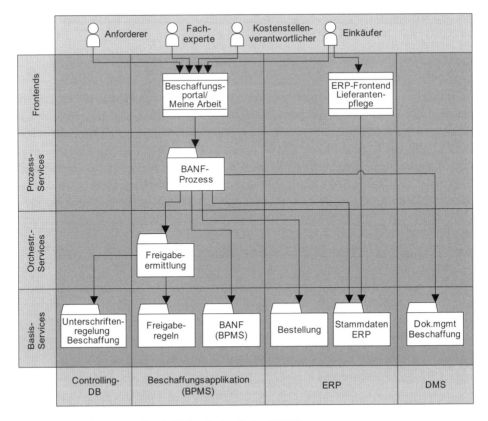

Abb. 9–22 *SOA Map aus dem fachlichen Design für den BANF-Prozess*

In der SOA Map sind folgende Designentscheidungen enthalten:

- **Frontends**: Alle Prozessbeteiligten arbeiten mit einem neuen Beschaffungsportal als Frontend. Die Portalseiten werden durch das BPMS bereitgestellt und in das Intranetportal der Good Goods AG integriert. Die Lieferantenpflege durch den Einkauf erfolgt weiterhin im bestehenden ERP-Frontend.
- **Prozesskomponenten**: Für den BANF-Prozess wird eine neue Prozesskomponente »BANF-Prozess« erstellt, die die Prozesslogik kapselt. Die Implementierung erfolgt auf dem BPMS.
- **Geschäftsregeln**: Die Geschäftsregeln werden mithilfe einer neuen Komponente »Freigabeermittlung« abgebildet. Diese greift auf zwei Basiskomponenten zurück, die die Daten und Regeln für die Freigabe- und Unterschriftenregelung kapseln. Die Implementierung der Geschäftsregeln erfolgt mit den Bordmitteln des BPMS. Der Einsatz einer externen Rule Engine ist nicht vorgesehen.
- **Weitere Backend-Komponenten**: Für den BANF-Prozessablauf werden vier weitere Basiskomponenten benötigt, die Services bereitstellen. Deren Implementierung erfolgt auf unterschiedlichen Anwendungen: eine neue Komponente

»BANF« im BPMS, zwei neue Komponenten »Stammdaten ERP« und »Bestellung«, die einige Services des ERP-Systems kapseln, und die existierende Komponente »Dokumentenmanagement« auf dem zentralen DMS, die um einen neuen Service für den BANF-Prozess erweitert werden soll.

Im fachlichen Design der **Säule G Frontends und UI-Design** geht es darum, die in der SOA Map definierten Frontends grafisch zu entwerfen. Dabei greift der UI-Designer auf die BPM-Patterns für Process Portlets zurück. So wird für das BANF-Projekt z.B. ein Maskendesign BANF Process/BO benötigt, das im Prozessablauf vom Anforderer, den fachlichen Experten und den Einkäufern verwendet werden soll (siehe Abb. 9–23). Die kaufmännischen Freigeber sollen mit einer Kompaktvariante arbeiten und bei Bedarf zur detaillierten Darstellung wechseln können.

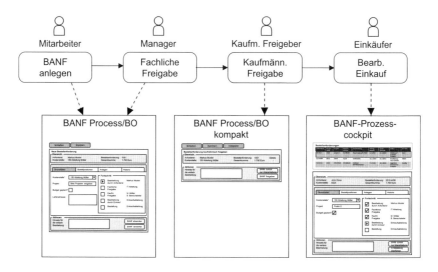

Abb. 9–23   *Process/BO-Masken und Prozessmonitor im Prozessablauf*

Der Entwurf der Masken erfolgt in drei Schritten: Handzeichnung in einem Workshop, Überarbeitung mit Visio, danach Validierung in einem zweiten Workshop. Abbildung 9–24 zeigt einen Teil der Ergebnisse für die BANF Process/BO-Maske Bestellanforderung.

Des Weiteren diskutiert der UI-Designer zusammen mit dem Lösungsarchitekten und den Prozessmitarbeitern, mit welcher Art von Frontend die Einkäufer arbeiten sollen. Bei den Säulen C User Task Management (siehe Abschnitt 7.3.5) und G Frontends und UI-Design (siehe Abschnitt 7.7.4.1) haben wir den Fall diskutiert, dass die Anwender, die weniger häufig mit dem System arbeiten, besser über Tasks angesprochen werden sollten, während »heavy user« typischerweise besser mit Prozesslisten arbeiten können und wollen. Entsprechend entwirft der UI-Designer hier für die Bearbeitung durch die Einkäufer ein BANF-Prozesscockpit mit einem fachlichen Prozessmonitor.

9.3 Phasen und Arbeitspakete

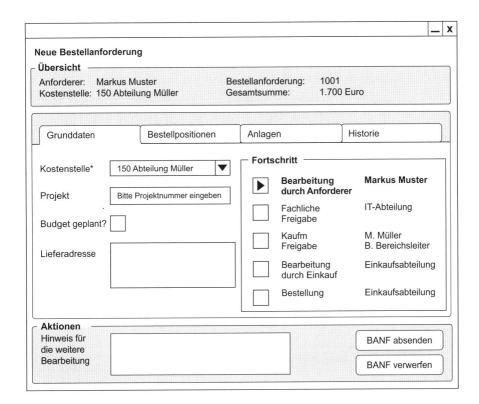

Abb. 9–24   BANF Process/BO-Maske

Im fachlichen Design der **Säule H Prozesskomponenten** überarbeitet der Lösungsarchitekt die Prozessstatustabelle entsprechend der detaillierteren Erkenntnisse aus dem in PO-D I erstellten fachlichen Prozessmodell. Das Ergebnis zeigt Tabelle 9–2:

Typ	Prozessstatus BANF	Bestellposition
Standardablauf	In Bearbeitung	Nicht in Bestellung überführt
	Beantragt	In Bestellung überführt
	In fachlicher Prüfung	
	In kaufmänn. Prüfung (1-3)	
	In Bearbeitung durch Einkauf	
	Tlw. bestellt	
	Abgeschlossen	
Sonderfälle	Verworfen	Verworfen
	In Überarbeitung	

Tab. 9–2   Prozessstatus (fachliches Design)

Wichtig ist an dieser Stelle auch zu überprüfen, ob die in Säule E geforderten Analyse- und Reportingfähigkeiten damit abgedeckt werden können.

Im fachlichen Design der **Säule I Business-Objekte und Backend-Komponenten** erstellt der Lösungsarchitekt ein Datenmodell für die BANF-Lösung. Dazu klinkt er sich in die Workshops mit dem Fachbereich ein und zieht ggf. weitere IT-Experten für die betroffenen Anwendungssysteme zu Rate. Das Ergebnis zeigt Abbildung 9–25: Die Entitäten aus dem Datenmodell werden auch im Prozessmodell (Säule A) und bei der Definition der Geschäftsregeln (Säule D) verwendet.

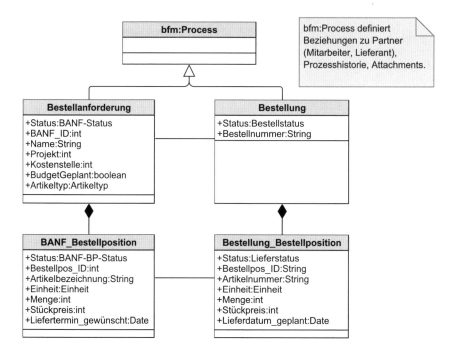

Abb. 9–25   *Datenmodell für die BANF-Lösung*

Die Datenhoheit für die Business-Objekte liegt bei den fachlichen Komponenten, die den Zugriff durch ihre Serviceoperationen ermöglichen. Die Implementierung erfolgt durch Anwendungen, die dann als Servicegeber auftreten. Im nächsten Schritt bestimmt der Lösungsarchitekt daher, in welchen (logischen) Basiskomponenten und (physischen) Anwendungen die Business-Objekte jeweils geführt werden (siehe Abb. 9–26) Die Überlegungen aus dieser Säule fließen in die SOA Map des fachlichen Designs ein (siehe Abb. 9–22 oben).

Schließlich klärt der Lösungsarchitekt für die **Säule J Technische Architektur und Infrastruktur** noch einige Detailfragen, die sich aus dem fachlichen Design ergeben. Die detaillierte Spezifikation erfolgt im Umsetzungsdesign in SO-D II.

9.3 Phasen und Arbeitspakete

Abb. 9–26   Zuordnung von Business-Objekten zu Komponenten

9.3.6 PO-D II

Nach Abschluss des fachlichen Designs wechseln wir auf die Ebene des Umsetzungsdesigns. Ziel ist hier die weitere Detaillierung der Spezifikation bis zur Umsetzungsreife. Wir beginnen mit dem Arbeitspaket »Prozessorientierten Umsetzungsdesign« (PO-D II) (siehe Abbildung 9–27).

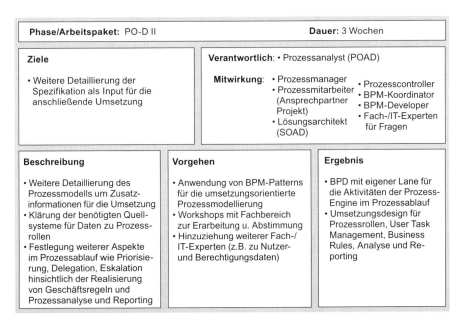

Abb. 9–27   Arbeitspaket PO-D II

Das zentrale Artefakt für das Umsetzungsmodell ist wieder das **Prozessmodell (Säule A)**. Mithilfe der Entwurfsmuster aus dem Pattern-Katalog (siehe Kap. 8) macht der Prozessanalyst an dieser Stelle u.a. folgende Ergänzungen:

- eine neue Lane zur Beschreibung der Aktivitäten der Prozess-Engine im Prozessablauf (Einsatz von Process Portal Patterns);
- Konkretisierung der anwenderbezogenen Aktivitäten im Prozessmodell hinsichtlich der Arbeitsweise (Einsatz von Process Interaction Patterns) und des User Interface (Einsatz von Process Portlet Patterns und UI/Process Modeling Patterns);
- genauere Angaben zu den im Prozess verwendeten Business-Objekten, etwa wann sie gelesen, geschrieben, erzeugt und gelöscht werden (Einsatz von Process/BO-Patterns);
- Berücksichtigung von technischen Fehlern im Prozessablauf, etwa wenn benötigte Systeme nicht zur Verfügung stehen.

Die Abbildungen 9–28 bis 9–30 zeigen das daraus resultierende Prozessmodell im Umsetzungsdesign für das BANF-Projekt.

9.3 Phasen und Arbeitspakete

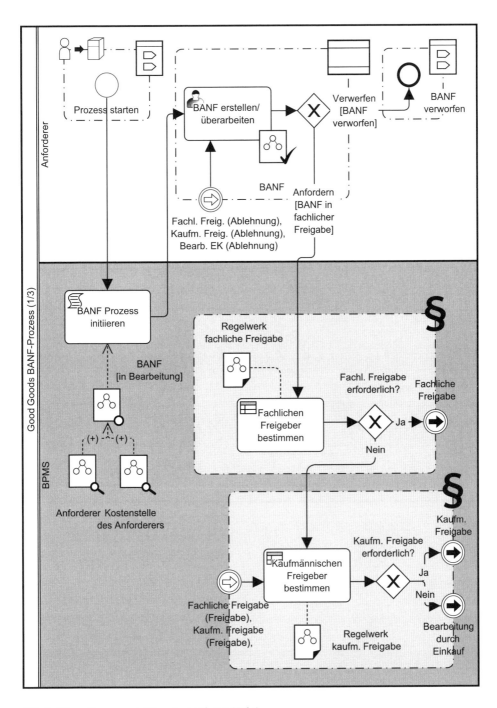

Abb. 9–28 Prozessmodell Umsetzungsdesign (Teil 1)

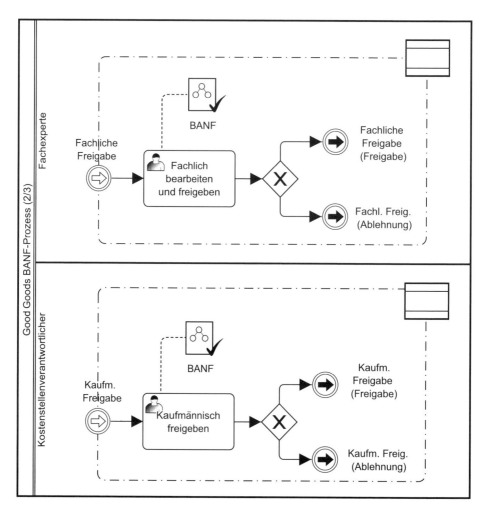

Abb. 9–29 Prozessmodell Umsetzungsdesign (Teil 2)

9.3 Phasen und Arbeitspakete

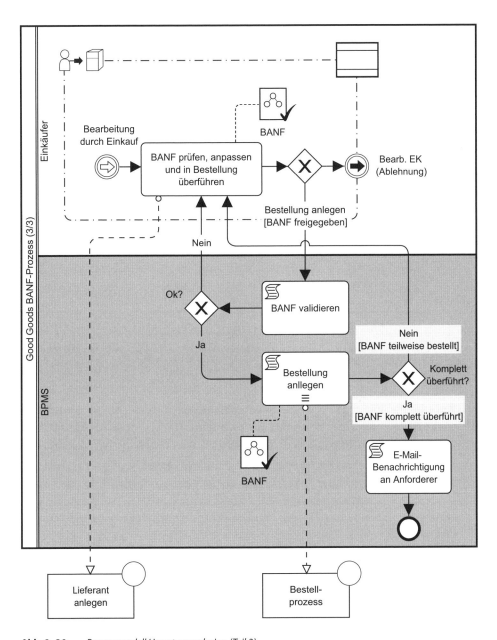

Abb. 9–30 *Prozessmodell Umsetzungsdesign (Teil 3)*

Neben dem Prozessmodell müssen in **Säule B** die **Prozessorganisation und Prozessrollen** für die Umsetzung genauer spezifiziert werden. Hier interessieren besonders die Benutzer- und Berechtigungsinformationen, die für die einzelnen Prozessrollen erforderlich sind. Beim BANF-Prozess kommen diese Informationen großteils aus dem LDAP-System. Für die kaufmännischen Freigeber muss darüber hinaus zusätzlich die neue Controlling-DB herangezogen werden (siehe Abb. 9–31).

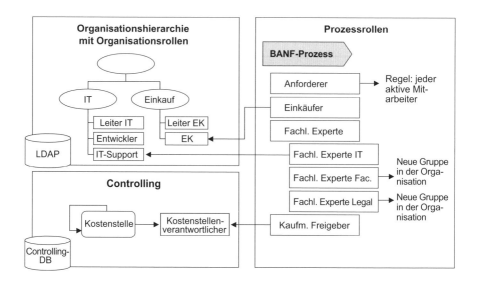

Abb. 9–31 Quellsysteme für Daten zu Prozessrollen

Für das Umsetzungsdesign der **Säule C User Task Management** prüft der Prozessanalyst zunächst, ob im BPD alle Aktivitäten vollständig und korrekt zu nutzerinitiierten Aktivitäten und prozessinitiierten User Tasks zugeordnet wurden. Für prozessinitiierte User Tasks müssen überdies vier Themen genauer spezifiziert werden:

1. **Zuordnung**: Für jede Aktivität muss entschieden werden, ob sie einer Rolle (Normalfall) oder einer Person zugewiesen wird. Dabei gilt, dass Teamstrukturen/Task-Pools (Gruppenkörbe) immer über Rollen abgebildet werden müssen.
2. **Priorisierung**: Prozessmitarbeiter benötigen Such-, Filter- und Sortierkriterien, um die ihnen zugewiesenen Tasks mit der richtigen Dringlichkeit und in der richtigen Reihenfolge zu bearbeiten. Dabei kann die Prozess-Engine durch Voreinstufung unterstützen. Hierfür müssen Priorisierungsregeln beschrieben werden (siehe Tab. 9–3).

Prozessinitiierter User Task	Zuordnung	Priorisierungsregel
BANF überarbeiten	Anforderer (Person)	Älter als 3 Tage: Prio hoch, sonst Prio normal
BANF kaufmännisch freigeben	Kaufmänn. Freigeber (Rolle)	Älter als 3 Tage: Prio hoch, sonst Prio normal
…	…	…

Tab. 9–3 Priorisierung bei prozessinitiierten User Tasks

3. **Eskalationen**: Regeln, was geschieht, wenn ein User Task nach einer bestimmten Zeitspanne nicht abgeschlossen wird. Grundsätzlich müssen im Umsetzungsdesign alle Tasks auf ihren Eskalationsbedarf hin überprüft werden. Da-

bei ist zu entscheiden, ob die Standard-Eskalationsmechanismen des BPMS greifen (siehe z. B. Tab. 9–4) oder für die Eskalation ein eigener Teilprozess erforderlich ist (Beispiel: Lieferung kommt nicht, daher »Rollback« des gesamten Bestellprozesses).

Prozessinitiierter User Task	Zuordnung	Eskalation
Bearbeitung durch Einkauf (BANF)	Einkäufer (Rolle)	Wenn Task von Einkäufer aktiv in Arbeit (und dadurch für andere gesperrt): nach Timeout 24h: Rückgabe an Pool Wenn noch im EK-Pool und nach Timeout 36h: Benachrichtigung an alle MA in Rolle Einkäufer und Erhöhung der Priorisierung des Tasks
...	...	...

Tab. 9–4   Eskalation bei prozessinitiierten User Tasks

4. **Delegation**: Wer darf in welcher Rolle eine Aufgabe an wen delegieren? Es gibt prinzipiell vier verschiedene Delegationsarten:
   - Rolle zur Rolle (Gruppenkorb zu Gruppenkorb)
   - Rolle zu Person
   - Person zu Person
   - Person zu Rolle

Die Spezifikation kann wiederum tabellarisch erfolgen (siehe Tab. 9–5).

Prozessinitiierter User Task	Zuordnung	Delegationsregel
BANF kaufmännisch freigeben	Kaufmännischer Freigeber (Rolle)	Andere zulässige Kostenstellen-verantwortliche (Rolle)
...	...	...

Tab. 9–5   Delegation bei prozessinitiierten User Tasks

Für die **Säule D Geschäftsregeln** werden im BANF-Projekt an dieser Stelle einige konzeptionelle Umsetzungsentscheidungen getroffen:

- Für die fachlichen und kaufmännischen Freigaben werden Regeltabellen im BPMS eingesetzt; die Ablage der Regeln erfolgt BPMS-intern in XML, als Regeleditor wird das Web-Frontend im BPMS verwendet (tabellarische HTML-Masken); das BPMS bietet die Möglichkeit, geänderte Geschäftsregeln in einem Simulationsmodus zu testen, bevor sie aktiv geschaltet werden.
- Die Kostenstellenhierarchie und die damit verbundenen Regeln werden in der Controlling-DB (relationale Datenbank) verwaltet; als Regeleditor werden Excel und eine webbasierte Pflegemaske der Controlling-DB eingesetzt.

- Änderungen in beiden Systemen erfolgen durch einen Mitarbeiter aus dem Finanzbereich, der als Regel-Administrator fungiert und das erforderliche Know-how mitbringt; sie werden beauftragt durch den Prozessmanager.
- Es ist kein Staging für Geschäftsregeln vorgesehen, d.h., Änderungen werden direkt sichtbar und müssen daher mit entsprechender Sorgfalt vorgenommen werden.

Die SOA Map in Abbildung 9–32 zeigt die beteiligten Frontends, Komponenten und Anwendungssysteme für die Geschäftsregeln.

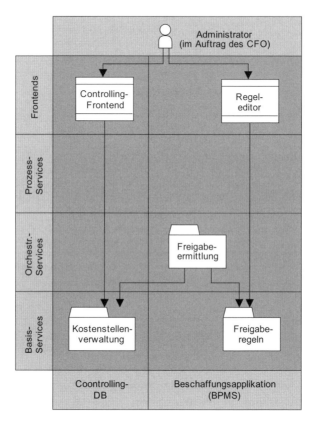

Abb. 9–32 *SOA Map für die Geschäftsregeln*

Auch im Umsetzungsdesign der **Säule E Prozessanalyse und Reporting** werden einige konzeptionelle Entscheidungen getroffen:

- Für Analyse und Reporting werden die Prozess-DB und der Analyse- und Reportingmechanismus des BPMS eingesetzt.
- Der Prozessleitstand wird ebenfalls durch das BPMS bereitgestellt.

9.3 Phasen und Arbeitspakete

9.3.7 SO-D II

Im sechsten Arbeitspaket »Serviceorientiertes Umsetzungsdesign« (SO-D II) wird die Spezifikation der Komponenten- und Servicearchitektur zur Umsetzungsreife gebracht. Abbildung 9–33 zeigt das Arbeitspaket im Überblick.

Abb. 9–33   *Arbeitspaket SO-D II*

Im Umsetzungsdesign der **Säule A SOA-Komponentisierung** werden für die logischen Komponenten aus der SOA Map des fachlichen Designs nun Schnittstellen mit Serviceoperationen spezifiziert. Zur Definition der Serviceoperationen erstellt der Lösungsarchitekt mehrere Detail-SOA-Maps, die u.a. die wichtigsten Etappen des Prozessablaufs (siehe Abschnitt 9.3.6) beschreiben. Als Beispiel sehen Sie in Abbildung 9–34 eine SOA Map für die Initialisierung des BANF-Prozesses. Das Starterereignis wird vom Anforderer ausgelöst, der einen neuen BANF-Prozess in seinem Prozessmonitor startet. Der Prozessmonitor ruft dazu die Serviceoperation »ErzeugeProzessinstanz« der Prozesskomponente »BANF-Prozess« auf. Für die Instanziierung einer neuen Prozessinstanz benötigt die Komponente »BANF-Prozess« drei weitere Backend-Komponenten mit den Serviceoperationen »ErzeugeProzessinstanz«, »Erstelle BANF« und »HoleKostenstellefürMitarbeiter«.

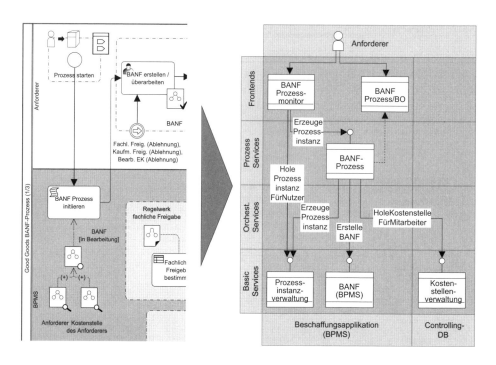

Abb. 9–34 SOA Map aus dem Umsetzungsdesign für BANF-Prozess Teil 1: Prozess initialisieren

Nach der Definition aller Serviceoperationen führt der Lösungsarchitekt drei weitere Schritte durch:

- **Gruppierung der Serviceoperationen zu Schnittstellen:** Kriterien dafür können z.B. unterschiedliche Zugriffsarten (schreibend/lesend), Nutzergruppen oder Technologien sein.
- **Optimierung der konzipierten Schnittstellen:** Optimierungsbedarf besteht dann, wenn durch den Schnitt der Komponenten und Operationen eine zu hohe Interaktionsdichte zwischen zwei Komponenten entsteht. Wir werden weiter unten ein Beispiel sehen.
- **Wahl der geeigneten Schnittstellentechnologie:** Diese hängt ab von der Entfernung des Servicegebers und des Servicenehmers im Domänenmodell. Innerhalb einer Domäne ist enge Kopplung zulässig, über Domänengrenzen hinweg sollten Technologien gewählt werden, die zu einer loseren Kopplung führen (siehe Abschnitt. 7.6.4.3).

Tabelle 9–6 zeigt die daraus resultierende Komponenten- und Servicearchitektur für das BANF-Projekt und welche Schnittstellen und Serviceoperationen durch welche Servicegeber und Technologien bereitgestellt werden müssen.

Komponente	Schnittstelle (= Service)	Serviceoperation	Nutzung	Servicegeber	Technologie
BANF-Prozess	BANF-Prozess V1.0	ErzeugeBANFProzessinstanz	Anwendungs-intern	BPMS/BANF-Anwendung	Web-service
BANF	BANF-Pflege 1.0	ErstelleBANF SetzeStatus HoleStatus HoleBANFDaten SetzeBANFDaten	Domänenintern	BPMS/BANF-Anwendung	Web-service
Freigabeermittlung	Freigabeermittlung/STD 1.0	BestimmeNächstenFeigeber	Domänenintern	BPMS/BANF-Anwendung	Web-service
Freigaberegeln	Freigaberegeln/STD 1.0	HoleFreigabeRegeln	Anwendungs-intern	BPMS/BANF-Anwendung	DB-Zugriff
Bestellung	Bestellpflege 1.0	ÜberführeBANFInBestellung	Domänenintern	ERP	Web-service
Kostenverwaltung	Kostenstellenverwaltung/STD 1.0	HoleKostenstellen HoleKostenstelle fürMitarbeiter	Domänenextern	Controlling-DB	ESB-Service
Master-ERP/ Kst	Kostenstelle 1.0	HoleKostenstellen	Domänenextern	ERP	ESB-Service
Master-ERP/ Lief&Mat	Material 1.0	HoleArtikeltypen HoleMengeneinheiten	Domänenextern	ERP	ESB-Service
Master-ERP/ Lief&Mat	Lieferant 1.0	HoleLieferanten	Domänenextern	ERP	ESB-Service
Dokumentenmgmt.	Dokumentenpflege 2.1	DokumentAblegen HoleDokumentUeberID	Domänenextern	DMS	ESB-Service

Tab. 9–6   Zu erstellende Schnittstellen und Serviceoperationen mit Servicegeber und Technologie

Im Umsetzungsdesign der **Säule G Frontends und UI-Design** muss die Einbettung der BANF-Applikation in die Portalstruktur des Intranets der Good Goods AG durchgeführt werden. Die BANF-Applikation soll an zwei Stellen in die Portalstruktur eingebettet werden (siehe Abb. 9–35):

- Zum einen gibt es einen umfangreichen Menüpunkt »Services«, in dem verschiedene Dienste aus HR, Beschaffung, IT und anderen Bereichen für die Mitarbeiter angeboten werden. In diesen Servicekatalog werden auch die BANF-Anwendungen integriert, sodass von hier aus BANF-Vorgänge gestartet werden können.
- Zum anderen gibt es einen Menüpunkt »Meine Aufgaben«, in dem Mitarbeiter ihre User Workbench mit prozessrollenspezifischen Informationen finden: die persönliche Task-Liste, verschiedene Sichten auf Prozesse (selbst gestartet, involviert, zur Beobachtung markiert) und einen Informationsbereich, in dem Alerts und Nachrichten auftauchen. Dieser Bereich kann auch stark an die eigenen Bedürfnisse angepasst werden. Die BANF-Applikation wird hier ebenfalls integriert.

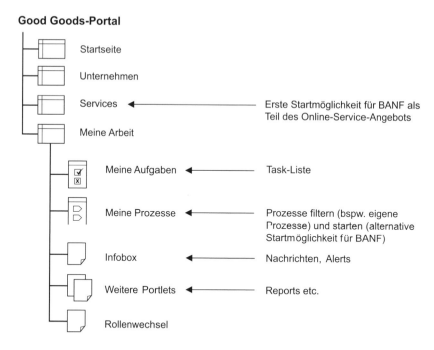

Abb. 9–35 Einbettung der BANF-Applikation in das Unternehmensportal

Weitere Aspekte sind die Portlet-Designs für Prozess- und Task-Listen sowie die detaillierte Spezifikation der einzelnen UI-Masken (z. B. BANF Process/BO-Maske).

Für das Umsetzungsdesign der **Säule H Prozesskomponenten** gibt die Komponenten- und Servicearchitektur des BANF-Projekts u.a. die Erstellung einer neuen Prozesskomponente »BANF-Prozess« vor. Basierend auf dem Prozessmodell aus PO-D II (Säule A) und dem Prozessstatus aus dem fachlichen Design in SO D-I (Säule H) muss an dieser Stelle für die Prozesskomponente eine Zustandsübergangsmatrix definiert werden (siehe Abschnitt 7.8.3.5). Die Matrix definiert die Schnittstelle der Komponente »BANF-Prozess« zu den Frontends hin. Dabei handelt es sich um eine Event-getriebene Schnittstelle, d.h., auslösende Aktionen sind im Frontend getriggerte Event-Typen, nicht Methoden. Tabelle 9–7 zeigt exemplarisch die Matrix für einige Aktionen des Anforderers.

Pre state	Rolle	Auslösende Aktion	Post state
BANF undefiniert	Anforderer	Verwerfen	BANF verworfen
		Weiter senden	BANF in fachlicher Prüfung
BANF in Bearbeitung	Anforderer	Verwerfen	BANF verworfen
		Weiter senden	BANF in fachlicher Prüfung
...	...	...	...

Tab. 9–7 Zustandsübergangsmatrix der Komponente BANF-Prozess

Schließlich muss noch der Aufbau der Prozesshistorie festgelegt werden. Sie dient dazu, den Lebenszyklus und die Änderungen an der Prozessinstanz nachvollziehbar festzuhalten. Grundsätzlich wird die Prozesshistorie stark dem Prozessstatus ähneln. Darüber hinaus muss zusätzlich entschieden werden, welche technischen Status (etwa wegen Schnittstellenaufrufen) ebenfalls protokolliert werden sollen.

Die nächste methodische Säule im Umsetzungsdesign sind die **Business-Objekte und Backend-Komponenten (Säule I)**. Hier muss geprüft werden, ob die in Tabelle 9–6 festgelegte Kopplungsarchitektur zu einem hohen Interaktionsaufkommen zwischen zwei Komponenten führt. Hierzu kann ein UML-Sequenzdiagramm zur Visualisierung eingesetzt werden. Falls das der Fall sein sollte, können Komponenten zusammengelegt oder weniger granulare Schnittstellenoperationen definiert werden. Im BANF-Projekt stellt der Lösungsarchitekt fest, dass zwischen Process/BO-Frontend und der Komponente »BANF« ein erhöhtes Interaktionsaufkommen besteht. Abhilfe schafft hier ein Re-Design der Schnittstellenoperationen. In der optimierten Version der Schnittstellen werden jeweils alle für den Aufbau einer Maske relevanten Informationen in einem Aufruf übertragen.

Danach prüft der Lösungsarchitekt, welche Anforderungen für Transaktionen und Datenintegrität bestehen und erstellt für alle zu erstellenden Services (= Schnittstellen mit Operationen) ein Spezifikationsdokument.

Im Umsetzungsdesign der **Säule J Technische Architektur und Infrastruktur** geht es schließlich um Fragen wie technische Integration, Berücksichtigung von Fehlerbehandlungsmechanismen, Sizing der benötigten Infrastruktur oder das Sicherheitsmodell der BANF-Applikation. Abbildung 9–36 zeigt als Beispiel das erweiterte Systemdiagramm.

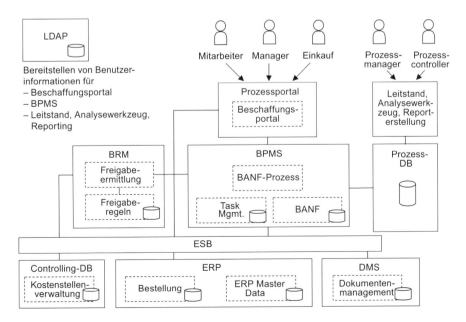

Abb. 9–36 Technische Architektur (Umsetzungsdesign)

Teil III
Enterprise BPM-Framework

10 Einführung in das EBPM-Framework

Nachdem wir uns in den vorangegangenen Kapiteln damit beschäftigt haben, wie ein einzelnes BPM-Projekt erfolgreich durchgeführt werden kann, wechseln wir im dritten Teil des Buches nun die Perspektive. Wir bewegen uns »nach oben« auf die Unternehmensebene und sprechen daher von **Enterprise Business Process Management (EBPM)**. Hier gehen wir der Frage nach, wie BPM-Initiativen für Großprojekte, einzelne Unternehmensbereiche oder sogar für ein ganzes Unternehmen erfolgreich eingeführt und vorangetrieben werden können.

10.1 Unterschiedliche Ausprägungen von BPM-Initiativen

Je nachdem, welche Ziele verfolgt werden, kann EBPM unterschiedliche Ausprägungen annehmen. Wir unterscheiden drei Ausprägungen einer BPM-Initiative, deren Charakteristika in der folgenden Tabelle zusammengefasst sind.

Ausprägung	Ziele	Schwerpunkte
BPM-Gruppe/BPM Competence Center	Etablierung von BPM im Unternehmen oder im Großprojekt	Aufbau BPM-Infrastruktur, Bereitstellung BPM-Skills
Transformationsprogramm	Konkrete Transformation von Prozessen oder Anwendungen	Aufsetzen und Management eines Programms mit Transformationsprojekten
Prozessorganisation	Etablierung einer Prozessorganisation mit End-to-End-Prozessverantwortung	Etablierung einer prozessorientierten Organisationsform

Tab. 10–1   Ausprägungen von BPM-Initiativen

Die erste Ausprägung einer BPM-Initiative bezeichnen wir als **BPM Competence Center (BPM CC)**. Bei dieser Ausprägung geht es darum, BPM großflächig im Unternehmen oder im Großprojekt zu etablieren, und zwar auf möglichst einheitliche Weise. Die Schwerpunkte liegen im Aufbau und der Weiterentwicklung der für ein Prozessmanagement notwendigen Fähigkeiten und der benötigten BPM-Infrastruktur. Dazu stellt eine zentrale Organisationseinheit für andere Unternehmensbereiche oder IT-Projekte, die BPM-Anteile enthalten, Ressourcen, Skills und Infrastruktur bereit. Diese Organisationseinheit initiiert und steuert in der Regel keine eigenen Projekte, ausgenommen Infrastrukturprojekte für den Plattformaufbau oder Maßnahmen wie Methodikschulungen u.Ä. Ein Sonderfall sind auch Pilotprojekte, die unter der Ägide der zentralen Organisationseinheit durchgeführt werden. Organisatorisch ist hier ein breites Spektrum an Lösungen denkbar. Je nach Umfang und Zielsetzung des Auftrags kann sowohl eine mit wenigen BPM-Spezialisten besetzte Stabsabteilung genügen als auch ein größeres Team erforderlich werden, das über ein weitverzweigtes Netzwerk und Mitarbeiterpools aus anderen Unternehmensbereichen verfügen muss. Im ersten Fall sprechen wir von einer BPM-Gruppe, im letzteren Fall von einem BPM Competence Center. Eine solche Organisationseinheit verfügt in der Regel über ein eigenes Budget für den Aufbau und Betrieb der Plattform und die Durchführung des Coachings. Man findet diese Ausprägung einer BPM-Initiative sowohl bei Unternehmen, die sich dem Thema BPM neu zuwenden, als auch bei Unternehmen, die sich schon länger mit BPM befassen.

Die nächste mögliche Ausprägung einer BPM-Initiative ist das **Transformationsprogramm**. Anders als bei der breit angelegten Etablierung von BPM über eine zentrale Organisationseinheit geht es hier um die Umsetzung einer konkreten geschäftlichen Zielsetzung durch ein Bündel von Projekten, die zu einem Programm mit übergreifender Zielsetzung zusammengefasst werden. Beispiele für solche Transformationsprogramme sind der Aufbau neuer Geschäftsfelder, die Modernisierung der Produktpalette oder ein Konsolidierungsprogramm nach einem Firmenzusammenschluss oder einem Firmenaufkauf. In Abschnitt 7.5 haben wir das Beispiel des Aufbaus einer Credit Factory betrachtet, was ebenfalls einem signifikanten Transformationsprogramm entspricht. Gegenstand der Transformation sind jeweils vor allem Geschäftsprozesse und Anwendungen. BPM ist ein Mittel unter anderen, das dabei hilft, die übergeordnete Zielsetzung des Programms zu erreichen. Organisatorisch arbeitet man hier mit einer eigenen Aufbauorganisation für das Programm. Das Programm-Management, unterstützt durch ein Projektmanagement-Office, initiiert und steuert die für die Zielerreichung erforderlichen (Teil-)Projekte. Zu diesem Zweck verfügt das Transformationsprogramm über das notwendige Projektbudget.

Schließlich gibt es noch die Gruppe derjenigen Unternehmen, die versuchen, eine bereichsübergreifende End-to-End-Sicht (E2E) auf ihre Prozesse zu etablieren. Hierbei handelt es sich um Unternehmen, die bereits seit geraumer Zeit Prozessmanagement betreiben, einen gewissen Reifegrad erreicht haben und diesen konsequent weiter ausbauen wollen. Häufig geht dies einher mit begleitenden Maßnahmen, wie beispielsweise dem Aufbau von **Six Sigma** und **Total Quality Management (TQM)**. BPM-Initiativen mit diesem Fokus legen den Schwerpunkt ihrer Ausprägung auf die **Prozessorganisation**. Wir hatten bereits in Abschnitt 7.2 über die verschiedenen möglichen Organisationsformen und E2E-Prozesse gesprochen. Beispiele für solche E2E-Prozesse sind der Order-2-Cash-Prozess bei einem Telekommunikationsunternehmen oder der Air-2-Air-Prozess bei einem Flughafenbetreiber. BPM-Initiativen dieser Ausprägung benutzen als Organisationsmodell häufig eine hybride Matrixorganisation und führen Optimierungsprojekte im Kontext der E2E-Prozesse durch. Die Projektbudgets kommen meistens aus dem Gesamtunternehmensbudget, das aber in der Regel nach der funktionalen Aufbauorganisation und nicht nach der Prozessorganisation strukturiert ist.

10.2 Beispiele für BPM-Initiativen

Nicht jede BPM-Initiative wird immer genau eine der drei hier beschriebenen Ausprägungen haben. In der Praxis hat eine BPM-Initiative häufig mehrere Schwerpunkte. In Abbildung 10–1 sind drei Beispiele dargestellt.

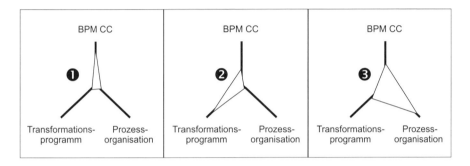

Abb. 10–1   *Schwerpunkte von BPM-Initiativen*

Im ersten Beispiel (Abb. 10–1, links) liegt der Schwerpunkt auf dem Aufbau eines BPM Competence Center, ohne starke Kopplung mit dem Portfolio der IT-Projekte. Das heißt, das BPM CC bietet zwar Skills und Infrastruktur, nimmt aber wenig Einfluss auf die allgemeine Ausrichtung der IT-Strategie bzw. der Planung der IT-Projekte. Das zweite Beispiel (Abb. 10–1, Mitte) ist ein großes Transformationsprogramm, als dessen Bestandteil ein BPM CC aufgesetzt wird, das dem Programm die BPM-Infrastruktur bereitstellt und die Teilprojekte inhaltlich beim Thema BPM unterstützt. Das dritte Beispiel (Abb. 10–1, rechts) ist eine Initiative mit dem Schwerpunkt auf dem strategischen Aufbau einer Prozessorganisation, die durch ein kleines BPM CC und einige Organisations- und IT-Transformationsprojekte flankiert wird.

10.3 EBPM-Framework

Abhängig von ihrer konkreten Ausprägung benötigt jede BPM-Initiative einen spezifischen Mix an Maßnahmen, um erfolgreich zu sein. Wir beschreiben die möglichen Optionen im EBPM-Framework. Dabei handelt es sich um einen Baukasten, mit dessen Hilfe Sie Ihre BPM-Initiative nach unternehmensspezifischen Bedürfnissen gestalten können. Er besteht aus sechs Bausteinen (siehe Abbildung 10–2).

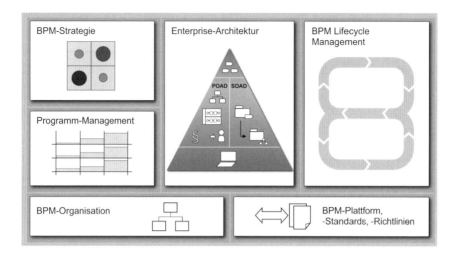

Abb. 10-2   EBPM-Framework

Der Baustein **BPM-Strategie** beschreibt, wie die Zielsetzung einer BPM-Initiative klar erfasst werden kann, damit aus ihr die konkrete Ausprägung der restlichen Bausteine abgeleitet werden kann. Hier werden wesentliche Grundfragen diskutiert, die beim Aufsetzen einer BPM-Initiative beachtet werden müssen. Im Baustein **Programm-Management** wird beschrieben, wie eine BPM-Initiative als Programm aufgesetzt und gesteuert werden kann. Im Baustein **BPM-Organisation** wird erläutert, wie die Organisationsmodelle der verschiedenen Ausprägungen von BPM-Initiativen aussehen und welche typischen Probleme bei der Umsetzung auftreten können. Im Baustein **Enterprise-Architektur** geht es um das Zusammenspiel der Projekte im BPM-Projektportfolio mit dem sie umgebenden Enterprise-Kontext. Das **BPM Lifecycle Management** erläutert, warum BPM- und SOA-Artefakte unterschiedliche Lebenszyklen für Planung, Design, Umsetzung, Rollout und Betrieb haben und wie damit umgegangen werden kann. Im letzten Baustein **BPM-Plattform, -Standards und -Richtlinien** geht es schließlich um den Aufbau der erforderlichen Infrastruktur und die Frage, wie technische und fachliche Standards und Richtlinien im Kontext BPM und SOA gestaltet sein müssen, damit sie effizient ineinandergreifen.

11 BPM-Strategie

Am Anfang einer erfolgreichen Enterprise-BPM-Initiative steht die Strategie. Die Strategie legt die Ziele fest, definiert die wesentlichen Schritte und Meilensteine und bestimmt wichtige Rahmenbedingungen. Sie ist notwendig, um die Führungskräfte und Mitarbeiter »mitzunehmen« und den Erfolg der Initiative überhaupt erst beurteilen und messen zu können.

Erfahrungen aus der BPM-Praxis zeigen, dass es auf der Unternehmensebene mehrere Hürden für die Einführung von BPM gibt, die ohne eine schlüssige BPM-Strategie nicht so ohne weiteres überwunden werden können.

So wird in vielen Unternehmen bereits seit längerer Zeit BPM betrieben. Das ist die gute Nachricht. Das Problem dabei: Nicht selten werden diese Ansätze in unterschiedlichen Lagern angestoßen, von den jeweiligen lokalen Führungskräften vorangetrieben und auf unterschiedliche Art und Weise umgesetzt. Ein fruchtbarer Austausch im Sinne von Synergien und Best Practices kann dadurch nicht stattfinden. Nicht selten schlafen die Initiativen mit dem Weggang der Führungskraft wieder ein. Wer hier bereichsübergreifend nachhaltige Fortschritte erzielen will, muss eine übergreifende Koordination etablieren. Diese koordinierende Einheit ist so aufzustellen, dass sie gleichzeitig eine Brückenfunktion wahrnehmen und Standards und Richtlinien auch in konfliktbehafteten Situationen durchsetzen kann. Dies erfordert spezielle Ressourcen und Kompetenzen, die aus strategischen Überlegungen heraus begründet werden müssen.

Gleichzeitig ist in manch anderem Unternehmen das Topmanagement am Thema BPM nicht interessiert. Der Fokus liegt anderswo. Wer hier dennoch Potenziale sieht und eine BPM-Initiative anstoßen will, muss in der Lage sein, eine schlüssige Argumentation aufzubauen und einen Sponsor zu finden.

Schließlich scheut das Management in vielen Unternehmen häufig größere Investitionen und fordert einen schnellen ROI. Leider können ROI-Daten für eine BPM-Initiative nur dann geliefert werden, wenn genügend Erfahrungen vorliegen und ein eng umrissener Scope in Angriff genommen wird. Am Anfang einer EBPM-Initiative und bei Vorhaben auf Unternehmensebene hilft daher nur ein schrittweises Vorgehen mit langfristiger Perspektive, die von einer BPM-Strategie geliefert wird.

Insgesamt gibt es für eine BPM-Strategie kein Patentrezept. Daher muss jedes Unternehmen eine auf seine spezifischen Gegebenheiten ausgerichtete Strategie entwickeln, um eine Enterprise-BPM-Initiative effektiv (Tun wir die richtigen Dinge?) und effizient (Tun wir die Dinge richtig?) umsetzen zu können. Anderenfalls besteht die Gefahr, dass Geld und Ressourcen nicht zielgerichtet eingesetzt werden. Um eine BPM-Strategie zu entwickeln, müssen Fragen in vielen Bereichen geklärt werden, u.a.:

- Grundsätzliche Ausrichtung und Sponsor
- Business Case
- Kontinuierliche Erfolgsnachweise
- Stakeholder
- Startpunkt und Vorgehen
- Portfoliomanagement
- Plattformstrategie

Im Folgenden diskutieren wir nacheinander diese Bereiche.

11.1 Grundsätzliche Ausrichtung und Sponsor

Wir hatten bereits in Abschnitt 10.1 darüber gesprochen, dass es drei unterschiedliche Ausprägungen von BPM-Initiativen gibt: BPM Competence Center (CC), Transformationsprogramm und Prozessorganisation. Die Formulierung einer BPM-Strategie erfordert, dass man »Farbe bekennt« und eine dieser drei Ausprägungen als Schwerpunkt festlegt. Diese grundsätzliche Ausrichtung sollte von einem Sponsor mitgetragen werden. Einen Sponsor zu finden, ist einer der wesentlichen Erfolgsfaktoren für jede BPM-Initiative. Die Entscheidung zugunsten einer grundsätzlichen Ausrichtung und das Finden des Sponsors stehen zueinander in einem Henne-Ei-Verhältnis. Ohne Ausrichtung kein Sponsor, ohne Sponsor keine Ausrichtung. In der Praxis ergibt sich bei hypothesengetriebenem Vorgehen (Wo stehen wir heute mit BPM? Wo will das Unternehmen hin? Wo kann BPM helfen?) nach einigen Gesprächen mit potenziellen Sponsoren aber rasch ein richtungweisendes Zielbild, das den Zirkel auflöst. Tabelle 11–1 beschreibt drei Beispiele für BPM-Initiativen, deren Schwerpunkte sich an einer der drei Ausprägungen orientieren und dazu jeweils von einem oder mehreren Sponsoren unterstützt werden.

Ausprägung	Ausrichtung und Sponsor
BPM CC	▪ Unternehmen: Internationaler Telekommunikationskonzern ▪ Schwerpunkt: Leiter Qualitätsmanagement (QM) und CIO kooperieren, um die Qualität der prozessorientierten Arbeitsweise im Konzern und die Unterstützung der Prozessautomatisierung durch IT zu verbessern. ▪ **Sponsoren:** Leiter QM und CIO →

Ausprägung	Ausrichtung und Sponsor
Transformationsprogramm	■ Unternehmen: Anbieter einer Bankenplattform ■ Schwerpunkt: Produktmanager möchte 5 Anwendungen (Kontoführung, Zahlungsverkehr, General Ledger, Reporting, Portfoliomanagement), die über 20 Jahre entwickelt und gekauft wurden, zu einer einheitlichen, prozessorientierten Bankenplattform zusammenführen. ■ **Sponsor:** CEO
Prozessorganisation	■ Unternehmen: Hersteller von medizintechnischen Geräten ■ Schwerpunkt: Umstellung der Gesamtorganisation auf eine hybride Prozessorganisation, um End-2-End-Prozessverantwortung insbesondere im Entwicklungs- und Produktionsbereich sicherzustellen ■ **Sponsor:** Produktionsvorstand

Tab. 11–1   Ausrichtung und Sponsoren von exemplarischen BPM-Initiativen

11.2 Business Case

Jede BPM-Initiative hat idealerweise einen Business Case. Leider gilt auch hier wie in vielen anderen strategischen Initiativen, dass a priori ein generischer Business Case nicht so einfach zu rechnen ist. Dies gilt für alle Ausprägungen von BPM-Initiativen, d.h. BPM CC, Transformationsprogramm und Prozessorganisation.

Die Anfangsinvestitionsentscheidung für eine BPM-Initiative muss daher zunächst aus strategischen Überlegungen heraus getroffen werden, d.h. aus der Überzeugung eines Sponsors heraus, der damit ein strategisches Ziel erreichen will. Wenn genügend Erfahrung gesammelt wurde, wird es anschließend aber leichter, Investitionsentscheidungen quantitativ zu fundieren und den strategischen Impact einzuschätzen

Tabelle 11–2 zeigt typische Kosten und Erlöse einer BPM-Initiative. Einzelne Projekte können eigenständig oder als Teil eines Transformationsprogramms durchgeführt werden.

Beispiel	Typische (Mehr)Kosten	Mögliche Erlöse	Kommentar
Auf Ebene des BPM CC	■ Bereitstellung und Betrieb BPM/SOA-Infrastruktur ■ Bereitstellung von Skills/Services	Umlagen, »Projektsteuer« für Bereitstellung Infrastruktur/Services	Generell schwierig, einen »harten« Business Case für ein generisches CC zu berechnen
Auf Ebene einzelner Projekte	■ Beim ersten Projekt: Einarbeitung, zusätzliche Risiken ■ Overhead für Lösungen, die wiederverwendbar sein sollen	Bei einem erfahrenen Team (idealerweise?) Effizienzgewinn durch Einsatz von BPM-Werkzeugen	Jedes Fachbereichsprojekt sollte individuellen ROI nachweisen können. Innerhalb des Projekt-Business-Case müssen mögliche Mehrkosten für BPM/SOA ausgewiesen werden, aber auch mögliche Einsparpotenziale.

Tab. 11–2   Kosten und Erlöse einer BPM-Initiative

Für die Nutzen-Argumentation für BPM/SOA-Projekte können folgende Größen geprüft werden:

1. Finanziell quantifizierbare Größen:
   - Direkte Potenziale aus dem fachlichem Anwendungsgebiet (z.B. Sicherung von Skonti durch zügigere Rechnungsbegleichung)
   - Geringere Personalaufwände (durch Automatisierung oder flexibleren Einsatz)
   - Output-Steigerung
   - Betriebs-SLAs für Prozesse
   - Prozessfehlerraten
   - Prozessdurchlaufzeit
   - Prozessdurchsatz

1. Weitere, in der Regel finanziell nicht oder nur schwer quantifizierbare Größen:
   - Kundenzufriedenheit
   - Bessere Compliance-Ergebnisse
   - Geringere Risiken (können evtl. über SLAs quantifiziert werden)
   - Geringere Reaktionszeit auf neue Anforderungen
   - Verbesserte Architektur-KPIs für die Anwendungslandschaft

Schließlich gibt es noch Untersuchungen, die besagen, dass Unternehmen, die BPM einsetzen, eine höhere Umsatzrendite erzielen als vergleichbare Unternehmen, die dies nicht tun [Kom11]. Demnach sind die Unternehmen erfolgreicher, die ihre Geschäftsprozesse differenziert managen. Solche Unternehmen führen Prozesskataloge, modellieren ihre Kernprozesse und nutzen eine Prozesslandkarte. Außerdem werden überdurchschnittlich häufig Prozesskennzahlen eingesetzt, mit denen für die Geschäftsprozesse systematisch Zielgrößen bzw. Zielvorgaben definiert und gemessen werden.

> **Wie anfangen mit dem BPM Business Case?**
>
> Die IT-Architekten eines mittelgroßen Telekommunikationsunternehmens möchten in den Aufbau einer BPM-Infrastruktur investieren. Um dafür die entsprechenden Budgets zu erhalten, diskutieren sie, wie sie den Business Case präsentieren wollen. Ein vielversprechendes Pilotprojekt wurde rasch identifiziert: Die Optimierung eines Teilprozesses im Kundenservice verspricht einen signifikanten ROI. Allerdings stellt sich heraus, dass die notwendigen Investitionen für den Einsatz einer neuen BPM-Infrastruktur durch dieses Projekt nicht zu rechtfertigen sind – die notwendigen Anfangsinvestitionen übersteigen den Gesamtnutzen im Projekt.
>
> Anfänglich zirkelt die Diskussion im Team darum, wie die Investition in die BPM-Infrastruktur aus strategischer Perspektive zu rechtfertigen sei. Nach längerer Debatte dreht sich allerdings die Diskussion: Es wird klar, dass der Business Case nicht auf die BPM-Infrastruktur fokussieren sollte, sondern dass der Business Case in einer etwas breiter angelegten KVP-Initiative liegen sollte. Als übergreifender Kernprozess wird das Churn Management identifiziert (»Churn« ist ein Kunstwort aus »Change« und »Turn«, es bezeichnet den Versuch, Kundenabwanderungen zu vermeiden). Der Mehrwert von BPM soll

zunächst nicht über die technologische BPM-Plattform argumentiert werden. Stattdessen wird der Vorteil herausgearbeitet, dass der BPM-Ansatz die kontinuierliche Verbesserung von Prozessen besser unterstützt als klassische Großprojekte. Statt sehr umfangreicher Anforderungsdokumentationen und langer Projektlaufzeiten mit den entsprechenden Risiken wird auf einen iterativen Ansatz gesetzt, in dem Teilprozesse Stück für Stück optimiert werden. Am Ende jeder Iteration werden die Optimierungen ausgerollt und in Betrieb genommen. BPM unterstützt dieses Vorgehen ideal, die so etablierte kurze Feedbackschleife hilft, Erfolge messbar zu machen und das Risiko zu minimieren.

Trotzdem erkennt das Team, dass auch diese Nutzen-Argumentation noch zu »weich« ist. Daher werden 6 konkrete Teilprozesse innerhalb des Churn Management identifiziert, die über einen längeren Zeitraum umgesetzt werden sollen. Durch den Einsatz von BPM soll sichergestellt werden, dass die bereits umgesetzten Teilprozesse auch nachträglich leicht angepasst und optimiert werden können. Das heißt, der übergreifende Business Case für die KVP-Initiative umfasst die Umsetzung von 6 konkreten Teilprozessen sowie die weitere Optimierung jedes dieser Teilprozesse. Im Kontext dieses übergreifenden Business Case können nun auch die Vorteile der BPM-Technologie mit einberechnet werden, wie z.B. die inkrementelle Optimierung von Prozessmodellen, Prozess-Versionierung, Verlinkung von Teilprojekten etc.

Wichtig bei diesem Ansatz zur Erstellung des Business Case war der Fokus auf eine eingeschränkte Menge von Teilprozessen. Der erste, einzelne Teilprozess hatte keinen positiven ROI. Eine zu allgemeine, vage Aussage bezüglich der Optimierung eines Prozessportfolios wäre ebenfalls nicht akzeptiert worden. Die 6 ausgewählten Teilprozesse bilden den Grundstock des Portfolios der zu optimierenden Prozesse. Sicherlich wird sich die Zusammensetzung des Portfolios über die Zeit ändern, aber wichtig war es, am Anfang die ersten Kandidaten konkret zu benennen und zu beziffern.

11.3 Kontinuierliche Erfolgsnachweise

Ein weiterer wichtiger Aspekt für den Erfolg einer BPM-Initiative ist der kontinuierliche Erfolgsnachweis. Auch hier müssen in der Strategie geeignete Maßnahmen geplant werden. Dies beginnt damit, dass eine Initiative sich kontinuierlich selbst vermarkten muss. Gelingt dies, kann sie die Unterstützung der Sponsoren dauerhaft sicherstellen und attraktive neue Projekte für sich gewinnen.

Die einzelnen BPM-Projekte sollten stets ihren Nutzen nachweisen. Dies ist während der Projektdurchführung noch relativ schwierig. Mehr Möglichkeiten, den im Projekt durch den Einsatz von BPM geschaffenen Nutzen aufzuzeigen, ergeben sich im produktiven Betrieb. Hier können die »Bordmittel« von BPM gut genutzt werden. So lassen sich Reports immer sehr gut kommunizieren, die erhöhte Transparenz kann aufgezeigt werden, und die operative oder monetäre Optimierung lässt sich über ein KPI-Monitoring nachweisen.

Durch den Erfolgsbeitrag der einzelnen Projekte wird auch der Nutzennachweis der Gesamtinitiative möglich, die die einzelnen Projekte unterstützt (BPM CC) oder plant und steuert (Transformationsprogramm).

Schließlich sollte die Initiative im Interesse ihres Erfolgsnachweises noch laufend Selbstmarketing betreiben. Dazu können beispielsweise Projekterfolge in einen Newsletter aufgenommen und der Beitrag der Initiative herausgestrichen werden.

11.4 Stakeholder

Erfolgreiche BPM-Initiativen zeichnen sich dadurch aus, dass sie ihre Stakeholder kennen und managen. Am besten Sie erstellen sich dazu eine Liste Ihrer Stakeholder und deren Ziele und Erwartungen. Zu diesen Stakeholdern gehören neben dem Sponsor zuallererst die Auftraggeber, die beispielsweise höhere Transparenz und Effizienz in den Arbeitsabläufen erwarten. Ihre Mitarbeiter im Fachbereich sind an klar geregelten Aufgaben, Kompetenzen und Verantwortungen sowie sauber definierten Schnittstellen interessiert. Im Zuge der Ausrichtung auf eine kontinuierliche Veränderung (KVP) kommen erfahrungsgemäß bei den Mitarbeitern weitere Interessen und Erwartungen hinzu, etwa stärkerer Einfluss auf die Gestaltung der Arbeitsabläufe oder mehr Selbstständigkeit und Flexibilität in der eigenen Rolle. Des Weiteren ist Ihr IT-Bereich an einer stabilen Roadmap und klar formulierten Spezifikationen interessiert. Ein weiterer wichtiger Stakeholder ist Ihr Betriebsrat, mit dem es zu Problemen bei einer individuellen Leistungserfassung kommen kann. Schließlich müssen Sie auch die Perspektive ihrer Kunden und Geschäftspartner berücksichtigen. Hier spielen Fragen wie Lieferzeit, Produktqualität, Verbesserung der Kundenbetreuung oder schnellere Abwicklung eine wesentliche Rolle. Mittels einer Einfluss-Interesse-Matrix (siehe Abb. 11–1) können Sie dann überlegen, wer welche Rolle für Sie spielt und wie Sie mit ihm umgehen wollen.

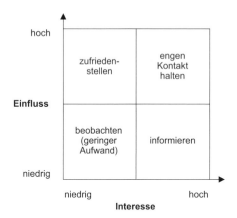

Abb. 11–1   *Einfluss-Interesse-Matrix*

11.5 Startpunkt und Vorgehen

Wo startet man mit einer BPM-Initiative und wie geht man dabei vor? Zur Beantwortung dieser Fragen sehen wir uns zunächst kurz an, in welchen Bereichen BPM besonders häufig eingesetzt wird, diskutieren dann, in welchen Fällen ein Vorgehen top-down oder bottom-up erfolgen sollte und geben anschließend Hinweise zur Auswahl des ersten Projekts.

11.5 Startpunkt und Vorgehen

Die Anwendungsbereiche für BPM sind vielfältig. Bei der Suche nach einem geeigneten **Startpunkt** in Ihrem Unternehmen können Sie sich an Prozessen orientieren, deren Eigenschaften oder Inhalte sich für BPM besonders gut eignen. Auch in bestimmten Unternehmensbereichen und Handlungsfeldern wird BPM vergleichsweise häufig eingesetzt. Tabelle 11-3 zeigt typische Einsatzbereiche für BPM-Projekte unterschiedlicher Größenordnungen auf.

Prozesseigenschaft	Prozessinhalt	Unternehmens-bereich	Handlungsfeld
▪ Informationszentrierte, sich wiederholende betriebliche Abläufe ▪ Hoher Anteil an manuellen Tätigkeiten ▪ Verteilte Akteure, viele Schnittstellen ▪ Hohe Anforderung an Agilität	▪ Genehmigungsprozesse ▪ Anfrage- & Antragsbearbeitung ▪ Datenanalyse (z. B. zur Betrugserkennung) ▪ Datenaustausch mit Geschäftspartnern	▪ Auftragsabwicklung ▪ Vertriebsunterstützung ▪ Callcenter/Kundenservice ▪ Einkauf ▪ Rechnungseingang ▪ Jahres- und Quartalsabschluss	▪ Neue rechtliche Anforderungen ▪ Einführung neuer Produkte ▪ Einheitliche Prozesse nach Fusionen oder Übernahmen ▪ Ausbau der Prozessorganisation

Tab. 11-3 Typische Einsatzbereiche für BPM

Hinsichtlich des **Vorgehens** bei BPM-Initiativen der Ausprägung BPM CC und Transformationsprogramm ist ein Top-down-Start eher selten, da sich die Nutzenargumentation anfangs schwierig gestaltet und keine belastbaren Erfahrungen bzw. Zahlen vorliegen. Hinzu kommt die verständliche Scheu der Entscheider vor großen Investitionen ohne harten Business Case. Das Standardmuster für die Einführung von BPM ist in diesen beiden Fällen daher in der Regel ein Bottom-up-Start mit späterem Übergang zu einer zentralen Koordination. Dabei können ein Programm-Management mit einem Programm-Management-Office (PMO) oder ein Competence Center zum Einsatz kommen (siehe Abb. 11-2). Initiativen mit Schwerpunkt auf der Entwicklung der Prozessorganisation werden dagegen wegen der unvermeidlichen Konflikte mit der vorherrschenden funktionalen Organisation besser top-down angegangen.

Egal ob bottom-up oder top-down: Die **Auswahl des ersten Projekts** ist kritisch. Dabei stellt sich z.B. die Frage, ob man ein ohnehin anstehendes Projekt für die Umsetzung mit BPM zu gewinnen sucht oder besser nach einem neuen Projekt-Ausschau hält, das als BPM-Pilot ideal erscheint. Letzteres erlaubt zwar ein Projekt zu schneiden, das aus Umsetzungsperspektive ideal erscheint, man läuft aber Gefahr, dass BPM nur als Lösung auf der Suche nach einem Problem erscheint. Daher ist es wenn möglich besser, eines der ohnehin geplanten Projekte zu identifizieren, das die folgenden Eigenschaften erfüllt:

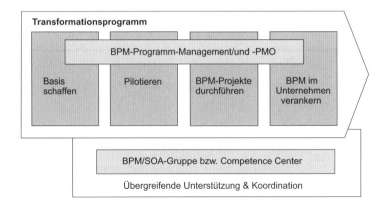

Abb. 11–2   *Vorgehen bei einer BPM-Initiative*

- Adressiert fachlichen Bedarf (klar definierter Pain Point)
- Ausnutzung von BPM-Features, die das Projekt differenzieren
- Schneller ROI
- Kurze Laufzeit
- Geringe fachliche Komplexität, lokalisiert innerhalb eines Organisationssilos

Die Daumenregel lautet, dass der erste BPM-Prozess nicht zu geschäftskritisch oder komplex sein sollte (wegen Risiko mit neuer Technologie und Methode), aber andererseits auch nicht zu klein oder trivial ausfallen darf (wegen Sichtbarkeit des Erfolgs). Projekte wie der Urlaubsantrag haben zwar den Vorteil, dass sie einen kleinen Scope haben, auf der anderen Seite ist der geschäftliche Nutzen nicht wirklich signifikant; daher wird ein solches Projekt häufig eher als technischer Proof of Concept gesehen.

11.6 Portfoliomanagement

Ein weiter wichtiger Aspekt der BPM-Strategie kann das Management des BPM-Projektportfolios sein, wenn dieses im Scope enthalten ist. *Das* BPM-Projektportfolio kann z.B. aus dem Applikationsprojekt-Portfolio des Unternehmens abgeleitet werden. Dabei wird das Applikationsprojekt-Portfolio nach Kriterien wie strategische Relevanz, Wirtschaftlichkeit und Risiko/Machbarkeit priorisiert. Das verfügbare Budget limitiert die Menge der umsetzbaren IT-Vorhaben. Anhand verschiedener Kriterien wird dann entschieden, ob für die zur Umsetzung kommenden IT-Vorhaben CSD (Custom Software Development bzw. Eigenentwicklung), COTS (Commercial off-the-shelf bzw. Standardprodukt) oder BPM eingesetzt wird (siehe Abb. 11–3).

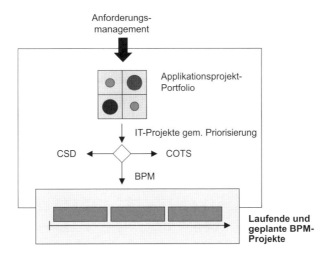

Abb. 11–3   BPM-Portfoliomanagement und Bebauungsentscheidungen

So führen hohe Anforderungen an Compliance und Kosteneffizienz typischerweise zu COTS-Lösungen, während hohe Anforderungen an Differenzierung oder Agilität eine CSD- oder BPM-Bebauung nahelegen. Wenn ein EAM etabliert ist, kann diese Entscheidung auch aus der Bebauungsstrategie für die jeweilige (Sub-) Domäne abgeleitet werden. BPM ist insbesondere dann die bessere Lösung, wenn

- COTS nicht flexibel genug ist oder es keine Standardsoftware für den Anwendungsbereich gibt,
- CSD zu generisch und damit zu langwierig und teuer wäre und
- Prozessorientierung einen klaren Vorteil bringt, was von der Fachlichkeit abhängt.

Bei Initiativen vom Typ BPM CC sollte das Competence Center in die Entscheidungsfindung mit eingebunden werden. Im Fall eines Transformationsprogramms ist eine gesonderte Betrachtung erforderlich. Hier werden die (Teil-)Projekte nach den spezifischen Anforderungen des Transformationsprogramms ausgewählt. Im Fall einer Initiative mit Schwerpunkt auf Prozessorganisation enthält das BPM-Projektportfolio nicht nur IT- sondern auch Organisationsprojekte.

11.7 Plattformstrategie

Schließlich muss die BPM-Strategie noch grundsätzliche Entscheidungen zur Plattformstrategie treffen. Hierbei ist es zunächst wichtig, den Scope und die Abhängigkeiten der Plattformstrategie gut zu verstehen. Der Scope hat organisatorische und funktionale Aspekte. Organisatorisch muss klar sein, ob es sich um den Kontext eines bestimmten Projekts, eines Unternehmensbereichs, oder des gesamten Unternehmens handelt. Funktional muss definiert werden, ob beispielsweise nur die

BPM Engine und die Prozessdokumentation im Scope sind oder auch ESB, Metadaten-Repository, Business Rule Engine etc. Dazu müssen die Abhängigkeiten und Rahmenbedingungen klar sein, die sich im Kontext der BPM-Initiative auswirken:

- **Budget:** Welche Budgetvorgaben müssen eingehalten werden?
- **Allgemeine IT-Strategie:** Eine wesentliche Festlegung der allgemeinen IT-Strategie ist, ob das Unternehmen den Schwerpunkt mehr auf Eigenentwicklung oder mehr auf die Beschaffung und Inbetriebnahme von Standardlösungen legt. Dies muss bei der Definition der BPM-Plattform berücksichtigt werden, da sich hieraus unterschiedliche Anforderungen ableiten.
- **Integrationsplattformen:** Viele Unternehmen haben bereits existierende Integrationsplattformen, z.B. eine EAI-Plattform oder einen ESB. Hier gilt es, Redundanzen zu vermeiden und auf das Zusammenspiel der Subsysteme zu achten.
- **Anwendungsportfolio:** Handelt es sich um ein Transitionsprogramm, wird die zukünftige Anwendungslandschaft neu gestaltet. Daher muss in diesem Fall die Plattformstrategie ganz klar auch die Definition einer Ziellandschaft beinhalten, die die zukünftigen Anwendungen im Zusammenspiel mit BPM, ESB usw. aufzeigt.
- **Anforderungen vom Qualitätsmanagement u.a.:** Weitere Rahmenbedingungen, z.B. an die Gestaltung und Publikation von Prozessdokumentation kann z.B. vom Qualitätsmanagement kommen. Sind hier bereits Anwendungen im Einsatz, muss dies mit berücksichtigt werden.
- **Roadmap:** Sollen alle Komponenten der Plattform gleichzeitig beschafft und in Betrieb genommen werden, oder steht beispielsweise zunächst die Prozessdokumentation im Vordergrund und die Plattform für die Prozessautomatisierung kommt erst später? Welche Abhängigkeiten gibt es von anderen Teilprojekten? Wird beispielsweise eine umfangreiche Hersteller- und Technologieevaluation vorgenommen, verzögern sich evtl. andere Teilprojekte, die auf die Verfügbarkeit der Plattform angewiesen sind.
- **Weitere Rahmenbedingungen:** Es kann natürlich noch viele weitere Aspekte geben, die berücksichtigt werden müssen. Als Beispiel sei hier nur noch der Umgang des Unternehmens allgemein mit dem Thema Open Source genannt.

Unter Berücksichtigung dieser Abhängigkeiten ist es wichtig, dass klare Vorgaben für die Umsetzung der Plattformstrategie definiert werden: Welche Rahmenbedingungen sind gesetzt? Wie genau ist der Auftrag zur Schaffung der BPM-Plattformstrategie definiert? An wen wird er erteilt? Wer wird mit eingebunden? Bis wann müssen welche Teile der Plattform definiert sein? Wie wird die Plattformstrategie umgesetzt, nachdem sie definiert wurde? Kapitel 16 beschäftigt sich mit den Details der Umsetzung dieser Themen.

12 Programm-Management

Die Einführung von BPM auf Unternehmensebene ist ein umfangreiches und langfristiges Vorhaben, dessen Ziele häufig eher strategischer Natur sind. Im Gegensatz zu einem Projekt, dessen Fokus auf der Erbringung der klar definierten Lieferergebnisse liegt, wird die Einführung von BPM in der Regel eher die Eigenschaften eines **Programms** haben, dessen **Schwerpunkt auf Veränderung** liegt. Typische Beispiele für die Lieferergebnisse eines Projekts sind z.B. die Einführung einer neuen Vertriebsapplikation, der Aufbau einer neuen Produktionsstraße oder der Bau und die Inbetriebnahme eines neuen Operationssaals in einem Krankenhaus. Ein Programm dagegen ist meistens definiert über die langfristige Veränderung, die es bewirken soll – also z.B. die Verbesserung der Vertriebseffizienz, die Reduktion der Produktionskosten oder die Optimierung der Bettenauslastung in einem Krankenhaus. Während es bei einem Projekt darum geht, es richtig umzusetzen, geht es beim Programm-Management darum, die richtigen Projekte umzusetzen. Der Programm-Manager muss kontinuierlich den Überblick über die Projekte, ihre Abhängigkeiten und ihren Status haben. Er muss immer darauf hinwirken, dass die Zusammensetzung der Projekte in dem Programm so angepasst wird, dass die übergreifenden strategischen Ziele des Programms erreicht werden können. Während erfolgreiche Projekte ihre Lieferergebnisse im Zeitrahmen, im Budget und gemäß Spezifikation erbringen, sind erfolgreiche Programme darauf ausgerichtet, eine Organisation langfristig zu optimieren. Das befreit ein Programm aber nicht davon, kontinuierlich seinen Nutzen beweisen zu müssen und damit seine Daseinsberechtigung zu erbringen. Das gelingt nur, wenn die Ergebnisse der Teilprojekte des Programms in die Linienfunktion übergeben werden und hier entsprechend genutzt werden.

Ein großes Problem solcher langfristig angelegten Programme ist, dass die **Zielvorgaben** zumeist nur **unscharf definiert** sind und sich die **Prioritäten kontinuierlich ändern**. Ein großer Vorteil von BPM und SOA ist, dass sie grundsätzlich sehr gut geeignet sind, in einem solchen sich ständig verändernden Umfeld eingesetzt zu werden. Aber wie kann man in einem solchen Umfeld sicherstellen, dass trotzdem effizient und zielorientiert gearbeitet wird? Dies werden wir im Folgenden näher untersuchen.

12.1 Eigenschaften eines Programms

Die Abgrenzung zwischen einem Programm und einem Großprojekt mit mehreren Teilprojekten ist nicht immer klar definiert. Wir wollen im Folgenden trotzdem versuchen, die wichtigsten Eigenschaften und Aufgaben eines Programms zu untersuchen. Eine mögliche Sicht auf die Eigenschaften von Projekten und Programmen ist die folgende:

- Ein Projekt ist einmalig und hat eine klar definierte Laufzeit. Ein Programm ist fortlaufend und soll einen kontinuierlichen Beitrag zur Erreichung bestimmter strategischer Ziele erbringen.
- Ein Projekt wird mit Hinblick auf die Erreichung eines bestimmten Lieferergebnisses aufgesetzt. Der Erfolg des Projekts wird daran gemessen, ob diese Ziele gemäß der funktionalen, zeitlichen, qualitativen und budgetären Anforderungen geliefert wurden.
- Ein Programm beinhaltet eine Menge von Projekten. Der Erfolg des Programms wird an der Erreichung bestimmter strategischer Ziele gemessen.
- Programme können auf Änderungen in der Unternehmensstrategie oder auf Änderungen im Unternehmensumfeld reagieren, indem sie das Portfolio ihrer Projekte entsprechend anpassen, z.B. indem sie die Zusammensetzung der Projekte selber oder deren individuellen Scope oder ihre Durchführungsgeschwindigkeit entsprechend adjustieren.

Viele Anwendungsfälle von BPM – etwa die kontinuierliche Verbesserung von Prozessen (KVP), die langfristige und schrittweise Erneuerung einer historisch gewachsenen Anwendungslandschaft oder auch die Einführung einer Prozessorganisation – haben ganz klar die Eigenschaften eines Programms, wie wir es hier definiert haben.

12.2 Aufgaben eines Programm-Managements

In vielen Fällen werden sicherlich die Aufgaben eines Programm-Managements mit denen eines Großprojekts vergleichbar sein, z.B. was die Aspekte des Controllings, des Risiko- und Qualitätsmanagements oder des Ressourcenmanagements angeht. Auch ein Großprojekt ist in der Regel in Teilprojekte untergliedert, die einer gewissen Dynamik unterliegen. Etablierte Projektmanagement-Methodiken wie PRINCE2, V-Modell XT oder der im PMBoK beschriebene Werkzeugkasten für Projektmanager sind heute in vielen Firmen weit verbreitet bzw. von den Firmen auf ihre speziellen Bedürfnisse angepasst worden. Im Folgenden wollen wir uns daher nur auf einige ausgewählte Aspekte des Programm-Managements im Kontext BPM konzentrieren. Diese umfassen insbesondere folgende Aufgaben:

- **Anforderungs- und Portfoliomanagement:** Regelmäßige Aufnahme, Bewertung und Priorisierung der Anforderungen der verschiedenen Stakeholder, Ableitung eines entsprechenden Projektportfolios gemäß den Leitsätzen der Managed Evolution (siehe Kap. 4).
- **Kommunikation und Reporting:** Kommunikation der aktuellen Vorgaben und Ziele sowie Verdeutlichung des Verlaufs der individuellen Projekte sowie der Performance des Programms selber
- **Planung, Koordination und Integration:** Planung der Programmiterationen. Koordination der Projekte untereinander. Sicherstellung der Bildung entsprechender Schnittstellen, sowohl auf organisatorischer als auch auf technischer Ebene.
- **Projektmanagementmethodik:** Etablierung und Weiterentwicklung der in den (Teil-)Projekten verwendeten Projektmanagementmethodik
- **Infrastrukturbereitstellung:** Das Programm muss sicherstellen, dass den einzelnen (Teil-)Projekten die benötigte Infrastruktur bereitgestellt wird, sei dies Büro- und Kommunikationsinfrastruktur oder beispielsweise die BPM-Infrastruktur.
- **Projektbüro:** Abhängig davon, wie autonom die (Teil-)Projekte agieren, kann die Bereitstellung eines übergreifenden Projektbüros erfolgen, das projektflankierende Aufgaben übernimmt und die Spezialisten von administrativen Tätigkeiten entlastet
- **Weiteres:** Ressourcenmanagement, projektübergreifendes Controlling und Cost Management, Risikomanagement, Durchführung von Projekt-Audits und Reviews

12.3 Portfoliomanagement und -planung

Wir beschränken uns im Folgenden auf die Aspekte des Bereichs Portfoliomanagement und -planung, die im Kontext einer BPM-Initiative von besonderer Relevanz sind.

12.3.1 Strukturierung eines Programms

Eine häufig kontroverse Frage ist, was eigentlich die obersten Organisationselemente eines Programms sind und wie diese Elemente wiederum strukturiert sind. In der Praxis hat sich hier ein Ansatz bewährt, in dem das Programm eine Menge von mehr oder weniger autonom agierenden Projekten oder Teilprojekten umfasst. Abhängig von der Größe der Projekte können diese dann wiederum in Teilprojekte unterteilt werden, oder sie werden mittels einer Work Breakdown Structure (WBS) in verschiedene Arbeitspakete unterteilt.

12.3.2 Rollierende Quartalsplanung

Eine wichtige Aufgabe des Programm-Managements ist es, einen projektübergreifenden Planungsmechanismus zu etablieren. Dieser Mechanismus muss insbesondere auf die typischerweise in einem Unternehmensumfeld anzutreffende hohe Dynamik ausgerichtet sein. Außerdem muss er – je nach Abhängigkeitsgrad der Projekte untereinander – den richtigen Detaillierungsgrad haben. Ein weiterer wichtiger Faktor ist die Planungsfrequenz. Auf Unternehmensebene findet die strategische Planung typischerweise auf Jahresbasis statt. Dies ist für ein Programm, das einer hohen Dynamik unterliegt, viel zu langfristig. Auf Projektebene wird heute zunehmend der agile Ansatz gewählt, bei dem ein »Sprint« (also ein geplanter Entwicklungszyklus) in der Regel 2 bis 4 Wochen dauert. Dies wiederum ist für die Planung eines Programms zu kurzfristig. In der Praxis hat sich hier ein quartalsbasierter Planungsrhythmus bewährt.

Aber warum ist ein regelmäßiger Planungsrhythmus überhaupt wichtig? Nun, gerade in einem hoch dynamischen Umfeld mit sich ständig ändernden Anforderungen ist es extrem wichtig, eine gewisse Regelmäßigkeit in der Umsetzung zu erreichen. Der regelmäßige Planungsrhythmus hat in etwa die gleiche Funktion wie die Tempoangabe in der Musik. Durch die Definition eines Grundtempos bzw. -taktes ist es leichter möglich, viele unterschiedliche Musikinstrumente harmonisch in Einklang zu bringen.

Im Projektmanagement setzt man seit langem auf **iteratives Vorgehen**. Allerdings sind die Iterationen in einem Entwicklungsprojekt in der Regel auf die Lieferung der Projektergebnisse (z. B. dem Release einer Software) fokussiert, während die quartalsweise Planung des Programms der übergreifenden Koordination der (Teil-)Projekte dient. Da ein Programm in der Regel langfristig und strategisch ausgerichtet ist und kein konkret definiertes Ende hat, ist es in der Regel sinnvoll, eine **rollierende Quartalsplanung** zu etablieren, um die richtige »Taktung« des Programms sicherzustellen.

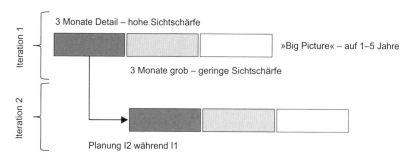

Abb. 12–1   *Prinzip der rollierenden Quartalsplanung*

Abbildung 12–1 zeigt das Prinzip der rollierenden Quartalsplanung: Eine Planungsiteration fokussiert sich im Detail immer auf das kommende Quartal, hier wird mit hoher Sichtschärfe geplant. Das darauf folgende Quartal wird nur sehr grob geplant. Außerdem gibt es eine »Big Picture«-Perspektive, die zwischen 1 bis 5 Jahren liegen kann. Circa in der Mitte der laufenden Iteration muss mit der Planung der nächsten Iteration begonnen werden.

Abhängig vom Grad der Autonomie der einzelnen Projekte können diese durchaus intern einen eigenen Iterationskalender haben, dessen Zyklen unabhängig von der rollierenden Quartalsplanung auf Programmebene sind. So kann ein Projekt beispielsweise intern durchaus einen agilen, Sprint-basierten Iterationskalender verwenden, in dem die Iterationsfrequenz bei einer viel engeren Taktung von 2 bis 4 Wochen liegt.

Was wird auf Programmebene eigentlich genau geplant? Aus Perspektive des Steering Committee des Programms sind insbesondere folgende Fragen relevant:

- Hat sich an der übergreifenden Zielsetzung des Programms etwas geändert? Muss die Zielsetzung angepasst werden?
- Wie ist das aktuelle Projektportfolio strukturiert, stimmt dessen Aufbau noch mit den angepassten Zielsetzungen überein?
- Wurden die Ziele der letzten Iteration erreicht? Müssen ggf. korrigierende Maßnahmen ergriffen werden?
- Review der projektübergreifenden Meilensteinplanung

Aus Perspektive des für das Programm verantwortlichen Programm-Managers sowie der einzelnen (Teil-)Projektleiter muss auf detaillierterer Ebene geplant werden. Für jedes Projekt müssen insbesondere folgende Aspekte betrachtet werden:

- Definition der Arbeitspakete für das nächste Quartal, inkl. Aufgabenbeschreibung, Definition der Lieferergebnisse, Ressourceanforderungen, Abhängigkeitsanalyse etc.
- Review der Projektmeilensteine (also der vom Projekt nach »draußen« veröffentlichten Meilensteine zur Synchronisation von Projekten untereinander)

12.3.3 Struktur der Planungsdokumentation

In der agilen Philosophie werden auf Vorrat erstellte Spezifikationsdokumente, die nicht im aktuellen Sprint Verwendung finden, als »Waste« verstanden. Ähnlich wie man im Lean Manufacturing verhindern will, unnötige Lagerbestände aufzubauen, möchte man in der agilen Softwareentwicklung verhindern, Spezifikationen auf Vorrat zu produzieren, von denen man nicht genau weiß, ob man sie jemals wird umsetzen können.

Diese Grundphilosophie sollte auch im Programm-Management Anwendung finden. Allerdings wird man in einer großen Programmorganisation nicht ohne Planungsdokumente auskommen. Folgende Dokumentenstruktur hat sich als guter Kompromiss herauskristallisiert: Wie in Abbildung 12–2 dargestellt, sollte es für jedes (Teil-)Projekt zunächst eine eigene Project Charter geben, in der die Grundparameter des Projekts definiert sind.

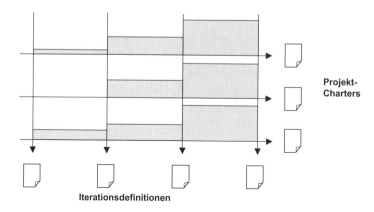

Abb. 12–2 *Dokumentationsstruktur des Programm-Managements*

Zusätzlich wird jeweils für die nächste Iteration eine Iterationsdefinition erstellt, die für alle (Teil-)Projekte die Definitionen der Arbeitspakete der obersten Ebene beinhaltet. Jedes Arbeitspaket sollte mindestens die folgenden Informationen beinhalten:

- Verantwortlichkeiten, z. B. nach RACI-Prinzip (Wer ist Auftraggeber, Umsetzer, mit eingebunden bzw. informiert?)
- Lieferergebnis
- Geplanter Arbeitsanfang/-ende
- Durchzuführende Aktivitäten
- Benötigte Ressourcen, ggf. Kosten
- Abhängigkeiten, Risiken etc.

Die Definition eines Arbeitspakets sollte jeweils ca. eine bis zwei DIN-A4-Seiten umfassen und auf Basis eines standardisierten Templates erfolgen. Je nachdem, wie eng die (Teil-)Projekte geführt werden sollen, kann es durchaus sinnvoll sein, sowohl für die Definition des Arbeitspakets selber als auch für die Abnahme der Umsetzung jeweils einen Freigabeprozess einzuführen. Das heißt, die Projektleiter legen für den Iterationsplan jeweils ihre obersten Arbeitspaketdefinitionen vor, diese werden vom Programm-Manager formal abgenommen. Das Gleiche geschieht am Ende der Iteration als Teil der Iterationsabnahme.

12.3.4 Der Prozess der Planung

Die Komplexität und der Aufwand der Durchführung der rollierenden Quartalsplanung in einem komplexen Programm ist nicht zu unterschätzen. Effiziente Priorisierung, das Management komplexer Abhängigkeiten und die Einbindung vieler

Stakeholder mit teilweise gegensätzlichen Zielsetzungen stellen hohe Anforderungen an den Planungskoordinator. Letztendlich ist die Planung die Operationalisierung der Strategie, wie sie in Kapitel 11 definiert wurde.

Es ist daher wichtig, dass der Planungsprozess selber gut dokumentiert ist und dass klar kommuniziert ist, wer an welcher Stelle des Prozesses wie eingebunden ist. Führt das Programm-Management die Projekte eher eng, kann es beispielsweise sinnvoll sein, die wichtigsten Stakeholder (insbesondere die Projektleiter) zu quartalsweisen Off-Site-Planungsmeetings zusammenzubringen. Dies ist natürlich eine gewisse Investition und bedarf entsprechender Vor- und Nachbereitung.

Auch die Administration des oben beschriebenen Freigabeprozesses für die Definition der Arbeitspakete (im Falle eng geführter Projekte) erfordert Stringenz und verfügbare Bandbreite vom Koordinator, will man die regelmäßige, termingerechte und qualitativ hochwertige Erbringung der Quartalsplanung sicherstellen.

12.3.5 Berichte und Fortschrittskontrolle

Das Aufsetzen eines regelmäßigen, übergreifenden Berichtswesens ist ein wesentlicher Erfolgsfaktor für ein Programm. Das Berichtswesen eines Programms sollte idealerweise drei Elemente umfassen:

- **Report an das Topmanagement:** Dieser sollte einen komprimierten Überblick über den Status jedes der Projekte im Portfolio geben (Ampel-Darstellung, Executive Summary mit 2 bis 4 Stichpunkten) sowie über den aktuellen Stand des Wertbeitrags des Programms selber (z. B. als KPIs).
- **Detaillierter Statusreport:** Dieser ist im Wesentlichen ein Drill-Down des Topmanagementreports, hier wird jeweils ein kurzer Status der einzelnen Arbeitspakete jedes Projekts gegeben. Außerdem werden aktuelle Risiken und kritische Vorfälle in jedem Projekt kurz dargestellt. Zusätzlich werden der Fortschritt und die Budgetausschöpfung jedes Projekts dargestellt (siehe dazu das Beispiel in Abb. 12–3)
- **Abhängigkeitsübersicht:** Dieser Report dient dazu, die Abhängigkeiten zwischen den einzelnen Projekten nachzuhalten, insbesondere sind hier möglicher Terminverschiebungen von wesentlichen Meilensteinen mit Auswirkung auf andere Projekte relevant. Dieser Bericht kann beispielsweise in Form einer Tabelle mit den Spalten »Abhängigkeit/Meilenstein«, »Beschreibung der Abhängigkeit« und »Status« erfolgen.

Ein wertvolles Werkzeug für die Kommunikation des Arbeitsfortschritts und der Budgetausschöpfung kann eine Darstellung wie in Abbildung 12–3 gezeigt sein. Diese Darstellung kombiniert Elemente eines sogenannten Burn-up Charts aus der agilen Methodik mit einem Projektportfolio-Reporting. Die Idee ist, für jedes Projekt eine Zeile zu definieren, die dem Iterationskalender gegenübergestellt wird. Zu jedem Projekt sollten die wesentlichen Produkte (Lieferergebnisse) aufgelistet sein.

Als Base Line des Reports wird zunächst die »100%-Plan-Decke« eingezogen. Dies entspricht dem geplanten Lieferumfang am Anfang des Projekts. Erhöht sich dieser, wie in der Teiliteration S5 im Projekt POPS im Beispiel unten zu sehen, wird die Linie entsprechend angepasst. Für jede Berichtsperiode wird dann zunächst die »Planned Percent Complete« angegeben (geplante Zielerreichung für diese Berichtsperiode). Dieser wird die »Actual Percent Complete« (tatsächlich erreichter Arbeitsforschritt). Die Quantifizierung des geplanten bzw. erreichten Arbeitsfortschritts ist eine Wissenschaft für sich. Von aufwendigen Schätzverfahren wie Barry W. Boehms Function-Point-Ansatz über agile Ansätze (Story Points) bis zu der Bauchgefühl-Schätzung durch den erfahrenen Projektleiter kann man sich hier viele Ansätze vorstellen, wobei die beiden zuletzt genannten mit Sicherheit die häufiger anzutreffenden Verfahren sein werden. Der letzte in den Report integrierte Faktor ist der »Percent of Budget Used«, also der prozentuale Anteil des ausgeschöpften Budgets. Übersteigt dieser den prozentualen Fertigstellungsgrad, kann man als Leser des Reports seine eigenen Schlussfolgerungen ziehen. Insgesamt ist diese Form der Darstellung ein sehr wertvolles Werkzeug, um sehr kurz und prägnant die wesentlichen Aspekte der Arbeitsfortschritts und der Budgetausschöpfung in einem komplexen Projektportfolio darzustellen.

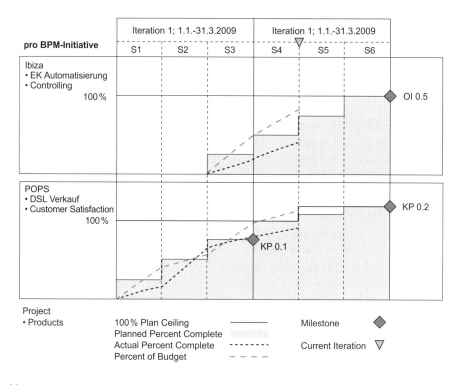

Abb. 12-3 Arbeitsfortschritt und Budgetausschöpfung

12.3.6 Management von Abhängigkeiten

Sind in einem Programm die (Teil-)Projekte stark voneinander abhängig (wie es beispielsweise in einem Transitionsprogramm in der Regel der Fall ist), dann ist das Management dieser Abhängigkeiten sehr wichtig. Abhängigkeiten können auf unterschiedlichen Ebenen bestehen: Häufig konkurrieren Projekte zunächst einmal um Ressourcen. Außerdem sind sie häufig auf Lieferergebnisse anderer Projekte angewiesen. Gerade der Einsatz von BPM und SOA fördert die Wiederverwendung von bzw. Integration mit Anwendungskomponenten, die von anderen (Teil-)Projekten zugeliefert werden.

In vielen Programm-Offices ist es heute noch die Realität, dass zur Dokumentation der Projekte Word, Excel und MS Project oder verwandte Produkte zum Einsatz kommen. Diese haben den Vorteil der Flexibilität, aber den Nachteil, dass sie komplett unstrukturiert sind und keine Auswertung der Abhängigkeiten zwischen den Projekten erlauben.

Um das Management von Abhängigkeiten zwischen den Projekten besser in den Griff zu bekommen, bietet es sich daher an, nicht nur die planungsrelevanten Informationen in einem strukturierten Repository abzulegen, sondern diese auch mit den Metadaten der logischen Architekturplanung zu integrieren. Moderne Plattformen erlauben es, projektplanungsbezogene Informationen wie z. B. die Definition eines Arbeitspaketes mit Architekturinformationen zu verknüpfen. Wird

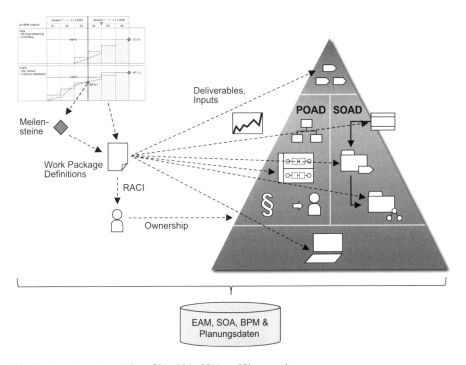

Abb. 12–4   *Integrierte Sicht auf EA-, SOA-, BPM- und Planungsdaten*

für das EA-Management ein System mit einem flexiblen Metamodell eingesetzt, so kann dieses erweitert werden, um auch die Planungsdaten des Programm-Managements mit zu integrieren (siehe Abb. 12–4).

Über diesen Ansatz können viele relevante Informationen gewonnen werden, die helfen, kritische Abhängigkeiten in Projekten zu identifizieren. Hier sollte vorsichtig vorgegangen werden, um keinen zu großen Verwaltungs-Overhead zu schaffen. Insbesondere sollten wirklich nur die Informationen erfasst werden, die einen konkreten Nutzen bringen.

12.3.7 Unterschiedliche Schwerpunkte

Zum Abschluss der Diskussion zum Thema Programm-Management wollen wir noch kurz die Schwerpunkte der Programme betrachten, die in BPM-Initiativen mit unterschiedlichen Ausprägungen typischerweise zu finden sind.

Im Falle einer BPM-Initiative mit starkem oder sogar exklusivem Fokus auf das BPM Competence Center (BPM CC) stellt sich tatsächlich die Frage, ob das Aufsetzen eines Programms hier Sinn hat. Wenn die BPM-Initiative eher den Charakter eines Servicezentrums hat, das Infrastruktur betreibt und BPM-bezogene Dienstleistungen erbringt, dann fehlen tatsächlich die wesentlichen Eigenschaften eines Programms. Dies gilt insbesondere dann, wenn die BPM-Initiative bzw. das BPM CC keinen oder nur geringen Einfluss auf das Projektportfolio des Unternehmens hat, selbst wenn einige dieser Projekte die Dienstleistungen des BPM CC in Anspruch nehmen.

Im Falle eines umfassenden Transitionsprogramms, das z. B. eine Organisation oder Anwendungslandschaft in Richtung BPM transformieren soll, sieht der Fall meistens schon ganz anders aus. In einem solchen Fall wird man in der Regel ein komplexes Portfolio von Projekten managen müssen, die in ihrer Ganzheit zum Erfolg eines strategischen Programms beitragen. Das Portfolio kann in diesem Falle um Prozesse oder um Transformationsprojekte herum aufgebaut sein. Aus BPM-Perspektive wäre der Schwerpunkt auf ein Portfolio von zu transformierenden bzw. zu optimierenden Prozessen wünschenswert.

Ähnlich wie ein Transitionsprogramm verhält sich ein Programm, das die kontinuierliche Verbesserung von Prozessen (KVP) zum Ziel hat. Auch in diesem Fall würden die hier beschriebenen Werkzeuge des Programm-Managements greifen. Die rollierende Quartalsplanung ist ein wichtiges Werkzeug für die KVP, da so eine regelmäßige Reevaluation der Prioritäten und der entsprechend im Kontext der KVP zu ergreifenden Maßnahmen möglich ist.

Bei einer BPM-Initiative mit Schwerpunkt auf die Etablierung einer Prozessorganisation wird ein effizientes Programm-Management notwendig sein, das sich auf entsprechende Projekte im Bereich der End-to-End-Prozesse und des dafür notwendigen Change Management fokussieren wird.

13 BPM-Organisation

Mit der Organisation der BPM-Initiative steht und fällt deren Erfolg. Ohne den Aufbau der richtigen Struktur und die Einbindung der richtigen Stakeholder wird es nicht möglich sein, die gesetzten Ziele zu erreichen. Für die Gestaltung der BPM-Organisation sollte die strategische Ausrichtung der BPM-Initiative in Betracht gezogen werden. Die Organisation eines reinen BPM Competence Center (CC) unterscheidet sich beispielsweise signifikant von der Organisation eines großen Transitionsprogramms. Im Folgenden werden wir die wichtigsten Aspekte der Organisation von BPM-Initiativen unterschiedlicher Ausprägung im Detail betrachten. Als konkrete Beispiele für unterschiedliche Ausprägungen der Organisation einer BPM-Initiative werden die Details eines BPM Competence Center bei der Deutschen Lufthansa AG sowie eines großen IT-Transitionsprogramms bei der Lufthansa Systems vorgestellt.

13.1 Organisation eines BPM Competence Center

Im Folgenden wollen wir zunächst den typischen Organisationsaufbau eines BPM Competence Center betrachten, bevor wir im Interview mit der Fachgebietsleiterin für Geschäftsprozessmanagementservices der Deutschen Lufthansa AG die typischen Herausforderungen bei der Umsetzung in der Praxis beleuchten.

13.1.1 Organisationsaufbau

Die Konzeption eines BPM Competence Center beginnt mit der Festlegung seines Kunden- und Leistungsspektrums. Der Kernauftrag des CC besteht darin, BPM großflächig im Unternehmen zu etablieren, und zwar auf möglichst einheitliche Weise. Die Services, die dazu angeboten werden müssen, sind Trainings und Coachings zum Aufbau von BPM Skills, Inhouse-Consulting und Unterstützung der Prozessorganisation, d.h. der Prozessteams mit Prozessmanager und -beteiligten, sowie der BPM-Projekte, ggf. mit teilweiser oder ganzer Projektleitung. Hinzu kommt die Bereitstellung einer zentralen Infrastruktur und die zentrale Pflege einer Prozesslandkarte sowie von Katalogen für Geschäftsprozesse und -regeln. Des Weiteren müssen Controlling- und Governance-Aufgaben zu Themen wie KVP oder Standards und Richtlinien übernommen werden. Tabelle 13–1 zeigt das typische Leistungsspektrum und die mögliche Besetzung eines BPM CC.

Leistungsspektrum	Besetzung
Aufbau von BPM-Skills	Trainer, Coaches
Beratung und Unterstützung von Prozessteams und BPM-Projekten	▪ Berater ▪ Projektleiter ▪ Prozessanalysten (POAD) ▪ Lösungsarchitekten (SOAD) ▪ Spezialisten UI-Design ▪ Redakteure ▪ Testmanager ▪ Technische Spezialisten
Infrastruktur für Prozessdokumentation und BPM-Lösungen	Administration/Support für die eingesetzten Repositories, Tools und Plattformen
Pflege einer zentralen Prozesslandkarte und eines Prozess- und Regelkatalogs	BPM-Bibliothekar für Prozessmodelle und Geschäftsregeln
▪ BPM-Governance ▪ BPM-Standards & -Richtlinien	▪ BPM-Chef-Prozessarchitekt ▪ Technischer Chefarchitekt

Tab. 13–1   Leistungsspektrum und Besetzung eines BPM CC

Im Rahmen seiner Leistungserbringung steht das BPM CC in engem Kontakt mit einer Vielzahl von Stakeholdern (siehe Abb. 13–1). Die wichtigsten »Kunden« sind Prozessteams und IT-Umsetzungsprojekte, daneben aber auch »normale«, d.h. funktionsorientiert aufgestellte IT- und Fachbereiche, für die Coaching, Beratung und Informationsdienste erbracht werden. Daneben müssen auch Schnittstellen zu CIO-Office, EAM-Abteilung und anderen Bereichen etabliert werden. Die Steuerung des CC erfolgt durch ein Steering Committee (STC), in dem typischerweise Führungskräfte aus Fach- und IT-Bereichen, CIO-Office, EAM und SOA vertreten sind. Das Interesse dieses Steuerungsgremiums liegt im Fortschritt des Infrastrukturaufbaus, der Performance der Unterstützungsleistungen für Prozessteams und Projekte und auf dem aktueller Status der Standardisierung.

Bei der organisatorischen Gestaltung des BPM CC muss eine Reihe von Fragen geklärt werden. Dies beginnt mit dem Umstand, dass das BPM CC möglicherweise nicht das erste Competence Center im Unternehmen ist. Vielerorts wurden beispielsweise vor kurzem bereits SOA Competence Center etabliert. Hier muss geklärt werden, ob beide CC getrennt aufgestellt bleiben oder ob sie zusammengelegt werden. Aufgrund der engen Verbindung zwischen BPM und SOA spricht vieles für ein gemeinsames CC.

13.1 Organisation eines BPM Competence Center

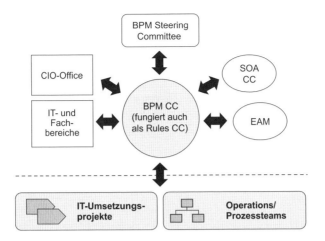

Abb. 13–1 *Stakeholder des BPM CC*

Dann ist zu klären, wo das CC aufgehängt werden soll. In den meisten Unternehmen wird das BPM CC im Office des COOs, innerhalb einzelner Fachabteilungen oder innerhalb der IT angesiedelt sein. Nur bei sehr wenigen Unternehmen findet man es bei der Personalabteilung, im Qualitätsmanagement oder im Finanzbereich.

Die nächste Frage lautet, wie groß das CC sein muss. Hier gibt es keine Standardlösung. Die Größe hängt vom abzudeckenden Leistungsspektrum und der Menge der zu betreuenden Mitarbeiter und Projekte ab. Wenn eine Prozessorganisation bereits weitergehend etabliert ist, können viele Aufgaben auch auf die Prozessmanager in den Prozessen übertragen werden. Wenn bereits viel Erfahrung und Know-how aus BPM-Projekten vorliegt, können viele Kompetenzträger (z.B. Prozessanalysten, Lösungsarchitekten, UI-Designer) auch dezentral im IT- und Fachbereich angesiedelt werden.

Für die Mitarbeiterorganisation gibt es zwei Modelle. In der ersten Variante haben die Kompetenzträger eigene Stellen im CC inne und werden an die Projekte »ausgeliehen«. Vorteil dieser Variante sind dedizierte, motivierte Mitarbeiter. Der Nachteil kann darin bestehen, dass die Mitarbeiter von den Prozessteams und Projekten als »Fremdkörper« empfunden werden können. Die zweite Variante wird als »Virtuelles CC« bezeichnet. Neben einem kleineren Kernteam gibt es ein erweitertes Team an BPM-Kompetenzträgern. Diese verbleiben in der Linie und stellen ein bestimmtes Zeitkontingent (z.B. 20%) für die Mitarbeit im CC zur Verfügung. Vorteil bei dieser Variante ist, dass die Mitarbeiter voll in Prozessteams und Projekte integriert sind. Der Nachteil besteht in einem ständigen Konflikt zwischen Linien- und CC-Aufgaben.

13.1.2 Beispiel Deutsche Lufthansa AG

Das folgende Interview gibt einen guten Einblick in die Herausforderungen beim Aufbau eines BPM Competence Center in einem Großkonzern wie der Lufthansa.

> **Sylvia Bühler, Fachgebietsleiterin Geschäftsprozessmanagement Services, Deutsche Lufthansa AG, Konzern Informationsmanagement**
>
> **Ralph Nelius:** Frau Bühler, was sind die besonderen organisatorischen Herausforderungen beim flächendeckenden Rollout von BPM in einem Großkonzern?
>
> **Sylvia Bühler:** Ein Rollout von BPM in einem Unternehmen bedeutet idealerweise die Einführung einer prozessorientierten Ablauf- und Aufbauorganisation. Insbesondere die Etablierung von Prozessverantwortlichen in einer Linienorganisation ist konfliktbehaftet, da Prozessorientierung horizontal zur vertikalen Linienstruktur verläuft.
> Die Herausforderung besteht in der Vielfalt der beteiligten Geschäftsbereiche und deren Geschäftsmodellen. Ist der Konzern zudem dezentral in unterschiedlichen Geschäftsfeldern aufgestellt, d.h., die Entscheidungshoheit liegt für die meisten Themen bei den Konzerntöchtern selbst, dann erfordert ein flächendeckender Rollout verstärkt Maßnahmen, die die Gemeinsamkeit der einzelnen Geschäftsbereiche in Form der primären Zielsetzung, möglichst nachhaltig effiziente Prozesse zu schaffen, auch auf dem Weg zur Zielerreichung erweitert.
>
> **Ralph Nelius:** Zu effizienten Geschäftsprozessen kann BPM zweifellos einen substanziellen Beitrag leisten. Mit wem könnte man das angehen?
>
> **Sylvia Bühler:** Die Gestaltung von Aufbau- und Ablauforganisation war früher die originäre Aufgabe von Organisationsabteilungen, die jedoch mit dem Einzug der elektronischen Datenverarbeitung von den hierfür erforderlichen Systemanalytikern ersetzt wurden. Auch wenn diese bereits Anfang der 90er-Jahre im Rahmen von IT-Projekten Prozessmodellierung zur Fachkonzeption einsetzten, so waren es doch entweder einzelne Fachbereiche, die in dem organisationsgestalterischen Vakuum auf Seiten des Business dezentral individuelle Initiativen zur Prozessgestaltung mittels GPM starteten, oder aber Abteilungen, die für Qualitätsmanagement oder Risikomanagement zuständig sind, die z.B. für Compliance- bzw. Governance-Aufgaben samt Dokumentenlenkung prozessorientiert aufsetzten. Auch das Controlling gehört zu den Bereichen, die z.B. im Hinblick auf Prozesskostenrechnung an der Einführung von BPM interessiert sein können.
> Somit gibt es in einem Unternehmen mehrere Kandidaten für BPM, und je nachdem, wer der Treiber ist, wird der Fokus nur auf einem jeweils unterschiedlichen Teilbereich von BPM liegen. Im Übrigen ist beispielsweise der BPM-Ansatz aus der Anwendungsentwicklung heraus in einem Betriebsbereich mit vorwiegend manuellen Tätigkeiten nicht notwendigerweise zielführend.
>
> **Ralph Nelius:** Wie geht man also am besten vor?
>
> **Sylvia Bühler:** Nach meinen Erfahrungen ist ein paralleler Top-down-/Bottom-up-Ansatz optimal. Dabei gibt es drei Hebel: einen Sponsor, ein BPM Competence Center und ein gezieltes Change Management.
> Idealerweise wird das Vorgehen vom Sponsor getrieben und gefördert. Der Sponsor sollte über möglichst weitreichende Kompetenzen und Ressourcen verfügen. Operativ trägt ein Competence Center BPM organisatorisch in das Unternehmen hinein. Dabei werden durch gezieltes Change Management die von allen Beteiligten gemeinsam

definierten BPM-Rollen, -Prozesse, -Werkzeuge und -Methoden sowohl an die Führungskräfte als auch an die Mitarbeiterinnen und Mitarbeiter an der Basis vermittelt.

Ralph Nelius: Was bewegt einen Sponsor, BPM zu initiieren und voranzutreiben?

Sylvia Bühler: Natürlich muss ein Sponsor davon überzeugt sein, dass BPM einen Mehrwert bietet. Im einfachsten Falle will er oder sie Transparenz über die Geschäftsabläufe und die dabei eingesetzten Ressourcen erzielen, indem er eine Prozessdokumentation initiiert und fortschreiben lässt. Diese kann dann in den verschiedenen Kontexten wie Einarbeitung von Mitarbeiterinnen und Mitarbeitern, Klärung der Zusammenarbeit mit Kunden und Lieferanten oder Definition für IT-Anforderungen verwendet werden.

Im umfassenderen Ansatz sieht er oder sie BPM als eine organisatorische Maßnahme, um darüber hinaus das eigentliche Ziel, Prozesse zu managen, zu erreichen: Gemäß der individuellen Herausforderung wird er oder sie BPM entweder als Mittel zur Stabilisierung bestehender Prozesse, zur Steigerung der Prozesseffizienz bzw. zur besseren Vorhersagbarkeit von Prozess-Outputs oder als Mittel zur Kontrolle der Umsetzung von Prozessänderungen sehen.

Abhängig von diesen Faktoren muss der Sponsor ein einheitliches Grundverständnis hinsichtlich des strategischen Grades des Einsatzes von BPM schaffen: Wie weit soll Prozessorientierung umgesetzt werden? Welche Prozessverbesserungsmethoden sind für die anstehenden Probleme die geeigneten? Continuous Improvement, Lean Management, Kaizen oder Six Sigma? Welche Auswirkungen hat es auf die Aufbauorganisation hinsichtlich vertikaler Linien- und horizontaler Prozessorganisation und damit auf die Zuständigkeiten, Reichweiten bzw. Kompetenzen sowie Qualifikationen von Linienmanagern und Prozessverantwortlichen?

Ralph Nelius: Als wichtige organisatorische Maßnahme sehen Sie den Aufbau eines BPM Competence Center. Wer sollte im BPM Competence Center vertreten sein?

Sylvia Bühler: Da die Geschäftsprozesse im Fokus von vielfältigen Managementdisziplinen stehen, sollte im Optimalfall in einem BPM Competence Center das Know-how jedes dieser Aufgabenfelder vertreten sein. Die Mitarbeiter bilden somit die Verbindung zu den verschiedensten Aufgaben im Konzern, die sich mit Geschäftsprozessen befassen: Unternehmensarchitektur, Qualitätsmanagement (QM), Risikomanagement (RM), Operational Excellence etc.

Ralph Nelius: Wo sollte das BPM Competence Center aufgehängt werden?

Sylvia Bühler: Ein BPM Competence Center sollte möglichst zentral positioniert werden und keinem der vorgenannten Bereiche zugeordnet sein, um nicht im Kontext dieser Aufgaben »unterzugehen«.

Ralph Nelius: Wem sollte es welche Services anbieten?

Sylvia Bühler: Auch wenn sie in der Regel nicht direkt mit dem BPM CC kommunizieren, so sind potenziell alle Mitarbeiter und Mitarbeiterinnen eines Unternehmens Kunden eines BPM Competence Center, denn alle müssen die Prozesse leben und sind letztendlich für deren Verbesserung verantwortlich. Sie müssen die Werkzeuge, die von Spezialisten bereitgestellt werden, nutzbringend anwenden.

Unabhängig von der hierarchischen Ebene besteht ein direktes Kunden-/Lieferantenverhältnis sowohl mit Mitarbeitern, die für die Umsetzung von BPM im Unternehmen verantwortlich sind, als auch jenen, deren Arbeit den Schwerpunkt im QM, RM, IM etc. hat.

Einer der wichtigsten Services, aber auch in der Realisierung am anspruchsvollsten, ist ein Process-Warehouse, in dem alle Prozessinformationen, die in den verschiedensten Kontexten wie QM, RM, IM etc. benötigt werden, bereitgehalten werden. Damit verbunden ist die Bereitstellung der Infrastruktur (Hardware/Software), der Methoden, Strukturierung und Konventionen für Pflege und Abruf der Informationen.

Begleitet wird dies durch eine breite Angebotspalette, angefangen bei Beratung und Unterstützung von Projekten, die Prozessinformationen erstellen oder benötigen, über Trainingsangebote bis hin zur Vermittlung bei unterschiedlichen Interessen zwischen Prozessbereichen oder Nutzern von Prozessinformationen.

Ralph Nelius: Wie kann verhindert werden, dass das BPM Competence Center zu einem Engpass wird?

Sylvia Bühler: Bei zentralen Einrichtungen wie einem BPM CC besteht tatsächlich die Gefahr, dass aus den Projekten heraus Arbeit in das BPM CC abgeladen wird und wichtige Kompetenzträger im BPM CC zu Engpässen werden. Deshalb ist ein weiterer wichtiger Service eines BPM CC, die Fachbereiche in die Lage zu versetzen, Prozessmodelle und Prozessdokumentationen selbst zu pflegen. Denn einer der wichtigsten Schlüssel für ein erfolgreiches Geschäftsprozessmanagement ist, dass es ein Teil des Tagesgeschäfts auf allen Hierarchieebenen wird.

Ralph Nelius: Einführung von BPM bedeutet Veränderung auf vielen Ebenen. Es bedarf daher eines wirkungsvollen Change Management. Worauf kommt es dabei an?

Sylvia Bühler: Changemanagement arbeitet an einem Bewusstseins- oder Paradigmenwechsel und muss sich daher nicht nur der Änderung in der Führungsstruktur und -kultur widmen, sondern genauso dafür sorgen, dass für alle Mitarbeiter und Mitarbeiterinnen Prozessdenken zu einem selbstverständlichen Teil des Tagesgeschäfts wird, denn jeder Einzelne ist ein Wissensträger hinsichtlich Geschäftsabläufen.

Dabei ist vielleicht die größte Herausforderung, Mitarbeitern und Vorgesetzten die Vorteile von BPM so zu vermitteln, dass Vorbehalte erst gar nicht aufkommen. Zum Beispiel gibt es häufig Ängste, dass Prozesserhebungen und -messungen gleichbedeutend sind mit verlustreichen Änderungen des Arbeitsplatzes, des Aufgabengebiets oder der Zuständigkeiten.

Neben diesen allgemeinen Change-Management-Fragen muss mit zunehmender Größe des Rollouts der Austausch zwischen zentralen und dezentralen Einheiten an Intensität zunehmen. Denn es geht darum, die Balance zwischen lokaler Eigenständigkeit und übergreifendem Überbau zu erhalten und Best Practices zum Nutzen aller bzw. des Gesamten rasch publik zu machen. Auch dafür ist ein BPM Competence Center ein probates Mittel.

Ralph Nelius: Frau Bühler, wir danken für das Gespräch.

13.1.3 Elfenbeinturm vs. Projektegoismus

Abschließend werfen wir noch einen Blick auf ein typisches Organisationsproblem bei zentralen Einheiten und Projekten. Vertreter der zentralen Einheiten – egal ob EAM-Abteilung oder BPM/SOA CC – werden von den Projektumsetzern häufig als »im Elfenbeinturm« sitzend wahrgenommen. Umgekehrt beschweren sich die zentralen Einheiten häufig über den »Egoismus« der Projektverantwortlichen.

Diese Wahrnehmungen kommen teilweise nicht überraschend – die Frage ist tatsächlich, ob diese Tendenzen nicht sogar natürlich bedingt sind, nämlich durch den Charakter der jeweiligen Mitarbeiter und ihrer Aufgabenstellung. Diese Attitüde hilft nämlich beiden Gruppen, ihren Aufgaben und Zielen besser gerecht zu werden. Ohne ausgeprägte analytische Fähigkeiten, abstraktes Denken und eine Top-down-Sicht auf die Unternehmensarchitektur wäre z.B. kein Enterprise-Architekt in der Lage, *fachliche* Probleme auf *strukturell* bedingte Ursachen in der Unternehmensarchitektur zurückzuführen. Und ohne die ausgeprägte Fähigkeit, Nein zu sagen und die eigenen Interessen und Bedarfe durchzusetzen, wäre kein Projektleiter in der Lage, *in time*, *in budget* und *in quality* liefern zu können.

Ohne die richtigen Steuerungsmaßnahmen kann das unangenehme Folgen haben. Der EA-Elfenbeinturm führt dazu, dass Enterprise-Architekten zu weit entfernt vom täglichen Projektgeschäft sind. Sie verfügen zwar über einen guten Überblick über die Gesamtarchitektur und ihre Abhängigkeiten und Redundanzen, sind aber selten sehr tief in Einzelaspekten und konkreten Problemen und Herausforderungen auf Projektebene involviert. Daher besteht für Enterprise-Architekten immer die Gefahr eines Akzeptanzproblems. Gleichzeitig führt der Projektegoismus dazu, dass bei Projektleitern Ressourcen, Kosten und Deadlines im Vordergrund stehen. Ihre Entscheidungen sind auf die nächste Deadline ausgerichtet und meistens nicht langfristig orientiert. Dies widerspricht aber diametral dem Grundgedanken einer serviceorientierten Architektur, die ja darauf abzielt, langfristig projekt- und bereichsübergreifende Services aufzubauen. In der lokalen Projektsicht schafft Wiederverwendung von Services dagegen Abhängigkeiten, die die Projektziele (Funktionalität, Qualität, Kosten, Liefertermine) gefährden können.

Im Extrem führt diese Problematik zu ineffektiven Zentralabteilungen und falschen Projektentscheidungen – beides teure Fehlinvestitionen. Aufgabe des Managements ist es daher, Elfenbeinturm-Denken und Projektegoismus auf ein gesundes Maß zurückzunehmen und die Voraussetzungen für eine fruchtbare Zusammenarbeit zu schaffen. Dazu gehört:

- Beiden Seiten Gehör schenken und laufend beobachten, ob das Pendel zu stark in die eine oder andere Richtung ausschlägt,
- zeitnahe und klare (Umsetzungs-)Entscheidungen treffen,
- zentrale Einheiten auf den fachlichen Bedarf ausrichten und mit hinreichenden Kompetenzen und Befugnissen ausstatten, sodass sie ihre Informationsbedürfnisse und Vorgaben gegenüber Anwendungsverantwortlichen und Projekten durchsetzen können,
- Projektaufträge so erweitern, dass der Bau und die Nutzung von wiederverwendbaren Services Teil des Projektziels werden, an dem Projekt und Projektleiter gemessen werden,
- in Projektabschlussberichten etwaige architekturbezogene Defekte identifizieren lassen und Initiativen zu deren Behebung starten.

Das oben erwähnte »Virtuelle CC« kann eine mögliche Antwort auf die hier genannten Probleme sein, da es zu einer relativ engen Zusammenarbeit führt. Weitere Voraussetzungen müssen in der IT-Governance geschaffen werden (siehe Abschnitt 14.2).

13.2 Organisation eines Transitionsprogramms

Eine EBPM-Initiative, deren Ausprägung stark in Richtung Transitionsprogramm geht, besteht in der Regel aus einer Menge von Projekten, die miteinander verknüpft sind und ein gemeinsames strategisches Ziel verfolgen. Gegenstand der Transition sind Prozesse und Anwendungen.

13.2.1 Organisationsaufbau

Organisatorisch wird ein Transitionsprogramm in der Regel als eigenständige Organisationseinheit aufgesetzt. Es handelt sich um eine hierarchische Struktur mit eigenem Steering Committee (STC), das die strategischen Ziele vorgibt und übergreifende Entscheidungen trifft (siehe Abb. 13–2).

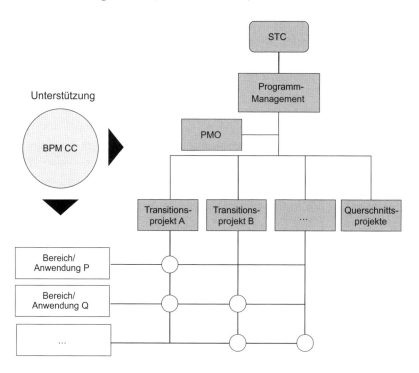

Abb. 13–2 *Beispiel für mögliches Organisationsmodell eines Transitionsprogramms*

Das Programm-Management definiert das Projektportfolio und überwacht die Zielerreichung. Zu seinen Aufgaben gehören darüber hinaus das projektübergreifende Informationswesen, das Risiko- und Qualitätsmanagement und andere typische Querschnittsaufgaben. Das Programm-Management-Office kümmert sich um die operative Steuerung des Projektportfolios (siehe Kap. 12). Soweit vorhanden kann ein BPM CC Unterstützung für die dem Programm zugeordneten Projekte leisten.

Eine der wichtigsten Fragen aus Sicht der EBPM-Initiative dreht sich darum, ob die betroffenen Bereiche und/oder Anwendungen eigenständig bleiben oder ob sie in die Organisation des Programms integriert werden. So stand z. B. bei einem Anbieter einer Banken-Plattform das Transformationsprogramm anfangs neben der Linienorganisation. Die betroffenen Unternehmensbereiche und das Programm selbst berichteten individuell an den CEO. Dies hatte zur Folge, dass in der Linie keine Kooperationsbereitschaft mit dem Programm vorhanden war und das Programm wenig Fortschritt erzielte. Dies änderte sich erst, als die betroffenen Bereiche dem Programm-Management untergeordnet wurden. Der Weg zu der Erkenntnis, dass diese organisatorischen Umstellungen eine wesentliche Voraussetzung für den Erfolg des Transitionsprogramms sind, war für alle Beteiligten ein langwieriger Lernprozess. Und natürlich wird eine solche Umstellung auch nicht von jedem Beteiligten als positiv gesehen werden können, da sie ja teilweise mit recht einschneidenden Änderungen einhergeht. Daher ist es in solch einer Situation notwendig, ein effizientes Change Management mit entsprechender Unterstützung des Executive Management umzusetzen.

13.2.2 Beispiel Lufthansa Systems AG

Das folgende Interview beleuchtet einige kritische Aspekte bei der Umsetzung eines sehr großen Transformationsprogramms in der Luftfahrtindustrie.

> **Sven Brieger, Produktmanager IOCC Platform (Integrated Operations Control Center), Lufthansa Systems AG**
>
> **Dirk Slama:** Herr Brieger, die IOCC Platform dürfte weltweit zu einer der umfangreichsten integrierten Anwendungsplattformen gehören?
>
> **Sven Brieger:** Es stimmt schon, dass wir mit der IOCC Platform ein sehr weites Spektrum abdecken (siehe Abb. 13–3). Die in einem IOCC automatisierten Operations-Control-Prozesse umfassen bei einer großen Airline u.a. das Management des Flugplans, die optimierte Erstellung und Verwaltung der Einsatzpläne mehrerer tausend Crew-Mitglieder, die komplexen Wartungsprozesse für Hunderte von Flugzeugen, die automatische Berechnung und Optimierung von Flugstrecken unter Berücksichtigung unzähliger Faktoren wie Wettervorhersagen und Luftraumverfügbarkeiten, die Optimierung der Frachtzuladungen sowie die Analyse aller Daten nach dem Flug. Um nur ein paar Zahlen zu nennen: Bei einer großen Airline muss man mit mehreren Millionen Flugplanänderungen pro Monat rechnen. Die Anzahl der Business Rules, die die Erstellung der Crew-Einsatzpläne steuern, kann bei weit über 1.000 liegen. Aus den verfügbaren Waypoints sowie unterschiedlichen möglichen Flughöhen und Geschwindigkeiten ergeben sich enorm viele Optionen für die Berechnung einer Flugroute, z.B. von Frankfurt nach Tokio. Die Optimierer müssen extrem flexibel sein. Hat ein Flug Verspätung, muss die Fluggesellschaft entscheiden, ob die Fluggeschwindigkeit erhöht wird, um die Anschluss-

flüge für ihre Fluggäste sicherzustellen. Dafür benötigen die Optimierer nicht nur alle Informationen über die Fluggäste und ihre Anschlussflüge, sondern auch ein vierdimensionales Modell der Welt, das die aktuellen und vorhergesagten Wetterkonditionen auf der Flugstrecke beinhaltet. Am Ende müssen sie die direkten und indirekten Kosten für verpasste Anschlussflüge gegen die Kosten für den Treibstoff-Mehrverbrauch aufrechnen.

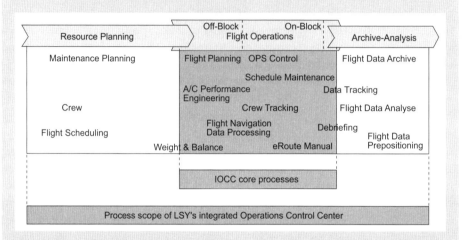

Abb. 13–3 Prozess-Scope IOCC Platform (Integrated Operations Control Center)

Dirk Slama: Eine solche Anwendungsplattform wird nicht auf der grünen Wiese gebaut?

Sven Brieger: Nein, natürlich nicht. Die IOCC Platform besteht aus einer ganzen Reihe von Anwendungen, die in den letzten Jahren entstanden sind und kontinuierlich weiterentwickelt wurden, hierfür dürften einige tausend Mannjahre zusammenkommen (siehe Abb. 13–4). Eine unserer Herausforderungen lag darin, eine einheitliche, dicht integrierte Plattform aus diesen historisch gewachsenen Anwendungen zu formen.

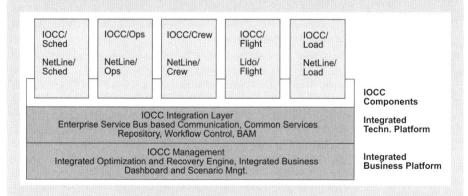

Abb. 13–4 Grundaufbau IOCC Platform

13.2 Organisation eines Transitionsprogramms

Dirk Slama: Welche Formen der Integration kommen dafür infrage?

Sven Brieger: Ich würde hier unterscheiden zwischen der internen Konsolidierung auf Basis SOA, der prozessbasierten Integration auf Basis BPM sowie der portalbasierten Integration. Alle drei Ebenen haben ihre Vor- und Nachteile.

Dirk Slama: Betrachten wir zunächst die interne Konsolidierung auf Basis SOA.

Sven Brieger: Einerseits scheint es beispielsweise einleuchtend, dass alle Teilanwendungen – vom Flugplan bis hin zur Flugwegeberechnung – auf eine Menge von »Common Services« zugreifen können, über die sie beispielsweise aktuelle Informationen zu Flügen, Passagieren, Flughäfen oder Wegstrecken erhalten und ändern. Soweit die SOA-Theorie. In der Praxis werden Sie feststellen, dass es auf dem Weg dorthin einige Schwierigkeiten zu überwinden gilt. Das fängt z. B. mit der Motivation der Beteiligten in den einzelnen Fachabteilungen der Airline an. Diese müssen Sie davon überzeugen, sich an der Bereitstellung bzw. Nutzung der Common Services zu beteiligen. Naturgemäß existieren Einzelinteressen, die mit den Gesamtinteressen in Konflikt stehen, sodass es nicht einfach ist, alle vom Argument des »übergeordneten Wohls« zu überzeugen. Im Gegenteil, das Erreichen von »lokalen« Projektzielen wird einfacher, wenn externe Abhängigkeiten reduziert werden. Daher bedarf es hier einer sehr sorgfältigen Nutzenargumentation auf der Arbeitsebene, aber auch gegenüber dem übergeordneten Management. Was wir generell im Bereich SOA festgestellt haben, ist, dass es meistens leichter fällt, die Kosten- als die Nutzenseite quantitativ zu erfassen. Ein weiterer schwieriger Punkt ist das Timing. Fangen Sie zu früh mit der Entwicklung und Bereitstellung von Common Services an, laufen Sie Gefahr, an den fachlichen Anforderungen und am Bedarf vorbei zu produzieren. Fangen Sie zu spät an, stehen Sie unter Umständen vor der Tatsache, dass einzelne Teilanwendungen bereits ihre »lokale« Lösung erstellt haben, die technisch nur mit erhöhtem Aufwand zu ersetzen ist und damit ein Business Case für den Einsatz des Common Service immer schwieriger zu rechnen ist. Wir haben hier im Kontext der IOCC Platform sehr viel Energie in diese Themen investiert, um zu den erreichten Erfolgen zu kommen.

Dirk Slama: Wie sieht es aus mit der prozessbasierten Integration auf Basis BPM?

Sven Brieger: Das fängt damit an, dass man seine fachlichen Prozesse im Griff hat. Dazu gehört ein fachliches Prozess-Referenzmodell. Die Integration auf Basis BPM erfolgt dann idealerweise sehr stark problemorientiert. Nehmen Sie beispielsweise einen Prozess wie »Activate Standby Aircraft«. Sie können sich sicherlich vorstellen, was der kurzfristige Ausfall einer Maschine an Folgeproblemen und -prozessen nach sich zieht. Es reicht ja nicht, einfach nur eine Ersatzmaschine bereitzustellen. Von der Prüfung der Qualifikation des Piloten für die neue Maschine bis hin zum Umladen des Gepäcks sind hier eine Unmenge von Folgeprozessen zu berücksichtigen und zu koordinieren. Jeder dieser Teilprozesse kann wiederum eine Menge von Teilanwendungen betreffen. Hier hilft der BPM-Ansatz, Transparenz in die Prozesse zu bringen und – wo möglich – Teilprozesse zu optimieren und zu automatisieren. Wir haben die Erfahrung gemacht, dass ein solches Prozess-Referenzmodell in der Phase der Implementierung der Lösung beim Kunden äußerst hilfreich ist. Häufig ist die Dokumentation der Arbeitsabläufe bei den Airlines nur unzureichend, und wir haben in der Diskussion mit dem Kunden über das Referenzmodell eine exzellente Basis für die Erfassung der »As-is«- und »To-be«-Prozesse beim Kunden.

Dirk Slama: Die portalbasierte Integration ist dann das letzte Puzzlestück in ihrer Strategie?

Sven Brieger: Ja, das ist sehr wichtig für uns und unsere Kunden. Sicherlich hat die portalbasierte Integration einige Limitationen gegenüber einer strategischen Konsolidierung im Backend auf Basis SOA. Aber aus Perspektive der durchschnittlichen Umsetzungsdauer und -kosten sollte man die Vorteile der portalbasierten Integration nicht unterschätzen. Und gerade für den Endanwender ist die Integration aus Portalperspektive sicherlich mit die wichtigste – dies ist ja ein Teil der Anwendung, den er täglich sieht. Natürlich muss auch im Backend sichergestellt sein, dass die Daten der Teilanwendungen untereinander konsistent und aktuell sind, aber SOA ist hierfür nicht der einzige gangbare Ansatz. Und für den Endanwender ist es enorm wichtig, dass er alle Informationen und Funktionen über ein einheitliches Portal zur Verfügung gestellt bekommt.

Dirk Slama: Neben der fachlichen Komplexität ihrer Anwendungsplattform gibt es noch eine zweite Komplexitätsdimension im Kontext IOCC: die hohe Anzahl und Unterschiedlichkeit ihrer Kunden.

Sven Brieger: Über 80 Fluggesellschaften weltweit nutzen derzeit Komponenten der IOCC Platform. Die Anwendungen werden teilweise bei uns, teilweise von den Airlines selbst betrieben. Auch Multi-Mandanten-Themen spielen eine wichtige Rolle, etwa wenn wir alle weltweit relevanten Nachrichten bzgl. Einschränkungen des Luftraums oder an Flughäfen in einem zentralen Datenservice für die verschiedenen Kunden bereithalten.

Dirk Slama: Auch bei der Beherrschung dieser zweiten Komplexitätsdimension spielt BPM für Sie eine wichtige Rolle?

Sven Brieger: Ja. Bei uns gibt es dazu zwei wichtige Prozesskategorien, das Product Lifecycle Management (PLM) und das Customer Lifecycle Management (CLM). Das PLM inkl. Change und Quality Management entspricht dabei gängigen Standards. Wichtig für unsere Kunden ist das CLM und seine Schnittstelle zu den PLM-Prozessen. Um die Kosten und Risiken der Inbetriebnahme unserer IOCC Platform für unsere Kunden so weit wie möglich zu minimieren, haben wir hier ein Vorgehensmodell entwickelt, das die CLM-Prozesse unterstützt. Unsere Kunden können damit auf einen über mehrere Jahre entwickelten Ansatz zurückgreifen, der in vielen Projekten erfolgreich umgesetzt wurde. Das Vorgehensmodell umfasst u.a.:

- Blueprint Projektorganisation: Grundlage der Einführungs- und Migrationsplanung sowie des Testmanagements und -trainings
- Referenzmodell IOCC-Prozesse: Basis für Ist-Analyse und Soll-Planung der Umsetzung der Arbeitsprozesse – sowohl in der Airline als auch in unserer Lösung
- Organisation und physisches Setup: Basis für die konkrete Gestaltung der Organisation und Räumlichkeiten des Operation Center
- Change Management: Richtlinien für die Initiierung und erfolgreiche Durchführung eines begleitenden Change-Management-Prozesses
- IT Environment: Modelle für die Themen Infrastrukturbetrieb, Applikationsbetreuung und Data Provisioning

Mit diesem Referenzmodell unterstützen wir die verschiedenen Prozesse des Customer Lifecycle Management (siehe Abb. 13–5).

13.2 Organisation eines Transitionsprogramms

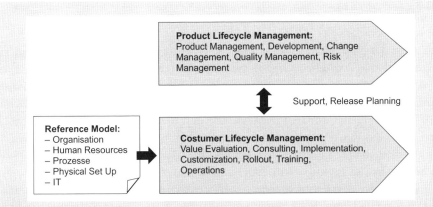

Abb. 13-5   *Referenzmodell und Prozesskategorien*

Dirk Slama: Damit ist Ihr Referenzmodell relativ nahe an den Vorstellungen des Enterprise-BPM-Governance-Modells, das wir in diesem Buch entwickeln.

Sven Brieger: Für uns ist es wichtig, dass unser Referenzmodell die Anforderungen unterschiedlicher Arten von Kunden abbildet. Kleine Airlines mit 10 Maschinen haben andere Anforderungen als ein großer Carrier mit mehreren 100 Flugzeugen. Das wird sicherlich auch eine Herausforderung für Ihr eigenes Enterprise BPM Framework sein, denn unterschiedlichste Voraussetzungen und Anforderungen gibt es in jeder anderen Branche auch.

Dirk Slama: Ja, das stimmt, das ist eine große Herausforderung. Ein weiteres verwandtes Thema, das unsere Leser sicherlich interessiert, ist das Thema der Prozessvarianten. Häufig müssen ähnlich strukturierte Prozesse für unterschiedliche Produktvarianten umgesetzt werden. Bei IOCC wird jeder Kunde Prozessvarianten haben, die vom Standard-IOCC-Prozessmodell abweichen?

Sven Brieger: Das ist richtig. Hier spielen das fachliche IOCC-Prozessmodell sowie die PCM- und CLM-Prozesse Hand in Hand. Das IOCC-Prozessmodell muss auf möglichst viele Kunden passen bzw. leicht angepasst werden können. Die kundenspezifischen Anpassungen werden im Customer Lifecycle gesteuert und – wenn notwendig – über den Product Lifecycle zurück an die Produktentwicklung gegeben.

Dirk Slama: Sie setzen das Konzept »Customization by Configuration« um, dabei spielen einige der in diesem Buch diskutierten Aspekte von SOA und BPM eine wichtige Rolle.

Sven Brieger: Das stimmt. Wie Sie in der Diskussion zu den Business Rules schreiben, ist es beispielsweise wichtig, die Prozesssteuerung von den Geschäftsregeln zu trennen. Ich habe anfänglich erwähnt, dass die Erstellung der Crew-Einsatzpläne bei einer großen Airline durch teilweise weit mehr als 1.000 verschiedene Business Rules gesteuert wird. Für die meisten Airlines ist es akzeptabel, dass der Prozess der Dienstplanerstellung und Verwaltung standardisiert ist, hier passen sie sich unseren Vorgaben an. Aber die Regeln, nach denen die Erstellung erfolgt, müssen in fast allen Fällen angepasst werden. Daher ist es wichtig, dass hier die Regeln vom Rest der Anwendung sauber getrennt sind und mit eigenen Werkzeugen vom Kunden individuell angepasst werden können. Auch die von Ihnen beschriebene Trennung der Lebenszyklen von Prozesskomponenten und Geschäftsregeln sind sehr wichtig.

Dirk Slama: Herr Brieger, wir danken für das Gespräch.

13.2.3 Conway's Law

Wie wir in dem Beispiel IOCC sehen konnten, liegt eine der größten Herausforderungen bei der Umsetzung eines komplexen Transformationsprogramms darin, die Zusammenhänge zwischen Organisationsstrukturen und Anwendungsarchitekturen zu beherrschen. Diese Erkenntnis ist nicht neu. Bereits in den 1960er Jahren formulierte Melvin Conway die These, dass der Schnitt der Anwendungslandschaft eines Unternehmens primär den Aufgaben- und Machtstrukturen eines Unternehmens folgt, die mit der Aufbauorganisation und den Berichtswegen korrelieren[1]. Das bedeutet: Wenn Sie Ihren Vertrieb und Ihr Marketing separat aufstellen, werden Sie erleben, dass es über kurz oder lang ein oder mehrere Vertriebssysteme und ein oder mehrere Marketingsysteme geben wird. Diese Systeme werden funktionale Silos sein, die im besten Falle miteinander über Punkt-zu-Punkt-Schnittstellen kommunizieren. Wenn Sie dagegen versuchen, CRM zu etablieren, werden Sie enorme Probleme bekommen, ein übergreifendes CRM-System aufzubauen, solange es keine eigenständige CRM-Abteilung gibt, die sich gegen die etablierten funktionalen Organisationseinheiten Marketing, Vertrieb und Service behaupten kann und entsprechende Hoheiten in der Prozess- und Anwendungslandschaft erhält.

Der Effekt auf die Anwendungslandschaft funktional organisierter Unternehmen ist wohlbekannt: Es entstehen gewachsene Strukturen mit vielen monolithischen Systemen, Redundanzen und Punkt-zu-Punkt-Schnittstellen. Die Vertriebsabteilung baut eine Vertriebsanwendung, die Schadensbearbeitung eine Schadensanwendung, die Abteilung Sachversicherung ein »Bestandssystem Sach«, die Abteilung Krankenversicherung ein »Bestandssystem Kranken«, der Kundenservice der Geschäftseinheit A ein »Kundenservicesystem A«, der Kundenservice der Geschäftseinheit B ein »Kundenservicesystem B« usw.

Wer das ändern möchte, um z.B. Redundanzen und IT-Kosten insgesamt zu verringern oder prozessorientierte Lösungen anzubieten, muss parallel zu den IT-Projekten die Aufbauorganisation und die Governance anpassen. Anderenfalls kommen die Projekte oder das Programm für übergreifende Lösungen nicht zustande, verlaufen im Sande oder die gebauten Lösungen werden nicht lange genutzt (siehe Abb. 13–6).

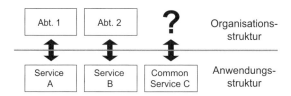

Abb. 13–6 Wer ist für den Common Service zuständig?

---

1. »Any organization that designs a system (defined broadly) will produce a design whose structure is a copy of the organization's communication structure« [Con68].

13.2 Organisation eines Transitionsprogramms

Wie bereits im vorangegangenen Interview erwähnt, stellt sich das Problem in ähnlicher Form für Common Services einer serviceorientierten Architektur. Typische Beispiele sind Multikanalplattformen für die kanalübergreifende Ein- und Ausgangsverarbeitung oder Services in Bestandsdomänen wie Kunde, Produkt oder Vertrag. Common Services brauchen einen Owner. Und der Owner muss gewillt sein, Budget bereitzustellen und den Service zu realisieren. Das ist nicht selbstverständlich, denn häufig liegen lokale Silolösungen näher und sind für den Auftraggeber billiger und schneller zu realisieren. Und andere Seiten müssen gewillt sein, diesen Service auch zu nutzen. Das ist ebenfalls nicht selbstverständlich, denn hier begibt man sich in Abhängigkeiten. Die Standardargumentation lautet dann, dass ein Service nur dann gebaut wird, wenn auch ein Abnehmer dafür da ist – dummerweise ist der außerhalb der eigenen Domäne nicht im Vorhinein bekannt. Und da innerhalb der eigenen Domäne ein Funktionsaufruf immer billiger und einfacher zu realisieren ist (und man das ja auch immer schon so gemacht hat), wird auch kein gekapselter Service »auf Vorrat« erstellt. Wenn doch, besteht wegen Conway's Law mittelfristig wiederum die Gefahr, dass der neue Service nicht überleben oder sich selbst wieder zu einem Monolithen entwickeln wird.

Mit anderen Worten: Jeder Auftraggeber eines BPM/SOA-Projekts muss sich überlegen, ob die vorhandene Organisationsstruktur zur gewünschten Lösung passt. Ist das nicht der Fall, wird die Lösung mit hoher Wahrscheinlichkeit nicht gebaut oder nicht wie gewünscht funktionieren. Damit würde die getätigte Investition ihren ROI verfehlen. Um gegenzusteuern,

- muss vom Topmanagement eine klare Marschroute pro BPM/SOA und der damit verbundenen Idee von Common Services vorgegeben werden,
- muss mit EAM eine Einheit geschaffen werden, die den Einfluss von Conway's Law erkennt und geeignete Architekturempfehlungen entwickelt,
- müssen für Common Services in manchen Fällen eigens neue Organisationseinheiten geschaffen werden,
- müssen die Anreizstrukturen der verantwortlichen Führungskräfte angepasst werden (z. B. in Form persönlicher Ziele oder durch Verrechnungsmodelle, die Bau, Nutzung und Betrieb von Services fördern),
- muss der Weg zur Prozessorganisation weiter beschritten werden, denn dadurch werden automatisch abteilungsgrenzenübergreifende Strukturen und Verantwortungsbereiche geschaffen.

Den letzten Aspekt der Prozessorganisation sehen wir uns im folgenden Abschnitt näher an.

13.3 Organisation einer Prozessorganisationsinitiative

EBPM-Initiativen mit starkem Fokus auf den Aufbau einer Prozessorganisation sind darauf ausgerichtet, End-to-End-Prozesse in der Organisationsstruktur (Aufbauorganisation) von Unternehmen zu etablieren.

13.3.1 Organisationsaufbau

Die konsequente Umsetzung einer Prozessorganisation kann beispielsweise zu dem in Abbildung 13–7 dargestellten Organisationsmodell führen.

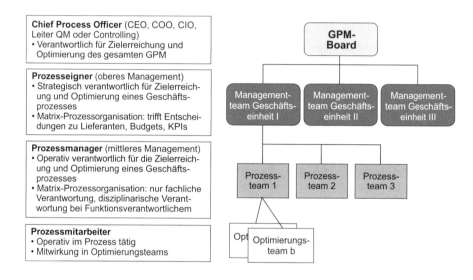

Abb. 13–7 Rollen, Gremien und Teams in einer Prozessorganisation (in Anlehnung an [ScSe07])

Die Steuerung des Geschäftsprozessmanagements (GPM) erfolgt über ein GPM-Board. Das GPM-Board ist verantwortlich für die Zielerreichung und Optimierung des gesamten GPM-Systems. Der Leiter des GPM-Boards wird stellenweise als Chief Process Officer (CPO) bezeichnet. Diese Rolle hat noch keinen festen Platz in der CxO-Riege gefunden und ist in vielen Unternehmen unterschiedlich lokalisiert, bspw. bei CEO, COO, CIO oder beim Leiter QM oder Controlling. Die weiteren Mitglieder des GPM-Boards sind Vertreter aus den Managementteams der Geschäftseinheiten.

Jede größere Geschäftseinheit verfügt über ein eigenes Managementteam zur Steuerung und Weiterentwicklung ihrer E2E-Geschäftsprozesse. Mitglieder sind neben der Geschäftsleitung die ranghöchsten Prozesseigner sowie ggf. weitere Führungskräfte aus Funktionsbereichen. Bei einer Matrix-Prozessorganisation verfügen die Prozesseigner über Entscheidungsbefugnisse zu Lieferanten, Budgets und KPIs.

Die Geschäftsprozesse werden von Prozessteams unter der Leitung eines Prozessmanagers durchgeführt. Der Prozessmanager ist operativ für die Zielerreichung und Optimierung verantwortlich. Bei einer reinen Prozessorganisation verfügt der Prozessmanager sowohl über die fachliche als auch über die disziplinarische Verantwortung. Bei einer Matrix-Prozessorganisation hat er nur die fachliche Verantwortung inne. Prozessmanager und Prozessmitarbeiter können auch in zusätzlichen Optimierungsteams mitwirken, die z. B. Methoden wie Kaizen oder Six Sigma einsetzen. Näheres hierzu und zur Prozessorganisation allgemein finden sie in Standardwerken zum Geschäftsprozessmanagement wie beispielsweise [ScSe07].

13.3.2 Funktions- vs. Prozessorientierung

Das Grundproblem der Prozessorganisation ist der bereits in Abschnitt 7.2 angesprochene Konflikt zwischen funktions- und prozessorientierter Organisationsform.

In der Theorie wird bei einer reinen Prozessorientierung die Funktionsorganisation komplett abgelöst und die Geschäftsprozesse werden voll in die Organisationsstruktur (Aufbauorganisation) integriert. In diesem Fall wäre also das Organigramm deckungsgleich mit dem Prozessmodell. In der Praxis ist diese Vision aber nur schwer durchsetzbar, zumal es vermutlich immer Bereiche geben wird, in denen die Ressourceneffizienz vorteilhafter gegenüber der Prozesseffizienz sein wird. Und die Grenze von Ressourcen- und Prozessökonomie wird aufgrund von Veränderungen in Strategie und technischem Fortschritt vermutlich auch nicht konstant bleiben.

Klar ist auch, dass eine Prozessorganisation nur eine geringe Erfolgswahrscheinlichkeit hat, solange die Aufgaben- und Machtstrukturen der Funktionsorganisation unangetastet bleiben. Entsprechend werden einer Einfluss-Prozessorganisation, bei der Geschäftsprozesse zwar definiert, aber nicht als eigenständige Organisationseinheiten ausgewiesen werden, nur geringe Erfolgswahrscheinlichkeiten gegeben. Nichtsdestotrotz findet man diese Variante der Prozessorganisation in der Praxis relativ häufig, da sie wegen ihrer Harmlosigkeit in Bezug auf die existierenden Aufgaben- und Machtstrukturen ohne große Widerstände eingeführt werden kann.

Daher scheint die Matrix-Prozessorganisation der vielversprechendste Weg zu sein, um eine prozessorientierte Organisationsform zu etablieren. Bei dieser Variante werden Geschäftsprozesse als eigenständige Organisationseinheiten definiert. Die Funktionsbereiche bleiben zwar bestehen, stellen nun aber den Geschäftsprozessen Ressourcen oder Leistungen zur Verfügung. Dies führt zu einer Aufgabenteilung zwischen Prozess- und Bereichsmanagern (siehe Abb. 13–8).

Für den Fall, dass die internen Funktionseinheiten nicht das am Markt verfügbare Niveau an Services oder verrechneten Preisen erbringen können, haben die Geschäftsprozesse die Möglichkeit, auf externe Lieferanten zurückzugreifen. Die Governance wird also deutlich asymmetrisch angelegt, mit Vorrang bei den Geschäftsprozessen.

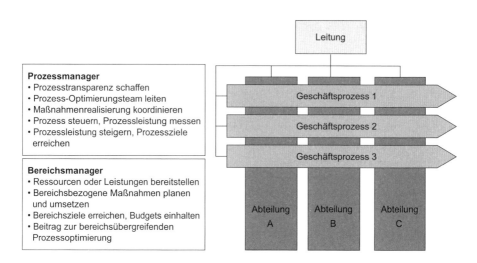

Abb. 13-8 Prozess- und Bereichsmanager in einer Prozess-Matrixorganisation

14 BPM und EAM

Wie wir in Kapitel 5 gesehen haben, müssen große Unternehmen eine Vielzahl von IT-Projekten parallel steuern. Zum Reigen der klassischen CSD- und COTS-Projekte (als Eigenentwicklung und Einführung von Standardapplikationen) gesellen sich nun BPM-Projekte, deren Charakteristika wir in Teil II dieses Buches besprochen haben.

Alle diese Projekte transformieren gemäß der ihnen zugrunde liegenden geschäftlichen Anforderungen laufend die Enterprise-Architektur (EA). Dabei werden die Organisation und die Prozesslandschaft umgestaltet, mit Auswirkungen auf eine Vielzahl von Prozessschnittstellen innerhalb des Unternehmens und nach außen zu Geschäftspartnern und Kunden. Die serviceorientierte Architektur wird ausgebaut, was zu einer steigenden Anzahl an Liefer- und Leistungsbeziehungen zwischen internen und externen Servicegebern und Servicenehmern führt. Und die Anwendungslandschaft und ihre technische Infrastruktur verändert sich durch eine Vielzahl von Neubauten, Anpassungen und Ablösungen von Anwendungen, IT-Schnittstellen und Infrastrukturkomponenten.

Neben der Steuerung des BPM-Programms selbst ist daher eine unternehmensweite Steuerung und Koordination aller Projekte erforderlich, um die richtigen Umsetzungsentscheidungen zu treffen und die Abhängigkeiten zwischen BPM-Projekten, anderen IT-Projekten und über die Enterprise-Architektur hinweg im Griff zu behalten.

14.1 Enterprise-Kontext

Die Enterprise-Architektur ist der Kontext für die BPM-Initiative und die einzelnen BPM-Projekte (siehe Abb. 14–1). Sie wird in unternehmensweiten Repositories beschrieben und durch das EAM-Team betreut. Das EAM-Team stellt Informationen zur Enterprise-Architektur zur Verfügung und schafft die Voraussetzungen dafür, dass die geplanten und umgesetzten Veränderungen wiederum in der Enterprise-Architektur festgehalten werden.

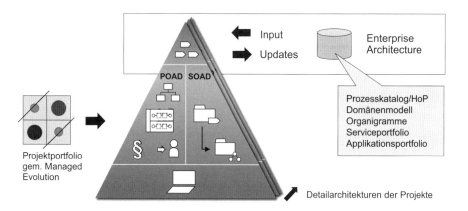

Abb. 14–1   Enterprise-Kontext für BPM-Projekte

Der Einsatz von EAM im Zusammenspiel mit BPM-Projekten (und allen anderen IT-Projekten)

- schafft ein gemeinsames methodisch-begriffliches Verständnis,
- beschleunigt die Projekte,
- sorgt dafür, dass projektübergreifende Probleme und Potenziale erkannt und angegangen werden, und
- balanciert die Anforderungen von Geschäft und IT im Sinne der Managed Evolution, sodass die getätigten Investitionen sowohl zu kurzfristigem Geschäftsnutzen als auch zu langfristiger Integrität der IT-Landschaft führen (siehe Kap. 4)

BPM-Projekte eignen sich besonders gut für den Aufbau eines unternehmensweiten Serviceportfolios mithilfe des Managed-Evolution-Ansatzes. Das liegt daran, dass bei BPM-Projekten die Services nicht mehr durch »künstliche« SOA-Projekte realisiert werden müssen, für die erst mühsam ein Business Case und ein Business Sponsor gefunden werden muss. Da BPM-Projekte vorwiegend aus dem Business getrieben werden und einen unmittelbaren Geschäftsnutzen erzeugen, können Prozess- und Backend-Services im Zuge der BPM-Projekte realisiert werden. Ein Lifecycle Management als Teil des EAM-Teams oder des BPM/SOA Competence Center übernimmt dabei eine koordinierende Funktion (siehe Kap. 15). Es sorgt dafür, dass in jedem Projekt nach Möglichkeit neue Services implementiert oder vorhandene Services wiederverwendet werden. Dadurch gewinnt das Serviceportfolio immer weiter an Substanz. Neben den Geschäftszielen, die mit BPM verfolgt werden, werden mit BPM also auch strategische SOA-Integrationsziele auf evolutionärem Weg erreicht.

14.2 IT-Governance

In Kapitel 13 haben wir gesehen, dass es bei Enterprise BPM eine Reihe von Akteuren gibt, etwa verschiedene Steuerungsgremien, das EAM-Team, ein gemeinsames oder getrennte BPM/SOA Competence Center, das BPM-Programm-Management u.a.m. Hinzu kommen noch die einzelnen Projekte und der Betrieb der Anwendungen und der Infrastruktur. Die IT-Governance regelt die Aufgabenverteilung und die Entscheidungsbefugnisse zwischen den beteiligten Akteuren. Zur Regelung des Zusammenspiels mit dem EAM-Team hat sich die Einführung von Governance-Punkten bewährt. Dabei handelt es sich um erfolgskritische Stellen bei der jährlichen IT-Planung, dem Portfolioprozess, dem Application Lifecycle Management sowie der Vorbereitung, Durchführung und dem Abschluss von IT-Projekten. Anhand vereinbarter Prüfkriterien werden durch das EAM-Team Eingangsobjekte geprüft und als Ergebnis Leitlinien erstellt und Umsetzungsentscheidungen getroffen. Diese Eingangsobjekte können z.B. das Applikationsportfolio, IT-Vorhabenbeschreibungen, Projektanträge, Prozess- und Servicespezifikationen oder die Dokumentation der Veränderungen an der Enterprise-Architektur sein.

Abbildung 14–2 zeigt, wie das Zusammenspiel zwischen BPM-Initiative, EAM-Team und BPM-Projekten und Betrieb aussehen kann.

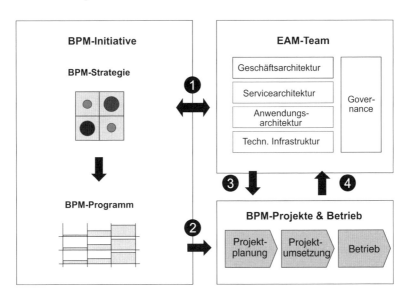

Abb. 14–2   Zusammenspiel BPM-Initiative, EAM-Team, BPM-Projekte und Betrieb

(1) Die BPM-Initiative informiert das EAM-Team über die eingeschlagene Strategie und die wichtigsten geschäftlichen Anforderungen, die auf der Agenda stehen. Auf Seiten des EAM-Teams können die Inhalte der BPM-Initiative z.B. in Handlungsfelder einfließen, mit denen das EAM-Team seine Architekturarbeit strukturiert. Handlungsfelder mit BPM-Relevanz könnten z.B. Themen wie die

Vereinheitlichung der Ein- und Ausgangsbearbeitung oder die Modernisierung des Kundenservices sein. In der Regel erstellt das EAM-Team zusammen mit Fach- und IT-Experten für jedes Handlungsfeld einen Bebauungsplan, der wesentliche Umsetzungsentscheidungen enthält. Darüber hinaus kann sich die BPM-Initiative beim EAM-Team über das unternehmensweite Applikations-Projektportfolio informieren, um daraus Kandidaten für das eigene BPM-Projektportfolio zu identifizieren.

(2) Das BPM-Programm-Management greift die Vorgaben aus der Bebauungsplanung auf und detailliert diese weiter im Rahmen seiner Programmplanung. Dabei werden die BPM-Projekte und ihre Iterationen und Releases geplant und im Hinblick auf ihre wechselseitigen Abhängigkeiten koordiniert. Schließlich publiziert das BPM-Programm-Management in regelmäßigen Abständen das eigene Projektportfolio im unternehmensweiten Repository, sodass auch außerhalb der Initiative ersichtlich wird, welche Maßnahmen aktuell geplant oder gestartet sind.

(3) Das EAM-Team stellt den einzelnen BPM-Projekten Informationen zur Enterprise-Architektur und weitere Unterstützungsleistungen zur Verfügung. Dabei kann es sich um Architekturempfehlungen und -entscheidungen zu einzelnen Umsetzungsfragen handeln, um Mitwirkung während der Analyse- und Designphase oder um Richtlinien und Standards, die bei der Projektdurchführung beachtet werden müssen. Außerdem werden für das Projekt noch Plattformen und Werkzeuge für BPM und SOA zur Verfügung gestellt (siehe Kap. 16).

(4) Im Zuge des Projektverlaufs wird die Lösungsarchitektur einen höheren Detaillierungsgrad erreichen, als in der Enterprise-Architektur vorher vorhanden war. Für diese zusätzlichen Detailinformationen muss entschieden werden, ob diese in die Enterprise-Architektur aufgenommen werden sollen. Außerdem muss das Projekt Informationen darüber zurückspielen, welche Artefakte der Enterprise-Architektur (Prozesse, Services, Anwendungen etc.) es im Projektverlauf wie verändert hat. Schließlich kommt es nach dem Produktionsstart darauf an, weitere Informationen wie Zuständigkeiten, SLA-Erfüllung, Kosten, Fehlerzahl etc. aus dem Betrieb für die Enterprise-Architektur und die Architekturarbeit zur Verfügung zu stellen.

Wir werden uns im Folgenden genauer ansehen, welchen Mehrwert die Enterprise-Architektur für BPM-Projekte bietet, welche stabilen Strukturen auf logischer Ebene helfen, Komplexität zu Planungszwecken zu reduzieren, und wie die konkrete Unterstützung von Projekten aussehen kann.

14.3 Beispiel BAA Heathrow

Das folgende Beispiel beschreibt einige der Herausforderungen bei der Gestaltung einer Enterprise-Architektur für den Flughafen Heathrow.

> **Eamonn Cheverton, Unternehmensarchitekt für den Flughafenbetreiber BAA und verantwortlich für die IT-Landschaft des Flughafens London Heathrow**
>
> **Dirk Slama:** Eamonn, heutzutage wird allerorten über End-to-End-Prozessmanagement gesprochen. Welcher End-to-End-Prozess raubt Ihnen den Schlaf?
>
> **Eamonn Cheverton:** Nun, glücklicherweise haben wir unsere **Air-to-Air-Prozesse** gut im Griff. Mit mehr als 500.000 Flugbewegungen und beinahe 70 Millionen Passagieren pro Jahr ist ein effizientes Prozessmanagement für uns absolut erfolgskritisch, von der Landung über Turnaround und Taxi bis zum erneuten Abflug. Wir müssen in der Lage sein, für jedes einzelne Flugzeug Tausende von anfallenden Ereignissen zu verarbeiten, zu analysieren, auszuwerten und daraus rechtzeitig die richtigen Maßnahmen abzuleiten. Unser Event Management steht außerdem im Echtzeitdatenaustausch mit EUROCONTROL in Brüssel. Dadurch wird sichergestellt, dass jeder einzelne Flug von und nach Heathrow optimal in den europäischen Verkehrsfluss integriert ist. Darüber hinaus berücksichtigen wir laufend die verschiedensten externen Datenströme, etwa Wettervorhersagen, um proaktiv einen reibungslosen Ablauf zu gewährleisten.
>
> **Dirk Slama:** Was für eine IT-Architektur benötigt man, um Air-to-Air-Prozesse effizient unterstützen zu können?
>
> **Eamonn Cheverton:** Technisch gesehen basiert unsere IT auf einer Kombination aus SOA, BPM und BRM. Methodisch gesehen setzen wir auf ein **Domänenmodell** auf. Aus Business-Sicht ist das Domänenmodell ein logischer, nach fachlichen Gesichtspunkten eingruppierter Ordnungsrahmen für unser Geschäft. Aus IT-Sicht ist eine Domäne eine Blaupause für datenzentrische SOA-Services, die wiederum Bausteine für die Implementierung von prozessnahen IT-Lösungen sind. Mithilfe des Domänenmodells können wir die Bereitstellung und Wiederverwendung der datenzentrischen SOA-Services zwischen mehreren Unternehmen in einem internationalen Umfeld orchestrieren. Nach unserer Erfahrung kann auf dieser unternehmensübergreifenden Ebene ein relativ hoher Grad an Wiederverwendung erreicht werden, da die Kerndomänen für Bestandsdaten bei den verschiedenen Unternehmen relativ ähnlich sind. Die Differenzierung erfolgt auf der Geschäftsprozessebene. Hier sind die Wiederverwendungsmöglichkeiten wiederum relativ gering. Um einen effizienten Datenaustausch zwischen den prozessnahen IT-Lösungen und den datenzentrischen Services sicherzustellen, arbeiten wir mit einem domänenweiten XML-Schema. Die Implementierung und interne Struktur innerhalb einer Domäne bleiben nach außen hin eine Blackbox. Wir glauben nicht an ein unternehmensweites und damit domänenübergreifendes Datenmodell, da dieses die geschäftlichen Möglichkeiten auf der Datenebene zu sehr beschränken würde.
>
> **Dirk Slama:** Wie wichtig sind formale Prozessmodelle im Enterprise-Kontext?
>
> **Eamonn Cheverton:** Das hängt ganz von den Stakeholdern und deren Perspektiven ab. Das Senior Management hat häufig einen sehr abstrakten Zugang zum Prozessmanagement, meist in Begriffen wie Six Sigma und Ähnlichem. Operative Manager setzen Prozessmodelle ein. Allerdings handelt es sich dabei meist um wenig formalisierte Visio-Modelle und seltener um BPMN- oder EPK-Modelle. Bei der Prozessperspektive

ist es im Übrigen wichtig, auch die **Geschäftsfähigkeiten** (capabilities) zu betrachten. IT-Projekte behandeln Geschäftsprozesse selten aus einer ganzheitlichen Perspektive. Für jeden einzelnen Prozessschritt sollte man aber wissen, welche Geschäftsfähigkeiten benötigt werden, also welche Kombination aus IT-Funktionalität, Mitarbeiter-Skills, Ressourcen und so weiter. Außerdem müssen auch die physischen Rahmenbedingungen beachtet werden. Ein solches Mapping der Prozessschritte auf Geschäftsfähigkeiten ist kritisch für den Erfolg von SOA und BPM. Wenn Sie das nicht machen, können Sie z. B. keine Service Level Agreements (SLA) für den Prozess gewährleisten.

Dirk Slama: Was sind Ihrer Meinung nach die größten Herausforderungen für einen Flughafenbetreiber, der die Effizienz seiner Prozesse weiter steigern möchte?

Eamonn Cheverton: Ich denke, eine große Herausforderung ist es, Lean-Prinzipien noch konsequenter umzusetzen. Das gilt vor allem für die Umwandlung von angebotsorientierten Prozessen in nachfrageorientierte Prozesse. Zuweilen scheint es mir, als ob die meisten Prozesse in der Luftfahrtindustrie noch sehr stark angebotsorientiert funktionieren. So als ob jemand 2.000 Gepäckwagen irgendwohin liefert, ohne zu wissen, ob dort auch tatsächlich eine Nachfrage danach besteht. Für Flughäfen ist beispielsweise das Boarding ein Kerngeschäftsprozess. Der Flughafen möchte, dass die Passagiere so viel Zeit wie möglich in seinem kommerziellen Bereich verbringen – das ist eine seiner wichtigsten Ertragsquellen. Die Fluglinien legen dagegen vor allem Wert darauf, dass die Passagiere rechtzeitig an Bord gehen, um den pünktlichen Abflug nicht zu gefährden. Wie also können wir den optimalen »Durchlauf« der Passagiere durch den Flughafen gewährleisten? Wie können wir individuelle Flugprofile nutzen, um diesen Durchlauf besser zu managen? Wie können wir die Leute auf Nachfrage zum Gate befördern? Das sind einige der Herausforderungen, die wir künftig mit BPM meistern wollen.

Dirk Slama: Eamonn, haben Sie vielen Dank!

14.4 Geschäftsarchitektur

Wie wir beispielsweise im Interview mit Eamonn Cheverton erfahren haben, sind End-to-End-Geschäftsprozesse und Domänen wichtige Elemente der Arbeit eines Enterprise-Architekten. Beides sind Bestandteile der Geschäftsarchitektur eines Unternehmens. Für die Geschäftsprozesse hat es sich bewährt, übergreifende Prozesslandkarten und detaillierte Prozesskataloge zu erstellen und zu pflegen.

14.4.1 Prozesslandkarten

Prozesslandkarten sind hierarchische Prozessmodelle, die die Darstellung der strategischen Prozesse eines Unternehmens erlauben und dem Nutzer ein Rahmenwerk zur Orientierung und Navigation in komplexen Modellen bieten. Für die Prozesslandkarten gibt es mehrere Varianten, die in der Praxis Verwendung finden, zwei davon sind hier vorgestellt. Die erste Variante stellt katalogartig die obersten beiden Hierarchieebenen für die wichtigsten End-to-End-Prozesse eines Unternehmens dar. Abbildung 14–3 zeigt Ausschnitte aus einem solchen Modell.

14.4 Geschäftsarchitektur

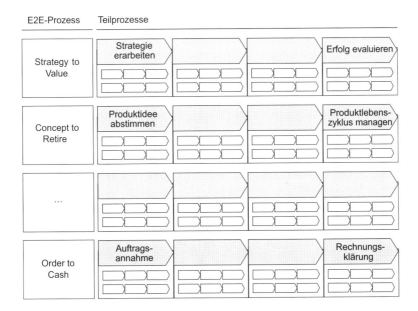

Abb. 14–3 Prozesslandkarte End-to-End-Geschäftsprozesse

Die zweite Variante zeigt zusätzlich auch Ablaufbeziehungen und Prozessschnittstellen für verschiedene Szenarien. Abbildung 14–4 zeigt ausschnittweise ein praktisches Beispiel aus dem Airport-Bereich.

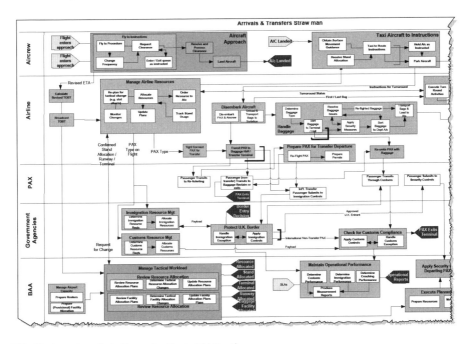

Abb. 14–4 Ausschnitt Prozesslandkarte BAA Heathrow

Prozesslandkarten vermitteln einen guten Überblick über die Prozesslandschaft. Sie sind außerdem eine wichtige Strukturierungshilfe für die Domänenlandschaft in der Servicearchitektur. Diese werden wir uns in Abschnitt 14.5 genauer ansehen. Vorher werfen wir noch einen Blick auf Prozesskataloge.

14.4.2 Prozesskatalog

Gerade in großen Unternehmen ist die Verwaltung von Prozessmodellen und Prozessdokumentation aufgrund der hohen Komplexität eine große Herausforderung. Viele Unternehmen bauen darum auf oberster Ebene einen Prozesskatalog auf, der nicht nur die Prozesslandkarte darstellt, sondern auch als Strukturierungsmittel für das Prozessmanagement genutzt wird. Ein solcher Prozesskatalog erlaubt es normalerweise, unterschiedliche Sichten zu generieren. Eine wichtige Sicht auf den Prozesskatalog ist die Baumdarstellung, die beispielsweise das Browsen im Prozesskatalog analog zu einem Datei-Browser erlaubt (siehe Abb. 14–5).

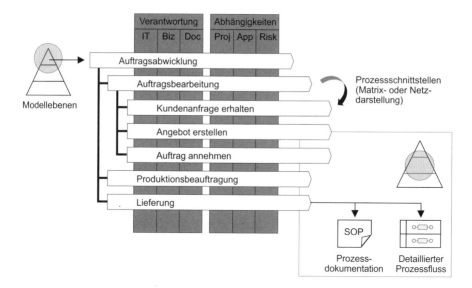

Abb. 14–5 *Hierarchisches Prozessmodell als Basis für einen Prozesskatalog*

Ein Eintrag in diesem Baum stellt dann einen Prozess, Teilprozess, Vorgang, Unterprozess oder sogar eine Funktion oder Aktivität dar. Jeder dieser Einträge kann dann zusätzliche Informationen beinhalten. Als besonders wichtig werden dabei oft folgende Informationen angesehen:

- **Prozessdokumentation:** Eine detaillierte Ablaufbeschreibung des Prozesses, entweder in Form einer Verfahrensanweisung (Standard Operating Procedure) oder eines formalen Prozessmodells (z. B. als BPMN-Diagramm oder EPK).

- **Prozessverantwortlichkeit:** Beispielsweise können der Business Owner, der IT Owner und der Documentation Owner des Prozesses unterschieden werden. Für einzelne Prozessfunktionen wird häufig auch das RACI-Prinzip verwendet (Responsible, Accountable, Consulted, Informed).
- **Prozessschnittstellen:** Jeder Prozess hat einen Input und einen Output. Zusätzlich muss verstanden sein, welches die Vorgänger- und Nachgänger-Prozesse sind bzw. mit welchen anderen Prozessen während der Ausführung interagiert wird. Schnittstellen zwischen Prozessen können im hierarchischen Modell verwaltet und als Matrix oder Netz dargestellt werden.
- **Risiken:** Welche Risiken gibt es währende der Prozessausführung? Zum Beispiel wichtig für ein Top-down Risk Assessment (TDRA) gemäß Sarbanes-Oxley, Section 404.
- **Compliance:** Welche Regularien (Gesetze, Normen etc.) sind im Prozess bzw. an einzelnen Prozessfunktionen zu beachten?
- **Kennzahlen (KPIs):** Welche Kennzahlen definieren die Qualität oder Effektivität des Prozesses? An welcher Stelle im Prozess?
- **Serviceunterstützung:** Welche fachlichen Services werden im Prozess benötigt, welche davon sind als IT-gestützter Service realisiert?
- **Anwendungsunterstützung:** Welche Anwendungen unterstützen den Prozess oder einzelne Prozessfunktionen? Kann im Rahmen einer Enterprise Architecture auch als Prozessunterstützungskarte visualisiert werden.
- **Laufende Projekte:** Welche laufenden Projekte (z.B. Transformations- oder Optimierungsprojekte) haben einen Bezug zum Prozess?

Ein solcherart strukturierter Prozesskatalog ist ein wichtiges Hilfsmittel, um projektübergreifend und unternehmensweit die Kontrolle über die Prozesslandschaft zu erlangen und zu behalten.

14.5 Servicearchitektur

Im BAA-Heathrow-Beispiel wurde ebenfalls die zentrale Rolle des Domänenmodells erwähnt. Das Domänenmodell bildet zusammen mit Geschäftsobjekten und fachlichen Komponenten und Services die Servicearchitektur eines Unternehmens.

14.5.1 Domänenmodell

Die Bedeutung des Domänenmodells rührt daher, dass Domänen die Unternehmensarchitektur nach fachlichen Gesichtspunkten strukturieren. Dadurch erhält man stabile logische Strukturen, die ausgesprochen nützlich sind für die

- Governance: Wer ist für welche Domäne und die darin enthaltene Fachlichkeit und Systeme zuständig?
- Architekturarbeit: Wohin gehören Geschäftsobjekte, fachliche Komponenten und Services? Passen der Schnitt von Anwendungen und die Datenhaltung zur Domänen- und Komponentenstruktur? Wie können Ideal- und Zielarchitekturen stringent entwickelt werden?
- Kommunikation der Enterprise-Architektur: Welche Grundstruktur hat die Enterprise-Architektur? Welche Verantwortungsbereiche und welche Liefer- und Leistungsbeziehungen gibt es? Welche Handlungsfelder liegen wo? Wo finden Projektaktivitäten statt, wie sehen die Zielarchitekturen dazu aus?

Der Schnitt der Domänen sollte sich an den wichtigsten Geschäftsdimensionen orientieren. Tabelle 14–1 zeigt typische Strukturierungsprinzipien, nach denen vier Gruppen von Domänen entstehen können.

Domänengruppe	Strukturierung durch
Kundeninteraktion	Kundenkanäle
Wertschöpfung	End-to-End-Prozesse, ggf. zusätzlich geschnitten nach weiteren Geschäftsdimensionen wie Produkte oder Marken
Bestandsdomänen	Wichtigste wertschöpfungsübergreifende Geschäftsobjekte wie Kunde, Vertrag, Produkt
Supportdomänen	Unterstützungsbereiche und -prozesse, z.B. Personal & Organisation, Informationsmanagement, Finanzen

Tab. 14–1 Strukturierungsprinzipien für Domänen

Beim Schnitt der Domänen müssen einige knifflige Entscheidungen mit großer Tragweite getroffen werden. Beispielsweise ist für ein Versicherungsunternehmen eine typische Frage, ob die Domänen im Kernwertschöpfungsbereich eher nach Sparten (traditionelle Lösung) oder eher nach End-to-End-Prozessen (moderne Lösung) geschnitten werden sollen. Die Tragweite der Entscheidung ergibt sich aus dem Umstand, dass entlang der Domänengrenzen

- Verantwortungen und Budgets verteilt werden,
- Geschäftsobjekte, Komponenten und Services zugeordnet werden,
- der Schnitt der Anwendungen langfristig an die Domänengrenzen angepasst wird.

Letztlich können solche Entscheidungen nur aus der Geschäftsstrategie heraus zusammen mit dem Management entschieden werden.

Mit diesem Vorgehen erhält man auf Unternehmensebene eine Domänenlandschaft mit 12–20 Domänen, die nun genutzt werden können, um Geschäftsobjekte und fachliche Komponenten und Services einzuordnen (siehe Tab. 14–6).

14.5 Servicearchitektur

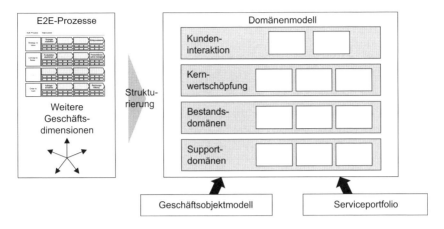

Abb. 14–6 *Ableitung eines Domänenmodells und Zuordnung von Geschäftsobjekten und Services*

In der Praxis unterscheiden sich die Domänenmodelle und ihre Inhalte von Branche zu Branche deutlich voneinander. Dies liegt an den unterschiedlichen Geschäftsmodellen und den verwendeten Strukturierungskriterien. Abbildung 14–7 zeigt ausschnittweise ein Beispiel aus der Praxis eines Flughafenbetreibers.

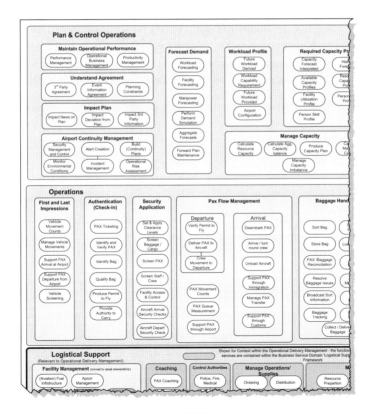

Abb. 14–7 *Ausschnitt Domänen und Services bei BAA Heathrow*

14.5.2 Geschäftsobjekte

Bei der Entwicklung eines Geschäftsobjektmodells stellen sich zwei Herausforderungen: einerseits die fachlich-semantische Klärung, was unter dem jeweiligen Begriff genau zu verstehen ist, andererseits die konkrete Detaillierung des Modells. Hier hat es sich bewährt, Geschäftsobjekte nach ihrer Bedeutung zu kategorisieren und vom Groben zum Feinen schrittweise entlang der Domänen voranzuschreiten. Die Beschreibung der Geschäftsobjekte kann in UML als Fachklassenmodell erfolgen.

Ein solides Geschäftsobjektmodell hilft bei der Identifikation und dem Design von datenzentrischen Backend-Services. So ergibt sich z.B. aus einem Kern-Geschäftsobjekt Kunde quasi automatisch ein Servicekandidat »Kundenmanagement« für den Zugriff auf Kundendaten. Damit verknüpft sind spannende Fragen. Was ist genau ein Kunde, was nicht? Wie ist die Abgrenzung zu verwandten Begriffen wie Partner, Interessent, Geschäftskunde, Gewerbekunde, Privatkunde, Großkunde etc.? Welche Attribute gehören zu diesem Geschäftsobjekt? Welche Beziehungen bestehen zu anderen Geschäftsobjekten? Wie sehen die Datenhaltung und Zugriffsmöglichkeiten für dieses Geschäftsobjekt logisch (Fachkomponenten und Services) und physisch (Anwendungen und Datenhaltung) aus? Dabei ist zu beachten, dass das Geschäftsobjektmodell einer SOA nicht auf ein detailliertes globales Unternehmensdatenmodell abzielt, wie es in den 80er-Jahren vergeblich versucht wurde. Im Vergleich dazu bleibt es deutlich abstrakter und an den Domänengrenzen wird auf lose Kopplung geachtet. Im BAA-Heathrow-Beispiel haben wir z.B. erfahren, dass dort jeweils domänenweite XML-Schemas geschaffen werden, deren Struktur und Implementierung innerhalb der Domäne nicht nach außen hin weitergegeben werden.

14.5.3 Serviceportfolio

Ähnlich wie bei Prozesskatalogen stellt auch die Verwaltung der Services aufgrund ihrer potenziell hohen Anzahl und ihrer vielfältigen Abhängigkeiten eine große Herausforderung dar. Hier gilt es daher ebenfalls, ein unternehmensweites Serviceportfolio aufzubauen, das als Recherche- und Planungswerkzeug für das Servicemanagement und die Projekte genutzt werden kann. Hier müssen zwei Perspektiven etabliert werden:

14.5 Servicearchitektur

- Das logische Serviceportfolio: Hier werden die identifizierten Services der Fachkomponenten und Domänen in der Servicearchitektur beschrieben. Diese Sicht dient als Referenzmodell (Idealarchitektur) und wird von Enterprise- und Projekt-Architekten genutzt
- Das technische Serviceportfolio: Hier werden die implementierten Services der Anwendungssysteme in der Anwendungsarchitektur beschrieben. Sie sind im Service Registry/Repository einer Integrationsplattform hinterlegt. Hier werden historische Daten von deaktivierten Services vorgehalten, aktuelle Echtdaten von produktiven Services gesammelt und überwacht sowie geplante Services, die zukünftig in Betrieb genommen werden sollen, in eine Service-Roadmap aufgenommen. Diese Sicht beschreibt Ist- und Planzustände des Serviceportfolios und wird von Architekten und Betrieb genutzt.

Beide Perspektiven müssen miteinander verzahnt werden, um das unternehmensweite Serviceportfolio im Ist, Ideal und Plan (Roadmap) beschreiben zu können. Tabelle 14–8 zeigt einen beispielhaften Ausschnitt aus einem Serviceportfolio. Analog zum Prozesskatalog sind Serviceportfolios ebenfalls ein wichtiges Hilfsmittel, um unternehmensweit eine projektübergreifende Übersicht und Kontrolle zu erlangen und zu behalten.

Serviceportfolio

Domäne	Service	Version	Operationen	Servicegeber	Servicenutzer	Status	Start Entwickl.	Datum Produktion	Deaktiviert
IM	Dokumentenpflege	1.3	Dokument Anlegen, HoleDokumentMitID	DMS	–	Deaktiviert	01.10.08	01.12.08	31.12.09
IM	Dokumentenpflege	1.4	Dokument Anlegen, HoleDokumentMitID, PrüfeDokumentStatus	DMS	App 1, App 2	Produktion	01.06.09	01.07.09	

Abb. 14–8 Beispielhafter Ausschnitt aus einem Serviceportfolio

Nachdem wir uns nun die wichtigsten Inhalte der Enterprise-Architektur für BPM-Projekte angesehen haben, werfen wir im folgenden Beispiel einen Blick darauf, wie mithilfe einer zentralen Geschäfts- und Servicearchitektur einzelne BPM-Projekte konkret unterstützt werden können und wie dabei ein modellgestützter Ansatz bei der Softwareentwicklung (MDSD) genutzt werden kann.

14.6 Beispiel Deutsche Post AG

Samuel Stalder, Prozessarchitekt in der Abteilung IT-Architektur, Service Design und Prozesse bei der Deutschen Post AG, Unternehmensbereich BRIEF

Ralph Nelius: Herr Stalder, wie ist die Geschäftsarchitektur bei der Deutschen Post im Unternehmensbereich BRIEF aufgebaut?

Samuel Stalder: Im Unternehmensbereich BRIEF arbeiten wir mit einem 4-Ebenen-Prozessmodell. Dabei sind die beiden oberen Ebenen ein Zentralmodell, das im gesamten Unternehmensbereich Gültigkeit hat. Unterhalb dieser beiden Ebenen können die einzelnen Bereiche oder Projekte eigene Ausprägungen ergänzen. Wir stellen dazu eine **Business-Architektur-Plattform** (BAP) bereit, die auf ARIS basiert. Daneben wird stellenweise auch Adonis eingesetzt. Viele unserer Geschäftsprozesse sind im Übrigen ISO-zertifiziert, vor allem in der Leistungserbringung und im Kundenservice.

Ralph Nelius: Wie sieht die Prozesslandkarte auf Unternehmensebene aus? Wonach wird so etwas strukturiert?

Samuel Stalder: Nach dem Schwerpunkt auf Referenzprozessen liegt nun der Fokus auf End-to-End-Prozessen. Das liegt daran, dass wir festgestellt haben, dass diese Form der Prozesslandkarte die höchste Akzeptanz im Unternehmensbereich erfährt und sich auch am besten als Diskussionsgrundlage mit den Fachbereichen und mit den IT-Projekten eignet.

Ralph Nelius: Wie unterstützen Sie als Prozessarchitekt konkret Fachbereiche und Projekte, die auf Sie zukommen?

Samuel Stalder: Zunächst einmal führe ich eine Erstberatung durch. Wir klären dann gemeinsam die Einordnung der Fragestellung in die Geschäftsarchitektur. Dann empfehle ich in der Regel, die ersten beiden Prozessebenen als Ausgangspunkt zu nehmen. Der Bereich oder das Projekt erhält anschließend eine eigene ARIS-Datenbank auf unserer Business-Architektur-Plattform. In dieser Datenbank stellen wir eine Kopie des unternehmensweiten Prozessmodells zur Verfügung, auf dem dann der Fachbereich oder das Projekt arbeiten kann. Auf diese Weise ist sichergestellt, dass wir die Ergebnisse der Arbeiten später auch wieder in das Zentralmodell zurückspielen können.

Ralph Nelius: Mit welcher Art von Projekten haben Sie zu tun?

Samuel Stalder: Es gibt drei verschiedene Arten von Projekten. Die erste Gruppe sind Organisationsprojekte. Diese Projekte wollen im Rahmen des klassischen Prozessmanagements ihre eigenen Prozesse optimieren. Die nächste Gruppe, und das sind die häufigsten Projekte, denen ich begegne, sind IT-Projekte, die im Rahmen ihrer Analyse schauen wollen, was hat sich prozessseitig geändert, was muss in der Anwendung angepasst werden etc. Diese Projekte spezifizieren in ARIS ihr Soll-Prozessmodell und benutzen Klassendiagramme, Use-Case-Diagramme u.Ä., um ihre benötigte Softwarelösung zu beschreiben. Die dritte Art von Projekten, mit denen ich es zu tun habe, sind IT-Projekte, die einen modellgestützten Ansatz benutzen, um SOA-Services zu bauen.

Ralph Nelius: Modellgestützt heißt, dass von einem Geschäftsmodell aus, das zunächst eine fachliche Lösung beschreibt, über mehrere Transformationsschritte eine ausführbare Software für eine IT-Plattform generiert wird. Dabei wird bei den einzelnen Zwischenschritten das Modell mit weiteren Details angereichert.

Samuel Stalder: Ja, genau. Ausgangspunkt ist ein allgemeines Business Model (BM), auf das dann über die Zwischenschritte Computer Independent Model (CIM), Platform Independent Model (PIM) und Platform Specific Model (PSM) ein lauffähiger Rumpfcode erzeugt wird, der relativ rasch zu einer fertigen Lösung ausgebaut werden kann. Außerdem wird auf diesem Weg ein Großteil der erforderlichen Dokumentation automatisiert generiert, was ebenfalls Zeit spart und Fehlerquellen reduziert.

Ralph Nelius: Und wer möchte, kann dabei die Zielplattform wechseln und z. B. statt des ESB von Hersteller x in Version y den ESB von Hersteller z einsetzen.

Samuel Stalder: So die Theorie. In der Praxis geht die Plattformunabhängigkeit nur so weit, wie Zielplattformen und deren Versionen unterstützt werden. Aber das Vorgehen hat schon eine Menge Vorteile. Wir sprechen hier von einer SOA-Toolchain, die auf unserer Business-Architektur-Plattform läuft und mit der wir SOA-Services generieren. Das Ergebnis besteht aus einem UML-Modell, Schemadateien und Java-Klassen sowie Interfaces für unseren ESB. Hinzu kommt eine automatisch erstellte Servicespezifikation in Word. Basis für die Spezifikation ist unser Enterprise-Klassenmodell in einem ARIS-Repository. In diesem Repository wird auch dokumentiert, welche End-to-End-Prozesse durch welche Komponenten und Services unterstützt werden.

Ralph Nelius: Mit der Toolchain wird also der Aufbau der serviceorientierten Architektur unterstützt?

Samuel Stalder: Ja, richtig. Anfangs mussten wir proaktiv für die SOA-Services werben. Mittlerweile kommen nun die Fachbereiche vermehrt von selbst auf uns zu und wollen SOA-Services bauen.

Ralph Nelius: Können Sie für unsere Leser noch einmal genauer beschreiben, wie die Projektunterstützung in einem SOA-Projekt aussieht?

Samuel Stalder: Gerne. Das Projekt erhält ebenfalls eine ARIS-Datenbank mit einem Auszug aus dem Enterprise-Klassenmodell. Das Projektteam modelliert dann seine benötigten Services weiter aus. Ein Enterprise-Architekt und Kollegen aus der technischen Architektur, die den ESB betreuen, können bei Bedarf beim Servicedesign unterstützen. Am Projektende erstellen Entwickler und ESB-Systemadministratoren ein Feedback, ob Teile aus dem Projekt für andere Projekte interessant sind. Der Enterprise-Architekt entscheidet dann, wie viel von der detaillierten Lösung in das Enterprise-Klassenmodell zurückgespielt wird.

Ralph Nelius: SOA-Services können mit unterschiedlichen Technologien realisiert werden. Welche Service- und Schnittstellentechnologien unterstützt die Toolchain?

Samuel Stalder: Die Toolchain unterstützt die Modellierung für alle Arten von Services, die auf unserem ESB deployt oder als Webservice bereitgestellt werden sollen. Wenn darüber hinaus die Lösungsarchitektur eines Projekts eine File-Schnittstelle vorsieht und aus Enterprise-Sicht keine Einwände bestehen, dann wird auch das gemacht und kann seitens der Toolchain unterstützt werden. Die Wahl der Technologie muss eben begründet sein. Der Vorteil des ESB liegt darin, dass Out-of-the-box-Features wie Sicherheit und Lastverteilung verfügbar sind. Und ESB-Services unterliegen einem Service Activity Monitoring (SAM) bei unserer technischen Systemarchitektur. Das ist sozusagen das Pendant zum Business Activity Monitoring (BAM). Diese Daten können dann z. B. genutzt werden, um die Einhaltung von Service Levels zu prüfen.

Ralph Nelius: Sie denken gerade darüber nach, den modellgetriebenen Ansatz weiter in Richtung BPM auszubauen.

Samuel Stalder: Ja, das beschäftigt mich gerade sehr. Wir sehen uns gerade an, wie wir die Toolchain dahingehend erweitern können, dass wir neben den Schematas zukünftig auch ausführbare Modelle für die Ablauflogik generieren können. Auch auf Seiten der Tool-Hersteller gibt es hier aktuell sehr viel Bewegung und Entwicklungen.

Ralph Nelius: Herr Stalder, vielen Dank für das Gespräch.

15 BPM Lifecycle Management

Die Umsetzung von dicht integrierten End-to-End-Prozessen setzt voraus, dass man die Lebenszyklen aller an den Prozessen beteiligten Komponenten sorgfältig aufeinander abstimmt. In der Vergangenheit waren Prozessketten u.a. deswegen nicht durchgängig, weil die zugrunde liegenden Anwendungssilos jeweils nur isolierte Teilprozesse unterstützt haben. Die Integration zwischen den Anwendungen war nicht prozessorientiert, sondern fand häufig nur mittels einfacher Batch-Abgleiche statt. Heute bewegen wir uns von Anwendungslandschaften mit wenigen, relativ isolierten Anwendungssilos mit langen Releasezyklen hin zu prozessgetriebener, SOA-basierter Integration, in der Teilprozesse in Echtzeit miteinander verkettet werden. Das Ergebnis ist, dass wir uns wegbewegen müssen vom Lifecycle Management auf Anwendungsebene hin zum Lifecycle Management auf Ebene von Komponenten. Diese Komponenten haben unterschiedliche Änderungsgeschwindigkeiten: Während datenzentrische Basisdienste in der Regel relativ stabil sind, werden Prozess- und Frontend-Komponenten relativ häufig und kurzfristig angepasst. Geschäftsregeln ermöglichen es uns, Anpassungen teilweise sogar binnen weniger Stunden oder Tage durchzuführen. Die Schnittstellen zwischen den Komponenten sind SOA-basiert und damit sehr viel feingranularer als klassische Batch-Schnittstellen. Die Konsequenz ist, dass wir es mit sehr viel komplexeren Verflechtungen und Abhängigkeiten zu tun haben. In einer BPM/SOA-basierten Umgebung haben wir viele unterschiedliche Arten von Artefakten, die synchronisiert werden müssen: Prozessdokumentation, Prozessmodelle, Regeldefinitionen, SOA-Serviceschnittstellen etc. Dies bedeutet erhöhten Synchronisationsaufwand, der entsprechend adressiert werden muss. Im Folgenden wollen wir kurz noch einmal die wichtigsten Aspekte des Lifecycle Management auf Unternehmensebene sowie des klassischen Application Lifecycle Management anschauen, bevor wir uns dem BPM/SOA-basierten Lifecycle Management auf Ebene von Komponenten widmen.

15.1 Lifecycle Management auf Enterprise-Ebene

Auf alleroberster Ebene im Unternehmen ist es wichtig, eine strategische Perspektive auf das Thema Lifecycle Management einnehmen zu können. In vielen Fällen wird dieses Thema im Bereich Enterprise Architecture Management (EAM) angesiedelt, wo es unter »Masterplan-Management« oder »Enterprise IT Roadmap« firmiert. Abbildung 15–1 zeigt ein Beispiel für eine Enterprise IT Roadmap. Hier werden für die wichtigsten Anwendungen und Infrastrukturkomponenten in der Regel langfristige Aussagen zu ihrem geplanten Lebenszyklus gemacht. Teilweise werden auch detailliertere Aussagen zu geplanten Versions-Upgrades, Systemneueinführungen, Systemablösungen, etc. gemacht.

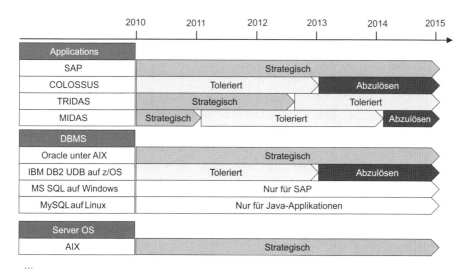

Abb. 15–1   *Enterprise IT Roadmap*

Eine BPM-Initiative würde eine solche Perspektive benötigen, wenn der Schwerpunkt der Initiative auf der Umsetzung eines umfangreichen Transformationsprogramms liegt. Liegt der Schwerpunkt eher auf der Einrichtung eines BPM Competence Center, würde die BPM-Infrastruktur in einer – wahrscheinlich vom CIO Office geführten – IT Roadmap auftauchen.

15.2 Application Lifecycle Management

Es gibt keine allgemeingültige Definition von Application Lifecycle Management (ALM). Teilweise wird der Begriff mit dem Software Development Lifecycle (SDLC) gleichgesetzt. In seinem Whitepaper »What is Application Lifecycle Management?« [Chap09] präsentiert David Chappel ein etwas breiter gefasstes Verständnis des Begriffs, das uns sehr sinnvoll erscheint. Er argumentiert, dass der Lebenszyklus einer Anwendung die gesamte Zeitspanne umfasst, in der eine Organisation Geld und Ressourcen in diese investiert. Wie in Abbildung 15–2 dargestellt, beginnt nach dieser Definition der Lebenszyklus einer Anwendung mit der ersten Idee, die dann in einem Planungsprozess in ein Projekt mündet. In diesem wird die Anwendung entwickelt, getestet, deployt und in Betrieb genommen.

15.3 Lifecycle Management von Komponenten

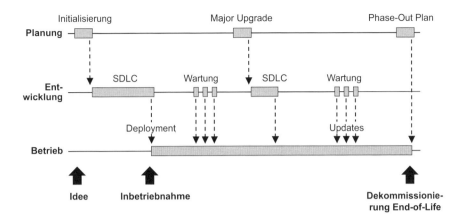

Abb. 15–2   *Application Lifecycle Management*

Während der Lebenszeit einer Anwendung findet normalerweise eine regelmäßige Wartung statt, in der Probleme behoben werden und kleinere Erweiterungen und Anpassungen umgesetzt werden. Häufig kommt es auch zu größeren, als Projekt umgesetzten Erweiterungen und Anpassungen, in denen ein weiterer Softwareentwicklungszyklus umgesetzt wird. Wird die Anwendung nicht mehr als strategisch angesehen oder gibt es andere Gründe, dann kann sie dekommissioniert werden. Auch dies kann ein sehr komplexes Unterfangen sein, das wiederum als Projekt durchgeführt wird. Häufig werden daher die folgenden Teilaspekte unter dem Oberbegriff ALM zusammengefasst:

- Projektmanagement
- Requirements Management
- Design, Modellierung, Entwicklung
- Qualitätsmanagement und Testmanagement
- Versionskontrolle
- Build und Configuration Management
- Release Management und Deployment
- Issue Management
- Monitoring und Reporting

15.3 Lifecycle Management von Komponenten

Das größte Problem bei Einsatz eines klassischen ALM ist, dass es analog zu den Anwendungssilos häufig auch ALM-Silos gibt. Wie der Name schon sagt, fokussiert ALM auf den Lifecycle von Applikationen. In Abschnitt 7.6.2 haben wir das Thema SOA-Komponentisierung bei der Good Bank angesprochen bzw. die Probleme, die sich hier in der Entwicklung aus der mangelnden Komponentisierung ergaben. Auch aus der ALM-Perspektive gab es bei der Good Bank mehrere Probleme. Zunächst einmal gab es komplett isoliert operierende ALM-Welten: Die

ALM-Konzepte der Java-Entwicklungsplattform waren nur teilweise integriert mit den ALM-Konzepten anderer Entwicklungsplattformen, insbesondere der Mainframe-Entwicklungsplattform. Und auch innerhalb der Java-Entwicklungsplattform führte das nicht SOA-basierte Packaging von Java-Klassen in relativ arbiträre Anwendungsbündel zu Problemen im Lifecycle Management.

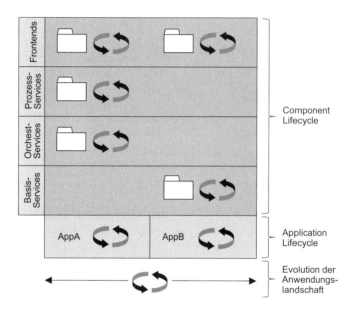

Abb. 15–3 *Abgrenzung der verschiedenen Lifecycle-Ebenen*

Wie in Abbildung 15–3 dargestellt, ist es wichtig, eine Unterscheidung des Lifecycle Management auf Ebene von einzelnen SOA-Komponenten vs. des Lifecycle Management ganzer Applikationen zu machen. Will man die Agilitätsvorteile von BPM und SOA wirklich ausnutzen, dann muss man auch in der Lage sein, das Lifecycle Management auf dieser Ebene effizient umzusetzen.

Wie in Abbildung 15–4 dargestellt, versucht man daher im Kontext BPM/SOA, ein Lifecycle-Modell einzuführen, das zwischen einem agilen Layer mit Frontends und Prozesskomponenten sowie einem stabilen Layer mit Orchestrierungs- und Basis-Servicekomponenten unterscheidet. Das heißt man versucht die Komponentisierung nicht nur aus Entwicklungsperspektive konsequent umzusetzen, sondern auch aus Perspektive der restlichen ALM-Disziplinen, vom Testen bis zum Deployment.

Diese Unterscheidung in einen stabilen und einen agilen Layer ist nicht immer ganz durchzusetzen. Für datenzentrische Dienste ist die Unterscheidung in der Regel sehr viel sinnvoller, da diese nach der initialen Entwicklung tatsächlich meistens relativ stabil sind. Ein etwas schwierigeres Beispiel sind die Geschäftsregeln – diese stellen gerade den Teil der BPM/SOA dar, der häufig einer hohen Dynamik unterliegt. Geschäftsregeln werden in der Regel in Form von Orchestrierungs-Ser-

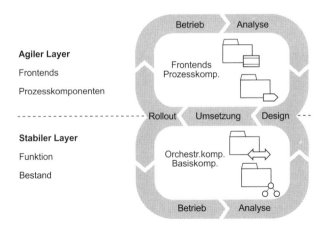

Abb. 15–4   BPM-Lifecycle-Modell

vices umgesetzt (siehe Abschnitt 7.4), die wiederum ihre Daten als Entscheidungsgrundlage aus Basis-Services beziehen. Allerdings ändert sich hier in der Regel tatsächlich nicht die zugrunde liegende Implementierung des regelausführenden Orchestrierungs-Services, sondern nur seine Konfiguration in Form von Regeldefinitionen. Er fungiert sozusagen als stabiler Container, der aber dynamisch konfiguriert werden kann.

Gerade aus Perspektive der kontinuierlichen Verbesserung von Prozessen (KVP) ist es wichtig, dass das BPM Lifecycle Management so gestaltet ist, dass die sich häufig ändernde Bereiche leicht angepasst werden können, ohne dass diese Anpassungen dann Auswirkungen auf die stabileren, d.h. sich selten ändernden Teile der Anwendungslandschaft haben. In klassischen, Silo-orientierten Anwendungslandschaften mit Silo-orientiertem ALM ist es häufig üblich, dass neue Anwendungsreleases im Rhythmus von 3 bis 6, manchmal sogar 12 Monaten ausgerollt werden. Dies ist viel zu lang, wenn es um die schrittweise, kontinuierliche Optimierung von Prozessen geht. Ein unabhängiger Lebenszyklus der »oberen« Hälfte des ALM ermöglicht, dass hier die Umsetzung von Optimierungen, die aus Erkenntnissen der Prozessanalyse resultieren, sehr viel schneller erfolgen kann.

15.4 Versionierung

Eine wichtige Voraussetzung für ein erfolgreiches ALM ist, dass alle relevanten Systemkomponenten versionssicher weiterentwickelt werden. Das heißt, es ist zu jedem Zeitpunkt möglich, Unterschiede zu alten Versionsständen herauszufinden bzw. alte Versionsstände zu reaktivieren.

In einer komplexen Anwendungslandschaft mit mehreren Entwicklungsplattformen wird es aber selten möglich sein, ein globales System zur Versionierung von Sourcecode, Konfigurationsdateien etc. aufzusetzen. In der Regel hat hier jede Entwicklungsplattform – sei es das Java-Ecosystem, das BI-Ecosystem oder das Mainframe-Ecosystem – seine eigenen Mechanismen. Umso wichtiger ist es, dass hier Mechanismen geschaffen werden, die helfen, anwendungs- bzw. plattformübergreifend das Zusammenspiel der verschiedenen Versionsstände in den einzelnen Ecosystemen sicherzustellen.

15.4.1 Schnittstellenversionierung

In einer SOA sind die Schnittstellendefinitionen ein wichtiger Teil des Servicekontrakts zwischen Servicenehmer und -geber. In der Regel haben Servicenehmer und -geber unabhängige Releasezyklen und ein eigenständiges Versionsmanagement. Die Schnittstellendefinition ist daher naturgemäß der Punkt, an dem die Synchronisation der beiden stattfindet. Schnittstellen sollten daher einem unabhängigen Versionsschema unterliegen, das vom Servicegeber verwaltet wird. Dieser kann zwar intern weitere Versionierungsmechanismen etablieren, aber diese sind für die Servicenehmer nicht sichtbar. Eine wichtige Frage ist, was zur »sichtbaren« Versionierung der SOA-Komponenten gehört. Kandidaten sind hier:

- Die Versionierung der SOA-Komponente selber
- Die Versionierung einzelner Schnittstellen/Services
- Die Versionierung einzelner Operationen
- Die Versionierung der Schemas, das die Input/Output-Argumente beschreibt

In der Praxis hat sich hier eine eher etwas gröber granulare Versionierung bewährt, die auf Ebene von Komponenten und ganzer Services-Schnittstellen aufsetzt.

15.4.2 Prozessversionierung

Das Thema Prozessversionierung ist für eine BPM-Initiative von besonderer Relevanz. Das Problem liegt hier darin, dass Prozesse häufig langlaufend sind. Ein Update einer Prozesskomponente ist häufig dann problematisch, wenn es noch aktive Instanzen der alten Version gibt. Das heißt, man hat nicht nur das Problem, ein Wartungsfenster finden zu müssen, sondern müsste eigentlich auch warten, bis es gerade keine aktiven Prozessinstanzen gibt – und das kann theoretisch niemals der Fall sein. Einige BPM Engines bieten hier automatische Unterstützung für das Deployment neuer Prozessimplementierungen im laufenden Betrieb. Wird dies nicht automatisch von der BPM Engine unterstützt – oder wird gar keine Engine eingesetzt, dann muss man sich hier von Anfang an sehr genau überlegen, wie man im laufenden Betrieb vorgehen will. Eine Lösung hängt dabei jeweils stark von der spezifischen Projektsituation ab. Ein weiteres Problem ist das Zusammenspiel von Prozess- und Schnittstellenversionierung. Dies kann beispielsweise über eine Configuration-Matrix gelöst werden, wie im Folgenden kurz beschrieben.

15.4.3 Configuration-Matrix

Gibt es kein übergreifendes Configuration Management – beispielsweise unterstützt durch eine Configuration Management Database (CMDB), dann sollte wenigstens eine anwendungsübergreifende Configuration-Matrix eingeführt werden, in der alle aktuellen Versionen der installierten Komponenten sowie der von ihnen unterstützten bzw. verwendeten Schnittstellenversionen beinhaltet sind. Dies kann in der Minimalkonfiguration in Form eines Excel-Spreadsheets geschehen. Aber auch der Einsatz eines professionellen Systems amortisiert sich in der Praxis meistens schnell.

15.5 Modellierung von Lifecycle-Informationen

Eine effiziente Kommunikation von geplanten Veränderungen in Prozessen und Komponenten ist eine wesentliche Voraussetzung dafür, komplexe Abhängigkeiten zwischen Projekten in den Griff zu bekommen. Hier bietet es sich an, Veränderungsinformationen gleich von Anfang an mit in die den Projekten zugrunde liegenden Modelle mit einzuarbeiten.

Wie wir in Kapitel 8 bereits beschrieben haben, lassen sich Veränderungen im Wesentlichen auf drei Arten reduzieren: die Einführung, Anpassung oder Ablösung von Prozessschritten bzw. Komponenten. Hier haben wir dafür entsprechende Farbschemas bzw. Symbole als Change Management Patterns eingeführt. In Abbildung 15–5 ist ein Beispiel dafür zu sehen, wie in einem Soll-Prozess die geplanten Änderungen durch die Verwendung der Pattern-Notation hervorgehoben wurden. Dies gibt jedem Prozessbeteiligten eine hervorragende Informationsbasis, um die geplanten Änderungen im Prozessablauf schnell erfassen zu können und die Auswirkungen auf den eigenen Bereich daraus abzuleiten.

Ähnlich verhält es sich im Bereich der SOA-Modellierung. Auch hier lassen sich die entsprechenden Symbole in einer SOA Map verwenden, um die entsprechenden geplanten Änderungen klar und übersichtlich zu verdeutlichen. Abbildung 15–6 zeigt ein Beispiel für die Verwendung der Change Management Patterns in einer SOA Map. Die Verwendung der Symbole und ihr Mehrwert sind relativ offensichtlich.

Der Mehrwert könnte noch gesteigert werden, wenn die Modellierungswerkzeuge nicht nur die entsprechenden Symbole unterstützen, sondern auch die Planung von Veränderung auf Basis dieser Notation. Einige EAM-Tools bieten heute beispielsweise die Möglichkeit an, Architekturelemente mit Lifecycle-Informationen zu annotieren. Ideal wäre es, wenn Prozess- und SOA-Diagramme mit der hier dargestellten Veränderungssymbolik so ausgestattet werden, dass jede Veränderung des Ist-Zustands eines Modells zunächst als Delta gespeichert wird, das Teil der Planung ist. Nur wenn diese Planung tatsächlich umgesetzt wird, wird das Delta sozusagen aktiviert und führt damit zum neuen Ist in der logischen Planungsdatenbank. Hier wird sich in der EAM-Welt in den nächsten Jahren sicherlich noch einiges bewegen.

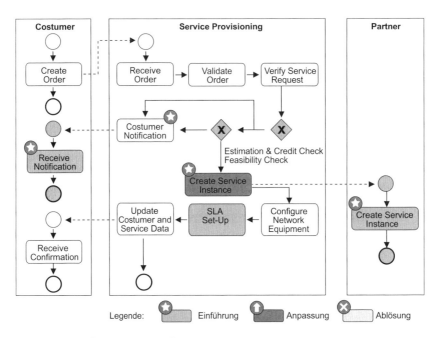

Abb. 15-5 Beispiel für Veränderungsinformationen in einem BPD

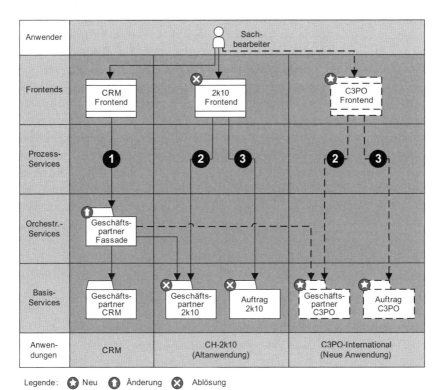

Abb. 15-6 Veränderungsinformationen in einer SOA Map

16 BPM-Plattform, -Standards und -Richtlinien

Zum Abschluss des Themas Enterprise BPM wollen wir nun noch die Bereiche BPM-Plattform sowie -Standards und -Richtlinien betrachten. Jede BPM-Initiative steht vor der Herausforderung, die technische Plattform für die Umsetzung von BPM aufzubauen und in die bestehende Anwendungslandschaft zu integrieren. Abhängig von den Schwerpunkten der BPM-Initiative kann dies von der Plattform für die Prozessdokumentation bis hin zu einer ausgereiften Integrationsplattform reichen, in deren Zentrum BPM steht. Der Ausbau dieser Plattform muss schrittweise und im Einklang mit dem BPM-Reifegrad der Organisation erfolgen. Eine zu frühe Investition in eine zu komplexe BPM-Technologie kann kontraproduktiv sein. Man sollte hier den Aufwand für die Einführung dieser Technologie in die Organisation nicht unterschätzen.

Zusätzlich muss die BPM-Initiative den Stakeholdern – also beispielsweise den Coaches im BPM CC sowie den Umsetzern in den Projekten – ein Set von Standards und Guidelines an die Hand geben. Diese müssen sicherstellen, dass bewährte Best Practices wiederverwendet werden und sich die Projekte innerhalb der von der BPM-Initiative definierten »Leitplanken« bewegen.

16.1 BPM-Plattform

Zunächst wollen wir uns hier mit dem Aufbau der BPM-Plattform beschäftigen. BPM benötigt eine technische Plattform für die Definition und Ausführung von Prozessmodellen, gesondert änderbare Geschäftsregeln sowie die Anbindung von SOA-Komponenten im Backend. Dabei müssen wir aber zunächst festlegen, wie viel Standardisierung überhaupt gewünscht ist. Außerdem wird nicht jedes BPM-Projekt die gleichen Anforderungen an eine Plattform haben. Dies muss entsprechend beim Ausbau der Plattform berücksichtig werden.

16.1.1 Standardisierung, Konsolidierung und Ecosystems

Nicht nur beim Thema BPM, sondern allgemein auch in der IT hat uns in der letzten Dekade das Thema Standardisierung und Konsolidierung beschäftigt. Fast alle großen Unternehmen verfügen heute über extrem heterogene, historisch gewachsene Anwendungslandschaften. Wir haben beispielsweise in Kapitel 15 gesehen, wie man mit den Mitteln der strategischen Bebauungsplanung und der Managed Evolution versucht, dieses Thema auf Unternehmensebene zu adressieren. Das Thema BPM und SOA spielt eine wichtige Rolle dabei, die Heterogenität in einem Unternehmen besser in den Griff zu bekommen. Ähnlich wie wir heute eine hohe Heterogenität bei den Anwendungsplattformen haben, ist es aber in den meisten Unternehmen auch Realität, dass sie eine hohe Heterogenität im Bereich der Middleware- und Infrastrukturkomponenten aufweisen. Die wenigsten Unternehmen haben heute beispielsweise »den einen ESB«, der als wirklich zentrales Kommunikations-Backbone fungiert. Vielmehr ist der Enterprise Bus die Menge der Kommunikations-Middleware, die sich im Unternehmen befindet. Ähnliches gilt für die BPM-Plattform. Kaum ein großes Unternehmen hat es hier geschafft, einen wirklich einheitlichen Standard zu definieren und durchzusetzen. Es ist auch fragwürdig, ob eine komplette Standardisierung und Vereinheitlichung nicht zur Verhinderung von Innovation führen kann. Die meisten Unternehmen versuchen heute, eine realistische Einstellung zum Thema Standardisierung der Technologieplattformen einzunehmen. Das Schlagwort ist hier »Ecosystems«: Statt zu versuchen, eine Konsolidierung auf einen einzigen Standard durchzusetzen, versucht man heute vermehrt, **strategische Ecosystems** zu definieren, innerhalb derer sich die Projekte bewegen können. Dies verhindert völligen Wildwuchs und erlaubt zugleich die notwendige Flexibilität.

16.1.2 Welche BPM-Plattform für welchen Zweck?

Auch im Bereich BPM wird man häufig feststellen, dass eine einzige BPM-Technologie wahrscheinlich nicht allen Ansprüchen gerecht werden kann. Der konkrete Bedarf hängt hier jeweils von den spezifischen Anforderungen der Projekte ab, die sich aus den Eigenschaften der zu unterstützenden Geschäftsprozesse ergeben. Konsequenterweise haben die BPMS verschiedener Hersteller aus ihrer historischen Entwicklung heraus verschiedene Stärken und Schwächen; insgesamt kann man die in Abschnitt 2.1.2 eingeführten drei Typen unterscheiden:

- Integrationszentrisch
- Anwenderzentrisch
- Dokumentenzentrisch

Der Markt ist hier sehr stark in Bewegung und wird sich weiter konsolidieren; große Hersteller bieten heute BPMS als Teil ihrer Plattformsuiten an und versuchen mit den Systemen alle drei oben genannten Bereiche zu unterstützen. Trotzdem werden in Großunternehmen häufig aufgrund der vielfältigen Anforderungen mehrere BPMS zum Einsatz kommen bzw. historisch gewachsen bereits im Einsatz sein.

Lässt sich kein einheitlicher Standard für die BPM-Plattform definieren, ist es wichtig, dass man hier dem oben beschriebenen Prinzip der Technologie-Ecosystems folgt und zwei oder drei **strategische BPM-Ecosystems** definiert. Beispielsweise kann es eine Plattform für STP-Prozesse (Straight Through Processing bzw. Dunkelverarbeitung) geben, eine für entscheidungsintensive Prozesse und eine für das Case Management. Lässt man einen solchen Ansatz zu, dann ist allerdings dafür zu sorgen, dass hier aus Perspektive des Endnutzers eine größtmögliche Transparenz herstellt wird. Ein wichtiges Thema hierbei ist sicherlich eine zentrale Task-Liste. Es ist für Endnutzer nur schwer nachvollziehbar, warum sie z.B. dokumentenzentrische Aufgaben in der Aufgabenliste des Dokumentenmanagementsystems bekommen und alle anderen Aufgaben befinden sich in der Aufgabenliste der BPM Engine.

16.1.3 BPM im Zentrum der Integrationsplattform

Es ist heute häufig nicht mehr ganz leicht, eine klare Abgrenzung zwischen der Funktionalität der BPM-Plattform und den anderen Elementen einer typischen Integrationsplattform herzustellen. Die Kernfunktionalitäten eines BPMS sind sicherlich die Prozessmodellierung und -ausführung; allerdings bieten moderne BPMS und die großen Hersteller mit ihren Plattformsuiten viele weitere Funktionen und Module an, die über diese Kernfunktionalität hinausgehen (siehe Abb. 16–1).

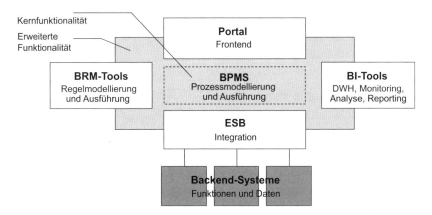

Abb. 16–1   Funktionalitäten der BPM-Plattform

Viele Unternehmen haben in den letzten Jahren am Auf- und Ausbau einer oder mehrerer zentraler Integrationsplattformen gearbeitet. In der Anfangsphase firmierte dies häufig unter dem Begriff »EAI« (Enterprise Application Integration). Diese Integrationsplattformen wurden in den letzten Jahren um viele weitere Aspekte wie Portal, Security etc. erweitert. Das Problem beim Einsatz von EAI war, dass in der Regel nur lokale Integrationsprobleme mittels Punkt-zu-Punkt-Lösungen adressiert wurden.

Der Einsatz von BPM ermöglicht heute einen prozessorientierten Integrationsansatz. Die Unterscheidung zwischen langlebigen Prozessen in den Prozesskomponenten einer SOA sowie den kurzlebigen Prozessen in den Orchestrierungs-Services einer SOA und die Herauslösung der Basis-Services erlaubt es uns heute, das Thema Integration auf Basis einer soliden architektonischen Grundlage anzugehen, die zu einer Entflechtung der EAI-bedingten Spaghetti-Architekturen und damit zu erhöhter Agilität führt. Daher ist es nur konsequent, dass die BPM Engine heute meistens im Zentrum der Integrationsplattform steht.

16.1.4 Schrittweiser bedarfsgetriebener Ausbau

An dieser Stelle sei noch einmal darauf hingewiesen, dass der Aufbau einer BPM-Infrastruktur sehr Kosten- und Ressourcenintensiv sein kann. Wir haben ja in Kapitel 11 beschrieben, wie BPM sogar ohne den Einsatz einer dedizierten BPM Engine umgesetzt werden kann. Gerade für kleinere und mittlere Unternehmen ist dieses eine ernsthafte Alternative zum Einsatz einer BPM Engine. Entscheidet man sich dafür, die Investition in den Aufbau einer BPM-Infrastruktur zu tätigen, dann ist immer noch die Frage, wie breit man den initialen Scope der BPM-Infrastruktur sieht. Reicht zunächst eine Prozess-Engine aus, oder will man zeitgleich in den Aufbau einer dedizierten Rules Engine investieren? Wie sieht es mit dem Aufbau einer ESB-Infrastruktur aus? Was wird wann von welchen Projekten benötigt? Generell sei an dieser Stelle noch einmal angeraten, den Ausbau der Plattform schrittweise und bedarfsgerecht voranzutreiben, um auch der Organisation die Zeit zu geben, die normalerweise notwendig ist, um neue Technologien und Fähigkeiten zu absorbieren und produktiv einzusetzen.

16.1.5 Technologieakquisition

Ein letztes Wort sei an dieser Stelle noch zum Thema Technologieakquisition im Kontext der BPM-Plattform gesagt. Gerade wenn die BPM-Initiative als strategische Initiative aufgesetzt ist, sollte man die Komplexität und mögliche Langwierigkeit dieses Themas nicht unterschätzen. In vielen Unternehmen ist es nicht unüblich, dass die Evaluation und letztendliche Entscheidung für eine neue strategische Plattform zwischen einem und zwei Jahren benötigen. Dazu kommen dann häufig noch ein bis zwei Jahre, bis die neue Technologie effizient eingesetzt werden kann, d.h. man ihre Leistungsfähigkeit (und Leistungsgrenzen) richtig einschätzt und sie technisch beherrscht.

Dies ist für die Verantwortlichen einer BPM-Initiative ein ernsthaftes Problem: Häufig ist ein Zeithorizont von 2 bis 3 Jahren bis zum ersten signifikanten Nutzennachweis nicht akzeptabel. Daher sollte man ernsthaft überlegen, wie viel Sinn es hat, eine strategische Produktevaluation an den Anfang einer BPM-Initiative zu stellen. Es kann hier teilweise sinnvoller sein, die Technologieevaluation am Anfang sehr stark zu verkürzen und eher mit taktischen Entscheidungen zu beginnen. Beispielsweise kann am Anfang auf zwei alternative Lösungen gesetzt werden. Im Verlauf der parallelen Projekte wird dann auf Basis der gesammelten Erfahrung die strategische Entscheidung getroffen. Die meisten Hersteller sind heute flexibel genug, einen solchen Ansatz mit ihren Lizenzmodellen zu unterstützen.

16.2 Standards und Richtlinien

Je größer eine strategische Initiative angelegt wird, desto mehr muss sie sich einen Ordnungsrahmen schaffen, um ihre strategischen Ziele effizient erreichen zu können. Dies umfasst insbesondere Richtlinien und Best Practices für die konkrete Projektarbeit, z.B. in Form von Standards, Frameworks, Handbüchern und Formularen. Im Folgenden wollen wir uns dies für jeden der im Kontext BPM besonders relevanten Bereiche anschauen. Dabei werden wir häufig feststellen, dass es zwar offene Standards gibt, die aber in fast jedem Fall an die besonderen Bedürfnisse des Unternehmens und der Initiative angepasst werden müssen.

16.2.1 Programm-Management

Wie wir in Kapitel 12 beschrieben haben, ist ein effizientes Programm-Management häufig eine wichtige Voraussetzung für die Umsetzung einer strategischen BPM-Initiative. Die Grenzen zwischen Programm-Management und dem Management eines Großprojekts sind hier häufig fließend. Es gibt hier z.B. mit PRINCE2 und dem V-Modell XT einige weit verbreitete Vorgehensmodelle. Weiter ist der **Project Management Body of Knowledge** (PMBoK) ein bekannter Projektmanagementstandard und eine zentrale Referenz des US-amerikanischen **Project Management Institute** (PMI). Das PMBoK ist ein wertvoller Werkzeugkasten, aus dem sich das Programm-Management bedienen kann, um entsprechende Standards in den Projekten zu setzen.

Häufig wird aber in großen Unternehmen ein eigenes Handbuch mit Projektstandards gepflegt, aus dem sich auch die BPM-Initiative bedienen kann. Vorsicht ist allerdings an folgender Stelle gegeben: Viele Projektstandards in großen Unternehmen folgen heute noch einem wasserfallorientierten Ansatz. Dies entspricht nicht den iterativen Ansätzen, wie wir sie in Kapitel 12 beschrieben haben. Einige Firmen haben neben den Projektstandards auch ein Projektmanagement Competence Center (CC), aus dem Coaches für die Projektarbeit bereitgestellt werden. Hier muss auf jeden Fall sichergestellt werden, dass die vom BPM-Programm-Management für die Projekte zu setzenden Standards der iterativen Philosophie entsprechen. Ist der Vertreter aus dem Projektmanagement CC noch stark auf eine

Wasserfallmethodik ausgerichtet, kann es hier zu Konflikten bei der Gestaltung der Projektmanagementstandards für die BPM-Initiative kommen.

16.2.2 Enterprise Architecture Management

Im Bereich des Enterprise Architecture Management (EAM) gibt es verschiedene, mehr oder weniger etablierte Standards. Der Standard mit der größten Sichtbarkeit ist sicherlich TOGAF (The Open Group Architecture Framework). Allerdings ist TOGAF sehr umfangreich und komplex und daher nicht immer leicht auf die spezifischen Bedürfnisse des Unternehmens zu adaptieren. Andere Beispiele für offene EAM-Standards sind das Zachmann Framework und Archimate (siehe Kap. 5). Typische Dokumente, die im Bereich Standards und Richtlinien für EAM erstellt und gepflegt werden, umfassen:

- **Architektur-Framework:** Struktureller Aufbau (Metamodell) und wichtigste Sichten auf die EA
- **EAM-Prozesshandbuch:** Prozesse und Ergebnistypen für die Arbeit der Enterprise-Architekten; Zusammenspiel EAM mit Fachbereich, IT und Projekten
- **EAM-Methodenhandbuch:** Methoden und Tools für die Arbeit der Enterprise-Architekten
- **Anwenderhandbücher:** Anleitung für die Nutzung der unternehmensspezifischen EAM-Tools

16.2.3 POAD

Im Bereich Geschäftsprozessmanagement/POAD gibt es einige branchenübergreifende Frameworks, wie z. B. das Process Classification Framework (PCF) vom APQC (American Productivity & Quality Center) oder das Supply Chain Operations Reference Model (SCOR) des Supply Chain Council (SCC).

In einigen Bereichen gibt es heute Versuche, industriespezifische Prozess-Frameworks zu definieren, wie z. B. die enhanced Telecom Operations Map (eTOM). eTOM ist ein Vorschlag für einen standardisierten Prozesskatalog für Unternehmen im Bereich der Telekommunikation und IT-Dienstleistung, der vom TeleManagement Forum (TMF) erarbeitet wird.

Während Standards wie eTOM eine fachliche Sicht auf Prozesse in einer bestimmten Industrie legen, gibt es z. B. mit der ARIS-Methodik auch Ansätze, generische Standards für die Prozessmodellierung zu etablieren. Da es im Umfeld von BPMN heute noch keinen solchen etablierten Standard gibt, müssen Unternehmen, die auf BPMN setzen, hier noch selber Arbeit investieren, um den Projekten eine entsprechende Standardmethodik vorzugeben. Die in diesem Buch vorgestellte **Integrierte BPM-Projektmethodik (IBPM)** könnte dazu ein Ansatzpunkt sein.

16.2　Standards und Richtlinien

Typische Dokumente, die im Bereich Standards und Richtlinien für Geschäftsprozessmodellierung und Prozessorientierte Analyse und Design (POAD) erstellt und gepflegt werden, umfassen:

- **Dokumentation Prozesslandschaft:** Prozessmodell mit Detaillierung für einzelne Prozessgruppen (Prozessbeschreibungen, KPIs, Zuständigkeiten)
- **Konventionenhandbuch:** Methodische Grundlagen wie Abstraktionsschichten, Diagrammtypen, Namensgebung, Datenablage
- **Leitfaden Prozessmodellierung und -implementierung:** Vorgehen, Nutzung von Patterns und Referenzmodellen, Zusammenspiel mit Servicedesign, Qualitätssicherung, Rollout
- **Anwenderhandbücher:** Anleitung für die Nutzung der unternehmensspezifischen BPM-Werkzeugkette

16.2.4　SOAD

Im Bereich der Standards und Frameworks für SOA muss man wiederum zwischen fachlichen und technischen Standards unterscheiden. Wir haben in Kapitel 14 die Wichtigkeit von Domänenmodellen als High-Level-»Raster« für die Verortung der Services in der Unternehmensarchitektur vorgestellt. In diesem Bereich gibt es noch wenige fachliche Standards. Das Shared Information & Data Model (SID) des TMForums könnte ein interessanter Ansatzpunkt für die Entwicklung eines Telekom-spezifischen fachlichen Domänenmodells sein. Genauso finden sich in der Insurance Application Architecture (IAA) von IBM einige interessante Ansätze, die für die Entwicklung eines fachlichen Domänenmodells im Bereich der Versicherungen die Grundlagen legen könnten.

Im technischen Umfeld gibt es wiederum eine Menge von Standards, die relevant sein könnten, von UML (Unified Modeling Language) bis zu http/REST, WSDL und den verschiedenen WS-*-Standards. Wichtig ist hier, dass ein Unternehmen bzw. eine BPM-Initiative festlegt, welche dieser Standards als gesetzt gelten. Typische Dokumente, die im Bereich Standards und Richtlinien für Service-orientierte Analyse und Design (SOAD) sowie die SOA-basierte Umsetzung erstellt und gepflegt werden, umfassen:

- **Dokumentation Domänenmodell:** Domänenmodell mit Detaillierung für einzelne Domänen (Geschäftsobjekte, Komponenten, Services, Zuständigkeiten)
- **Konventionenhandbuch:** Methodische Grundlagen wie Servicekategorien, Diagrammtypen, Namensgebung, Datenablage, XML Schema Styles etc.
- **Leitfaden Servicedesign und Serviceimplementierung:** Vorgehen, Nutzung von Patterns, Zusammenspiel mit Prozessmodellierung, Qualitätssicherung, Rollout
- **Anwenderhandbücher:** Anleitung für die Nutzung der unternehmensspezifischen SOA-Werkzeugkette

16.2.5 Umsetzung und Governance

Die Einhaltung von Standards und Guidelines in einem Großunternehmen sicherzustellen, ist ein sehr schwieriges Unterfangen. Einige grundlegende Regeln sollten dabei beachtet werden:

- **Weniger ist mehr:** Es sollten nur die wirklich kritischen Bereiche reguliert werden. Qualitativ hochwertige Unterlagen (knapp und präzise, praxisnah) erhöhen die Akzeptanz.
- **Flankierendes Training und Coaching:** Es muss verhindert werden, dass Standards und Guidelines als »Verhinderungsmaßnahmen« wahrgenommen werden. Durch Trainings und Coachings muss sichergestellt werden, dass diese im positiven Sinne als im beschleunigend angesehen werden, da sie für viele grundsätzliche Probleme Standardlösungen präsentieren
- **Kontinuierliche Qualitätssicherung:** Die Einrichtung von Quality Gates an den entsprechenden Stellen im Prozess kann helfen, die Einhaltung von Standards sicherzustellen. Notwendig dafür ist eine entsprechende Ermächtigung der Gruppe, die die Standards definiert.

Anhang

A Abkürzungsverzeichnis

Abkürzung	Englisch	Deutsch
ABC	Activity Based Costing	
ALM	Application Lifecycle Management	
BAM	Business Activity Monitoring	
BI	Business Intelligence	
BO	Business Object	Business-Objekt (synonym: Geschäftsobjekt)
BPA	Business Process Analysis	
BPD	Business Process Diagram	Geschäftsprozessdiagramm
BPEL	Business Process Execution Language	
BPM	Business Process Management	Geschäftsprozessmanagement
BPMN	Business Process Modeling Notation	
BPMS	Business Process Management System	Geschäftsprozessmanagementsystem
BPO	Business Process Outsourcing	
BPR	Business Process Reengineering	
BRM	Business Rule Management	Geschäftsregelmanagement
BRMS	Business Rule Management System	Geschäftsregelmanagementsystem
BS	Basic Service	Basis-Service
BSC	Balanced Scorecard	
CEP	Complex Event Processing	
CMDB	Configuration Management Database	
COTS	Commercial off-the-shelf	Standardanwendung
CPM	Corporate Performance Management	
CSD	Custom Software Development	Eigenentwicklung
DMS	Document Management System	Dokumentenmanagementsystem
DTO	Data Transfer Object	
EA	Enterprise Architecture	Unternehmensarchitektur
EAI	Enterprise Application Integration	
EAM	Enterprise Architecture Management	
EBPM	Enterprise BPM	
ECM	Enterprise Content Management	

Abkürzung	Englisch	Deutsch
EPK		Ereignisgesteuerte Prozesskette
ESB	Enterprise Service Bus	
FE	Frontend	
GPM		Geschäftsprozessmanagement
GUI	Graphical User Interface	Grafische Benutzeroberfläche
HR	Human Resources	Personalbereich
IBPM		Integrierte BPM-Projektmethodik
KPI	Key Performance Indicator	Leistungskennzahl
KVP		Kontinuierlicher Verbesserungsprozess
LDAP	Lightweight Directory Access Protocol	
MDA	Model Driven Architecture	Modellgetriebene Architektur
MDD	Model-Driven Development	Modellgetriebene Entwicklung
MDM	Master Data Management	Stammdatenmanagement
MDSD	Model-Driven Software Development	Modellgetriebene Softwareentwicklung
ME	Managed Evolution	
MOA	Message Oriented Architecture	
OOAD	Object-oriented Analysis and Design	Objektorientierte Analyse und Design
OS	Orchestration Service	Orchestrierungs-Service
PE	Process Engine	Prozess-Engine
PKR		Prozesskostenrechnung
POAD	Process-oriented Analysis and Design	Prozessorientierte Analyse und Design
PS	Process Service	Prozess-Service
SADT	Structured Analysis and Design Technique	Strukturierte Analyse und Design
SDLC	Software Development Lifecycle	Softwareentwicklungszyklus
SLA	Service Level Agreement	
SOA	Service-oriented Architecture	Serviceorientierte Architektur
SOAD	Service-oriented Analysis and Design	Serviceorientierte Analyse und Design
SOP	Standard Operating Procedures	Verfahrensanweisung
SPoT	Single Point of Truth	
STP	Straight Through Processing	
TA		Technische Architektur
TQM	Total Quality Management	
UAM	User Identity & Access Management	
UCD	User Centered Design	
UI	User Interface	Benutzeroberfläche
UML	Unified Modeling Language	
WBS	Work Breakdown Structure	
WKD		Wertschöpfungskettendiagramm
WS	Web Service	Webservice
XPDL	XML Process Definition Language	

B Literatur

[All05] Allweyer, T.: *Geschäftsprozessmanagement. Strategie, Entwurf, Implementierung, Controlling.* W3L, 2005.

[All09] Allweyer, T.: *BPMN 2.0 – Business Process Model and Notation. Einführung in den Standard für die Geschäftsprozessmodellierung.* Books on Demand, 2. Aufl., 2009.

[And10] Anderson, D.J.: *Kanban. Successful Evolutionary Change for Your Technology Business.* Blue Hole Press, 2010.

[ARCHI09] The Open Group: *ArchiMate 1.0.* The Open Group, 2009. http://www.archimate.org

[AWA05] Alisch, K.; Winter, E.; Arentzen, U. (Hrsg.): *Gablers Wirtschaftslexikon.* Gabler, 16. Aufl., 2005.

[BH98] Beyer, H.; Holtzblatt, K.: *Contextual Design.* Morgan Kaufmann, 1998.

[BR05] Blaha, M.; Rumbaugh, J. R.: *Object-Oriented Modeling and Design with UML.* Prentice Hall International, 2nd ed., 2005.

[Chap09] Chappell, D.: *What is Application Lifecycle Management (ALM)?* Whitepaper, 2009. http://davidchappellopinari.blogspot.com/2009/04/what-is-application-lifecycle.html

[Char09] Charpentier, E.: *Business Rules Governance and Management.* Blog Post, 2009. http://www.primatek.ca/blog/2009/10/15/business-rules-governance-and-management-part-i/

[Chavan] Chavan, S.: *Blog and Portfolio on user Experience Design and Usability Testing.* http://www.sameerchavan.com/about-hci/hci/ui-process/

[Con68] Conway, M. E: *How do Committees Invent?* Datamation 14 (5), pp. 28–31. http://www.melconway.com/research/committees.html

[CORTICON08] o. V., *Business Rules Management and Business Process Management: Turning Policies into Action.* Corticon Technologies, 2008. http://www.corticon.com/Downloads/BRM%20and%20BPM%20-%20turning%20policies%20into%20action.pdf

[Der06] Dern, G.: *Management von IT-Architekturen.* Vieweg, 2. Aufl., 2006.

[DHK+05]   Deb, M.; Helbig, J.; Kroll, M.; Scherdin, A.: *Bringing SOA to Life: The Art and Science of Service Discovery and Design.* SOA World Magazine Dec. 2005.
http://soa.sys-con.com/node/164560

[DTP09]   Decker, G..; Tscheschner, W.; Puchan, J.: *Migration von EPK zu BPMN.* Whitepaper, 2009.
http://www.signavio.com/images/stories/whitepapers/epk2bpmn-public.pdf

[EAMPC08]   *EAM Pattern Catalog V1.0.* Technische Universität München, Fakultät für Informatik 19 (sebis).
http://wwwmatthes.in.tum.de/wikis/eam-pattern-catalog/eam-pattern-catalog-v1-0

[EFQM]   European Foundation for Quality Management. http://www.efqm.org/en/

[EHH+08]   Engels, G..; Hess, A.; Humm, B.; Juwig, O.; Lohmann, M.; Richter, J.-P.; Voß, M.; Willkomm, J.: *Quasar Enterprise: Anwendungslandschaften serviceorientiert gestalten.* dpunkt.verlag, 2008.

[Ern09]   Ernst, A. M.: *Enterprise Architecture Management Patterns.* Technische Universität München, Fakultät für Informatik 19 (sebis).
http://wwwmatthes.in.tum.de/file/Projects/EAMPC/Download/Er08a.pdf

[eTOM07]   TM Forum: *Business Process Framework (eTOM).* TeleManagement Forum, 2007. http://www.tmforum.org/BusinessProcessFramework/1647/home.html

[FB08]   Fries, T.; Boschung, E.: *BRM bei PostFinance.* Vortrag Architekturforum, Bern, 2008.

[FRH10]   Freund, J.; Rücker, B.; Henninger, T.: *Praxishandbuch BPMN: Incl. BPMN 2.0*, Hanser, 2010.

[Gab10]   Winter, E.; Mosena R.; Roberts, L. (Hrsg.): *Gabler Wirtschaftslexikon.* Gabler, 2009.

[Gad07]   Gadatsch, A.: *Grundkurs Geschäftsprozess-Management.* Vieweg, 5. Aufl., 2007.

[GDW09]   Grosskopf, A.; Decker, G.; Weske, M.: *The Process: Business Process Modeling Using BPMN.* Meghan Kiffer Press, 2009.

[GR92]   Gray, J.; Reuter, A.: *Transaction Processing: Concepts and Techniques.* Morgan Kaufmann, 1992.

[Gra05]   Graham, I.: *Service Oriented Business Rules Management Systems.* Whitepaper, 2005. http://www.trireme.com/whitepapers/Business%20rules/Trireme_Report_Service_Oriented_Business_Rules_Management_Systems_Ver2.pdf

[Han09]   Hanschke, I.: *Strategisches Management der IT-Landschaft. Ein praktischer Leitfaden für das Enterprise Architecture Management.* Hanser, 2009.

[HC03]   Hammer, M.; Champy, J.: *Reengineering the Corporation: A Manifesto for Business Revolution.* Collins Business Essentials, 2003.

[HEISE10]   o.V.: *Umfrage: Gute Erfahrungen mit modellgetriebener Softwareentwicklung.* Heise Newsticker, 18.06.2010. http://www.heise.de/newsticker/meldung/Umfrage-Gute-Erfahrungen-mit-modellgetriebener-Softwareentwicklung-1025155.html

[HM89] Horvath, P.; Mayer, R.: *Prozeßkostenrechnung – Der neue Weg zu mehr Kostentransparenz und wirkungsvolleren Unternehmensstrategien.* Controlling, 1. Jg., Nr. 4, S. 214–219.

[HW03] Hohpe, G.; Woolf, B.: *Enterprise Integration Patterns: Designing, Building, and Deploying Messaging Solutions.* Addison-Wesley Longman, 2003.

[Ima86] Imai, M.: *Kaizen: The Key to Japan's Competitive Success.* McGraw-Hill, 1968.

[Jos08] Josuttis, N.: *SOA in der Praxis: System-Design für verteilte Geschäftsprozesse.* dpunkt.verlag. 2008.

[KBS04] Krafzig, D.; Banke, K.; Slama, D.: *Enterprise SOA: Service Oriented Architecture Best Practices.* Prentice Hall International, 2004.

[Kel06] Keller, W.: *IT-Unternehmensarchitektur: Von der Geschäftsstrategie zur optimalen IT-Unterstützung.* dpunkt.verlag, 2006.

[Kel09] Keller, W.: *Using Capabilities in Enterprise Architecture Management.* Whitepaper, 2009.
http://objectarchitects.biz/aktuelles/BusinessCapabilityManagement/BCM.html

[Kom11] Komus, A. (Hrsg.): *Ergebnisse einer Studie mit den besten BPM-Unternehmen in Deutschland mit Beiträgen von BPM-Best Practice-Unternehmen.* Erscheint im Springer- Verlag, 2011.

[Küt10] Kütz, M.: *Kennzahlen in der IT: Werkzeuge für Controlling und Management.* dpunkt.verlag, 4. Aufl., 2011.

[Leh07] Lehmann, F.: *Integrierte Prozessmodellierung mit ARIS.* dpunkt.verlag, 2007.

[LMW05] Lankes, J.; Matthes, F.; Wittenburg, A.: *Softwarekartographie: Systematische Darstellungen von Anwendungslandschaften.* In: Ferstl, O.; Sinz, E.; Eckert, S.; Isselhorst, T. (Hrsg.): Wirtschaftsinformatik 2005: eEconomy, eGovernment, eSociety. Physica-Verlag, S. 1443-1462, 2005.

[Man09] Mane, A. T.: *SOA is Dead; Long Life Services.* Blog Post, 2009.
http://apsblog.burtongroup.com/2009/01/soa-is-dead-long-live-services.html

[MBL+08] Matthes, F.; Buckl, S.; Leitel, J.; Schweda, C.M.,: *Enterprise Architecture Management Tool Survey 2008.* Technische Universität München, Fakultät für Informatik 19 (sebis), 2008.

[Men07] Mendling, J.: *Detection and Prediction of Errors in EPC Business Process Models.* Dissertationsschrift, Wirtschaftsuniversität Wien, 2007.

[MWF08] Murer, St.; Worms, C.; Furer, F.J.: *Managed Evolution. Nachhaltige Weiterentwicklung großer Systeme.* Informatik-Spektrum, Vol. 31, Nr. 6, S. 537–547.

[Nor34] Nordsieck, F.: *Grundlagen der Organisationslehre.* Poeschel, 1934.

[Nor86] Norman, D.A.: *The Design of Everyday Things.* MIT Press, 1986.

[OASIS06] OASIS: *Reference Model for Service Oriented Architecture 1.0*, OASIS Standard. Oct. 2006. http://docs.oasis-open.org/soa-rm/v1.0/soa-rm.html

[Ohn88] Ohno, T.: *Toyota Production System: Beyond Large-Scale Production*. Productivity Press, 1988.

[OW07] Oestereich, B.; Weiss, C.: *APM - Agiles Projektmanagement: Erfolgreiches Timeboxing für IT-Projekte*. dpunkt.verlag, 2007.

[PMI08] PMI (ed.): *A Guide to the Project Management Body of Knowledge: PMBoK Guide*. PMI, 4th ed., 2008.

[PNC00] Pande, P. S.; Neumann, R. P.; Cavangh, R. R.: *The Six Sigma Way: How GE, Motorola, and Other Top Companies are Honing Their Performance*. McGraw-Hill, 2000.

[Por98] Porter, M. E.: *Competitive Advantage: Creating and Sustaining Superior Performance*. Free Press, 1998.

[RAH06] Russell, N.; van der Aalst, W. M.P.; ter Hofstede, A. H.M.: *Exception Handling Patterns in Process-AwareInformation Systems*. Proceedings CAiSE'06, 2006, pp. 288–302.

[RWR06] Ross, J. W.; Weill, P.; Robertson, D. C.: *Enterprise Architecture As Strategy: Creating a Foundation for Business Execution*. Harvard Business School Press, 2006.

[SA10] Stotz, A.; Arend, U.: *The Promise of Using UI Patterns For Large Software Packages Revisited*. SAP Design Guild, 2010.
http://www.sapdesignguild.org/community/readers/reader_ui_patterns.asp

[Sche06] Scheer, A.-W.: *ARIS. Vom Geschäftsprozess zum Anwendungssystem*. Springer-Verlag, , 4. Aufl., 2006.

[Schü08] Schüler, J.: *Entwicklung eines EnBW spezifischen BPM-Methodenstandards und dessen Anwendung in ARIS*. Diplomarbeit, Hochschule Ansbach, 2008.

[ScSe07] Schmelzer, H.J.; Sesselmann, W.: *Geschäftsprozessmanagement in der Praxis. Kunden zufrieden stellen, Produktivität steigern, Wert erhöhen*. Hanser, 6. Aufl., 2007.

[Sil09] Silver, B.: *BPMN Method and Style: A Levels-Based Methodology for BPM Process Modeling and Improvement Using BPMN 2.0*. Cody-Cassidy Press, 2009.

[SKJ+06] Scheer A.-W.; Krupke, H.; Jost, W.; Kindermann, H. (Hrsg.): *Agilität durch ARIS Geschäftsprozessmanagement*. Jahrbuch Business Process Excellence 2006/2007, Springer-Verlag, 2006.

[SMS+09] Stähler, D.; Meier, I.; Scheuch, R.; Schmülling, C.; Somssich, D.: *Enterprise Architecture, BPM und SOA für Business-Analysten. Leitfaden für die Praxis*. Hanser, 2009.

[SN96] Schulte, R.; Natis, Y. V.: *'Service Oriented' Architectures*. Gartner Research Notes SPA-401-068 and 069, April 1996.

[Tid05] Tidwell, J.: *Designing Interfaces: Patterns for Effective Interaction Design*. O'Reilly Media, 2005.

[TOGAF09] The Open Group: *The Open Group Architecture Framework (TOGAF Version 9)*. The Open Group, 2009. http://www.opengroup.org/togaf

[TT10] *State of SOA Survey for 2010*. TechTarget/Forrester Research, 2010.

[VA02] Venners, B.; Arnold, K.: *Designing Distributed Systems*. http://www.artima.com/intv/distrib.html

[VRL09] Vollmer, K.; Richardson, C.; Le Clair, C.: *The Importance Of Matching BPM Tools To The Process*. Forrester Report, Sept. 2009.

[WFAL10] Wikipedia: *Fallacies of Distributed Computing*. http://en.wikipedia.org/wiki/Fallacies_of_Distributed_Computing (Abgerufen am 15.05.2010)

[WfMC95] Workflow Management Coalition: *Reference Model. 1.1*. WFMC-TC-1003, 19-Jan-95. http://www.wfmc.org/reference-model.html

[WHIB10] Wikipedia: *Hibernate Framework*. http://de.wikipedia.org/wiki/Hibernate_%28Framework%29 (Abgerufen am 01.03.2010)

[Wip00] Wippermann, P.: *Prozesskostenrechnung im Bankbetrieb. Einführung der Prozesskostenrechnung am Beispiel des Hypothekargeschäfts der EZ Bank (fiktives Unternehmen)*. Diplomarbeit, Université de Fribourg/Universität Freiburg, Schweiz, 2000.

[Wir09] Wirdemann, R.: *Scrum mit User Stories*. Hanser, 2009.

[Wit07] Wittenburg, A.: *Softwarekartographie: Modelle und Methoden zur systematischen Visualisierung von Anwendungslandschaften*. PhD Thesis, Fakultät für Informatik, Technische Universität München, 2007.

[WPI] Workflow Patterns Initiative. http://www.workflowpatterns.com

[WPKR10] Wikipedia: *Prozesskostenrechnung*. http://de.wikipedia.org/wiki/Prozesskostenrechnung (Abgerufen am 01.03.2010)

[WR04] Weill, P.; Ross, J.W.: *IT Governance: How Top Performers Manage IT for Superior Results*. McGraw-Hill Professional, 2004.

[WSPR10] Wikipedia: *Sprunganweisung*. http://de.wikipedia.org/wiki/Sprunganweisung (Abgerufen am 15.,05.2010)

[Zac87] Zachman, J. A.: *A framework for information systems architecture*. IBM Systems Journal, 26(3), 276–292, 1987.

[ZMR08] Zur Mühlen, M.; Recker, J.: *How Much Language Is Enough? Theoretical and Practical Use of the Business Process Modeling Notation*. Lecture Notes in Computer Science, Vol. 5074, 2008.

Index

A

ABC *siehe Activity Based Costing*
ACID-Transaktionskonzept 228
Activity Based Costing (ABC) 158
ALM *siehe Application Lifecycle Management*
Anwendungsarchitektur 59, 62, 368
Anwendungscockpit 195
Anwendungsentwicklung 241
Anwendungsintegration 29, 36 *siehe auch Enterprise Application Integration*
Anwendungssilo 9, 42, 389
Application Lifecycle Management (ALM) 65, 390
Arbeiten, Task-getriebenes 196
Archimate 62
Architekt
    Backend-Service-~ *siehe Backend-Service-Architekt*
    Enterprise-~ *siehe Enterprise Architecture (EA)*
    Lösungs-~ *siehe Lösungsarchitekt*
Architektur
    Management *siehe Enterprise Architecture Management (EAM)*
    Schichten~ 248
    Spaghetti-~ 42
    technische (TA) 237, 248, 258
Architektur integrierter Informationssysteme (ARIS) 83, 85, 87
    Wandtapeten 53
ARIS *siehe Architektur integrierter Informationssysteme*
Ausfallsicherheit 250

B

Backend-Komponente 223, 236
Backend-Service-Architekt 293, 323
Balanced Scorecard (BSC) 162
BAM *siehe Business Activity Monitoring*
Basic Control-Flow Pattern 214
Basiskomponente 46, 171
Basis-Service 46, 117, 212, 217
Bebauungsplanung 7, 17, 60
Benutzerschnittstelle 36
Berichtswesen 351
Betriebsinfrastruktur 257
BI *siehe Business Intelligence*
Big-Bang-Einführung 53
BO *siehe Business-Objekt*
BPA *siehe Business Process Analysis*
BPD *siehe Business Process Diagram*
BPEL *siehe Business Process Execution Language*
BPM *siehe Business Process Management*
BPM CC *siehe BPM Competence Center*
BPM Competence Center (BPM CC) 19, 331, 354
    Organisation 355
BPMN *siehe Business Process Modeling Notation*
BPMS *siehe Business Process Management System*
BPM/SOA-Transformationsprogramm 59
BPO *siehe Business Process Outsourcing*
BPR *siehe Business Process Reengineering*
BRM *siehe Business Rule Management*
BRMS *siehe Business Rule Management System*

BSC *siehe Balanced Scorecard*
Business Activity Monitoring (BAM) 8, 149
Business-BPM 5, 21
    Nutzung 8
    Umsetzung 8
    Werkzeug 7
Business Intelligence (BI) 8, 14, 148
Business-Objekt (BO) 45, 106, 152, 192, 217, 223, 236, 274
Business Process Analysis (BPA) 32
Business Process Diagram (BPD) 85, 147
Business Process Execution Language (BPEL) 5, 35, 95, 238
Business Process Management (BPM) 5, 373
    Business Case 338
    Business-~ 5
        Werkzeuge 7
    Competence Center (BPM CC) 19, 331, 354
        Organisation 355
    Einordnung in die Unternehmenslandschaft 21
    Engines 6, 95
    Enterprise ~ (EBPM) 7, 331
        Framework 4, 19, 333, 334
    Grundlagen 21
    Infrastruktur 237, 400
    Initiative 331, 335, 355, 397
    Integrierte ~ Projektmethodik (IBPM) *siehe Integrierte BPM-Projektmethodik*
    IT-~ 5
        Werkzeug 8
    Kanban 127
        Tafel 128
    Lifecycle Management 20, 334, 389
    Lifecycle-Modell 393
    Managementsicht 82
    Modellsicht 82
    Organisation 20, 334, 355
    Plattform 20, 266, 334, 397
    Programm 54
    Projekt 82, 291, 374, 397
        Prozessorganisation 106
        Prozessrolle 106
    Prozessrolle 104

Business Process Management (BPM)
    Fortsetzung
    Richtlinie 334, 397
    Standard 238, 334, 397
    Strategie 19, 334, 335
        Business Case 337
        Grundsätzliche Ausrichtung und Sponsor 336
        Kontinuierliche Erfolgsnachweise 339
        Plattformstrategie 343
        Portfoliomanagement 342
        Stakeholder 340
        Startpunkt und Vorgehen 340
    System (BPMS) *siehe Business Process Management System*
    Transformationsprogramm 59
    Vision 26, 82
    Zyklus 14, 16
Business Process Management System (BPMS) 14, 88, 237
    anwenderzentrisches 22
    dokumentenzentrisches 22
    integrationszentrisches 22
Business Process Modeling Notation (BPMN) 26, 35, 85
    Diagramm 89
    Executable ~ 25, 95, 97, 256
    Modell 33
    Spezifikation 113
Business Process Outsourcing (BPO) 11
Business Process Reengineering (BPR) 7, 53, 100
Business Rule *siehe Geschäftsregeln*
Business Rule Governance 137
Business Rule Management (BRM) 8, 132, 136
Business Rule Management System (BRMS) 142, 237
Business Rule Task 135

C

Case Management 21, 243, 260, 268
CEP *siehe Complex Event Processing*
Change Management 288, 354, 358
    Pattern 288, 395
Closed Loop 149

CMDB *siehe Configuration Management Database*
Cockpit
  Anwendungs-~ *siehe Anwendungscockpit*
  Management~ *siehe Managementcockpit*
  Prozess~ *siehe Prozesscockpit*
Commercial off-the-shelf (COTS) 6
Common Service 10, 24, 183, 365 *siehe auch Conway's Law*
Complex Event Processing (CEP) 150
Configuration Management 395
Configuration Management Database (CMDB) 65, 395
Configuration-Matrix 395
Conway's Law 368
Corporate Performance Management (CPM) 14, 149
COTS *siehe Commercial off-the-shelf*
CPM *siehe Corporate Performance Management*
CSD *siehe Custom Software Development*
Custom Software Development (CSD) 6

D

Data Related Pattern 215
Data Transfer Object (DTO) 224
Data Transfer Pattern 215
Datenintegrität 228
Dokumentenmanagement 8, 30, 259
Domänenmodell 48, 381
DTO *siehe Data Transfer Object*
Dunkelverarbeitung 21, 28, 210, 260

E

EA *siehe Enterprise Architecture*
EAI *siehe Enterprise Application Integration*
EAM *siehe Enterprise Architecture Management*
EBPM *siehe Enterprise Business Process Management*
ECM *siehe Enterprise Content Management*
Economies of Scale 11
Ecosystems 398
EFQM *siehe European Foundation for Quality Management*

Eigenentwicklung *siehe auch Custom Software Development (CSD)* 6
End-to-End-Prozess 5, 81, 101, 354, 378
  Eigner 103
  Verantwortung 104
Enterprise Application Integration (EAI) 8, 10, 42, 399
Enterprise Architecture (EA) 45, 59, 334, 373
Enterprise Architecture Management (EAM) 6, 20, 60, 373, 389, 402
  Architekturmanagement 61
  Architekturmodell 61
  Grundlagen 59
  Masterplan 64
  Pattern-Katalog 62
  Stammdaten 61
  Tool-Unterstützung 65
Enterprise-Architekt 59, 294, 361, 387, 402
Enterprise Business Process Management (EBPM) 7, 331
  Framework 4, 19, 333, 334
Enterprise Content Management (ECM) 259
Enterprise IT Roadmap 390
Enterprise-Kontext 18
Enterprise Service Bus (ESB) 43, 173, 237
Enterprise 2.0 267
Entscheidungsbaum 141
entscheidungsintensiver Prozess 21
Entscheidungslogik 134
Entwicklung, modellgetriebene 241, 386
EPK *siehe Ereignisgesteuerte Prozesskette*
Ereignisgesteuerte Prozesskette (EPK) 26, 85, 87
ESB *siehe Enterprise Service Bus*
European Foundation for Quality Management (EFQM) 7
Event-Based Task Trigger 215
Evolution
  der Anwendungslandschaft 392
  Managed ~ *siehe Managed Evolution (ME)*
  SOA-~ *siehe Service-oriented Architecture (SOA) Evolution*

Evolutionäre Prozessverbesserung *siehe Kontinuierlicher Verbesserungsprozess (KVP)*
Evolutionäre Transformation einer Anwendungslandschaft *siehe Managed Evolution (ME)*
Evolutionsschritte 53
Evolutionsstrategie 51
Executable BPMN 25, 95, 97, 256
External Data Interaction Pattern 215

F

fachlicher Prozessmonitor 153
Fehlerbehandlung 250, 252
Fehlerstatus 222
Fortschrittskontrolle 351
Frontend 46, 171, 208, 265, 266 *siehe auch User-Interface-Komponente*
Funktionsorientierung 371

G

General BPM Pattern 274, 288
Geschäftsarchitektur 62, 378
Geschäftsobjekt 384
Geschäftsprozessmanagement (GPM) 370, 402
    integriertes 5
Geschäftsregeln 28, 132, 144, 147
Geschäftsstrategie 5
Governance 137, 404
GPM *siehe Geschäftsprozessmanagement*

H

Happy Path 94
Hellverarbeitung 21, 28, 102
House of Process 26

I

IBPM *siehe Integrierte BPM-Projektmethodik*
Impedance Mismatch 168
Industrialisierung von Dienstleistungsprozessen 11
Infrastruktur 258
    Implementierung 237
    technische 62
Input-Management 261
Integrationsplattform 399

Integration, portalbasierte 203
Integrierte BPM-Projektmethodik (IBPM) 4, 17, 73, 99, 402
    Framework 18, 74, 81, 167
    Säulen 75
    Modellierungsebenen 92
    Pattern 74, 78, 273
        Katalog 273
    Projektphasen 92
    Säule A: Prozessdokumentation und Prozessdesign 18, 81
    Säule B: Prozessorganisation und Prozessrollen 18, 100
    Säule C: User Task Management 18, 110
    Säule D: Geschäftsregeln 18, 132
    Säule E: Prozessanalyse und Reporting 18, 148
    Säule F: SOA-Komponentisierung 19, 168
    Säule G: User Interface Design 19, 185
    Säule H: Prozesskomponenten 19, 210
    Säule I: Business-Objekte und Backend-Komponenten 19, 223
    Säule J: Technische Architektur 19, 237
    Vorgehensmodell 74, 79, 174, 291
        Arbeitspaket 294, 297, 300, 303, 310, 315, 323
        Phase 294
        Prozessorientierte Analyse (PO-A) 297
        Prozessorientiertes fachliches Design (PO-D I) 303
        Prozessorientiertes Umsetzungsdesign (PO-D II) 315
        Rolle 293
        Serviceorientierte Analyse (SO-A) 300
        Serviceorientiertes fachliches Design (SO-D I) 310
        Serviceorientiertes Umsetzungsdesign (SO-D II) 323
integriertes Geschäftsprozessmanagement 5
Inter-Portlet-Kommunikation 203
Inventarisierung 61
IT-BPM 5, 21
    Nutzung 8
    Umsetzung 8
    Werkzeug 8
IT-Governance 375

K

Kaizen 7, 81
Kanban 82, 126
   Ampel 127
Kapazitätsmanagement 125
Kennzahlen 148
Key-Performance-Indikator (KPI) 162
Kompensation 234
Kompensationsmechanismus 231
Kontinuierlicher Verbesserungsprozess (KVP) 7, 14, 81, 156, 354
Kostentreiber 186
KPI *siehe Key-Performance-Indikator*
KVP *siehe Kontinuierlicher Verbesserungsprozess*

L

Lean Management 5, 7, 81
Lean Production 11, 82, 126
Lifecycle-Informationen 395
Lifecycle Management 389
   von Anwendungen *siehe Application Lifecycle Management (ALM)*
   von BPM/SOA-Komponenten 391
   von Business-Objekten 224, 275, 286
   von Dokumenten 266
Long Tail 23
Lösungsarchitekt 59, 116, 188, 245, 293, 356

M

Managed Evolution (ME) 6, 17, 50, 51, 64, 374
Managementcockpit 165
Management, operatives 115
Master Data Management (MDM) 11, 269
Masterplan-Management 390
Matrix-Prozessorganisation 370
MDA *siehe Model Driven Architecture*
MDM *siehe Master Data Management*
ME *siehe Managed Evolution*
Message Oriented Architecture (MOA) 173
Metrik 57
MOA *siehe Message Oriented Architecture*
Mockup 189

Model Driven Architecture (MDA) 241
modellgetriebene Entwicklung 241, 386
Modellierung 8
Model-to-Model-Transformation 35, 97

N

Net Present Value (NPV) 57
NPV *siehe Net Present Value*

O

Object Identification Pattern 194
operatives Management 115
Optimistic Locking 229
Orchestrierungskomponente 46, 171
Orchestrierungs-Service 117, 121, 224
Organisation 54, 56 *siehe auch Prozessorganisation*
   eines BPM Competence Center 355
   einer Prozessorganisation 370
   eines Transitionsprogramms 362
Organisationsdiagramm 105
Organisationsmodellierung 32
Organisationssilo 101, 104, 342
Output-Management 263

P

Performance 253
Pessimistic Locking 229
PKR *siehe Prozesskostenrechnung*
Planungsdokumentation 349
Planungsportfolio 54, 55
Planungsprozess 350
Planungszyklus 54, 55
POAD *siehe Prozessorientierte Analyse und Design*
   PO-A *siehe Prozessorientierte Analyse*
   PO-D I *siehe Prozessorientiertes fachliches Design*
   PO-D II *siehe Prozessorientiertes Umsetzungsdesign*
portalbasierte Integration 203
Portalserver 202
Portfoliomanagement 347
Portfolioplanung 347
Portfoliostruktur 57

Process
  ~/BO-Lifecyle 286
  ~/BO-Pattern 192, 273, 274
  ~/BO-Portlet 277
    Pattern 152
  Interaction Pattern 273
  Network Pattern 274, 285
  Portal Pattern 274, 284
  Portlet Pattern 277
  ~/Portlet Pattern 273
Produktionssteuerung 151
Programm-Management 20, 332, 345, 401, 334
Projektmanagement-Office 332
Projektphase 83
Projektstandard 401
Prozess
  Aktivität 210
  Analyse 30, 148, 166
  Analyst 32, 82, 246, 293, 356
  Ausführung 34
  Automatisierung 27
  Beteiligte 197
  Cockpit 196, 198, 202, 277
  Controlling 6
  Design 207
  End-to-End-~ 5, 81, 101, 354, 378
    Eigner 103
    Verantwortung 104
  Engine 284
  entscheidungsintensiver 21
  Fluss 134, 204
  Flusskontrolle 213
  Führung 6
  Historie 218
  Katalog 380
  Komponente 46, 171, 222
  Kostenanalyse 158
  KPI 82
  Landkarte 83, 84, 378
  Landschaft 84
  Matrixorganisation 101
  Mitarbeiter 197
  Modell 81, 83, 98
  Modellierung 33, 86
  Monitor 210, 220
    fachlicher 153

Prozess
  Fortsetzung
  Monitoring 30, 31, 288
  Optimierung 6, 148, 151, 155
  Organisation 6, 100, 332
  Organisationsinitiative, Organisation 370
  Perspektive 75
  Portal 202, 284
  Rekonstruktion 163
  Reporting 165, 166
  Rolle 100
  Silo 9
  Simulation 8, 31
  Status 222
  Unterstützungskarte 63
  Versionierung 394
  Zustand 215, 218
Prozesskostenrechnung (PKR) 7, 158
Prozessorientierte Analyse und Design (POAD) 18, 75, 81, 98, 147, 166, 293, 402
  Prozessorientierte Analyse (PO-A) 79, 297
  Prozessorientiertes fachliches Design (PO-D I) 79, 303
  Prozessorientiertes Umsetzungsdesign (PO-D II) 79, 315
Prozessorientierung 371

Q

Quasar Enterprise 62, 180

R

RACI-Prinzip 112
Regeltabelle 140
Ressourcenmanagement 125
Rollenkatalog 109
Roundtrip Engineering 14, 96
Rule
  Analysis 138
  Authoring 138
  Deployment 138
  Discovery 138
  Modeling Environment 142
  Retirement 138
  Validierung 138

Rules
  Engine 137
  Execution Engine 143
  Repository 142

S

Säule A: Prozessdokumentation und Prozessdesign 18, 81
Säule B: Prozessorganisation und Prozessrollen 18, 100
Säule C: User Task Management 18, 110
Säule D: Geschäftsregeln 18, 132
Säule E: Prozessanalyse und Reporting 18, 148
Säule F: SOA-Komponentisierung 19, 168
Säule G: User Interface Design 19, 185
Säule H: Prozesskomponenten 19, 210
Säule I: Business-Objekte und Backend-Komponenten 19, 223
Säule J: Technische Architektur 19, 237
Schichtenarchitektur 248
Schnittstelle 208
Schnittstellendefinition 45
Schnittstellenversionierung 394
SDLC *siehe Softwareentwicklungszyklus*
Servicearchitektur 62, 381
Servicegeber 43, 62, 76, 325, 385, 394
Service Level Agreement (SLA) 45
Servicenehmer 43, 62
Service-Orchestrierung 41
Service-oriented Architecture (SOA) 6, 8
  Design, fachliches 176
  Einführung 48
  Evolution 170
  Grundlagen 41
  Infrastruktur 43
  Komponente 43, 44, 170, 213
  Komponentenlandschaft 168
  Komponentisierung 183, 256
  Map 47, 76, 172
  Mapping 248
  Quick Check 174
  Schichten 41, 43, 46, 171, 212, 248
  Schichtenarchitektur *siehe Service-oriented Architecture (SOA)-Schichten*
Service-oriented Architecture (SOA)
  Fortsetzung
  Service 208
    Komponente 171, 224
    Transformationsprogramm 59
    Umsetzungsdesign 179
Serviceorientierte Analyse und Design (SOAD) 75, 183, 209, 222, 236, 248, 258, 293, 403
Serviceorientierte Analyse (SO-A) 79, 300
Serviceorientiertes fachliches Design (SO-D I) 79, 310
Serviceorientiertes Umsetzungsdesign (SO-D II) 79, 323
Serviceperspektive 76
Serviceportfolio 374, 384
Service Repository 44
Servicevertrag 43, 45, 170
Sicherheit 254
Silo *siehe auch Conway's Law*
  Anwendungs~ *siehe Anwendungssilo*
  Application Lifecycle Management (ALM)-~ 391
  Organisations~ *siehe Organisationssilo*
  Projekt~ 103, 369
  Prozess-~ *siehe Prozess-Silo*
Single Point of Truth (SPoT) 11
Six Sigma 5, 7, 332
Skalierbarkeit 253
SLA *siehe Service Level Agreement*
SOA *siehe Service-oriented Architecture*
SOAD *siehe Serviceorientierte Analyse und Design*
SO-A *siehe Serviceorientierte Analyse*
SO-D I *siehe Serviceorientiertes fachliches Design*
SO-D II *siehe Serviceorientiertes Umsetzungsdesign*
Softwareentwicklungszyklus (SDLC) 187
SOP *siehe Standard Operating Procedures*
Spaghetti-Architektur 42
SPoT *siehe Single Point of Truth*
Stakeholder 83, 109, 138, 150, 340
Stammdaten 235
  Harmonisierung 269

Stammdaten
  Fortsetzung
  Konsolidierung 269
  Pflege 269
  Verwaltung *siehe auch Master Data Management (MDM)* 269
Standard Operating Procedures (SOP) 26
Standardsoftware *siehe auch Commercial off-the-shelf (COTS)* 6
Steuerung, strategische 151, 161
STP *siehe Straight Through Processing*
Straight Through Processing (STP) 21
strategische Steuerung 151, 161
Structural Pattern 214
Swimlane 104, 284

T

TA *siehe technische Architektur*
Task-Generierung 115
Task-getriebenes Arbeiten 196
Task-Liste 28, 111, 113, 118, 212
Task Management 28, 110, 113, 114, 131, 159
Task-Timeout 124
Task-Zuweisung 115
TCT *siehe Total Cycle Time*
technische Architektur (TA) 237, 248, 258
technische Infrastruktur 62
Technologieakquisition 400
TOGAF 62
Toolchain 32, 387
Total Cycle Time (TCT) 14
Total Quality Management (TQM) 7, 332
TQM *siehe Total Quality Management*
Transaktion 228
Transformation zur Prozessorganisation 9
Transformationsprogramm 332
Transition 97
Transitionsprogramm 354
Two-Phase-Commit (2PC) 229

U

UAM *siehe User Identity & Access Management*
UCD *siehe User Centered Design*
UI *siehe User Interface*
UI/Process Modeling Pattern 273, 281

Unified Task List 120
User Centered Design (UCD) 186, 187
User Identity & Access Management (UAM) 108
User Interface (UI) 118
  Design 209
    für BPM-Applikationen 196
    Pattern 186, 193
  Flow 204
  Komponente 188, 196, 204, 208, 220, 266
  Pattern 195
  Prototyping 188
User Task 111, 114
  Management 8, 28, 110
User Workbench 200

V

Versionierung 393

W

WBS *siehe Work Breakdown Structure*
Web 2.0 37, 242, 267
Wertschöpfungskette 84
Wertschöpfungskettendiagramm (WKD) 84, 94
Wiederverwendung 182
WKD *siehe Wertschöpfungskettendiagramm*
Work Breakdown Structure (WBS) 347
Workflow Pattern 214

X

XML Process Definition Language (XPDL) 5, 35, 238
XML-Transformation 95
XPDL *siehe XML Process Definition Language*

Z

Zustandsinformation, fachliche 217
Zustandsmatrix 219
Zustandsübergangsdiagramm 219
Zustandsübergangstabelle 222

Ziffern

2PC *siehe Two-Phase-Commit*
5×10-Matrix 77

Nicolai Josuttis

SOA in der Praxis

System-Design für verteilte Geschäftsprozesse

2008, 408 Seiten, Broschur
€ 39,00 (D)
ISBN 978-3-89864-476-1

Service-orientierte Architektur ist zu einem fundamentalen Paradigma in der Softwareentwicklung für die Realisierung verteilter Geschäftsprozesse geworden. Doch nach wie vor sind praktische Erfahrungen signifikanter Größe rar. Der Autor zeigt basierend auf umfangreicher praktischer Erfahrung, wie SOA die Erstellung von komplexen verteilten fachlichen Anwendungen ermöglicht.
Im ersten Teil des Buchs werden die grundlegenden Konzepte von SOA behandelt. Der zweite Teil erörtert praktische Aspekte, die sich auf SOA als Konzept auswirken und für die Einführung und Durchführung von SOA wichtig sind.

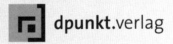

Ringstraße 19 · 69115 Heidelberg
fon 0 62 21/14 83 40
fax 0 62 21/14 83 99
e-mail hallo@dpunkt.de
http://www.dpunkt.de

2007, 312 Seiten, gebunden
€ 44,00 (D)
ISBN 978-3-89864-419-8

Wolfgang Keller

IT-Unternehmens-architektur

Von der Geschäftsstrategie zur optimalen IT-Unterstützung

IT-Unternehmensarchitektur wird zu oft nur als Menge von Architekturmodellen und Dokumentation gesehen. Dieses Buch zeigt zunächst die Sicht eines IT-Verantwortlichen (CIO) auf die Herausforderungen, die die IT-Funktion eines Unternehmens heute hat. Es stellt dar, wie IT-Unternehmensarchitektur den CIO dabei unterstützen kann, seine Aufgaben im Sinne eines modernen IT-Verantwortlichen wahrzunehmen. Deren Spektrum reicht von der Erarbeitung der IT-Strategie über den Bebauungsplan bis zur Tagesarbeit der IT- und Architektur-Governance.

Die Prozesse, die IT-Unternehmensarchitektur ausmachen, werden beschrieben, wie auch die dafür verfügbaren Methoden und Werkzeuge.

Im Anhang: Fallstudien, Glossar, Checklisten, u.a. für Architekturdokumente, Textauszüge aus den Standards.

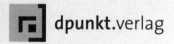

Ringstraße 19 · 69115 Heidelberg
fon 0 62 21/14 83 40
fax 0 62 21/14 83 99
e-mail hallo@dpunkt.de
http://www.dpunkt.de

G. Engels · A. Hess · B. Humm · O. Juwig · M. Lohmann · J.-P. Richter · M. Voß · J. Willkomm

Quasar Enterprise

Anwendungslandschaften serviceorientiert gestalten

2008, 335 Seiten, Broschur
€ 44,00 (D)
ISBN 978-3-89864-506-5

In Quasar Enterprise haben Experten des Softwareunternehmens sd&m eine durchgängige Architekturmethodik für die serviceorientierte Gestaltung von Anwendungslandschaften zusammengetragen.

Das Buch ist in zwei Teile gegliedert: Zunächst wird ein fiktives, aber realistisches Projekt aus der Sicht eines IT-Architekten vorgestellt. Danach werden die Grundlagen für Anwendungslandschaften und SOA eingeführt sowie Schritt für Schritt Begriffe, Zusammenhänge und Vorgehensbausteine erläutert. Die Beziehungen zwischen Architekturentscheidungen und Qualitätszielen werden transparent gemacht.

»Wer auf der Suche nach einem Überblick und einer Methodik rund um serviceorientierten Anwendungslandschaften ist und sich für die Vermittlerrolle zwischen Management, Fachabteilungen und IT interessiert, dem sei ein Blick in ›Quasar Enterprise‹ empfohlen.«
(Javamagazin 6/08)

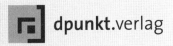

Ringstraße 19 · 69115 Heidelberg
fon 0 62 21/14 83 40
fax 0 62 21/14 83 99
e-mail hallo@dpunkt.de
http://www.dpunkt.de

2008, 454 Seiten, gebunden
€ 44,00 (D)
ISBN 978-3-89864-386-3

Bernd Oestereich · Christian Weiss

APM – Agiles Projektmanagement

Erfolgreiches Timeboxing
für IT-Projekte

**Unter Mitarbeit von
Oliver F. Lehmann und Uwe Vigenschow**

Das Rückgrat erfolgreicher agiler Projekte ist ein konsequentes Timebox-getriebenes, iteratives Vorgehen. In diesem Buch beschreiben die Autoren eine APM-Methodik für mittlere bis sehr große Projekte.

Es beinhaltet alle wichtigen Managementdisziplinen wie Aufwands- und Terminschätzung, Makro-, Mikro-, Iterations- und Ressourcenplanung, Steuerung, Controlling sowie Risiko-, Änderungs- und Vertragsmanagement.

Das Buch beschreibt ausführlich, wie agile Prinzipien auf große Projekte übertragen und praktisch nutzbar gemacht werden können, es zeigt die typischen Herausforderungen beim Timeboxing und wie diese erfolgreich gemeistert werden.

Neben vielen Tipps, Tricks und Best Practices fließen auch soziale Aspekte und Soft-Skills explizit mit ein.

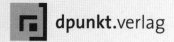

Ringstraße 19 · 69115 Heidelberg
fon 0 62 21/14 83 40
fax 0 62 21/14 83 99
e-mail hallo@dpunkt.de
http://www.dpunkt.de